国家社会科学基金项目

# 中泰跨境苗语对比研究

*A Comparative Study of the Cross-border Miao Language between China and Thailand*

余金枝 ◎ 著

中国社会科学出版社

图书在版编目（CIP）数据

中泰跨境苗语对比研究 / 佘金枝著. —北京：中国社会科学出版社，2018.5
ISBN 978-7-5203-2640-7

Ⅰ．①中… Ⅱ．①佘… Ⅲ．①苗语-对比研究-中国、泰国 Ⅳ．①H216.7

中国版本图书馆 CIP 数据核字（2018）第 112275 号

| | |
|---|---|
| 出 版 人 | 赵剑英 |
| 责任编辑 | 任　明 |
| 责任校对 | 王佳玉 |
| 责任印制 | 李寡寡 |

| | |
|---|---|
| 出　　版 | 中国社会科学出版社 |
| 社　　址 | 北京鼓楼西大街甲 158 号 |
| 邮　　编 | 100720 |
| 网　　址 | http://www.csspw.cn |
| 发 行 部 | 010-84083685 |
| 门 市 部 | 010-84029450 |
| 经　　销 | 新华书店及其他书店 |

| | |
|---|---|
| 印刷装订 | 北京君升印刷有限公司 |
| 版　　次 | 2018 年 5 月第 1 版 |
| 印　　次 | 2018 年 5 月第 1 次印刷 |

| | |
|---|---|
| 开　　本 | 710×1000　1/16 |
| 印　　张 | 28.25 |
| 插　　页 | 2 |
| 字　　数 | 467 千字 |
| 定　　价 | 120.00 元 |

凡购买中国社会科学出版社图书，如有质量问题请与本社营销中心联系调换
电话：010-84083683
版权所有　侵权必究

# 跨境语言对比研究的一部力作
## ——《中泰跨境苗语对比研究》序

### 戴庆厦

跨境语言研究是语言学研究一项不可缺少的内容，也是我国语文工作中必须研究的问题。对跨国语言的研究，在语言学学科建设上，有利于认识世界语言变化，在应用上，有利于民族团结、边疆稳定，有利于国家处理跨境语言关系，提出正确的跨境语言问题对策。

我国有 34 种跨境语言，不同的跨境语言各有不同的特点。其中，有跨国数量多少之别，有通解度的高低之别，有跨境时间的长短之别，有的跨境语言已演变成不同的语言，有的则仍属于同一语言的不同方言，等等。中泰跨境苗语是我国跨境语言的一种类别。

苗族是一个跨多个国家的跨境民族。苗族起源于中国，明清时期，自称为"蒙"（Hmong）的苗族支系迁至越南、老挝、缅甸、泰国等东南亚国家，苗语跨境分化的时间不超过三百年。中泰跨境苗语包括两种不同类别的差异：一是因跨境分布而形成的差异，如泰国苗语与文山苗语的差异；二是跨境差异与方言差异叠加形成的双重差异，如泰国苗语与台江苗语和矮寨苗语的差异。中泰跨境苗语的差异既有方言差异又有跨境差异。跨境差异是由于国家的因素而产生的语言变异，是苗语的一种社会变体。跨境语言产生的语言变异，既不同于语言的历时变异，也不同于方言的共时差异，有其自身的对应规律。

泰国苗语的研究、中泰苗语的对比研究，国内学术界是个薄弱点，是个有待开垦的新领域。《中泰跨境苗语对比研究》能够为跨境语言研究提供有价值的个案，促进我国跨境语言这一新兴研究领域的发展。

《中泰跨境苗语对比研究》一书，作者通过中泰跨境苗语语音、词汇、语法的比较，揭示了泰国苗语与中国文山苗语、台江苗语以及矮寨苗语之间的异同。所分析的相同点，显示了中泰苗语发生学上的关系，不同点包含了不同语言接触而产生的创新。该书的对比研究显示，中泰苗语的跨境差异小于方言差异，300年的跨境分化不足以使语言结构发生重大的变化，说明制约跨境差异度的主要因素是分化时间而非跨境分布。该书指出：中泰跨境苗语的差比句、被动句、处置句、判断句等特殊句式是苗语分化为三个方言之后产生的。还指出：泰国苗语更多地保留了古苗语的顺行语序；中泰苗语的分析性程度有差异；中泰苗语各自向着自己所属国家主体民族语言趋同的方向演变等。作者还通过泰国苗语与中国文山苗语、台江苗语、矮寨苗语200个核心词的同源比较，指出泰国苗语与中国文山苗语关系最近，与台江苗语较远，与矮寨苗语最远，但与台江苗语和矮寨苗语亲缘关系的远近没有明显的差距。这项研究记录了大量前人未有的新语料，作者还通过语音实验分析语音，语料具有较高的可信度。

从这部新著中，我们能够获取大量有关泰国苗语和中泰跨境苗语异同的语料，从中看到泰国苗语的基本特点有哪些，哪些特点是发生学上的原始苗瑶语固有特点，哪些特点是由于跨境分布与所在国主体民族语言接触而产生的创新，哪些特点是由于方言分化所产生的差异，以及300年的分化时间会使泰国苗语在语音、词汇、语法上产生哪些变化，语言接触会使哪些语言结构发生变化等问题。这些都是单一方言研究或国内方言比较研究难以取得的认识，有助于深化对语言差异不同类型的认识，有助于拓宽语言研究的学术视野。

据我所知，余金枝教授几年来做这个项目用力很勤，花费了大量的心血。她不但在国内注意记录国内苗语材料和泰国苗语材料，而且还不辞辛苦地到泰国苗族实地做第一线的语言田野调查，一点一滴地积累、核对材料。她已拥有大量自己记录的第一手语料，还有语音实验材料。

这部新著，是首次对中泰苗语的异同进行系统描写、对比、分析的专著，对以后的跨境语言对比研究，特别是"一带一路"周边语言的研究会起到很好的借鉴作用并产生较高的参考价值。

万事开头难。我觉得这部专著的题目大了一些，影响了某些方面的深度。苗语方言、土语分歧大，"十里不同音"，值得做的事很多，要将问题逐一解决。

余金枝教授是位土生土长的苗族人，是我国自己培养的苗语语言学家。难能可贵。我希望作者在此基础上再深入调查泰国不同地区的苗语，以及老挝及其他国家的苗语，在研究上更上一层楼。

是为序。

戴庆厦　2017年12月9日
于中央民族大学507工作室

# 摘　要

苗语分布广，既有跨境分化又有方言分化。本文根据境内外苗语的基本特点选取泰国难府苗语和中国文山苗语、黔东台江苗语、湘西矮寨苗语四个点为主要的对比点，这四个点分别代表泰国苗语和中国苗语的三个方言，从这几个点的差异中既能够看到境内外苗语的分化差异，又能观察到方言的分化差异。本书以对比语言学为基本框架，借鉴历史语言学、语言类型学等研究方法，对中泰跨境苗语的使用现状、语言结构进行全面而系统的对比研究。全书共分六章，各章主要内容分述如下：

第一章为绪论。论述中泰苗语对比研究的意义，从中泰跨境苗语对比研究、泰国苗语及境外苗语研究、中国苗语研究、跨境语言研究四个方面梳理了与本书相关度较高的研究成果，介绍本书借鉴的理论、研究方法和语料来源。

第二章为中泰的苗族及其语言。介绍中泰苗族的分布、来源、社会文化生活、语言使用现状及其特点，对比分析中泰跨境苗族在语言使用上的共性和个性，指出二者共性是：基本保留自己的母语，普遍兼用国家共同语，母语口头文学的传承出现代际断裂，词汇选用出现代际差异。个性是：泰国苗族母语保留比中国好，没有出现群体性母语转用的现象，泰国苗语的使用程度比中国苗语高，成因主要与中泰苗语的使用域和苗族分布不同有关。

第三章为中泰跨境苗语语音对比。文中列出泰国难府苗语、达府苗语，中国文山苗语、台江苗语、矮寨苗语的音系，从共时和历时两个角度对中泰跨境苗语的语音系统进行比较。从共时角度看，泰国难府苗语与中国文山苗语的语音基本保持相同音值的对应关系，但与台江苗语、矮寨苗语之间，基本是不同音值的对应。从历时角度看，古苗语的鼻冠音、舌尖后音、声调在中泰苗语中出现不同的演变规律，声母出现简化的演变趋势，声调的分化与声母的清浊、全清、次清有关，古韵类的演变却没有呈现系统性的规则，只能列举一些大致的规律。

第四章为中泰跨境苗语同源词比较。通过对中泰苗语 200 个核心词的分阶比较，发现：越核心的词汇层级，同源词的数量越大，越边缘的词汇层级，同源词的数量越小；难府苗语与文山苗语的亲缘关系最近，其次是台江苗语，最远是矮寨苗语，但难府苗语与台江苗语、矮寨苗语的亲疏度没有明显的差距，200个核心词的同源情况基本体现了分化时间与方言亲疏关系的正相关。

第五章为中泰跨境苗语语法对比。这一章从构词法、词类的语法功能、语序、特殊句式四个方面对中泰苗语进行对比，得出了一些认识。（1）中泰苗语的构词法基本相同，都有黏着式和分析式两类，但黏着式在各点发展不平衡，台江苗语和矮寨苗语的黏着性比文山苗语和泰国苗语强。（2）泰国难府苗语和文山苗语名词前缀很少，而台江苗语和矮寨苗语很丰富。人称代词两国同源的只有"我们"一词，其余均不同源。系数词同源、位数词均借自汉语；判断动词不同源；难府苗语和文山苗语借入云南方言表疑问的副词"可"，使得难府苗语、文山苗语与台江苗语、矮寨苗语在一般疑问句的句法结构上出现了根本差别。结构助词难府苗语与文山苗语同源，与台江苗语、矮寨苗语不同源。（3）泰国难府苗语以修饰语后置为优势语序，中国苗语修饰语居前和居后两种语序并重。（4）差比句、被动句、处置句、判断句等特殊句式的标记不同源；"比"字句存在跨境差异，泰国苗语没有"比"字句；处置句发展不平衡，难府苗语和文山苗语处置句相对发达，矮寨苗语不发达，台江苗语没有处置句。

第六章为中泰跨境苗语对比的宏观审视。中泰苗语的总体特点主要有：语音系统的一个突出特点是声母多、韵母少；都是分析型语言但都兼有黏着性特点；都是话题优先型语言；都是体凸显的语言；都受到汉语的深度影响。中泰苗语的差异主要有：分析性程度存在差异；量词的语法功能和形容词带宾语的功能存在较大差异；泰国苗语更多地保留古苗语的语序特征；特殊句式和虚词存在较大差别，这说明特殊句式和大多数虚词是在苗语方言分化之后产生的。中泰苗语的演化趋势是分化和向各自的主体语言趋同。

最后为结语部分。提出全文的创新之处和不足。

除了正文外还有8个附录。内容是中泰苗族访谈录、中泰苗语语料和中泰苗族照片等。

**关键词**：中泰苗语；语言对比；语言差异；类型学

# Abstract

The Miao Language is spread over a wide geographic region with language variation being evident not only between different dialects, but also across national borders. Using the core distinguishing features of Miao for criteria, the author chooses four Miao varieties for this present study: Thailand's Nanfu Miao and China's Wenshan Miao, Qiandong Jiangtai Miao, and Xiangxi Miao. From the variation which exists between these four varieties, the dialectal and cross border differences which exist in Miao are clearly evident. This book, using the comparative method as a foundational framework, and drawing lessons from historical and typological linguistics, conducts a thorough and systematic study of current language use and grammatical structures in Chinese and Thai varieties of the Miao Language. This book is separated into six chapters which are introduced below.

Chapter one serves as the introduction to the book. It discusses the importance of comparing Chinese and Thai varieties of Miao; and it also summarizes the related literature in the areas of Thai and other foreign countries' research on Miao, Chinese research on Miao, and cross-border language research. Chapter one also introduces the theory, methods, and data used in the present study.

The second chapter introduces the distribution of the Miao people in China and Thailand, their origin as a people, their society and culture, and the state of their language use. This introduction includes a comparative analysis of the similarities and differences between Miao language use in China and Thailand. The similarities between Miao language use in China and Thailand include: generally good preservation of the mother tongue, wide spread use of the national languages, and a generational gap in the passing on of the oral literature (choice of vocabulary exhibits generational differences too), etc. Differences include: the Miao in Thailand have preserved their language more thoroughly than their counterparts in China, there are no examples of a Miao inhabited area in Thailand not using the Miao language, the Miao language in Thailand is used to a greater degree than the Miao language in China. The reasons behind these situations relates to the areas where the Miao language is used and the distribution of the Miao people being different in each country.

The third chapter is a comparison of the phonetic and phonological differences between the Miao language of China and of Thailand. This chapter lists, and compares dichronically and synchronically, the phonological systems of Thailand's Nanfu Miao and Dafu Miao, as well as China's Wenshan Miao, Taijiang Miao, and Aizhai Miao. Synchronically speaking, the Nanfu variety of Miao located in Thailand and the Wenshan variety of Miao located in China have basically preserved the same phonetic values in their sound systems. However, the Taijiang Miao and Aizhai Miao sound systems do not share a common phonetic value. From the diachronic perspective, prenasalized sounds, retroflex sounds, and tones found in Chinese and Thai varieties of Miao have followed different paths of development. In addition, it is apparent that syllable initials are becoming simplified, and that tone splitting and voicing do not follow a systematic pattern of development—it is only possible to speak of some general rules governing their development.

In Chapter Four, the author compares cognates from Miao varieties in China and Thailand. By a comparison of 200 core lexical items, the following findings a made: the more central lexical items are, the more cognates there are; the more peripheral lexical items are, the fewer cognates there are; the genetic relationship between Nanfu Miao and Wenshan Miao is the closest, with Taijiang Miao being of secondary closeness, and Aizhai Miao being the most distant; however, the difference found between Nanfu Miao and Taijiang Miao on the one hand, and between Nanfu Miao and Aizhai Miao on the other, is negligible; the cognate situation found within the 200 core lexical items of this study reveal how time of separation and closeness between dialects affect language variation.

Chapter Five is a comparison of the grammar of Chinese and Thai varieties of Miao. In this chapter the author analyzes the way words are created, the grammatical function of different parts of speech, word order, and special syntactic features. Through this analysis the author discovers:

(1) The way words are created is very similar between Miao varieties in China and Thailand. Both use agglutinative and analytic methods for word

formation. However, the agglutinative method has not evenly developed through the different Miao regions, with the agglutinative function being stronger in Taijiang and Aizhai Miao than in Wenshan and in Thailand.

(2) Prefixes in Thailand's Nanfu Miao and Wenshan Miao are few; however, Taijiang and Aizhai Miao have many prefixes. The Thai varieties of Miao and the Chinese varieties of Miao only share one cognate pronoun (first person plural), the rest are not cognate. Ordinal numbers are cognates, while digit words are in general borrowed from Chinese. Copulas are not cognate. Nanfu Miao and Wenshan Miao have borrowed an interrogative grammatical particle from Yunnanese to be used in questions. This borrowing of a Yunnanese grammatical particle has given rise to fundamental syntactic difference between the Miao of Wenshan and Nanfu and the Miao of Taijiang and Aizhai. Lastly, structural auxiliaries in Wenshan and Nanfu Miao are cognate, but the structural auxiliaries used in Taijiang and Aizhai Miao are not cognate with those of Wenshan and Nanfu.

(3) In the Thai varieties of Miao, the modifier is placed after the word it modifies while in the Chinese varieties of Miao, the modifier can be placed before or after the word being modified.

(4) Markers for comparative structures, passive structures, locative structures, and evaluative structures found within the different dialects of this study are not cognate with each other. The Thai varieties of Miao do not form their comparative structure with the word "compare". Locative syntactic structures in Miao have not developed evenly, with there being linguistic richness in locative structures in Nanfu and Wenshan Miao, and few locative structures in Aizhai Miao, and no locative structures in Taijiang Miao.

Chapter Six presents a macro view of the comparison of Chinese and Thai varieties of Miao. The results show that: the phonological systems have many initials, but few medials and finals; both the the varieties of Miao found in China and Thailand are analytic, however, they do have some agglutinating characteristics; both are topic prominent languages; both are aspect prominent languages; both have been heavily influenced by Chinese. The primary differences between Miao varieties in Thailand and Miao varieties in China are as follows: the degree to which these languages are analytic is different; the grammatical function of classifiers and the ability of adjectives to have an object is quite different; Thai varieties of Miao have better preserved proto-Miao's word order; the differences between special syntactic constructions, as well as different grammaticalized particles, are quite large, which suggests that most of these developed after Miao split into different dialects. The direction of development of China and Thailand's varieties of Miao is towards that of the languages of each respective country.

The last sections are made up of the conclusion, which discusses the value and limitations of this present study, and eight appendices. The appendices include the interview records for the interviews conducted in Thailand as well as photos of the Miao in Thailand. In addition language data is also found in the appendices.

**Key Words:** Chinese and Thai Varieties of Miao; language comparison; language variation; typology

# 目　录

**第一章　绪论** ·············································································· 1
　第一节　中泰跨境苗语对比研究的意义 ··········································· 3
　第二节　中泰跨境苗语研究综述 ···················································· 6
　　一　中泰跨境苗语对比研究综述 ················································· 6
　　二　中国苗语研究综述 ····························································· 8
　　三　境外苗语研究概述 ···························································· 20
　　四　跨境语言研究概述 ···························································· 27
　第三节　研究设计 ····································································· 27
　　一　理论指导 ········································································ 27
　　二　研究方法 ········································································ 29
　　三　材料来源 ········································································ 29
**第二章　中泰的苗族及其语言** ······················································ 32
　第一节　泰国的苗族 ·································································· 33
　　一　泰国苗族的分布 ······························································· 33
　　二　泰国苗族的来源 ······························································· 35
　　三　泰国苗族的社会文化生活 ··················································· 37
　第二节　泰国苗族的语言使用现状 ················································ 49
　　一　全民使用母语，部分人掌握苗文 ·········································· 49
　　二　母语口头文学传承和词语选用存在代际差异 ··························· 52
　　三　兼用泰语存在代际差异 ······················································ 53
　　四　泰国苗族的语言态度调查 ··················································· 54
　　五　母语与泰语和谐互补、各司其职 ·········································· 55
　第三节　中国的苗族及其语言 ······················································ 56
　　一　中国的苗族 ····································································· 56
　　二　中国苗族的语言 ······························································· 57
　　三　中国云南文山州马关县岩头寨苗族语言使用个案分析 ··············· 58
　第四节　中泰跨境苗族语言使用的共性和个性 ································· 74
　　一　中泰跨境苗族语言使用的共性 ············································· 74

  二　中泰跨境苗族语言使用的个性 …………………………………… 76
  三　中泰跨境苗族语言使用现状的思考 ………………………………… 77
第三章　中泰跨境苗语语音对比 ………………………………………………… 79
 第一节　泰国苗语的语音系统 ……………………………………………… 79
  一　难府苗语的语音系统 ………………………………………………… 79
  二　达府苗语的语音系统 ………………………………………………… 87
 第二节　中国苗语的语音系统 ……………………………………………… 92
  一　云南马关县都龙镇岩头寨青苗苗语音系 …………………………… 92
  二　贵州台江苗语音系 …………………………………………………… 100
  三　湘西矮寨苗语语音系统 ……………………………………………… 101
 第三节　中泰跨境苗语语音比较 …………………………………………… 102
  一　中泰跨境苗语声母比较 ……………………………………………… 102
  二　中泰跨境苗语韵母比较 ……………………………………………… 116
  三　中泰跨境苗语声调比较 ……………………………………………… 136
第四章　中泰跨境苗语同源词比较 ……………………………………………… 141
 第一节　中泰跨境苗语同源词比较的基本方法 …………………………… 141
  一　同源词比较的方法 …………………………………………………… 141
  二　同源词的判断标准 …………………………………………………… 142
 第二节　中泰跨境苗语第一百核心词同源比较 …………………………… 145
  一　难府苗语与文山苗语第一百核心词同源比较 ……………………… 145
  二　难府苗语与台江苗语第一百核心词同源比较 ……………………… 147
  三　难府苗语与矮寨苗语第一百核心词同源比较 ……………………… 151
  四　中泰跨境苗语第一百核心词同源比较综览 ………………………… 156
 第三节　中泰跨境苗语第二百核心词同源比较 …………………………… 157
  一　难府苗语与文山苗语第二百核心词同源比较 ……………………… 157
  二　难府苗语与台江苗语第二百核心词同源比较 ……………………… 160
  三　难府苗语与矮寨苗语第二百核心词同源比较 ……………………… 164
  四　中泰跨境苗语第二百核心词同源比较综览 ………………………… 168
 第四节　中泰跨境苗语二百核心词同源比较综合分析 …………………… 169
第五章　中泰跨境苗语语法对比 ………………………………………………… 172
 第一节　中泰跨境苗语构词法对比 ………………………………………… 172
  一　相同点 ………………………………………………………………… 173
  二　相异点 ………………………………………………………………… 175
 第二节　中泰跨境苗语词类对比 …………………………………………… 179
  一　中泰跨境苗语名词对比 ……………………………………………… 179

二　中泰跨境苗语指示词对比·················188
　　三　中泰跨境苗语数词对比·····················192
　　四　中泰跨境苗语量词对比·····················202
　　五　中泰跨境苗语动词对比·····················212
　　六　中泰跨境苗语形容词对比·················227
　　七　中泰跨境苗语状词对比·····················233
　　八　中泰跨境苗语副词对比·····················236
　　九　中泰跨境苗语介词对比·····················248
　　十　中泰跨境苗语连词对比·····················254
　　十一　中泰跨境苗语助词对比·················259
　第三节　中泰跨境苗语语序对比·····················266
　　一　中泰苗语的语序共性·························267
　　二　中泰苗语的语序差异·························269
　第四节　中泰跨境苗语特殊句式对比·············277
　　一　中泰跨境苗语比较句对比·················277
　　二　中泰跨境苗语被动句对比·················288
　　三　中泰跨境苗语处置句对比·················291
　　四　中泰跨境苗语判断句对比·················299
　　五　中泰跨境苗语双宾句对比·················303

## 第六章　中泰跨境苗语对比的宏观审视·············308
　第一节　中泰跨境苗语的主要共性·················308
　　一　中泰苗语的音系及韵律共性·············308
　　二　中泰苗语都属于分析性语言，但具有非分析性的特征·····310
　　三　中泰苗语都是话题优先型语言·········314
　　四　中泰苗语共存的某些语序符合或违反某些普遍现象·····320
　　五　中泰苗语与国内其他V-O型语言的语序共性和个性·····323
　　六　中泰苗语的核心词类都是动词·········326
　　七　中泰苗语都受到汉语的深度影响·····328
　第二节　中泰跨境苗语的主要差异·················333
　　一　中泰跨境苗语语音系统的主要差异·····333
　　二　中泰跨境苗语分析性程度存在差异·····339
　　三　中泰跨境苗语量词的功能差异·········343
　　四　中泰跨境苗语的语序差异·················345
　　五　中泰跨境苗语的特殊句式存在差异·····350
　　六　中泰苗语的语言特征已经出现不同的分化·····355

**结语** ·················································· 362
    一 本书的创新之处 ································ 362
    二 关于中泰苗语对比研究的几点体会 ················ 365
    三 基于"中泰苗语对比研究"提出的对策或建议 ········ 367
    四 存在的不足 ···································· 368

**附录** ·················································· 369
    附录一 泰国苗族访谈录 ···························· 369
    附录二 中国云南文山州马关县岩头寨苗族访谈录 ······ 372
    附录三 泰国苗语长篇语料 2 篇 ···················· 377
    附录四 泰国苗语自然话语材料 3 则 ················ 381
    附录五 泰国绿苗苗歌 ······························ 386
    附录六 中国文山青苗苗语民间故事 ·················· 387
    附录七 中泰跨境苗语词表 ·························· 390
    附录八 泰、中苗族照片 ···························· 420

**参考文献** ·············································· 425
**后记** ·················································· 432

# Table of Contents

**Chapter 1　introduction** ·················································· 1
  1. The Value of Comparative Research on the Miao Language in
　　China and Thailand ······················································ 3
  2. Summary of Cross Border Research on the Miao Language in
　　China and Thailand ······················································ 6
    1. Summary of the Comparative Research on the Miao Language in
　　　China and Thailand ·················································· 6
    2. Summary of Research Conducted on the Miao Language Varieties
　　　Located in China ···················································· 8
    3. Summary of Research Conducted on Varieties of Miao Located
　　　Outside of China ··················································· 20
    4. Summary of Cross-border Linguistic research ···················· 27
  3. Research Design ························································ 27
    1. Theory ································································ 27
    2. Methods ····························································· 29
    3. Data ································································· 29
**Chapter 2　The Miao of China and Thailand** ···················· 32
  1. The Miao of Thailand ················································· 33
    1. The Geographical Distribution of Miao in Thailand ············· 33
    2. The Origin of Thailand's Miao ····································· 35
    3. The Culture and Society of Thailand's Miao ···················· 37
  2. The Situation of Language Use of the Miao in Thailand ·········· 49
    1. The Miao People all Use Their Mother Tongue, Only Some
　　　Understand Written Miao ········································· 49
    2. There Exists a Generational Difference in Words Used in Oral
　　　Literature as well as the Way This Literature Is Passed On ····· 52
    3. Generational Differences in the Usage of Miao ·················· 53
    4. A Survey of Language Attitudes Amongst the Miao of Thailand ········ 54

3. The Miao of China ································································ 56
   1. The Miao of China ································································ 56
   2. The Miao Language Found in China ······································ 57
   3. An Analysis of the Case Study of Miao Used in Yunnan's Wenshan Prefecture, Maguan County, Yantou Village ················ 58
4. The Similarities and Differences Between Miao Language Use in China and Miao Language Use in Thailand ···················· 74
   1. The Similarities of Miao Language Use in China and Miao Language Use in Thailand ···························································· 74
   2. The Differences of Miao Language Use in China and Miao Language Use in Thailand ···························································· 76
   3. Thoughts on the Situation of Miao Language Use in China and Thailand ······································································· 77

## Chapter 3   A Comparison of the Sounds of Miao Found in China and Thailand ································································ 79

1. The Phonological System of Thailand's Miao ······························ 79
   1. The Phonological System of Nanfu Miao ································ 79
   2. The Phonological System of Dafu Miao ································· 87
2. The Phonological System of China's Miao ·································· 92
   1. The Phonological System of Wenshan Miao ··························· 92
   2. The Phonological System of Taijiang Miao ··························· 100
   3. The Phonological System of Xiangxi Miao ··························· 101
3. Comparing the Sound Systems of Miao found in China and Thailand ································································· 102
   1. Comparing the Initials of Miao Found in China and Thailand ········ 102
   2. Comparing the Finals of Miao Found in China and Thailand ········ 116
   3. Comparing the Tones of Miao Found in China and Thailand ········· 136

## Chapter 4   A Comparison Miao Cognates Found in China and Thailand ································································ 141

1. The Method for Comparing Miao Cognates from China and Thailand ···································································· 141
   1. Methodology for Cognate Comparisons ································ 141
   2. Criteria for Determining Cognate Status ······························· 142
2. The Comparisons of the First Hundred Core Vocabulary Items ··· 145
   1. A Comparison Between the First Hundred Core Vocabulary Items

of Nanfu and Wenshan Miao ················································· 145
　　2. A Comparison Between the First Hundred Core Vocabulary Items
　　　of Nanfu and Taijiang Miao ··················································· 147
　　3. A Comparison Between the First Hundred Core Vocabulary Items
　　　of Nanfu and Xiangxi Miao ··················································· 151
　　4. Summary of the Comparison of the First Hundred Words ············ 156
　3. The Comparisons of the Second Hundred Core Vocabulary
　　Items ···················································································· 157
　　1. A Comparison Between the Second Hundred Core Vocabulary
　　　Items of Nanfu and Wenshan Miao ········································· 157
　　2. A Comparison Between the Second Hundred Core Vocabulary
　　　Items of Nanfu and Taijiang Miao ·········································· 160
　　3. A Comparison Between the Second Hundred Core Vocabulary
　　　Items of Nanfu and Xiangxi Miao ·········································· 164
　　4. Summary of the Comparison of the Second Hundred Words ········ 168
　4. A Comprehensive Analysis of the Two Hundred Core
　　Vocabulary Items Used in China and Thailand ······················· 169

## Chapter 5　A Grammatical Comparison of Miao Varieties found in China and Thailand ················· 172

1. A Comparison of Word Development in China and Thailand ······· 172
　1. Similarities ·········································································· 173
　2. Differences ·········································································· 175
2. A Comparison of Parts of Speech between Miao Varieties in
　China and Thailand ································································ 179
　1. A Comparison of Nouns ······················································· 179
　2. A Comparison of Deitic Words ············································· 188
　3. A Comparison of Numerals ··················································· 192
　4. A Comparison of Quantifiers ················································ 202
　5. A Comparison of Verbs ························································ 212
　6. A Comparison of Adjectives ················································· 227
　7. A Comparison of Adverbial Complements ····························· 233
　8. A Comparison of Adverbs ···················································· 236
　9. A Comparison of Prepositions ·············································· 248
　10. A Comparison of Conjunctions ··········································· 254
　11. A Comparison of Auxiliaries ··············································· 259

3. Word Order in Chinese and Thai Varieties of Miao ·············· 266
   1. Similarities of Word Order between Chinese and Thai Varieties of Miao ································································· 267
   2. Differences of Word Order between Chinese and Thai Varieties of Miao ································································· 269
4. A Comparison Between Special Syntactic Structures in Chinese and Thai Varieties of Miao ······························· 277
   1. A Comparison of Comparative Structures in Chinese and Thai Varieties of Miao ··············································· 277
   2. A Comparison of Passive Structures in Chinese and Thai Varieties of Miao ··················································· 288
   3. A Comparison of Locative Structures in Chinese and Thai Varieties of Miao ··················································· 291
   4. A Comparison of Equative Structures in Chinese and Thai Varieties of Miao ··················································· 299
   5. A Comparison of Double Object Structures in Chinese and Thai Varieties of Miao ··············································· 303

## Chapter 6  A Macro Examination of the Comparison of Miao Varieties located in China and Thailand ······· 308

1. The Basic Similarities Between Chinese Varieties of Miao and Thai Varieties of Miao ·················································· 308
   1. Similarities of the Sounds and Rhyme Schemes Found between Chinese and Thai Varieties of Miao ································ 308
   2. Chinese and Thai Varieties of Miao are both Analytic with Some Non-analytic Characteristics ····································· 310
   3. Both Chinese and Thai Varieties of Miao are Topic Prominent ········ 314
   4. On Whether or not Some Shared Syntactic Structures between Thai and Chinese Varieties of Miao Match Greenberg's Language Universals ··························································· 320
   5. On Differences and Similarities between Miao VO Structure and the VO structure of other VO languages found in China ·············· 323
   6. How Miao Core Words are all Verbs ································ 326
   7. Both Chinese and Thai Varieties of Miao Have Been Deeply Influenced by the Chinese Language ································ 328

2. The Primary Differences between Chinese Varieties of Miao
      and Thai Varieties of Miao ·················································· 333
      1. Primary Sound System Differences ································· 333
      2. Differences in the Degree to which Chinese and Thai Varieties of
         Miao Are Analytic ······················································ 339
      3. Differences in the Function of Measure Words ··················· 343
      4. Differences in Word Order ············································ 345
      5. Differences in Special Syntactic Varieties ························· 350
      6. Divisions in Language Characteristics have Already Emerged ········ 355
**Conclusion** ······································································· 362
   1. The Contribution of This Present Work ······························ 362
   2. Lessons from Experience in Researching Chinese and Thai
      Varieties of Miao ··························································· 365
   3. The Suggestions which Emerged from the Current Research
      Project ······································································· 367
   4. Areas Which Need Further Improvement ···························· 368
**Appendices** ······································································· 369
   1. A Record of the Interviews Conducted in Thailand ················ 369
   2. A Record of the Interviews Conducted in Yunnan's Wenshan
      Prefecture, Maguan County, Yantou Village ························· 372
   3. Language Data from Thailand ·········································· 377
   4. Natural Language Material from the Thai Miao ···················· 381
   5. Songs of Agriculture from the Thai Miao ···························· 386
   6. Folk Stories from the Wenshan Miao ································· 387
   7. Wordlists ···································································· 390
   8. Pictures of the Miao in China and Thailand ························· 420
**Bibliography** ····································································· 425
**Postscript** ········································································· 432

# 第一章　绪论

本书是国家社科基金一般项目"中泰跨境苗语对比研究"（批准号：10BY0082）的结题成果，该项目结题等级为"优秀"（结题证书号20150856）。本课题立项后课题组成员即开展了中、泰苗语的调查，取得了大量的资料。由于这是一个全新的课题，过去对泰国的情况所知甚少，加上苗语十里不同音，不仅中国的苗语和泰国的苗语存在差异，甚至同一村寨也存在代际差异，这个情况给我们的调查增加了难度。

该课题在实施中涉及两个关键的问题：一是调查点的选择，二是语料的可靠性。在调查点的选择上，既要考虑跨境分化形成的差异，又要考虑跨境分布与方言分化形成的双重差异。苗语分为湘西方言、黔东方言、川黔滇方言三个方言。泰国苗语属于川黔滇方言川黔滇次方言。泰国苗语与川黔滇方言川黔滇次方言的差异是跨境分布形成的差异，与湘西方言、黔东方言的差异是方言差异与跨境差异双重差异的叠加。也就是说，泰国苗族是在苗语分化为湘西方言、黔东方言、川黔滇方言三个方言之后，才迁移出境的，形成跨境分布的苗族只有操川黔滇方言川黔滇次方言中自称为"蒙"（$moŋ^{55}$）的支系，这个支系只是我国苗族几十个支系中的一个支系。这一点可以通过包括泰国苗族在内的境外苗族都自称为"蒙"（$moŋ^{55}$），并被泰国、老挝、缅甸、越南等境外苗族所在国定为"蒙族"或"赫蒙族"来证实。因此，若要体现中泰苗语的跨境差异，我们必须从川黔滇方言川黔滇次方言中选点来与泰国苗语对比，通过这二者的对比，我们可以看到不超过三百年的分化时间里形成了哪些跨境差异。若要体现跨境差异与方言差异的叠加，我们还需要将泰国苗语与黔东苗语和湘西苗语进行对比，通过泰国苗语与黔东苗语和湘西苗语的差异，我们能够观察到在跨境差异与方言差异形成的双重差异中，是跨境差异大于方言差异，还是跨境差异小于方言差异；制约中泰苗语差异度的主要因素是跨境分布，还是分化时间。基于这两个考虑，我们决定从泰国苗语、川黔滇方言川黔滇次方言、黔东方言、湘西方言各选一个代表点，通过这四个点的比较，尽可能详尽地揭示跨境差异、跨境差异与方言差异叠加形成的双重差异，为学界认识中泰跨境苗语两种不同的差异类型提供帮助。

确定了四个代表点之后，我们首先选择泰国苗语的调查点。泰国苗族自称"蒙"（moŋ⁵⁵），有绿苗（moŋ⁵⁵ntsua⁵⁵）、白苗（moŋ⁵⁵tḷəu⁵⁵）、花苗（moŋ⁵⁵lɦen²²）三个支系。绿苗和白苗人数较多，花苗很少，总人数达15万余人，分布在泰国北部12个府的253个村庄①。2009年1月至10月，作者调查了泰国清莱府、达府的苗语，从调查中获知，泰国的苗族说绿苗苗语和白苗苗语两种支系语言，这两种支系语言语音和词汇稍有差异，但不影响通话，语法一致。为此，我们选择了使用人口较多的绿苗苗语作为主要的研究对象。2009年11月至2012年6月，作者先后6次调查了泰国清莱府、达府、难府、帕夭府等府的青苗苗语。调查时间较长的有两次：一次是调查达府绿苗苗语，时间为3个月；另一次是调查难府绿苗苗语，时间为4个月。通过调查发现，这四个点的绿苗苗语通解度较高，虽然语音稍有差异，但完全不影响通话。因此，泰国苗语只要选择一个主要调查点就能够基本反映泰国苗语的语言结构情况。考虑到科研条件，我们选取难府播县巴岗镇恢宏村为主要调查点，作为泰国绿苗苗语本体全面描写的语料来源。

确定了泰国绿苗苗语的调查点之后，下一步要做的是从川黔滇方言川黔滇次方言中选取与泰国绿苗苗语最具可比性的调查点。从泰国苗族的出境地点看，云南东南部的文山州是苗族离开中国的一个重要出口。为此，我们选取位于中越边境的云南省文山州马关县都龙镇金竹村岩头寨作为调查点。岩头寨是青苗聚居寨。这个寨的苗族自称"青苗"（moŋ⁵⁵sʅ⁵⁵），所说的苗语属于川黔滇次方言第一土语，这里的苗语与泰国苗语的分化时间不超过300年，考察这两个点的苗语，能够观察跨境对苗语变异产生的影响。

境内苗语的其他两个方言，黔东方言我们选取台江苗语作为苗语代表点，湘西方言我们选取矮寨苗语作为代表点。这样，文中的四个主要调查点是：泰国难府苗语，中国云南文山苗语、贵州台江苗语、湖南矮寨苗语。这四个点，一个点代表跨境苗语，另外三个点代表中国苗语三个方言，既有跨境性又有全面性，能体现中泰苗语的基本特点。

语料的可靠性是本课题的立足点。2013年12月8日以后，该课题又做了两次补充调查，并做了语音实验。一次是2014年1月13日至2月16日，作者赴泰国难府巴岗镇恢宏村调查，当时正值泰国动乱，在泰国调查具有较大的安全风险。另一次是2014年7月11日至8月7日，作者再赴云南省文山壮族苗族自治州马关县都龙镇金竹山村岩头寨调查。这两次调查的目的是核实和增补语料，用praat软件做语音分析，验证语料的可信度。除

---

① 刘向阳. 泰国的苗族人口与经济变迁［J］. 东南亚之窗，2010（2）：25-29.

了泰国难府苗语语料（在下文的语料对比中简称"难府"）可信度高之外，其他点的语料也具有较高的可信度。泰国达府绿苗苗语（在下文的语料对比中简称"达府"）为作者在泰国和中国昆明、北京调查所获得。湘西矮寨苗语（在下文的语料对比中简称"矮寨"）是作者的母语，书中语料大多为作者自省和调查所得的第一手材料，少量的例句和音系引自《湘西矮寨苗语参考语法》，文中已标注。贵州台江苗语（在下文的语料对比中简称"台江"）的音系、语料，均引自姬安龙博士的《苗语台江话参考语法》[①]，他是台江苗语的母语人，长期做苗语研究，是一位有功底的苗族语言学家。

本书旨在揭示中泰跨境苗语的结构特点和使用现状，对比分析泰国苗语与中国苗语的异同关系，深化跨境苗语及跨境语言的认识。在绪论这一章里，主要介绍中泰跨境苗语对比研究的意义、中泰跨境苗语的研究成果、本书的调查研究方法、语料来源等问题。

## 第一节 中泰跨境苗语对比研究的意义

中泰跨境苗语对比研究的意义是多方面的，既有语言学方面的，又有文化、社会方面的。主要有：

**一 有助于拓宽视野，发现研究单一方言或国内方言未能发现的问题，看到一个群体在脱离了其主体后语言本体所发生的变化**

苗族是一个跨境民族，境内外的苗族大多保留自己的母语。苗语的差异既有方言差异又有跨境差异。跨境差异是由于国家的因素而产生的语言变异，是苗语的一种社会变体。跨境语言产生的语言变异，既不同于语言的历时变异，也不同于方言的共时差异，有其自身的对应规律。

从中泰跨境苗语的对比研究中，我们能够获取大量有关泰国苗语的语料，从中看到哪些差异是方言差异，哪些差异是跨境差异，方言差异和跨境差异的区别是什么，产生差异的原因是什么，300 年的分化时间会使泰国苗语在语音、词汇、语法上产生哪些变化，中泰跨境苗语演化的趋向是什么，分化的速率有多快等问题。这些问题的解答有助于深化对语言差异不同类型的认识，有助于拓宽语言研究的学术视野，这是研究单一方言或国内方言比较难以取得的认识。

---

① 台江苗语的语料和音系均引自姬安龙的《苗语台江话参考语法》，云南民族出版社 2012 年版。转引得到姬安龙博士的同意和支持，在此特别说明，深表谢意。书中关于台江苗语的错误，概由本书作者负责。

## 二 对跨境语言的研究以及语言学的理论建设具有一定的参考价值

我国有34种跨境语言，每一种跨境的情况各有不同。有跨国的数量之别，如：怒语只跨中国和缅甸两国；苗语跨中国、越南、老挝、泰国、缅甸、美国、澳大利亚、法国等多个国家。有通解度的高低之别，如：泰国的阿卡语与中国的哈尼语，通解度不高，两国居民初遇一起不能马上对话；而中国文山的苗语与泰国的苗语通解度较高，两国苗族人遇到一起，经过一段时间的适应就能够互相通话。有归属之别，有的跨境语言已演变成不同的语言，有的则仍属于同一语言的不同方言。如中国的京语和越南语，虽有共同的来源，也有相同的基本特点，但已存在较大差异，且名称不同，可以认为是有亲缘关系的、比较接近的不同语言。而分布于越、老、泰、缅、美、澳大利亚、法等多国的苗族，与中国文山苗族可以通话，且都自称为"蒙"（Hmong），彼此间有很高的族群认同度，因此境外苗语也属于川黔滇方言的川黔滇次方言。有跨境时间的长短之别，有的分化时间长，有的分化时间短。如：泰语与傣语分化时间有1000多年，而泰国的苗语与中国的苗语分化时间至多300年。

复杂多样的跨境语言是语言研究的重要资源，但目前跨境语言的研究还是语言学中的一个薄弱环节，跨境语言的研究成果很少。跨境苗语是我国跨境语言中的一种类型，中泰跨境苗语对比研究不仅能够为中老、中越、中缅、中美等跨境苗瑶语对比提供借鉴，也能够为其他跨境语言研究提供参考。

跨境语言研究是语言研究中的一个重要分支学科，从跨境苗语的对比研究中，我们能够获取大量有关语言演变规律的语料，这对语言学的理论建设是有益的。

## 三 跨境苗语的对比研究对汉藏语的历史比较具有补充的作用

跨境苗语对比研究既有共时的异同描写，也有历时的来源分析。由于书中所有的语料均来自田野调查所获得的第一手材料或母语人自己撰写的博士学位论文，因此，语料具有较高的可信度。苗语跨境的对比研究，为我们展示了经过不到300年的分化，泰国苗语的基本特点有哪些，哪些特点是发生学上的原始苗瑶语固有特点的保留，哪些特点是由于跨境分布与所在国主体民族语言接触而产生的创新，哪些特点是由于方言分化所产生的差异，核心词被借词替代在中泰苗语中有何不同，语言接触会使哪些语言结构发生变化，等等。这一系列语言现象的描写分析，能够加深学界对跨境苗语共时特征和历时演变的认识，为汉藏语系的历史比较提供真实的语言个案，而汉藏语历史比较的不断推进依赖于语言比较研究的个案积累。

比如通过中泰跨境苗语的比较，我们看到泰国苗语与中国文山苗语在语音、词汇和语法上的基本特点是一致的：都保留了苗语的鼻冠音、第四调和第六调合并；核心词基本相同；语法上构词法、语序基本相同。这说明 300 年的跨境分化时间不足以改变语言的基本特征。但我们也发现了中泰跨境苗语的一些不同点，如：泰国难府较好地保留了与 SVO 语序相和谐的"中心语+修饰语"语序，而文山苗语由于受到汉语的影响，出现了与 SVO 语序不和谐"修饰语+le$^{44}$'的'+中心语"的语序。文山苗语出现"比"字句，而泰国难府苗语没有"比"字句等。中泰跨境苗语的共性和个性能够补充汉藏语历史比较研究的研究成果。

**四　为研究苗族的历史发展，包括迁徙、分化、融合都会提供语言方面的佐证**

跨境苗语的出现，是由其社会变化引起的，所以可以通过语言的变异为苗族历史变迁的研究提供佐证。

苗族是一个不断迁徙的民族。苗族现在的分布格局是经过四次大的迁徙形成的。第一次大迁徙是，苗族的先祖蚩尤与炎黄部落逐鹿中原战败后，由黄河下游和长江下游之间的平原地带向长江中游地区迁徙，形成"三苗"部落集团。第二次迁徙是，经过尧、舜、禹的不断征战，西周对"荆蛮"的多次用兵和楚国势力的扩张，包括苗族先民在内的"三苗"集团，由长江中游地区进入武陵、五溪地区，即今湘西、黔东、川东南、鄂西一带。第三次大迁徙是，秦汉至唐宋时期，苗族由武陵、五溪地区向西、向南迁徙，向西进入川南和贵州大部分地区，有的经过川南和黔西北开始进入云南。向南迁入湘西南和广西，有的由桂北进入黔南。第四次大迁徙是，元、明和清前期，苗族继续从武陵、五溪迁入贵州、广西，并从贵州、广西及川南进入云南。经过这四次迁徙，国内苗族的分布格局基本形成[①]。明末清初，苗族继续迁出中国进入东南亚。20 世纪 70 年代，由于战争原因，作为难民迁往欧美国家。形成了跨东南亚、欧美的分布格局。

苗族的迁徙史既是苗族分化的历史，也是与其他民族融合的历史。在中国境内迁徙，体现在语言上，就是产生地方变体，分化为不同的方言土语。迁出境外，则形成跨境语言。苗族的迁徙、分化、融合会在语言上留下痕迹。如通过第一、二百核心词的同源比较，发现泰国难府苗语与中国文山苗语的同源词比例远比台江和矮寨两个点高，这可以证明"云南省东

---

① 详见伍新福. 论苗族历史上的四次大迁徙 [J]. 民族研究，1990（6）：103-110.

南部，包括文山州、红河州，是绝大多数苗族人离开中国，进入越南的出口通道"①是有道理的。由泰国难府苗语没有差比标记"比"，而中国苗语有，我们可以推测出泰国苗族迁移出境的时间大约是明末清初，因为汉语差比标记"比"是在明末清初才大量使用的，泰国苗语没有接受汉语差比标记"比"影响的时间条件。从被动标记、判断标记、差比句标记三个方言不同源以及处置句发展的不平衡，我们可以推断出这些特殊句式是在苗语分化为三个之后才产生的。可见中泰跨境苗语对比研究可以为苗族迁徙、分化提供语言方面的一些佐证。

**五  对如何正确处理跨境民族的语言使用和文字使用以及文化教育的发展能够提出语言方面的帮助**

中国和泰国都是多民族的国家，在民族构成上与我国有较多的相似点。泰国有三十多个民族。泰族为主体民族，占全国人口总数的75%，华族占14%，马来族占2.3%，苗、阿卡、拉祜、傈僳等山地民族所占比例不到10%。中泰跨境的民族，除了苗族以外，还有哈尼族（阿卡族）、傣族（泰族）、傈僳族、拉祜族、瑶族（优勉族）、克伦族、克木族、布朗族、佤族（拉瓦族）、德昂族（帕朗人）等多个民族。中泰两国长期以来友好共处，跨境民族和跨境语言都有着千丝万缕的联系。中泰两国的民族关系和语言关系有许多共性，因而，中泰跨境苗语对比研究，有助于解决跨境民族的语言使用和规范问题，有利于跨境民族的相互交流和共同发展，有助于加深对国内跨境民族语言的认识，有助于借鉴不同国家有关跨境民族的语言政策，能够为国家正确处理跨境民族的语言使用和文字使用以及文化教育的发展提供语言方面的参考。

## 第二节  中泰跨境苗语研究综述

中泰跨境苗语对比研究需要参考四个方面的研究成果：一是中泰跨境苗语对比研究成果，二是泰国苗语及境外苗语研究成果，三是中国苗语研究成果，四是跨境语言研究成果。因此，下面对这四个方面的研究成果进行梳理。

**一  中泰跨境苗语对比研究综述**

中泰跨境苗语对比研究是苗语研究的一个薄弱环节，就我们目前掌握

---

① 石茂明. 跨国苗族研究——民族与国家的边界 [M]. 北京：民族出版社，2004：165.

的资料看，没有发现任何研究成果。关于跨境苗语的对比研究，现有的成果也仅见《跨国苗语比较——川黔滇苗语国内与国外的比较》[①]（熊玉有，1993）一篇论文。该文将云南文山和红河一带的青苗苗语与老挝、泰国以及西方国家的青苗苗语，在语音、词汇和语法上做了一些比较。指出了国内苗语和国外苗语在语音上：（1）声母上，国内苗语有声母 w 而国外苗语没有，国内苗语的 w 声母在国外苗语一律说成 v；国外苗语有声母 ml 而国内苗语没有，他认为国外苗语的声母 ml 在国内消失了；国外苗语有舌尖后塞音声母 ṭ、ṭh、ṇṭ、ṇṭh 而国内苗语没有，国外苗语读作 ṭ、ṭh、ṇṭ、ṇṭh 的声母在国内苗语一般读作舌尖后塞擦音声母 tṣ、tṣh、ntṣ、ntṣh。（2）韵母上，二者的区别在于国内苗语有专门用于拼读汉语借词的韵母而国外苗语没有，因此国内苗语的韵母有 22 个，而国外苗语的韵母只有 12 个。（3）声调上，国外苗语与国内苗语的调类和调值相同。在词汇上：（1）借词系统有差别。国外苗族迁出中国以前的共有老借词在语音、语义产生了差别；迁出中国之后，国外苗语和国内苗语出现了来源不同的借词。（2）国外苗语与国内苗语出现了不同的创词。（3）一些固有词的使用和语义出现了变化。在语法上的区别有：（1）在构词法上，国内苗语由于受到汉语的影响出现了偏正式结构，而国外苗语仍然保留正偏式；国内苗语有主谓结构的合成词而国外苗语没有。（2）人称代词、数词、副词、量词、动词、疑问词有一些区别。（3）否定句语序、差比标记、极比句的语序、疑问句的语序存在一些差别。该文为读者呈现了国内外苗语在语音、词汇、语法上的一些差别，为后人认识国外苗语与国内文山、红河青苗苗语的差别提供了有价值的参考。且二十多年前，跨境语言研究还是一片尚未开垦的处女地时，作者就已经关注到国内外苗语的差异，这是难能可贵的。但由于该文主要是用举例的形式来说明差别，缺乏系统性和深入性，且没有选出具体的调查点作为比较点，因为国外苗语分布在多个国家，而国内文山、红河一带的青苗苗语也不完全相同，且国内苗语除了文山苗语与红河苗语所属的方言之外还有湘西方言、黔东方言，苗语的跨境差异包含不同的层次，这些都值得我们进一步去研究。

由于没有中泰跨境苗语的任何研究成果，中国语言学界对中泰跨境苗语的认识仅仅停留在与国内苗语的川黔滇次方言较为相似这样一种笼统的认识上。但相似度究竟有多高，相似点和相异点有哪些，语言接触使跨境苗语究竟产生了哪些变异，变异的规律是什么，苗语在不同的国家语言活力如何，分布在不同国家的苗族人对自己母语的认同态度如何，苗语与主

---

[①] 戴庆厦. 跨境语言研究 [R]. 北京：中央民族大学出版社，1993：59-70.

体民族的语言关系如何，等等，这一系列的问题都未能得到解答。这正是本课题立题的必要性。这个课题的完成肯定具有创新性，能够填补这一领域的空白。

## 二　中国苗语研究综述

中国苗语研究在音系研究及古音构拟、语法分析、语义演变、语言接触等领域，都取得了丰硕的成果。分述如下：

### （一）语音研究

苗语语音的重要特点是声母复杂和声调发达，这也是研究苗语的学者的主要兴趣点。从研究内容看，可以分为历时研究和共时研究两个方面。前辈学者在苗语的历时研究领域做出了重要的贡献。张琨的《苗瑶语声调问题》（1947）[①]首次推断出"古苗语有八个调类，其中四个是阴调，四个是阳调。阴阳调的分立是依照声母来源的清浊分的"。这个观点对苗瑶语的声调研究起到了指导性的作用。他的《原始苗语的声母》（1976）[②]拟测了古苗语的 86 个声类，是最早构拟苗语声母的成果。此后，王辅世在苗语古音构拟上发表了系列重要的成果。1980 年，王辅世发表了《苗语的声类和韵类》。该文根据 9 个调查点的对比材料，在张琨先生构拟的古苗语声母的基础上构拟了 121 个古苗语声类的古音，并给每个声类命名；由于还没有找出苗语的韵类，所以 32 个韵类只命名没有构拟古音。该文在苗瑶语学界引起了强烈的反响，毛宗武撰文给予高度的评价，认为"实际上相当一部苗语《广韵》"[③]。八年后，王辅世在《苗语古音构拟问题》（1988）[④]一文中进一步对《苗语方言声韵母比较》所构拟的古苗语进行补充说明。经过十多年的研究，1994 年，王辅世出版了《苗语古音构拟》[⑤]，将古苗语的声类归纳为 130 个、韵类归纳为 30 个，并构拟了古音。三十多年来，尽管学界对王辅世的古苗语构拟褒贬不一，但不可否认的是这部著作代表了苗瑶语历史比较研究的最高水平，从而成为苗瑶语历史比较领域必须关注的重要参考书。吴安其在《汉藏语同源研究》（2002）[⑥]一书中构拟了 76 个古苗语声类、35 个韵类。张、王、吴三人在古苗语声类、韵类构拟上存在较大的差别，由此可见各家构拟方法和观点分歧较大。

---

[①] 该文载《史语所集刊》（第 16 本），1947：94-110.
[②] 张琨. 原始苗语的声母（贺嘉善译）[R]. 民族语文研究情报资料集，1983（3）：28-49.
[③] 毛宗武. 我国苗瑶族语言研究概况. 民族研究动态[C]，1985（3）.
[④] 王辅世. 苗语古音构拟问题[J]. 民族语文，1988（2）：1-8.
[⑤] 王辅世. 苗语古音构拟[M]. 东京：日本东京外国语大学亚非语言文化研究所，1994.
[⑥] 吴安其. 汉藏语同源研究[M]. 北京：中央民族大学出版社，2002.

苗瑶语的古音构拟为本课题提供了诸多借鉴。因为中泰跨境苗语的语音演变必须立足于苗语同源词的古音构拟，从顺向的视角看苗语同源词的古音构拟在现代苗语不同方言和泰国苗语中的读音，从而探寻语音演变的规律。

苗语语音演变的关注点主要有四个：一是声调演变。陈其光《苗瑶语入声的发展》（1979）[①]探讨了元音的长短、塞音韵尾对入声发展的影响。他的《苗瑶语族语言的几种调变》（1989）[②]研究了苗瑶语里有一些声调由于受到声母和韵母元音长短等因素的影响，由原来的调类转变为另一个调类，即发生了调变。他与李永燧、陈克炯合写的《苗语声母和声调中的几个问题》（1959）[③]，探讨了苗语声母的全清、次清和浊音对声调分化的影响以及古苗语鼻冠音声母的分化与声调的关系。杨再彪《现代湘西苗语方言声调演变的几个规律》（1999）[④]通过湘西苗语不同土语点的比较，指出湘西苗语部分阴调发生分化，部分阳调变阴调，入声先于平、上、入走向消失。二是古苗语声母在现代苗语方言中的演变研究。陈其光《古苗瑶语鼻闭塞音声母在现代方言中反映形式的类型》（1984）[⑤]和《苗瑶语浊声母的演变》（1985）[⑥]指出古苗瑶语鼻冠音在现代苗瑶语中演变为16种不同的类型和古苗瑶语浊音声母在现代苗瑶语方言中的读音以及浊声母演变与声调之间的制约关系。王春德《苗语黔东方言清鼻音声类的口音化》（1984）[⑦]和《古苗语声母*mbr在黔东方言的演变》（1992）[⑧]，前文用代际差异证明古苗语的清鼻音声母在黔东苗语北部土语的部分地区已经口音化，后文指出古苗语的*mbr在黔东方言的演变路径：*mbr→消失了闭塞音，保存了鼻冠音和浊连续音→消失了浊连续音，保存了鼻冠音/消失了鼻冠音，保存了浊连续音→鼻冠音由舌尖鼻音演变为舌面鼻音。三是从现代苗语不同土语点的比较看苗语的语音演变。姬安龙《苗语台江话的语音及其发展趋势》（1995）[⑨]把苗语黔东方言台江土语8个点的声韵调进行对比，指出了台江苗语的语音演变趋势：（1）声母简化，送气的鼻音和边音逐渐消失。（2）后鼻音韵尾向鼻化音转化。（3）由于汉语借词的影响，台江苗语增加

---

① 陈其光. 苗瑶语入声的发展 [J]. 民族语文，1979（1）：25-30.
② 陈其光. 苗瑶语族语言的几种调变 [J]. 民族语文，1989（5）：8-14.
③ 李永燧，陈克炯. 苗语声母和声调中的几个问题 [J]. 1983（6）：93-103.
④ 杨再彪. 现代湘西苗语方言声调演变的几个规律 [J]. 贵州民族研究，1999（4）：168-173.
⑤ 陈其光. 古苗瑶语鼻闭塞音声母在现代方言中反映形式的类型 [J]. 民族语文，1984（5）：11-22.
⑥ 陈其光. 苗瑶语浊声母的演变 [J]. 语言研究，1985（2）：203-212.
⑦ 王春德. 苗语黔东方言清鼻音声类的口音化 [J]. 民族语文，1992（2）：13-15.
⑧ 王春德. 古苗语声母*mbr在黔东方言的演变 [J]. 民族语文，1992（1）：49-51.
⑨ 姬安龙. 苗语台江话的语音及其发展趋势 [J]. 民族语文，1995（5）：56-62.

了专门用于拼读汉语介词的声母[z]和韵母[ŋ]等。(4) 由于台江苗族交流的增加和苗文的推行,各点的苗语语音有趋同的演化趋势。谭晓平的《黔东苗语送气擦音的来源》(2012)[①]认为黔东苗语的送气擦音是后起的区域性创新。四是语音系统的裂变。李云兵的《语音变异与裂变:对西部苗语的真实时间观察与显象时间观察》(2014)[②]揭示了西部苗语在1956年至2014年的时间跨度里,声母系统中的小舌音、舌尖后的闭塞音和擦音发音部位迁移,清化鼻音和边音的发音方法迁移,以及韵母的复合元音韵母单元音化,并指出这种音系裂变有可能使川黔滇苗语川黔滇次方言第一土语再分化出新的土语。

苗语语音演变研究给本课题一些启发,研究中泰跨境苗语的语音演变不求面面俱到,而应该抓住特点,从有特点的语音演变中看出中泰苗语语音变化的规律。特别是李云兵 (2014) 所发现的西部苗语音系语音裂变在本书的文山苗语中已有体现。

苗语语音共时描写的研究成果主要有:王辅世的《贵州威宁苗语的声调》(1986)[③]分析归纳了滇东北次方言贵州威宁石门坎苗语的变调规则。李永燧的《罗泊河苗语的音韵特点》(1987)[④]首次指出了川黔滇方言罗泊河次方言苗语的声母和声调的两大特点:"完整保留古苗语的全清、次清和全浊声母;声调不分阴阳,入声并入平声。" 陈其光基于实地调查所得到的第一手材料,在《西家苗语》(2007)[⑤]中也得出了与李永燧相同的结论:属于川黔滇方言罗泊河次方言第一土语的西家苗语还完整地保留古苗语的全清、次浊、全浊三类声母和平、上、去、入四个调类,没有出现浊声母清化和四声的阴阳分化。李云兵在《黔西县铁石苗语语音研究》(1993)[⑥]中,通过对贵州省黔西县铁石苗语的语音系统、来源及特点的描写,解决了该点的归属问题,将其归入川黔滇苗语贵阳次方言西北土语。石德富《排烧苗语的语音特点》(1997)[⑦]将黔东苗语排烧话的语音系统与黔东苗语的其他土语点和其他方言对比,发现该点的苗语语音有些是养蒿苗语语音形式

---

① 谭晓平. 黔东苗语送气擦音的来源 [J]. 中央民族大学学报, 2015 (1): 158-163.
② 李云兵. 语音变异与裂变:对西部苗语的真实时间观察与显象时间观察[J] 民族语文, 2014(6): 37-47.
③ 王辅世. 贵州威宁苗语的声调 [G]. 中国民族语言论文集, 成都:四川民族出版社, 1986: 91-134.
④ 李永燧. 罗泊河苗语的音韵特点 [J]. 民族语文, 1987 (4): 23-33.
⑤ 陈其光. 西家苗语 [J]. 民族语文, 2007 (4): 68-81.
⑥ 李云兵. 黔西县铁石苗语语音研究 [J]. 民族语文, 1993 (6): 29-35.
⑦ 石德富. 排烧苗语的语音特点 [J]. 贵州民族学院学报(哲学社会科学版), 2005 (6): 39-43.

的发展，有的比养蒿苗语更古老，有的朝另一个方向发展。杨再彪的《苗语东部方言土语比较》（2004）①一书是苗语语音共时描写的重要成果。该书不仅系统地描写了苗语东部方言六个点的语音系统，通过不同土语点的语音比较，揭示了苗语湘西方言内部的语音差异以及语言接触对该方言的影响，还提出将苗语湘西方言划分方言、次方言和土语三个层次的新观点，不同于王辅世（1985）②和陈其光（1991）③将湘西方言划分为方言和土语两个层次。戴庆厦、余金枝、杨再彪在《小陂流苗语概况》（2005）④中，描写了湘西小陂流苗族所说的苗语。小陂流苗族原来是土家族，在1900年前转用苗语，民族成分也改为苗族。该点的苗语在语音、词汇、语法上深受汉语的影响，与其他点的苗语难以通话。栗华益的《谷撒苗语的声调特点》（2011）⑤指出了隶属于川黔滇方言罗泊河次方言的谷撒苗语有A、B、C三个调类，古苗语*D调舒化后-k韵尾音节归入今C调，-P、-t韵尾音节归入今A调。古浊塞音、浊塞擦音弱化为浊擦音后，声母清浊的区别特征仍然存在，并增加了"爆发—非爆发"的发音方法区别特征，使得古苗语调类在谷撒苗语中直接保存下来并有新发展。

  语音的共时描写成果是本课题语音研究的基础。我们可以借鉴前人的研究方法，在中泰苗语语音对比中，既关注共时描写的全面性，又关注独特性。

  20世纪90年代之后，出现了借助现代语音实验和大数据研究苗语的成果。实验语音学最早的成果是孔江平《苗语浊送气的声学研究》（1993）⑥，该文借助实验语音学的研究方法，发现黔东苗语的浊送气"在发声类型上属于气嗓音……气音成分贯穿整个韵母。但从语音上看，属于气嗓音韵母，与嗓音韵母形成对立。"陈宏的《大兴苗语的鼻冠音》（2013）⑦运用语图证明湘西苗语大兴话鼻冠音声母构成的音节接近一个半音节，鼻冠音来源于古苗语的鼻音前缀。黄行的《语音对应规律的计量研究方法——苗瑶语方言语音对应规律示例》（1999）⑧一文，首次利用大数据方法研究苗瑶语的同源关系。他认为"客位方言某音类和主位方言的加权对当比率显著高于

---

① 杨再彪. 苗语东部方言土语比较[M]. 北京：民族出版社，2004.
② 王辅世. 苗语简志[M]. 北京：民族出版社，1985：103.
③ 陈其光. 汉藏语概论·苗瑶语[M]. 北京：北京大学出版社，1991：776.
④ 戴庆厦，余金枝，杨再彪. 小陂流苗语概况[J]. 民族语文，2005（5）：68-81.
⑤ 栗华益. 谷撒苗语的声调特点[J]. 中国语文，2011（3）：271-277.
⑥ 孔江平. 苗语浊送气的声学研究[J]. 民族语文，1993（1）：67-71.
⑦ 陈宏. 大兴苗语的鼻冠音[J]. 民族语文，2013（3）：63-66.
⑧ 黄行. 语音对应规律的计量研究方法——苗瑶语方言语音对应规律示例[J]民族语文，1999（6）：18-26.

其随机分布概率，这种差别是两种方言的同源关系造成的。这种方法可以自动建立一种语音对应规律的算法，全面建立和手工比较有一定等效性的苗瑶语方言声、韵、调的语音对应规律系统。"朱晓龙、石德福、韦明应的《鱼梁苗语六平调与三域六度标调制》[①]通过语音实验证明隶属于苗语黔东方言北部土语的鱼梁苗语有 6 个平调 3 个发声态，这是学界首次揭示有 6 个平调的案例。朱晓龙认为鱼梁苗语的声调不适合用五度制来记录，而应该采用他所设计的分域四度制中的三域六度制来记录。

这两篇文章使我们意识到用现代语言学方法研究语音是语音学研究的发展方向。我研究泰国难府苗语和文山苗语声调时，也采用实验语音学的方法对这两个点苗语的声调做出了声调曲线图。

总之，以上这些语音方面的研究成果在一定程度上深化了苗语语音的历时和共时研究，为我的课题"中泰跨境苗语对比研究"打下了一定的基础，有助于我们去开辟新的领域。

（二）语法研究

对苗语语法做全面研究的主要有：张济民的《苗语语法纲要（川黔滇方言）》（1962），对川黔滇方言语法做了初步的描写。王春德的《苗语语法（黔东方言）》（1986）对苗语黔东方言语法做了概述性的描写。向日征的《吉卫苗语研究》（1999）和罗安源的《松桃苗语语法》（2002）分别选用"吉卫"和"松桃"两个不同的调查点，对苗语湘西方言语法的基本特点做了分析描写。由于这两点在语音、词汇和语法上都非常接近，所以这两本语法著作所描写的语法现象较为相近。曹翠云在苗语和汉语语法比较上着力较多。她的著作《苗汉语比较》（2001）从苗汉语关系的视角，对苗、汉语的语音、词法、句法做了全面的对比，揭示了苗汉两种语言在语音、词法和句法上的异同。她与张永祥合著的《苗语与古汉语特殊语句比较研究》（2005），将苗语与《诗经》和《楚辞》中共同存在的特殊句式进行比较，进一步深化了苗语与古代汉语之间有接触关系的认识。余金枝的《湘西矮寨苗语参考语法》（2011）和姬安龙的《苗语台江话参考语法》（2012）是 21 世纪以来新出版的两部研究苗语湘西方言和黔东方言的语法专著，其特点是比较系统、全面，对一些有特点的苗语语法现象着笔较浓，反映了苗语语法研究的进步。此外，涉及苗语语法的研究成果还有：王辅世《苗语简志》（1985）[②]、陈其光《汉藏语概论·苗瑶语篇》（1991）[③]、《汉藏语概

---

[①] 朱晓龙、石德福、韦明应. 鱼梁苗语六平调与三域六度标调制 [J]. 民族语文，2012（4）：3-12.

[②] 王辅世. 苗语简志 [M]. 北京：民族出版社，1985.

[③] 陈其光. 汉藏语概论·苗瑶语篇（下册）[M]. 北京：北京大学出版社，1991：601-806.

论·苗瑶语篇》(2003)[①]，罗兴贵和杨亚东合著的《现代苗语（川黔滇方言）概论》(2004)，陈宏《贵州松桃大兴镇苗语研究》(2009)[②]等。

词类研究中，量词、名词前缀、状词是热点，成果较多。王辅世的《威宁苗语的量词》(1957)[③]，从量词的类型与形态变化、量词的语用功能、量词和指示词数词的关系等多个角度对隶属于苗语川黔滇方言滇东北次方言的贵州威宁苗语的量词进行深入分析。30年后，王德光发表《贵州威宁苗语量词拾遗》(1987)[④]对王辅世没有关注到的量词进行补充。王德光发现贵州威宁苗语还有一类体现性别差异的量词，根据语义特点，此类量词可分为三类：普通称、壮美称和指小称。这三类量词男性皆用，而女性只用普通称和指小称，不用壮美称。吴平的《苗语的情状量词初探》(1983)[⑤]发现了黔东苗语中有一类特殊的量词——情状量词，情状量词不仅具有一般量词的计量功能，还兼表物体的状态和发话人的感情色彩。张永祥、曹翠云的《黔东苗语的量名结构》(1996)[⑥]认为黔东苗语的量名结构是词组而不是合成词，其结构关系是"量词（副名词，中心语）+名词（修饰语）"构成的修饰词组。量名结构中的量词较多地保留了名词的特征，是副名词，充当中心语，其后的名词是修饰语。20年之后，李一如（2015）[⑦]从类型学的视角对黔东苗语的量名结构再次进行探讨。罗安源的《从量词看苗汉两种语言的关系》(2002)[⑧]，从量词的视角看苗语与汉语的亲缘关系，他指出：湘西苗语的量词与同时代汉语的量词相比，数量不及汉语多；范围不及汉语广，各个历史时期湘西苗语都借入汉语的量词，因此湘西苗语的量词是在汉语量词的影响下发展起来的。该文的目的是探讨苗语与汉语的亲缘关系，但苗语借入汉语的量词并不能说明苗语与汉语的亲缘关系。

王辅世的《贵州威宁苗语带前加成分的双音节名词的形态变化》(1996)[⑨]把威宁苗语中"前缀+词根"类双音节名词作为本形，也叫肯定型，把"前缀+词根'+前缀+词根"构成四音节名词作为变形，也叫不肯定形，指出名词本形与变形的语义差别是本形表示名词所指物本身，变形所表示

---

① 陈其光. 汉藏语概论·苗瑶语篇 [M]. 北京：民族出版社，2003：507-684.
② 陈宏. 贵州松桃大兴镇苗语研究 [D]. 南开大学博士学位论文，2009.
③ 王辅世. 语言研究 [J]. 1975（2）：75-121.
④ 参见王德光. 贵州威宁苗语量词拾遗 [J]. 民族语文，1987（5）：36-38.
⑤ 吴平. 苗语的情状量词初探 [J]. 贵州民族研究，1983（3）88-96.
⑥ 张永祥，曹翠云. 黔东苗语的量名结构 [J]. 中央民族大学学报，1996（2）：66-71.
⑦ 李一如. 类型学视角下的黔东苗语量名结构. 中央民族大学学报，2015（5）156-165.
⑧ 罗安源. 从量词看苗汉两种语言的关系 [J]. 中央民族大学学报，2002（5）117-124.
⑨ 王辅世. 贵州威宁苗语带前加成分的双音节名词的形态变化 [J]. 民族语文，1996（1）：34-36.

不确定、不明确的事物。变形中的"前缀+词根",前缀是本形前缀的重叠,词根的声母与本形词根的声母相同。王辅世所描写的这类名词结构其实是有语音和谐关系的四音格词,在苗语其他方言中也很常见。易先培的《论湘西苗语名词的类别范畴》(1961)[①]说的是湘西苗语名词前缀对名词语义具有分类功能,使名词的语义类别化。乐赛月在《贵阳花溪区甲定苗语的前加成分》(1979)[②]中指出属于川黔滇方言惠水次方言的甲定话有诸多前加成分,这些前加成分的语音特点是:单音节性、前缀韵母与词根的韵母相同。罗安源的《贵州松桃苗话的冠词》(1980)[③]对湘西方言贵州松桃苗话的 $qʐ^{35}$、$ta^{35}$、$ma^{31}$ 三个冠词的功能进行了分析,认为 $qʐ^{35}$ 有 $qʐ^{35}_1$ 和 $qʐ^{35}_2$ 之分,$qʐ^{35}_1$ 是静物冠词,加在单音节静物名词词根前使之语义明确,$qʐ^{35}_2$ 加在动词词根、形容词词根、量词词根、数词词根之前,使之名词化。冠词 $ta^{35}$ 加在单音节动物名词之前。$ma^{31}$ 是一个独立的虚词——谓冠词,加在谓词性成分前使之名词化。这些冠词的产生与苗语双音节化有关。李云兵的《苗语川黔滇次方言的名词前加成分》(1992)[④]和《论苗语名词前缀的功能》(2002),前文对贵州毕节苗语 15 个名词前缀进行了描写,后文对苗语三个方言名词的前缀进行了对比,认为:"苗语声调越发达,前缀构词功能越弱;声调越不发达,前缀构词功能越强。前缀有限制名词语义的功能。数词、量词、动词、形容词加前缀可以名词化。"余金枝的《吉首矮寨苗语并列复合名词的结构和声调特征》(2004)[⑤]通过对并列复合名词语素排序的量化统计,发现矮寨苗语并列复合名词语素的排列顺序主要受到声调的制约。

王辅世在《威宁苗语的方位词》(1982)[⑥]中指出:威宁苗语的方位词不是名词的附类,而是独立的词类。他将威宁苗语的方位词分为前置方位词、后置方位词、中置方位词、指示方位词等四类,并对每一类方位词的语义功能和句法分布进行了系统的描写分析。

王辅世和王德光在《贵州威宁苗语的状词》(1983)[⑦]中指出:威宁苗语有丰富的状词,用于修饰动词和形容词,并从状词语音特点、与助词连用、状词的形态变化、状词的分类四个方面对威宁苗语的状词进行了深入的描写分析。曹翠云在黔东苗语状词研究上着力很勤,发表了一系列关于

---

① 易先培. 论湘西苗语名词的类别范畴 [J]. 中国语文, 1961 (3): 33-41.
② 乐塞月. 贵阳花溪区甲定苗语的前加成分 [J]. 民族语文, 1979 (3): 199-205.
③ 罗安源. 贵州松桃苗话的冠词 [J]. 民族语文, 1980 (4): 28-35.
④ 李云兵. 苗语川黔滇次方言的名词前加成分 [J]. 民族语文, 1992 (3): 61-65.
⑤ 余金枝. 吉首矮寨苗语并列复合名词的结构和声调特征 [J]. 民族语文, 2004 (1): 26-29.
⑥ 李云兵. 论苗语名词前缀的功能 [J]. 民族语文, 1982 (1): 32-42.
⑦ 王辅世, 王德光. 贵州威宁苗语的状词 [J]. 语言研究, 1983 (2): 192-211.

黔东苗语状词的文章。1961年她发表《黔东苗语状词初探》，这是关于苗语状词研究的第一篇文章，此后陆续《从苗语看古汉语的状词——兼释行道迟迟、夏屋渠渠等》（1984）①、《再论苗语和古汉语的状词——兼释"忳郁邑"、"索胡绳之"》（1995）②、《〈诗经〉特殊语句像苗语新解——兼释明星煌煌、明星晢晢等》（2002）③等系列文章，细致深入地描写了黔东苗语状词的特点，还从《诗经》中找出许多带有状词的例句与黔东苗语的状词对比，揭示苗语与古汉语在状词使用上的诸多共性。李云兵《苗语川黔滇次方言的状词》（1995）④对川黔滇次方言的状词进行语音分类和语义分类，并指出多音节状词存在元音和谐关系。

张永祥《黔东苗语的谓词》（1984）⑤与张永祥、曹翠云《黔东苗语的谓2—体结构》（1984）⑥分析了黔东苗语谓词的语法特征，并将形容词纳入谓词，称之为谓2。余金枝的《湘西苗语述宾结构中的一种特殊类别——"形容词+名词"结构分析》（2009）⑦和石德富、陈雪玉的《黔东苗语形容词在词类中的地位》（2011）⑧对"形容词+名词"做更深一步的研究，余、石二人观点与张永祥基本一致，认为湘西苗语和黔东苗语的形容词与动词在语法特征上有较多共性，都可以带宾语，具有谓词的功能。石德富认为黔东苗语应该属于形容词和动词不分的语言。石德富的《黔东苗语动词的体范畴》（2003）将黔东苗语的体范畴可分为完成体、非完成体和混合体三大类。这三大类又细分为12种，并对这12种体的表示用法逐一描写分析。石德富在《黔东苗语的指示词系统》（2007）⑨中，将黔东苗语的指示词分为定指指示词和疑问指示词两类。定指指示词又分为近指、对指、中指、远指和非呈现指，并对比说明了这些指示词的用法及其异同。向日征《湘西苗语助词的语法特点》（1987）⑩对湘西苗语的结构助词、情貌助词和语气助

---

① 曹翠云. 苗语看古汉语的状词——兼释行道迟迟、夏屋渠渠等 [J]. 贵州民族研究，1984（3）：236-242.
② 曹翠云. 再论苗语和古汉语的状词——兼释忳郁邑、索胡绳之 [J]. 民族语文，1995（4）：26-32.
③ 曹翠云.《诗经》特殊语句像苗语新解——兼释明星煌煌、明星晢晢等 [J]. 中央民族大学学报，2002（6）：102-107.
④ 李云兵. 苗语川黔滇次方言的状词 [M]. 民族语文，1995（4）：63-68.
⑤ 张永祥. 黔东苗语的谓词 [M]. 贵州民族研究，1984（3）：166-175.
⑥ 张永祥，曹翠云. 黔东苗语的谓2—体结构 [J]. 语言研究，1984（2）：69-75.
⑦ 余金枝. 湘西苗语述宾结构中的一种特殊类别——"形容词+名词"结构分析 [J]. 语言研究，2009（1）：117-123.
⑧ 石德富. 黔东苗语形容词在词类中的地位 [M]. 中央民族大学学报，2011（1）：87-94.
⑨ 石德富. 黔东苗语的指示词系统 [M]. 语言研究，2007（1）：110-114.
⑩ 向日征. 湘西苗语助词的语法特点 [M]. 民族语文，1987（2）：43-46.

词的用法进行了描写。她的《湘西苗语的并列四字结构》(1983)①将湘西苗语的四音节结构根据语法功能分为名词性四音节结构、动词性四音节结构、形容词性四音节结构和副词性四音节结构四类。余金枝的《湘西苗语四音格词研究》(2006)②在向日征的研究上有所深化,指出湘西矮寨苗语四音格词的韵律特征是:以重叠手段和二、四音节声调的搭配来体现韵律和谐,结构特征是并列对称,语义特征是表示"概括"义和"增量"义,语法特点是不带修饰语和宾语。其形成机制是相似、对称、羡余、类推等原则,演化方向是与当地汉语的四音格词趋同。

句法结构研究成果主要有:罗安源的《苗语(湘西方言)的"谓——主"结构》(1983)③首次关注到湘西苗语里有"形容词+名词"结构,他认为:形容词起到说明作用,名词是话题,这种语义关系与"主语—谓语"之间的语义关系一致,所以是"谓—主"结构。罗安源所认为的"谓—主"结构,张永祥(1984)、余金枝(2009)、石德富(2012)认为这是"述—宾"结构而非"谓—主"结构。罗安源《苗语句法成分的可移动性》(1987)④认为湘西苗语的主、谓、宾、定、状等句法成分可以移动位置,有前、后两类句法位置。罗安源关注到这一现象十分难能可贵,为后人认识湘西苗语的句法结构提供了参考。但这一说法值得商榷,因为某一个句法成分的位置是不能自由移动的,句法位置的前后分布受到句法关系、语义搭配、韵律和谐等多种因素的制约。余金枝在《矮寨苗语形修名语序的类型学特征》(2004)⑤中关注到湘西矮寨苗语形修名有两种语序,这两种语序在语义焦点和结构松紧上有区别。"名+形"是无标记语序,结构紧,语义焦点在名词;而形名结构必须添加 ma$^{31}$,构成"ma$^{31}$+形+名",是有标记语序,结构松,语义焦点在形容词。她的《湘西苗语被动句研究》(2009)⑥对湘西苗语被动句的句法结构进行了描写,通过与当地汉语、黔东苗语、川黔滇苗语被动标记的比较,认为湘西苗语的被动标记由表示"(打)中"义的动词 to$^{22}$ 语法化而来,而湘西苗语的实义动词 to$^{22}$ "(打)中"借自上古汉语,之后在湘西苗语中平行演化为被动标记。她的《矮寨苗语的差比句》(2012)⑦通过对湘西矮寨苗语差比句"比较结果+差比标记+比较基准"

---

① 向日征. 湘西苗语的并列四字结构 [M]. 民族语文,1983(3):26-32.
② 余金枝. 湘西苗语四音格词研究 [M]. 中央民族大学学报,2006(1):104-111.
③ 罗安源. 苗语(湘西方言)的"谓——主"结构 [M]. 语言研究,1983(1):97-103.
④ 李云兵. 苗语川黔滇次方言的状词 [J]. 民族语文,1987(3):63-68.
⑤ 余金枝. 矮寨苗语形修名语序的类型学特征 [J]. 中央民族大学学报,2004(1):106-109.
⑥ 余金枝. 湘西苗语被动句研究 [J]. 中央民族大学学报,2009(3):107-113.
⑦ 余金枝. 矮寨苗语的差比句 [J]. 中央民族大学学报,2012(2):130-136.

和"pi⁴⁴（比）+比较基准+比较结果"两种语序进行对比，并与黔东苗语、川黔滇苗语、泰国苗语比较，认为湘西矮寨苗语的差比标记pi⁴⁴"比"借自汉语的动词"比"，动词pi⁴⁴"比"在湘西苗语中语法化为介词pi⁴⁴"比"，用作差比标记。pi⁴⁴"比"用作差比标记的时间上限是清代。湘西矮寨苗语pi⁴⁴"比"字句的产生外因是语言接触，内因是苗语的语言系统有与之相似的语序。翼芳（2013）[①]从句式、语义类别和差比范畴的成员等方面对黔东苗语差比范畴进行系统的研究。胡晓东的《白午苗话的反复问句》（2008）[②]认为黔东苗语北部土语的反复问 $S_1{}^{55}S_2{}^x$ 来源于 $S_1{}^{55}a^{55}$（不）$S_2{}^x$。

李云兵《苗语的形态及语义语法范畴》（2003）[③]通过对苗语三个方言的语料分析，提出苗语形态的手段主要有语音屈折、重叠和附加前加成分三种。语音屈折主要分布于量词、代词和指示词上，重叠主要分布在名词、动词、形容词和状词上，附加前加成分主要分布在数词、量词、动词和形容词上。该文的发现有助于深化苗语语法形态的研究。

从上述成果可以看出，苗语语法研究多集中在词类中的量、名词、动词、状词和部分句法结构上，但无论是词类、构词法、还是句法领域，都有诸多空白点。特别是不同方言之间的比较，成果更少。本课题将吸收已有的研究成果，多着力于中泰跨境苗语语法的比较，争取更为深入地揭示中泰跨境苗语的语法差异。

（三）语义演变及词源研究综述

在这一领域取得成果较多的学者是石德富。十多年来，他一直勤耕于苗语的语义演变及词源研究。他的《黔东苗语动词虚化研究》（1999）[④]探讨了黔东苗语动词虚化的语义路径。他的《汉借词与苗语固有词的语义变化》（2003）[⑤]以汉借词"湿""蛋壳""坟"为例说明汉借词引起本语词语义的一次性转移，以汉借词"鞋""平"等词为例分析汉借词引起本语词语义的二次转移，汉借词的引申义又对固有词的语义发生冲击。《苗语身体部位词的本义褪变与词汇链变》（2014）[⑥]，以"肝脏"和"肠子"本义丧失，"头""脚""嘴"词义萎缩为例，指出隐喻和转喻促使这些身体部位词词义发生变化，而这些词本义的丧失或萎缩又引起了词汇系统的调整，使相关语义场的成员词义发生链变。除了苗语词汇的语义演变之外，石德富（2010、

---

[①] 翼芳. 黔东苗语的差比范畴[J]. 贵州民族研究，2013（2）：210-214.
[②] 胡晓东. 白午苗话的反复问句[J]. 民族语文，2008（2）：61-64.
[③] 李云兵. 苗语的形态及语义语法范畴[J]. 民族语文，2003（3）：19-28.
[④] 石德富. 黔东苗语动词虚化研究[M]. 民族教育研究，1999（1）：77-84.
[⑤] 石德富. 汉借词与苗语固有词的语义变化[J]. 民族语文，2003（5）：43-52.
[⑥] 石德富. 苗语身体部位词的本义褪变与词汇链变[J]. 民族语文，2014（4）：40-48.

2011）①还对苗瑶语的"母亲""夫""妻"等亲属称谓词的源流进行了深入的考察，厘清了这些词汇演变的路径和方式。石德福和杨正辉在《黔东苗语人称代词探源》②中指出黔东苗语第一人称单数继承于原始东支苗语，第二、三人称单数和第一人称复数继承于原始苗瑶语，第二人称复数继承于原始苗语支，第三人称代词复数和双数则是黔东苗语的创新。该文是继曹翠云《汉、苗、瑶第三人称代词的来源》（1988）③之后对苗语人称代词来源研究得最为深入的一篇文章。

（四）语言接触

苗语与汉语接触的时间有几千年，苗语的语音、词汇、语法等各个层面都受到汉语的深度影响。关于苗语的诸多研究都不可避免地谈到汉语对苗语的影响，此处只介绍以语言接触为专题的研究成果。苗语中的汉语借词最早的研究成果是应琳的《苗语中的汉语借词》（1962）④，该文探讨借词与固有词的区分方法以及借词对苗语结构系统的影响。李炳泽的《黔东苗语的天干地支》（2003）⑤指出黔东苗语借入汉语的天干、地支，该文对天干、地支的声母、韵母和声调进行了分析。石德富《汉借词与苗语固有词的语义变化》（2003）⑥分析了黔东苗语中的汉语借词冲击本语词，使本语词的词义发生变化，变化的方式有一次性语义转移和二次性语义转移。他的《黔东苗语帮系三等汉借字的形式》（2008）⑦通过中古唇音三等借字在黔东苗语中的读音，赞成轻唇化的条件是介音而不是合口；帮并明三等韵借字在黔东苗语的读音形式及其来源说明上古汉语的重唇三等字有介音 -r 的存在；此外，作者还提出：黔东南地区在被西南官话覆盖之前，可能存在一种比较古老的汉语方言。这一成果体现了汉语与非汉语结合能够深化汉语的研究，从少数民族语言视角看汉语可以得出新的认识。王艳红、毕谦琦的《养蒿苗语汉借词的声调》（2013）⑧收集了黔东养蒿苗语中的500多个汉语借词，分为上古、中古、现代等不同层次，并梳理不同层次的汉借词与相应时代的汉语的声调对应关系，并重点分析了中古汉语借词声调

---

① 石德富. 苗瑶语"母亲"源流考 [J]. 民族语文，2010（5）：43-52.
② 石德富. 黔东苗语人称代词探源 [J]. 语言科学，2014（5）：535-548.
③ 曹翠云. 汉、苗、瑶第三人称代词的来源 [J]. 民族语文，1988（5）：58-61.
④ 应琳. 苗语中的汉语借词 [J]. 中国语文，1962（5）：102-108.
⑤ 李炳泽. 黔东苗语的天干地支 [J]. 民族语文，2003（4）：40-46.
⑥ 石德富. 汉借词与苗语固有词的语义变化 [J]. 民族语文，2003（5）：43-52.
⑦ 石德富. 黔东苗语帮系三等汉借字的形式 [J]. 民族语文，2008（4）：41-50.
⑧ 王艳红，毕谦琦. 养蒿苗语汉借词的声调 [J]. 广西民族大学学报（哲学社会科学版），2013（6）：30-35.

对应例外的现象。王艳红《养蒿苗语、开觉苗语见、溪、群母中古汉语借词的读音类型及其来源》(2014)[①]，揭示了养蒿苗语和开觉苗语的中古汉借词见、溪、群母三等主要读 tɕ，少数读 q 类；非三等主要读 q 类，少数读 f。

除了借词研究外，学者还关注语言接触对苗语语音、词汇、语法的影响。陈其光、田联刚《语言的区域特征》(1991)[②]揭示了同一区域不同语言在语音、语义和语法上的共性特征。如语音上：鼻冠浊闭塞音声母是川、黔、滇毗连地区诸语言的共同特征；地处两广和海南的汉语方言和少数民族语言，都有-p、-t、-k、-m、-n、-ŋ 六个辅音韵尾，两广、海南、黔南地区许多语言的主要元音分长短；从北到南，河州话、五屯话、藏语安多方言、羌语北部方言，在阿尔泰语系语言的影响下没有声调，汉语的声调由北到南声调由少到多。词汇上：类别量词南方多、北方少、西北最少；苗瑶语族大多数地区"河""水"不分，"柴""火"不分，"病""痛"不分，但区分"黄牛"和"水牛""冰"和"雪"。而分布在两广的勉语和畲语正好相反，这与华南汉语完全相同。语法上：副词"先"，形容词"多""少"做状语粤语用于中心语之后，语序与侗台族语言相同。该文对语言接触形成的区域特征进行了全面深入的探索，对本课题的研究有很大的启发。李云兵的《论语言接触对苗瑶语语序类型的影响》(2005)[③]深入分析了语言接触使苗瑶语的固有语序发生了变化。如：由"中心语+领属定语"演变为"领属定语+中心语"语序；优诺语、炯奈语、畲语、勉语已经由"中心语+属性名词定语"演变为"属性名词定语+中心语"语序；苗瑶语多数语言的差比句语序由"比较结果+比较标记+比较基准"演变为"比较标记+比较基准+比较结果"等六种语序发生了变化。同时也指出苗语对汉语语序的渗透，使汉语出现"痛脚""咸盐"的"名词+形容词"语序。戴庆厦、杨再彪、余金枝在《语言接触与语言影响——以小陂流苗语为例》(2005)中[④]揭示湘西小陂流苗语由于受到汉语的深度影响，在语音、词汇和语法上出现向汉语趋同的方向演化。如：借用汉语的虚词，出现了"形容词+结构助词"的新语序，增加了类似于汉语"把"字句的新句式，等等。

---

① 王红艳. 养蒿苗语、开觉苗语见、溪、群母中古汉语借词的读音类型及其来源[J]. 民族语文，2014（2）：20-26.
② 陈其光，田联刚. 语言的区域特征[N]. 中国语言学报，1991-10-12（4）.
③ 李云兵. 论语言接触对苗瑶语语序类型的影响[J]. 民族语文，2005（3）：34-43.
④ 戴庆厦，杨再彪，余金枝. 语言接触与语言影响——以小陂流苗语为例[J]. 语言科学，2005（4）：3-10.

这些语言接触的成果为本课题的相关研究提供了参考。因为，中泰跨境苗语的差异，形成动因与语言接触有关。中泰跨境苗语分别受到不同主体民族语言的影响，从发展趋势看，泰国苗语将与其主体民族的语言泰语形成诸多共性，而中国苗语将与主体民族语言汉语形成诸多共性，两国苗语的差异将越来越大。

### 三　境外苗语研究概述

研究泰国苗语的多为西方学者，泰国本土的学者很少。境外学者对苗语的研究不限于泰国苗语，而是包括泰国苗语在内的境外苗族所说的绿苗苗语和白苗苗语。境外学者把苗族人称为 Hmong 人，把苗语称为 Hmong 语，把绿苗称为 Green Hmong，把白苗称为 White Hmong，而不是称为"苗族""苗语"。下面介绍境外苗语研究的主要成果。

Bertrais、Mottin 和 Lyman 是研究境外苗语的三位先驱者。Yves Bertrais，法国人，生于 1921 年 1 月 30 日，是一位教父。从 29 岁开始就与境外苗族生活在一起，致力于他们的语言和文化研究。他的最大贡献是为境外苗语创制了统一的文字，并创办了苗文报纸和苗语电台，对境外苗语的学习和文化传承起到了至关重要的作用。Mottin, J., 法国人，是一位传教士，从 1973 年开始与泰国苗族生活在一起。他的主要著作是《白苗苗语语法》（*Elements de Grammaire Hmong Blanc*）①。该书共有 61 页，对白苗苗语的构词法、量词、性别的表示法、人称代词、指示代词、形容词和复句等语法单位做简略的描写。Lyman, T. A., 1928 年生，曾任泰国朱拉隆宫大学的特聘教授。在苗语研究方面，著述颇丰。如：《绿苗苗语语法节选与绿苗苗语词汇》（*Excerpts from a Grammar of Green Miao and Green Miao Vocabulary*）②、《绿苗苗语谚语》[*Green Miao (Meo) Proverbs*]③、《英语—绿苗苗语袖珍词典》（*English-Meo Pocket Dictionary*）④、《绿苗苗语中的助词"le"》（*The Particle "le" in Green Miao*）⑤、《浅释"绿苗"》（*Note on the Name "Green Miao"*）⑥、《绿苗苗语语法》[*Grammar of Mong Njua (Green*

---

① Mottin, J. (1978). Elements de Grammaire Hmong Blanc. Bangkok: Don Bosco Press.

② Lyman, T. A. (1965). Excerpts (摘录) from a Grammar of Green Miao and Green Miao Vocabulary. (Unpublished).

③ Lyman, T. A. (1969). Green Miao (Meo) Proverbs. Asia Aakhanee: Southeast Asian Survey 192: 30-32.

④ Lyman, T. A. (1970). English-Meo Pocket Dictionary. Bangkok, Thailand: The German Cultural Institute.

⑤ The Particle "le" in Green Miao. Asia Aakhanee: Southeast Asian Survey 1(1): 1-14.

⑥ Lyman, T. A. (1978). Note on the Name "Green Miao." Nachrichten 123: 82-87.

Miao)]①《绿苗苗语中的"Nzi"》[*The Word "Nzi" in Green Hmong (Miao)*]②、《绿苗及其语言》[The Mong (Green Miao) and Their Language]③、《绿苗苗语中谚语用法的民族—语义浅释》)[*A Note on the Ethno-Semantics of Proverb Usage in Mong Njua (Green Hmong)*]④等。这些研究涉及语音、词汇、语法等多个方面。第二本是 1979 年出版的 Thomas, A. L.的《绿苗苗语语法:一种描写语言学研究》[*Grammar of Mong Njua (Green Miao) A Descriptive Linguistic Study*]⑤,全书仅 56 页。这是唯一一本关于泰国绿苗苗语的语法书。该书对泰国绿苗的分布和语言做了概述,以 7 篇课文来展示泰国绿苗苗语的词类和语法结构,内容非常浅显,未涉及泰国绿苗苗语的本体分析。

境外苗语的研究成果主要是关于白苗和绿苗两个支系的语音、词汇、语义、语法、苗歌、文字、苗语教学、苗语媒体节目等多个领域。其中与本课题相关的主要有以下这些成果:

1. 语法研究

研究境外苗语语法的主要有三本专书和一些论文。第一本是 1978 年出版的 Jean Mottin 的《白苗苗语语法》(*Elements de Grammaire Hmong Blance*)⑥。全书 217 页分为三章,用法文撰写,采用法国的传统语法的术语。第一章对苗文字母、苗语发音、字母表、韵母、声母、声调和变调做了简要介绍。第二章为"句子的结构",作者举例说明了白苗苗语动词的名物化、量词的一些规律、动词的时范畴、形容词、动补结构、肯定和否定、疑问句、被动句、差比句、复句等一些语法现象⑦,全文没有对语法规律进行系统的归纳。第三章是关于宗族、人和人的亲属关系等社会学的内容。

---

① Lyman, T. A. (1979). Grammar of Mong Njua (Green Miao): A Descriptive Linguistic Study. Published by the Author. Wang, F. (1979). The Comparison of Initials and Finals of Miao Dialects. The Research Institute of Nationalities, Chinese Academy of Social Sciences.

② Lyman, T. A. (1987) "The Word Nzi in Green Hmong (Miao)." Linguistics of the Tibeto-Burman Area 10 (Fall 1987): 142-143.

③ Lyman, T. A. (1990). "The Mong (Green Miao) and Their Language: A Brief Compendium." The Journal of the Siam Society 78: 63-65.

④ Lyman, T. A. (2004). "A Note on the Ethno-Semantics of Proverb Usage in Mong Njua (Green Hmong)." In Tapp, N., Michaud, J., Culas, C., and Lee, G. Y. (Editors). Hmong/Miao in Asia. Chiang Mai, Thailand: Silkworm Books, pp. 167-178.

⑤ Thomas, Amis Lyman. (1979). Grammar of Mong Njua (Green Miao): A Descriptive Linguistic Study. The Blue Oak Press.

⑥ Mottin, J. (1978). Elements de Grammaire Hmong Blanc. Bangkok: Don Bosco Press.

⑦ 法文版的《Elements de Grammaire Hmong Blance》,是法国东方研究院的陆黛丽博士帮助翻译的。谨致谢忱。

虽然该书对白苗苗语语法描写粗略，但这毕竟是最早研究境外苗语语法的成果，对后人的研究还是起到了一定的借鉴作用。第三本是 Jarkey, N. 于 1991 年所提交的博士学位论文——《白苗苗语中的连动结构：一种功能途径》（*Serial Verbs Proposition in White Hmong: A Functional Approach*）[①]，该文对连动结构的语法关系和语义关系进行了探讨。论文有：J. W. Fuller 的《苗语中的话题标记》（*Topic Markers In Hmong*）[②]，该文着重分析了苗语的两个话题标记 mas 和 ces 的不同功能。Li, C. 的《绿苗苗语指称转换的来源及功能》（*The Origin and Function of Switch Reference in Green Hmong*）（1989）[③]和《苗语的体》（*The Aspectual System of Hmong*）（1991）[④]。Riddle, E.M.的《苗语中的关系子句标记 Uas》（The Relative Marker Uas in Hmong）[⑤]，该文分析了关系标记 Uas 的功能和句法位置。Jaisser, A. 的《苗语中有问题的一组量词》（*Hmong Classifiers: A Problem Set*）[⑥]，Melton, J.B.的《苗语名量词分析》（*An Analysis of Hmong Noun Classifiers*）[⑦]，Jaisser, A.的《介绍白苗语中带 SIAB 的心理动词搭配结构》（*Delivering an Introduction to Psycho- Collocations with SIAB in White Hmong*）[⑧]Jarkey, N. 的《白苗苗语中的程序与终点》（*Process and Goal in White Hmong*）[⑨]和《白苗苗语中补语从句类型及补语策略》（*Complement Clause Types and Complementation*

---

[①] Jarkey, N. (1991). Serial Verbs in White Hmong: A Functional Approach. PhD Dissertation, University of Sydney.

[②] Fuller, J. W. (1987). "Topic Markers in Hmong." Linguistics of the Tibeto Burman Area 10 (Fall 1987): 113-127.

[③] Li, C. (1989). "The Origin and Function of Switch Reference in Green Hmong." In Language Change: Contributions to the Study of Its Causes, edited by L. E. Breivik and E. H. Jahr, 115-129. Berlin: Mouton de Gruyter.

[④] Li, C. (1991). "The Aspectual System of Hmong." Studies in Language 15: 25-58.

[⑤] Riddle, E. M. (1993). "The Relative Marker Uas in Hmong." Linguistics of the Tibeto-Burman Area 16 (Fall 1993): 57-68.

[⑥] Jaisser, A. (1987). "Hmong Classifiers: A Problem Set." Linguistics of the Tibeto-Burman Area 10 (Fall 1987): 169-176.

[⑦] Melton, J. B. (1991). An Analysis of Hmong Noun Classifiers. Master's Thesis, San Diego State University.

[⑧] Jaisser, A. (1990). "Delivering an Introduction to Psycho-Collocations with SIAB in White Hmong." Linguistics of the Tibeto-Burman Area 13 (Spring 1990): 159-178.

[⑨] Jarkey, N. (2004). "Process and Goal in White Hmong." In The Hmong of Australia: Culture and Diaspora. Eds. Nicholas Tapp and Gary Yia Lee. Canberra, Australia: Pandanus Books, Research School of Pacific and Asian Studies, The Australian National University, 175-190.

*Strategy in White Hmong*）[1]，Moody, W. 的《青苗和白苗苗语方言间的不规则对应表列》(*List of Irregularities of Cooresponedence Existing Between Blue and White Meo Dialects*）[2]，Niederer，B.的《巴哼语和苗瑶语的分类》(*Pa-hng and the Classification of the Hmong-Mien Languages*）[3]，Owensby, L. 的《苗语中的连动结构》(*Verb Serialization in Hmong*）[4]，Riddle, E.M. 的《白苗苗语中的并列结构》(*Parataxis in White Hmong*）[5]，Ratliff, M. 的《Cov,苗语中的未充分诠释及句法灵活性》(*Cov, the Underspecified Noun and Syntactic Flexibility in Hmong*）[6]，等等。

境外苗语的语法研究在研究方法上与国内不同，他们对境外苗语语法点的选择是基于自己的母语——英语。对苗语语法的描写不够深入细致，多用举例的方式对某一语法现象进行说明。有一些语法现象并不一定反映境外苗语的语法事实。即便如此，境外苗语的语法研究成果还是给了很多语法关注点，为我们少遗漏有价值的语法实现提供了帮助。

2. 词汇研究和词典编撰。

词汇研究的关注点主要在名词上。成果不多，主要有：Lee，G.Y. 的《白苗语的亲属词汇及结构》(*White Hmong Kinship Terminology and Structure*）[7]，Ratliff M. 的《原始苗瑶语中与环境及生存相关的词汇》(*Vocabulary of Environment and Subsistence in the Hmong-Mien Protolanguage*）[8]，Strecker, D.

---

[1] Jarkey, N. (2006). "Complement Clause Types and Complementation Strategy in White Hmong." In Robert M. W. Dixon and A. I. U. Aikhenval'd, Eds. Complementation: A Cross-Linguistic Typology. New York: Oxford University Press.

[2] Moody, W. (1967). List of Irregularities of Cooresponedence Existing Between Blue and White Meo Dialects, with texts in Blue and White Meo (Unpublished).

[3] Niederer B. (2004). "Pa-hng and the Classification of the Hmong-Mien Languages." In Tapp, N., Michaud, J.,Culas, C., and Lee, G. Y. (Editors). Hmong/Miao in Asia. Chiang Mai, Thailand: Silkworm Books, pp. 129-146.

[4] Owensby, L. (1986). "Verb Serialization in Hmong." In The Hmong in Transition, ed. by G. L. Hendricks, B. T. Downing and A. S. Deinard, 237-243.

[5] Riddle, E. M. (1989). "Parataxis in White Hmong." Working Papers in Linguistics 39 (December 1990): 65-76.

[6] Ratliff, M. (1991). "Cov, the Underspecified Noun and Syntactic Flexibility in Hmong." Journal of the American Oriental Society 111: 694-703.

[7] Lee, G. Y. (1986). "White Hmong Kinship Terminology and Structure. " In The Hmong World, Editors, Brenda Johns and David Strecker, New Haven, CT: Council on Southeast Asia Studies, pp. 12-32.

[8] Ratliff, M. (2004). "Vocabulary of Environment and Subsistence in the Hmong-Mien Protolanguage." In Tapp, N., Michaud, J., Culas, C., and Lee, G. Y. (Editors). Hmong/Miao in Asia. Chiang Mai, Thailand: Silkworm Books, pp. 147-166.

的《苗语支的分类》（*Classification of Hmongic Languages*）①，Ruey, Y. F.的《苗语亲属系统称谓结构》（*Terminological Structure of the Miao Kinship System*）②，Ruey 的《云泥河源头地区苗支系中亲属称谓的起源及类型》（*On the Origin and Type of Kinship Terminology among the Miao Tribe in the Region of the Sources of the Yungning River*）③，Ratliff, M. 的《在白苗苗语中由两个词构成的状貌词》（*Two-Word Expressives in White Hmong*）④，Donnelly, N.D. 的《苗语中名量词用法初步研究》（*Preliminary Study of Noun Classifier Use in the Hmong Language*）⑤等。这几篇论文使读者了解境外苗族亲属称谓的状况以及名量词的一些用法。但关注的重点是词义，对词的语法功能很少涉及。

编纂词典的大多为欧美人士。第一本苗英词典是 Ernest Heimbach 在 1969 年编写的《白苗—英语词典》（*White Meo-English Dictionary*），第二次更名为《白苗苗语英语词典》（*White Hmong-English Dictionary*）⑥。Thomas Lyman 的《绿苗谚语》[*Green Miao (Meo) Proverbs*]⑦、《英—苗袖珍词典》（*English-Meo Pocket Dictionary*）⑧、《绿苗苗语词典》（*Dictionary of Mong Njua*）⑨，McKibben, B. 的《英语—白苗苗语词典》（*English-White Hmong Dictionary*）⑩，Thoj, L. 的《英语—苗语词典》（*English-Hmong Dictionary*）⑪以及 Edkins, J. 的《苗

---

① Strecker, D. (1981). Classification of Hmongic Languages (Unpublished).

② Ruey Y. F. (1958). Terminological Structure of the Miao Kinship System. Academia Sinica: Bulletin of the Institute of History and Philology 29: 613-639.

③ Ruey Y. F. (1954). On the Origin and Type of Kinship Terminology among the Miao Tribe in the Region of the Sources of the Yungning River. Bulletin of the Department of Archaeology and Anthropology, National Taiwan University 3: 1-13 (in Chinese with English summary).

④ Ratliff, M. (1986). "Two-Word Expressives in White Hmong." In The Hmong in Transition, ed. by G. L. Hendricks, B. T. Downing, and A. S. Deinard, 219-236.

⑤ Donnelly, N. D. (1982). Preliminary Study of Noun Classifier Use in the Hmong Language. Department of Anthropology, University of Washington (Unpublished).

⑥ Heimbach, E.(1969). White Hmony-English Oictionary. Southeast Asia Program Data Paper No. 75. Ithaca, New York: Cornell University.

⑦ Lyman, T.A. (1969). Green Miao (Meo) Proverbs. Asia Aakhanee: Southeast Asian Survey 192: 30-32, 23.

⑧ Lyman, T. A. (1970). English-Meo Pocket Dictionary. Bangkok, Thailand: The German Cultural Institute.

⑨ Lyman, T. A. (1974)Dictionary of Mong Njua, A Miao (Meo) Language of Southeast Asia. The Hague: Mouton.

⑩ McKibben, B. (1992). English-White Hmong Dictionary. Provo, UT: Brian McKibben.

⑪ Thoj, L. (2000). English-Hmong Dictionary: Tsevlu Aakiv Hmoob. San Diego, CA: Windsor Associates.

语方言词汇》(*A Vocabulary of the Miau Dialects*)[1]等。

3. 语音研究

研究境外苗语语音的重要论文主要有：英国 Downer, G.B. 的《白苗苗语中的声调变化及声调转移》(*Tone Change and Tone Shift in White Miao*)[2]和《汉语、台语和苗瑶语》(*Citalics, Thai, and Miao-Yiao*)[3]，Ratliff, M.的博士学位论文——《白苗苗语音调的形态学功能》(The Morphological Functions of Tone in White Hmong[4]) 以及《白苗苗语中某些以声调区别的字组分析》[*An Analysis of Some Tonally Diffferentiated Doublets in White Hmong (Miao)*][5]、《白苗苗语中的声调连读音变的复合结构》(*Tone Sandhi Compounding in White Hmong*)[6]和《白苗苗语中表达意义的声调：在复合词、词类和状貌词短语中的声调形态研究》(*Meaningful Tone: A Study of Tonal Morphology In Compounds, Form Classes, and Expressive Phrases in White Hmong*)[7]，等等。此外还有：Wang, F. 的《苗语方言中的声母和韵尾比较》(*The Comparison of Initials and Finals of Miao Dialects*)[8]，Kwan, J.C. 的《黑苗苗语方言的音系》(*A Phonology of a Black Miao Dialect*)[9]，Huffman, M.K.的《苗语中发声类型测量》(*Measures of Phonation Type in Hmong*)[10]，Oshima, S.的《一个黑苗苗语方言的初步研究：音系》(*Preliminary Study on a Black Miao Dialect:*

---

[1] Edkins, J. (1870). A Vocabulary of the Miau Dialects. The Chinese Recorder and Missionary Journal 3: 96-99, 134-137, 147-150.

[2] Downer, G. B. (1967). Tone Change and Tone Shift in White Miao. Bulletin of the School of Oriental and African Studies, University of London 30: 589-599.

[3] Downer, G. B. (1963). Chinese, Thai, and Miao-Yiao. In Linguistic Comparison in Southeast Asia and the Pacific. H. L. Shorto, ed. London. School of Oriental and African Studies, University of London.

[4] Ratliff, M. (1986). The Morphological Functions of Tone in White Hmong. PhD Dissertation, University of Chicago.

[5] Ratliff, M. (1986). "An Analysis of Some Tonally Diffferentiated Doublets in White Hmong (Miao)." Linguistics of the Tibeto-Burman Area 9 (Fall 1986): 1-33.

[6] Ratliff, M. (1987). "Tone Sandhi Compounding in White Hmong." Linguistics of the Tibeto-Burman Area 10 (Fall 1987): 71-105.

[7] Ratliff, M. (1992). Meaningful Tone: A Study of Tonal Morphology In Compounds, Form Classes, and Expressive Phrases in White Hmong. Dekalb: Center for Southeast Asian Studies, Northern Illinois University.

[8] Wang, F. (1979). The Comparison of Initials and Finals of Miao Dialects. The Research Institute of Nationalities, Chinese Academy of Social Sciences.

[9] Kwan, J. C. (1966). A Phonology of a Black Miao Dialect. Ph.D Oissertation, University of Washington.

[10] Huffman, M. K. (1987). "Measures of Phonation Type in Hmong." Acoustical Society of America. Journal 81 (February 1987): 495-504.

*Phonology*）[1]，Pederson, E.W. 的《在白苗中表强调及状貌的语言》[*Intensive and Expressive Language in White Hmong（Hmoob Dawb）*][2]，Smalley, W.A. 的《苗语的辅音和声调问题》[*The Problems of Consonants and Tone: Hmong(Meo), Miao*][3]，Jarkey, N. 的《白苗苗语中两个齿龈塞音的调查》(*An Investigation of Two Alveolar Stop Consonants in White Hmong*)[4]，Johns, B. and D. Strecker 的《苗语复杂结构的词汇及音韵来源》(*Lexical and Phonological Sources of Hmong Elaborate Expressions*)[5]，Golston, C. and Yang，P. 的《白苗苗语中的借词音系》(*White Hmong Loanword Phonology*)[6] 等。这些成果对我们了解境外苗语的语音系统以及与中泰苗语语音的异同有一定的帮助。

4. 其他研究

除了语音、词汇、语法的研究成果以外，还有其他领域的研究成果。如：Purnell, H.C. 的《原始苗瑶语构拟》(*Toward a Reconstruction of Proto-Miao-Yao*)[7]，Downing, B.T. and J.W. Fuller 的《苗族姓名：在双语上下文中的变化及变异》(*Hmong Names: Change and Variation in a Bilingual Context*)[8]，Derrick-Mescua, Metal 的《苗语中的某些秘密语言》(*Some Secret Languages of the Hmong*)[9]，Hudspeth, W.H. 的《花苗苗语》(*The Hwa Miao*

---

[1] Oshima, S. (1971). Preliminary Study on a Black Miao Dialect: Phonology. The Annual Report on Cultural Science 28: 27-48.

[2] Pederson, E. W. (1985). Intensive and Expressive Language in White Hmong (Hmoob Dawb). Master's Thesis, University of California, Berkeley.

[3] Smalley, W. A. (1976). The Problems of Consonants and Tone: Hmong (Meo, Miao). In Phonemes and Orthography: Language Planning in Ten Minority Languages of Thailand, William Smalley, ed. pp. 85-123. Canberra, Australia: Linguistic Circle of Canberra.

[4] Jarkey, N. (1987). "An Investigation of Two Alveolar Stop Consonants in White Hmong." Linguistics of the Tibeto-Burman Area 13 (Spring 1987): 159-178.

[5] Johns, B. and D. Strecker (1987). "Lexical and Phonological Sources of Hmong Elaborate Expressions." Linguistics of the Tibeto-Burman Area 10 (fall 1987): 106-112.

[6] Chris Golston, Phong Yang. (2001). White Hmong Loanword Phonology.

[7] Purnell, H. C. (1970). Toward a Reconstruction of Proto-Miao-Yao. PhD Dissertation, Cornell University.

[8] Downing, B. T. and J. W. Fuller (1985). "Hmong Names: Change and Variation in a Bilingual Context." Minnesota Papers in Linguistics and Philosophy of Language 10 (April 1985): 39-50.

[9] Derrick-Mescua, Metal. (1982). Some Secret Languages of the Hmong. In the Hmong in the West: Observations and Reports. B. T. Downing and D. P. Olney, eds. pp. 142-159. Minneapolis: Center for Urban and Regional Affairs, University of Minnesota.

Language)①等。英国民族学家薛登化的《泰国境内的泰族》（1932）等，把苗族、瑶族、格良族等民族列为"未分类的民族"。②日本民族学家白鸟芳郎的《东南亚山地民族志》（1978），对苗族、优勉族、傈僳族等其他山地民族做了详细调查。

总的看来，境外苗语的研究虽然做了一些，能够提供一些有用的语料和研究方法，但普遍缺乏深度和系统性，加上研究者均为非母语人，所以在材料的准确性上还存在不同程度的问题，我们在使用这些材料时都持谨慎态度，坚持以自己记录的第一手本土语料为基础，建立我们自己的研究体系。

### 四　跨境语言研究概述

苗语的跨境语言研究是个空白点。"中泰跨境苗语对比研究"中涉及中泰跨境研究内容的主要是借鉴由戴庆厦主编的、中央民族大学"985工程"的跨境语言研究系列丛书《泰国万伟乡阿卡族及其语言使用现状》（2009）、《泰国清莱拉祜族及其语言使用状况》（2010）、《泰国优勉（瑶）族及其语言》（2013）三部著作，其中后两部著作设专章对中泰拉祜语、中泰优勉语的语音、语法进行比较，揭示其异同。这些研究为本书的中泰苗语对比提供了借鉴，且书中的材料绝大多数来自作者的田野调查，具有较高的可信度。这是目前我国跨境语言对比研究可资借鉴的为数不多的成果。

# 第三节　研究设计

## 一　理论指导

（一）历史语言学（Historical linguistics）

历史语言学是研究语言历史发展规律的科学，从时间流逝这个"纵"的方向来探讨语言演变的规律，重在探索亲属语言之间或方言之间的关系。

本书通过对泰国难府、达府，中国文山、台江、矮寨等苗语多个不同方言土语点的比较，探讨跨境苗语在语音、同源词和语法上的演变规律。如通过同源词比较观察古苗语鼻冠音、古韵类、古调类在不同点的演变规律；通过第一、二百核心词分阶的同源比较，求出不同方言土语点在第一、

---

① Hudspeth, W. H. (1935). The Hwa Miao Language. Journal of the West China Border Research Society 7: 104-121.

② 引自陈礼颂. 暹罗民族学研究译丛. 北京：商务印书馆，1946：31-32.

二百核心词上的同源词比例,以观察分化时间对第一、二百核心词同源比例的影响,观察泰国苗语与中国文山苗语、台江苗语、矮寨苗语的亲疏度。

（二）对比语言学（Contrastive linguistics）

对比语言学是现代语言学的一门分支学科,是对不同语言进行比较以求出其异同的一门学科,其研究重点是两种语言之间的差异。

"中泰跨境苗语对比研究",旨在通过中泰苗语对比发现二者的异同,从"同"中发现中泰苗语发生学上的同源关系,从"异"中观察跨境分化、方言分化所产生的语言结构变异。"同"在中泰跨境苗语中是主要的,如S-V-O语序、只有前缀没有后缀、有前置词没有后置词、"名词中心语+形容词修饰语""领属词+名词中心语""助动词+动词"等,重要的结构特点是相同的。"异"是局部的,如鼻冠音的有无、前缀的丰富度、中心语与关系子句的语序、量词有无定指功能、处置句和"比"字句的有无、双宾句中直接宾语和间接宾语的语序等。但我们的研究重点在"异",而不在"同"。对中泰跨境苗语中的"同",我们采用概述法,使读者对跨境苗语的相同点获得框架性的认识。对"异",则采取描写法,不放过我们所发现的任何一个与语言结构有关的差异。尽量把跨境苗语中有价值的语言差异现象揭示出来,以期深化对跨国苗语、跨地区苗语发展层次不平衡性的认识。

（三）语言类型学（Typological linguistics）

语言类型学是当代语言学中的一门分支学科。其基本研究方法是通过跨语言、跨方言的比较,统计、归纳出语言的语序共性,并推理出大量语序之间的蕴含关系。其核心理论是语序之间的蕴含关系和标记理论。现代语言类型学诞生的标志是：1963年,美国语言学家Greenberg发表的《某些主要跟语序有关的语法普遍现象》(*Some Universals of Grammar with Particular Reference to the Order of Meaningful Elements*)。Greenberg抽取欧洲、非洲、亚洲、美洲的30种语言为样本,概括出45条普遍现象,这些普遍现象主要是对语序共性的归纳[①]。此后Dryer、Hawkins等国外众多学者不断地推进语序类型学的发展。我国学者对国内五大语系的语序参项进行了探索,丰富了语序类型学的研究成果。

本书借鉴语言类型学的研究成果,对跨境苗语的12个类型参项进行了考察,并把中泰跨境苗语的语序参项与同为S-V-O语序、前置词型语言的苗瑶族中的其他语言、壮侗语族语言进行对比,以观察跨境苗语的语序参项之间的和谐度,并对不和谐的语序做出自己的解释。

---

① Joseph H. Greeberg. 某些主要跟语序有关的语法普遍现象（陆丙甫、陆致极译）[J]. 国外语言学,1984（2）: 45-60.

## 二 研究方法

（一）田野调查法：从 2009 年开始，作者一直坚持田野调查，获取了泰国苗语和文山苗语的基本语料。

（二）问卷调查法：制定语言态度问卷表、家庭语言情况使用表、400 词测试表，对难府苗语和文山苗语进行问卷调查，以获取其母语使用和母语态度的基本情况。

（三）量化统计法：借鉴陈保亚的"有阶"法，把斯瓦德士 200 核心词分为第一百词和第二百词，对难府苗语、文山苗语、台江苗语、矮寨苗语的同源比例进行量化统计，以观察同源词比例高低与分化时间的关系。对文山岩头寨苗族的语言使用情况进行量化统计，以获取该寨苗语活力的客观认识。

## 三 材料来源

本书的材料分为语言本体材料、语言功能材料和泰国苗族社会人文材料三类。其中语言本体材料是本书的主要材料。

（一）本体语言材料来源

本书主要有 6 个点的语料：

1. 难府苗语语料

共有 15 万字的语料，全为作者调查得到的。包括 1900 多个词汇、2 篇长篇语料、3 则自然会话、1 首苗歌。调查时间分为两段：（1）2012 年 3 月至 2012 年 6 月，主要合作者是泰国难府播县巴岗镇恢宏村的青苗赵天涯先生。（2）2014 年 1 月 13 日至 2014 年 2 月 16 日，主要合作者是泰国难府播县巴岗镇恢宏村的绿苗杨天畅先生（1988 年生）、赵天涯之父（苗语名 mua$^{31}$sq$^{31}$，1968 年生）、陶妹女士（苗语名 me$^{24}$thau$^{53}$，70 岁左右，她不知道自己的出生年月，她的大儿子已有 52 岁）。

2. 达府苗语语料

也为作者调查所得，共有 10 万字的语料。包括 1500 个词汇和词法、句法的所有例句。

工作日程有两个时段：2009 年 10 月 26 日至 2009 年 12 月 3 日，2010 年 4 月 15 日至 2010 年 6 月 12 日，主要合作者是泰国达府小山村的绿苗杨丽芳女士。杨丽芳女士生于 1986 年，是达府小山村土生土长的绿苗，其祖辈、父辈都是绿苗。她从小说绿苗苗语，6 岁入学后才开始学习泰语。大学学的是汉语专业，硕士就读于中央民族大学的对外汉语教学专业。

3. 清莱苗语语料

为作者调查所得。语料有清莱苗语 2000 词，整理了清莱绿苗苗语音系。

工作时间分两段：2010 年 1 月 20 日至 2010 年 2 月 20 日，合作者是泰国清莱的绿苗杨运茵（女，1989 年生）、李如丽（女，1987 年生）、Kamkran saesong（女，1985 年生）。2012 年 1 月 27 日至 2 月 22 日，主要合作人是泰国清莱的绿苗韩俊能（男，1986 年生）。

4. 文山苗语语料

为作者调查所得。调查时间为两段：（1）2011 年 6 月至 2013 年 3 月，调查与泰国绿苗语言关系较近的云南文山青苗苗语语法。主要合作者是云南省文山州马关县都龙镇岩头寨的青苗杨超，男，1991 年生。（2）2014 年 7 月至 8 月，主要合作者是云南省文山州马关县都龙镇岩头寨的青苗项春光（男，1964 年生）和云南省文山州马关县都龙镇岩头寨的青苗杨廷友（男，1992 年生）。

5. 台江苗语语料

征得作者姬安龙博士同意，本书台江苗语语料均引自《苗语台江话参考语法》一书。为了节省篇幅、减少重复，文中所引用的台江苗语语料均不再加脚注说明。

6. 湘西矮寨苗语语料

作者为湘西矮寨苗语的母语人。湘西苗语语料多为作者自省和调查所得，少量例句和矮寨苗语音系引自作者的《湘西矮寨苗语参考语法》。

（二）语言功能调查材料

1. 泰国苗语语言功能材料

为作者调查所得。调查时间：2009 年至 2012 年 6 月。调查对象：泰国苗族杨丽芳、杨云茵、杨如丽、韩俊能、隆先生、蒲田宇、赵天涯、王小玲、杨丽雨等。

2. 文山苗语语言功能材料

为作者 2011 年 8 月、2014 年 8 月两次赴云南省文山州马关县都龙镇岩头寨调查所得。

（三）泰国苗族的人文社会材料

大部分是作者实地调查所得，少部分由本书的发音合作者杨超赴泰国苗族村寨实地调查所得，还有少量是泰国苗族提供的文本资料和检索到的网络资料。

几年来直接为本书提供语料的发音合作人有：

1. 赵天涯，男，24 岁，泰国难府波县巴岗镇恢宏村绿苗，土生土长的母语人，泰国程逸皇家大学汉语专业毕业，"苗语—泰语—汉语"三语人。

2. 杨天畅，男，29岁，泰国难府波县巴岗镇恢宏村绿苗，土生土长的母语人，"苗语—泰语—汉语"三语人。

3. 赵天涯之父，男，50岁，泰国难府波县巴岗镇恢宏村绿苗，土生土长的母语人，初中文化，"苗语—泰语"双语人。

4. 陶妹，女，70岁，泰国难府波县巴岗镇恢宏村绿苗，土生土长的母语人，苗语是唯一的生活用语，能听得懂简单的泰语，但不说。

5. 杨丽芳，女，1985年生，泰国达府绿苗，土生土长的母语人，28岁，中央民族大学汉语硕士，"苗语—泰语—汉语"三语人。

6. 杨超，男，1991年生，中国云南省文山壮族苗族自治州马关县都龙镇金竹村岩头寨小组，土生土长的青苗，大学本科文化，"苗语—汉语"双语人。

7. 杨廷友，男，1992年生，中国云南省文山壮族苗族自治州马关县都龙镇金竹村岩头寨小组土生土长的绿苗，大学在读，"苗语—汉语"双语人。

8. 项春光，男，1964年生，中国云南省文山壮族苗族自治州马关县都龙镇金竹村岩头寨小组土生土长的绿苗，初中文化，"苗语—汉语"双语人。

**缩略语：**

| | |
|---|---|
| （缀） | 词缀 |
| 语助 | 语气助词 |
| 名助 | 名物化助词 |
| 体助 | 体助词 |
| 结助 | 结构助词 |
| 难府 | 泰国难府播县巴岗村绿苗苗语 |
| 达府 | 泰国达府小山村绿苗苗语 |
| 文山 | 云南文山壮族苗族自治州马关县都龙镇岩头寨青苗苗语 |
| 台江 | 贵州台江苗语 |
| 矮寨 | 湖南湘西土家族苗族自治州吉首市矮寨镇苗语 |

说明：① 为了便于学者更细致地了解苗语的词法、句法和语序，本书采用语素标注法。对暂时不能释义或语义不明确的语素用"□"标注。② 用（ ）表示可以省略的语素或词。

# 第二章　中泰的苗族及其语言

苗族起源于中国，秦汉时期分布于五溪至洞庭湖一带。由于战争和人口增加等原因，苗族不断由北向南、由东向西迁徙。明清时期，自称为蒙（Hmong）的苗族支系部分已经迁至越南、老挝、缅甸、泰国等国。20世纪70年代，苗族由老挝迁至美国、加拿大、法国、澳大利亚、法属圭亚那等国，成为一个世界性分布的民族。

国内和国外的苗族人口总数有1000余万。在中国，苗族人口有9426007人（2010年全国第六次人口普查数据）。主要分布在贵州、湖南、云南、重庆、广西、广东、湖北、四川等九个省市区。在国外苗族人口大约有200余万，分布在东南亚的越南、老挝、泰国、缅甸，欧美的美国、加拿大、法国、澳大利亚等国。

境内外的苗族大多保留自己的母语。境内苗语分为湘西方言、黔东方言、川黔滇方言三个方言，又称东部方言、中部方言和西部方言。湘西方言主要分布于湖南的湘西、贵州的松桃和铜仁，广西的河池和南丹。黔东方言主要分布在贵州，少量分布在广西的融水、三江等县。川黔滇方言主要分布在贵州、云南，少量分布在四川。三个方言，川黔滇方言的内部差异最大，分为8个次方言，次方言中又分为土语。黔东方言没有次方言这一层次，只有土语之分。湘西方言是否有次方言这一层次存在分歧。王辅世（1985）[1]将湘西方言分为东部和西部两个土语，没有次方言这一层次。杨再彪（2003）[2]认为这种划分法不能显示湘西方言语音的内部差异，应该分为东部次方言和西部次方言，西部次方言分为第一、二、三土语，东部次方言分为第四、五、六土语。

从通解度看，泰国苗语与川黔滇方言川黔滇次方言通解度较高，经过适应，彼此能通话。

本章介绍中泰的苗族及其语言，通过了解泰国的苗族及其语言，帮助我们了解境外其他国家的苗族。

---

[1] 王辅世. 苗语简志[M]. 北京：民族出版社，1985：103.

[2] 杨再彪. 苗语简志[M]. 北京：民族出版社，2004：42.

第二章　中泰的苗族及其语言　　　　　　　　　　　　　　　33

## 第一节　泰国的苗族

泰国（ประเทศไทย，Thailand）的全称是泰王国（ราชอาณาจักรไทย，The Kingdom of Thailand）。泰国原名暹罗，1949 年 5 月 11 日，把"暹罗"改为自己的族称"泰"。"泰"的意义是"自由"。泰国东与老挝、柬埔寨相连，南临暹罗湾和马来西亚，西靠缅甸和安达曼海。全国国土面积 513115 平方公里，世界排名第 49 位。总人口 63389730 人，世界排名第 19 位。全国共 76 个府，分为北部、东北部、东部、中部和南部 5 个区，居住着泰、老挝、华、克伦、苗、瑶、阿卡、拉祜、傈僳等 30 多个民族。其中泰族占全国人口总数的 75%，华族占 14%，马来族占 2.3%。克伦、苗、瑶、阿卡、拉祜、傈僳等人数较少的民族主要居住在泰国北部的山区或半山区，因此被称为山地民族。

### 一　泰国苗族的分布

泰国的苗族自称"蒙"（Hmong），不喜欢被称为"苗"，认为"苗"含有鄙视之意。分白苗、绿苗和花苗三个支系。白苗称为"蒙得"（$muŋ^{55}$ 苗 $tluɯ^{55}$ 白），绿苗称为"蒙抓"（$muŋ^{55}$ 苗 $ŋtsua^{44}$ 绿"），花苗称为"蒙北"（$muŋ^{55}$ 苗 $pɦe^{22}$ □）。绿苗、白苗、花苗之间的差别，主要体现在两个方面：一是服装不同，白苗分裤装和裙装。早先，白苗女性更喜欢穿裤装，裤子上绣有花纹；若穿裙装，裙子上不绣花纹。绿苗女性喜欢穿裙子，裙子上有很多花纹。现在有了变化，白苗女性也穿裙子了，但裙子上还是不喜欢有花纹。二是语音和少量词汇有一些差别，但不影响通话。外族人难以区分，但不同支系之间能够清楚地区分哪些音是白苗或绿苗的口音，哪些词是白苗或绿苗的用词。

由于泰国的苗族居住十分分散，而且不断迁徙，要统计其精确人数有困难，所以各方数据一直不统一。1992 年，泰国统计的数据是 91537 人，分布在 237 个自然村，11775 户，占泰国山地民族人口的 15.96%。1998 年的统计数据是 118779 人，占山地民族人口的 15.70%。2003 年的统计数据是 153955 人，约占山地民族总人口的 16.52%，是人口数量仅次于克伦族的山地民族。2014 年，我访问清迈大学副教授、苗族博士 Prasit Leepreecha，他说泰国的苗族人口至少有 20 万。

苗族主要分布在泰国北部 12 个府的 253 个村子。其中，以清迈、清莱、达府、难府、碧差汶等五个府人口最多：达府 31710 人，清莱府 29720 人，清迈府 24895 人，难府 23385 人，碧差汶府 17311 人，彭世洛府 6900 人，帕尧府 6318 人，夜丰颂府 3763 人，甘烹碧府 3120 人，帕府有 2412 人，南邦府与素可泰府加起来人数不足 2000 人。这三个支系，绿苗和白苗人数较多，花苗很少。三个支系的分布情况，据泰国学者研究，绿苗分布在难府和清莱府的边界地区、达府的南部、彭世洛府的北部以及清迈府、罗瑶府的少数村寨。白苗主要居住在难府和清莱府，花苗主要杂居在难府的白苗村寨中。据石茂名研究，苗族在泰国的分布如下图所示：

**泰国苗族分布图**

石茂明. 跨国苗族研究［M］. 北京：民族出版社，2004：184.

上图显示了苗族在泰国的宏观分布情况。从我们实地调查的情况看，苗族以大杂居小聚居的方式分布。从府、县、镇、村的行政级别看，苗族与其他民族杂居在一起，从自然村落的角度看，则大多是聚居的。一个自然寨往往居住着苗族的一个支系，而这个村寨的周边则居住着另一个支系，白苗和绿苗邻寨而居很常见。多民族杂居分布的如：泰国难府波县巴岗镇下辖南柄村、康弘村、损塞村、会塞劳村、班达村、班郡村 6 个村。这 6 个村分布紧凑，村村相连，从地理分布上看，整个巴岗镇就是一个统一的地理单元。从"镇"这一行政级别的角度来看，巴岗镇是多民族的杂居镇，南柄村、康弘村、损塞村 3 个村是绿苗聚居村，会塞劳村是瑶族聚居村，班达村和班郡村两个村是拉佤族（泰国叫 lua 族）聚居村。从村的分布来看，这 6 个村则分别是苗、瑶和 lua 族的聚居村。支系杂居的如：我们的合作者杨丽芳（苗语名 tau$^{55}$"南瓜"，女，绿苗）的家乡达府 Phobpla 县小山村，是绿苗聚居寨，而周边的五寨、六寨、十寨都是白苗寨子。再如：泰国清莱皇家大学的教师龙先生（白苗，英文名 Saelee），他的老家是昆王（Khunwang）村，隶属于清迈府（Chingmai）麦王县（Maewang）麦汶镇（Maewin）。这个村有 1000 多人，大多是白苗，也有少部分是绿苗，绿苗是嫁入者或入赘者，还有部分是泰族。这个寨子的周边分布着克伦族。白苗和绿苗同居一个村也很普遍。如我们的合作者韩俊能（苗语名字 tɕhin$^{53}$"诚实"）的家乡是清莱府汤县塔陶村（Chingrai Thoeng TapTao），村里有 100 多户人家，有绿苗、白苗。白苗住在村东，绿苗居村西。但也有不少绿苗和白苗混居的村寨。如我们的合作者王小玲（女，难府白苗，程逸皇家大学汉语专业学生）的家乡——难府鸡公寨是一个绿苗和白苗混居的村寨（详见附录中的话语材料"我的家乡"）。

## 二 泰国苗族的来源

泰国苗族迁入泰国的时间，主流的说法是大约 19 世纪中期。据泰国清迈大学威巴斯沃斯研究，在 1890 年左右，苗族穿过北部湾和安南，进入泰国的北部高地。这个时间与《1975—1976 年泰国年鉴》记载的相同：苗族迁入泰国的时间是 1890 年。也就是说，苗族进入泰国只有 120 年左右。

泰国苗族不是直接从中国迁来的，而是先从中国迁出后辗转他国才迁至泰国。从中国至泰国的迁徙路线，主要有两种观点：（1）先由中国的贵州、云南等地迁到老挝，然后才进入泰国。法国学者莫当认为泰国的苗族是零星迁入的。迁入泰国的时间大约在 1840 年—1870 年之间。泰国的苗族由三条路线迁入：一是通过老挝西北部的会晒达到泰国的清孔。这是最北的一条路线，也是最重要的一条路线。二是通过老挝西北部的沙耶武里至达波纳，这一条路线稍南一些。三是由富考奎到黎府，这条路线最靠近越南。从会晒迁到清孔的苗族又分两支，一支沿着泰缅边境前行，再转入泰国的夜丰颂府和清迈府。另一支沿泰老边境南下逐步散布到童仓、波纳、帕府、开诺等地。另外，1930年左右和1950年左右，先后从泰国的难府和昌孔迁往达府、甘碧府和那空沙旺府。国内的学者大多持这一观点，他们认为泰国的苗族是在老挝居住相当长的一段之间后，19世纪中后期陆续由老挝迁入泰国北部的山地。

（2）研究苗族历史的学者认为，苗族离开中国以后，首先迁入的国家是越南，然后由越南迁至老挝，再迁至泰国。据越南学者琳心（1984）[①]研究：中国苗族迁徙至越南最多的有三个时期：第一次迁徙延续十四、十五代人（约300年前），有80户苗族由贵州迁徙到越南同文县。第二次迁徙，有九、十代人（约200年前），共有180户人迁至越南。这些苗人大部分来自中国贵州，少部分来自云南、广西。第三次迁徙距今六、七代人（约100年至140年前），有一万多中国苗族移居到越南老街、河江、安沛和泰族苗族自治区以及其他各地。这些人大都来自贵州，一部分来自云南和广西。

熊玉有（1996）[②]认为泰国苗族迁出中国的时间只有200年左右，离开中国后，最先进入的国家是越南，然后是老挝和泰国。据谭厚锋（1997）[③]研究，大约在1810年—1820年间，苗族开始由越南迁至老挝。苗族迁徙到泰国的时间较晚，一般认为是于19世纪中后期迁入的。据庞海红（2006）[④]研究，越南的苗族都是从中国迁入的，第一次迁入越南的时间大约是300年前。大约在1810—1820年期间，越南苗族陆续迁入老挝。19世纪中后期，老挝苗族陆续迁入泰国。苗族由老挝迁入泰国的路线主要有三条：第一条是时间最早人数最多、最北面的一条，即位于老挝的会晒与泰国的昌孔之间；第二条位于靠近万象的宣考奎和黎府之间；第三条是位于稍南的沙耶武里和波纳。从老挝会晒迁往泰国的苗族到达昌孔以后，又分为两支，一支先沿着泰缅边界前进，而后转入夜丰颂和清迈府；另一支沿泰老边界南下，逐步散居至童仓、彼纳、帕府、开诺等地。1930年左右到1950年左右，部分苗族由泰国的难府和昌孔迁往达府、甘烹碧府和那空沙望府。刘向阳

---

① 琳心（越南学者）. 苗族的迁徙史及其族称（赵建国译自越南《历史研究》1961年第30期）[J]. 东南亚，1984（3）45-49.

② 参见熊玉有. 美法泰三国苗语现状调查. 云南民族大学学报（哲学社会科学版）[J]. 1996（2）：90-94.

③ 参见谭厚锋. 中国境外苗族的分布与迁徙. 贵州民族研究 [J]. 1997（3）112-118.

④ 参见庞海红. 东南亚苗族的分布及其经济变迁. 唐山师范学院学报 [J]. 2006（2）57-59.

(2009)[①]认为:自 17 世纪开始,居住在西南边疆的苗族不断穿越国界进入东南亚国家。自 17 世纪中叶到 19 世纪中叶,苗族进入越南有三四次大规模的迁徙浪潮,越南的苗族主要来自云南、四川、贵州等省。从 19 世纪开始,有一部分居住在越南及西南边疆的苗族又零星、渐进地迁入老挝、泰国、缅甸,也有一部分苗族在这些国家之间互相迁徙。

我们通过实地访谈了解的情况是:有的村寨的苗族明确地知道自己的先辈来自老挝,有的认为自己的祖先来自中国的云南,但具体地点不得而知。我们的泰国苗族合作人之一——韩俊能(苗语名字 tɕhin$^{53}$,义为"诚实",清莱皇家大学汉语专业三年级学生),告诉我们说,爸爸妈妈以前在老挝,他是在泰国出生的。他父亲说他们来到泰国 30 年了。他的家乡清莱府汤县塔陶村(Chingrai Thoeng TapTao)是一个绿苗、白苗混居的村。这个村原来是一个村,现在分为两个村,老村有 31 年的历史,新分出去的村只有 7 年的历史。他家在老村。老村有 140 户,890 人。新村有 137 户,780 人。老村的住户,从老挝搬来的有 40 户,新村的住户从老挝搬来的有 30 户。

我们泰国苗族合作者之二——杨丽芳(女,绿苗,1985 年生,苗语名字 tau$^{55}$ "南瓜"),来自达府 Phobpla 县小山村。小山村位于 Phobpla 县的中部,全村有 200 余户,都是绿苗。这个村的老人说:小山村的绿苗来泰国已有九代人,祖先来自中国的云南,但是不知道具体是云南的什么地方。如果按照每代人 20 岁计算,小山村绿苗迁来的时间大约为 180 年。

我们的泰国苗族合作者之三——赵天涯(男,1989 年生,绿苗)。他家住在泰国难府波县巴岗镇恢宏村。2014 年 1 月 26 日至 2 月 25 日,我住在赵天涯家调查苗语,他的奶奶陶妹(约 70 岁)经常向我描述 40 多年前她从老挝逃过来的情景。该村的老年村民也证实了陶妹的这一说法。

### 三 泰国苗族的社会文化生活

(一)经济文化

泰国苗族的经济生活可分为两个阶段:游耕阶段和农耕兼其他经济模式阶段。在游耕阶段,苗族居住在深山之中,砍伐树木,待树木干枯后烧作肥料,然后耕种。耕种两三年后,土地变贫瘠,便去砍伐树木开垦新的耕地。贫瘠的土地休耕 10 多年以后,又返回继续耕种,哪里有土地苗族就到哪里居住。苗族在泰国北部的山地不断迁移。这种刀耕火种的耕作方式的后果是森林和植被造成严重破坏、水土流失严重。泰国苗族不仅砍树垦荒,还种植罂粟,引起了一些社会问题。于是,自 20 世纪 50 年代,泰国

---

[①] 参见刘向阳. 苗族向东南亚迁徙的过程与原因探析. 昆明学院学报 [J]. 2009,31(3)62-66.

政府实行扶贫改造计划。1953年，成立边境巡逻警察组织。1955年，对山民实施实质性扶助。1964年在清迈大学成立"山民研究中心"和"山民福利中心"。吸收苗族到山民中心工作，在苗族较多的府开办泰国苗语广播，引导山民安居、种植农作物、发展教育、改善交通等。1969年，国王普密蓬·阿杜德（Bhumibol Adulyadei）制定泰国山民经济发展计划，简称"国王计划"，由王室办公室负责。山民问题由王室办公室直接向国王汇报。泰国国王和皇后非常重视苗族问题，亲自视察访问。至20世纪70年代，泰国苗族基本上不再种植罂粟。

1981年，泰国山民发展委员会制定了农村开发计划，并颁布了有关农业生产的方案。泰国政府鼓励山民发展商品生产，并保证农产品对外输出的需要，在提供市场、价格等方面均给予优惠政策。从1990年起，泰国政府实施山民发展规划政策，禁止砍树种地，规定砍伐森林是违法行为，轻者罚款，重者坐牢。泰国政府扶持帮助山民发展的政策和对砍伐森林的严惩，促使泰国苗族结束了游耕生活，转为定居式的农耕兼其他经济生活模式。

现在大多数泰国苗族村寨以农耕经济为主，种植水稻、旱稻、玉米、土豆、蔬菜、咖啡、花卉、水果、茶等农作物和经济作物。此外，也兼有其他经济形式。如：从事养殖业，养牛、猪、鸡、鸭、鹅、蜜蜂等；劳务输出，经营民族服饰，发展旅游经济。但各村的情况不尽相同。难府播县的巴岗镇，以种植业为主。难府的Banggelang镇，有个村子专门缝织苗族服装出售。清迈府麦王县麦汶镇昆王村（Khunwang村Maewin镇Maewang县Chingmai府），全村人都以种花卉为生。在难府，养殖业也是家庭收入的一个重要来源。该府的王小玲（女，白苗，24岁，程逸皇家大学三年级学生）告诉我们说，她家养了十几头牛，每到她上学交不起学费时，家里就会卖掉一头牛。

还有的苗族村寨以种植业为主要经济形式。如在难府，有一个叫Pam Kam的苗族村寨，原来住在山上，在政府的动员下，搬到难府通往卡穆班奔的公路上，以栽种桃子为主。在清莱府，有一些苗族专门种植荔枝，温饱不成问题。

泰国苗族有的村寨还积极开发手工业产品，大力发展旅游业。妇女都会织布、刺绣，打银器，制作手工艺品，等等。由于政府的鼓励和帮助，有旅游资源的苗族村寨经济得到了快速发展，人民生活水平显著提高。2012年1月，我们在泰国帕夭府遇到兜售苗族绣品者。他告诉我们说，他还有很多绣品在家里，如果你们挑不中，还可以订购。

泰国山民发展规划政策使泰国苗族经济生活得到了很大的改善。苗族村寨现在基本实现了通水、通电、通车,电视基本普及,很多苗族家庭都有汽车,有的家庭不止一辆。如我们的合作者赵天涯家就有皮卡车,杨天畅家有两辆汽车。大多数人都有手机,少数村寨还有网络。

早在 1921 年,泰国政府就把初等教育列为基础教育,出台法律规定对 7 岁以上的男女儿童实行强制教育,但由于受经济条件的制约,这项法令并没有得到全面贯彻实施。从 20 世纪 60 年代开始,泰国政府开始着力普及初等教育,但这些教育政策没有落实到苗族地区。20 世纪 70 年代,泰国政府出台了发展山民教育政策,使山民普遍有机会接受基础教育。政府在山民聚居地建立学校,使大部分山民子弟能够入学;在山民散居处增建学校,散居的山民子女也能够入学。对于品学兼优的山民子弟,政府发放奖学金或选送到城市学校继续深造。对在山民学校的教师,政府提供较高的待遇。从 2008 年开始,泰国推行 15 年义务教育制度,但分布在不同地区的苗族执行的情况不同,推行义务教育的时间有 9 年、12 年、15 年不等。其中小学到初中的 9 年义务教育是国家法定的强制性教育,小学到高中的 12 年义务教育和幼儿园到高中的 15 年义务教育不是法定教育。现在苗族村寨大多已经实行了 15 年义务教育,读幼儿园免学费、餐费,读小学、初中不需要缴纳任何住宿费、餐费、学费等费用,校服费、书费、课堂课外活动经费也全部由政府承担。现在,苗族子女都能读到初中,越来越多的苗族子弟读高中、进大学。虽然与泰族、华族相比,苗族的文化水平偏低,但是与其自身相比,苗族的整体教育状况已产生了翻天覆地的变化。这种变化在家庭不同代际中得到很好的体现:祖辈是文盲,父辈是文盲或读过小学、初中,子辈孙辈上大学。大多数苗族村寨都有一两个大学生,有的村寨还有硕士。如达府小山村的杨丽芳,她是家里的老大,她有 10 个兄弟姐妹,2010 年 6 月她获得了中央民族大学的汉语教育专业硕士学位。从 2009 年至今,我们接触到十几位在大学里读汉语专业教育的苗族人。如赵天涯、王小玲、杨丽雨、蒲田宇等都是程逸皇家大学汉语专业的学生。杨如茵、韩俊能、杨玉花、杨如丽等是清莱皇家大学读汉语专业的苗族学生。清莱皇家大学的韩俊能告诉我们说:他们班还有六个苗族学生,因为他的汉语最好,老师让他来帮助我们调查。汉语专业的苗族大学生告诉我们说还有很多学其他专业的苗族大学生。

据清迈大学副教授 Prasit Leepreecha 介绍,泰国苗族学生基本上在村里读完小学,约有 50%以上的读中学,约 20%读大学,全国的苗族博士不超过 10 人。在泰国的 10 个山地民族中,教育处于中等偏上水平。

(二)信仰、习俗

泰国苗族的宗教信仰可分为自然宗教和祖先崇拜两类。泰国苗族信仰自然宗教、相信万物有灵，崇拜祖先。虽然生活在佛教国家里，但信仰佛教的苗族人很少。他们相信大树、山林、岩洞、水源等世间万物有不同的力量，可以带给人祸福。苗族人认为一些自然现象有神性或鬼性，神性如雷神、太阳神、风神、山神、土地神、水神（龙王）等，鬼神有水鬼、山鬼、吊死鬼等。其实苗语词汇里鬼神不分，都是 tḷaŋ$^{55}$，只不过"鬼"是恶的 tḷaŋ$^{55}$，而"神"则是善的 tḷaŋ$^{55}$ 罢了。"龙"和"龙王"是泰国苗族崇拜的偶像。泰国有苗语电影《龙女和孤儿》，反映了苗族对龙女、龙王、龙子的崇拜。

　　泰国苗族崇拜祖先。他们相信祖先的灵魂永远存在。逢年过节，必以酒肉祭拜祖先，祭拜后自己才能吃。祭拜时口中念着祈求祖先看护子孙、保佑家庭平安顺利的话语。他们相信祖先能够听见。平时若做梦梦见了祖先，也会祭拜回应，问祖先有什么要求以便满足。

　　大多数泰国苗族信仰巫术，各个村寨都有巫师和巫术活动。巫师的身份神秘，受人尊重，是人与神、鬼的沟通者。巫师懂得一些医术、民间传说，主持村子里的巫术活动。苗族家庭每逢人生病、家畜豢养不旺、做事不顺等自己解决不了的问题以及结婚都会求助于巫师。"叫魂""驱鬼""送魂""吃牛"是巫师经常举行的巫术活动。我所调查的难府波县巴岗镇恢宏苗族村有五种巫术：招魂（ua$^{44}$ 做 nen$^{55}$ 魂）、做鬼牛（ua$^{44}$ 做 ŋu$^{52}$ 牛 tḷaŋ$^{55}$ 鬼）、做桌子猪（ua$^{44}$ 做 mpua$^{44}$ 猪 tsuŋ$^{52}$ 桌子）、做鬼猪（ua$^{44}$ 做 mpua$^{44}$ 猪 tḷaŋ$^{55}$ 鬼）和喊魂（xu$^{44}$ 叫 plhi$^{22}$ 魂）。前四种巫术是根据身体不舒服的原因选择不同的巫术仪式，喊魂是结婚前做的巫术。招魂没有固定时间，不舒服的时候才做。巫师有男有女，招魂的仪式可大可小，小的在自家进行，只要杀一只活公鸡即可，大的要杀猪，召集众人吃喝，时间大多在上午。久病不愈的人家里要做鬼牛。做鬼牛是很隆重的祭祀活动，主人家除了宰杀一头牛以外，还要为全村人提供一顿午餐。恢宏村的苗族几乎每家都做过鬼牛，有的人家三四年做一次，有的人家十来年做一次。喊魂是在未婚妻在未婚夫家居住的第三天早上举行，由同姓的喊魂师主持，喊魂辞的内容为：把男女双方的心喊在一起，以后齐心合力过日子，婚姻幸福，白头偕老。恢宏村的苗族有陶姓、赵姓和杨姓，陶姓宗族有 2 位巫师，杨姓有 6 位。村里最有名的巫师是一位 50 多岁名叫陶炎宗（zan$^{21}$tsuŋ$^{24}$thau$^{52}$）的巫师。他会做各种祭拜活动，所有姓陶的人家要做鬼牛仪式都找他。他邀请我参加过他主持的两次祭拜活动，一次是招魂，帮助一位 6 岁的小男孩祛病，另一次是邻居娶媳妇请他叫魂。陶妹也是村里的巫师，但地位似乎不及陶炎宗高。陶妹不太清楚自己的年纪，她说她有 65 岁，可她的儿子说她有 70 多岁了，因为他的大儿子都 50 多岁了。陶妹做招魂祭拜已经有 20 多年了。

只要她家里人或她自己身体不舒服或遇事不顺,她就招魂,招魂已经成为陶妹的精神寄托。她招魂的时间是在早上五六点天未亮时,招魂词多为祛灾祈福之词。如"吃饭饱饱,读书好好,没有病痛,身体健康,每天开开心心"。

我在恢宏村的一个月里,参加过六次巫师活动,一次是做鬼牛,四次是招魂,还有一次是喊魂。招魂做得最频繁。

**泰国难府巴岗镇恢宏村 55 岁的苗族巫师陶炎宗在为 6 岁的小男孩喊魂**

上图是陶炎宗在为他的 6 岁孙子喊魂。他的孙子经常生病,身体瘦小,他就帮孙子喊魂以辟邪祛病。他在孙子的背上挂着符纸,在孙子的背后放着一只公鸭,他敲着锣绕着孙子转。边敲锣边用苗语念说,周边的人都不甚明了他所念的内容,但知道是驱邪求顺。喊魂结束后,要把男孩身上的纸烧了,把鸭子杀了。整个喊魂活动得到多位年轻人的配合,如上图中帮捉鸭子的小伙子,还有小孩的妈妈一直在旁边用苗语叫小孩"安静"。可见,喊魂得到了该村苗族年轻人的认同。

泰国苗族虽然生活在以佛教为主体信仰的国度里,但其葬礼并没有受到佛教的影响在当地寺庙里举行,而是习惯于把死者安放在自己的家里,头对着屋内的火塘。尸体要停放几天,等亲人赶到以后才能入殓。尸体停放期间,要杀鸡杀猪请巫师驱鬼。办丧事期间,死者家里鼓声一直不断。鼓声的含义是本寨有人办丧事。鼓平时不能敲,只有在有人死亡时才能敲。在亡者旁边,一直有人吹芦笙。死者家里聚集着村内的乡亲和村外来的亲人、苗族同胞。出殡是在傍晚,由芦笙手吹着芦笙带队,边走边吹,直到把亡者安葬完毕才能停止。去送葬时,有人点灯笼,返回时要把灯笼灭了扔掉,摸黑回村子。这样做可以让鬼看不见路,不能跟着人返回寨子。在葬礼上,巫师唱送葬歌,告诉亡者苗族的来源地,过了 13 天,村里的长老会送死者的灵魂升天。

**泰国难府巴岗镇恢宏村苗族丧礼保留吹芦笙和打鼓的习俗**

　　上图是我在恢宏村苗族丧礼上拍到的情景。一人吹芦笙，一人打鼓，鼓的后面是棺材。棺材摆放的方向与大门平行。

　　泰国苗族婚姻存在一夫多妻和一夫一妻两种婚姻现象。一夫多妻是老式婚姻，在中老年人中存在。一夫一妻是新式婚姻，在年轻人中盛行。我们的合作者之一就是一夫多妻家庭的孩子。她的父亲有三个妻子：第一个妻子，没生儿子，娶了第二个妻子，第二个也没有生儿子，就娶了第三个妻子。现在三个妻子一共生了10个孩子，7女3男。她是他父亲的大老婆所生的女儿。她父亲46岁、母亲45岁，一夫多妻婚出现在40岁以上的群体，现在的年轻人都反对一夫多妻。泰国苗族习惯族内通婚，与外族通婚仅限于瑶族，与其他民族通婚的很少。同一苗族姓氏者不能通婚。泰国清莱皇家大学的隆先生（泰语名字 Supinanthachai Saelee）告诉我们说："我的苗族姓是 Lee，Lee 姓的苗族人不管是在泰国、老挝、美国还是中国，都不能结婚。这不止是 Lee 姓，其他的姓也是一样的，同姓是不能结婚的。"泰国苗族仍然存在姑表联姻，他们喜欢亲上加亲。

　　泰国苗族最隆重的节日是花山节，泰国苗语叫 ŋkau$^{33}$tau$^{52}$，花山节是汉语翻译，每年农历十二月廿五日到第二年的一月三日举行。这个节日相当于中国汉族的春节，是泰国苗族团圆的日子，在外地工作的年轻人，都要赶回村寨，和家人一起吃年夜饭，与亲人们互相拜年问候。男女老少都穿上自己最好的苗族服装，去踩花山。花山节要拜鬼、拜祖先。各村都设有踩花山的场所，插上二三十米高的花杆，杆上绑有很多鲜花。花杆周边摆放着芦笙、裙子、头饰等各种代表苗族文化的物品。场地上聚集着身着盛装的男女老少，男的吹芦笙，女的跳舞，还有青年男女对唱山歌。

　　泰国苗族和其他山地民族一样仍然保留自己的传统服饰，民族服饰成为与其他民族以及支系之间区别的重要标志。泰国苗族女性盛装与中国文山苗族相同：头戴挂有很多串珠的高圆帽子，裙子绣花并配有围裙，围裙绣花钉银扣。泰国苗族女性喜欢银饰品，下图展示的是在泰国碧差汶府苗族聚居村出售的银饰品：

**泰国碧差汶府出售的苗族银饰**

盛装平日里不穿。在日常生活中，中老年女性习惯穿自己的民族服装。男性服装充分体现民族文化的融合，上身穿外族的衣服，下身穿自己民族的裤子，裤腿非常宽大。下图是身着白苗裤装的白苗男子。

**泰国帕夭府的白苗**

苗族人很喜欢自己的服装，并且服装越做越好看。清莱皇家大学的教师龙先生（男，白苗，35 岁，英文名字：Supinanthachai Saelee Khunwang）告诉我们说，泰国的苗族很喜欢自己的民族服装，在难府的 Banggelang 镇，有个村子，村民 80%是青苗，专门织苗族衣服卖。在碧差汶府、清迈府也有专门卖苗族服装的商铺。

从工艺看，泰国苗族服饰分手工缝绣和机器绣制两类。手工缝绣的比机器绣制的贵，绣一条围腰要花一个月的时间。每一针都有套路，很有讲究。绣好以后还要缝上珠子，非常精致。泰国苗族女人非常喜欢缝有很多珠子的围腰。母亲都要亲手为自己的女儿缝一条精美的围腰作嫁妆。

**碧差汶府集市出售的苗族服装**  **泰国碧差汶府手工缝制的苗族围腰**

缝绣苗族的百褶裙是泰国苗族妇女的生活方式。茶余饭后、农闲时节，她们三五成群地围坐在一起，边缝边聊，其乐无穷。在泰国清迈府麦莎村、帕幺府、难府的苗族村寨，随处可见三五成群的苗族妇女缝制百褶裙。

**泰国清迈府麦莎村（Measa village）25 岁的苗族妇女熊努在缝制苗族裙子**

泰国苗族还保留苗族传统的扎染手艺。恢宏村共有 3 户人家以做扎染为生，他们购买白布，用专门的蜡染工具将蜡沾在布上，再浸染。恢宏村的陶妹，做蜡染已经有 20 多年了，每天早上 6 点就起来做蜡染，做好了蜡染布之后就去清迈夜市出售。下面的照片是我在恢宏村拍下的陶妹做扎染的工具和她做扎染的场景。

**难府巴岗镇恢宏村陶妹的扎染工具**

**难府巴岗镇恢宏村绿苗陶妹在自己家里做扎染**

泰国苗族仍然保留用苗语命名的习俗。一生共有两到三个名字，第一个是苗语乳名，第二个是泰语学名，第三个是成人名字。苗语乳名在刚出生不久时由祖辈所取，用于家庭或族内交际。若不生病，乳名就一直用；若常生病，就要更换。苗语名字中女孩名多为"花""草""瓜"等植物蔬菜之类的名词，也有的不表义，只取其韵律之美。例如：

| | | | |
|---|---|---|---|
| paŋ$^{52}$ | 花 | paŋ$^{52}$zau$^{55/44}$ | 花菜 |
| mpau$^{52}$ | 耳环 | kia$^{55}$ | 没有意义 |

| | | | |
|---|---|---|---|
| en⁵⁵ | 没有意义 | ntʂhu³³ | 没有意义 |
| mpai²¹ | 没有意义 | en⁴⁴ | 没有意义 |

男性名字有的表示"柴刀""芽"等义，也有的没有任何意义。例如：

| | | | |
|---|---|---|---|
| nen⁵⁵ | 没有意义 | ntʂhua²² | 芽 |
| se⁵² | 没有意义 | tsua³³ | 柴刀 |
| se²¹ | 没有意义 | tsaŋ²⁴ | 没有意义 |
| kaŋ²⁴ | 没有意义 | mpluŋ⁵² | 叶子 |

有些名字，男、女皆用。例如：

| | | | |
|---|---|---|---|
| zin⁵⁵ | 没有意义 | mfɔ²² | 细 |
| tɕhɔ⁵² | 被子 | | |

　　泰语学名由父辈取名，因为祖辈泰语不熟练。学名用于学校、身份证或族际交际。祖、父、孙三代人虽然都有泰语名字，但泰语名字的音义联系存在差别。祖辈的泰语名字是苗语的音译，其中包含苗语的文化内涵；父辈和孙辈的泰语名字则与苗语名没有音、义联系，是纯粹的泰语名字，不包含任何苗语文化信息。成人名字只有男性才有。结婚前名字是单音节词，结婚以后就增加一个音节，成为双音节词了。关于泰国苗族的泰语名字丧失苗族文化特征，泰国清迈大学的苗族博士、泰国知名的苗族学者Prasit Leepreecha 表示忧虑。2014 年 1 月 24 日，我在泰国清迈大学社会学系采访他时，他说泰国苗族的泰语名字最初是用泰语音译。由于音译的泰语名字与泰国人的泰语名字不同，他人仅从泰语名字就能分辨出苗族人，就会受歧视。于是有的苗族人在用泰语命名时就始改变自己的苗族姓氏，使得他人难以从泰语姓名中看出他的苗族身份。这样就会使得同一个姓氏的苗族人有不同的泰语名，从泰语的姓名里看不出这些苗族人的同祖同宗关系，一代一代延续下去，会使同一个大家族的苗族人淡化家族认同感，会使家族关系甚至族群关系松散。

　　泰国苗族受到主体民族泰族的影响，也有拴线习俗。节庆、生日、出远门、生病等不同寻常的日子，都会像泰族一样拴线。拴线有讲究，男左女右。节庆时，村里的长老或巫师拴线，表示祈福。生日、出远门在自己家里，由家里的男性长者拴线，祈求平安、顺利。生病则由村里的巫师拴线，驱鬼除病。手上的线不能自己扯下，要等自然脱落，脱落后也不能乱扔，要烧掉。当地的苗族认为拴线就是苗族自己的习俗，不是泰族的习俗。可见，居住在同一地区的不同民族，不仅会产生语言接触，也会出现文化融合。

　　在民居上，苗族已无自己的特点，与同村或周边的其他民族完全一样，都是住着低矮的草房或木板房，都没有两层的，习惯在外面设凉亭，供喝茶休憩用。饮食也没有自己的特点，都已经地域化了。一方水土养一方人，家居和饮食受所住地的自然环境和物质环境限制，不同民族的生活习俗呈现出相同的地域共性。下图为泰国苗族民居。

**泰国难府波县巴岗镇恢宏村的苗族民居**

（三）泰国苗族的认同

泰国苗族的认同分为支系认同、民族认同、国家认同和来源认同四个层次。

1. 支系认同

如上文所述泰国苗族分为绿苗、白苗和花苗三个支系。三个支系各穿各的服装，三个支系之间分得清清楚楚。支系内的成员能够清楚地知道哪个人属于哪个支系，哪种声调、哪个词、哪种句子的哪种说法是白苗苗语还是绿苗苗语。支系内部的认同度比跨支系高。这一认同主要体现在择偶和聚居两个方面。一般情况下，择偶的首选是支系内成员，其次才考虑支系外成员。选择居住地时，同一支系往往相邻而居。

2. 民族认同

泰国苗族对不是自己支系的同胞也有强烈的认同感。泰国苗族大多不知道世界上还有绿苗、白苗和花苗以外的支系。询问对方的苗族身份，往往问："你是白苗、绿苗，还是花苗？"当得知对方不是这三个支系以后，他们会很惊讶地反问："还有这样的苗族？那你会说苗语吗？"确认对方会说苗语以后，距离一下子就拉近了。我接触过不少泰国的苗族，深深地感受到这份珍贵的民族认同。我们的合作者杨丽芳，从2009年9月到2010年6月，一直为我提供达府绿苗苗语的语料。我给她报酬，她总是不肯要，说帮苗族人做事是应该的。2012年1月，我在清莱调查时，泰国清莱皇家大学的苗族老师和学生，听说有来自中国的苗族就主动过来拜访。2012年3月到6月，难府的赵天涯、王小玲在长达3个月的时间里，一直当我的发音合作人和翻译。有好几次，录音持续到凌晨1点。跟我们合作的3个月是赵天涯20多年生活里最辛苦的日子。但每次给报酬，他不是不要，就是少要。2014年1月25日至2月13日，我一直住在赵天涯家，得到了他的父母和两个弟弟的热心关照。这份超越国界、超越金钱的民族认同感已经深深地根植于泰国苗族的情感归属中。

3. 国家认同

泰国苗族的国家认同经历了从无到有、由弱而强的转变历程。泰国苗族的先辈的迁徙路线有的是由中国到越南、由越南到老挝、由老挝再到泰国，有的从中国到老挝再到泰国，迁徙的唯一目的是族群的生存发展。在最初的迁徙阶段，为了寻找土地，他们穿行于越南、老挝、泰国的高山密林中，根本就没有国家归属感。现今居住在泰国的苗族经过几代人的繁衍，绝大多数已经取得泰国合法公民的资格，与主体民族一样享受泰国的义务教育、医疗救助和养老福利等国家福利。60岁以上的老人每个月可以领到500泰铢的生活补贴。2001年，泰国实行30泰铢医疗保险计划。此医疗保险计划规定，泰国公民到公立医院就医，只需支付30泰铢的挂号费，其余费用均由政府承担。泰国苗族还享受与泰族一样的政治待遇，有选举权和被选举权，通过选拔可以在各个岗位工作。泰国清莱皇家大学有五六个苗族教师，清迈大学有一个著名的苗族学者，在泰国苗族历史文化研究领域很有名气。清迈大学有泰国苗族协会，专门负责泰国苗族的重要事宜。虽然与主体民族相比，苗族在泰国所占据的位置并不显要，但他们已经把自己看成是泰国的成员。

他们热爱自己的国家，热爱泰国国王。他们把为国家服兵役看作很光荣的事。泰国苗族越来越融入主体民族中。60岁以上的老人，有不少是母语单语人，不会说泰语。四五十岁的，都会说泰语但更愿意说苗语。二三十岁的年轻人泰语说得非常好，很喜欢看泰语节目，同辈间交往说苗泰双语，他们认为有的内容用泰语表达更加准确。现在的泰国苗族有很强的国家归属感。

4. 来源认同

泰国苗族大多知道自己的祖先来自中国。尽管已在泰国生活多年，仍有相当数量的泰国苗族，特别是老年人心理上仍把自己看做中国的苗族。泰国其他民族的丧礼大多在寺庙里举行，而泰国苗族的丧俗仍然在自己的家里操办，下葬时要告诉亡者回到自己的老家。有一些苗族人，认为自己的先祖来自云南、贵州、内蒙古，下葬时就会告诉亡者回到故土云南、贵州、内蒙古与祖先团聚。泰国苗族大多想来中国，看看自己的祖先原来生活的地方。

## 第二节 泰国苗族的语言使用现状

泰国苗族（Hmong 人）使用白苗语（Hmong Daw）和绿苗语（Hmong Njua）两种支系语言。从 2009 年到 2014 年，通过对不同人群的调查，我们了解到的泰国苗族语言使用的现状是：全民使用母语，部分人掌握苗文，苗族口头文学传承出现代际断裂；普遍兼用泰语；母语用于族内交际，泰语用于族际交际，苗语与泰语在泰国苗族的语言生活中各司其职、和谐互补；母语和泰语的使用水平在不同年龄段上存在层级差异。下面做一些具体的分析。

### 一 全民使用母语，部分人掌握苗文

关于泰国苗族母语使用的全民统计，难度很大，数据不一。从我们对泰国苗族的母语使用情况的了解来看，下面这一组数据具有一定的可信度：白苗语的使用人数约有 32400 人（2000 年）。主要分布在碧差汶府（Petchabun）、来兴府（Tak）、夜丰颂府（Maehongson）、清迈府（Chiangmai）、难府（Nan）、清莱府（Chiangrai）、彭世洛府（Pitsanalok）、黎府（Loei）、素可泰府（Sukhothai）、甘烹碧府（Kamphaengphet）、帕府（Phrae）、帕夭府（Phayao）、程逸府（Uttaradit）、南帮府（Lampang）等地区。绿苗语（Hmong Njua）的使用人数大约有 60000 人（Hattaway 2000 年），主要分布在清莱府、清迈府、夜丰颂府、来兴府、帕夭府、帕府、楠府、黎府、素可泰府、甘烹碧府、乌泰他尼府、碧差汶府等地区。白苗语和绿苗语的使用人口总计为 92400 人。1998 年泰国苗族的人口有 118779 人，除去 6 岁以下的儿童，92400 人使用母语的数据说明泰国的苗族全民掌握自己的母语。

这一数据与我们掌握的情况是相吻合的。在历时 5 年的调查中，我们遇到的每一位苗族人，没有不会说自己母语的，并且都有自己的苗语名字。如韩俊能，苗语名字 tɕhin[52]，义为"诚实"。他弟弟的苗语名字叫 len[52]，义为"灵魂"。又如杨丽芳的苗语名字叫 tau[55]，义为"南瓜"。在曼谷我们接触的 20 多位泰国苗族都有自己的苗语名字，在我们的调查点难府巴岗镇恢宏村，每个苗族人都有自己的苗语名。以自己母语来命名是母语很好地保留的一个重要例证。下面是泰国难府、达府、清莱府的苗族使用母语的一些例证：

（一）泰国难府巴岗镇苗族母语使用例证

泰国难府播县巴岗镇（详细情况见"音系"）巴岗镇总人口 7620 人，居住着苗族、瑶族等山地民族。其中苗族人口 5570 人，占全村人口的 73.1%。下辖 6 个行政村中有南柄村、恢宏村、损塞村 3 个村是苗族聚居村，南柄村有 282 户 1568 人，康弘村有 310 户 1885 人，损塞村有 282 户 1742 人。村里的苗族有白苗和绿苗两个支系，以白苗为多。村里的苗族孩子均以自己的母语为第一语言，上学以后才开始学习泰语，村里 60 岁以上的老人大多不会说泰语，苗语是全村人唯一的语言交际工具。

村里的老人特别喜欢听苗族古歌、苗族民间故事。70 多岁的老人陶妹和她的同伴们每天从早到晚都一直在听苗语歌曲，晚上年轻人看泰语电视，他们也不看。我问他们"为什么不看泰语电视？"他们说"不太懂"。村里 60 岁以上的老人都会唱苗语古歌，会说苗族民间故事，他们大多是文盲，基本没有接受过泰语书面语的熏陶，日常生活中很少使用泰语。在夜市上有各种苗族光碟出售，内容包括苗族民间故事、苗族古歌、苗族现代歌曲、苗语电视连续剧、苗语电影等，有的还配有苗文。每种内容的苗语光碟我各买一套，播放时发现，苗语电视连续剧、电影故事情节很贴近苗族人的生活，男女老少都爱看，苗族古歌只有老人爱听，年轻人不爱听，年轻人爱听现代苗语歌曲。

巴岗镇有一所很大的学校，所设班级从幼儿园到高中。在学校里苗族学生之间都说苗语。与苗族村寨相邻的会塞劳村是瑶族聚居寨，班郡村和班达村是佤族聚居寨，这三个寨子的瑶族和佤族都能够说苗语。可见苗语在巴岗镇是强势语。

泰国难府恢宏村的赵天涯，在中国昆明与我合作时，跟他父亲通跨国电话，说的是苗语。难府的绿苗杨丽雨和白苗王小玲，也是从小说苗语，读小学才学泰语。他们三人在一起，赵天涯和杨丽雨说绿苗苗语，王小玲说白苗苗语，交谈很自然，一点都不影响交际。他们三人都是泰国程逸皇家大学的学生，他们说程逸皇家大学也有很多苗族人，他们平时在一起都说苗语。他们三人中，白苗王小玲的苗语水平最高，不仅会说苗语，还会说很多民间故事，会写苗文。她说她的苗文是从村里的夜校学会的。她们村子有一段时间开过苗文班，村里很多人都去听课，她和她母亲也去了。他们村里有一部分人会苗文。但现在没有人教了。赵天涯不会苗文，但他的父母和爷爷都会苗文，他们的苗文是在老挝学会的。

（二）达府小山村苗族的母语使用例证

泰国达府位于泰国北部，东北与清迈相连，东南与南邦府相接，西部与缅甸隔河相望。小山村位于达府 Phobpla 县的中部，该村有 200 余户，都是绿苗。周围的苗族村子有五村、六村、十村，大部分是白苗。杨丽芳家住小山村，父母都是绿苗。家有爷爷、父母、二母、三母和九个弟妹。她的爷爷虽然听得懂泰语，但很少说。他们在家里都说绿苗苗语。村子里的绿苗，在 5 岁上学之前，都只会说母语，在村子里，大家都说母语。杨丽芳告诉我们说："要是不出村，一辈子只会说绿苗苗语就够了"。杨丽芳的爷爷会讲很多民间故事，小时候常常说给他们听。杨丽芳说：她爷爷的很多想法都是苗族人的想法。如她是家里的老大，又是个女儿，爷爷希望她的后面能有很多弟弟，就给她起个苗语名字叫 $tau^{55}$。$tau^{55}$ 是南瓜的意思，南瓜好养，结出第一个南瓜，后面就会接连不断地长出好多南瓜。爷爷希望她这个大南瓜能够带出像南瓜一样多的弟弟来。

小山村周边的白苗也跟杨丽芳这个寨子一样，在小孩在上学前都只会说白苗苗语。家里的爷爷、奶奶只说白苗苗语。大家出去赶集，互相碰到了，你说你的绿苗苗语，我说我的白苗苗语，一点都不影响交流。

（三）清莱苗族的母语使用例证

1. 帕亚丕嗒村（Payapetap）

帕亚丕嗒是泰国北部的一个苗族聚居村，隶属于泰国清莱府坤塔县杨红乡，位于清莱府的东北部，距离清莱市区 60 公里，通路、通车。该村始建于 1982 年，有 34 年的历史。这在泰国北部地区算是历史最悠久的苗族村寨之一，其他苗族村寨的历史最短的不足一年，大多数是七八年，有三十年历史的不多见。寨中的村民主要迁自泰国和老挝交界的边界地。他们的经济收入主要是靠种植水稻、玉米、姜和水果，以及制作手工艺品和织布。帕亚丕嗒村现有 145 户，989 人。该村所属的坤塔县，是清莱府所辖的 16 个县中苗族人口最多的三个县之一。寨里的居民都会说苗语，年纪大的，还会说云南汉话。

Meachi（麦琪）是帕亚丕嗒村土生土长的苗族人，今年 62 岁，女，文盲，会说苗语和汉语云南方言。她与村里几位会说汉语云南方言的老人在一起时说汉语云南方言，其他时间都说苗语。Meachi（麦琪）喜欢唱苗歌、讲民间故事，但她的孙子不愿意听，而是更喜欢看电视里的苗语节目，因为那些苗语节目反映现代苗族生活，与孩子们的兴趣更接近。

2. 塔陶村（TapTao）

清莱府汤县塔陶村（Chingrai Thoeng TapTao）也是一个苗族村寨，村里 100 多户人家，有绿苗、白苗，但绿苗人数多一些，在村里主要是说绿苗苗语。村里最隆重的节日是过年（云南文山苗族叫"花山节"），每年农历的 12 月 25 日至第二年的 1 月 3 日，全村苗族老老小小都穿自己的苗族服装，玩苗族游戏、玩弩、打陀螺。过年的前三天，要拜鬼、拜祖先，跳苗族舞蹈，穿自己的民族服装。苗族服装大多是自己做的。韩俊能（26岁，清莱府的绿苗）告诉我们说："我的弟弟妹妹都有自己的苗族服装。会跳苗族舞蹈的大多数是村里的老人，年轻人都不会跳了，现在的年轻人都外出读书，大多没有机会学苗族舞蹈。电视频道播放苗语电影，电影用绿苗苗语和白苗苗语。村里人很喜欢看苗语电影电视。"

在 TapTao 村只有 40 岁以上的人才会唱苗族传统歌曲，如韩俊能的父母会唱很多苗族古歌。年轻人不会唱，他们喜欢把泰语流行歌曲翻译成苗语来唱。40 岁以上的人还会说苗族民间故事，韩俊能还记得十几年前他父母用苗语给他讲的苗族民间故事，如"苗女和鬼"的故事。故事的内容大概是"很久以前，苗族很穷，有一个女孩被鬼捉去。她被捉去后，有一个青年男子到处找她。青年男子在这里唱歌，被鬼捉去的女孩在对面的山上听见了，就用苗歌回答。青年男子就对哥哥说：'我唱歌有人回应。'哥哥说：'我不相信。''那你跟我去找'青年男子说。他的哥哥就跟着他来到田里，哥哥唱歌，没有人回应。哥哥说：'你骗我。'青年男子唱歌，就听见有人回应了。然后，他们就回家准备行李，去找唱歌的女孩。他们找到了那个女孩，看见她跟很多鬼在一起。鬼去找东西吃的时候，他们就躲进去。鬼回来的时候，他们就把鬼一个一个杀死。然后，他们就把女孩救回家了"。

## 二　母语口头文学传承和词语选用存在代际差异

母语具有文化传承功能。体现母语文化传承功能的一个重要方面就是口头文学的传承。泰国苗族有丰富的民间故事、神话、传说、歌曲，60 岁以上的老年人一般都会，40 岁至 59 岁的，大多都会，30 岁以下的一般就不会了，有的听过，有的连听都没有听过。民族文化的口头传承出现明显的代际断裂。

泰国虽然有许多以苗语为载体的电视节目、电影、歌曲，但大多是泰语的翻译作品，反映的是主体民族的文化和苗族当下的现实生活，与反映本民族价值观的苗语传统作品相比，其文化价值的内涵是不一样的。这类电视节目、电影、歌曲深受年轻人的喜爱。

在词语的选用上，年轻人偏爱泰语借词，而中老年人则更习惯本语词。如"电话""学校""老师""医院"等，老人习惯用本语词，而青少年则习惯用泰语借词。难府的赵天涯告诉我们说："我们用的一些泰语词汇，我的奶奶不用，但听得懂。"达府的杨丽芳也说了类似的情况：我说的话跟我的爷爷不太一样，我的话一半苗语一半泰语，爷爷说的都是苗语。

### 三 兼用泰语存在代际差异

泰国苗族普遍兼用泰语，但不同年段存在层级差异。60 岁以上的都听得懂但大多不愿说，如：杨丽芳的爷爷 68 岁，韩俊能的奶奶 61 岁，杨云茵的爷爷 63 岁、奶奶 60 岁，都听得懂泰语，但不愿意说，他们更习惯选用母语，母语水平远比泰语高。40 多岁的中老年人，如赵天涯、杨丽芳、王小玲、韩俊能、杨丽雨等人的父母都能熟练使用泰语，但他们更习惯说母语，母语水平比泰语水平高。赵天涯、杨丽芳、王小玲、韩俊能、杨丽雨等 20 多岁的年轻人，泰语水平和母语水平相当。

泰语水平出现代际差异的原因主要有两点：一是习得泰语的年龄不同，二是习得的途径不同。60 岁以上的老年人习得泰语的年龄大约在 40 岁，因为，40 岁以前，他们还住在深山里，不与外界接触，没有习得泰语的途径。40 岁以后，在泰国政府的引导下，才从山上搬到交通便利的地方，通过与其他民族的口语交际习得泰语口语。40 岁以上的中老年人，他们随父母搬下山时都 20 多岁了，错过了习得语言的最佳时期。由于他们搬下山的年龄比上一辈小，交往范围比上一辈广，使用泰语的频率更高，所以泰语水平比上一辈好。20 多岁这一辈，他们中的很多人从三四岁读幼儿园开始学习泰语，如赵天涯所在的村子，20 多年前就有了幼儿园，他三四岁可以入园，学费、生活费全免，早去晚回。赵天涯告诉我们，老师都是泰族，上课用泰语。刚开始不懂，听来听去就会了。类似的情况还有杨丽芳、杨丽雨、韩俊能、杨云茵、蒲田宇等。他们这一辈在习得语言的最佳时期开始学习泰语，并且学习泰语的途径比祖辈和父辈广，除了口语交际之外，还通过学校教育、媒体传播、网络通信等多种途径，他们的泰语水平与祖辈、父辈相比，有质的飞跃。

20 世纪 80 年代以后出生的泰国苗族，开始出现放弃母语、转用泰语的现象。这些人一般是接受高等教育者，他们毕业后去外地工作，脱离母语环境，他们的子女便放弃母语转用泰语。如在清莱皇家大学读大三的韩俊能告诉我们："我和我的同学王展龙（22 岁，白苗，帕尧府人）毕业后想到清孔、美塞、清盛当翻译，以后可能就在那里安家，那里的人不会说苗语，我们的孩子自然也就不会了。"

2009 年，15 年义务教育全面实施，泰国苗族的孩子从牙牙学语的孩提时代就开始学习泰语，习得泰语的时间几乎与母语相近。据语言习得专家研究，语言能力的高低与习得语言的年龄是有关的，一般的规律是习得语言的年龄越早，语言能力越高；反之亦然。这一研究成果在泰国苗族不同代际的泰语水平差距中得到验证，低龄化的泰语教育使苗族不会说泰语或不愿说泰语成为历史。

### 四 泰国苗族的语言态度调查

语言态度是语言使用者对某一语言的社会地位、应用价值、情感价值等方面的主观评价，对人们的语言行为有直接的影响。了解某一族群的语言态度，有助于更为深刻地认识该群体的语言行为。为了了解泰国苗族对母语的语言态度，我们选取了难府的赵天涯、杨丽雨、王小玲，达府的杨丽芳，清莱府的韩俊能、杨如丽、杨云茵、蒲田宇，帕夭府的清猜，清迈的龙先生，共10位苗族人，其中绿苗8人，白苗2人，对他们的语言态度进行问卷调查。调查结果显示这10位苗族人有以下几个方面的语言观念：

（一）对母语的情感认同度较高，认为母语是族内交际最重要的语言工具

泰国苗族的第一语言是自己的母语，他们对自己的母语有深厚的情感，并表现出一定的语言忠诚。10位被调查者都认为苗族人掌握苗语"很有用"。我们在调查中得知，在苗族村寨，苗语是族内唯一的交际工具。对于"您家里的人不愿意说苗语"和"外出的苗族人回到家乡后不说苗语"，主流的看法是"反感"。这说明泰国苗族不接受本族人不愿说母语这一语言行为。

（二）对母语功能的评价不及国家通用语高

语言的功能是多方面的，如交际功能、情感功能、文化传承功能、族群认同功能等，多种功能构成了一个语言的功能系统。泰国苗族对自己母语功能的评价多倾向于族内交际和维系族群情感，在对有利于自己生存和发展上，主流的观点是认为泰语比母语更重要。他们生活在以泰语为通用语的语言社会里，族际交流、外出就业、学习技术、了解新信息等，都离不开泰语。他们对泰语具有很高的功能评价是由于生存所需。除了泰语以外，他们对英语和汉语的认可度也较高，认为掌握好这两门语言可以增加自己的就业竞争力。可见，在族群自我求生存求发展面前，泰国苗人对自己母语的社会功用信心不及泰国的泰人强。

下面列出10位泰国苗族人的语言态度调查结果，作为以上论述的依据。

## 泰国苗族语言态度调查结果

1. 您的第一语言是什么？
   A. 标准泰语　　　　B. 苗语（Hmong语）　C. 当地泰语
   **调查结果**：10人选B。

2. 您认为苗族掌握苗语（Hmong语）有没有用？
   A. 很有用　　　　　B. 有些用　　　　　　C. 没有用
   **调查结果**：10人选A。

3. 如果您家里的人不愿意说苗语（Hmong 语）了，您有什么感受？
A. 同意            B. 无所谓            C. 反对

**调查结果**：0 人选 A，1 人选 B，9 人选择 C。

4. 外出的苗族回到家乡后不说苗语，您如何看待？
A. 可以理解        B. 反感              C. 无所谓

**调查结果**：1 人选 A，8 人选 B，1 人选 C

5. 如果您家里的人不会说苗语了，您有什么感觉？
A. 同意            B. 无所谓            C. 反对

**调查结果**：5 人选 A，1 人选 B，4 人选 C。

6. 您认为下面哪种语言最重要？
A. 标准泰语        B. 苗语              C. 汉语
D. 英语            E. 当地泰语方言

**调查结果**：8 人选 A；0 人选 B； 2 人选 C；0 人选 D，0 人选 E。

7. 苗族人都不会说苗语了，您遗憾吗？
A. 非常遗憾        B. 顺其自然          C. 无所谓

**调查结果**：3 人选 A，6 人选 B，1 人选 C。

8. 您愿意把子女送到什么学校？
A. 用标准泰语授课的学校
B. 用苗语和标准泰语授课的学校
C. 用英语和标准泰语授课的学校
D. 用汉语和标准泰语授课的学校

**调查结果**：2 人选 A，0 人选 B，4 人选 C，4 人选 D。

## 五　母语与泰语和谐互补、各司其职

母语和泰语是泰国苗族语言生活重要的语言工具，各自在不同的语域中发挥自己的作用。母语用于族内交际，是家庭、村寨最重要的语言交际工具。泰语用于族际交流，是在村寨以外必不可少的交际工具。这两种语言在使用中各就其位，什么场合使用泰语、什么场合使用母语，协调有序、互补共存。

泰国苗族之所以能够形成"母语—泰语"双语和谐的语言生活，是与泰国政府的语言政策和民族政策分不开的。泰国不区分少数民族和多数民族，既不照顾少数民族、也不歧视少数民族，各民族都有使用自己母语的自由。很多村子有广播，广播用的就是该村的少数民族语言。设在少数民族地区的大学，也用少数民族语言广播。如泰国清莱皇家大学，每天早晨都用拉祜语、阿卡语、瑶语等山地民族语言播送新闻。电视台有专门的山地民族语言节目，如拉祜语、阿卡语、苗语、克伦语节目，都有特定的播放时间。很多学校都制定了保护山地民族文化的条款，如一周必须有一天穿自己民族的服装上学。

宽松的民族政策、和谐包容的民族心理，为苗族保留母语和习得泰语提供了良好的政策条件和人文条件，使泰国苗族的语言生活达到母语和通用语的双语和谐。

## 第三节　中国的苗族及其语言

中国的苗族人口有 942 万多人（2010 年第六次全国人口普查数据），在我国少数民族人口中排列第四位。主要聚居在贵州省，共有 429.99 万人，占苗族总人口的 48.10%。另外，苗族人口在 10 万人以上的地区还有云南、湖南、湖北、广东、重庆、四川和广西。

### 一　中国的苗族

中国苗族现在的分布格局是经过历史上的四次大迁徙形成的。伍新福在《论苗族历史上的四次大迁徙》中指出：苗族的先祖蚩尤部落居住在黄河下游和长江下游之间的平原地带，与炎黄部落发生战争，"逐鹿中原"。蚩尤战败被杀后，包含苗族先民在内的部落离开东部，迁往长江中游地带，形成"三苗"集团。这是第一次大迁徙。包括苗族先民在内的"三苗"集团，在尧、舜、禹时代被不断征战，西周对"荆蛮"的多次用兵和楚国势力的扩张，苗族先民被迫离开江湖平原，进入武陵、五溪地区，即今湘西、黔东、川东南、鄂西一带。这是苗族历史的第二次大迁徙。秦汉至唐宋时期，苗族由武陵、五溪地区向西、向南迁徙，向西进入川南和贵州大部分地区，有的经过川南和黔西北开始进入云南。向南迁入湘西南和广西，有的由桂北进入黔南。这是苗族历史上的第三次大迁徙。元、明和清前期，苗族继续从武陵、五溪迁入贵州、广西，并从贵州、广西及川南进入云南。清雍乾至咸同年间，苗族历史上爆发三大起义：黔东南的雍乾起义、湘黔交界的乾嘉起义、贵州张秀眉领导的咸同起义，是苗族第四次迁徙的主要原因。迁徙的基本流向是武陵、五溪地区的苗族继续迁往贵州、广西，贵州苗族大量迁往云南。经过这四次迁徙，国内苗族的分布格局基本形成。

几千年的迁徙史，使苗族分布广，支系多。苗族的支系分类非常复杂。大体来说，有两种分类角度：一是他称分类，即汉族人对苗族不同支系的称谓，根据其服饰特点称为"红苗、黑苗、绿苗、白苗、花苗、白领苗、白裙苗、尖尖苗"等，根据其住地和所种植的作物称为"高坡苗、八寨苗、古州苗、车江苗、栽姜苗",有的他称考证不出来源,如"打铁苗、西苗、四印苗"等。在明朝,依据苗民是否顺服,把湘黔边境的苗族划为生苗和熟苗,把不服从朝廷政府管辖的苗民称为"生苗",把归顺朝廷的苗民称为"熟苗",并在生苗和熟苗之间筑建东北起湖南古丈的喜鹊营、西南到贵州铜仁的亭子关,长达 190 公里的南方长城。二是自称分类,即族内的支系分类。苗族的自称很多,东部的苗族自称为"果雄"(qo$^{53}$ɕoŋ$^{35}$)、"代叟"(tei$^{52}$sou$^{52}$)、"苟双"(qɯ$^{22}$swaŋ$^{52}$)等;分布在中部的苗族自称为"木"(m̥hu$^{33}$)、"摩"(mo$^{33}$)、"木"(mu$^{13}$)、"茅"(m̥ə$^{33}$)等;分布在西部的苗族自称为"赫蒙"(m̥oŋ$^{43}$)、"阿矛"(a$^{55}$m̥au$^{55}$)、"蒙"(m̥oŋ$^{24}$)、"蒙"(məŋ$^{22}$)、"阿苗"(a$^{55}$m̥jo$^{31}$)等。因为支系太多,固有"百苗"之称。20 世纪 50 年代以后,上述称谓都不再使用,统称为"苗族"。现在,只有自称为"赫蒙"m̥oŋ$^{43}$的支系,除了使用"苗族"称谓以外,还使用青苗、白苗、花苗、黑苗、绿苗等称谓,其他支系统称为"苗族"。

他称和自称没有一一对应的关系。自称相同的苗族,他称不一定相同,如他称为"打铁苗、青苗、白苗、四印苗、尖尖苗"等,自称均为"蒙"(moŋ$^{55}$)。在所有支系中,自称为 moŋ$^{55}$的支系人口最多,占全国苗族总人口的 24.4%。苗族的自称虽然读音不同,但据石德富(2004)[①]考证,均源于 * mjwan^ * m̥en^,义为"穿有绣纹布的人,文明人"。

## 二　中国苗族的语言

目前,有 78%的苗族人仍然说自己的母语苗语,22%的苗族人不会说母语,转用汉语或其他少数民族语言。海南岛的苗族说勉—金方言金门土语,广西资源、龙胜两个县的苗族和湖南绥宁、城步两个县的大部分苗族说的是一种汉语方言,贵州天柱县的一部分苗族说的是另一种汉语方言,贵州晴隆、普安等县的一部分苗族说的是第三种汉语方言。这三种方言彼此间不相同,也与当地汉语不相同,是很特殊的汉语方言。李蓝在《湖南城步青衣苗人话》中认为青衣苗苗语是一种基本汉化的语言,称为"民族汉语"。湖南湘西自称为"瓦乡"的苗族,说的也是一种汉语方言,这种汉语方言与当地汉语方言不同。贵州黎平、广西三江和湖南通道等县的苗族说的是一种侗语方言,这种方言与当地侗语不同。四川彭水、黔江、秀山、酉阳等县的大部分苗族以及湖北建始、利川、咸丰、鹤峰等县的苗族说的是当地汉语。

中国的苗族分布广,差异大,所以苗语方言的划分曾出现分歧。1956

---

① 石德富. 苗瑶民族的自称及其演变 [J]. 民族语文. 2004(6) 22-28.

年 10 月，中国少数民族语言调查第二工作队在《苗语方言的划分和文字问题》报告中，把苗语划分为东部、中部、西部和滇东北四个方言。1957 年 7 月，在国家民委少数民族语言文字座谈会上，把东部方言改为湘西方言，中部方言改为黔东方言，西部方言改为川黔滇方言，滇东北方言不变，仍为四个方言。1959 年，贵州省语委和第二工作队经过反复讨论，把苗语划分为九个方言。1983 年，王辅世撰文《苗语方言划分问题》，把苗语划分为湘西苗语、黔东苗语和川黔滇苗语三个方言，主要依据是古苗语中带鼻冠音的 *mp、*mph、*mb、*nts、*ntsh、*ndz、*nt、*nth、*nd、*ŋk、*ŋkh、*ŋg、*Nq、*Nqh、*NG 等声类在现代各地苗语中的读音。湘西方言，只有阴声调的音节保留古苗语鼻冠音声母。黔东方言，鼻冠音声母消失。川黔滇方言，阴声调和阳声调音节都保留了古苗语鼻冠音声母。

至今，中国苗语方言的划分仍然沿用王辅世先生的划分法，分为湘西方言、黔东方言和川黔滇方言三个方言。这三个方言的语音差别很大，彼此之间不能通话。就方言内部的差别而言，湘西方言和黔东方言要小一些，川黔滇方言最大。黔东方言内部只有土语的差别，没有次方言的差别。湘西方言内部的划分在有无次方言这一层次上存在分歧。王辅世和陈其光把湘西苗语分为东部和西部两个土语，没有次方言，但二人在东部土语和西部土语的分布范围上稍有差别。杨再彪把湘西苗语划分为东部次方言和西部次方言，西部次方言分为第一、二、三土语，东部次方言分为第四、五、六土语。湘西苗语内部分类的差别，说明其内部语音的差异较大，把这些语音差异细化，则应该分出次方言这一层次；忽略细小差异提取主要差异，则没有次方言这一层次。黔东方言，王辅世分为北部、南部、东部三个土语，李云兵在这三个土语的基础上增加了西部土语，陈其光分为北部土语、南部土语、东部土语、西南土语、西部土语五个土语。川黔滇方言，王辅世和陈其光分为川黔滇次方言、滇东北次方言、贵阳次方言、惠水次方言、麻山次方言、罗泊河次方言、重安江次方言七个次方言，李云兵在这七个方言的基础上增加了平塘次方言。苗语方言、次方言、土语之所以存在不同的分类方法，是由于苗族分布十分分散，十里不同音的现象非常普遍。

### 三 中国云南文山州马关县岩头寨苗族语言使用个案分析

云南省文山壮族苗族自治州辖 8 个县市，居住着汉族、壮族、苗族、彝族、瑶族、回族、傣族、布依族、蒙古族、白族等 20 多个民族，人口总数为 370 万人，其中苗族 42 万人，占云南苗族人口的 47.1%。

分布在文山的苗族大约有 10 个支系：白苗（Hmongb dleub）、绿苗

(Hmongb nzhuab)、花苗（Hmongb ndrous）、花苗（Hmongb soud）、花苗（Hmongb bes）、黑苗（Hmongb dlob）、黑苗（Hmongb buak）、清水苗（Hmongb dlex nchab）、花苗（Hmongb lens）、青苗（Hmongb shib）等。这些支系均为苗族的 Hmongb 支系。这些支系与泰国苗族同属于 Hmongb 支系，且服装、习俗、语言相近。为此，我们选取中国文山苗族的语言使用情况为个案，便于观察中泰两国苗族 Hmongb 支系语言使用的异同。

文山苗族语言使用的基本情况是：基本保留自己的母语，普遍兼用汉语，但不同代际语言使用的情况有差异。为了深入了解文山苗族的语言使用情况，我们选取了文山州马关县都龙镇岩头寨作为调查点，对该寨苗族的语言使用情况做了穷尽性的调查。

（一）岩头寨社会概况

岩头寨是一个苗族聚居的村民小组，隶属于云南省马关县都龙镇金竹寨村委会。都龙镇共有 32479 人，其中苗族 13479 人，占全镇总人口的 41.5%。该镇所辖的 151 个村民小组，分布着苗、壮、瑶、傣、布依、汉 6 个民族。其中 37 个村民小组是苗族聚居寨，3 个是苗族、汉族杂居寨，8 个是苗族、汉族、壮族的杂居寨。苗族在都龙镇的总体分布特点是小聚居大杂居。

都龙镇是马关县的矿业重镇，流动人口较多，素有"小香港"之称。该镇与越南接壤，国境线长达 58.4 公里，在中越边境居住的苗、壮、瑶等跨境民族。这些跨境民族语言相通、服饰相同，彼此交往密切，因此，调查岩头寨苗族的语言生活，不仅能够观察到现代化进程中中国苗族的语言使用情况，还可以观察跨境民族的语言使用特点及其演变趋势。

岩头寨位于都龙镇的东部，距离都龙镇区 26 公里，位于国家自然保护区老君山的半山坡上。岩头寨西南邻壮族村寨田坝心，西北挨瑶族村寨箐脚，东北接老君山自然保护区，南邻汉族寨子堡梁街。村寨之间通简易山路，可以跑摩托车。

该村以农耕经济为主，种植稻谷、玉米、黄豆、核桃、八角、草果等农作物和经济作物。北部的老君山有钨、锌、硅等多种矿藏，过去采矿是村民的主要收入，现在由采矿转为种植香蕉。该村 2002 年通电，2005 年通水。家家户户有电视机、摩托车和手机，摩托车是该村最重要的交通工具。

岩头寨没有小学，寨子里的孩子要到山下的田坝心小学就读。田坝心小学有 286 名学生、10 名教师。学生有苗、壮和瑶等民族，教师中有 3 名是苗族。招收一年级到六年级的学生。该校是一所寄宿和半寄宿学校，像岩头寨这样离校较近的村寨的孩子半寄宿，早出晚归，离校远的孩子全寄宿，周末回家。从 2008 年起，学校实行三免教育，免学费、书费和杂费。

一日三餐，菜由学校免费提供，饭由学生自负，学生根据自己的需要交大米换饭票。一、二年级的学生绝大多数只会说自己的母语，需要用双语授课，三年级以后基本上没有语言障碍，可以实行普通话单语教学。课后，学生之间的交流大多说当地汉语，有时也说苗语。小学毕业后，到都龙镇中学接受初中教育，初中毕业后到马关县城接受高中教育。

岩头寨苗族文化程度普遍不高，30 岁以上的大多只有小学文化或是文盲。20—30 岁的，大多只有初中或小学文化。全寨只有 2 个本科生，1 个大专生，高中生也只有几个。大部分孩子读完初中后就辍学了，大人也不勉强，认为继续读高中花钱多且用处不大。早婚习俗也是影响该寨教育的一个重要因素。

岩头寨苗族妇女很喜欢自己的苗族服饰，无论是青春年少的姑娘，还是头发斑白的老妇人，都喜欢穿苗家的百褶裙。闲暇时候，女人们聚在一起，最喜欢做的就是绣制百褶裙上的图案花纹。岩头寨并不富裕，但多数女子都有一二十条百褶裙。男装则与汉族相同。岩头寨的苗族服装体现了苗、汉文化的融合，在村子里，随处可见上身穿汉族上衣、下身穿苗族百褶裙、腿上绑苗族花裹脚的女人。民居与当地其他民族相同。

苗族的婚丧习俗体现民族文化的融合。婚姻传统是族内婚姻，近年开始出现族际婚姻。婚礼服装出现代际差异，年轻人既穿本族新娘服装，也穿西式的结婚礼服。葬礼既保留吹芦笙、打鼓、用苗语念经等苗族的传统习俗，也像汉族那样送花圈。

（二）岩头寨苗族语言使用情况

岩头寨分上、下两寨，总计 129 户 550 人，除去汉族 1 人，傣族 3 人，瑶族 1 人，苗族共有 545 人，再除去学龄前儿童 93 人，外嫁及残疾 11 人，调查对象总数为 441 人。

通过入户调查统计、母语 400 词测试、语言态度问卷调查和语域调查以及访谈等多形式多角度调查，得出的结论是：岩头寨苗族是"苗语—汉语"的双语群体，苗语是寨内的强势语，用于族内交际，汉语云南方言和普通话是辅助交际用语，用于族际交际。下面对岩头寨苗族的双语生活进行描写分析。

1. 母语使用水平考察

（1）母语交际水平未出现代际差异

为了观察母语的使用水平是否出现代际差异，我们分 6—19 岁、20—岁、40—59 岁和 60 岁及以上四个年龄段，对其使用母语交际的水平进行调查，得出如下数据：

## 第二章 中泰的苗族及其语言

**表 1**　　　　　岩头寨苗族不同代际母语水平数据

| 年龄段 | 人数（人） | 熟练 人数 | 熟练 百分比（%） | 略懂 人数 | 略懂 百分比（%） | 不懂 人数 | 不懂 百分比（%） |
|---|---|---|---|---|---|---|---|
| 6—19 岁 | 91 | 91 | 100 | 0 | 0 | 0 | 0 |
| 20—39 岁 | 176 | 176 | 100 | 0 | 0 | 0 | 0 |
| 40—59 岁 | 128 | 128 | 100 | 0 | 0 | 0 | 0 |
| 60 岁及以上 | 46 | 46 | 100 | 0 | 0 | 0 | 0 |
| 合计 | 441 | 441 | 100 | 0 | 0 | 0 | 0 |

表 1 显示：不同年龄段的 441 位调查对象都能熟练地使用自己的母语。这个数据说明，岩头寨苗族不同年龄段者都能很好地使用母语进行日常交流，母语是该语言社区最重要的交际工具。

表 1 是以户口表为依据、逐户逐人调查统计得出来的量化数据。为了对岩头寨苗族使用母语有更多感性的认识，我们关注每一个语言使用景观。我们在寨子里调查时，恰逢村里办丧事，广播中催促村民做饭、吃饭、送柴等大小事务，一律用苗语。村里人无论是聊天还是打电话都用苗语。我们在村里遇见 6 岁以下的学前儿童，绝大多数不太会说汉语。在岩头寨语言社区内，苗语是他们是族内唯一的语言交际工具。

（2）不同代际者的母语 400 词测试水平没有明显的差异

母语词汇量的大小也是母语水平高低的重要表现。为此，我们选取四个不同年龄段的苗族人进行母语 400 词测试。把脱口而出定为 A 级，想一想能说定为 B 级，经测试人员提醒后才能说定为 C 级，提醒以后仍不能说定为 D 级，测试结果见表 2：

**表 2**　　　　　岩头寨苗族不同代际母语 400 词测试成绩表

| 姓名 | 年龄 | A 级词汇量 | B 级词汇量 | C 级词汇量 | D 级词汇量 | A 级词汇百分比（%） |
|---|---|---|---|---|---|---|
| 杨桢 | 15 | 371 | 19 | 7 | 3 | 92.75 |
| 王彩媛 | 28 | 396 | 3 | 1 | 0 | 99.00 |
| 杨正清 | 48 | 397 | 3 | 0 | 0 | 99.25 |
| 杨超外公 | 64 | 400 | 0 | 0 | 0 | 100 |

表 2 显示：从 15 岁的杨桢到 64 岁的杨超外公，A 级词汇的比例都在 92%以上。可见，从母语基本词汇量上看，不同代际之间没有明显的差异。

## 2. 普遍兼用汉语云南方言

在现代化进程中，以母语作为唯一交际用语的语言社区是很少见的。我参加过四川盐源县的彝族、摩梭人、普米族，云南的景颇族、傈僳族、茶山人等多个民族或支系的语言使用情况调查，看到这些民族或族群都兼用汉语。这种普遍兼用云南方言的情况在岩头寨同样存在。我们在岩头寨调查时，所遇见的人大多用云南方言跟我们打招呼。为了对该寨苗族兼用汉语的情况形成量化的认识，我们对该寨 441 位调查对象兼用云南方言的水平进行了穷尽性调查，得出表 3 中的数据：

表 3　　　　岩头寨苗族兼用云南方言水平测试统计表

| 年龄段 | 调查人数（人） | 熟练 人数 | 熟练 百分比（%） | 略懂 人数 | 略懂 百分比（%） | 不懂 人数 | 不懂 百分比（%） |
|---|---|---|---|---|---|---|---|
| 6—19 岁 | 91 | 77 | 84.62 | 11 | 12.09 | 3 | 3.29 |
| 20—39 岁 | 176 | 164 | 93.18 | 12 | 6.82 | 0 | 0 |
| 40—59 岁 | 128 | 109 | 85.16 | 17 | 13.28 | 2 | 1.56 |
| 60 岁及以上 | 46 | 36 | 78.26 | 7 | 15.22 | 3 | 6.52 |
| 合计 | 441 | 386 | 87.53 | 47 | 10.66 | 8 | 1.81 |

从表 3 我们可以得出以下信息：

① 兼用云南方言的总体水平是：441 个苗族人中，能熟练掌握云南方言的有 386 人，占调查人数的 87.53%；略懂云南方言的有 47 人，占调查人数的 10.66%；不懂云南方言的只有 8 人，仅占调查总人数的 1.81%。这些数据说明，岩头寨苗族人大多能使用云南方言，云南方言是他们最重要的族际交际工具。

② 不同年龄阶段者使用云南方言的水平存在差距：熟练使用云南方言的人数比例，由大到小的排序依次是 20—39 岁 93.18%，40—59 岁 85.16%，6—19 岁 84.62%，60 岁及以上 78.26%。熟练使用云南方言人数比例最高的是 20—39 岁这一群体，最低的是 60 岁及以上的老年人。形成此现象的原因主要与文化水平有关，60 岁及以上的大多都是文盲，没有机会通过学校教育学习汉语。6—19 岁这年龄段，云南方言水平较低的是 10 岁以下的。原因与其习得云南方言的时间较短有关，随着习得时间的延长，这个群体云南方言的水平将逐步提高。

第二章 中泰的苗族及其语言

岩头寨苗族说的云南方言与当地汉族说的云南方言有区别，下面是岩头寨苗族说的当地方言音系：

（1）声母 20 个

| | | | | | |
|---|---|---|---|---|---|
| p | pɨ²¹ | 布 | pau³⁵ | 包 |
| ph | pha³³ | 怕 | phaŋ⁵³ | 盘子 |
| m | men⁵³ | 们 | ma³³ | 马 |
| f | fei³⁵ | 飞 | fɨ⁵³ | 胡（子） |
| t | tau²¹ | 到 | tɨ³³ | 赌 |
| th | thai³³ | 太 | thoŋ⁵³ | 同 |
| n | naŋ⁵³ | 男 | ni³³ | 女 |
| l | laŋ⁵³ | 蓝 | li³³ | 旅 |
| ts | tsau³³ | 早 | tsau²¹ | 照 |
| tsh | tshau³³ | 草 | tshʅ⁵³ | 瓷 |
| s | sʅ³⁵ | 丝 | sʅ⁵³ | 湿 |
| z | zʅ²¹ | 日 | zə⁵³ | 热 |
| tɕ | tɕin³⁵ | 精 | tɕau³⁵ | 教 |
| tɕh | tɕhin³⁵ | 清 | tɕhau⁵³ | 桥 |
| ɕ | ɕi³³ | 洗 | ɕi²¹ | 细 |
| ʑ | ʑi⁵³ | 移 | ʑaŋ³³ | 样 |
| k | kau³⁵ | 高 | kaŋ³³ | 赶 |
| kh | khau³³ | 考 | khaŋ³³ | 看 |
| x | xau³³ | 好 | xaŋ⁵³ | 行 |
| ŋ | ŋaŋ³⁵ | 安 | ŋai⁵³ | 岩 |

（2）韵母 19 个

单韵母 6 个：

| | | | | | |
|---|---|---|---|---|---|
| i | zi³⁵ | 衣 | zi³³ | 雨 |
| ʅ | tsʅ²¹ | 字 | tshʅ⁵³ | 吃 |
| ɨ | lɨ²¹ | 路 | fɨ⁵³ | 幅 |
| a | pha⁵³ | 爬 | za⁵³ | 鸭 |
| o | ko²¹ | 国 | ko³⁵ | 哥 |
| ə | xə⁵³ | 黑 | pə⁵³ | 白 |

复合元音韵母 7 个：

| | | | | | |
|---|---|---|---|---|---|
| ai | thai⁵³ | 抬 | kai³⁵ | 街 |
| ei | mei²¹ | 妹 | pei²¹ | 北 |

| | | | | | |
|---|---|---|---|---|---|
| ui | xui²¹ | 会 | kui³³ | 鬼 | |
| au | thau⁵³ | 桃 | kau³³ | 稿 | |
| ou | thou⁵³ | 头 | kou³³ | 狗 | |
| ua | kua³⁵ | 瓜 | khua³³ | 垮 | |
| uai | uai²¹ | 外 | khuai²¹ | 快 | |

带有鼻音韵尾的韵母有 6 个。

| | | | | | |
|---|---|---|---|---|---|
| en | ŋen³⁵ | 恩 | men⁵³ | 门 |
| in | zin⁵³ | 银 | zin³⁵ | 运 |
| aŋ | ŋaŋ⁵³ | 昂 | tsaŋ³⁵ | 张 |
| oŋ | koŋ³³ | 弓 | xoŋ⁵³ | 红 |
| iaŋ | liaŋ²¹ | 凉 | liaŋ³³ | 两 |
| uaŋ | uaŋ⁵³ | 王 | kuaŋ³⁵ | 光 |

说明：韵母 en 和 in 的韵尾 n，发音部位不及普通话的后鼻韵尾 ŋ 靠后，但也不是 n，因为舌尖没有顶住齿龈，但听感上更接近 n。

（3）声调

| | | | | | |
|---|---|---|---|---|---|
| 阴平 | 35 | sɿ³⁵ | 诗 | thi³⁵ | 梯 |
| 阳平 | 53 | sɿ⁵³ | 时 | thi⁵³ | 题 |
| 上声 | 33 | sɿ³³ | 史 | thi³³ | 体 |
| 去声 | 21 | sɿ²¹ | 世 | thi²¹ | 替 |

3. 大部分人兼用普通话

我们在村寨走访时，村里的苗族人用带有当地汉语口音和苗语口音的普通话跟我们交谈，他们把这种不标准的普通话称为"马普（马关县普通话）"。通过与不同年龄段的人群交谈，我们发现，普通话的标准程度与年龄和接受教育程度存在一定的关系。19 岁以下的青少年，只要读到三年级以上，普通话都说得比较流利。三年级以下的，大多还不能熟练使用普通话。这与岩头寨孩子的语言习得顺序有关。该寨的孩子第一语言是苗语，汉语方言是上学后才学会的，普通话在上学前就开始跟着电视学。20—39 岁的年轻人所说的普通话，熟练程度很高，但准确度不及 6—19 岁这一年龄段，言谈中夹带方言词汇，平翘舌不分。40—59 岁的普通话又比 20—39 岁的差，他们不仅把翘舌音都读成了平舌，交谈中使用方言词汇很多。这一年龄段中不能熟练使用普通话的，大多是妇女，她们羞于开口，但爱听。60 岁及以上的，能说普通话的基本上都是男性，女性只能听不能说。各年龄段的普通话使用水平见表 4。

**表 4　　岩头寨苗族各年龄段普通话水平测试统计表**

| 年龄组 | 人数 | 普通话熟练 人数 | 百分比（%） | 普通话略懂 人数 | 百分比（%） | 普通话不懂 人数 | 百分比（%） |
|---|---|---|---|---|---|---|---|
| 6—19 岁 | 91 | 73 | 80.21 | 13 | 14.28 | 5 | 5.49 |
| 20—39 岁 | 176 | 161 | 91.48 | 15 | 8.52 | 0 | 0 |
| 40—59 岁 | 128 | 112 | 87.50 | 11 | 8.59 | 5 | 3.91 |
| 60 岁及以上 | 46 | 15 | 32.61 | 26 | 56.52 | 5 | 10.87 |
| 合计 | 441 | 361 | 81.85 | 65 | 14.73 | 15 | 3.40 |

表 4 显示：依据普通话水平由高到低的排序是 20—39 岁＞40—59 岁＞6—19 岁＞60 岁及以上。这个年龄段排序显示了普通话水平与学校教育的密切关系。60 岁及以上的老人大多是文盲，普通话水平最低。20—39 岁的大多完成了九年制义务教育，他们的普通话很流利。我们在岩头寨的所见所闻，证实了这种现象。村里的 60 岁及以上的老人，特别是女性，都不会说普通话，但能够听得懂一点。近十年电视普及，国家对教师的普通话水平有硬性要求，岩头寨孩子的普通话水平提高很快，可以预见岩头寨将成为"苗语—云南方言—普通话"的多语社区，多种语言的和谐共存、互补竞争必然是这个小山村未来的语言走向。

岩头寨苗族所说的普通话体现了明显的母语迁移特征。以下是根据该寨苗族杨超（1991 年生，青苗，苗语母语人）的读音整理出来的岩头寨苗族所说的普通话音系。

（1）声母 19 个

| | | | | |
|---|---|---|---|---|
| p | pɯ$^{53}$ | 布 | pau$^{44}$ | 包（物） |
| ph | pha$^{53}$ | 怕 | phaŋ$^{35}$ | 盘 |
| m | men$^{53}$ | 门 | ma$^{21}$ | 马 |
| f | fei$^{44}$ | 飞 | fa$^{21}$ | （执）法 |
| t | tau$^{53}$ | 到 | tɯ$^{21}$ | 赌 |
| th | thai$^{33}$ | 太 | thoŋ$^{35}$ | 同 |
| n | naŋ$^{35}$ | 男 | ny$^{21}$ | 女 |
| l | laŋ$^{35}$ | 蓝 | ly$^{21}$ | 旅（长） |
| ts | tsau$^{21}$ | 早 | tsai$^{53}$ | 在 |
| tsh | tshau$^{21}$ | 草 | tshai$^{53}$ | 寨 |
| s | sɿ$^{44}$ | 丝 | sɿ$^{44}$ | 湿 |
| z | zɿ$^{53}$ | 日 | zə$^{53}$ | 热 |

| | | | | | |
|---|---|---|---|---|---|
| tɕ | tɕin⁴⁴ | 精 | | tɕau⁴⁴ | 骄 |
| tɕh | tɕhin⁴⁴ | 清（水） | | tɕhau³⁵ | 桥 |
| ɕ | ɕi²¹ | 洗 | | ɕi⁵³ | 细 |
| z | zi³⁵ | 移 | | zaŋ⁵³ | 样 |
| k | kau⁴⁴ | 高 | | kaŋ²¹ | 赶 |
| kh | khau²¹ | 考 | | khaŋ⁵³ | 看 |
| x | xau²¹ | 好 | | xaŋ³⁵ | （各）行 |

（2）韵母 25 个

单韵母 7 个：

| | | | | | |
|---|---|---|---|---|---|
| i | zi⁴⁴ | 衣 | | zi³⁵ | 移 |
| y | y²¹ | 雨 | | y³⁵ | 鱼 |
| a | pha³⁵ | 爬 | | za⁴⁴ | 鸭 |
| o | po⁴⁴ | 波（浪） | | mo³⁵ | 摩 |
| ə | ə⁵³ | 二 | | tə⁵³ | 特 |
| ʉ | phʉ⁵³ | 铺 | | tsʉ⁴⁴ | 租 |
| ɿ | tsɿ⁵³ | 字 | | tshɿ⁴⁴ | 吃 |

说明：

① 普通话的 ɚ 韵母，岩头寨苗族读成 ə。例如：ə⁵³ "二"。

② 普通话的 ʅ 韵母，岩头寨苗族话读为 ɿ。例见上。

③ 普通话的 u 韵母，岩头寨苗族大多读 ʉ。例如：lʉ²¹ "路"。

复合元音韵母 11 个：

| | | | | | |
|---|---|---|---|---|---|
| ai | mai³⁵ | 埋 | | xai³⁵ | 孩 |
| ei | mei³⁵ | 煤 | | xei⁴⁴ | 黑 |
| au | thau³⁵ | 桃 | | kau²¹ | 稿（子） |
| əu | thəu³⁵ | 头 | | kəu²¹ | 狗 |
| ui | xui⁵³ | 会 | | kui²¹ | 轨 |
| ua | kua⁴⁴ | 瓜 | | khua²¹ | 垮 |
| uo | kuo⁴⁴ | 锅 | | khuo⁵³ | 扩（大） |
| ie | lie⁵³ | 劣 | | pie⁴⁴ | 别 |
| iu | liu³⁵ | 刘 | | tiu⁴⁴ | 丢 |
| iau | miau⁵³ | 庙 | | liau⁵³ | 廖 |
| uai | uai³⁵ | 外 | | khuai⁵³ | 快 |

带有鼻音韵尾的韵母 7 个。

| | | | | | |
|---|---|---|---|---|---|
| aŋ | aŋ⁴⁴ | 安 | | tsaŋ⁴⁴ | 张（开） |
| en | ten²¹ | 等（待） | | men³⁵ | 门 |

| in | tɕin⁴⁴ | 斤 | tɕhin⁵³ | 庆 |
| uaŋ | uaŋ⁴⁴ | 弯 | khuaŋ⁴⁴ | 框 |
| uen | kuen⁵³ | 棍 | uen⁴⁴ | 翁 |
| oŋ | koŋ³³ | 弓 | xoŋ³⁵ | 红 |
| iaŋ | liaŋ³⁵ | 凉 | liaŋ²¹ | 两 |

说明：

岩头寨苗族把普通话前鼻音韵母中的-n 和后鼻音韵尾中的-ŋ，都读成既不是舌尖鼻音[n]也不是舌根[ŋ]的鼻音，读的是比舌根[ŋ]稍靠前的鼻音。

（3）声调 4 个

| 阴平 | 阳平 | 上声 | 去声 |
| --- | --- | --- | --- |
| 44 | 35 | 21 | 53 |

| sʅ⁴⁴ | 诗 | sʅ³⁵ | 时 | sʅ²¹ | 使 | sʅ⁵³ | 是士 |
| thi⁴⁴ | 梯 | thi³⁵ | 题 | thi²¹ | 体 | ti⁵³ | 弟 |
| ti⁴⁴ | 滴 | sʅ³⁵ | 食 | tɕe²¹ | 姐 | thi⁵³ | 替 |
| tso⁴⁴ | 桌 | sʅ³⁵ | 识 | zi²¹ | 椅 | sʅ⁵³ | 世 |
| tsai⁴⁴ | 斋 | ze³⁵ | 爷 | tsau²¹ | 早 | sʅ⁵³ | 试、侍 |

（4）轻声

普通话的轻声，岩头寨苗族说普通话也读轻音，但不如普通话轻。如：

| 阴平+轻声 | ma⁴⁴ma² | 妈妈 | tso⁴⁴tsʅ² | 桌子 |
| 阳平+轻声 | ze³⁵ze² | 爷爷 | tɕhyŋ³⁵sʅ² | 裙子 |
| 上声+轻声 | tɕe²¹tɕe⁴ | 姐姐 | zi²¹tsʅ⁴ | 椅子 |
| 去声+轻声 | ti⁵³ti² | 弟弟 | teŋ⁵³tsʅ² | 凳子 |

4. 岩头寨苗族语言使用场合调查

语言使用场合能够体现语言活力的高低，语言使用场合的宽窄与语言活力存在正相关的关系。岩头寨苗族大多是"母语—汉语"双语人，因此从语言能力看，该寨存在选用汉语作为交际用语的可能。为了考察岩头寨苗族的母语使用场合，我们以交际对象之间的身份关系和交际地点作为语言使用场合的两个重要参项，选择四位不同年龄段的"母语—汉语"双语人[①]对

---

① 1. 项维兰，14 岁，苗族，父母也是苗族，岩头寨人，现在都龙一中读初一。五六岁时只会说苗语，7 岁才开始学习汉语。特别想把书读好，羡慕同学能说一口流利的普通话。心中的梦想是好好读书，走出这个小山村。2. 王彩媛，28 岁，苗族，父母也是苗族，卫校毕业，现在岩头寨居住，是该寨的卫生检查员。母语是苗语，7 岁开始学习汉语。3. 熊正先，45 岁，1969 年生，苗族，父母也是苗族，岩头寨人，高中文化，金竹山村委会主任。五六岁时只会说苗语，7 岁才开始学习汉语。4. 项春林，男，62 岁，苗族，岩头寨人，读过小学三年级。苗语和汉语当地方言说得很流利，普通话说得不流利。喜欢唱苗歌、说苗族民间故事，也喜欢听汉语歌曲。他家经常播放中国歌曲。老人说，他很怀念那个年代。

其进行母语使用场合调查，以观察制约其母语使用场合的主要因素是交际对象之间的身份关系还是交际地点。

表 5　　　岩头寨苗族语言选用受交际对象身份制约的调查表

| 家庭关系 | | 王彩媛 1 | | 王友学 2 | | 项春林 3 | | 项维兰 4 | |
|---|---|---|---|---|---|---|---|---|---|
| | | 苗语 | 汉语 | 苗语 | 汉语 | 苗语 | 汉语 | 苗语 | 汉语 |
| 长辈对晚辈 | 父母对子女 | √ | | √ | | √ | | √ | |
| | 爷爷奶奶对孙子 | √ | | √ | | √ | | √ | |
| | 公婆对儿媳 | √ | | √ | | √ | | √ | |
| 晚辈对长辈 | 子女对父母 | √ | | √ | | √ | | √ | |
| | 孙子对爷爷奶奶 | √ | | √ | | √ | | √ | |
| | 儿媳对公婆 | √ | | √ | | √ | | √ | |
| 同辈之间 | 爷爷奶奶之间 | √ | | √ | | √ | | √ | |
| | 父母之间 | √ | | √ | | √ | | √ | |
| | 兄妹之间 | √ | | √ | | √ | | √ | |
| | 儿子与儿媳 | √ | | √ | | √ | | √ | |
| 主人对客人 | 对本族客人 | √ | | √ | | √ | | √ | |
| | 对本族公务员 | √ | | √ | | √ | | √ | |
| | 对本族老师 | √ | | √ | | √ | | √ | |
| | 对非本族客人 | | √ | | √ | | √ | | √ |
| | 对陌生人 | | √ | | √ | | √ | | √ |

表 5 显示：母语和汉语的选用没有受到长辈对晚辈、晚辈对长辈、同辈之间、主人对客人等交际对象之间不同关系的制约，而是受到是否是同一族群的制约，这说明不同代际在母语能力、母语态度上没有出现明显差异。

在不同交际地点选用母语能够体现母语功能的强弱。下面是对以上四人进行"不同场合语言使用"访谈式调查得出的结果。

表6  不同场合语语选用情况调查表

| 不同场合 | | 王彩媛 本族 苗语 | 王彩媛 本族 汉语 | 王彩媛 非本族 苗语 | 王彩媛 非本族 汉语 | 王友学 本族 苗语 | 王友学 本族 汉语 | 王友学 非本族 苗语 | 王友学 非本族 汉语 | 项春林 本族 苗语 | 项春林 本族 汉语 | 项春林 非本族 苗语 | 项春林 非本族 汉语 | 项维兰 本族 苗语 | 项维兰 本族 汉语 | 项维兰 非本族 苗语 | 项维兰 非本族 汉语 |
|---|---|---|---|---|---|---|---|---|---|---|---|---|---|---|---|---|---|
| 见面打招呼 | | √ | | | √ | √ | | | √ | √ | | | √ | √ | | | √ |
| 聊天 | | √ | | | √ | √ | | | √ | √ | | | √ | √ | | | √ |
| 生产劳动 | | √ | | | √ | √ | | | √ | √ | | | √ | √ | | | √ |
| 买卖 | | √ | | | √ | √ | | | √ | √ | | | √ | √ | | | √ |
| 看病 | | √ | | | √ | √ | | | √ | √ | | | √ | √ | | | √ |
| 开会 | 开场白 | √ | | √ | | √ | | √ | | √ | | √ | | √ | | | |
| 开会 | 传达上级指示 | √ | | √ | | √ | | √ | | √ | | | | √ | | | |
| 开会 | 讨论、发言 | √ | | √ | | √ | | √ | | √ | | | | | | | |
| 学校 | 课堂 | √ | √ | √ | | √ | √ | √ | | √ | √ | | | √ | √ | | |
| 学校 | 课外 | √ | | √ | | √ | | √ | | √ | | | | √ | | | |
| 宗教活动 | 传统宗教 | | √ | | | | | | | | | | | | | | |
| 宗教活动 | 基督教 | | √ | | | | | | | | | | | | | | |
| 宗教活动 | 佛教 | | √ | | | | | | | | | | | | | | |
| 节日集会 | | √ | | | √ | √ | | | √ | √ | | | √ | √ | | | √ |
| 婚丧嫁娶 | | √ | | | | √ | | | | √ | | | | √ | | | |
| 电话交流 | | √ | | | √ | √ | | | √ | √ | | | √ | √ | | | √ |

表 6 显示：（1）在见面打招呼、聊天、生产劳动、买卖、看病、节日集会、婚丧嫁娶、手机交流等不同语言使用场景，都遵循族内交际用母语、族际交际用汉语的语言选用原则。体现了同族关系是制约岩头寨苗族语言选用的重要因素。（2）宗教活动中，只能选用母语。这显示了苗语的强势地位。（3）开会时，即使有非本族人参加，也选用苗语发言。这说明，在岩头寨苗语是强势语言，其他民族兼用了苗语，苗语成为该寨的族际通用语。（4）在课堂内外，苗语的地位明显弱于其他语言使用场景，是表 6 所有语言使用场合中唯一一个在同族之间也会选用汉语的语言使用场合。这说明，在学校汉语是强势语言。

（三）语言态度调查

语言态度虽然不属于语言使用的范围，但语言态度影响语言行为，对语言使用起到至关重要的作用。了解岩头寨苗族的语言态度，有助于深化对该寨苗族语言使用现状的认识，预测该寨语言使用的发展趋势。下面是我们对岩头寨的四位苗族人进行语言态度问卷调查的结果。

1. 您怎么看待苗族人掌握汉语的作用？

   A. 很有用　　　　　B. 有些用　　　　　C. 没有用

   **测试结果**：A：4人　B：0人　C：0人

2. 您认为学好汉语的目的是什么？

   A. 找到好的工作，得到更多的收入

   B. 升学的需要

   C. 便于与外族人交流

   D. 了解汉族文化

   **测试结果**：A：1人　B：0人　C：3人　D：0人

3. 您认为掌握苗语的目的是什么？

   A. 找到好的工作，得到更多的收入

   B. 便于与本族人交流

   C. 了解和传承本族的历史传统文化

   **测试结果**：A：0人　B：3人　C：1人

4. 您对苗族人都会说汉语是什么态度？

   A. 迫切希望　　　　B. 顺其自然

   C. 无所谓　　　　　D. 不希望

   **测试结果**：A：3人　B：1人　C：0人　D：0人

5. 如果苗族人都成为汉语单语人，您的态度是什么？

   A. 迫切希望　　　　B. 顺其自然

   C. 无所谓　　　　　D. 不希望

   **测试结果**：A：1人　B：1人　C：0人　D：2人

6. 如果有人在外地学习或工作几年后回到家乡，不再说苗语，您如何看待？

   A. 可以理解　　　　B. 反感　　　　　　C. 听着别扭

   D. 不习惯　　　　　E. 无所谓

   **测试结果**：A：0人　B：4人　C：0人　D：0人　E：0人

7. 您希望子女最好会说什么语言？

   A. 普通话　　　　　B. 苗语　　　　　　C. 当地汉语方言

   D. 普通话和苗语　　E. 无所谓

   **测试结果**：A：0人　B：0人　C：0人　D：3人　E：1人

8. 您愿意到什么学校学习？

   A. 用普通话授课的学校

   B. 用普通话和英语授课的学校

C. 用普通话和苗语授课的学校

**测试结果**：A：0人　B：3人　C：1人

9. 您希望本地广播站、电视台使用什么语言播音？

　　A. 苗语　　　　　　B. 普通话　　　　　　C. 当地汉语方言

　　D. 汉语和苗语　　　E. 无所谓

**测试结果**：A：1人　B：1人　C：0人　D：2人　E：0人

10. 您是否希望掌握苗族文字？

　　A. 希望　　　　　　B. 无所谓　　　　　　C. 不希望

**测试结果**：A：2人　B：0人　C：2人

11. 您认为哪种语言最重要？

　　A. 普通话　　　　　B. 苗语

　　C. 当地汉语方言　　D. 英语

**测试结果**：A：3人　B：1人　C：0人　D：0人

12. 您家的孩子学说话时，您最先教给他的是哪种语言？

　　A. 普通话　　　　　B. 苗语　　　　　　　C. 当地汉语方言

**测试结果**：A：0人　B：3人　C：1人

13. 如果家里的人不会说苗语，您的态度是什么？

　　A. 赞成　　　　　　B. 无所谓　　　　　　C. 反对

**测试结果**：A：0人　B：4人　C：0人

14. 干部在村里开会发言时，您希望他们说什么语言？

　　A. 普通话　　　　　B. 苗语　　　　　　　C. 当地汉语方言

**测试结果**：A：0人　B：2人　C：2人

　　这些问卷结果体现岩头寨苗族对母语的语言态度是：（1）认为掌握母语是便于交流。因为苗语在当地是族内通用的交际用语。（2）对"回到家乡不再说苗语"，所调查的4人都表示反感。这说明他们对母语有亲近感，把母语默认为同族人的交际工具，违反这一默认的语言选用规则，会引起他们的反感。（3）对"家里的人不会说苗语"，4人都表示无所谓。这说明他们对母语的存亡并不在意，或者说没有关注到这一问题。

　　对汉语的语言态度是：（1）4人都认为苗族人掌握汉语很有用，这说明岩头寨苗族人认为汉语有很强的功用性，是岩头寨苗族人走出寨门必须掌握的语言工具。（2）4位调查对象有3位认为普通话最重要。这说明随着义务教育的全面普及、接受文化程度的提高、与外界交流的加强，普通话在岩头寨苗族人的心目中有着汉语方言和母语难以超越的语言地位。即便是普通话在他们的生活中很少使用，但却有很高的语言地位。

　　综合而言，岩头寨苗族对母语的习得、使用、传承基本抱着顺其自然的态度，而对国家通用语普通话，则抱着非常重视和有意学习的态度。从语言是一种交际工具的视角看，掌握普通话和汉语云南方言能够帮助岩头寨苗族融入主流社会，能够帮助他们去适应更为广阔的生存环境。语言功用是语言态度的风向标，某一语言功用大，人们就对这一语言评价高，这一语言就不容易衰退。包括苗语在内的少数民族语言都受到功用强的语言的冲击，这在当下是普遍的语言使用状况。

（四）岩头寨语言关系的特点

1. 双语具有全民性

岩头寨苗族熟练掌握母语、云南方言和普通话的比例分别是 100%、87.53%、81.85%，这说明该语言群体全民保留母语，大部分人兼用当地汉语和国家通用语，可以认为该群体是"苗语—云南方言—普通话"的双语群体。

2. 双语的使用水平具有层级性

岩头寨苗族虽然基本是全民双语群体，但是，母语和兼用语的使用水平和使用程度具有层级性，主要表现在以下几点：

① 熟练使用苗语的人数比例比熟练使用汉语云南方言和普通话的人数比例高

在我们所调查的 441 位苗族人中，能熟练使用母语人数比例是 100%；而能熟练使用汉语当地方言、普通话的比例分别是 87.53%、81.85%。这说明母语的使用水平与兼用语的使用水平存在不平衡性。

② 在岩头寨，苗语的功能比兼用语大

岩头寨是苗族聚居寨，苗语是人人必须掌握的语言工具。只要会说苗语，就能满足日常交际的需要。我们观察到这样几个语言使用现象：2005 年从越南嫁进该村的苗族母女，至今仍然只会说苗语，听不懂汉语，但丝毫不影响她们的语言生活。该村村民王彩媛（女，苗族，28 岁，中专）是从离该村 10 来千米的村子嫁过来的，是村里的卫生员、妇女主任。她在村里开了个店，来她店里买东西、看病的人，都是用苗语与她交谈，没有一个人用汉语。王彩媛说，在村里可以好久不说汉话，突然哪天说起汉话，有舌头不听使唤的感觉。可见，在岩头寨，汉语的使用域和使用频率是不能跟母语相提并论的。

③ 不同年龄段的双语水平出现一定的差距

母语的使用水平老年人比年轻人高，这主要体现在民族口头文化的传承上。如，60 岁及以上的老年人喜欢唱苗族的传统歌曲、讲本民族的民间故事。若将词汇调查增加到 3000 个，就能观察到老年人掌握的词汇量比年轻人多，状词、四音格词年轻人掌握得较少，老年人掌握得较多。

汉语方言和普通话则是年轻人的水平比老年人高。这主要与九年义务教育的普及、媒体的传播以及与外界的交流程度有关。

3. 母语传承链没有出现明显的代际断裂

① 不同年龄段的母语熟练程度没有明显差别。岩头寨的苗族人，无论是老人还是小孩都能熟练地使用自己的母语，并且绝大多数苗族人都以母语为自己的第一语言，祖辈、父辈、子辈、孙辈不同代际之间都用苗语进行交际。② 不同年龄段的人在掌握母语的基本词汇量上没有明显差距。③ 不同年龄段的苗族人使用母语的范围上大致相同，族内交际使用母语，族际交际使用汉语。

（四）岩头寨苗族语言使用现状的成因分析

岩头寨苗族语言使用现状的形成主要有以下几点原因：

1. 人口优势奠定了母语在岩头寨的强势地位

岩头寨共有550人，其中苗族545人，占总人口的99.09%。绝对的人口优势，使苗语成为该语言社区的区域强势语。而强势语的地位，又为苗语在该语言社区的传承提供很好的语言环境。

2. 族内婚姻家庭为母语传承创造良好的语言习得环境

家庭是儿童习得语言的最佳场所。岩头寨苗族虽然有与其他民族通婚的情况，但数量很少，族内婚姻是该寨苗族婚姻的基本模式。在族内婚姻家庭，母语是家庭用语，孩子在母语的熏陶下，自然而然地学会了母语。因此岩头寨人都认为学会母语"会说不费力气，母语不可能消失"。

3. 村民对母语的情感认同也是母语保留的重要因素

苗语是不仅岩头寨苗族人的语言交际工具，还是维系民族情感的纽带。不管来自何方，只要是苗族人，会说苗语，在岩头寨都会得到家人般的热情接待。他们说"天下苗族是一家"。对"本村的人外出几年回村后，不说苗语，你怎么看？"得到的普遍答复是"非常反感"。可见，岩头寨苗族对自己的母语有天然的认同感，而对母语的认同感使母语成为族内交际用语，这是同一族群的语言情感需求。

4. 民族的求生存谋发展是岩头寨苗族兼用汉语的内在要求

求生存谋发展是一个民族的第一需求。近年来，随着当地经济的进步和发展，岩头寨苗族的生活水平不断提高，手机、电视、摩托车成了岩头寨苗族的必备品。随着生活水平的提高，与外界联系的加强，信息量的增加，民族求生存谋发展的意识越来越强烈，而要求生存谋发展就必须学习先进民族的语言文化，因此兼用汉语已经成为该寨苗族语言生活的必然选择，"母语单语型"语言生活模式只遗存于60岁及以上这一年龄层次，再过十年、二十年，熟练的"母语—汉语双语型"语言生活模式将覆盖到每一个年龄段。

5. 九年义务教育和电视的普及加快了岩头寨苗族兼用普通话的进程

兼用普通话成为岩头寨苗族语言兼用的一种新现象。30 岁以上的，一般是先习得云南方言，后习得普通话。而 30 岁以下的，特别是在读的中小学生，是先习得普通话，后才习得云南方言。我们在岩头寨调查了十多岁的孩子，他们能说一口流利的普通话，并且区分了平翘舌，普通话水平明显比 30 岁以上的高。岩头寨苗族人普通话水平的快速提升，与近十年云南省对教师普通话的明确要求、电视的普及等因素有很大的关系。

6. 对汉族文明崇拜的心理是苗族人学习汉语普通话的心理因素

语言与民族有密切的关系。现在汉族地区无论是在经济还是在科学文化方面的发展都比苗族地区先进，很多苗族人对汉族的语言文化存在文明崇拜心理，他们愿意学习汉语，希望能够通过学习汉语吸收汉民族的先进文化，促进自身的发展。

## 第四节　中泰跨境苗族语言使用的共性和个性

中泰跨境苗族在语言使用上既有共性又有个性。共性是：基本保留自己的母语；两国苗族掌握母语 400 个基本词汇的水平大致相当；两国苗族母语口头文学传承和词汇选用存在代际差异；两国苗族兼用国家通用语的水平都呈快速上升之势。个性是：泰国苗族的母语保留比中国好；泰国苗族口头文学的代际断裂不及中国严重；跨境交流对中泰苗语保留所起到的作用不同。

中泰跨境苗族语言使用呈现出"稳固性"与"适应性"的矛盾、"共同性"和"差异性"的矛盾。其成因主要与中泰苗族所处的社会历史环境有关。

### 一　中泰跨境苗族语言使用的共性

1. 基本保留自己的母语

前文描写的跨境苗族语言使用实例，使我们对中泰跨境苗语的使用现状有了"点"上的认识。通过本书和前人的研究成果（杨再彪，2004；余金枝，2011；姬安龙，2011）等国内苗族学者的研究，国内苗语川黔滇方言、湘西方言和黔东方言仍然是当地苗族重要的语言交际工具，广泛用于族内交际。中泰跨境苗族能够保留自己的母语，主要与以下几个因素有关：

一是苗族小聚居的分布格局。苗族以自然寨或乡为单位聚族而居，使得苗族在其聚居地成为"多数民族"，苗语也相应地成为苗族聚居社区的强势语，不仅广泛地用于族内交际，还成为周边人口较少民族的兼用语。

二是强烈的民族认同感。苗族是一个有着强烈民族认同感的族群。散居在世界各地的苗族，只要得知对方是苗族、会说苗语，彼此间就会很快认同，把对方看作自己人。如本书的作者是湘西的苗族，她在中国的北京、云南调查文山苗语和泰国苗语，在老挝、泰国调查苗语，都得到苗族发音合作人的鼎力支持，每次支付发音合作费，如泰国的苗族杨丽芳、赵天涯、王小玲等，中国苗族杨超、马富慧等，都不收或少收。作者曾无数次被真诚的同胞之情深深打动。苗族的民族认同感还体现在婚姻关系上，苗族家庭大多是族内婚姻家庭，若与外族联姻，只限于与苗族有亲缘关系的瑶族（泰国称为"优勉族"）。这种民族认同感体现在语言观念上是对母语的认同，从语言态度的问卷调查中得知：族内人不习惯于在自己的村寨里说其他语言。

三是中泰两国都尊重非主体民族语言的使用。在泰国，电视台每天都有一个时段播放少数民族语言节目。这些节目办得有声有色，深受少数民族人民的喜爱。学校里规定，每周有一天为本民族的服装日，这一天要穿自己本族的服装上学。语言和民族服装都是民族文化的构成要素，与其他要素一起构成一个互相联系的文化系统。一般的规律是民族文化保留得好，民族语言也保留得好。在泰国，苗族都有自己的服装，有专门缝制苗族服装的村寨，很多苗族女性都很喜欢自己的民族服装。在中国，少数民族享有使用或不使用自己民族语言文字的自由，并对少数民族有专门的优惠政策。这样的文化环境和政策环境为母语的保护提供良好的人文条件。

2. 中泰苗族掌握母语 400 个基本词汇的水平大致相当

苗语 400 个基本词汇包括天文地理、动植物、动作行为、数量、指称等多种语义类别，基本上是常用词。我们随机抽取中国文山岩头寨和泰国难府波县巴岗镇恢宏村不同年龄段的 12 位苗族人，对他们进行母语 400 词测试，测试成绩显示 12 位测试对象能够脱口而出的词在 360 个以上。这说明中泰苗族人都能较好地掌握母语 400 个基本词。

3. 两国苗族母语口头文学传承和词汇选用存在代际差异

苗族有民间故事、民歌、传说、谚语、谜语等民间口头文学。这些口头文学体现了苗族的世界观、人生观、价值观、生死观以及社会生活经验。从 20 世纪 80 年代开始，这些口头文学出现了传承断裂。大致的情况是：掌握苗族口头文学的人数比例与年龄大小呈反比关系。

之所以两国苗族都在近三十年来出现民族口头文学传承的危机，与两国同在近三十年来步入现代化、世界经济一体化的进程有关。由单一的农耕经济转入以农耕经济为主兼有其他经济形式、义务教育的普及、电视进入家庭、通信设备和网络进入村寨等，使两国苗族的生存状态和生存模式在相近的时段里进入转型期。经济生活和文化生活的转型必然引起语言生活的变化。

词汇测试和语法调查发现，老、中、青三代说苗语时词汇选用出现代际差异，青年人习惯选用借词，而中老年人习惯选用本语词或老借词。如"老师"，泰国苗族的中老年群体习惯选用老借词 sɯ⁵⁵fɯ⁵⁵ "师傅"，青年群体选用泰语借词khu²⁴。"朋友"，中国苗族的中老年群体用本语 kɨ³⁵lɦua²²，青年群体用pheŋ⁴²ʑɦɯ²²。

泰国达府的杨丽芳和难府的赵天涯都告诉我们这样一个母语使用差异：他们说的苗语很自然地借用了泰语词汇，他们说的苗语有的句子是一半苗语词一半泰语词，而爷爷奶奶说的苗语很地道。中国文山岩头寨的杨超也说了类似的情况。

4. 两国苗族兼用国家通用语的水平都呈快速上升之势

中泰苗族都经历了由母语单语人到"母语—兼用语"双语人的变迁，普遍兼用国家通用语，成为他们融入主流社会的必然选择。

苗族是一个不断迁徙的民族。现今中国苗族的主要聚居群，湘西的苗族是秦汉时期迁入的，贵州的苗族是秦汉至唐宋期间迁入的，云南的苗族是明末清初迁入的，泰国的苗族大多是由老挝迁入的，历史不会超过二百年。作为一个后入的群体，要落地生根，一个必然的选择就是掌握主体民族语言，融入主体民族。当然，融入主体民族的快慢有时代的特点和国家的特点。近三十年来，是世界进入现代化和一体化进程最快的三十年，体现在语言生活上，是双语化进程的加快。自21世纪开始，随着义务教育的全面普及、媒体传播手段的不断丰富，中泰苗族兼用国家通用语的水平呈现出前所未有的上升速度。

## 二 中泰跨境苗族语言使用的个性

中泰苗族的语言使用有一些差异：

（一）泰国苗族的母语保留比中国好

泰国苗族尚未出现群体性母语转用现象，母语是民族识别的标志。而在中国的局部地区出现了母语转用现象。如：湖北有苗族人口21.4万人，大多转用汉语，只有恩施土家族苗族自治州宣恩县的小茅坡营村还有人使用苗语。湖北仅有的这一个苗语保留的村寨，苗语的使用现状也不容乐观。小茅坡营有5个村民小组，140户483人，其中苗族407人，占全村人口的84.3%。这个村会说苗语的有100多人，且多为30岁以上的，30岁以下的基本上不说自己的母语了。又如：四川省秀山土家族苗族自治县，苗族人口8万多，但除了梅江镇的苗族600多人使用苗语以外，其他村寨的苗族都不使用苗语。使用苗语的 600 多人中，多为老年人，中年人能说但不熟练，青少年大部分已经听不懂苗语了。再如：湖南湘西土家族苗族自治州，居住在城区的苗族，会说母语的大多是 40 多岁的，40 岁以下的大多不会说，20 多岁的年轻人听都听不懂了。

（二）泰国苗族口头文学的代际断裂不及中国严重

虽然在苗族口头文学传承上两国苗族都出现代际断裂，但中国比泰国严重。泰国苗族 20 多岁的年轻人大多接受过父辈和祖辈的苗族口头文学熏陶。由于童年时的苗族口头文学记忆铺垫，他们现在还很喜欢观看苗语的电影、电视、MTV，喜欢听现代苗语歌曲。我们的难府合作者赵天涯、王小玲，离开中国前拷贝给我们很多泰国苗语歌曲、苗语电影和苗语短片，并告诉我们说这些短片很好看。我们达府合作者杨丽芳告诉我们说："若苗语好，可以当歌星电影明星，这也非常不错。"在泰国，苗族的口头文学以另一种与现代生活更为接近的方式在传承。

而中国苗族青少年一般听不懂苗歌，也很少看苗语电影、电视，虽然集市上有苗语歌曲、故事等各种内容的光碟出售，但购买群体基本上是中老年人。近年来，在保护少数民族语言文化的大环境下，苗族口头文学虽有复苏的迹象，但年轻人对本民族的口头文学兴趣仍有待培养。

（三）跨境交流对中泰苗语保留所起到的作用不同

泰国苗语的保留除了其国内的因素外，还有跨境的因素。与泰国相邻的老挝苗族人口有 451946 人，占其全国总人口的 6.7%左右。泰国的苗族与老挝苗族支系相同，语言、习俗相同。由于地缘关系，两国的苗族常有交往。欧美国家的苗族，也与泰国苗族有联系。在泰国流传着美国出版的苗文资料和媒体资料，如词典、故事、电影。这些跨境人际交往和文化交流扩大了泰国苗语和苗文的功用，使泰国苗语和苗文的功用在广度和层次上都比中国高。

由于中国苗语除了川黔滇方言中的川黔滇次方言是跨境分布外，湘西方言、黔东方言以及川黔滇方言中的其他 7 个次方言，仅分布于境内，功用限于族内交际。在苗族人口不占优势的分布区，往往会出现母语转用或母语能力下降的现象。

### 三 中泰跨境苗族语言使用现状的思考

中泰跨境苗族语言使用现状引发我们思考以下两个问题：

1. 为什么泰国苗族的母语保留比中国苗族好？

苗族人在泰国只有 15 万多人，仅占泰国 6300 万人口的 0.29%，但其母语比中国苗族好。如：是否说苗语基本可作为泰国鉴定苗族族别的依据，泰国苗族都有自己的苗语名字，苗语广泛地用于族内交际和族内的宗教活动，还有部分人掌握苗文，苗语的广播、电视、歌曲深受民众的欢迎。在中国苗族有942万多人（2010年全国第六次人口普查数据），在我国少数民族人口中排列第四位，而国内苗族出现了母语转用，在城里长大的苗族人丢失母语的现象很普遍，苗语名字在很多地区已经不复存在，能够收听苗语的广播、观看电视、电影的地区并不多。

　　为什么泰国苗族的母语保留比中国苗族好？我们认为主要有以下三个因素：一是与中泰苗族不同的社会历史环境有关。泰国苗族由中国的贵州、云南，经越南、老挝，一路颠沛流离辗转进入泰国的深山密林中生存，直至20世纪50年代才开始陆续移居山下。其生存环境的艰苦是难以想象的。在颠沛流离、辗转他国的迁徙过程中，母语不仅是泰国苗族族内交流的语言工具，还是民族认同、民族文化传承的重要工具，母语在泰国苗族的语言生活和精神生活中的价值是其他语言难以取代的。二是苗族在泰国属于山地民族，大多居住在泰国北部的山上，且习惯聚族而居，比较容易形成母语的语言社区。而在中国苗族分布广，自然环境和人文环境相差大，因此，分布在不同省份、不同地区的苗族，其母语保留的情况也不同。三是泰国苗族只有白苗、绿苗和花苗三个小支系，这三个小支系都属于"蒙"（Hmong）支系。这三个小支系的语言都属于苗语川黔滇方言川黔滇次方言第一土语，彼此能够通话。且泰国苗文不仅通行于不同的支系之间，还通行于老挝和欧美。而国内苗语分属于湘西方言、黔东方言、川黔滇方言三个方言，湘西方言和黔东方言又可分为不同的土语，川黔滇方言则分为八个次方言。各土语之间、次方言之间不能通话。正因为国内苗语不同方言差别很大，所以国内有四套苗文拼音方案。国内苗语方言和文字的巨大差异限制了苗语文的使用范围和使用层次。

　　2. 中泰苗族的语言生活将会出现什么样的演变趋势？

　　双语模式是中泰苗族现今和将来的语言生活模式，这是一个理想的语言生活模式，母语单语的时代已经一去不返。但双语的力量会有消长，国家通用语的力量将呈现强增长态势，国家通用语对母语的冲击已不可避免。如何保护母语，使母语和国家通用语和谐互补，实现语言生活的多元化、和谐化，将是两国政府在制定语言政策时应该长期关注的问题。

# 第三章　中泰跨境苗语语音对比

泰国苗语只有绿苗（moŋ⁵⁵ntsua⁵⁵）和白苗（moŋ⁵⁵tɭəɯ⁵⁵）两种支系语言，且通解度很高，完全可以通话。由此，任选其一都可以对泰国苗语语音系统有基本的了解。考虑到分布的广度，本书选择了绿苗苗语。

为了了解不同地区绿苗苗语的语音有无差别，我们调查了难府、达府、清莱府、清迈府四个点的绿苗苗语，调查发现四个点的语音差别是：难府的绿苗苗语没有舌叶音，达府、清莱府有舌叶音。

为了显示这些区别，泰国绿苗苗语我们列出难府和达府两个点的音系。中国苗语，我们列出云南文山青苗苗语、台江苗语、矮寨苗语三个点的音系，这三个点基本能够反映中国苗语三个方言的语音概貌。

## 第一节　泰国苗语的语音系统

### 一　难府苗语的语音系统

泰国难府语音以巴岗镇恢宏村绿苗苗语为例。"巴岗"，苗语称 pa²¹kaŋ²¹，泰语称巴岗（ปากลาง）。巴岗镇隶属难府播县（ปัว）。该村距离难府城区 66 千米，距离播县城区 6 千米。全村总面积 13670.99 莱（折合 21.87 平方千米）。

巴岗镇共辖 6 个村。总人口 7620 人，居住着苗族、瑶族等山地民族。其中苗族人口 5570 人，占全村人口的 73.1%。村里的苗族孩子以自己的母语为第一语言，上学以后才开始学习泰语。村里 60 岁以上的老人大多不会说泰语，只能听懂简单的泰语句子。村内有苗语广播，苗语是村内最重要的语言交际工具。

该村苗族口头文学传承出现代际断裂，老人会讲民间故事，年轻人不会。民居与瑶族、泰族没有区别。该村苗族虽有族内婚的传统，但近十年与瑶族、泰族通婚的较多。中老年男性平时常穿苗族裤装，中老年女性平时着苗族百褶裙，年轻人平时不穿，节日和婚庆时才穿。学校规定周五为民族文化日，学生要穿自己的民族服装。

本音系发音人的苗语名字叫 nen⁵⁵，义为"魂"。中文名字叫赵天涯，1988 年生于难府波县（Thoeng）巴岗镇（Ban Rom Po Thai）恢宏村。他的第一语言是绿苗苗语，5 岁进入幼儿园后才开始学泰语，从幼儿园一直到高中毕业都在村内的巴岗学校就读。高中毕业后进入泰国程逸皇家大学汉语专业学习，大学期间曾有 2 年时间在中国云南昆明学习汉语。汉语水平达到 4 级。他自己认为苗语、泰语、汉语三种语言中，苗语水平最高。

（一）声母

难府巴岗镇绿苗苗语有 45 个声母。其声母系统主要有以下特征：（1）塞音、塞擦音分为送气和不送气两套，没有清、浊对立。（2）有鼻冠音和非鼻冠音的对立，鼻冠音出现在所有声调上。（3）有小舌音。（4）声母中除了送气音和清擦音以外，都有气嗓音和非气嗓音的对立。难府苗语的气嗓音只出现第 4、6 调上，我们将气嗓音作为声调的伴随特征处理，不在声母系统里增加一套气嗓音声母，并用 ɦ 标出其浊流特征。关于苗瑶语中的气嗓音，王辅世先生（1985）在描写与难府苗语同属于苗语川黔滇方言川黔滇次方言第一土语的大南山苗语音系时指出"p、mp 两行声母出现在第 4、6 调的音节时读作浊送气"[①]孔江平教授（1993）用声学实验证明苗语的浊送气在发生类型上属于气嗓音，其生理表现为：声带前约有三分之二振动产生浊音，在声带振动的同时后三分之一分开，通过高速气流产生摩擦嗓音。浊送气由送气和气音构成，其气音成分贯穿整个韵母。因此，但从韵母上看，属于气嗓音韵母，并与正常的嗓音韵母形成对立[②]。陈其光先生（2003）描写苗瑶语的声母系统时指出"部分声调字的声母有些地方读清音浊送气……这种浊送气是一种喉头摩擦，发元音时摩擦并不中止，甚至与整个韵母相始终。由于它经常与一定的调位和声类伴随出现，并不构成独立的音位，把它看作声母或声调的一个特征是比较适合的"[③]。（5）舌尖后音的保留存在代际差异。发音人赵天涯以及与赵天涯同龄的杨天畅已没有舌尖后音声母，将其并入舌尖前音声母，但赵天涯的父亲，则仍然保留舌尖后塞音 tʂ、tʂh、ntʂ、ntʂh，塞擦音 tʂ、tʂh、ntʂ、ntʂh 和擦音 ʂ、ʐ。

1. 声母表

| p | ph | mp | mph | m | f | v |
| pl | phl | mpl | mphl | ml | | |
| ts | tsh | nts | ntsh | s | z | |

---

[①] 王辅世. 苗语简志 [M]. 北京：民族出版社, 1985: 16-17.
[②] 孔江平. 苗语浊送气的声学研究 [J]. 民族语文, 1993 (1) 67-73.
[③] 陈其光. 汉藏语概论·苗瑶语篇 [M]. 北京：民族出版社, 2003: 527.

| t | th | nt | nth | n | l | l̥ |
| t̪l | t̪lh | nt̪l | nt̪lh | | | |
| tɕ | tɕh | n̪.tɕ | n̪.tɕh | n̪ | ɕ | ʑ |
| k | kh | ŋk | ŋkh | | x | |
| q | qh | Nq | Nqh | | | |

2. 例词

| p | paŋ⁵² | 花 | pe⁵⁵ | 我们 |
| ph | phaŋ⁵² | 水盆 | phe²¹ | 坏 |
| mp | mpaŋ⁵² | 准备 | mpe⁴⁴ | 名字 |
| mph | mphaŋ⁵² | 嗙（枪声） | mphe⁵⁵ | 缺损（刀-） |
| m | maŋ²¹ | 慢（慢慢） | me⁵² | 你们 |
| f | faŋ⁵⁵ | 荒 | fɯ²¹ | 袒护 |
| v | vaŋ⁵⁵ | 簸箕 | vɯ²¹ | 疯 |
| pl | plau⁵⁵ | 四 | pli³³ | 野猫 |
| phl | phlau⁵⁵ | 壳 | phli³³ | 蜕（皮） |
| mpl | mplau²¹ | 糯 | mpləɯ²¹ | 抽打 |
| mphl | mphlɔ³³ | 戳 | mphlai⁵⁵ | 戒指 |
| ml | mlɔ³³ | 凹 | | |
| ts | tsəɯ²⁴ | 不同 | tsai³³ | 接受 |
| tsh | tshəɯ²⁴ | 出（水） | tshai³³ | 夹（用器具夹动物） |
| nts | ntsəɯ²¹ | 幺女 | ntsai⁵² | 烤饼架 |
| ntsh | ntshəɯ⁴⁴ | 羡慕 | ntshai⁴⁴ | 害怕 |
| s | sa⁵⁵ | 肝 | se⁵⁵ | 看 |
| z | za⁵⁵ | 晒 | ze⁵⁵ | 石 |
| t | tau⁴⁴ | 得到 | tuŋ⁵⁵ | 冬瓜 |
| th | thau⁴⁴ | 掏 | thuŋ⁵⁵ | 桶 |
| nt | ntua²⁴ | 吐 | ntau⁴⁴ | 多 |
| nth | nthua²⁴ | 解开 | ntha⁴⁴ | 撑 |
| n | nu⁵⁵ | 太阳 | nfien²² | 马 |
| l | lu⁵⁵ | 个（苹果） | lfien²² | 认错 |
| l̥ | l̥au⁴⁴ | 铁 | l̥i⁴⁴ | 月 |
| t̪l | t̪lua²⁴ | 腰 | t̪la²⁴ | 勺子 |
| t̪lh | t̪lhua²⁴ | 腻烦 | t̪lha⁴⁴ | 跑 |
| nt̪l | nt̪lfiua²² | 破 | nt̪lfiɔ²² | 跌倒 |
| nt̪lh | nt̪lhɔ³³ | 套 | nt̪lhi⁵²nt̪lhua⁵² | 流水声 |

| | | | | | |
|---|---|---|---|---|---|
| tɕ | tɕi⁴⁴ | 烤 | tɕua⁴⁴ | | 啃 |
| tɕh | tɕhi⁵⁵ | 扫 | tɕhɔ⁵⁵ | | 穿（针） |
| ȵtɕ | ȵtɕi⁵⁵ | 菌子 | ȵtɕɔ³³ | | 滴（量词） |
| ȵtɕh | ȵtɕhua²⁴ | 倒（掉） | | | |
| ȵ | ȵaŋ⁵⁵ | 淹 | (mi²⁴)ȵua³³ | | 小孩 |
| ɕ | ɕaŋ⁴⁴ | 七 | ɕua⁵⁵ | | 虾 |
| z | zaŋ⁴⁴ | 飞 | zua²⁴ | | 买 |
| k | ku⁵⁵ | 牛角 | kuŋ⁵⁵ | | 针 |
| kh | khu⁴⁴ | 治疗 | khuŋ⁵⁵ | | 空 |
| ŋk | ŋkɦi²² | 脆 | (tsau³³)ŋkau³³ | | 正好 |
| ŋkh | ŋkhi⁵⁵ | 树杈 | ŋkhau³³ | | 弯（路） |
| x | xɔ²⁴ | 那 | xa⁵⁵ | | 编 |
| q | qɔ⁵² | 摇 | qa⁵⁵ | | 鸡 |
| qh | qhɔ²⁴ | 洞 | qha⁴⁴ | | 教 |
| ɴq | ɴqɦi²² | 吞 | ɴqa⁵² | | 肉 |
| ɴqh | ɴqhe³³ | 渴 | | | |

3. 声母说明

（1）鼻冠音的发音部位与其后的塞音、塞擦音相同，有 m、n、ȵ、ŋ、ɴ 等多个读音，出现在双唇音前读 m，出现在舌尖前音、舌尖中音前读 n，出现在舌面音前读 ȵ，出现在舌根音前读 ŋ，出现在小舌音前读 ɴ。例词见上。

（2）鼻冠音之后的不送气闭塞音因为受到鼻音协同发音的影响而浊化。如：ntau⁴⁴"多"、ȵtɕi⁵⁵"菌子"、mpe⁴⁴ "名字"的语图：

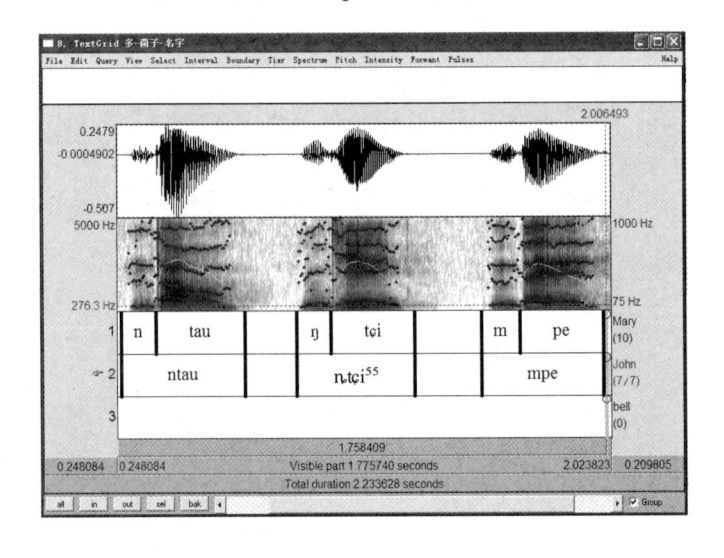

上图 ntau⁴⁴ "多"、ȵtɕi⁵⁵ "菌子"、mpe⁴⁴ "梦"的闭塞音 t、tɕ、p 的语图前面有浊音横杠，t、tɕ、p 的语图特点也显示有浊音横杠。从理论上说，这个 t、tɕ、p 的语图横杠有可能是前面的鼻音覆盖，也可能是浊化。根据我们的听感，是鼻冠音之后的清闭塞音浊化。清闭塞音由于受鼻音协同发音的影响被浊化，这是完全符合音变原理的。

在归纳语音系统时将此类浊化的鼻冠音声母，记为"鼻音+不送气清闭塞音"，理由是我们考虑到以下几个因素：一是辨义原则，二是语音系统的整齐性原则。从辨义原则看，泰国苗语的鼻冠音声母没有"鼻音+不送气清闭塞音"和"鼻音+不送气浊闭塞音"的语义对立。从语音系统的整齐性原则看，泰国苗语有清闭塞音而无浊闭塞音，记成"鼻音+不送气清闭塞音"符合语音系统的整齐性原则。

（3）tl̥ 的实际读音是 tɬ，tl̥h 的实际读音是 tɬh，ntl̥ 的实际读音是 ntɬ，ntl̥h 的实际读音是 ntɬh。tl 类声母中的 t，发音部位靠后，听觉上似 t。tl̥ 和 tl̥h 是塞擦音声母，而不是复辅音声母。

（4）l̥ 前伴随有轻微的 x，读为 xl̥。如 səɯ²⁴l̥ɯ²⁴ "泡"读为 səɯ²⁴xl̥ɯ²⁴。

（5）声母 tɕ、tɕh、ȵtɕ、ȵtɕh 的发音存在个体差异，有的发音人发此类音存在变体，与舌面后元音或由舌面后元音做韵头的韵母相拼时，读成舌叶音。如赵天涯将 tɕɔ⁵² "带"读成 tʃɔ⁵²，tɕua⁴⁴ "风"读成 tʃua⁴⁴，tɕhɔ⁵² "被子"读成 tʃhɔ⁵²，tɕhua⁴⁴ "抢"读成 tʃhua⁴⁴，ȵtɕhua²⁴ "倒（掉）"读成 ntʃhua²⁴。而杨天畅则没有读作舌叶音，仍读作舌面前音。由于 tʃ、tʃh、ntʃ、ntʃh 是 tɕ、tɕh、ȵtɕ、ȵtɕh 的条件变体，二者之间未形成语义对立，故未将 tʃ、tʃh、ntʃ、ntʃh 处理为独立的声母。

（二）韵母

韵母有 16 个，分单元音韵母、复合元音韵母和带鼻辅音韵母三套。鼻辅音韵尾有 [n] 和 [ŋ] 两个。

1. 韵母表

| | | | | | | |
|---|---|---|---|---|---|---|
| 单元音韵母 | i | e | ɛ | a | u | ɯ | ɔ |
| 复合元音韵母 | ia | | | ai | au | əɯ | ua |
| 鼻韵母 | in | aŋ | | en | | uŋ | |

2. 韵母例词

| | | | | |
|---|---|---|---|---|
| i | ti⁴⁴ | 靠近 | li⁴⁴ | 月 |
| e | te⁵⁵ | 地 | ze⁵⁵ | 石头 |
| ɛ | pɛ⁵⁵ | 三 | nɛ⁵² | 钱 |
| a | ta⁵⁵ | 裙子 | zɦa²² | 次 |
| u | tu⁵⁵ | 深 | zɦu²² | 力气 |

| ɯ | tɯ⁵⁵ | 都 | zɯ⁵⁵ | 蜂蜜 |
| ɔ | mɔ⁵⁵ | 痛 | zɦɔ²² | 寨子 |
| ia | kɦia²² | 快 | kia⁵⁵ | 珈（人名） |
| ai | tai³³ | 阿姨 | qai⁴⁴ | 鸡蛋 |
| əɯ | tɦəɯ²² | 爆炸 | qhəɯ²⁴ | 包（动词） |
| au | tɦau²² | 沿（着） | qhau²⁴ | 猪食 |
| ua | tɦua²² | 死 | qhua²⁴ | 干（阴平） |
| in | tshin⁵⁵ | 千 | in⁵² | 赢 |
| en | qen⁴⁴ | 留（菜） | nɦien²² | 马 |
| aŋ | qaŋ⁵⁵ | 下面 | nɦiaŋ²² | 雨 |
| uŋ | quŋ⁵⁵ | 庄稼 | nɦiuŋ²² | 鸟 |

3. 韵母说明

（1）e大多变读为ei，如pe⁵⁵"我们"读为pei⁵⁵。但也有少量的不能变读，如le⁴⁴"脱"不能读为lei⁴⁴。但拟声词和鼻音中的e读音不变。如me²¹e⁴⁴"羊"，qen⁵²"芦笙"。

（2）u的实际读音略开。如ntsu²⁴"早"的实际读音是ntsʊ²⁴。

（3）ɔ的实际读音略展。如nɔ⁵²"吃"的实际读音接近nɒ⁵²。

（4）u与q结合读ou，如qu⁵⁵"旧"读为qou⁵⁵。

（5）ia韵只出现少数几个词上，如kɦia²²"快"等。

（6）en实际读音既不是en，也不是eŋ，因为收音时舌根没有接触软腭，舌尖没有接触上齿龈，但听感更接近en，我们记为en。

（7）韵母in转用于拼读汉语借词。in收音时舌根没有接触软腭，舌尖没有接触上齿龈，但听感上更接近in。因此，我们记为in。

（8）由于大量吸收了泰语借词，使得苗语的韵母系统中出现了一些固有词没有的新韵母，年轻人用得多一些，老年人还不太使用。如：

| ui | pui²¹ | 肥料（泰借） | kui⁴⁴（tiu²⁴） | 米干（泰借） |
| iu | （kui⁴⁴）tiu²⁴ | 米干（泰借） | | |
| iau | kiau⁵² | 杯子（泰借） | miau⁵⁵ | 猫 |
| an | nan⁵² | 难府（泰借） | （luŋ³³）mpan²⁴ | 医院（泰借） |
| am | （xuŋ⁵²）nam⁴⁴ | 厕所（泰借） | nam⁴⁴（tɔ³¹） | 瀑布（泰借） |
| ian | thian（qhai²¹） | 蜡烛（泰借） | （luŋ³³）lian²⁴ | 学校 |
| iaŋ | liaŋ⁵² | 事情（泰借） | | |
| ɯaŋ | （ka²¹）mpɯaŋ⁵² | 瓦（泰借） | | |
| uat | uat⁵⁵ | 庙 | | |

## （三）声调

泰国难府绿苗苗语共有 8 个调类，每个调类我们选取了 5 个例词。

### 1. 泰国苗语声调例词

| 调类 | 调值 | 例词 1 | | 例词 2 | |
|---|---|---|---|---|---|
| 第一调 | 55 | pu⁵⁵ | 喂（饭） | təɯ⁵⁵ | 篓子 |
| 第二调 | 52 | pu⁵² | 雌性 | ti⁵² | 哥哥 |
| 第三调 | 24 | pu²⁴ | 满 | təɯ²⁴ | 硬 |
| 第四调 | 22 | tɕɦu²² | 平 | tɕɦəɯ²² | 柴 |
| 第五调 | 44 | ku⁴⁴ | 把子 | təɯ⁴⁴ | 脚 |
| 第六调 | 22 | tɕɦi²² | 侧转 | tɕɦəɯ²² | 破 |
| 第七调 | 33 | pu³³ | 蒙住 | təɯ³³ | 点（火） |
| 第八调 | 21 | pu²¹ | 看见 | təɯ²¹ | 出 |

| 调类 | 调值 | 例词 3 | | 例词 4 | |
|---|---|---|---|---|---|
| 第一调 | 55 | ku⁵⁵ | 金子 | te⁵⁵ | 回答 |
| 第二调 | 52 | ku⁵² | 也 | ta⁵² | 平坦 |
| 第三调 | 24 | ku²⁴ | 我 | te²⁴ | 剥开 |
| 第四调 | 22 | tɕɦu²² | 只 | tɕɦe²² | 手 |
| 第五调 | 44 | pɯ⁴⁴ | 睡 | tu⁴⁴ | 屁股 |
| 第六调 | 22 | tɕɦɯ²² | 谁 | tɕɦa²² | 真的 |
| 第七调 | 33 | xu³³ | 熄灭 | ta³³ | 痣 |
| 第八调 | 21 | pa²¹ | 败 | tu²¹ | 咬 |

| 调类 | 调值 | 例词 5 | |
|---|---|---|---|
| 第一调 | 55 | qa⁵⁵ | 鸡 |
| 第二调 | 52 | qe⁵² | 大蒜 |
| 第三调 | 24 | ke²⁴ | 路 |
| 第四调 | 22 | pɦe²² | 坡上 |
| 第五调 | 44 | ti⁴⁴ | 靠近 |
| 第六调 | 22 | tsɦəɯ²² | 少 |
| 第七调 | 33 | ti³³ | 翅膀 |
| 第八调 | 21 | kəɯ²¹ | 读 |

### 2. 泰国难府苗语的调类与调值

泰国苗语的第四调与第六调合并，调值都为 22，并伴有气嗓音，气嗓音用 ɦ 表示。例如：tɕɦəɯ²² "火"，ntsɦe²² "鱼" 等。气嗓音是苗语中很有特点的语音现象，一直受到学者的关注。王辅世指出大南山苗语的第四调和第六调带有浊送气成分[①]。孔江平认为此类浊送气由送气和气音构成，气音

---

① 王辅世. 苗语简志 [M]. 北京：民族出版社，1985：17.

成分贯穿整个韵母，此类语音是气嗓音韵母。单从语音上看，属于气嗓音韵母，并与正常的嗓音韵母形成对立[①]。中央民族大学实验语音学博士王玲帮助我们做了实验分析，也证实了是气嗓音。带有气嗓音的音节，浊音很重且伴有送气，从听感上看调值很低。我们处理带有气嗓音的音节时，考虑到气嗓音只出现第四、六调音节上。从历史来源看，第二、四、六、八调出现在浊音声母上，由于苗瑶语声母演变的趋势是浊音清化，其中第二、八调浊音声母的清化在难府苗语、达府苗语和文山苗语已经完成，而第四、六调浊音声母的清化尚未完成。因此我们把气嗓音处理为声调的伴随现象，记为 22 调，当然记为 11 调也是可以的。下文将谈到达府苗语和文山苗语的第四、六调也出现了气嗓音，我们都处理为声调的伴随现象。

表 7　　　　　　　　　难府苗语调类调值

| 调类 | 第一调 | 第二调 | 第三调 | 第四调 | 第五调 | 第六调 | 第七调 | 第八调 |
| --- | --- | --- | --- | --- | --- | --- | --- | --- |
| 调值 | 55 | 52 | 24 | 22 | 44 | 22 | 33 | 21 |

3. 泰国难府苗语的声调曲线图

难府苗语声调曲线图是基于实地调查所采录的录音完成的。每个调类选上文所列出的 5 个例词，每个例词读 4 遍，这样每个调类有 20 个读例，8 个声调共 160 个读例。为了使声调分析更具科学性，我们选择了老、中、青男性和女性各 3 名，共 6 名发音合作人。采用 Praat 软件对这 6 名发音合作人的声调读例做了录音，中央民族大学实验语音学博士王玲据此做出了声调曲线图。

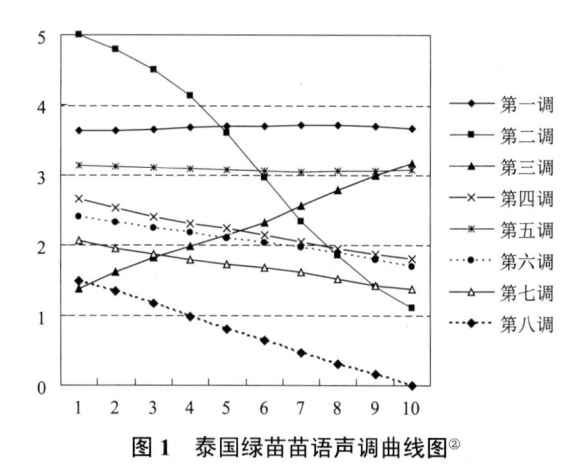

图 1　泰国绿苗苗语声调曲线图[②]

---

[①] 孔江平. 苗语送气音的声学研究 [J]. 民族语文, 1993（1）: 67-71.
[②] 泰国苗语的声调曲线图是由中央民族大学实验语音学博士王玲帮助绘制的，声调分析得到云南民族大学副教授韦名应博士的指点，在此一并致谢！

4. 声调说明

从音高曲线图上看，第四、六调与第七调在音高上接近，但是因为第四、六调有气嗓音伴随现象，听感上声音很低。因此，我们把第七调记为33，第四调和第六调记为22，以示气嗓音的声调与无气嗓音的声调在听感上的重要差别。

（四）音节结构

泰国难府苗语的音节结构共有十三种类型：

（1）元音+声调： i⁵⁵ 一
（2）元音+元音+声调： ua⁴⁴ 做
（3）辅音+元音+声调： pe⁵⁵ 三
（4）元音+元音+辅音+声调： uaŋ²¹ 万
（5）辅音+元音+元音+声调： tsau⁴⁴ 六
（6）辅音+元音+辅音+声调： ɕaŋ⁴⁴ 七
（7）辅音+元音+元音+辅音+声调： liaŋ⁵² 事情
（8）辅音+辅音+元音+声调： mpe⁴⁴ 名字
（9）辅音+辅音+元音+元音+声调： mpua⁴⁴ 猪
（10）辅音+辅音+元音+辅音+声调： ntshaŋ²⁴ 血
（11）辅音+辅音+辅音+元音+声调： mple⁵² 稻谷
（12）辅音+辅音+辅音+元音+元音+声调： mplɦai²² 舌头
（13）辅音+辅音+辅音+元音+辅音+声调： mpluŋ⁵² 叶子

其中常用的是第3种"辅音+元音+声调"、第8种"辅音+辅音+元音+声调"和第9种"辅音+辅音+元音+元音+声调"等。第4种"元音+元音+辅音+声调"多出现在汉语借词上，第7种"辅音+元音+元音+辅音+声调"多出现在泰语借词上。

## 二 达府苗语的语音系统

泰国达府位于泰国北部，东北与清迈相连，东南与南邦府相接，西部与缅甸隔河相望。本音系描写的是达府坡波拉（Phobpla）县小山村的绿苗苗语。小山村位于坡波拉县的中部，全村有200余户，都是绿苗。周围的苗族村子有五村、六村、十村等，大部分是白苗，其语言与小山村绿苗苗语可以通话，但有一些差别。据村里的老人说，小山村的绿苗来泰国已有九代人。

本音系发音人的中文名字是杨丽芳，1985年出生于小山村，父母都是绿苗。她有两个苗语名字，第一个苗语名字是祖父起的，叫 tau⁵⁵ "南瓜"。她是家里的老大，又是个女孩，祖父给起这个名字的含义是：南瓜好养结得多，希望在她之后能生很多弟弟。第二个苗语名字是 tʃai⁴⁴i³¹ʒe⁴⁴， sen²¹ʐaŋ⁵³ 义为"漂亮，姓杨"。这个名字是她长大后认为"南瓜"难听，自己将名字改为"杨漂亮"。她出生后的第一语言是绿苗苗语，5 岁进入幼儿园后开始学泰语。受过泰语文教育 18 年。2009 年于中央民族大学攻读"对外汉语专业"硕士。她除了熟练掌握自己的母语以外，还兼用泰语和汉语，泰语的水平比汉语高。

（一）声母

小山村绿苗苗语有 50 个声母。其声母系统主要有以下三个特征：（1）塞音、塞擦音分为送气和不送气两套，没有清、浊对立。（2）有鼻冠音和非鼻冠音的对立。（3）有小舌音。（4）声母中除了送气音和清擦音以外，都有气嗓音和非气嗓音的对立，但气嗓音只出现在 22 调上，作为声调的伴随性特征处理，不在声母系统里增加一套气嗓音。但由于其发音特征明显，所以在声母上用ɦ标出其气嗓音特征。（5）从历时层面看，达府绿苗苗语的舌尖后音发生了简化和变化。简化是指苗语固有的舌尖后塞音和塞擦音在达府绿苗苗语中合并为舌叶塞擦音。变化是指苗语固有的舌尖后音在达府绿苗苗语中演变为舌叶音。综观中国苗语的共时和历时研究成果，从未在声母系统中发现舌叶音。因此，达府苗语舌叶音的来源排除原生性的可能。观察与达府苗语接触较多的泰语、优勉语，也未见舌叶音，因此，达府苗语舌叶音的来源也排除了语言接触的原因。若考虑尊重我国苗语研究的传统，则应该将达府苗语声母系统中的舌叶音 tʃ、tʃh、ntʃ、ntʃh、ʃ、ʒ 改为舌尖后音 tʂ、tʂh、ntʂ、ntʂh、ʂ、ʐ。若考虑尊重发音人杨丽芳的发音事实，则应处理为舌叶音。至于杨丽芳所发的舌叶音在达府绿苗苗语中是否具有普遍性，则有待进一步调查。

1. 声母表

| | | | | | | |
|---|---|---|---|---|---|---|
| p | ph | mp | mph | m | f | v |
| pl | phl | mpl | mphl | | | |
| ts | tsh | nts | ntsh | | s | |
| t | th | nt | nth | n | | l l̥ |
| tl̥ | tl̥h | ntl̥ | ntl̥h | | | |
| tʃ | tʃh | ntʃ | ntʃh | | ʃ | ʒ |
| tɕ | tɕh | ɲtɕ | ɲtɕh | ɲ | ç | ʑ |
| k | kh | ŋk | ŋkh | ŋ | | x |
| q | qh | ɴq | ɴqh | | | |

2. 声母例词

| | | | | | | | |
|---|---|---|---|---|---|---|---|
| p | pa⁵³ | 花 | pe⁵⁵ | 我们 | pu³⁵ | 满 | |
| ph | phaŋ⁵³ | 水盆 | phe²¹ | 坏 | phu³⁵ | （母猪）发情 | |

| | | | | | | | |
|---|---|---|---|---|---|---|---|
| mp | mpaŋ⁵³ | 准备 | mpe⁴⁴ | 名字 | mpfɯ²² | 盖 |
| mph | mphaŋ³⁵ | 碰 | mphoŋ⁵⁵ | 灰蒙蒙 | | |
| m | maŋ⁴⁴ | 狼 | me²¹ | 钝 | mu³⁵ | 蜜蜂 |
| f | fɯ⁵³ | 烧水壶 | fai⁴⁴ | 火（泰借） | fau³³ | 填（沟） |
| v | vɯ⁵³ | 吴（姓） | vaŋ⁵³ | 围 | vau³⁵ | 女婿 |
| pl | plau⁵⁵ | 毛 | plaɯ³⁵ | 心脏 | pli³³ | 野猫 |
| phl | phlau⁵⁵ | 壳 | phlaɯ³⁵ | 普劳（人名） | phli³³ | 蜕（皮） |
| mpl | mplaɯ²¹ | 糯 | mplaɯ²¹ | 抽打 | mpli⁵⁵ | 布利（人名） |
| mphl | mphlɔ³³ | 戳 | | | | |
| ts | tsaɯ³⁵ | 不同 | tsai³³ | 接受 | tso⁴⁴ | 不糯 |
| tsh | tshaɯ³⁵ | 出（水） | tshaɯ³³ | 堵住 | tsho⁴⁴ | 每个 |
| nts | ntsaɯ²¹ | 幺女 | ntsai⁵³ | 烤饼架 | ntso⁵³ | 扇（风） |
| ntsh | ntshaɯ⁴⁴ | 希望 | ntsho³⁵ | 洒落 | | |
| s | so⁵⁵ | 搓（绳） | sai³³ | 掐 | saɯ³³ | 缝（用缝纫机缝） |
| t | tɦaŋ²² | 完 | tɦɔ²² | 等候 | te⁵⁵ | 地 |
| th | thaŋ⁴⁴ | 炭 | thɔ⁴⁴ | 啄（米） | the⁵⁵ | 收音机（泰借） |
| nt | ntoŋ⁴⁴ | 树 | ntɦɯ²² | 岸 | ntau³³ | 拍 |
| nth | ntho³⁵ | 解开 | ntha⁴⁴ | 撑 | | |
| n | nu⁵⁵ | 太阳 | nɦien²² | 马 | nɦoŋ²² | 鸟 |
| l | lu⁵⁵ | 个（水果） | lɦien²² | 认错 | lɦoŋ²² | 麻醉 |
| l̥ | l̥aɯ³⁵ | 烧火 | l̥au⁴⁴ | 铁 | l̥o⁴⁴ | 线 |
| tl̥ | tl̥au²¹ | 爬（树） | tl̥o³⁵ | 腰 | tl̥aŋ⁵³ | 黄 |
| tl̥h | tl̥hau⁴⁴ | 过 | tl̥ho³⁵ | 腻烦 | tl̥ha⁴⁴ | 跑 |
| ntl̥ | ntl̥ɦo²² | 破 | ntl̥o³⁵ | 浇（水） | ntl̥ɦɔ²² | 滚下 |
| ntl̥h | ntl̥ho³³ | 套 | ntl̥hi⁵³ntl̥hua⁴²o⁵³ | 流水声（拟声词） | | |
| tʃ | tʃɦɔ²² | 肥 | tʃoŋ⁵⁵ | 山 | tʃu³⁵ | 老虎 |
| tʃh | tʃhɔ⁴⁴ | 上衣 | tʃhoŋ⁵⁵ | 冲（走） | tʃhu³⁵ | 吹 |
| ntʃ | ntʃau²¹ | 蚂蚁 | ntʃɦɯ³³ | 拳头 | ntʃi²¹ | 辣 |
| ntʃh | ntʃhai⁴⁴ | 怕 | ntʃho⁴⁴ | 拽（下） | | |
| ʃ | ʃo³⁵ | 中国人 | ʃaŋ⁵⁵ | 病重 | ʃa⁵⁵ | 高 |
| ʒ | ʒu²¹ | 磨（豆） | ʒaŋ⁵³ | 龙 | ʒa⁵⁵ | 晒 |
| tɕ | tɕo⁵⁵ | 怂恿 | tɕaɯ³³ | 褶皱 | tɕi⁴⁴ | 烤 |
| tɕh | tɕho⁵⁵ | 穿（针） | tɕhaɯ³³ | 拔（缝衣针） | tɕhi⁵⁵ | 扫（地） |
| ntɕ | ntɕɔ³³ | 滴（量词） | ntɕaɯ³³ | 挖（地） | ntɕi⁵⁵ | 菌子 |
| ntɕh | ntɕho³⁵ | 倒（掉） | | | | |

| | | | | | | | |
|---|---|---|---|---|---|---|---|
| ȵ | ȵɔ⁴⁴ | 弯（腰） | ȵu⁵³ | 牛 | ȵɔ⁵⁵ | 在 | |
| ɕ | ɕoŋ⁴⁴ | 年 | ɕo⁵⁵ | 虾 | ɕoŋ⁵⁵ | 竹子 | |
| ʑ | ʑoŋ³⁵ | 蚊子 | ʑai²¹ | 舔 | ʑaŋ⁵³ | 融化 | |
| k | ku⁵⁵ | 牛角 | ki⁵⁵ | 炸 | koŋ⁵⁵ | 针 | |
| kh | khi⁵⁵ | 嫉妒 | khu⁵⁵ | 治（病） | khoŋ⁵⁵ | 空 | |
| ŋk | ŋki³³ | 脆 | ŋku²¹ | 凹凸 | ŋkoŋ³³ | 结冰 | |
| ŋkh | ŋkhi⁵⁵ | 树杈 | ŋkhaɯ³³ | 弯（路） | ŋkhaɯ⁵⁵ | 银项圈 | |
| ŋ | ŋa⁴⁴ | 四分之一亩（泰借） | ŋau²¹ | 寂寞、无聊（泰借） | | | |
| ŋo⁵³ | 笨（泰借） | | | | | | |
| q | qo³⁵ | 屎 | qau⁵⁵ | 酸 | qɔ⁵³ | 摇 | |
| qh | qho³⁵ | 干 | qhau⁴⁴ | 压倒、压弯 | qhɔ³⁵ | 洞 | |
| Nq | Nqɦɔ²² | 勤快 | Nqai⁴⁴ | 钩 | Nqɦɔ²² | 吞 | |
| Nqh | Nqhe³³ | 渴 | Nqhaŋ⁴⁴ | 过滤、晾晒 | | | |
| x | xaɯ³⁵ | 喊 | xau⁴⁴ | 煮 | xa⁵⁵ | 编（用篾、绳子～） | |

3. 声母说明

（1）鼻冠音有 m、n、ȵ、ŋ、N 等多种变体，出现在双唇音前的读 m，出现在舌尖前音、舌尖中音和舌叶音前读 n，出现在舌面音前读 ȵ，出现在舌根音前读 ŋ，出现在舌根音前读 N。例词见上。

（2）tļ 类声母中的 t，发音部位靠后，听觉上似 ṭ。tļ 类声母中的 ļ，实际读舌尖清边擦音 ɬ。tļ 是清塞擦音，不是复辅音声母。

（3）ļ 前伴随有轻微的 x，读为 xļ。如 ʃaɯ³⁵ ļɯ³⁵ "泡" 读为 ʃaɯ³⁵ xļɯ³⁵。

（4）ŋ 用来拼读泰语借词，如 ŋau³⁵ "寂寞"。

（二）韵母

韵母有 15 个，分单元音韵母、复合元音韵母和带鼻辅音韵母三套。鼻辅音韵尾有 n 和 ŋ 两个。

1. 韵母表

单元音韵母　　　ɿ　　i　　e　　a　　ɔ　　o　　ɯ
复合元音韵母　　ai　　au　　aɯ
鼻韵母　　　　　an　　aŋ　　oŋ　　en

2. 韵母例词

| | | | | | |
|---|---|---|---|---|---|
| ɿ | ntʂʅ⁴⁴ | 大象 | tʂʅ⁵⁵ | 五 | |
| i | ti⁵⁵ | 排列 | li⁴⁴ | 月 | |
| e | te⁵⁵ | 地 | le⁴⁴ | 脱 | |
| a | la⁵³ | 水田 | ʃa³⁵ | 熟 | |
| ɔ | Nqɦɔ²² | 吞 | ʃɔ⁴⁴ | 揩 | |

| o | ɴqɦo²² | 勤快 | ʃo⁴⁴ | 收拾 |
| u | ɴqɦu²² | 拔 | ʃu⁴⁴ | 休息 |
| ɯ | tɯ²¹ | 水牛 | l̥ɯ⁵⁵ | 髓 |
| ai | ɴqai⁴⁴ | 钩（出） | qai⁵³ | 倾斜 |
| aɯ | l̥ɦaɯ²² | 电子 | tɦaɯ²² | 爆炸 |
| au | l̥ɦau²² | 老 | tɦau²² | 沿 |
| en | qen⁵³ | 芦笙 | nɦen²² | 马 |
| aŋ | qaŋ⁵⁵ | 山脚 | nɦaŋ²² | 雨 |
| oŋ | qoŋ⁵⁵ | 庄稼 | nɦoŋ²² | 鸟 |

3. 韵母说明

（1）ɿ可变读为ʅ。与舌叶音结合时读ʅ，如"辣"实际读为ntʃʅ²¹；与舌尖结合时读ɿ，如ntsɿ⁴⁴"大象"。因为没有对立，所以都归为ɿ。

（2）e大多可以变读为ei，如pe⁵⁵"三"可读为pei⁵⁵。但也有少量的不能变读，如l̥e⁴⁴"脱"不能读为l̥ei⁴⁴。鼻音中的e读音不变，如qen⁵³"芦笙"。

（3）o的读音实际是uo，如ntsho⁴⁴"洗（衣）"的实际读音是ntshuo⁴⁴。

（4）u的实际读音略开。如ntsu³⁵"早"的实际读音是ntsʊ³⁵。

（5）ɔ的实际读音略展。如nɔ⁵³"吃"的实际读音接近nʌ⁵³。

（6）u与q结合读ou，如qu⁵⁵"旧"读为qou⁵⁵。

（7）出现了专门用于拼读泰语借词的韵母an，如xan²¹"鹅"，本书暂不收入韵母表。

（三）声调

泰国达府小山村青苗苗语共有8个调类，7个调值，第4调与第6调合并，调值都为22。第4调与第6调伴有气嗓音，故而在听感上音高很低。

表8　　　　　　　　　　达府绿苗的调类调值

| 苗语调类 | 阴平1 | 阳平2 | 阴上3 | 阳上4 | 阴去5 | 阳去6 | 阴入7 | 阳入8 |
|---|---|---|---|---|---|---|---|---|
| 达府苗语 | 55 | 53 | 35 | 22 | 44 | 22 | 33 | 21 |

调类、调值及相关例词如下：

| 调类 | 调值 | 例词 | | | |
|---|---|---|---|---|---|
| 阴平 | 55 | tau⁵⁵ | 篮子 | la⁵⁵ | 红 |
| 阳平 | 53 | tsau⁵³ | 会 | la⁵³ | 游隼 |
| 阴上 | 35 | tau³⁵ | 硬 | la³⁵ | 生吃的肉菜 |
| 阳上 | 22 | tɦau²² | 火 | ntʃɦai²² | 收拾（杂物） |
| 阴去 | 44 | tau⁴⁴ | 脚 | ntʃhai⁴⁴ | 怕 |

| 阳去 | 22 | tɕhaɯ²² | 爆炸 | ntʃhai²² | 收拾 |
| 阴入 | 33 | ntshai³³ | 女孩 | Nqhe³³ | 渴 |
| 阳入 | 21 | taɯ²¹ | 出（来） | na²¹ | 妈妈 |

## 第二节　中国苗语的语音系统

下面列出的音系分别是川黔滇方言川黔滇次方言第一土语的云南文山州马关县都龙镇岩头寨青苗苗语音系、黔东方言的台江苗语音系、湘西方言的矮寨苗语音系。

### 一　云南马关县都龙镇岩头寨青苗苗语音系

岩头寨是一个村民小组，隶属于云南省文山州马关县都龙镇金竹山村委会。该寨苗族自称 moŋ⁵⁵ʂʅ⁵⁵，有一百多户，近四百人，都属于苗族的青苗支系。岩头寨苗语叫 xau³⁵（源头）tɕua³³（山），义为"山顶"。如寨名之意，岩头寨坐落在山上。从都龙镇到田坝心有 30 公里，要坐 2 小时的车。从田坝心爬山，走泥泞山路约半小时，才到岩头寨。若遇雨天，道路不通，无法出寨。作者于 2011 年 7 月和 2014 年 7 月两次从田坝心爬行至岩头寨。由于交通不便，我两次调查都是住在发音合作人杨超家里，边调查边向他的家人和岩头寨的乡亲学习苗语。在岩头寨的日子里，我有一个很深的感受，就是苗语在这里村子里有很强的活力。

岩头寨小组所属的金竹山行政村辖 10 个村民小组，其中岩头寨和大梁子、新保寨、金竹山 4 个村小组是苗族聚居寨，南加、田坝心 2 个村小组是壮族聚居寨，箐脚是瑶族聚居寨，黄果树和滑头山是汉族聚居寨。岩头寨的苗族生活在小聚居大杂居的环境中，苗语是族内唯一的语言交际工具，汉语只用于族际交流。

本音系的发音人杨超，1991 年出生于岩头寨。他从小在寨里长大，父母都是青苗（moŋ⁵⁵ʂʅ⁵⁵），母亲没有读过书，父亲是高中毕业生。他的第一语言是青苗苗语，6 岁入学后才开始学习汉语。杨超小学就读于田坝心村中心小学时，是走读，每天早出晚归。因为学校里有很多苗族学生，课余时间与同族学生都说苗语。初中就读于马关县第三中学，该中学设在都龙镇，高中就读于马关县第一中学。杨超就读的这两所中学所在地都是苗族聚居地。高中毕业后考上云南民族大学人文学院学习老挝语专业。2013 年毕业后回到家乡工作。他除了熟练掌握自己的母语以外，还兼用汉语云南方言和普通话，略懂壮语、瑶语。据乡民反映，他的母语苗语是很可靠的，而且掌握得很好。

下面分声母、韵母、声调音节结构、语流音变等几部分对岩头寨苗语的音系征特进行分析描写。

(一)声母

苗语有 44 个声母。其声母系统主要有以下三个特征:(1)塞音、塞擦音分为送气和不送气两套,没有浊音。(2)有鼻冠音和非鼻冠音的对立。(3)有小舌音。(4)有复辅音声母,主要出现在鼻冠音和唇音上。

1. 声母表

单辅音声母有 26 个。

| p | ph | m | f | v |
|---|---|---|---|---|
| ts | tsh | | s | z |
| t | th | n | l | l̥ |
| tl̩ | tl̩h | | | |
| tɕ | tɕh | ȵ | ɕ | ʑ |
| k | kh | | x | |
| q | qh | | | |

复辅音声母有 18 个。

| mp | mph | nts | ntsh |
|---|---|---|---|
| nt | nth | ntl̩ | ntl̩h |
| ȵtɕ | ȵtɕh | ŋk | ŋkh |
| ɴq | ɴqh | pl | phl |
| mpl | mphl | | |

2. 声母例词

| p | pau⁵⁵ | 垮 | paŋ⁴² | 花 |
|---|---|---|---|---|
| ph | pha⁵⁵ | 盆 | phaŋ⁵⁵ | (侧)面 |
| m | mau⁴⁴ | 晚上 | mo³⁵ | 蜜蜂 |
| f | faŋ⁵⁵ | 茂盛(草~) | fɯ³³ | 汗水 |
| v | vaŋ⁴² | 园子 | vou³⁵ | 女婿 |
| ts | tsai³³ | 接(东西) | tsa⁵⁵ | 剪刀 |
| tsh | tshai³³ | 三七(药材名) | tsha⁵⁵ | 痒 |
| s | sai³³ | 掐 | so³⁵ | 线 |
| z | zai³³ | 藏(东西) | zo³⁵ | 看守 |
| t | to³⁵ | 虱子 | tou⁴⁴ | 得到 |
| th | tho³⁵ | 松树 | thou³⁵ | 瓶子 |
| n | no⁵⁵ | 太阳 | nfien²² | 马 |
| l | lo⁵⁵ | 个(水果) | lfien²² | 认领 |
| l̥ | l̥o⁵⁵ | 生长 | l̥ai³³ | 割(肉) |

| | | | | | |
|---|---|---|---|---|---|
| tl̥ | tl̥ua³⁵ | 腰 | tl̥a⁵⁵ | 黑头翁 | |
| tl̥h | tl̥hua³⁵ | 腻 | tl̥ha⁴⁴ | 跳 | |
| ntl̥ | ntl̥ua³⁵ | 浇（水） | ntl̥a³⁵ | 浅（水） | |
| ntl̥h | ntl̥hau³³ | 套 | ntl̥hi⁴²ntl̥hua⁴² | 水响声（拟声词） | |
| tɕ | tɕəu³³ | 皱 | tɕua⁴⁴ | 啃 | |
| tɕh | tɕhəu³³ | 穿行 | tɕhua⁴⁴ | 拽 | |
| ɲ | ɲɦa²² | 偷 | ɲo⁴² | 牛 | |
| ɕ | ɕoŋ⁴⁴ | 年 | ɕaŋ⁴⁴ | 七 | |
| ʑ | ʑoŋ⁴⁴ | 挨饿 | ʑaŋ⁴⁴ | 飞 | |
| k | ko⁵⁵ | （牛）角 | kou²¹ | 十 | |
| kh | kho⁵⁵ | 脏 | khoŋ⁵⁵ | 空 | |
| x | xou³³ | 喝 | xa⁵⁵ | 编（用篾） | |
| q | qau⁴² | 摇（用手摇物） | qa⁵⁵ | 鸡 | |
| qh | qhau³⁵ | 洞 | qha³⁵ | 生姜 | |
| mp | mpou⁴⁴ | 沸 | mpua⁴⁴ | 猪 | |
| mph | mphou⁴⁴ | 弄垮 | mphoŋ⁴⁴ | 撒（药粉） | |
| nts | ntsai³³ | 吸 | ntsʉ⁴⁴ | 蘸（水） | |
| ntsh | ntshai³³ | 女孩 | ntshʉ⁴⁴ | 大象 | |
| nt | ntaŋ⁵⁵ | 岩蜂 | ntua³⁵ | 呕吐 | |
| nth | nthaŋ⁵⁵ | 楼层 | nthua³⁵ | 打开 | |
| ɲtɕ | ɲtɕua³⁵ | 粑粑 | ɲtɕo⁴⁴ | 想念 | |
| ɲtɕh | ɲtɕhua³⁵ | 倒（水） | ɲtɕho⁴⁴ | 熏 | |
| ŋk | ŋko⁴⁴ | 咳嗽 | ŋkɦoŋ²² | 结冰 | |
| ŋkh | ŋkhou³³ | 弯 | ŋkhəu⁵⁵ | 烟尘 | |
| ɴq | ɴqai⁴⁴ | 钩（动词） | ɴqa⁴² | 肉 | |
| ɴqh | ɴqhe³³ | 渴 | | | |
| pl | plou⁵⁵ | 毛 | pləu³⁵ | 心脏 | |
| phl | phlau⁵⁵ | 壳 | phləu³⁵ | 跳（吓一跳） | |
| mpl | mplou²¹ | 糯 | mplɦai²² | 舌头 | |
| mphl | mphlai³³ | （说）清楚 | mphlai⁵⁵ | 戒指 | |

3. 声母说明

（1）鼻冠音有 m、n、ɲ、ŋ、ɴ 多种变体。m 出现在双唇音前，n 出现在舌尖前和舌尖中音前，ɲ 出现在舌面音前，ŋ 出现在舌根音前，ɴ 出现在小舌音前。例词见上。

（2）tl̥ 类声母中的 t，发音部位靠后，听觉上似 ʈ。tl̥ 类声母中的 l，实际读音是 ɬ。tl̥ 是清塞擦音，不是复辅音。

(3) tl̥类声母中的 t 卷舌化,读音接近 tl̥。如 tl̥ha⁴⁴"跳",读音接近 tl̥ha⁴⁴。

(4) f 声母与韵母 ʉ 相拼读 pf。例如:pfʉ³³"汗水"、pfʉ⁵⁵"瓢"等。

(5) 零声母音节都带喉塞音ʔ。例如:ua⁴⁴"做"实际读作ʔua⁴⁴。

(6) o³⁵"盖(被子)"实际读音是 ɣo³⁵。

(二) 韵母

韵母共有 22 个。分单元音韵母、复合元音韵母和带鼻音尾韵母三类。

1. 单元音韵母:共有 7 个

ɿ     i     e     a     o     ʉ     ə

例词:

| ɿ | tsɿ³⁵ | 逃走 | zfɿ²² | 尿/歪 |
| i | li⁴⁴ | 月 | mi³⁵ | 猫 |
| e | qe⁵⁵ | 台阶 | le⁴² | 久 |
| a | l̥a³⁵ | 聪明 | ma³⁵ | 牛叫声(拟声词) |
| o | lɦo²² | 回来 | mo³⁵ | 蜜蜂 |
| ʉ | lɦʉ²² | 茄子 | l̥ʉ⁵⁵ | 脑髓 |
| ə | lau⁴⁴ə²¹ | 老二 | ə²¹(thoŋ²¹tɕe²¹) | 儿童节 |

说明:

(1) ʉ 的实际发音舌位略低,舌位在高和次高之间,而且后面还带有轻微的流音 v。如 lɦʉ²²"茄子"的实际读音是 lɦʉv²²。

(2) 汉语中带有元音 y 的词借入岩头寨,大多把 y 读成 i,但也有读为 y 的。例如 qau⁴⁴ʐaŋ⁴²ɦiy²²"马铃薯"。

(3) e 的实际读音是[ei],如"水"的实际读音是[tl̥ei⁴²],结构助词"的"的实际读音是[lei⁴⁴]。

(4) ə 专用于拼读借自汉语的数词。如 lau⁴⁴ə²¹"老二"。

2. 复元音韵母:共有 8 个

ai     au     ou     əu     ua     ui     uai     iau

例词:

| ai | qai⁴² | 斜 | lai⁴² | 犁 |
| au | qau⁴² | 摇 | lau⁴² | 掀开 |
| ou | qou⁴² | (鸡蛋)坏 | lou⁴² | 揭(瓦) |
| əu | qəu⁴² | 田螺 | ləu³⁵ | 跟随 |
| ua | qua⁴² | 哭 | lua³⁵ | 兔子 |
| ui | sui³⁵pi⁴² | 钢笔 | (kha⁵⁵)xui²¹ | 开会 |
| uai | kuai⁵⁵ | 乖 | liaŋ⁴²khuai²¹ | 凉快 |

iau    miau²¹   庙           thiau⁴²ken⁵⁵   调羹

说明：

（1）复合元音韵母 au、əu 中的 u 不出现在单元音韵母上。

（2）ou 的实际读音为 ɔu。如：tou⁴⁴"得"的实际读音[tɔu⁴⁴]，"豆"的实际读音是[tɔu²¹]等。

（3）复合元音韵母 ui、uai 和 iau 只用于汉语借词。例词见上。

3. 带鼻辅音的韵母

共有 7 个，韵尾有-n 和-ŋ 两个。

in    en    aŋ    oŋ    uaŋ    iaŋ    uen

例词：

| in  | ʑin⁵⁵       | 烟       | phin⁴²ʑi²¹        | 便宜         |
|-----|-------------|----------|-------------------|--------------|
| en  | nen⁵⁵       | 人       | xen³⁵             | 很           |
| aŋ  | çaŋ⁴⁴       | 七       | nɦiaŋ²²           | 雨           |
| oŋ  | çoŋ⁴⁴       | 年       | nɦioŋ²²           | 鸟           |
| uaŋ | tshuaŋ²¹    | 串（量词）| tsuaŋ⁵⁵           | 砖           |
| iaŋ | liaŋ⁴²      | 凉快     | tua²¹liaŋ⁴²ntsʅ³⁵ | 大梁子（寨名）|
| uen | uen⁴²tsaŋ²¹ | 蚊帐     | xuen⁵⁵            | 头晕         |

说明：

（1）韵母 en 的韵尾既不收[-n]音、也不收[-ŋ]音，而是介于二者之间的音。听感上更接近 en。

（2）in、uaŋ、iaŋ、uen 4 个韵母只出现在汉语借词上。例词见上。

（3）零声母音节中，除了 o 韵母外，其他韵母前都带有喉塞音ʔ。

（三）声调

岩头寨苗语有 8 个调类，与古苗语调类有较严整的对应关系。其中，第六调的大部分词已与第四调合并，读为 22 调，并伴随气嗓音，本书用 ɦ 表示。（第六调仅发现"昨天"一词读 223 调值，读为 nɦiaŋ²²³。）

1. 声调例词

| 调类   | 调值 | 例词 1   |         | 例词 2    |        |
|--------|------|----------|---------|-----------|--------|
| 第一调 | 55   | po⁵⁵     | 喂（饭）| təu⁵⁵     | 腰篓   |
| 第二调 | 42   | po⁴²     | 雌性    | ti⁴²      | 哥哥   |
| 第三调 | 35   | po³⁵     | 满      | təu³⁵     | 硬     |
| 第四调 | 22   | tɦo²²    | 稳      | tɦəu²²    | 柴     |
| 第五调 | 44   | ko⁴⁴     | 把子    | təu⁴⁴     | 脚     |
| 第六调 | 22   | pɦou²²   | 手镯    | tɦəu²²    | 爆炸   |
| 第七调 | 33   | po³³     | 罩住    | təu³³     | 点（火）|

| 调类 | 调值 | 例词3 | | | 例词4 | |
|---|---|---|---|---|---|---|
| 第八调 | 21 | po²¹ | 看见 | | təu²¹ | 出 |
| 第一调 | 55 | ko⁵⁵ | 金子 | | te⁵⁵ | 回答 |
| 第二调 | 42 | ko⁴² | 捻磨 | | ta⁴² | 平坦 |
| 第三调 | 35 | ko³⁵ | 我 | | te³⁵ | 剥开 |
| 第四调 | 22 | tɕɦia²² | 真的 | | tɕɦie²² | 手 |
| 第五调 | 44 | pʉ⁴⁴ | 睡 | | tʉ⁴⁴ | 屁股 |
| 第六调 | 22 | tɕɦʉ²² | 谁 | | tɕɦio²² | 只 |
| 第七调 | 33 | o³³ | 鸭子 | | kou³³ | 伞 |
| 第八调 | 21 | pa²¹ | 败 | | to²¹ | 咬 |

| 调类 | 调值 | 例词5 | |
|---|---|---|---|
| 第一调 | 55 | qa⁵⁵ | 鸡 |
| 第二调 | 42 | qe⁴² | 大蒜 |
| 第三调 | 35 | ki³⁵ | 路 |
| 第四调 | 22 | pɦie²² | 坡上 |
| 第五调 | 44 | ti⁴⁴ | 靠近 |
| 第六调 | 22 | tsɦəu²² | 少 |
| 第七调 | 33 | ti³³ | 翅膀 |
| 第八调 | 21 | kəu²¹ | 读 |

以上述五个例词为考察内容，我们挑选了老、中、青三个年龄段的男性和女性各三人共六人，每人对以上五个例词每个例词读四遍，这样每个例词获得 120 个读例，借助 Praat 软件录音。请中央民族大学实验语音学博士王玲做语音分析，得出如下声调曲线图（见图 2）。

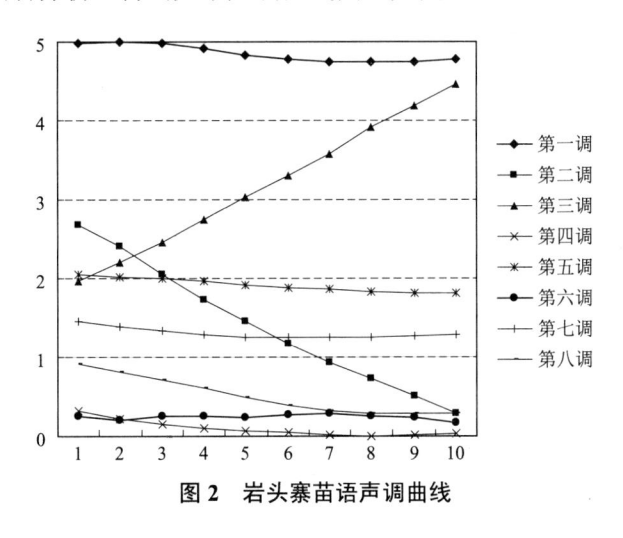

**图 2　岩头寨苗语声调曲线**

下面，我们将图 2 所显示的调值与我们凭借听感所记录的调值用表 9 表示出来：

**表 9**                 岩头寨苗语声调五度值

| 调类 | 本人所记录的调值 | 语音实验的调值 |
| --- | --- | --- |
| 第一调 | 55 | 55 |
| 第二调 | 42 | 31 |
| 第三调 | 35 | 35 |
| 第四调 | 22 | 11 |
| 第五调 | 44 | 33 |
| 第六调 | 22 | 11 |
| 第七调 | 33 | 22 |
| 第八调 | 21 | 21 |

语音实验证明，实验结果与我及一些同行的听感基本上是一致的。

2. 说明：

（1）岩头寨苗语的第四调和第六调合并，调值都为 22。发音人自己也分辨不了第四调和第六调的区别。

（2）第四调和第六调伴有气嗓音，气嗓音属于声带漏气型的，所以，声音低沉，基频降低，我们用 ɦ 来记录。

（3）我们记录的声调的升降类型以及调位系统与语音实验是一致的，不同的是第二、四、五、六、七调五个调类我们记录的调值比语音实验的稍高（见表 4 中加粗的调值），但在调位归纳上是一致的。在记录文山苗语语料时，我们在不违反区别性原则的基础上仍然采用自己记录的调值，不采纳语音语音实验的调值，因为听感上，第二调远比第八调高，若把第二调记为 31，第八调记为 21，体现不出这两个降调在调值的较大差别。

（4）第六调出现了少量 223 调值的读例，与 22 调值形成对立。如同为第六调，nɦiaŋ$^{22}$ 是"雨"，nɦiaŋ$^{223}$ 是"昨天"。由于这样的用例我们发现的不多，暂时没有把第六调处理为两个调值。

（四）音节结构类型

岩头寨苗语共有以下 13 种类型：

1. 元音+声调：                i$^{55}$        一

2. 元音+元音+声调：        au$^{55}$     二

3. 辅音+元音+声调：        po$^{42}$     妻子

4. 辅音+元音+元音+声调：　　　　　　phau²¹　　枪
5. 辅音+元音+元音+元音+声调　　　　kuai⁵⁵　　乖
6. 辅音+元音+辅音+声调：　　　　　　tshaŋ⁴⁴　　骨头
7. 辅音+元音+元音+辅音+声调：　　　liaŋ⁴²　　凉快
8. 辅音+辅音+元音+声调：　　　　　　ɴqa⁴⁴　　痕迹
9. 辅音+辅音+元音+元音+声调：　　　mpua⁴⁴　　猪
10. 辅音+辅音+元音+辅音+声调：　　 ntshaŋ³⁵　　血
11. 辅音+辅音+辅音+元音+声调：　　　mple⁴²　　稻谷
12. 辅音+辅音+辅音+元音+元音+声调：mplɦai²²　　舌头
13. 辅音+辅音+辅音+元音+辅音+声调：mploŋ⁴²　　叶子

其中常用的是第 3 种"辅音+元音+声调"、第 4 种"辅音+元音+元音+声调"、第 8 种"辅音+辅音+元音+声调"和第 9 种"辅音+辅音+元音+元音+声调"。第 5 种"辅音+元音+元音+元音+声调"和第 7 种"辅音+元音+元音+辅音+声调"只出现在汉语借词上。

（五）连读变调

1. 拉长声调是文山苗语常用的变调现象。

（1）拉长声调可以减少音节。例如：

问：ɲau⁵⁵ xau³⁵ tɕhɨ²²？在哪里？　　ɲau⁵⁵/⁵⁵⁵① tɕhɨ²²？在哪？（拉长声调）
　　在　处　哪　　　　　　　　　　　在　　　哪

答：tau²¹/²²³　那边。（习惯性拉长声调）

（2）用拉长声调表示增量意义。例如：

zen³⁵ zoŋ⁴⁴ 很好　　zen³⁵/³³⁵ zoŋ⁴⁴ 特别好
很　好　　　　　　　特别　好

2. pua⁴⁴"百"可变读为 pua³³。"一百"至"五百"，"九百"变读为 pua³³，"六百""七百""八百"读原调 pua⁴⁴。例如：

i⁵⁵ pua³³　一百　　　au⁵⁵ pua³³　两百　　　pe⁵⁵ pua³³　三百
一　百　　　　　　　　两　百　　　　　　　　三　百

plou⁵⁵ pua³³　四百　　tsŋ⁵⁵ pua³³　五百　　tɕua⁴² pua³³　九百
四　百　　　　　　　　五　百　　　　　　　　九　百

tsou⁴⁴ pua⁴⁴　六百　　ɕaŋ⁴⁴ pua⁴⁴　七百　　zi²¹ pua⁴⁴　八百
六　百　　　　　　　　七　百　　　　　　　　八　百

---

① /后的数字表示变调的调值。如 ɲau⁵⁵/⁵⁵⁵ "在"，表示本调是 55，变调是 555。

3. tɕɦou²² "十" 可变读为 tɕɦou²²⁾²¹。例如：

pe⁵⁵ tɕɦou²²　三十　　plou⁵⁵ tɕɦou²²　四十　　tsŋ⁵⁵ tɕɦou²²　五十
三　十　　　　　　　四　十　　　　　　　　五　十

tɕua⁴² tɕɦou²²　九十　　tsou⁴⁴ tɕou²²⁾²¹　六十　　ɕaŋ⁴⁴ tɕɦou²²⁾²¹ 七十
九　十　　　　　　　六　十　　　　　　　　　七　十

ʑi²¹ tɕou²²⁾²¹　八十
八　十

## 二　贵州台江苗语音系①

台江苗语属于苗语黔东方言北部土语。该点声母系统较文山苗语简单，只有 38 个声母。没有鼻冠音声母、浊塞音声母和浊塞擦音声母。鼻音有清化送气和非清化的对立，边擦音和清擦音有送气和不送气的对立。这 38 个声母是：

| p | ph | m | m̥h | v | f | fh |
|---|---|---|---|---|---|---|
| ts | tsh | s | sh | | | |
| t | th | n | n̥h | | l | ɬ | ɬh |
| ʈ | ʈh | ɳ | ɳ̥h | lj | ɬj | ɬjh | |
| tɕ | tɕh | ɕ | ɕh | ʑ | | |
| k | kh | ŋ | x | ɣ | h | |
| q | qh | | | | | |

### （一）韵母

台江苗语韵母系统也很简单，只有 13 个韵母，其中单元音韵母 6 个，复合元音韵母 4 个，带鼻音韵尾的韵母 3 个。前鼻音[n]只与[e]组合，后鼻音[ŋ]与[a]、[o]组合。

i　e　ɛ　a　o　u
əu　ai　ao　uə
en　aŋ　oŋ

### （二）声调

台江苗语与苗语其他点一样，声调分为阴、阳两类，共 8 个调类。8 个调类分别对应 8 个调值，没有出现声调合并现象。

---

① 台江苗语音系引自姬安龙. 苗语台江话参考语法[M]. 昆明：云南民族出版社，2012：13-16. 考虑到体例统一，转引时进行重排，若有错误概由本书作者负责。

表 10　　　　　　　　　　　台江苗语声调

| 调类 | 1 | 2 | 3 | 4 | 5 | 6 | 7 | 8 |
| --- | --- | --- | --- | --- | --- | --- | --- | --- |
| 调值 | 33 | 53 | 55 | 22 | 35 | 24 | 13 | 31 |
| 例字 | te$^1$ | te$^2$ | te$^3$ | te$^4$ | te$^5$ | te$^6$ | ta$^7$ | te$^8$ |
| 汉义 | 厚 | 桌 | 拿（去） | 沙滩 | 得到 | 趋赶 | 姑妈 | （男子名） |

### 三　湘西矮寨苗语语音系统[①]

矮寨苗语属于湘西苗语的西部土语，其声母的特点是：鼻冠声母丢失，演变为浊声母；部分鼻音和边音有清化和非清化的对立；双唇塞音有颚化与非颚化、卷舌化与非卷舌化的对立；发音部位靠后的舌根音和小舌音有圆唇化和非圆唇化的对立；保留古苗语的阴入调。

（一）声母

矮寨苗语共有 59 个声母，依发音部位的前后排列如下：

| | | | | | | | |
|---|---|---|---|---|---|---|---|
| p | ph | b | m | m̥ | w | | |
| pj | phj | bj | mj | | | | |
| pʐ | phʐ | bʐ | mʐ | | | | |
| ts | tsh | dz | s | | | | |
| t | th | d | n | n̥ | l | l̥ | lj | l̥j |
| ʈ | ʈh | ɖ | ɳ | ʂ | ʐ | | |
| tɕ | tɕh | dʑ | ɲ | ɲ̥ | ɕ | ʑ | |
| k | kh | g | ŋ | | | | |
| kj | khj | gj | ŋj | | | | |
| kw | khw | gw | ŋw | | | | |
| q | qh | ɢ | χ | | | | |
| qw | ɢw | χw | | | | | |

（二）韵母

有 15 个韵母，其中单元音韵母有 12 个，复合元音韵母 1 个，带鼻辅音韵尾的韵母有 2 个。单元音韵母有 12 个，其中有 2 个是鼻化韵母，ɚ 专用于拼读汉语介词。鼻音韵母只有后鼻韵母，没有前鼻韵母。

ɿ　i　e　ɛ　a　o　ɔ　u　ɯ　ɚ
ĩ　　　　　ã

---

[①] 矮寨苗语的语音系统引自余金枝.矮寨苗语参考语法[M].北京：中国社会科学出版社，2011：21-27.

ei

aŋ　　　　　　　　　əŋ

（三）声调

矮寨苗语依据声母的清浊分化为阴、阳两种调类，从历时层面看，有阴平、阳平、阴上、阳上、阴去、阳去、阴入、阳入 8 个调类。从共时层面看，只有 6 个声调。因为阴上和阳上合并，都读为 44 调值；阳入并入阳去，阴入中的次清声母音节也并入阳去，都读为 22 调值。阴入调中的全清声母音节仍读为短促的入声，调值为 21，并带有轻微的后喉塞音。第六调的音节，声母伴有轻微的气嗓音。表 11 是苗语的 8 个调类、6 个调值及声调例词。

表 11　　　　　　　　矮寨苗语声调

| 调类 | 阴平 1 | 阳平 2 | 阳上 3 | 阳上 4 | 阴去 5 | 阳去 6 | 阳入 8 | 阴入 7 | 阴入 7 |
|---|---|---|---|---|---|---|---|---|---|
| 调值 | 53 | 31 | 44 | 44 | 35 | 22 | 22 | 22 | 21 |
| 例词 | pa⁵³ 大腿 | pa³¹ 划（船） | pa⁴⁴ 雄性 | pa⁴⁴ 坏 | pa³⁵ 百 | pa²² 避（雨） | ŋa²² 窄 | ba²² 女 | ta²¹ 掉 |

# 第三节　中泰跨境苗语语音比较

本节从共时和历时两个角度对中泰跨境苗语的语音进行比较。从共时角度看两国苗语在声母、韵母、声调上的异同及其语音对应关系。从历时角度，看古苗语的鼻冠音、清化音、舌尖后音在两国苗语中的演变规律；看古苗语的韵类在中泰苗语中的演化沿流；看声调在中泰苗语中的分合情况。

## 一　中泰跨境苗语声母比较

（一）共时对比

中泰苗语都有较丰富的声母系统，但声母数量不等：难府有 49 个，中国文山苗语有 44 个，台江苗语 38 个，矮寨苗语 59 个。下面先以声母发音部位的前后为序进行对比，最后再进行综合对比。

1. 声母分类对比

（1）双唇音/唇齿音

| | | | | | | | |
|---|---|---|---|---|---|---|---|
| 难府 | p | ph | mp | mph | m | f | v |
| 达府 | p | ph | mp | mph | m | f | v |
| 文山 | p | ph | mp | mph | m | f | v |

| | | | | | | | | | |
|---|---|---|---|---|---|---|---|---|---|
| 台江 | p | ph | | | m | m̥h | f | fh | v |
| 矮寨 | p | ph | b | | m | m̥ | | | w |

| | | | | | |
|---|---|---|---|---|---|
| 难府 | pl | phl | mpl | mphl | ml |
| 达府 | pl | phl | mpl | mphl | — |
| 文山 | pl | phl | mpl | mphl | — |
| 台江 | — | — | — | — | |
| 矮寨 | pz̩ | phz̩ | bz̩ | | mz̩ |
| | pj | phj | bj | | mj |

这组声母差别主要有：① 丰富程度不同。双唇音最丰富的是矮寨苗语，有p系列、pz系列和pj系列三套，共14个声母。难府苗语、达府苗语、文山苗语有p系列和pl系列两套，难府苗语有12个声母，达府苗语和文山苗语有11个，难府苗语比达府苗语和文山苗语多一个声母ml，但ml的用例很少。② 除了矮寨苗语以外，其他点有声母f和v。③ 难府苗语、达府苗语和文山苗语三个点保留了古苗语的鼻冠音声母，台江苗语和矮寨苗语两个点没有鼻冠音声母。④ 难府苗语、达府苗语、文山苗语三个点清化音m̥消失，读为m，而台江苗语和矮寨苗语两个仍然保留。⑤ 台江苗语有清擦音送气声母fh，其他四个点没有。⑥ 矮寨苗语有圆唇化声母w，其他三个点没有。

（2）舌尖前音

| | | | | | | |
|---|---|---|---|---|---|---|
| 难府 | ts | tsh | nts | ntsh | s | z |
| 达府 | ts | tsh | nts | ntsh | s | — |
| 文山 | ts | tsh | nts | ntsh | s | z |
| 台江 | ts | tsh | — | — | s | sh |
| 矮寨 | ts | tsh | dz | — | s | |

这组声母的主要差异是：① 难府苗语和文山苗语有浊擦音z，而达府苗语、台江苗语和矮寨苗语没有。② 难府苗语、达府苗语和文山苗语有鼻冠音声母nts、ntsh，而台江苗语和矮寨苗语没有。③ 台江苗语有送气清擦音声母sh，而其他四个点没有。

（3）舌尖中音

| | | | | | | | |
|---|---|---|---|---|---|---|---|
| 难府 | t | th | nt | nth | n | l | l̥ |
| | tl̩ | tl̩h | ntl̩ | ntl̩h | | | |
| 达府 | t | th | nt | nth | n | l | l̥ |
| | tl̩ | tl̩h | ntl̩ | ntl̩h | | | |
| 文山 | t | th | nt | nth | n | l | l̥ |

|      |   | tl | tlh | ntl | ntlh |   |    |   |   |    |    |    |     |
|------|---|----|-----|-----|------|---|----|---|---|----|----|----|-----|
| 台江 | t | th |     |     |      | n | n̥h | l | ɬ | lj | ɬj | ɬh | ɬjh |
| 矮寨 | t | th | d   |     |      | n | n̥  | l | l̥ | lj | l̥j |    |     |

这一组声母各点都很丰富，差别主要有：① 难府苗语、达府苗语和文山苗语有t系列和tl系列两套，台江苗语和矮寨苗语只有t系列，没有tl系列。② 难府苗语、达府苗语和文山苗语清化鼻音 n̥ 消失；台江苗语和矮寨苗语保留。③ 台江苗语有清擦边音送气与清化不送气 ɬ-ɬh、ɬj-ɬjh 的对立，其他点没有。

（4）舌尖后音

矮寨苗语有舌尖后塞音和擦音，没有塞擦音。台江苗语没有舌尖后音。难府苗语、达府苗语和文山苗语在舌尖后音的发展上存在不平衡性，其不平衡性表现在以下几个方面：① 文山苗语将舌尖后音并入舌尖前音的演变已经完成，而难府苗语则正在进行。具体体现为：难府波县巴岗镇恢宏村两位20多岁的绿苗发音人赵天涯和杨天畅将舌尖后音读为舌尖前音，而赵天涯的父亲和祖母仍读为舌尖后音，文山州马关县都龙镇岩头寨20多岁的杨超、杨廷有和他们的父辈祖辈都将舌面后音并入舌面前音。例如：

| 赵天涯父辈和祖辈 | 赵天涯辈 | 杨超及父辈祖辈 | 汉义 |
|---|---|---|---|
| tʂuŋ⁵⁵ | tsuŋ⁵⁵ | tsoŋ⁵⁵ | 山 |
| tʂɦəɯ²² | tsɦəɯ²² | tsɦəɯ²² | 筷子 |
| tʂhai³³ | tshai³³ | tshai³³ | 插 |
| ɳtʂɦua²² | ntsɦua²² | ntsɦua²² | 鼓 |
| ɳtʂha²⁴ | ntsha²⁴ | ntsha³⁵ | 找 |
| tʂe²⁴ | tse²⁴ | tse³⁵ | 房子 |
| tʂau⁴⁴ | tsau⁴⁴ | tsou⁴⁴ | 饱 |
| tʂhai³³ | tshai³³ | tshai³³ | 早饭 |
| tʂhua⁵² | tshua⁵² | tshua⁴² | 药 |
| ɳtʂe²⁴ | ntse²⁴ | ntse³⁵ | 盐 |
| ɳtʂe⁵² | ntse⁵² | ntse⁴² | 耳朵 |
| ɳtʂhai⁴⁴ | ntshai⁴⁴ | ntshai⁴⁴ | 害怕 |
| ɳtʂhəɯ⁴⁴ | ntshəɯ⁴⁴ | ntshəɯ⁴⁴ | 羡慕 |
| ɳtʂhaŋ²⁴ | ntshaŋ²⁴ | ntshaŋ³⁵ | 血 |
| ʂəɯ²⁴ | səɯ²⁴ | səɯ²⁴ | 起来 |
| ʂʅ⁵⁵ | sʅ⁵⁵ | si⁵⁵ | 轻 |
| ʂua²⁴ | sua²⁴ | sua³⁵ | 汉族 |
| zạ⁵⁵ | za⁵⁵ | za⁵⁵ | 晒 |

| zẹ⁵⁵ | zẹ⁵⁵ | zẹ⁵⁵ | 石 |
| zẹ⁴⁴ | zẹ⁴⁴ | zẹ⁴⁴ | 近 |

② 舌尖后音的演变在泰国存在地域差异。达府的发音人杨丽芳将舌尖后塞音 ʈ、ʈh、ɳʈ、ɳʈh 和塞擦音 tʂ、tʂh、nʈʂ、nʈʂh 合并，读作 tʃ、tʃh、ntʃ、ntʃh，舌尖后擦音 ʂ、ʐ 读作舌叶音 ʃ、ʒ，难府苗语发音人赵天涯多读作舌尖音 ts、tsh、nts、ntsh、s、z。例如：

| 难府（赵天涯） | 达府（杨丽芳） | 大南山 | 汉义 |
| tsuŋ⁵⁵ | tʃoŋ⁵⁵ | ʈoŋ⁴³ | 山 |
| tsau⁴⁴ | tʃau⁴⁴ | ʈou⁴⁴ | 六 |
| tsɯ³⁵ | tʃu³⁵ | tʂo⁵⁵ | 老虎 |
| tshua⁵⁵ | tʃhu³⁵ | tʂhua⁴³ | 吹 |
| ntsau²¹ | ntʃau²¹ | nʈʂou²⁴ | 蚂蚁 |
| ntsɯ²¹ | ntʃi²¹ | nʈʂɿ²⁴ | 辣 |
| ntshai⁴⁴ | ntʃhai⁴⁴ | nʈʂhai⁴⁴ | 怕 |
| sua²⁴ | ʃo³⁵ | ʂua⁵⁵ | 汉族 |
| sa⁵⁵ | ʃa⁵⁵ | ʂa⁴³ | 高 |
| zaŋ⁵² | ʒaŋ⁵³ | ʐaŋ³¹ | 龙 |
| za⁵⁵ | ʒa⁵⁵ | ʐa⁴³ | 晒 |

（5）舌面前音

| 难府 | | tɕ | tɕh | nɕ | nɕh | ȵ | | ɕ | | ʑ |
| 达府 | | tɕ | tɕh | nɕ | nɕh | ȵ | | ɕ | | ʑ |
| 文山 | | tɕ | tɕh | nɕ | nɕh | ȵ | | ɕ | | ʑ |
| 台江 | t̠ | t̠h | tɕ | tɕh | | ȵ | ȵh | ɕ | ɕh | ʑ |
| 矮寨 | | tɕ | tɕh | dʑ | | ȵ | | ɕ | | ʑ |

这一组声母台江苗语最丰富有 9 个，从发音方法上看，有塞音、塞擦音、擦音、送气擦音、鼻音、清化鼻音等多种类别，其他三个点只有六七个，没有塞音 t̠、t̠h，送气擦音 ɕh，或没有清化送气鼻音 ȵ̥。

（6）舌根音

| 难府 | k | kh | ŋk | ŋkh | | x | |
| 达府 | k | kh | ŋk | ŋkh | | x | |
| 文山 | k | kh | ŋk | ŋkh | | x | |
| 台江 | k | kh | | | ŋ | x | ɣ |
| 矮寨 | k | kh | g | | ŋ | | |
| | kj | khj | gj | | nj | | |
| | kw | khw | gw | | ŋw | | |

这一组音矮寨苗语最丰富，有舌根、腭化、圆唇化三套，其他点没有腭化和圆唇化这两套。台江苗语有浊擦音 ɣ，其他点没有。

（7）小舌音

| 难府 | q  | qh | Nq | Nqh |
|------|----|----|----|-----|
| 达府 | q  | qh | Nq | Nqh |
| 文山 | q  | qh | Nq | Nqh |
| 台江 | q  | qh |    |     |
| 矮寨 | q  | qh | G  | χ   |
|      | qw |    | Gw | χw  |

这一组音台江苗语最不丰富，只有 q、qh 两个。矮寨苗语最丰富，分为圆唇化和非圆唇化两套，其他点只有一套。

（8）声门音

台江苗语有一个声门音 h，其他点没有声门音。

2. 中泰跨境苗语声母对比的综合分析

共同点主要是：

（1）都有小舌音。

（2）塞音、塞擦音有送气与不送气的对立。

（3）边音都有清化与非清化的对立。

其不同点主要是：

（1）鼻冠音声母难府苗语、达府苗语和文山苗语有，而台江苗语和矮寨苗语没有，鼻冠音声母在矮寨苗语中多演变为浊音声母。

（2）清化鼻音在难府苗语、达府苗语和文山苗语中消失，而台江苗语和矮寨苗语保留清化鼻音。

（3）舌尖后音，难府苗语存在代际差异，中老年人保留了舌尖后音，年轻人则将舌尖后音归入舌尖前音。在文山苗语中，老中青三代都已将舌尖后音并入舌尖前音。台江苗语无舌尖后音。矮寨苗语有舌尖后塞音和擦音，无舌尖后塞擦音。

（4）矮寨苗语有浊塞音和浊塞擦音声母，其他三个点没有。矮寨苗语的浊塞音和塞擦音声母来自古苗语的鼻冠音声母，该类声母苗语湘西方言西部土语的其他点（如湘西腊乙坪）仍然存在。

（5）矮寨苗语有圆唇化声母，其他点没有。

（6）台江苗语有送气清擦音声母，其他点没有。

3. 声母对应关系

声母对应关系的讨论对象只选取难府苗语和文山苗语两个点，不包括达府苗语、台江苗语和矮寨苗语三个点。这样选取比较点的原因有四点：

一是达府苗语与难府苗语两个点声母基本相同，没有选取两个同一样本的必要，所以只选难府苗语一个点。二是台江苗语、矮寨苗语与泰国苗语分化时间应该在千年以上，历时比较的价值更大，所以在共时平面的声母对应选点中没有涉及台江苗语和矮寨苗语。三是难府苗语与文山苗语两个点的声母对应前人没有研究过，梳理难府苗语与文山苗语的声母对应关系有助于了解二者声母的差别。四是难府苗语与文山苗语分化时间不超过 300 年，其声母存在明显的对应规律，且相同音值的对应频率大于不同音值的对应频率，因此，厘清二者的对应关系，可以看出不超过 300 年的分化时间能够在声母上造成多大差异。下面从不同音值的对应和相同音值的对应两个方面进行对比。

（1）不同音值的对应

泰国难府苗语和中国文山苗语的同源词中，在声母上有一部分存在不同音值的对应，主要有以下几种类型：

① 难府苗语的舌根清擦音对应文山苗语的唇齿清擦音。这一对应的例词不多。例如：

| 难府 | 文山 | 汉义 |
| --- | --- | --- |
| fua$^{55}$ | xua$^{55}$ | 云 |

② 难府苗语的清化边音在文山苗语读作非清化边音。例如：

| 难府 | 文山 | 汉义 |
| --- | --- | --- |
| l̥əɯ$^{33}$ | lɦəɯ$^{22}$ | 電子 |

③ 难府苗语的鼻冠音对应文山苗语的非鼻冠。例如：

| 难府 | 文山 | 汉义 |
| --- | --- | --- |
| nthen$^{44}$ | then$^{44}$ | 木炭 |

（2）相同音值的对应

泰国难府苗语和文山苗语的声母大多保持相同音值的对应关系，如鼻冠对鼻冠、送气对送气、擦音对擦音、边音对边音、鼻音对鼻音、清化对清化等。例如：

① 鼻冠音对鼻冠音

| 难府 | 文山 | 汉义 |
| --- | --- | --- |
| mphlai$^{55}$ | mphlai$^{55}$ | 戒指 |
| ntshai$^{44}$ | ntshai$^{44}$ | 怕 |
| ntshai$^{33}$ | ntshai$^{33}$ | 女孩 |
| ntshaŋ$^{24}$ | ntshaŋ$^{35}$ | 血 |
| ntshu$^{44}$ | ntshʉ$^{44}$ | 大象 |
| ntshau$^{24}$ | ntshou$^{35}$ | 头虱 |

| 难府 | 文山 | 汉义 |
|---|---|---|
| nthua⁴⁴ | nthua⁴⁴ | 薅（草） |
| ɴqhe³³ | ɴqhe³³ | 馋 |

② 送气对送气

| 难府 | 文山 | 汉义 |
|---|---|---|
| phlu⁴⁴ | phlo⁴⁴ | 脸颊 |
| tshaŋ²⁴ | tshaŋ³⁵ | 晴 |
| tshau²⁴ | tshou³⁵ | 灰 |
| tsha⁵⁵ | tsha⁵⁵ | 新 |
| tshaŋ⁴⁴ | tshaŋ⁴⁴ | 骨 |
| tshai³³ | tshai³³ | 早饭 |
| tshuŋ²⁴ | tshoŋ³⁵ | 切（菜） |
| tshau⁵⁵ | tshou⁵⁵ | 热（饭） |
| qhɔ²⁴ | qhau³⁵ | 洞 |
| thau³³ | thou³³ | 时候 |
| thai²⁴ | thai³⁵ | 遮挡 |
| tl̥hua²⁴ | tl̥hua³⁵ | 腻 |
| tl̥ha⁴⁴ | tl̥ha⁴⁴ | 跑 |

③ 清音对清音

| 难府 | 文山 | 汉义 |
|---|---|---|
| tsa⁴⁴ | tsa⁴⁴ | 喉结 |
| tsɯ⁵² | tsʉ⁴² | 疮 |
| tsɯ⁵⁵ | tsɿ⁵⁵ | 胆 |
| sa⁵⁵ | sa⁵⁵ | 心 |
| sua⁵⁵ | sua⁵⁵ | 声音 |
| te⁵⁵ | te⁵⁵ | 地 |
| taŋ²⁴ | taŋ³⁵ | 肋骨 |
| təɯ⁴⁴ | təu⁴⁴ | 脚 |
| tɕie²² | tɕie²² | 手 |
| tɕi²⁴ | tɕi³⁵ | 身体 |
| ke²⁴ | ki³⁵ | 路 |
| ku⁵⁵ | ko⁵⁵ | 金 |
| qua²⁴ | qua³⁵ | 屎 |
| tl̥e⁵² | tl̥e⁴² | 水 |
| tl̥ua²⁴ | tl̥ua³⁵ | 腰 |
| qəɯ⁵² | qəu⁴² | 螺蛳 |

④ 浊音对浊音

| 难府 | 文山 | 汉义 |
|---|---|---|
| mɦi²² | mɦi²² | 乳房 |
| muŋ²⁴ | moŋ³⁵ | 命运 |
| vau²⁴ | vou³⁵ | 女婿 |
| vɯ²¹ | vʉ²¹ | 疯 |
| vaŋ⁵² | vaŋ⁴² | 菜园 |
| na²⁴ | na³⁵ | 牙齿 |
| na²¹ | na²¹ | 母亲 |
| la⁵² | la⁴² | 田 |
| ȵɛ⁵² | ȵa⁴² | 银 |
| ʑɦɔ²² | ʑɦau²² | 寨子 |
| ʑɦɯ²² | ʑɦŋ²² | 尿 |
| ʑɦe²² | ʑɦe²² | 窝 |
| lɦen²² | lɦen²² | 筋脉 |
| ȵu²⁴ | ȵo³⁵ | 大肠 |
| ʑɦi²² | ʑhi²² | 户 |
| ʐuŋ²⁴ | ʐoŋ³⁵ | 蚊子 |

⑤ 清化对清化

| 难府 | 文山 | 汉义 |
|---|---|---|
| l̥au⁴⁴ | l̥ou⁴⁴ | 铁 |
| l̥ɯ⁵⁵ | l̥ʉ⁵⁵ | 脑髓 |
| tsɯ²⁴l̥ua³³ | tsŋ³⁵l̥ua³³ | 姨父（母之妹夫） |
| l̥ua⁴⁴ | l̥ua⁴⁴ | 绳子 |
| l̥aŋ⁵⁵ | l̥aŋ⁵⁵ | 腰带 |
| l̥i⁴⁴ | l̥i⁴⁴ | 月 |

3. 综合分析

从以上的对应规律中能够获得以下几点认识：

（1）从对应中可以看到，泰国难府苗语与中国文山苗语的声母仍保持较多的共同点。相同音值的对应包括清对清、浊对浊、送气对送气、鼻冠对鼻冠、清化对清化等。不同音值的对应只是局部的。

（2）不同音值的分化主要出现在舌叶与非舌叶上，这一对应反映舌尖后声母消失的演变趋势。泰国绿苗苗语的舌叶音在中国青苗苗语中大多读为舌面前音，也有的读为舌尖前音。

## （二）中泰跨境苗语声母历时比较

中泰跨境苗语声母历时比较，是基于王辅世先生所构拟的古苗语声类所做的比较。王先生通过苗语湘西方言、黔东方言和川黔滇方言的七个次方言共九个代表点的比较，构拟出古苗语的声类。这些拟音中有鼻冠音、清化音、舌尖后塞音、舌尖后塞擦音①。这些音在以下五个点中出现不同的演化。

### 1. 鼻冠音在五个点的演化规律不同

有鼻冠音是古苗语的一个语音特点，古苗语鼻冠音声母在现代苗语中的不同反映形式是划分苗语方言的重要依据。古苗语鼻冠音声母在上述五个点出现不同的演变形式：古苗语的鼻冠音在难府苗语、达府苗语、文山苗语的阴声调和阳声调中均有保留，并且可以出现在所有调类上；在台江苗语中已经消失；在矮寨苗语中演变为浊塞音或浊塞擦音。例如：

| 古苗语 | 难府 | 达府 | 文山 | 台江 | 矮寨 | 汉义 |
|---|---|---|---|---|---|---|
| * mpa$^C$ | mpua$^{44}$ | mpo$^{44}$ | mpua$^{44}$ | pe$^{35}$ | ba$^{35}$ | 猪 |
| * ntso$^B$ | ntsu$^{24}$ | ntsu$^{35}$ | ntso$^{35}$ | sao$^{55}$ | dʑəŋ$^{44}$ | 早 |
| * ntsa$^B$ | ntsua$^{24}$ | ntso$^{35}$ | ntsua$^{35}$ | se$^{55}$ | dʑa$^{44}$ | 洗（锅） |
| * ntæ$^B$ | nte$^{44}$ | nte$^{44}$ | nte$^{44}$ | tɛ$^{35}$ | du$^{35}$ | 烤（火） |
| * ntshou$^C$ | ntshua$^{44}$ | ntsho$^{44}$ | ntshua$^{44}$ | shau$^{35}$ | dʑəŋ$^{35}$ | 洗（衣） |
| * ɳʈʂhen$^B$ | ntshaŋ$^{24}$ | ntshaŋ$^{35}$ | ntshaŋ$^{44}$ | ɕaŋ$^{55}$ | dʑəŋ$^{44}$ | 血 |
| * ɳʈʂhei$^C$ | ntshai$^{44}$ | ntʃhai$^{44}$ | ntshai$^{44}$ | ɕha$^{33}$ | dʑa$^{35}$ | 怕 |

### 2. 古苗语的清化鼻音 m̥ 和 n̥，难府苗语、达府苗语、文山苗语已演变为非清化鼻音的 m 和 n，台江苗语和矮寨苗语仍然保留。例如：

| 古苗语 | 难府 | 达府 | 文山 | 台江 | 矮寨 | 汉义 |
|---|---|---|---|---|---|---|
| * m̥ɔn$^C$ | mɔ$^{44}$ | mɔ$^{44}$ | mau$^{44}$ | m̥han$^{35}$ | m̥aŋ$^{35}$ | 晚上 |
| * n̥on$^A$ | nu$^{55}$ | nu$^{55}$ | no$^{55}$ | n̥ha$^{33}$ | n̥e$^{53}$（天） | 太阳 |
| * n̥ɔn$^B$ | nɔ$^{24}$ | nɔ$^{35}$ | nau$^{35}$ | n̥aŋ$^{43}$ | n̥aŋ$^{44}$ | 听见 |
| — | naŋ$^{55}$ | naŋ$^{55}$ | naŋ$^{55}$ | n̥han$^{33}$ | n̥əŋ$^{53}$ | 穗 |

### 3. 古苗语的舌尖前音、舌尖后的塞音和塞擦音三套声母，在难府、达府、文山、台江、矮寨出现不同的演变规律，若把川黔滇方言的标准语点大南山苗语加入进来参与比较，演变链会更加清晰。古苗语的舌尖前音、舌尖后的塞音和塞擦音三套声母在大南山仍然保留。在矮寨苗语中，舌尖前音保留，舌尖后的塞音和擦音保留，舌尖后塞擦音多演变为舌面塞擦音。在达府苗语中，保留舌尖前塞擦音，舌尖后塞音声母和舌尖后塞擦音声母

---

① 本书的古苗语声类构拟均引自王辅世. 苗语古音构拟 [M]. 东京：国立亚非语言文化研究所，1994.

多合并为舌叶塞擦音。在难府苗语中多合并为舌尖前塞擦音，但也有例外，如 *ɳdl̥ 演变为 n̥tɕ。在文山苗语中合并为舌尖前音。在台江苗语中，多演化为清擦音或鼻音。这三套音的古音构拟及在各点的读音见表12：

表 12　　　　　中泰苗语舌尖前音和舌尖后音的演变情况

| 古音构拟 | 难府 | 达府 | 文山 | 大南山 | 台江① | 矮寨 |
|---|---|---|---|---|---|---|
| * ts | ts | ts | ts | ts | s | ts |
| * tsh | tsh | tsh | tsh | tsh | sh | s |
| * nts | nts | nts | nts | nts | s | dz |
| * ntsh | ntsh | ntsh | ntsh | ntsh | sh | s |
| * dʑ | ts | ts | ts | ts | s | ts |
| * ndʑ | nts | nts | nts | nts | — | dz |
| * s/ * fs | s | s | s | s | fh | s |
| * tʂ / * ptʂ | ts | tʃ | ts | tʂ | ɕ/ts | tɕ/pʐ |
| * tʂh | tsh | tʃh | tsh | tʂh | ɕ | ɕ |
| * ntʂ/ * mbdʐ | ntɕ | ntʃ | nts | ntʂ | n/ ɕh | mʐ/dʐ |
| * ntʂh | ntsh | ntʃh | ntsh | ntʂh | ɕh | dʐ |
| * dʐ | ts/ɕ | tʃ/ɕ | ts/ɕ | tʂ | ɕ | tɕ |
| * t̯/ * tl̥/ * dl̥ | ts | tʃ | ts | t̯ | t̯ | t̯ |
| * t̯h | tsh | tʃh | tsh | t̯h | t̯h | t̯h |
| * d̯ | ts | tʃ | ts | t̯ | t̯ | t̯ |
| * ɳt̯ | nts | ntʃ | nts | ɳt̯ | n/ɕ | ɳ/dʐ |
| * ɳtl̥ | nts | ntʃ | nts | ɳt̯ | n̥ | ɳ |
| * ɳd̯ | nts | ntʃ | nts | ɳt̯ | n̥ | ɳ |
| * ɳdl̥ | n̥tɕ | n̥tɕ | nts | ɳt̯ | n̥ | ɳ |
| * ʔn̯ | n | n | n | n | n̥ h | ɳ |
| * ʔl̯ | l | l | l | l | lj | — |
| * l̯ | l̯ | l̯ | l̯ | l̯ | ɬjh | — |
| * l̥ | l | l | l | l | lj | lj |
| * ʂ/ * fʂ | s | ʃ | s | ʂ | x | ʂ |
| * ʔvʐ/ * vʐ | z | ʒ | z | ʐ | ɣ | ʐ |

① 表 12 中台江苗语的音是作者根据王辅世. 苗语古音构拟［M］列出的例词在台江苗语和养蒿苗语中的读音归纳出来的，若有错误概由本书作者负责。

下面对表 12 显示的演变规律列出相应的例词：

| 古苗语 | 难府 | 达府 | 文山 | 大南山 | 台江 | 矮寨 | 汉义 |
|---|---|---|---|---|---|---|---|
| * ts | ts | ts | ts | ts | s | ts | |
| * tsei^D | tsai$^{33}_7$ | tsai$^{33}_7$ | tsai$^{33}_7$ | tsai$^{33}_7$ | — | — | 接受 |
| * tsei^D | tsai$^{33}_7$ | tsai$^{33}_7$ | tsai$^{33}_7$ | tsai$^{33}_7$ | — | — | 借（钱） |
| * tsei^D | tsua$^{33}_7$ | tsua$^{33}_7$ | tsua$^{33}_7$ | tsua$^{33}_7$ | — | tsha$^{22}_7$ | 接（绳子） |
| | | | | | | | |
| * tsh | tsh | tsh | tsh | tsh | sh | s | |
| * tshoŋ^B | tshaŋ$^{44}_5$ | tshaŋ$^{44}_5$ | tshaŋ$^{44}_5$ | tshaŋ$^{44}_5$ | shoŋ$^{55}_1$ | səŋ$^{44}_3$ | 骨头 |
| | | | | | | | |
| * nts | nts | nts | nts | nts | s | ʥ | |
| * ntso^B | ntsu$^{24}_3$ | ntsu$^{35}_3$ | ntso$^{35}_3$ | ntso$^{55}_3$ | sao$^{55}_3$ | ʥəŋ$^{44}_3$ | 早 |
| * ntsen^C | ntsaŋ$^{44}_5$ | ntsaŋ$^{44}_5$ | ntsaŋ$^{44}_5$ | ntsaŋ$^{44}_5$ | — | ʥəŋ$^{35}_5$ | 坟 |
| * ntsa^B | ntsua$^{24}_3$ | ntso$^{35}_3$ | ntsua$^{35}_3$ | ntsua$^{55}_3$ | se$^{55}_3$ | ʥa$^{44}_3$ | 洗（锅） |
| | | | | | | | |
| * ntsh | ntsh | ntsh | ntsh | ntsh | sh | ʥ | |
| * ntsha^A | ntshɯ$^{55}_1$ | ntshȵ$^{55}_1$ | ntshȵ$^{55}_1$ | ntshi$^{43}_1$ | sha$^{33}_1$ | ʥa$^{53}_1$ | 糙 |
| * ntshoŋ^A | ntshaŋ$^{55}_1$ | ntshaŋ$^{55}_1$ | ntshaŋ$^{55}_1$ | ntshaŋ$^{43}_1$ | shoŋ$^{33}_1$ | ʥəŋ$^{53}_1$ | 陡 |
| * ntshou^C | ntshua$^{44}_5$ | ntsho$^{44}_5$ | ntshua$^{44}_5$ | ntshua$^{44}_5$ | shau$^{35}_5$ | ʥəŋ$^{35}_5$ | 洗（衣） |
| | | | | | | | |
| * ʥ | ts | ts | ts | ts | s | ts | |
| * ʥen^A | tsaŋ$^{52}_2$mɦua$^{22}$ | tsaŋ$^{53}_2$mɦo$^{22}$ | tsaŋ$^{42}_2$mɦua$^{22}$ | tsaŋ$^{31}_2$ | — | — | 害羞 |
| * ʥin^B | tsɦa$^{22}_4$ | tsɦa$^{22}_4$ | tsɦa$^{22}_4$ | tsa$^{21}_4$ | sai$^{22}_4$ | tsɛ$^{44}_4$ | 凉 |
| | | | | | | | |
| * nʥ | nts | nts | nts | nts | n | ʥ | |
| * nʥoi^C | ntsɦau$^{22}_6$ | ntsɦau$^{22}_6$ | ntsɦou$^{22}_6$ | ntsou$^{13}_6$ | so$^{35}_5$ | ʥei$^{35}_5$ | 瘦 |
| | | | | | | | |
| * s/ * fs | s | s | s | s | fh | s | |
| * sau^A | sua$^{55}_1$ | so$^{55}_1$ | sua$^{55}_1$ | sua$^{43}_1$ | fha$^{33}_1$ | — | 搓（绳） |
| * fso^B | su$^{24}_3$ | — | so$^{35}_3$ | so$^{55}_3$ | fhuə$^{55}_3$ | səŋ$^{44}_3$ | （线缝）线 |
| * fsɑ^C | sua$^{44}_5$ | so$^{44}_5$ | sua$^{44}_5$ | sua$^{44}_5$ | fhe$^{35}_5$ | sa$^{35}_5$ | 糠 |
| | | | | | | | |
| * tʂ | ts | tʃ | ts | tʂ | ɕ | tɕ | |
| * tʂo^B | tsu$^{24}_3$ | tʃu$^{35}_3$ | tso$^{35}_3$ | tʂo$^{55}_3$ | ɕuə$^{55}_3$ | tɕəŋ$^{44}_3$① | 老虎 |

---

① "老虎"矮寨苗语读为 ta$^{53/21}$tɕəŋ$^{44}$，ta$^{53/21}$为动物名词前缀，tɕəŋ$^{44}$为词根。

| | | | | | | | |
|---|---|---|---|---|---|---|---|
| * tṣɔnᶜ | tɕa⁴⁴₅/tsɔ⁴⁴₅ | tʃɔ⁴⁴₅ | tsau⁴⁴₅ | tṣau⁴⁴₅ | ɕaŋ³⁵₅ | tɕaŋ³⁵₅ | 释放 |
| | | | | | | | |
| * ptṣ | ts | tʃ | ts | tṣ | ts | pẓ | |
| * ptṣaᴬ | tsɯ⁵⁵₁ | tʃɿ⁵⁵₁ | tsɿ⁵⁵₁ | tṣi⁴³₁ | tsa³³₁ | pẓa⁵³₁ | 五 |
| * ptṣæᴮ | tse²⁴₃ | tʃei³⁵₃ | tse³⁵₃ | tṣe⁵⁵₃ | tsɛ⁵⁵₃ | pẓɯ⁴⁴₃ | 房子 |
| | | | | | | | |
| * tṣh | tsh | tʃh | tsh | tṣh | ɕh(xh) | ɕ | |
| — | tshai⁵⁵₁ | tʃhai⁵⁵₁ | tshai⁵⁵₁ | tṣhai⁴³₁ | — | ɕi⁵³₁ | 饿 |
| * tṣhoiᴮ | tshau²⁴₃ | tʃhau³⁵₃ | tshou³⁵₃ | tṣhou⁵⁵₃ | ɕhəɯ⁵⁵₃ | ɕi⁴⁴₃ | 灰烬 |
| * tṣhɔᶜ | tshau⁴⁴₅ | tʃhau⁴⁴₅ | tshou⁴⁴₅ | tṣhou⁴⁴₅ | ɕhe³³₁ | ɕo³⁵₅ | 筛(米) |
| | | | | | | | |
| * ɳtṣ | nts | ntʃ | nts | ɳtṣ | ɕ | dʑ | |
| * ɳtṣæᴮ | ntse²⁴₃ | ntʃe³⁵₃ | ntse³⁵₃ | ɳtṣe⁵⁵₃ | ɕuə⁵⁵₃ | dʑɯ⁴⁴₃ | 盐 |
| * ɳtṣæᶜ | ntse⁴⁴₅ | — | ntse⁴⁴₅ | ɳtṣe⁴⁴₅ | — | dʑɯ³⁵₅ | 泡(饭) |
| * ɳtṣaᴰ | ntsɯ³³₇ | ntʃɿ³³₇ | ntsɿ³³₇ | ɳtṣi³³₇ | ɕa¹³₇ | dʑi²²₇ | 梳(头) |
| * ɳtṣeiᴰ | ntsai³³₇ | ntʃai³³₇ | ntsai³³₇ | ɳtṣai³³₇ | sha¹³₇ | tɕɛ³⁵₅ | 眨(眼) |
| * ɳtṣinᶜ | ntsa⁴⁴₅ | ntʃa⁴⁴₅ | ntsa⁴⁴₅ | ɳtṣa⁴⁴₅ | — | dʑɛ³⁵₅ | 钉(钉子) |
| | | | | | | | |
| * mbdẓ | nts | ntʃ | nts | ntṣ | n | mẓ | |
| * mbdẓæᴬ | ntse⁵²₂ | ntʃe⁵³₂ | ntse⁴²₂ | ntṣe³¹₂ | nɛ⁵³₂ | təŋ²²mẓɯ³¹ | 耳朵 |
| * mbdẓuᶜ | ntsɦɯ²²₆ | ntʃɦɿ²²₆ | ntsɦɨ²²₆ | ntṣu¹³₆ | ne²⁴₆ | mẓə²²₆① | 鼻子 |
| * mbdẓæᴮ | ntsɦie²²₄ | ntʃɦie²²₄ | ntsɦie²²₄ | ntṣe²¹₄ | ne²²₄ | ta⁵³/²¹mẓɯ⁴⁴₄ | 鱼 |
| * mbdẓaᴰ | ntsɯ²¹₈ | ntʃɿ²¹₈ | ntsɿ²¹₈ | ntṣi²⁴₈ | na³¹₈ | mẓei²²₈ | 辣 |
| | | | | | | | |
| * ɳtṣh | ntsh | ntʃh | ntsh | ɳtṣh | ɕh | dʑ | |
| * ɳtṣhinᴬ | ntsha⁵⁵₁ | ntʃha⁵⁵₁ | ntsha⁵⁵₁ | ɳtṣha⁴³₁ | ɕhi³³₁ | — | (水)清 |
| * ɳtṣhoiᴮ | ntshau²⁴₃ | ntʃhau³⁵₃ | ntshou³⁵₃ | ɳtṣhou⁵⁵₃ | — | dʑi⁴⁴₃ | 头虱 |
| * ɳtṣhenᴮ | ntshaŋ²⁴₃ | ntʃhaŋ³⁵₃ | ntshaŋ³⁵₃ | ɳtṣhaŋ⁵⁵₃ | ɕhaŋ⁵⁵₃ | dʑəŋ⁴⁴₃ | 血 |
| * ɳtṣheiᶜ | ntshai⁴⁴₅ | ntʃhhai⁴⁴₅ | ntshai⁴⁴₅ | ɳtṣhai⁴⁴₅ | ɕha³³₁ | dʑa³⁵₅ | 害怕 |

---

① "鼻子",难府读 tsɯ²⁴ntsɦɨ²², 达府读 qhɔ³⁵ntʃɦɿ²², 文山读 tsɿ³⁵ntsɦɨ²², 台江读 po⁵⁵ne²⁴, 矮寨读 pa⁴⁴/⁵³mẓə²²。

| | | | | | | | | |
|---|---|---|---|---|---|---|---|---|
| * dz̢ | ɕ | tʃ/ʃ | ts/ɕ | tʂ/ɕ | ɕ | tɕ | | |
| dz̢eiᴰ | tsɦai²²₈ | tʃɦai²²₈ | tsɦai²²₈ | tʂai²⁴₈ | — | pa⁴⁴/⁵³tɕa²²₈① | 下巴 | |
| * dz̢oŋᶜ | ɕaŋ⁴⁴₅ | ʃaŋ⁴⁴₅ | ɕaŋ⁴⁴₅ | ɕaŋ⁴⁴₅ | ɕoŋ²⁴₅ | tɕən²²₆ | 七 | |
| | | | | | | | | |
| * t̢/tl̢./dl̢ | ts | tʃ | ts | t̢ | t̢ | t | | |
| * t̢enᴬ | tsaŋ⁵⁵₁ | tʃaŋ⁵⁵₁ | tsaŋ⁵⁵₁ | t̢aŋ⁴³₁ | t̢aŋ³³₁ | təŋ⁵³₁ | (一)把(锄头) | |
| * t̢ɔnᴮ | tsɔ²⁴₃ | tʃɔ³⁵₃ | tsɔ³⁵₃ | t̢au⁵⁵₃ | t̢aŋ⁵⁵₃ | dʲaŋ⁴⁴₃ | 回(来) | |
| * t̢ɔᶜ | tsau⁴⁴₅ | tʃau⁴⁴₅ | tsou⁴⁴₅ | t̢ou⁴⁴₅ | ti³⁵₅ | to³⁵₅ | 穿(鞋) | |
| * tl̢əᶜ | tsau⁴⁴₅ | tʃau⁴⁴₅ | tsou⁴⁴₅ | t̢ou⁴⁴₅ | t̢uə³⁵₅ | to³⁵₅ | 六 | |
| * tl̢oᴰ | — | — | — | t̢o³³₇ | t̢uə¹³₇ | tɯ²¹₇ | 笑 | |
| * dl̢ɔnᶜ | tsɦɔ²²₆ | tʃɦɔ²²₆ | tsɦau²²₆ | t̢au¹³₆ | t̢aŋ²⁴₆ | t̢aŋ²²₆ | 肥 | |
| * dl̢uŋᴬ | tsuŋ⁵²₂ | tsoŋ⁵³₂ | tsoŋ⁴²₂ | t̢oŋ³¹₂ | t̢oŋ⁵³₂ | tu³¹₂ | 门 | |
| | | | | | | | | |
| * t̢ʰ | tsʰ | tʃʰ | tsʰ | t̢ʰ | t̢ʰ | tʰ | | |
| * t̢ʰeiᴰ | tsʰai³³₇ | tʃʰai³³₇ | tsʰai³³₇ | t̢ʰai³³₇ | t̢ʰa¹³₇ | — | 插 | |
| * t̢ʰɔᶜ | — | — | — | t̢ʰo⁴⁴₅ | — | tʰən³⁵₅ | 持拔 | |
| | | | | | | | | |
| * d̢ | ts | tʃ | ts | t̢ | t̢ | t | | |
| * d̢euᶜ | tsɦəu²²₆ | tʃɦaɯ²²₆ | tsɦəu²² | t̢eu¹³₆ | t̢u²⁴₆ | tɯ²²₆ | 筷子 | |
| * d̢ɔᶜ | tsɦau²²₆ | tʃɦau²²₆ | tsɦou²²₆ | t̢ou¹³₆ | — | to²²₆ | (打)中 | |
| | | | | | | | | |
| * n̢t̢ | nts | ntʃ | nts | n̢t̢ | t̢ | d | | |
| * n̢t̢uŋᴬ | ntsaŋ⁵⁵₁ | ntʃaŋ⁵⁵₁ | ntsaŋ⁵⁵₁ | n̢t̢aŋ⁴³₁ | t̢oŋ³³₁ | dəŋ³¹₂② | 当中 | |
| * n̢t̢əᶜ | ntsau⁴⁴₅ | ntʃau⁴⁴₅ | ntsou⁴⁴₅ | n̢t̢ou⁴⁴₅ | ɕi³⁵t̢uə³⁵₅ | —(牛)打架 | | |
| | | | | | | | | |
| * n̢dl̢ | n̢tɕ | n̢tɕ | nts | n̢t̢ | n̢ | n̢ | | |
| * n̢dl̢ɔnᶜ | — | — | — | n̢t̢au¹³₆ | ke⁵⁵n̢aŋ²⁴₆ | n̢aŋ²²₆ | 里面 | |
| * n̢dl̢eᶜ | — | n̢tɕɦie²²₆ | ntsɦie²²₆ | n̢t̢i¹³₆ | n̢a²⁴₆ | n̢a²²₆ | 拄 | |
| * n̢dl̢oᶜ | ntsɦiu²²₆ | ntʃɦiu²²₆ | ntsɦio²²₆ | n̢t̢o¹³₆ | n̢uə²⁴₆ | — | 滴(下来) | |

---

① "下巴",难府读 qaŋ⁵⁵pua⁴⁴tsɦai²²,达府读 pɔ⁵⁵tʃɦai²²,文山苗语读 qaŋ⁵⁵pua⁴⁴tsɦai²²,矮寨读 pa⁴⁴/⁵³tɕa²²。因排版原因,正文只取词根 tsɦai²²。

② "当中",难府读 ntsu⁵⁵ntsaŋ⁵⁵,达府读 ntʃo⁵⁵ntʃaŋ⁵⁵,文山读 ntsaŋ⁵⁵ntsaŋ⁵⁵,台江读 qa³³t̢oŋ³³,矮寨读 ta⁵³dəŋ³¹。为便于排版,本书仅取词根。

## 第三章　中泰跨境苗语语音对比

| | | | | | | | |
|---|---|---|---|---|---|---|---|
| * ntɭ | nts | ntʃ | nts | n̺t | n̺ | n̺ | |
| * ntɭoᴮ | ntsu⁴⁴₅ | ntʃu⁴⁴₅ | ntso⁴⁴₅ | n̺to⁵⁵₃ | n̺uə²²₄ | n̺oŋ⁴⁴₃ | （水）浑 |
| | | | | | | | |
| * ʂ | s | ʃ | s | ʂ | ɕh | ɕ | |
| * ʂəᴬ | sau⁴⁴₅ | — | sou⁴⁴₅ | ʂou⁴⁴₅ | ɕhəɯ³³₁ | ɕɯ⁵³₁ | 收 |
| * ʂænᴮ | sa²⁴₃ | ʃa³⁵₃ | sa³⁵₃ | ʂa⁵⁵₃ | ɕhaŋ⁵⁵₃ | ɕɛ⁴⁴₃ | 熟 |
| * ʂeunᴮ | səɯ²⁴₃ | ʃaɯ³⁵₃ | səu³⁵₃ | ʂeu⁵⁵₃ | ɕhu⁵⁵₃ | ɕɔ⁴⁴₃ | 起来 |
| | | | | | | | |
| * ʔn̺ | n | n | n | n | n̺h | n̺ | |
| * n̺uŋᴬ | nuŋ⁵⁵₁ | nuŋ⁵⁵₁ | noŋ⁵⁵₁ | noŋ⁴³₁ | n̺hoŋ³³₁ | n̺u⁵³₁ | 种子 |
| | | | | | | | |
| * ʔl | l | l | l | l | l̺ | (l̺) | |
| * ʔlouᴬ | lau⁵⁵₁ | lau⁵⁵₁ | lo⁵⁵₁ | lou⁴³₁ | — | — | 倒（茶水） |
| * ʔlɔuᴮ | lua²⁴₃ | lo³⁵₃ | lua³⁵₃ | lua⁵⁵₃ | lao¹³₇ | la⁴⁴₃ | 兔 |
| * ʔləᴮ | lau²⁴₃ | lau³⁵₃ | lou³⁵₃ | lou⁴⁴₅ | — | — | 公（鸡） |
| | | | | | | | |
| * l̥ | l̥ | l̥ | l̥ | l̥ | l̥h | (l̥h) | |
| * l̥oᴬ | l̥u⁵⁵₁ | l̥u⁵⁵₁ | l̥o⁵⁵₁ | l̥o⁴³₁ | ɬjhuə³³₁ | — | 大 |
| * l̥aᴰ | l̥ua³³₇ | l̥o³³₇ | l̥ua³³₇ | l̥ua³³₇ | — | — | 年轻 |
| | | | | | | | |
| * ļ | l | l | l | l | l̺ | l̺ | |
| * ļinᴬ | lɦia²²₆ | lɦia²²₆ | lɦia²²₆ | la⁴³₁ | ɬjhuə³³₁ | — | 镰刀 |
| * ļinᴬ | la⁵²₂ | la⁵³₂ | la⁴²₂ | la³¹₂ | la²⁴₆ | la²²₆ | 田 |
| * ļɔnᴬ | lɦiɔ²²₄ | lɦiɔ²²₄ | lɦiau²²₄ | lɦiau²¹₄ | ljaŋ²²₄ | ljaŋ⁴⁴₄ | 埋（人） |
| | | | | | | | |
| * fʂ | s | ʃ | s | ʂ | x | ʂ | |
| * fʂinᴬ | sa⁵⁵₁ | ʃa⁵⁵₁ | sa⁵⁵₁ | ʂa⁴³₁ | xi³³₁ | ʂɛ⁵³₁ | 高 |
| * fʂeiᶜ | sai⁴⁴₅ | ʃai⁴⁴₅ | sai⁴⁴₅ | ʂai⁴⁴₅ | xa³⁵₅ | ʂaŋ³⁵₅ | 快 |
| * fʂoiᶜ | sau⁴⁴₅ | ʃau⁴⁴₅ | sou⁴⁴₅ | ʂou⁴⁴₅ | ɕha⁵⁵₃ | ʂei³⁵₅ | 写 |
| | | | | | | | |
| * ʔvz̺ / * vz̺ | z | ʒ | z | z̺ | ɣ | z̺ | |
| * ʔvz̺æᴬ | ze⁵⁵₁ | ʒe⁵⁵₁ | ze⁵⁵₁ | z̺e⁴³₁ | ɣuə³³₁ | z̺ɯ⁵³₁ | 石头 |
| * ʔvz̺æᶜ | ze⁴⁴₅ | ʒei⁴⁴₅ | ze⁴⁴₅ | z̺e⁴⁴₅ | ɣuə³⁵₅ | z̺ɯ³⁵₅ | 近 |
| * ʔvz̺uŋᶜ | zuŋ⁴⁴₅ | ʒoŋ⁴⁴₅ | zoŋ⁴⁴₅ | z̺oŋ⁴⁴₅ | ɣoŋ³⁵₅ | z̺ɯ³⁵₅ | 好 |
| * vz̺ɑᶜ | zɦua²²₆ | ʒɦo²²₆ | zɦua²²₆ | z̺ua¹³₆ | ɣe²⁴₆ | qo⁵³/²¹z̺a²²₆ | 梳子 |

| | | | | | | | |
|---|---|---|---|---|---|---|---|
| * vzei$^D$ | zai$^{33}$₇ | ʒai$^{33}$₇ | zai$^{33}$₇ | zai$^{33}$₇ | ɣa$^{13}$₇ | za$^{21}$₇ | 藏 |

以上例词显示了古苗语舌尖前音在中泰苗语中保留较好，舌尖后音则在各点出现了不同演变，总的看来，苗语声母系统演变的总趋势是简化。

## 二 中泰跨境苗语韵母比较

两国苗语韵母的特点基本相同：（1）韵母系统简单，远不及声母系统复杂；（2）单元音韵母较多，复元音韵母较少；（3）两国苗语的韵母都分单元音韵母、复合元音韵母、带鼻音尾韵母三类；（4）没有塞音韵尾的韵母；（5）元音不分长短、松紧。

不同点是次要的。如：（1）四个点韵母的数量不等：难府16个，文山22个，台江苗语13个，矮寨苗语15个。数量不等的原因主要与处理韵头的方法、是否将专门拼读借词的韵母归纳到语音系统有关。如：难府苗语和文山苗语的 uaŋ、uen 等三合复韵母专用于拼读汉语借词，就归纳到语音系统中了，他点不一定纳入韵母系统，或者考虑到音系的统一性，将韵头 u 归入声母系统中的 w。（2）文山苗语有 ʉ 韵母，其他点没有。（3）矮寨苗语受到当地汉语的影响有鼻化韵，其他几个点没有。下面从共时和历时两个角度进行比较。

（一）共时对比

1. 韵母分类对比

（1）单元音韵母

| 难府 | 7个 | | i | e | ɛ | a | ɔ | | u | ɯ |
|---|---|---|---|---|---|---|---|---|---|---|
| 达府 | 8个 | ɿ | i | e | | a | ɔ | o | u | ɯ |
| 文山 | 7个 | ɿ | i | e | | a | | o | | ʉ |
| 台江 | 6个 | | i | e | ɛ | a | | o | | u |
| 矮寨 | 10个 | ɿ | i | e | ɛ | a | | o | u | ɯ ɔ ɚ |

单元音韵母矮寨苗语最多，有10个。单元音韵母中 i、e、a 是五个点都有的，其余的单元音韵母在各点分布不同。单元音韵母中，有几个特点值得提出：

① 文山苗语有一个很特殊的语音现象是：没有 u 韵，但有 ʉ 韵，这是其他点所没有的。文山苗语的这个韵母，是语言接触的产物。当地汉语把 u 读成 ʉ。如本书调查点云南省文山州马关县都龙镇，当地汉语把"都龙"的"都"读成"tʉ$^{44}$"，把"胡子"的"胡"读 fʉ$^{53}$。这样的用例很多。文山苗语的 ʉ 韵，不仅分布在借词上，如 fʉ$^{42}$tsɿ$^{35}$"胡子"、fʉ$^{42}$"壶"等；也分布在本语词上，如 tsɿ$^{35}$pʰʉ$^{22}$"肩膀"、tsʉ$^{42}$"疮"、l̥ʉ$^{55}$"脑髓"、ntsʉ$^{33}$"肺"等。

② 苗语没有撮口呼韵母 y，但文山苗族中接受较高教育的年轻人，把汉语借词中的部分 y 韵借词，如 qau⁴⁴ʐaŋ⁴²fiy²² "马铃薯"，读作 y 韵。虽然用例不多，但这是一种新的语音现象，值得关注。因为苗语没有撮口韵，这类韵母很难借入，汉语撮口韵的音节借入苗语，读作齐齿韵。如："玉"读作 ʑi²¹，"云南"的"云"读作 ʑin²¹。接受较高教育的文山苗族年轻人在母语中反复使用 y 韵，但能否使 y 韵在文山苗语中生根，还有待观察。

③ 文山苗语用韵母 ɚ 拼读汉语借词 "二"，矮寨苗语用ɚ拼读汉借词"二"。卷舌韵母能够借入苗语，非常少见。

（2）鼻化元音韵母

矮寨苗语有 ĩ 和 ɔ̃ 两个鼻化韵，其他点没有鼻化韵。矮寨有鼻化韵跟语言接触有关。矮寨苗族大多是"苗语—汉语"双语人，当地汉语有鼻化韵 ã、ĩ、ɔ̃，如"安""银""恩"，矮寨苗族用汉语读为 ŋã⁴⁴、nĩ²²、ŋɔ̃⁴⁴。双语人长期"苗—汉"语码转换，使鼻化韵成为具有地域共性的语音现象，出现在当地的苗语和汉语中。

（3）复合元音韵母

| 难府 | 5 个 | ai | au | əɯ | ua | ia | | |
| 达府 | 3 个 | ai | au | aɯ | | | | |
| 文山 | 8 个 | ai | au | ou | əu | ua | ui | uai | iau |
| 台江 | 4 个 | ai | ao | əu | uə | | | |
| 矮寨 | 1 个 | ei | | | | | | |

复合元音韵母在各点的丰富度不同，矮寨苗语最少，只有 ei；文山苗语最多，不仅有二合元音韵母，还有三合元音韵母。矮寨苗语没有除 u 外的合口呼韵母，因为矮寨苗语有圆唇化声母不需要添加韵头 u。文山苗语的三合元音韵母 uai 和 iau，专用于拼读汉语借词。难府苗语有 ia 韵，但用例很少。难府苗语和文山苗语有 ua 韵，达府苗语没有。

（4）带鼻辅音韵母

① 带-ŋ 韵尾的韵母

| 难府 6 个 | in | en | aŋ | uŋ | uaŋ | uen | |
| 达府 3 个 | | en | aŋ | oŋ | | | |
| 文山 7 个 | in | en | aŋ | oŋ | uaŋ | uen | iaŋ |
| 台江 3 个 | | en | aŋ | oŋ | | | |
| 矮寨 2 个 | | | aŋ | əŋ | | | |

这类韵母各点都不丰富，矮寨苗语有 2 个，台江苗语有 3 个，达府苗语有 3 个，难府苗语有 6 个，文山苗语有 7 个。难府苗语和文山苗语有不带韵头和带韵头两类后鼻韵母，不带韵头的用于拼读本语词，带韵头的用

于拼读汉借词。有没有韵头 i-与声母系统中有无腭化声母有关。有无韵头 u-，与有无圆唇化声母有关。

② 带-n 韵尾的韵母

文山苗语、矮寨苗语都没有带-n 韵尾的韵母。台江苗语有 en 一个，如：hen$^{33}$ "走"等。难府苗语和达府苗语有 an 一个，用于拼读泰语借词，没有列入韵母系统。如：xan$^{21}$ "鹅"（泰语借词）。难府苗语、达府苗语和文山苗语中有读音接近于-n 的韵母，如 nfien$^{22}$ "马"，但由于"马"收音时舌尖没有接触齿龈，舌根没有接触软腭，发的是介于-n 和-ŋ 之间的音，处理音系时考虑到系统性原则，处理成 en 韵。这个韵母王辅世先生（1985）记为 en 韵①。

2. 韵母对应

韵母对应只考察难府苗语和文山苗语两个点。台江苗语和矮寨苗语两个点在历时比较时纳入分析。难府苗语和文山苗语在韵母上存在整齐的对应关系，这种对应关系可分为不同音值的对应和相同音值的对应两类。

（1）不同音值的对应，主要有以下几种类型：

① 难府的单元音对应于文山的单元音

难府苗语的后元音 ɯ 对应于文山苗语的央元音 ʉ 和舌尖前元音 ɿ。

| 难府 | 文山 | 汉义 |
| --- | --- | --- |
| l̥ɯ$^{55}$ | l̥ʉ$^{55}$ | 脑髓 |
| kɯ$^{24}$ | kʉ$^{35}$ | 扛、挑 |
| ntl̥ɦɯ$^{22}$ | ntl̥ɦʉ$^{22}$ | 流 |
| fɯ$^{33}$ | fʉ$^{33}$ | 汗 |
| ntsɦɯ$^{22}$ | ntsɦʉ$^{22}$ | 鼻涕 |
| pɯ$^{44}$ | pʉ$^{44}$ | 睡 |
| tɦɯ$^{22}$ | tɦʉ$^{22}$ | 哪 |
| tsɯ$^{55}$ | tsʉ$^{55}$ | 铃 |
| lɦɯ$^{22}$ | lɦʉ$^{22}$ | 茄子 |
| kɯ$^{44}$tɯ$^{24}$ | kʉ$^{44}$tʉ$^{35}$ | 尾巴 |
| ntʂʰɯ$^{44}$ | ntʂʰʉ$^{44}$ | 大象 |
| vɯ$^{21}$ | vʉ$^{21}$ | 疯 |
| tsɯ$^{55}$ | tsɿ$^{55}$ | 五 |
| tsɯ$^{55}$ | tsɿ$^{55}$ | 胆 |
| ntsɯ$^{55}$ | ntsɿ$^{55}$ | 相遇 |

---

① 王辅世.苗语简志 [M].北京：民族出版社，1985：18.

| 难府 | 文山 | 汉义 |
|---|---|---|
| tsɯ⁴⁴ | tsɿ⁴⁴ | 结（果子） |
| ntsɯ³³ | ntsɿ³³ | 梳（头发） |
| tsɯ²⁴ | tsɿ³⁵ | 果子 |
| ntshɯ⁵⁵ | ntshɿ⁵⁵ | 粗糙 |
| ntsɯ³³ | ntsɿ²² | 拳 |
| ntsɯ²¹ | ntsɿ²¹ | 辣 |
| zɯ⁵⁵ | zɿ⁵⁵ | 蜜 |

难府苗语的高元音 u 对应于文山苗语的次高元音 o。

| 难府 | 文山 | 汉义 |
|---|---|---|
| ȵu²⁴ | ȵo³⁵ | 肠子 |
| tɕu⁴⁴ | tɕo⁴⁴ | 瑶族 |
| pu⁵² | po⁴² | 奶奶 |
| tɕu⁵⁵ | tɕo⁵⁵ | 蒸 |
| tsu⁴⁴ | tso⁴⁴ | 甑子 |
| xu⁵⁵ | xo⁵⁵ | 坛子 |
| mu²⁴ | mo³⁵ | 长矛 |
| ku⁵⁵ | ko⁵⁵ | 热 |
| tɭu⁴⁴ | tɭo⁴⁴ | 搅（拌） |
| pu²¹ | po²¹ | 见 |
| zu²⁴ | zo³⁵ | 看守 |
| khu⁴⁴ | kho⁴⁴ | 医治 |
| ŋku⁴⁴ | ŋko⁴⁴ | 咳嗽 |
| xu²⁴ | xo³⁵ | 磨（刀） |
| zu²¹ | zo²¹ | 磨（苞谷） |
| lu²⁴ | lo³⁵ | 摁（指头）|
| ʑɦu²² | ʑɦo²² | 养 |
| tu²¹ | to²¹ | 咬 |
| tu²¹ | to²¹ | 吠、咬 |
| ntsu²⁴ | ntso³⁵ | 早 |
| ntsu⁴⁴ | ntso⁴⁴ | 浑（水） |
| ntu⁵⁵ | nto⁵⁵ | 湿 |
| ʑɦu²² | ʑɦo²² | 力气 |
| mu²⁴ | mo³⁵ | 蜂 |
| su²⁴ | so³⁵ | 线 |
| su²⁴ | so³⁵ | 暖和 |

| 难府 | 文山 | 汉义 |
|---|---|---|
| tɕɦu²² | tɕɦo²² | 接（水） |
| xu²⁴ | xo³⁵ | 干净 |
| tsu⁵² | tso⁴² | 踩 |
| su⁴⁴ | so⁴⁴ | 休息 |
| su⁴⁴ | so⁴⁴ | 午饭 |
| ku²⁴ | ko³⁵ | 我 |
| ȵu⁵² | ȵo⁴² | 牛 |
| ɴqɦu²² | ɴqɦo²² | 拉 |
| nu⁵⁵ | no⁵⁵ | （一）天 |
| tu⁴⁴ | to⁴⁴ | （线）断 |
| tɦu²² | tɦo²² | （一）头（牛） |
| lu²⁴ | lo³⁵ | （扁担）断 |
| ȵtɕu⁴⁴ | ȵtɕo⁴⁴ | 想念 |
| tsu²⁴ | tso³⁵ | 老虎 |
| lu⁵² | lo⁴² | 大 |
| tu⁵⁵ | to⁵⁵ | 深 |
| lu⁵⁵ | lo⁵⁵ | 个 |

难府苗语的半低元音 ɛ 对应文山苗语的低元音 a。

| 难府 | 文山 | 汉义 |
|---|---|---|
| ȵɛ⁵² | ȵa⁴² | 钱 |
| ȵɦɛ²² | ȵɦa²² | 薄 |

② 难府苗语的单元音对应于文山苗语的复元音

难府苗语的 ɔ 对应于文山苗语的au。

| 难府 | 文山 | 汉义 |
|---|---|---|
| qhɔ²⁴ | qhau³⁵ | 洞 |
| zɦɔ²² | zɦau²² | 村庄 |
| tlɔ⁵⁵ | tlau⁵⁵ | 拔（草） |
| ntsɔ²⁴ | ntsau³⁵ | 响 |
| ntsɔ⁵² | ntsau⁴² | 草 |
| mɔ²⁴ | mau³⁵ | 饭 |
| tɕhɔ⁵² | tɕhau⁴² | 被子 |
| ɔ⁵⁵ | au⁵⁵ | 二 |
| nɔ²⁴ | nau³⁵ | 听见 |
| ɴqɦɔ²² | ɴqɦau²² | 吞 |
| ȵtɕɔ³³ | ȵtɕau³³ | （一）滴（油） |

| 难府 | 文山 | 汉义 |
|---|---|---|
| kɔ⁵² | kau⁴² | 你 |
| mɦiɔ²² | mɦiau²² | （植物）嫩 |
| nɔ⁴⁴ | nau⁴⁴ | 冷 |
| mɔ⁵⁵ | mau⁵⁵ | 病 |
| t̪lɔ²⁴ | t̪lau³⁵ | 卷 |
| nɔ⁵² | nau⁴² | 吃 |
| tɕɔ⁵⁵ | tɕau⁵⁵ | 穿（针） |
| tɕɔ⁵² | tɕau⁴² | 带（路） |
| tɦiɔ²² | tɦiau²² | 等待 |
| t̪lɦiɔ²² | t̪lɦiau²² | 葱 |

③ 鼻音对鼻音，难府苗语的 uŋ 对应文山苗语的 oŋ。

| 难府 | 文山 | 汉义 |
|---|---|---|
| muŋ²⁴ | moŋ³⁵ | 命运 |
| muŋ⁵⁵ | moŋ⁵⁵ | 苗族 |
| nɦuŋ²² | nɦoŋ²² | 鸟 |
| kuŋ⁵² | koŋ⁴² | 蚱蜢 |
| tsuŋ²⁴ | tsoŋ³⁵ | 簸（米） |

（2）相同音值的对应

难府苗语和文山苗语的韵母还有不少保持着音值相同或相近的对应关系。单元音对单元音。难府苗语的 a 对应于文山苗语的 a。例如：

| 难府 | 文山 | 汉义 |
|---|---|---|
| Nqa⁵² | Nqa⁴² | 肉 |
| sa⁵⁵ | sa⁵⁵ | 肝 |
| na²¹ | na²¹ | 母亲 |
| tsa⁴⁴ | tsa⁴⁴ | 喉结 |

难府苗语的 i 对应于文山苗语的 i。例如：

| mɦi²² | mɦi²² | 乳房 |
|---|---|---|
| nti²⁴ | nti³⁵ | 指头 |
| pli³³ | pli³³ | 野猫 |
| t̪li⁵⁵ | t̪li⁵⁵ | 黄瓜 |

难府苗语的 e 对应于文山苗语的 e。例如：

| 难府 | 文山 | 汉义 |
|---|---|---|
| tɦie²² | tɦie²² | 手 |
| t̪le⁴⁴ | t̪le⁴⁴ | 掐（叶子） |
| te²⁴ | te³⁵ | 剥（皮） |

| pe⁵⁵ | pe⁵⁵ | 我们 |
| ntsfie²² | ntsfie²² | 鱼 |
| mple⁵² | mple⁴² | 稻子 |
| ntse²⁴ | ntse³⁵ | 盐 |
| le²⁴ | le³⁵ | 席子 |
| ze⁵⁵ | ze⁵⁵ | 磨子 |
| nte⁴⁴ | nte⁴⁴ | 烤（火）|
| qe²⁴ | qe³⁵ | 借（工具）|
| mpe⁴⁴ | mpe⁴⁴ | 名字 |
| ntse⁴⁴ | ntse⁴⁴ | 泡（饭）|
| l̥e⁴⁴ | l̥e⁴⁴ | 脱（衣）|
| ntfie²² | ntfie²² | 下（蛋）|
| ntsfie²² | ntsfie²² | 竖 |
| ntse⁴⁴ | ntse⁴⁴ | 锋利 |
| nte²⁴ | nte³⁵ | 长 |
| tl̥e⁵⁵ | tl̥e⁵⁵ | 远 |
| ze⁴⁴ | ze⁴⁴ | 近 |
| qe⁵² | qe⁴² | 蒜 |
| tl̥e²⁴ | tl̥e³⁵ | 狗 |

复元音对复元音：

| 难府 | 文山 | 汉义 |
| ntshai³³ | ntshai³³ | 女孩 |
| qai⁴⁴ | qai⁴⁴ | 蛋 |
| mplfiai²² | mplfiai²² | 舌头 |
| tai³³ | tai³³ | 外祖母 |
| mfiua²² | mfiua²² | 眼睛 |
| kua⁴⁴ | kua⁴⁴ | 汤 |
| qua²⁴ | qua³⁵ | 屎 |
| tl̥ua²⁴ | tl̥ua³⁵ | 腰 |
| sua⁵⁵ | sua⁵⁵ | 声音 |
| mpua⁴⁴ | mpua⁴⁴ | 猪 |
| mua²¹ | mua²¹ | 妹妹（男称）|
| təu⁴⁴ | təu⁴⁴ | 脚 |
| pləu²⁴ | pləu³⁵ | 心脏 |
| ʑɦəu²² | ʑɦəu²² | 已婚男性 |

| zəɯ²¹ | zəu²¹ | 爷爷 |
| təɯ²⁴ | təu³⁵ | 皮 |
| qəɯ⁵² | qəu⁴² | 螺蛳 |
| ŋkəɯ⁵² | ŋkəu⁴² | 树蜂 |

鼻韵母对鼻韵母：

| 难府 | 文山 | 汉义 |
| ntsaŋ⁴⁴ | ntsaŋ⁴⁴ | 坟墓 |
| plaŋ⁵⁵ | plaŋ⁵⁵ | 肚子 |
| taŋ²⁴ | taŋ³⁵ | 肋骨 |
| tshaŋ⁴⁴ | tshaŋ⁴⁴ | 骨头 |
| ȵaŋ⁵⁵ | ȵaŋ⁵⁵ | 媳妇 |
| ɴqen⁵⁵ | ɴqen⁵⁵ | 茅草 |
| ŋkɦen²² | ŋkɦen²² | 弱 |
| tshen⁴⁴ | tshen⁴⁴ | 发抖 |
| ntsen²⁴ | ntsen³⁵ | 翻（过来）|
| nɦen²² | nɦen²² | 马 |

（3）小结

① 与声母相比，韵母的对应和声母对应不同的是，难府苗语与文山苗语少部分为相同音值的对应，大部分为相近音值的对应，不同音值的对应很少。

② 不同音值的对应主要有舌位高低的对应和元音单双的对应，相同音值的对应主要是高元音对高元音、复元音对复元音等。

③ 带鼻辅音韵尾的对应，大多保留相同的对应关系。

④ 从以上对应中可以看出，难府苗语更多地保留古代苗语的特点，即韵母以单元音为主；而文山苗语由于受汉语的影响，复韵母较多，这一变化也是国内苗语韵母的一个演变趋势。

（二）历时比较

苗语没有传统文字，历时比较只能基于前辈学者所构拟的古韵类。前辈学者关于苗语古韵类构拟的数量差别很大，少的只有 30 个，多的有 210 个。王辅世（1994）①构拟的古苗语韵类有 30 个，其中单元音韵类有 9 个，复合元音韵类有 8 个，带鼻辅音韵尾有 13 个。王辅世、毛宗武（1995）②构拟了 210 个古苗瑶语韵类，韵类分为单元音、复合元音、长短元音、带鼻

---

① 参见王辅世. 苗语古音构拟 [M]. 东京：国立亚非语言研究所，1994：42-64.
② 参见王辅世，毛宗武. 苗瑶语古音构拟 [M]. 北京：中国社会科学出版社，1995：55-58.

音韵尾、带塞音韵尾等多种类型。陈其光（2001）①构拟了 86 个苗瑶语古韵类，其中单元音韵类 11 个，复合元音韵类 18 个，带鼻辅音-m、-n、-ŋ韵尾的 32 个，带-p、-t、-k 塞音韵尾的 25 个。王辅世和毛宗武比陈其光构拟的苗瑶语古韵类多出 124 个，所构拟的苗瑶语古韵类的数量之差达百余个，体现了现代苗瑶语韵母的巨大差别。

  从现代苗语的韵母数量和类型看，各方言点的韵母很少有超出 30 个的，韵母分为单元音韵母、复合元音韵母和带鼻音韵母三类。据此，我们认为以上三种构拟，王辅世先生在《苗语古音构拟》中所构拟的 30 个古韵类更能体现古苗语韵类与现代苗语韵母的联系，这一构拟似乎更合理据。但这个构拟有一个明显的问题，就是现代苗语大多有读音短促的入声调，如难府苗语、达府苗语和文山苗语的阳入调（第八调）读 21 调值，矮寨苗语阴入调中源自古苗语全清声母的音节读 21 调值。这些入声调的音节，读音短促，韵母都带后喉塞-ʔ，但我们从王辅世先生所构拟的韵母里找不到入声调的韵尾来源。即便王先生构拟的古苗语韵类似有一些不合音理之处，且在王先生选用的例词中有的不是同源词，是借词。如"千""升（量词）""桶"②等。但在现有的研究成果中，他的《苗语古音构拟》却是可以用来做苗语古今韵类演变的最好参照。王先生所构拟的 30 个古苗语韵类中，单元音韵类有 9 个：*i、*e、*æ、*a、*ɑ、*ɔ、*o、*u、*ə，复合元音韵母有 8 个：*ei、*ai、*oi、*eu、*au、*ɑu、*ɔu、*ou，带鼻辅音韵尾有 13 个：*in、*en、*æn、*ɔn、*on、*ən、*eŋ、*aŋ、*ɑŋ、*ɔŋ、*oŋ、*uŋ、*əŋ 等③。下面列出这 30 个古韵类在难府苗语、文山苗语、台江苗语、矮寨苗语中的读音，以期求出其中的演变规律。

1. "果"韵 *i  难府  文山  台江  矮寨  汉义

  * ptsi$^B$  tsɯ$^{24}$₃  tsʅ$^{35}$₃  tsai$^{33}$₁  pei$^{44}$₃  果子

  * tʂi$^A$  tsɯ$^{55}$₁  tsʅ$^{55}$₁  ɕi$^{33}$₁  —  苦胆

  * mi$^A$  me$^{52}$₂  mi$^{42}$₂  maŋ$^{53}$₂  me$^{31}$₂  你们

  * ni$^B$  n̥ɯ$^{22}$₄  n̥i$^{22}$₄  nen$^{53}$₂  bɯ$^{44}$₃  他

  * tɕi$^C$  tɕi$^{44}$₅  tɕi$^{44}$₅  xi$^{55}$₃  o$^{53}$₁  烤（粑粑）

  * dʑi$^C$  tɕɦi$^{22}$₆  tɕɦi$^{22}$₆  tɕi$^{24}$₆  kji$^{53}$₁  燃

---

① 参见陈其光. 汉语苗瑶语比较研究［G］// 汉藏、苗瑶语同源词专题研究. 丁邦新、孙宏开. 汉藏语同源词研究（二）. 南宁：广西民族出版社，2001：412.

② 参见王辅世. 苗语古音构拟［M］. 东京：国立亚非语言文化研究所，1994：18，29，P21.

③ 参见王辅世. 苗语古音构拟［M］. 东京：国立亚非语言文化研究所，1994：42-64.

## 2. "一" 韵 *e

| | 难府 | 文山 | 台江 | 矮寨 | 汉义 |
|---|---|---|---|---|---|
| *ʔeA | i⁵⁵₁ | i⁵⁵₁ | i⁵⁵₃ | a⁴⁴₃ | 一 |
| *phtshaA | phua⁴⁴₅ | phua⁴⁴₅ | pha³⁵₅ | pha³⁵₅ 剖 | 劈 |
| *keA | ki⁵⁵₁ | ki⁵⁵₁ | ke³³₁ | ka⁵³₁ | 炒（菜）|
| *ʂeA | sɯ⁵⁵₁ | sʅ⁵⁵₁ | — | ɕa⁵³₁ | 轻 |
| *tʂeB | tsɯ⁴⁴₅ | tsʅ⁴⁴₅ | ɕi⁵⁵₃ | — | 什么 |
| *ʔleC | li⁴⁴₅ | li⁴⁴₅ | la³⁵₅ | la³⁵₅ | 挤（虱子）|
| *ʂe① | sɯ³³₇ | sʅ³³₇ | ɕi³⁵₅ | tɕi⁴⁴₃ | 相（好）|

## 3. "地" 韵 *æ

| | 难府 | 文山 | 台江 | 矮寨 | 汉义 |
|---|---|---|---|---|---|
| *ptʂæA | pe⁵⁵₁ | pe⁵⁵₁ | pi³³₁ | pɯ⁵³₁ | 我们 |
| *ptʂæA | pɛ⁵⁵₁ | pe⁵⁵₁ | pɛ³³₁ | pu⁵³₁ | 三 |
| *ʔvzæA | ze⁵⁵₁ | ze⁵⁵₁ | ɣuə³³₁ | zu̥⁵³₁ | 石头 |
| *tæA | te⁵⁵₁ | te⁵⁵₁ | tɛ³³₁ | tɯ⁵³₁ | 地 |
| *tæA | te⁵⁵₁ | te⁵⁵₁ | tɛ³³₁ | tɯ⁵³₁ | 答 |
| *tɕhæA | tɕhi⁵⁵₁ | tɕhi⁵⁵₁ | tɕhuə³³₁ | ku⁴⁴₃ | 扫（地）|
| *ɳtɕæA | ɳtɕi⁵⁵₁ | ɳtɕi⁵⁵₁ | tɕuə³³₁ | gu⁳¹₂ | 菌子 |
| *qlwæA | tl̥e⁵⁵₁ | tl̥e⁵⁵₁ | — | qu⁵³₁ | 远 |
| *mbdzæA | ntse⁵²₂ | ntse⁴²₂ | nɛ⁵³₂ | mzu̥³¹₂ | 耳朵 |
| *mblæA | mple⁵²₂ | mple⁴²₂ | nɛ⁵³₂ | nu⁳¹₂ | 稻子 |
| *ɳdʐæA | ɳtɕi⁵²₂ | ntɕi⁴²₂ | ɳuə⁵³₂ | ɳu̥³¹₂ du³⁵ | 柱子 |
| *ptʂæB | tse²⁴₃ | tse³⁵₃ | tse⁵⁵₃ | pzu̥⁴⁴₃ | 房子 |
| *ntæB | nte²⁴₃ | nte³⁵₃ | tɛ⁵⁵₃ | du⁴⁴₃ | 长（短）|
| *ɳtʂæB | ntse²⁴₃ | ntse³⁵₃ | ɕuə⁵⁵₃ | dʐu̥⁴⁴₃ | 盐 |
| *tɕæB | tɕi²⁴₃ | tɕi³⁵₃ | tɕuə⁵⁵₃ | (qo⁵³/²¹) tɕɯ⁴⁴₃ | 身体 |
| *kæB | ke²⁴₃ | ki³⁵₃ | kuə⁵⁵₃ | ku⁴⁴₃ | 路 |
| *qlæB | tl̥e²⁴₃ | tl̥e³⁵₃ | ɬɛ⁵⁵₃ | qwu⁴⁴₃ | 狗 |
| *bdʐæB | tɦie²²₄ | tɦie²²₄ | pe²²₄ | tɯ⁴⁴₄ | 手 |
| *vzæB | zɦie²²₄ | zɦie²²₄ | ɣuə²²₄ | zu̥⁴⁴₄ | （鸟）窝 |
| *mbdzæB | ntsɦie²²₄ | ntsɦie²²₄ | nɛ²²₄ | mzu̥⁴⁴₄ | 鱼 |
| *mptsæC | mpe⁴⁴₅ | mpe⁴⁴₅ | pɛ³⁵₅ | bu³⁵₅ | 名字 |
| *ʔvzæC② | ze⁴⁴₅ | ze⁴⁴₅ | ɣuə³⁵₅ | zu̥³⁵₅ | 近 |
| *tæC③ | te⁴⁴₅ | te⁴⁴₅ | tɛ³⁵₅ | tɯ³⁵₅ | 霜 |

---

① "相" 王辅世在《苗语古音构拟》中未构拟声调。

② 王辅世在《苗语古音构拟》中未构拟声调，本书根据这四个点的调类构拟为 C 调。

③ 在王辅世的《苗语古音构拟》中未见 "霜" 的完整拟音，本书根据这四个点及《苗语古音构拟》中其他九个点的读音，将 "霜" 的古音构拟为 tæC。

| | | | | | |
|---|---|---|---|---|---|
| * n̥tṣæ^C | ntse⁴⁴₅ | ntse⁴⁴₅ | pho³⁵₅ | dʑɯ³⁵₅ | 泡（饭） |
| * ndæ^C | ntɕie²²₆ | ntɕie²²₆ | nɛ²⁴₆ | — | 下（蛋） |
| * qwjæ^C | qai⁴⁴₅ | qai⁴⁴₅ | kuə³⁵₅ | — | 蛋 |
| * ɴqhæ^D | ɴqhe³³₇ | ɴqhe³³₇ | qhe³³₁ | Ge²²₇ | 渴 |

4. "借" 韵 * a　　　难府　　　文山　　　台江　　　矮寨　　　汉义

| | | | | | |
|---|---|---|---|---|---|
| * ptṣa^A | tsɯ⁵⁵₁ | tsɿ⁵⁵₁ | tsa³³₁ | pẓa⁵³₁ | 五 |
| * vza^A | zɯ⁵⁵₁ | zɿ⁵⁵₁ | va³³₁ | | 蜂蜜 |
| * ntsha^A | ntshɯ⁵⁵₁ | ntshɿ⁵⁵₁ | — | dza⁵³₁ | 粗糙 |
| * qlwa^A | tl̥i⁵⁵₁ | tl̥i⁵⁵₁ | fa³³₁ | kua⁵³₁ | 黄瓜 |
| * ptsa^B | tsɯ²⁴₃ | tsɿ³⁵₃ | pa⁵⁵₃ | pa⁴⁴₃ | 公（狗） |
| * nta^B | nti²⁴₃ | nti³⁵₃ | ta⁵⁵₃ | da⁴⁴₃ | 手指 |
| * qa^B | qe²⁴₃ | qe³⁵₃ | — | qa⁴⁴₃ | 借（牛） |
| * vẓa^B | zɦɯ²²₄ | zɦɿ²²₄ | — | ẓa⁴⁴₄ | 尿 |
| * Ga^B | qɦie²²₄ | qɦie²²₄ | ka²²₄ | ŋa⁴⁴₄ | 矮 |
| * l̥a^C | l̥i⁴⁴₅ | l̥i⁴⁴₅ | ɬha³⁵₅ | l̥a³⁵₅ | 月亮 |
| * ɴqa^C | ɴqe⁴⁴₅ | ɴqe⁴⁴₅ | qa³⁵₅ | Ga³⁵₅ | 价钱 |
| * ta^D | ti³³₇ | ti³³₇ | ta¹³₇ | ti⁴⁴₇ | 翅 |
| * n̥tṣa^D | ntsɯ³³₇ | ntsɿ³³₇ | ça¹³₇ | dʑi²²₇ | 梳（头） |
| * mbdẓa^D | ntsɯ²¹₈ | ntsɿ²¹₈ | na³¹₈ | mẓei²²₈ | 辣 |
| * ẓa^D | ẓi²¹₈ | ẓi²¹₈ | ẓa³¹₈ | ẓi²²₈ | 八 |

5. "拍" 韵 * ɑ　　　难府　　　文山　　　台江　　　矮寨　　　汉义

| | | | | | |
|---|---|---|---|---|---|
| * pɑ^A | pua⁵⁵₁ | pua⁵⁵₁ | pe³³₁ | pa⁵³₁ | 大腿 |
| * tɑ^A | tua⁵⁵₁ | tua⁵⁵₁ | te³³₁ | ta⁵³₁ | 厚 |
| * ɴqhɑ^C | qhua²⁴₃ | qhua³⁵₃ | — | qha⁴⁴₃ | 干燥 |
| * ɑG^A | kua⁵²₂ | kua⁴²₂ | ki⁵³₂ | — | （鸟）叫 |
| * Glɑ^B | tsɯ²⁴tl̥ua⁵²₂① | tsɿ³⁵tl̥ua⁴²₂ | ɬai⁵³₂ | pei⁴⁴/⁵³qwa³¹₂ | 桃子 |
| * ntsɑ^B | ntsua²⁴₃ | ntsua³⁵₃ | shɛ³³ | dza⁴⁴₃ | 洗（锅） |
| * pɑ^C | pua⁴⁴₅ | pua⁴⁴₅ | tɕhuə³⁵₅ | ba³⁵₅ | 铺（被子） |
| * pɑ^C | pua⁴⁴₅ | pua⁴⁴₅ | pe³⁵₅ | pa³⁵₅ | 百 |
| * mpɑ^C | mpua⁴⁴₅ | mpua⁴⁴₅ | pe³⁵₅ | ta⁵³/²¹ba³⁵₅ | 猪 |
| * fsɑ^C | sua⁴⁴₅ | sua⁴⁴₅ | fhe³⁵₅ | sa³⁵₅ | 糠 |
| * l̥ɑ^C | l̥ua⁴⁴₅ | l̥ua⁴⁴₅ | ɬhe³⁵₅ | l̥a³⁵₅ | 绳子 |
| * tɕɑ^C | tɕua⁴⁴₅ | tɕua⁴⁴₅ | poŋ³⁵tɕi³⁵₅ | kji³⁵₅ | 风 |

---

① 合成词中加下划线 "—" 的语素表示同源语素。

| | 难府 | 文山 | 台江 | 矮寨 | 汉义 |
|---|---|---|---|---|---|
| * qhɑ^C | qhua^44_5 | qhua^44_5 | qhe^35_5 | qha^35_5 | 客人 |
| * vzɑ̥^C | zɦua^22_8 | zɦua^22_8 | ɣe^24_8 | qo^53/21 za^22_8 | 梳子 |
| * tsɑ^D | tsua^33_7 | tsua^33_7 | tɕhu^13_7 | tsha^22_7 | 接绳子 |
| * dɑ^D | tua^21_8 | tua^21_8 | tai^31_8 | to^21_7 | 蹬 |

6. "鉴"韵 *ɔ 难府　　文山　　台江　　矮寨　　汉义

| | | | | | |
|---|---|---|---|---|---|
| * tɔ^C | tau^44_5 | tou^44_5 | te^35_5 | to^35_5 | 得到 |
| * ntɔ^C | ntau^44_5 | ntou^44_5 | ne^35_5 | — | 多 |
| * tɔ^C | tsau^44_5 | tsou^44_5 | ti^35_5 | to^35_5 | 穿鞋 |
| * tʂhɔ^C | tshau^44_5 | tshou^44_5 | ɕhe^33_1 | ɕo^35_5 | 筛 |
| * n̠tɕɔ^C | n̠tɕau^44_5 | n̠tɕou^44_5 | tɕəu^35_5 | dʑo^35_5 | 篾条 |
| * chɔ^C | khau^44_5 | khou^44_5 | he^33_1 | ɕo^35_5 | 鞋 |
| * bɔ^C | pɦau^22_6 | pɦou^22_6 | — | po^22_6 | 镯子 |
| * dʑɔ^C | tsɦau^22_6 | tsɦou^22_6 | — | — | 凿子 |
| * tsɔ^C | tsɦau^22_6 | tsɦou^22_6 | — | to^22_6 | （打）中 |
| * mbdzɔ̥^D | ntsau^21_8 | ntsou^21_8 | — | — | 蚂蚁 |

7. "笑"韵 *o 难府　　文山　　台江　　矮寨　　汉义

| | | | | | |
|---|---|---|---|---|---|
| * fʂo^A | su^55_1 | so^55_1 | hau^33_1 | ta^53 sən^53_1 | 雷 |
| * to^A | tu^55_1 | to^55_1 | tau^33_1 | tən^53_1 | 深 |
| * ho^C | tshau^55_1 | tshou^55_1 | thau^33_1 | — | 煮（开水） |
| * l̥o^A | lu^52_2 | lo^42_2 | ɬhuə^33_1 | ljən^31_2 | 大 |
| * bo^C | pu^52_2 | po^42_2 | pha^13_7 姑娘 | qo^53 ba^22_7 | 女人 |
| * fso^B | su^24_3 | so^35_3 | fhuə^55_3 | qo^53 sən^44_3 线缝 | 线 |
| * vzo̥^B | zu^24_3 | zo^35_3 | ɣuə^55_3 | — | 看守 |
| * ntso^B | ntsu^24_3 | ntso^35_3 | sau^55_3 | dzən^44_3 | 早 |
| * ʔlo^B | lu^24_3 | lo^35_3 | lau^55_3 | — | （扁担）断 |
| * tʂo^B | tsu^24_3 | tso^35_3 | ɕuə^55_3 | tɕən^44_3 | 老虎 |
| * ʂo^B | su^24_3 | so^35_3 | ɕhuə^55_3 | ɕən^44_3 | 暖和 |
| * xo^B | xu^24_3 | xo^35_3 | xuə^55_3 | χən^44_3 | 磨（刀） |
| * ʂo^C | su^44_5 | so^44_5 | — | ɕən^35_5 | 休息 |
| * vzo̥^C | zɦu^22_6 | zɦo^22_6 | ɣuə^24_6 | zən^22_6 | 力气 |
| * dzo^C | tsɦu^22_6 | tsɦo^22_6 | sau^24_6 | tsən^22_6 触底 | 到达 |

8. "髓"韵 *u 难府　　文山　　台江　　矮寨　　汉义

| | | | | | |
|---|---|---|---|---|---|
| * l̥u^A | l̥ʉ^55_1 | l̥ʉ^55_1 | ɬhe^33_1 | l̥ə^53_1 | 脑髓 |
| * tu^B | kʉ^44 tʉ^24_3 | kʉ^44 tʉ^35_3 | qa^33 te^55_3 | pei^44/5 tə^44_3 | 尾巴 |
| * cu^B | kʉ^24_3 | kʉ^35_3 | — | te^53/21 kʉ^44_3 | 弟弟 |

| | 难府 | 文山 | 台江 | 矮寨 | 汉义 |
|---|---|---|---|---|---|
| * puᶜ | pɯ⁴⁴₅ | pʉ⁴⁴₅ | pe³⁵₅ | pə³⁵₅ | 睡、卧 |
| * phluᶜ | phlɯ⁴⁴₅ | phltt⁴⁴₅ | he³⁵₅ | tɕi⁴⁴/⁵³phzə³⁵₅ | 抚摸 |
| * buᶜ | sɯ³³pfiɯ²²₆ | pfiʉ²²₆ | — | pei⁴⁴/⁵³pə²²₆ | 肩 |
| * mbdzu̱ᶜ | tsɯ²⁴ntsfiɯ²²₆ | tsʅ³⁵ntsfiʉ²²₆ | po⁵⁵ne²⁴₆ | pa⁴⁴/⁵³mzə²²₆ | 鼻子 |
| * duᶜ | tfiɯ²²₆ | tfiʉ²²₆ | ha⁵⁵te²⁴₆ | — | 哪 |

9. "收" 韵 * ə

| | 难府 | 文山 | 台江 | 矮寨 | 汉义 |
|---|---|---|---|---|---|
| * ndzəᴬ | ɲtɕau⁵²₂ | ɲtɕou⁴²₂ | nəu⁵³₂ | pa⁴⁴/⁵³no̱³¹₂ | 嘴 |
| * ḻəᶜ | ḻau⁴⁴₅ | ḻou⁴⁴₅ | ɬau³⁵₅ | qo⁵³/²¹ḻo³⁵₅ | 铁 |
| * ŋtəᶜ | sɯ³³ntsau⁴⁴₅ | ntsou⁴⁴₅ | tɕua²¹ɕi³⁵tu̱ə³⁵₅ | — | （牛）打架 |
| * tḻəᶜ | tsau⁴⁴₅ | tsou⁴⁴₅ | tu̱ə³⁵₅ | to³⁵₅ | 六 |
| * ʔẓəᶜ | ẓau⁴⁴₅ | ẓou⁴⁴₅ | ẓuə³⁵₅ | ẓo³⁵₅ | 少小 |
| * ptʂəᴰ | tsau³³₇ | tsou³³₇ | tsau¹³₇ | pzu̱²¹₇ | 暗 |
| * həᴰ | xau³³₇ | xou³³₇ | hau¹³₇ | χu²²₇ | 喝、吸（烟） |
| * mbləᴰ | mplau²¹₈ | mplou²¹₈ | nau³¹₈ | nu²²₈ | 糯（米） |
| * dəᴰ | tau²¹₈ | tou²¹₈ | tau³¹₈ | — | 豆子 |
| * ɟəᴰ | kau²¹₈ | kou²¹₈ | tɕuə³¹₈ | ku²²₈ | 十 |

10. "窄" 韵 * ei

| | 难府 | 文山 | 台江 | 矮寨 | 汉义 |
|---|---|---|---|---|---|
| * qeiᴬ① | qa⁵⁵₁ | qa⁵⁵₁ | qa³³₁ | ta⁵³qa⁵³₁ | 鸡 |
| * dʑeiᴬ | tɕai⁵²₂ | tɕai⁴²₂ | tɕuə⁵³₂ | — | 骑 |
| * Geiᴬ | qai⁵²₂ | qai⁴²₂ | — | tɕi⁴⁴/⁵³qa³¹₂ | 斜 |
| * ɴGeiᴬ | ɴqa⁵²₂ | ɴqa⁴²₂ | ŋa⁵³₂ | ŋa³¹₂ | 肉 |
| * fʂeiᶜ | sai⁴⁴₅ | sai⁴⁴₅ | xa³⁵₅ | ʂaŋ³⁵₅ | 快 |
| * ntʂheiᶜ | ntshai⁴⁴₅ | ntshai⁴⁴₅ | ɕha³³₁ | dʐa³⁵₅ | 怕 |
| * mphtsheiᴰ | ntshai³³₇ | ntshai³³₇ | tai³³pha¹³₇ | te⁵³ba²²₇ | 女儿 |
| * vzeiᴰ | zai³³₇ | zai³³₇ | ɣa¹³₇ | za̱²¹₇ | 藏（东西） |
| * nteiᴰ | tai³³₇ | tai³³₇ | — | ta²¹₇ | 夹（菜） |
| * ntseiᴰ | ntsai³³₇ | ntsai³³₇ | sha¹³₇ | — | 眨（眼） |
| * heiᴰ | xa³³₇ | xa³³₇ | he³³₇ | χa²²₇ | 舀（水） |
| * mbleiᴰ | mplfiai²²₆ | mplfiai²²₆ | qa³³na̱³¹₆ | qo⁵³mza²²₆ | 舌头 |
| * ẓeiᴰ | ẓai²¹₈ | ẓai²¹₈ | ẓa³¹₈ | ẓa²²₈ | 舔 |
| * ɴGeiᴰ | ɴqai²¹₈ | ɴqai²¹₈ | ŋa³¹₈ | ŋa²²₈ | 窄 |

---

① "鸡" 在王辅世的《苗语古音构拟》（东京：国立亚非语言文化研究所，1994年）韵母的拟音不一。在第 50 页构拟为 * ei 韵，在第 69 页构拟为 * qeᴬ。本书人为应该是 * qeᴬ。

| | 难府 | 文山 | 台江 | 矮寨 | 汉义 |
|---|---|---|---|---|---|
| 11. "买"韵 *ai | | | | | |
| * maiᴬ | mua⁵²₂ | mua⁴²₂ | ma⁵³₂ | me³¹₂ | 有 |
| * maiᶜ | qhɔ²⁴mɦua²²₆ | qhau³⁵mɦua²²₆ | n̥hoŋ³³ma²⁴₆me²²₆ 脸 | | 眼睛 |
| * maiᶜ | mɦua²²₆ | mɦua²²₆ | ma²⁴₆ | me²²₆ | 卖 |
| * mlaiᶜ | mua³³₆ | mua³³₆ | ma²⁴₆ | ne²²₆ | 柔软 |
| 12. "毛"韵 *oi | 难府 | 文山 | 台江 | 矮寨 | 汉义 |
| * ʔvzoiᴬ | zau⁵⁵₁ | zou⁵⁵₁ | ɣo³³₁ | zei⁵³₁ | 菜 |
| * ploiᴬ | plau⁵⁵₁ | plou⁵⁵₁ | ɬo³³₁ | pzei⁵³₁ | 四 |
| * pḷoiᴬ | plau⁵⁵₁ | plou⁵⁵₁ | ɬjəu³³₁ | qo⁵³pei⁵³₁ | 毛 |
| * tɕhoiᴬ | plaŋ⁵⁵₁ | plaŋ⁵⁵₁ | tɕhəu³³₁ | qo⁵³tɕhi⁵³₁ | 腹部 |
| * boiᴬ | pau⁵²₂ | pou⁴²₂ | puə⁵³₂ | pei³¹₂ | 还（账） |
| * toiᴮ | tsau⁴⁴₅ | tsou⁴⁴₅ | kəu³⁵₅ | pa⁴⁴ᐟ⁵³ta³⁵₅ | 蹄、爪 |
| * tʂhoiᴮ | tshau²⁴₃ | tshou³⁵₃ | ɕhəu⁵⁵₃ | ɕi⁴⁴₃ | 灰烬 |
| * ntʂhoiᴮ | ntshau²⁴₃ | ntshou³⁵₃ | — | ta⁵³ᐟ²¹dzi⁴⁴₃ | 头虱 |
| * mpoiᶜ | mpau⁴⁴₅sua²⁴ | mpou⁴⁴₅sua³⁵ | pəu³⁵₅ | bei³⁵₅ | 梦 |
| * ʂoiᶜ | sau⁴⁴₅ | sou⁴⁴₅ | ɕha⁵⁵₅ | ʂei³⁵₅ | 写 |
| * ndʑoiᶜ | ntsɦau²²₆ | ntsɦou²²₆ | so³⁵₅ | dzei³⁵₅ | 瘦 |
| 13. "酒"韵 *eu | 难府 | 文山 | 台江 | 矮寨 | 汉义 |
| * qleuᴬ | tl̥əɯ⁵⁵₁ | tl̥əɯ⁵⁵₁ | ɬu³³₁ | qwə⁵³₁ | 白 |
| * ɖeuᴬ | tsəɯ⁵²₂ | tsəɯ⁴²₂ | su⁵³₂ | ʂei⁵³₂ | 会（唱歌） |
| * pleuᴮ | pləɯ²⁴₃ | pləɯ³⁵₃ | ɬju⁵⁵₃ | — | 心脏 |
| * teuᴮ | təɯ²⁴₃ | təɯ³⁵₃ | tu⁵⁵₃ | tə⁴⁴₃ | 皮 |
| * nteuᴮ | ntəɯ²⁴₃ | ntəɯ³⁵₃ | — | də⁴⁴₃ | 纸、书 |
| * ʂeuᴮ | səɯ²⁴₃ | səɯ³⁵₃ | — | ɕə⁴⁴₃ | 站（起来） |
| * tɕeuᴮ | tɕəɯ²⁴₃ | tɕəɯ³⁵₃ | tɕu⁵⁵₃ | tɕɯ⁴⁴₃ | 酒 |
| * deuᴮ | tɦəɯ²²₄ | tɦəɯ²²₄ | tu²²₄ | tə⁴⁴₄ | 柴、火 |
| * teuᶜ | təɯ⁴⁴₅ | təɯ⁴⁴₅ | — | tə³⁵₅ | 脚 |
| * deuᶜ | tɦəɯ²²₆ | tɦəɯ²²₆ | — | tə²²₆ | 爆炸 |
| * dzeuᶜ | tsɦəɯ²²₆ | tsɦəɯ²²₆ | ɕu²⁴₆ | — | 少 |
| * teuᴰ | təɯ³³₇ | təɯ³³₇ | tu¹³₇ | ta²¹₇ | 点（灯） |
| * nteuᴰ | nti²⁴ntəɯ³³₇ | ntəɯ³³₇nti³⁵ | pu¹³tu¹³₇ | pei⁴⁴ᐟ⁵³du²¹₇qe⁴⁴ | 肚脐 |
| * keuᴰ | kəɯ³³₇ | kəɯ³³₇ | ke¹³₇ | ku²¹₇ | 啃 |
| 14. "二"韵 *au | 难府 | 文山 | 台江 | 矮寨 | 汉义 |
| * ʔauᴬ | ɔ⁵⁵₁ | au⁵⁵₁ | o³³₁ | ɯ⁵³₁ | 二 |
| 15. "搓"韵 *ɑu | 难府 | 文山 | 台江 | 矮寨 | 汉义 |

| | | | | | | |
|---|---|---|---|---|---|---|
| | * sɑuᴬ | sua⁵⁵₁ | sua⁵⁵₁ | fha³³₁ | — | 搓（绳子） |
| | * dɑuᴬ | tua⁵²₂ | tua⁴²₂ | ta⁵³₂ | — | （客）来 |
| | * qɑuᴮ | qua²⁴₃ | qua³⁵₃ | qa⁵⁵₃ | qa⁴⁴₃ | 屎 |
| | * tl̥ɑuᴮ | tl̥ua²⁴₃ | tl̥ua³⁵₃ | ɬa⁵⁵₃ | qo⁵³/²¹qwa⁴⁴₃ | 腰 |
| | * tɑuᶜ | tua⁴⁴₅ | tua⁴⁴₅ | ta³⁵₅ | ta³⁵₅ | 杀（人） |
| | * tɕɑuᶜ | tɕua⁴⁴₅ | tɕua⁴⁴₅ | tɕa³⁵₅ | kja³⁵₅ | 嚼饭 |
| | * qɑuᶜ | qua⁴⁴₅ | qua⁴⁴₅ | qe³⁵₅ | qa³⁵₅ | （公鸡）叫 |
| | * qɑuᶜ | qua⁴⁴₅ | qua⁴⁴₅ | qha³⁵₅ | qa³⁵₅ | 嫁 |
| | * ql̥wɑuᶜ | tl̥ua⁴⁴₅ | tl̥ua⁴⁴₅ | fa³⁵₅ | kwa³⁵₅ | 过 |
| | * ʔɑuᶜ | ua⁴⁴₅ | ua⁴⁴₅ | a³⁵₅ | — | 做 |
| | * mbdzɑuᶜ | ntsɦua²²₆ | ntsɦua²²₆ | na²⁴₆ | mza²²₆ | 孤（儿）/寡（妇）|
| | * dɑuᶜ | tɦua²²₆ | tɦua²²₆ | ta²⁴₆ | ta²²₆ | 死 |
| | * ɴGɑuᶜ | ŋkɦua²²₆ | ŋkɦua²²₆ | ŋa²⁴₆ | ŋwa²²₆ | 勤快 |
| 16. | "耙"韵 * ɔu | 难府 | 文山 | 台江 | 矮寨 | 汉义 |
| | * pʰtʂɔuᴬ | tshua⁵⁵₁ | tshua⁵⁵₁ | tshau³³₁ | phzəŋ⁵³₁ | 吹（火）|
| | * mptʂɔuᴬ | ntsua⁵⁵₁ | ntsua⁵⁵₁ | nau⁵³₂ | mzəŋ⁵³₁ | 绿 |
| | * fʂɔuᴬ | sua⁵⁵₁ | sua⁵⁵₁ | ɣo³³xuə³³₁ | — | 蕨菜 |
| | * fʂɔuᴬ | sua⁵⁵₁ | sua⁵⁵₁ | xuə³³₁ | qo⁵³ʂəŋ³¹₂ | 声音 |
| | * ɴqɔuᴬ | Nqua⁵⁵₁ | Nqua⁵⁵₁ | qau³³₁ | ta⁵³Gəŋ³¹₂ | 鸽子 |
| | * dʑɔuᴬ | tɕua⁵²₂ | tɕua⁴²₂ | tɕuə⁵³₂ | tɕɯ³¹₂ | 九 |
| | * ŋgɔuᴬ | ŋkua⁵²₂ | ŋkua⁴²₂ | ŋuə⁵³₂ | — | （牛）圈 |
| | * tɔuᴮ | tua²⁴₃ | tua³⁵₃ | tau⁵⁵₃ | — | 舂（米）|
| | * ʔl̥ɔuᴮ | lua²⁴₃ | lua³⁵₃ | lau¹³₇ | ta⁵³/²¹la⁴⁴₃ | 兔 |
| | * ɲcɔuᴮ | n̪tɕua²⁴₃ | n̪tɕua³⁵₃ | tɕue⁵⁵₃ | — | 粑粑 |
| | * ɳɖɔuᴮ | ntsɦua²²₄ | ntsɦua²²₄ | n̪uə²²₄ | qo⁵³/²¹nəŋ⁴⁴₄ | 鼓 |
| | * ntʂɔuᶜ | ntshua⁴⁴₅ | ntshua⁴⁴₅ | shau³⁵₅ | dzəŋ³⁵₅ | 洗（衣）|
| 17. | "烧"韵 * ou | 难府 | 文山 | 台江 | 矮寨 | 汉义 |
| | * pouᴬ | pau⁵⁵₁ | pou⁵⁵₁ | pəu³³₁ | po⁴⁴₃ 告诉 | 知道 |
| | * louᴮ | lɦau²²₄ | lɦou²²₄ | lu²²₄ | — | 老 |
| | * touᶜ | tau³³₇ | tou³³₇ | to³⁵₅ | qo⁵³/²¹to³⁵₅ | 斧头 |
| | * houᶜ① | xau⁴⁴₅ 炖 | xou⁴⁴₅ 炖 | ho³⁵₅ 煮(饭) | χo³⁵₅ 炖 | 煮 |
| | * bouᶜ | pɦau²²₆ | pɦou²²₆ | pəu²⁴₆ | po²²₆ | 脓 |

---

① 王辅世《苗语古音构拟》未见相应的构拟。"煮"的拟音参考了难府、文山、台江、矮寨四个点的读音和《苗语古音构拟》第 55、79 页的构拟。

| | * dzouᶜ | xau²⁴tɕʰau²²₆ | xou³⁵tɕʰou²²₆ | fɦəu⁵⁵tɕəu²⁴₆ | pei⁴⁴/⁵³tɕo²²₆ | 膝盖 |
|---|---|---|---|---|---|---|
| 18. "新" 韵 * in | 难府 | 文山 | 台江 | 矮寨 | | 汉义 |
| * fʂinᴬ | sa⁵⁵₁ | sa⁵⁵₁ | — | qo⁵³/²¹sɛ⁴⁴₃ | | 肝 |
| * fʂinᴬ | sa⁵⁵₁ | sa⁵⁵₁ | xi³³₁ | ʂɛ⁵³₁ | | 高 |
| * tinᴬ | ta⁵⁵₁ | ta⁵⁵₁ | — | tɛ⁵³₁ | | 裙子 |
| * ʔlinᴬ | la⁵⁵₁ | la⁵⁵₁ | lai³³₁ | — | | 猴子 |
| * tʂʰinᴬ | tsʰa⁵⁵₁ | tsʰa⁵⁵₁ | xi³³₁ | ɕɛ⁵³₁ | | 新 |
| * ntʂʰin | ntsʰa⁵⁵₁ | ntsʰa⁵⁵₁ | ɕʰi³³₁ | — | | (水)清 |
| * ʔinᴬ | a⁵⁵₁ | a⁵⁵₁ | ai³³₁ | ɛ⁵³₁ | | 苦 |
| * hinᴬ | xa⁵⁵₁ | xa⁵⁵₁ | hai³³₁ | χɛ⁵³₁ | | 编(簸箕) |
| * dinᴬ | ta⁵²₂ | ta⁴²₂ | — | tɛ³¹₂ ₁ | | 平 |
| * linᴬ | la⁵²₂ | la⁴²₂ | lji⁵³₂ | la²²₆ | | 田 |
| * zinᴬ | ȵɛ⁵²₂ | ȵa⁴²₂ | ȵi⁵³₂ | ŋəŋ³¹₂ | | 银子 |
| * m̥ninᴮ | na²⁴₃ | na³⁵₃ | m̥hi⁵⁵₃ | qo⁵³/²¹ɕɛ⁴⁴₃ | | 牙齿 |
| * m̥ninᶜ | na⁴⁴₅ | na⁴⁴₅ | m̥hi³⁵₅ | — | | 嗅 |
| * ntsinᶜ | ntsa⁴⁴₅ | ntsa⁴⁴₅ | — | dzɛ³⁵₅ | | 钉(钉子) |
| * mblinᶜ | mplfia²²₆ | mplfia²²₆ | — | mjɛ²²₆ | | 光滑 |
| 19. "人" 韵 * en | 难府 | 文山 | 台江 | 矮寨 | | 汉义 |
| * ɴqenᴬ | ɴqen⁵⁵₁ | ɴqen⁵⁵₁ | qai³³₁ | — | | 茅草 |
| * næn | tua⁵⁵nɦen⁵⁵/²²₁ | tua⁵⁵nɦen⁵⁵/²²₁ | nai⁵³₂ | ne³¹₂ | | 人 |
| * ɢwjenᴬ | qen⁵²₂ | qen⁴²₂ | kki⁵³₂ | — | | 芦笙 |
| * mnenᴮ | nɦen²²₄ | nɦen²²₄ | ma²²₄ | ta⁵³/²¹me⁴⁴₄ | | 马 |
| * thenᶜ | nthen⁴⁴₅ | then⁴⁴₅ | thai³⁵₅ | the³⁵₅ | | 木炭 |
| 20. "千" 韵 * æn | 难府 | 文山 | 台江 | 矮寨 | | 汉义 |
| * tshænᴬ | tshin⁵⁵₁ | tsha⁵⁵₁ | shaŋ³³₁ | tshɛ⁵³₁ | | 千 |
| * ʂænᴮ | sa²⁴₃ | sa³⁵₃ | ɕhaŋ⁵³₃ | ɕɛ⁴⁴₃ | | 熟 |
| * nænᴮ | ɳfia²²₃ | ɳfia²²₃ | ɳaŋ²²₃ | ɳɛ⁴⁴₃ | | 薄 |
| * nænᶜ | ɳfia²²₆ | ɳfia²²₆ | ɳaŋ²⁴₆ | ɳɛ²²₆ | | 偷 |
| 21. "放" 韵 * ɔn | 难府 | 文山 | 台江 | 矮寨 | | 汉义 |
| * tɕhɔnᴬ | tɕhɔ⁵⁵₁ | tɕhau⁵⁵₁ | tɕhaŋ³³₁ | tɕhaŋ⁵³₁ | | 穿(针) |
| * ȵɔnᴬ | ȵɔ⁵⁵₁ | ȵau⁵⁵₁ | ȵaŋ³³₁ | ȵi⁵³₁ | | 在、居住 |
| * dɔnᶜ | tɦɔ²²₆ | tɦau²²₆ | taŋ⁵³₂ | tɛ²²₆ | | 沉 |
| * dlɔnᴬ | tsɔ⁵²₂ | tsau⁴²₂ | taŋ⁵³₂ | — | | 油 |
| * ɲjɔnᴬ | ŋkɔ⁵²₂ | ŋkau⁴²₂ | ŋaŋ⁵³₂ | ŋaŋ³¹₂ | | 船 |
| * n̥ɔnᴮ | nɔ²⁴₃ | nau³⁵₃ | n̥haŋ⁵⁵₃ | ɳaŋ⁴⁴₃ | | 听见 |

| | | | | | | |
|---|---|---|---|---|---|---|
| * tɔnᴮ | tsɔ²⁴₃ | tsau³⁵₃ | — | ɖaŋ⁴⁴₃ | 回（来） | |
| * qhɔnᴮ | qhɔ²⁴₃ | qhau³⁵₃ | qhaŋ⁵⁵₃ | — | 洞 | |
| * mɔnᴮ | mɦɔ²²₄ | mɦau²²₄ | moŋ²²₄ | maŋ⁴⁴₄ | （麦粉）细 | |
| * vzɔnᴮ | zɦɔ²²₄ | zɦau²²₄ | ɣaŋ²²₄ | zaŋ⁴⁴₄ | 寨子 | |
| * dɔnᴮ | tɦɔ²²₄ | tɦau²²₄ | taŋ²²₄ | taŋ⁴⁴₄ | 等候 | |
| * lɔnᴮ | lɦɔ²²₄ | lɦau²²₄ | ljaŋ²²₄ | ljaŋ⁴⁴₄ | 埋（人） | |
| * NGɔnᴮ | Nqɦɔ²²₄ | Nqɦau²²₄ | ŋaŋ²²₄ | tɕi⁴⁴ʹ²¹ȵu⁴⁴₄ | 吞 | |
| * mɔnᶜ | mɔ⁴⁴₅ | mau⁴⁴₅ | ɕi³⁵m̥haŋ³⁵₅ m̩aŋ⁵₅tɕo²² | 晚上 | |
| * ʔɔnᶜ | ɔ⁴⁴₅ | au⁴⁴₅ | aŋ³⁵₅ | aŋ³⁵₅ | 肿 | |
| * dlɔnᶜ | tsɦɔ²²₆ | tsɦau²²₆ | taŋ²⁴₆ | taŋ²²₆ | 肥 | |
| * dzɔnᶜ | tɕɦɔ₆²² | tɕɦau₆²² | tɕaŋ²⁴₆ 栽秧 | tɕaŋ²²₆ | 栽（树） | |

22. "断"韵 * on 难府　　文山　　台江　　矮寨　　汉义

| | | | | | |
|---|---|---|---|---|---|
| * tonᴬ | tu⁵⁵₁ | to⁵⁵₁ | tai³³₁ | te⁵³₁ | 儿子 |
| * NGlwonᴬ | nu⁵⁵₁ | no⁵⁵₁ | n̥ha³³₁ | n̥e⁵³₁ | （一）天 |
| * ntonᴬ | ntu⁵⁵₁ | nto⁵⁵₁ | — | de³¹₁ | 湿 |
| * ʔlonᴬ | lu⁵⁵₁ | lo⁵⁵₁ | lai³³₁ | le⁵³₁ | （一）个（碗） |
| * tɕonᴬ | tɕu⁵⁵₁ | tɕo⁵⁵₁ | tɕi³³₁ | tɕe⁵³₁ | 蒸 |
| * ʔzonᴬ | zu⁵⁵₁ | zo⁵⁵₁ | zi³³₁ | zaŋ⁵³₁ | 秧 |
| * konᴬ | ku⁵⁵₁ | ko⁵⁵₁ | ki³³₁ | kji⁵³₁ | （牛）角 |
| * qlonᴬ | tl̥u⁵⁵₁ | tl̥o⁵⁵₁ | ɬai³³₁ | qwe⁵³₁ | 黑 |
| * ponᴮ | pu²⁴₃ | po³⁵₃ | pi⁵⁵₃ | pe⁴⁴₃ | 满 |
| * mptsonᶜ | mpo⁴⁴₅ | mpo⁴⁴₅ | pi³⁵₅ | be³⁵₅ | 雪 |
| * tonᶜ | tu⁴⁴₅ | to⁴⁴₅ | tai³⁵₅ | ti³⁵₅ | （线）断 |
| * nonᶜ | nɦuŋ²²₆ | nɦoŋ²²₆ | na²⁴₆ | ne²²₆ | 问 |

23. "金"韵 * ən 难府　　文山　　台江　　矮寨　　汉义

| | | | | | |
|---|---|---|---|---|---|
| * cənᴬ | ku⁵⁵₁ | ko⁵⁵₁ | tɕen³³₁ | gje³¹₂ | 金子 |
| * ȵənᴬ | ȵu⁵²₂ 黄牛 | ȵo⁴²₂ 黄牛 | ȵi⁵³₂ | ȵe³¹₂ | 水牛 |
| * ȵenᴮ | ȵu²⁴₃ | ȵo³⁵₃ | — | qo⁵³ʹ²¹ɕe⁴⁴₃ | 肠子 |

24. "疮"韵 * eŋ 难府　　文山　　台江　　矮寨　　汉义

| | | | | | |
|---|---|---|---|---|---|
| * ʔveŋᴬ | vaŋ⁵⁵₁ | vaŋ⁵⁵₁ | vaŋ³³₁ | qo⁵³wən⁵³₁ | 簸箕 |
| * ʔneŋᴬ | naŋ⁵⁵₁ | naŋ⁵⁵₁ | naŋ³³₁ | nəŋ⁵³₁ | 蛇 |
| * eŋᴬ | naŋ⁵⁵₁ | naŋ⁵⁵₁ | qa⁵⁵n̥haŋ³³ | qo⁵³n̩əŋ⁵³₁ | 谷穗 |
| * nteŋᴬ | ntaŋ⁵⁵₁ | ntaŋ⁵⁵₁ | — | dəŋ³¹₁ | 漂浮 |
| * t̠eŋᴬ | tsaŋ⁵⁵₁ | tsaŋ⁵⁵₁ | t̠aŋ³³₁ | t̠əŋ⁵³₁ | （一）把（锄头） |
| * ʔȵeŋᴬ | naŋ⁵⁵₁tsha⁵⁵ | ŋkou⁴²naŋ⁵⁵₁ | naŋ³³₁xi³³ | — | 新娘、媳妇 |

第三章 中泰跨境苗语语音对比

| | | | | | |
|---|---|---|---|---|---|
| * keŋ^A | kaŋ⁵⁵₁ | kaŋ⁵⁵₁ | kaŋ³³₁ | kəŋ⁵³₁ | 虫 |
| * qeŋ^A | qaŋ⁵⁵₁ | qaŋ⁵⁵₁ | qaŋ³³₁naŋ⁵³ | — | （肉）香、甜 |
| * qleŋ^A | tl̥aŋ⁵⁵₁ | tl̥aŋ⁵⁵₁ | ɬjaŋ³³₁ | ta⁵³qwəŋ⁵³₁ | 鬼 |
| * beŋ^A | paŋ⁵²₂ | paŋ⁴²₂ | paŋ⁵³₂ | pəŋ³¹₂ | 花 |
| * veŋ^A | vaŋ⁵²₂ | vaŋ⁴²₂ | vaŋ⁵³₂ | — | （菜）园 |
| * ɢlweŋ^A | tl̥aŋ⁵²₂ | tl̥aŋ⁴²₂ | faŋ⁵³₂ | kwəŋ³¹₂ | 黄 |
| * ɢlweŋ^A | kaŋ⁵²₂ | kaŋ⁴²₂ | faŋ⁵³₂ | — | （太阳）亮 |
| * n̥eŋ^B | naŋ²⁴₃ | naŋ³⁵₃ | naŋ²²₄ | n̥əŋ⁴⁴₃ | 穿衣 |
| * ɳʈʂheŋ^B | ntshaŋ²⁴₃ | ntshaŋ³⁵₃ | ɕhaŋ⁵⁵₃ | dʐəŋ⁴⁴₃ | 血 |
| * qeŋ^B | qaŋ²⁴₃ | qaŋ³⁵₃ | qaŋ⁵⁵₃ | — | 青蛙 |
| * qleŋ^B | tl̥aŋ²⁴₃ | tl̥aŋ³⁵₃ | ɬaŋ⁵⁵₃ | ta⁵³/²¹qwəŋ⁴⁴₃ | 鹰 |
| * qlweŋ^B | tl̥aŋ²⁴₃ | tl̥aŋ³⁵₃ | faŋ⁵⁵₃ | — | 宽 |
| * neŋ^B | nɦaŋ²²₄ | nɦaŋ²²₄ | naŋ²²₄ | ta⁵³/²¹nəŋ⁴⁴₄ | 鼠 |
| * ʑeŋ^C | zaŋ⁴⁴₅ | zaŋ⁴⁴₅ | zaŋ³⁵₅ | zəŋ³⁵₅ | 飞 |

25. "重"韵 * aŋ 难府　文山　台江　矮寨　汉义

| * naŋ^B | nua²⁴₃ | na³⁵₃ | na⁵⁵₃ | nəŋ⁴⁴₃ | 这 |
| * n̥aŋ^B | n̥aŋ²⁴₃ | n̥aŋ³⁵₃ | n̥hoŋ⁵⁵₃ | n̥əŋ⁴⁴₃ | 重 |

26. "匠"韵 * ɑŋ 难府　文山　台江　矮寨　汉义

| * vɑŋ^C | uaŋ²¹₈ | uaŋ²¹₈ | vaŋ²⁴₈ | wɛ²¹₇ | 万 |

27. "冷"韵 * ɔŋ 难府　文山　台江　矮寨　汉义

| * ʔmɔŋ^A | mɔ⁵⁵₁ | mau⁵⁵₁ | məu³³₁ | məŋ⁵³₁ | 病、痛 |
| * nɔŋ^C | nɔ⁴⁴₅ | nau⁴⁴₅ | tɕuə³⁵₅ | nəŋ³⁵₅ | 冷 |

28. "羊"韵 * oŋ 难府　文山　台江　矮寨　汉义

| * ntshoŋ^A | ntshaŋ⁵⁵₁ | ntshaŋ⁵⁵₁ | shoŋ³³₁ | dʐəŋ⁵³₁ | 陡 |
| * tɕoŋ^A | tɕaŋ⁵⁵₁naŋ⁵⁵ | tɕaŋ⁵⁵₁ | kaŋ³³tɕoŋ³³₁ | ta⁵³kəŋ⁵³₁qe²² | 蚯蚓 |
| * qloŋ^A | tl̥aŋ⁵⁵₁ | tl̥aŋ⁵⁵₁ | ɬjoŋ³³₁ | qo⁵³kjəŋ⁵³₁ | 槽 |
| * vʐoŋ^A | zaŋ⁵²₂ | zaŋ⁴²₂ | γoŋ⁵³₂ | ta⁵³zəŋ³¹₂ | 龙 |
| * dʐoŋ^C | tɕɦaŋ²²₆ | tɕɦaŋ²²₆ | tɕoŋ⁵³₂ | pa⁴⁴/⁵³tɕəŋ³¹₂ | 根 |
| * tshoŋ^C | po⁵⁵tshaŋ⁴⁴₅ | tshaŋ⁵⁵₃ | shoŋ⁵⁵₃ | po³⁵səŋ⁴⁴₃ | 骨头 |
| * noŋ^C | nɦaŋ²²₆ | nɦaŋ²²₆ | noŋ²⁴₆ | nəŋ²²₆ | 雨 |
| * dzoŋ^C | ɕaŋ⁴⁴₅ | ɕaŋ⁴⁴₅ | ɕoŋ²⁴₆ | tɕəŋ²²₆ | 七 |
| * ɲɟoŋ^C | ŋkɦaŋ²²₆ | ŋkɦaŋ²²₆ | noŋ⁶²⁴ | gu³⁵₆ | 爬行 |

29. "桶"韵 * uŋ 难府　文山　台江　矮寨　汉义

| * thuŋ^A | thuŋ⁵⁵₁ | thoŋ⁵⁵₁ | — | thəŋ³⁵₅ | 桶 |
| * ʔn̥uŋ^A | nuŋ⁵⁵₁ | noŋ⁵⁵₁ | n̥hoŋ³³₁ | qo⁵³n̥u⁵³₁ | 种子 |

| | | | | | | |
|---|---|---|---|---|---|---|
| * cuŋ^A | kuŋ⁵⁵₁ | koŋ⁵⁵₁ | tɕəu³³₁ | qo⁵³tɕu⁵³₁ | | 针 |
| * quŋ^A | quŋ⁵⁵₁ | qoŋ⁵⁵ | qoŋ³³₁ | — | | 庄稼 |
| * mbluŋ^A | mpluŋ⁵²₂ | mploŋ⁴²₂ | noŋ⁵³₂ | qo⁵³nu³¹₂ | | 叶子 |
| * duŋ^A | tuŋ⁵²₂ | toŋ⁴²₂ | toŋ⁵³₂ | qo⁵³dən³¹₂ | | 铜 |
| * dluŋ^A | qho²⁴tsuŋ⁵²₂ | tsoŋ⁴²₂ | toŋ⁵³ | pɛ³¹tu³¹₂ | | 门 |
| * ʔzuŋ^B | zuŋ²²₃ | zoŋ³⁵₃ | — | maŋ⁴⁴ zəŋ³⁴⁴饭蚊子 | | 蚊子 |
| * n̥uŋ^B | n̥ɦuŋ²²₄ | n̥ɦoŋ²²₄ | n̥oŋ²²₄ | n̥u⁴⁴₄ | | 生（食物） |
| * ʔvzuŋ^C | zuŋ⁴⁴₅ | zoŋ⁴⁴₅ | ɣoŋ³⁵₅ | zu³⁵₅ | | 好 |
| * ntuŋ^C | ntuŋ⁴⁴₅ | ntoŋ⁴⁴₅ | toŋ³⁵₅ | qo⁵³/²¹du³⁵₅ | | 树 |
| * ntuŋ^C | ntuŋ⁴⁴₅ | ntoŋ⁴⁴₅ | toŋ³⁵₅ | du³⁵₅ | | 戴（帽子） |
| * ntɕuŋ^C | tɦo²²ntɕuŋ⁴⁴₅ | xou³⁵ntɕoŋ⁴⁴₅ | — | pzei⁴⁴dzu³⁵₅ | | 枕头 |
| * ɕuŋ^C | ɕuŋ⁴⁴₅ | ɕoŋ⁴⁴₅ | n̥hoŋ³⁵₅ | tɕu³⁵₅ | | 年 |
| * nuŋ^C | nɦuŋ²²₆ | nɦoŋ²²₆ | noŋ²⁴₆ | ta⁵³/²¹nu²²₆ | | 鸟 |

30. "鬃" 韵 * əŋ　　　难府　　　文山　　　台江　　　矮寨　　　汉义

| | | | | | |
|---|---|---|---|---|---|
| * m̥səŋ^A | muŋ⁵⁵₁ | moŋ⁵⁵₁ | m̥hoŋ³³₁ | qo⁵³ɕəŋ⁵³₁ | 苗族 |
| * məŋ^B | mɦuŋ²²₄ | mɦoŋ²²₄ | muə²²₄ | məŋ⁴⁴₄ | 去 |

以上例词显示，30 个古苗语韵类大多没有呈现出古苗语的单元音韵类、复元音韵类、鼻音韵类对应现代苗语的单元音韵母、复元音韵母、鼻音韵母的系统性演变规律，对于这些非规律性的演变我们尚未找到条件。如古苗语的同一个单元音韵类为什么在同一个调查点分化为单元音韵母和复合元音韵母。再者，以上 30 个古苗语韵类在难府、文山、台江、矮寨的例词中多寡不一，因为有的韵类难以找到例词。如"地"韵 * æ 的例词多达 27 个，而"匠"韵 * ɑŋ 的例词只找到一个，"重"韵 * aŋ、"冷"韵 * ɔŋ、"鬃"韵 * əŋ 的例词只找到 2 个。因此，对于 30 个古苗语韵类在中泰苗语的演变我们只能列举一些大致的规律。如：

（1）9 个古苗语单元音韵类在各点出现不同的演变。* æ 在难府苗语中高化，多读为 ɛ、e，但在小舌声母后读为复合元音 ai。在文山苗语中有两种演变规律：在小舌声母后读为复合元音 ai，在其他声母后高化，多读为 ɛ、e。在台江苗语中与双唇声母和舌尖声母组合高化，读为 ɛ、i，与舌面声母组合后复音化，多读为 uə。在矮寨苗语中多读为舌面后元音 ɯ，也有的读为 u。古苗语的前元音 * æ 为什么在矮寨演化为后元音 ɯ、u，没有发现演变的语音条件。"果"韵 * i，在难府苗语中演变为 i、e、ɯ；在文山苗语中演变为 ɿ、e、i；在台江苗语中演变为 i、e、ai、en、aŋ，在矮寨苗语中演变为 i、ɛ。古韵类 * e，难府苗语中读 i、e、ɯ、ua，文山苗语中读 i、ɿ、i、ua，台江苗语中读 i、e、a、uə，矮寨苗语中读 i、a。"笑"韵 * o，在矮寨苗语中出现阴阳对转，演变为带有鼻音-ŋ的韵母。

（2）8个古苗语复合元音韵类在现代苗语中有的对应为复元音韵母，"毛"韵 * oi 在四个点多读为复元音；"粑"韵 * ou 在难府苗语、文山苗语和台江苗语中读为复元音韵母，在矮寨苗语中多读为鼻音韵母；"窄"韵 * ei、"买"韵 * ai、"酒"韵 * eu、"二"韵 * au、"搓"韵 * au 6个韵母在难府苗语和文山苗语中读作复元音韵母，在台江苗语和矮寨苗语中多读为单元音韵母。

（3）王先生构拟了13个古苗语鼻音韵类，其中前鼻音韵尾6个，后鼻音韵尾7个。6个前鼻音韵尾的韵类中有"新"韵 * in、"放"韵 * ɔn、"断"韵 * on 3个韵类未见-n的用例。"千"韵 * æn 只见难府苗语的"千"tshin⁵⁵₁一个用例，而且这个用例是汉语借词。"金"韵 * ən 只见台江苗语"金"读做 tɕen³³₁一个用例，而且这个用例是汉语借词。"人"韵 * en 难府苗语和文山苗语读为 en 韵，台江苗语和矮寨苗语鼻音韵尾丢失。从 * -n 韵尾在四个点的少量分布，我们难以观察古苗语的 * -n 是脱落了，还是本来就没有。

与带古苗语的前鼻音韵类相比，后鼻音韵类在中泰苗语的分布更具有普遍性和规律性。古苗语的7个后鼻音韵类中，"疮"韵 * eŋ 在难府、文山和台江读为 aŋ 韵，矮寨读为 əŋ 韵。"羊"韵 * oŋ、"桶"韵 * uŋ、"鬃"韵 * əŋ 3个古韵类，在难府苗语中多合并为 uŋ，在文山苗语、台江苗语中多合并为 oŋ，在矮寨苗语中多合并为 əŋ。"重"韵 * aŋ 虽然在四个点均有-ŋ的用例，但只有矮寨苗语的两个用例都是-ŋ尾，难府、文山和台江则为一个例词带-ŋ尾而另一例词不带。"匠"韵 * ɑŋ 虽然在难府、文山、台江三个点保留了韵尾-ŋ，但只有一个孤例"万"，而且这个例词是汉语借词，不足以证明该韵类的存在。"冷"韵 * ɔŋ 在矮寨苗语中保留了韵尾-ŋ，在其他三个点脱落。3个古韵类由于用例较少，我们难以归纳它们的演变规律。

从古苗语韵类看现代中泰苗语的韵母，我们能够看到古苗语单元音韵类和后鼻音韵类在现代中泰苗语中有一定数量的用例且存在大致的规律，但古苗语的复元音韵类和前鼻音韵类在现代中泰苗语中的分布则既不具有普遍性，也难以找出演变的规律性。由王先生构拟的古苗语韵类看现代中泰苗语的韵母，我们尚存诸多的疑惑。如：

（1）为什么30个古韵类在现代中泰苗语中呈现出规律性不强的演变？

30个古韵类在现代中泰苗语中并未体现出很强的规律性。若根据结构情况，将古韵类分为单元音韵类、复元音韵类、前鼻辅音韵尾韵类和后鼻辅音韵类四类，可以看到古单元音韵类在现代中泰苗语中得以保留，古后鼻音韵类大部分得以保留，古复元音韵类则出现不规则的演变，古前鼻音韵类则大多没有保留。

（2）中泰苗语入声音节的韵母来源是什么？

根据前人的研究，古苗语有入声。入声字发音的特点是短促，韵尾带有喉塞尾或塞音韵尾。古苗语的入声在中泰苗语中表现为两种声调形式：一是把原来的短促调拉长，舒声化，但未跟其他舒声调合并。如难府苗语和文山苗语的阴入读为33调值，台江苗语的阴入读为13调值，阳入读为31调值，未跟其他舒声调合并。二是仍读为短促调。如难府苗语和文山苗语的阳入读为21调值，矮寨苗语的阴入读为21调值。在王先生构拟的古韵类中没有构拟入声韵，也许王先生认为，在古苗语时期塞音韵尾已经消失，或许王先生认为这样构拟更符合现代苗语韵母系统简单的语言实际。但这让我们对中泰苗语入声的来源感到疑惑。

### 三 中泰跨境苗语声调比较

两国苗语声调比较从共时和历时两个角度进行。从共时角度，对比各调查点的调类和调值；从历时角度，比较古苗语声调在这些点的分合情况。

（一）共时对比

调查点的调类均已分化为阴、阳两类，各点的调值调类如表13所示：

表13　　　　　　　　中泰苗语的调值和调类

| 调类 | 难府 | 达府 | 文山 | 台江 | 矮寨 |
|---|---|---|---|---|---|
| 一（阴平） | 55 | 55 | 55 | 33 | 53 |
| 二（阳平） | 52 | 53 | 42 | 53 | 31 |
| 三（阴上） | 24 | 35 | 35 | 55 | 44 |
| 四（阳上） | 22 | 22 | 22 | 22 | |
| 五（阴去） | 44 | 44 | 44 | 35 | 35 |
| 六（阳去） | 22 | 22 | 22 | 24 | 22 |
| 七（阴入） | 33 | 33 | 33 | 13 | 22/21 |
| 八（阳入） | 21 | 21 | 21 | 31 | 22 |

表13显示两国苗语的共同点主要有：

1. 两国苗语的调类都是"四声八类"系统，即阴平、阳平、阴上、阳上、阴去、阳去、阴入、阳入，声调的阴、阳的分化与声母的清浊有关。

2. 阴声调和阳声调的调值差异大致符合"阴高阳低"的规则。

不同点主要有：

1. 各点的声调分合规律不同。难府苗语、达府苗语、文山苗语的第四调与第六调合并，都读为 22 调值，8 个调类只有 7 个调值。台江苗语没有出现合并，仍是 8 个调类 8 个调值。矮寨苗语第三、四调合并，调值都是 44；第六、八调合并，调值都为 22；第七调分化为 21 和 22 两个调值，全清声母的音节读 21 调值，次清声母的音节读 22 调值。也就是说矮寨苗语只有 6 个声调。（例见下）

2. 同一调类调值不同。阴平有 55、33、53 三个调值，阳平有 52、51、42、53、31 五个调值，阴上有 24、35、55、44 四个调值，阳上有 22 和 44 两个调值，阴去有 44 和 35 两个调值，阳去有 33、23、22、24 四个调值，阴入有 33、13、22、21 四个调值，阳入有 21、31、22 三个调值。相同调类不同调值显示了古苗语的调类系统在中泰跨境苗语的声调系统产生了分化。下面以例词显示各点的调类和调值：

| 调类 | 难府 | 达府 | 汉义 | 文山 | 台江 | 矮寨 |
|---|---|---|---|---|---|---|
| 一阴平 | təɯ$^{55}$ | tau$^{55}$ | 篮子 | po$^{55}$喂（饭） | te$^{33}$厚 | tɕu$^{53}$多 |
| 二阳平 | tsəɯ$^{52}$ | tsau$^{53}$ | 会 | po$^{42}$老婆 | te$^{53}$桌 | tɕu$^{31}$笼 |
| 三阴上 | təɯ$^{24}$ | tau$^{35}$ | 硬 | po$^{35}$满 | te$^{55}$拿（去） | tɕu$^{44}$钗 |
| 四阳上 | tɦiəɯ$^{22}$ | tɦiau$^{22}$ | 火 | pɦio$^{22}$刺 | te$^{22}$沙滩 | tɕu$^{44}$完 |
| 五阴去 | təɯ$^{44}$ | tau$^{44}$ | 指点 | po$^{44}$块（绣花底布） | te$^{35}$得到 | tɕu$^{35}$年 |
| 六阳去 | tɦiəɯ$^{22}$ | tɦiau$^{22}$ | 爆炸 | tɦiəɯ$^{22}$爆炸 | te$^{24}$趋赶 | tɕu$^{22}$吠 |
| 七阴入 | zai$^{33}$ | ʒai$^{33}$ | 藏 | po$^{33}$蒙（上） | ta$^{13}$姑妈 | tɕu$^{21}$抱，ba$^{22}$女 |
| 八阳入 | təɯ$^{21}$ | tau$^{21}$ | 出（来） | po$^{21}$看见 | te$^{31}$（男子名） | pei$^{44}$tɕu$^{22}$麻木 |

从以上例词可以看出，阴平、阳平、阴上读音基本稳定，从阳上开始各点出现不同的分化与合并。矮寨苗语的阳上与阴上合并，读为 44 调值，其他三个点仍读为 22 调值。难府苗语和文山苗语的阳上和阳去是四个平调中最低的一个，且伴有气嗓音，记为 ɦ。入声在四个点均分化为阴入和阳入，不同的是矮寨苗语在阴入中出现 22 和 21 两个调值，全清声母音节读 21，如 tɕu$^{21}$"抱"，次清声母音节读 22，如 ba$^{22}$"女"（"女"在古苗语中的声母拟音为次清声母 *mph，现湘西苗语吉卫土语仍读为 mpha$^{44}$）。为了观察声调在不同点的分合演变，下面从历时角度进行比较。

（二）声调历时比较

下面列举第一调至第八调的同源词在各点的调值。

1. 第一调（阴平）

| 难府 | 达府 | 文山 | 台江 | 矮寨 | 汉义 |
|---|---|---|---|---|---|
| ɔ$^{55}$ | ɔ$^{55}$ | au$^{55}$ | o$^{33}$ | ɯ$^{53}$ | 二 |
| te$^{55}$ | te$^{55}$ | te$^{55}$ | te$^{33}$ | tɯ$^{53}$ | 土地 |

| 难府 | 达府 | 文山 | 台江 | 矮寨 | 汉义 |
|---|---|---|---|---|---|
| l̥ɯ⁵⁵ | l̥ɯ⁵⁵ | l̥ɻ⁵⁵ | ɬhe³³ | l̥ə⁵³ | 脑髓 |
| pe⁵⁵ | pe⁵⁵ | pe⁵⁵ | pi³³ | pɯ⁵³ | 我们 |
| nu⁵⁵ | nu⁵⁵ | no⁵⁵ | n̥ha³³ | n̥e⁵³ | 太阳 |
| ze⁵⁵ | ʒe⁵⁵ | ze⁵⁵ | ɣuə³³ | zʐ̩⁵³ | 石头 |

## 2. 第二调（阳平）

| 难府 | 达府 | 文山 | 台江 | 矮寨 | 汉义 |
|---|---|---|---|---|---|
| ntse⁵² | ntʃe⁵³ | ntse⁴² | nɛ⁵³ | mzɯ³¹① | 耳朵 |
| ɴqa⁵² | ɴqa⁵³ | ɴqa⁴² | ŋa⁵³ | ŋa³¹ | 肉 |
| nɔ⁵² | nɔ⁵³ | nau⁴² | nəu⁵³ | nəŋ³¹ | 吃 |
| paŋ⁵² | paŋ⁵³ | paŋ⁴² | paŋ⁵³ | pəŋ³¹ | 花 |
| mpluŋ⁵² | mploŋ⁵³ | mploŋ⁴² | noŋ⁵³ | nu³¹ | 树叶 |

## 3. 第三调（阴上）

| 难府 | 达府 | 文山 | 台江 | 矮寨 | 汉义 |
|---|---|---|---|---|---|
| tse²⁴ | tʃei³⁵ | tse³⁵ | tsɛ⁵⁵ | pzɯ⁴⁴ | 房子 |
| tɕi²⁴ | tɕi³⁵ | tɕi³⁵ | tɕuə⁵⁵ | tɕɯ⁴⁴② | 身体 |
| təɯ²⁴ | təɯ³⁵ | təɯ³⁵ | tu⁵⁵ | tə⁴⁴ | 皮 |
| qua²⁴ | qua³⁵ | qua³⁵ | qa⁵⁵ | qa⁴⁴ | 屎 |
| ntshaŋ²⁴ | ntshaŋ³⁵ | ntshaŋ³⁵ | ɕhaŋ⁵⁵ | dʑəŋ⁴⁴ | 血 |
| pu²⁴ | pu³⁵ | po³⁵ | pi⁵⁵ | pe⁴⁴ | 满 |
| nte²⁴ | nte³⁵ | nte³⁵ | tɛ⁵⁵ | dɯ⁴⁴ | 长 |
| tl̥ua²⁴ | tl̥ua³⁵ | tl̥ua³⁵ | ɬa⁵⁵ | qwa⁴⁴ | 腰 |

## 4. 第四调（阳上）

| 难府 | 达府 | 文山 | 台江 | 矮寨 | 汉义 |
|---|---|---|---|---|---|
| mɦuŋ²² | mɦoŋ²² | mɦoŋ²² | muə²² | məŋ⁴⁴ | 去 |
| mɦɔ²² | mɦɔ²² | mɦiau²² | moŋ²² | maŋ⁴⁴ | 细 |
| n̪ɦɛ²² | n̪ɦa²² | n̪ɦa²² | n̪aŋ²² | n̪ɛ⁴⁴ | 薄 |
| tɕɦu²² | tɕɦu²² | tɕɦo²² | tɕuə²² | tɕəŋ⁴⁴ | 碓 |
| zɦɔ²² | zɦɔ²² | zɦau²² | ɣaŋ²² | zəŋ⁴⁴ | 寨子 |
| tɦaŋ²² | tɦaŋ²² | tɦaŋ²² | tɕoŋ²² | tɕu⁴⁴ | 完 |
| tɦəɯ²² | tɦaɯ²² | tɦəɯ²² | tu²² | tə⁴⁴ | 火 |
| lɦu²² | lɦu²² | lɦo²² | lau²² | ləŋ⁴⁴ | 来 |

---

① "耳朵"在矮寨苗语中读 təŋ³¹（筒）mzɯ³¹（耳），此处只标出 mzɯ³¹ "耳"。

② 湘西矮寨苗语的 qo⁵³/²¹tɕɯ⁴⁴ "身体"，只列词根语素 tɕɯ⁴⁴，不列前缀 qo⁵³/²¹。

5. 第五调（阴去）

| 难府 | 达府 | 文山 | 台江 | 矮寨 | 汉义 |
|---|---|---|---|---|---|
| zuŋ⁴⁴ | ʒoŋ⁴⁴ | zoŋ⁴⁴ | ɣoŋ³⁵ | zu̠³⁵ | 好 |
| mɔ⁴⁴ | mɔ⁴⁴ | mau⁴⁴ | m̥haŋ³⁵ | m̠aŋ³⁵ | 夜晚 |
| l̠i⁴⁴ | l̠i⁴ | l̠i⁴⁴ | tɬha³⁵ | l̠a³⁵ | 月亮 |
| ntuŋ⁴⁴ | ntoŋ⁴⁴ | ntoŋ⁴⁴ | toŋ³⁵ | du³⁵ | 树 |
| qhua⁴⁴ | qhua⁴⁴ | qhua⁴⁴ | qhe³⁵ | ne³¹qha³⁵ | 客人 |
| tau⁴⁴ | tau⁴⁴ | tou⁴⁴ | te³⁵ | to³⁵ | 得 |
| nte⁴⁴ | nte⁴⁴ | nte⁴⁴ | tɛ³⁵ | du̠³⁵ | 烤（火） |
| xau⁴⁴ | xau⁴⁴ | xou⁴⁴ | ho³⁵ | χo³⁵ | 煮（肉） |

6. 第六调（阳去）

| 难府 | 达府 | 文山 | 台江 | 矮寨 | 汉义 |
|---|---|---|---|---|---|
| nɦiaŋ²² | nɦiaŋ²² | nɦiaŋ²² | noŋ²⁴ | nəŋ²² | 雨 |
| ntl̠ɦua²² | ntl̠ɦua²² | ntl̠ɦua²² | tu²⁴ | tə²²破(碗) | 破（衣） |
| ʒɦu²² | ʒɦu²² | ʒɦo²² | ɣuə²⁴ | zəŋ²² | 力气 |
| nɦuŋ²² | nɦoŋ²² | nɦoŋ²² | na²⁴ | ne²² | 问 |
| mɦua²² | mɦo²² | mɦua²² | ma²⁴ | me²² | 卖 |
| qɦau²² | qɦau²² | qɦou²² | ko²⁴ | qo²² | 倒 |
| nɦuŋ²² | nɦoŋ²² | nɦoŋ²² | noŋ²⁴ | ta⁵³/²¹nu²² | 鸟 |
| tɦəɯ²² | tɦau²² | tɦəu²² | tu²⁴ | tə²² | 爆炸 |
| ʒɦua²² | ʒɦo²² | ʒɦua²² | ɣe²⁴ | z̠a²² | 梳子 |

7. 第七调（阴入）

| 难府 | 达府 | 文山 | 台江 | 矮寨 | 汉义 |
|---|---|---|---|---|---|
| ntshai³³ | ntshai³³ | ntshai³³ | tai³³pha¹³ | te⁵³ba²² | 女孩 |
| l̠ai³³ | l̠ai³³ | l̠ai³³ | tɬha¹³ | l̠a²²切 | 割 |
| ɴqhe³³ | ɴqhe³³ | ɴqhe³³ | — | ɢe²² | 渴 |
| xau³³ | xau³³ | xou³³ | hau¹³ | χu²² | 喝 |
| zai³³ | zai³³ | zai³³ | ɣa¹³ | z̠a²¹ | 藏 |

8. 第八调（阳入）

| 难府 | 达府 | 文山 | 台江 | 矮寨 | 汉义 |
|---|---|---|---|---|---|
| ʑi²¹ | ʑi²¹ | ʑi²¹ | ʑa³¹ | ʑi²² | 八 |
| ʑai²¹ | ʑai²¹ | ʑai²¹ | ʑa³¹ | z̠a²² | 舔 |
| mplau²¹ | mplau²¹ | mplou²¹ | nau³¹ | nu²² | 糯 |

上例显示了 8 个调的同源词在各点的演变规律，虽然调值不同，但各点的调类有整齐的对应关系。

总之，从声韵调的比较情况看，各点的语音差异大小不一，难府苗语、达府苗语、文山苗语三个点的语音差异较小，仍保持较多的相同音值的对应关系，所存在的语音差异对通话影响不大。我们的合作者中国云南省文山的青苗杨超和泰国难府的绿苗赵天涯，他们刚接触时不能通话，但接触一周之后，互相熟悉彼此的语音差异和不同的借词之后，就能够用苗语交谈了。看来，中泰苗语在分化不超过 300 年的时间里，还保留较高的通解度。但难府苗语、达府苗语、文山苗语与台江苗语、矮寨苗语之间，语音差异却是很大的，语音之间的对应关系基本都是不同音值的对应，语音对应关系复杂，操这三个方言的母语人，完全不能通话。

从五个点的语音系统看，难府苗语、达府苗语、文山苗语、矮寨苗语四个点的声母、韵母相对于台江苗语要复杂一些，但声调出现合并现象；而台江苗语的声母、韵母相对简单一些，但声调没有出现合并，这说明声韵调的变化受到整个语音系统的制约。

从历时的角度看，我们能够看出一些大致的演变规律，如鼻冠音、舌尖后音的演变，声调的分化与合并规律，但仍有很多我们所不能解释的演变规律，如古韵类在现代方言的演变条件。也许这正如萨丕尔在《语言论》中所说的"语言不是一件只在空间里延展的东西，不是没有时间性的景象在各人头脑中形成的一系列反映。语言自成一个潮流，在时间里滚滚而来，它有它的沿流"，"每一个词、每一个语法成分、每一种说法、每一种声音和重音，都是慢慢变化着的结构，由看不见的、不以人意为转移的沿流模铸着，这正是语言的生命"[①]。

---

[①] 参见萨丕尔. 语言论[M]. 北京：商务印书馆，1985：134，154.

# 第四章　中泰跨境苗语同源词比较

同源词（cognate）是指亲属语言或不同方言中在发生学上属同一来源的词，是判断语言亲疏关系和方言亲疏关系的主要依据。同一语言由于地理分化等原因，同源词会被其他词语替代，分化的时间越久同源词被替代的越多，因此，语言在地理分化形成的差异其实也是"时间差异"[①]。

苗语由于跨境分化和方言分化而形成的跨境差异和方言差异，也是时间差异，分化的时间越久同源词越少，方言差异越大。苗语分化的时间与苗族迁徙的时间紧密相关，从迁徙的时间上看，苗族先民在西周时期进入武陵、五溪地区，即今湘西、黔东、川东南、鄂西一带。在秦汉至唐宋时期，苗族由武陵、五溪地区向西、向南迁徙，向西进入川南和贵州大部分地区，有的经过川南和黔西北开始进入云南；向南迁入湘西南和广西，有的由桂北进入黔南。元、明和清前期，苗族继续从武陵、五溪迁入贵州、广西，并从贵州、广西及川南进入云南。清雍乾至咸同年间，武陵、五溪地区的苗族继续迁往贵州、广西，贵州苗族大量迁往云南[②]。第一批迁出中国的苗族时间不超过 300 年[③]。从迁徙的时间和路线看苗语的分化，泰国苗语与湘西苗语分化的时间最久，其次是黔东苗语，分化时间最短的是川黔滇方言中的川黔滇次方言。下面我们从同源词比较的角度来验证"时间差异"在跨境苗语中的体现。

## 第一节　中泰跨境苗语同源词比较的基本方法

### 一　同源词比较的方法

语言和方言间的亲疏关系可以从核心词的同源比例来验证，因为核心词是一种语言中最稳固的词。1952 年，语言年代学的创始人斯瓦德士为了

---

[①] 索绪尔.普通语言学教程［M］.北京：商务印书馆，1995：277.
[②] 参见伍新福.论苗族历史上的四次大迁徙［J］.民族研究，1990（6）：103-110.
[③] ［越南］琳心.苗族的迁徙史及其族称（赵建国译自越南《历史研究》1961 年第 30 期）［J］.东南亚，1984（3）45-49.

推算语言演变的速率，从印欧语言中挑选了 200 个核心词，这些词表现身体部位、自然现象、动植物、动作、感觉、状态，与人们的生活密切相关，不容易被借用，通过这些词在语言中的保留情况观察语言的演变速率。1955年，斯瓦德士从 200 个核心词中挑出普遍性更强、更为核心的 100 词。虽然斯瓦德士的核心词是基于印欧语挑选出的，但选词考虑到人类语言用词的普遍性，因此，200 核心词可以作为跨境苗语和苗语不同方言同源词比较的基础。

在采用斯瓦德士 200 个核心词的基础上，我们还借鉴陈保亚的"无界有阶"理论对词汇同源采用分层比较的研究方法[①]，以斯瓦德士从 200 词中挑选出的更为核心的 100 词作为第一百核心词，余下的 100 个核心词为第二百核心词，据此分阶考察第一、二百核心词在难府苗语与文山苗语、台江苗语、矮寨苗语中的同源比例。通过第一、二百核心词同源比例的差异，来观察难府苗语与文山苗语、台江苗语、矮寨苗语的亲疏度。

## 二 同源词的判断标准

同源词和借词的区分，一直是语言历史比较的一个难点。判断同源词的主要标准是语音对应关系。但有语音对应关系的词不一定是同源词，也有可能是借词，因为系统地借用也会形成语音对应关系。于是学界用"关系词"来统称同源词和这些有语音对应关系的但不能区分是同源词还是早期借用的词。

本章也同样涉及这个问题。从泰国苗语的角度看，借词有汉语借词和非汉语借词两类，汉语借词是迁出中国之前借入的，这些借词大多可以在文山苗语中找到，少量可以从其他点找到。汉语借词的读音或与当地方言的音值相近，或与古代汉语有语音对应关系，据此可以判断是汉语借词，而不是同源词。非汉语借词（主要是泰语借词）老年人基本不用，中年人很少用，青年人常用。发音人自己知道哪个词是泰语借词，他们的祖辈不用，所以，判断泰语借词不难。

从中国苗语看，借词主要来自汉语。由于苗语与汉语有几千年的接触史，借词有上古借词、中古借词、近代借词、现代借词等多个不同的层次，可粗略地分为老借词和新借词两个层次。老借词的调类和苗语固有词的调类相同，即汉语词的平、上、去、入借入苗语后分别归入 A、B、C、D 调，并且遵循苗语声调的演化规律，依声母的清浊又分为阴、阳两类。老借词多为单音节。新借词大多是中华人民共和国成立以后借入的政治、文化等

---

① 参见陈保亚. 语言接触与语言联盟 [M]. 北京：语文出版社，1996：141-150.

## 第四章 中泰跨境苗语同源词比较

方面的双音节词，读音与西南官话相近，是用苗语的声韵调去套西南官话的读音[①]。在西南官话中同一个调类的一组词在苗语方言中分别归入不同的调类。如"老师"矮寨苗语老借词读 $ɕɛ^{53}sən^{53}$ "先生"，新借词读 $lo^{53}ʂʅ^{44}$ "老师"。"先生"是阴平调，矮寨汉语阴平调的调值是 55，对应在矮寨苗语中也是阴平调，但调值是 53，与矮寨汉语的调类相同但调值不同。新借词"老师"，矮寨汉语的调类是"上声+阴平"，矮寨汉语读 $lə^{53}sʅ^{44}$，调值是 53、44。借入矮寨苗语读 $lo^{53}ʂʅ^{44}$，调值是 53、44，调值与矮寨汉语的调值相同，但对应于矮寨苗语的调类却是阴平、阴上，与汉语调类不同。总而言之，汉借词进入苗语的时间越久，融入苗语的音韵系统越深，越难以分辨。曾晓渝把借词分为三个层次：语族共同语时借入的，语支共同语时借入的，分化为现代方言之后借入的[②]。语族借入的词是很难分辨出是老借词还是同源词的。如苗瑶语都有表示"（打）中"义的词，这个词在现代苗语各点的读音和古音构拟是：

| 养蒿 | 腊乙坪 | 矮寨 | 大南山 | 石门坎 | 摆托 | 甲定 | 绞坨 | 古音构拟[③] |
|---|---|---|---|---|---|---|---|---|
| $to^6$ | $to^6$ | $to^6$ | $tou^6$ | $zau^6$ | $tu^6$ | $ta^6$ | $to^6$ | $*dɔ^c$ |

由此可以判定"（打）中"是苗语的同源词。由于泰国优勉语中的"（打）中"读 $tsu^{231}$[④]，也是第 6 调，与苗语的读音有语音对应关系，因此"（打）中"是苗瑶语族的同源词。但问题是"打（中）"的苗语古音构拟为"笛"母 $*d$，与 $to^{22}$ "打（中）"音近的 $tɯ^{22}$ "箸"古音也构拟为"笛"母 $*d$。而古苗语的"笛"母 $*d$ 又与汉语的"澄"母 $*d$ 有对应关系，例如：

| | 普通话 | 汉语中古音[⑤] | 汉语上古音[⑥] | 古苗语[⑦] | 矮寨苗语 |
|---|---|---|---|---|---|
| 着（著） | $tʂau^{35}$ | 入药澄 | $*ďiăk$ | $*dɔ^c$ | $to^{22}$ |
| 箸 | $tʂu^{51}$ | 去御澄 | $*ďia$ | $*deu^c$ | $tɯ^{22}$ |

这种相似现象属偶合的可能性不大，可能性最大的应该是借用关系，即汉语的澄母字借入苗语后读为笛母字。而且苗语 $*dɔ^c$ 和古汉语"着（著）"意义相同，苗语 $*dɔ^c$ 的初始义是"（打）中"，而上古汉语的"着（著）"也

---

[①] 应琳. 苗语中的汉语借词 [J]. 中国语文, 1962（5）：102-108.
[②] 参见曾晓渝. 汉语水语的同源词 [J]. 南开语言学刊, 2004（4）——庆祝邢公畹先生九十华诞专号：17-19.
[③] 各点的记音, 养蒿参见石德富. 汉借词与苗语固有词的语义变化 [J]. 民族语文, 2003（5）：47. 其余点均参见王辅世. 苗语古音构拟 [M]. 东京：国立亚非语言文化研究所, 1994：25/47.
[④] 参见刘玉兰. 泰国勉语参考语法 [D]. 中央民族大学博士学位论文, 2012：328.
[⑤] 参见郭锡良. 汉字古音手册 [M]. 北京：商务印书馆, 2010：96。
[⑥] 参见郭锡良. 汉字古音手册 [M]. 北京：商务印书馆, 2010：152.
[⑦] 参见王辅世. 苗语古音构拟 [M]. 东京：国立亚非语言文化研究所, 1994：25, 47, 53.

有"(射)中"义[①]。在《左传·宣公四年》就有此意义，如："伯棼射王，汰輈，及鼓跗，著于丁宁。"直到在中古汉语，"着（著）"仍表示"（射）中"义[②]。由此可认为苗瑶语的"（打）中"义与古汉语的"（射）中"是关系词，余金枝在《湘西苗语被动句研究》（2009）中认为是古苗语借自古汉语，但也有人认为是苗语的固有词，可能是古汉语借自古苗语。

本书用这个例字的目的是想说明古苗瑶语和上古汉语的关系词有的难以分清是苗瑶语同源词还是汉语借词。本章的同源词比较中，不排除把此类借词归为苗语同源词的可能。我们将依据以下标准对同源比较的词进行分类：

（一）同源词

根据同源词在用来对比的两个调查点所表现出的语义和结构差异，中泰苗语的同源词又可以分为不同的类别：（1）意义相同语音有对应关系的同源词。这是最典型的同源词。此类同源词越多，双方的亲缘关系越近。（2）意义相关语音有对应关系的同源词。由于语义扩大、缩小或转移，用来对比的词意义出现了变化。如一方是"甲"义，另一方为"乙"义，但甲乙语义相关，如某词在一方为"听"义，另一方为"听见"义。此类同源词较为隐蔽，较难发现。（3）词根同源的同源词。即对比的一方是单音节单纯词，另一方是双音节附加式合成词，单纯词与附加式合成词中的词根语素同源。此类同源词的语音形式和构词法存在差异。（4）半同源词：对比双方或一方为两个词根构成的复合式合成词，但双方只有一个语素同源，另一个词根不同源，视为半同源词。区分中泰苗语同源词的四个类别，是为了通过同源词的内部差异，更深入地观察对比点的亲疏度差异。假如难府苗语与文山苗语和台江苗语的同源词数量均为100个，难府苗语与文山苗语的同源词均为意义相同语音有对应关系的同源词，而难府苗语与台江苗语的同源词除了有意义相同语音对应的同源词之外，还有意义相关的同源词和只有词根同源而另一个语素不同源的同源词，我们可以据此判断难府苗语与文山苗语关系更近。

（二）借词，分为汉语借词、泰语借词和合璧词三类

汉语借词的判断标准是：（1）与古汉语有语音对应关系，或与现代汉语语音相近归为汉语借词。（2）有些词有两读，取其中读音相同、相近的词进行比较，若与汉语音近或有语音对应关系，则视为汉语借词。（3）三

---

[①] 汉语大字典编辑委员会. 汉语大字典 [M]. 成都：四川辞书出版社，武汉：湖北辞书出版社，1988：2500-2501.

[②] 参见何洪峰. 试论汉语标记产生的语法动因 [M]. 语言研究，2004（4）：112-118.

音节词，若有两个音节与汉语存在语音对应规律，我们以多数为准，将这个词判定为汉语借词。泰语借词的判断标准是：与泰语的读音相同或相近，因为泰语借词都是新借词，借入苗语的泰语借词读音与泰语相近。合璧词的判断标准是：若用来对比的词是双音节词，其中有一个音节是汉语借词，另一个音节来源不明，视为合璧词。

（三）异源词

双方用来对比的词均为本语词，但没有语音对应规律，视为异源词。

## 第二节 中泰跨境苗语第一百核心词同源比较

下面以难府苗语为比较主体，以文山苗语、台江苗语、矮寨苗语为比较客体，考察难府苗语与文山苗语、台江苗语、矮寨苗语第一百核心词的同源情况，并以此为依据来判断难府苗语与文山苗语、台江苗语、矮寨苗语的亲疏度。

### 一 难府苗语与文山苗语第一百核心词同源比较

在第一百词里，这两个点有 97 个词同源，同源词比例达到 97%，不同源的只有 3 个词，比例只占 3%。这 3 个异源词中有 2 个词双方都是本语词，但来源不明，有 1 个是由于双方都用汉语借词或汉借语素而没有算作同源词。这 3 个不同源的词是：

| 难府 | 文山 | 斯瓦德士词项 |
|---|---|---|
| u$^{44}$₅[1] | ka$^{44}$₅ | 那 |
| sua$^{24}$₃tɬɦəɯ$^{22}$₆ | i$^{55}$₁xua$^{21}$₈ | 全部 |
| sua$^{55}$₁ze$^{55}$₁ | sua$^{55}$₁（ze$^{55}$₁） | 沙子 |
| 沙汉借石本语 | 沙汉借（石本语） | |

这 97 个同源词中，有 3 个文山苗语可以省略前缀，泰国难府苗语不能省略。有 1 个难府苗语是三个语素，文山苗语只有两个语素。这 3 个同源词是：

| 难府 | 文山 | 汉义 |
|---|---|---|
| pɔ$^{55}$tshaŋ$^{44}$ | （pau$^{55}$）tshaŋ$^{44}$ | 骨头 |
| （缀）骨 | （缀）骨 | |

---

① 因为苗语的声调对应是调类对应而不是调值对应，所以 200 核心词的同源比较均需标出调类。如：u$^{44}$₅"那"中的 5 表示调类是第 5 调阴去，又如：sua$^{24}$₃tɬɦəɯ$^{22}$₆中的 3、6，分别表示第 3 调阴上和第 6 调阳去，下同。

| | | |
|---|---|---|
| pɔ⁵⁵₁ze⁵⁵₁ | （pau⁵⁵）ze⁵⁵₁ | 石头 |
| （缀）石 | （缀）石 | |
| ua⁴⁴₅lua²¹₈tle⁵²₂ | lua²¹₈tle⁴²₂ | 游泳 |
| 做 戏耍水 | 戏耍水 | |

余下的 94 个同源词中，有 1 个词是双方都有两种说法，且两种说法都同源。这个词是：

| 难府 | 文山 | 汉义 |
|---|---|---|
| mi²⁴₃/ʑau⁴⁴₅ | mi³⁵₃/ʑou⁴⁴₅ | 小 |

有 7 个词是两个语素构成的合成词，两个语素都同源。这 7 个合成词是：

| 难府 | 文山 | 汉义 |
|---|---|---|
| kɯ⁴⁴₇tu²⁴₃ | kʉ⁴⁴₇tʉ⁴⁴/³⁵₃ | 尾巴 |
| （缀）尾 | （缀）尾 | |
| plau⁵⁵₁xau²⁴/⁴⁴ | plou⁵⁵₁xou³⁵/⁴⁴₃ | 头发 |
| 发 头 | 发 头 | |
| tau⁵⁵₁xau²⁴/⁴⁴₃ | tou⁵⁵₁xou³⁵/⁴⁴₃ | 头 |
| □头 | □头 | |
| qhɔ²⁴₃mɦua²²₆ | qhau³⁵₃mɦua²²₆ | 眼睛 |
| 洞脸 | 洞 脸 | |
| tsɯ²⁴₃ntsɦɯ²²₆ | tsɿ³⁵₃ntsɦɯ²²₆ | 鼻子 |
| （缀）鼻 | （缀）鼻 | |
| xau²⁴₃tɕɦau²²₆ | xou³⁵₅tɕɦou²²₆ | 膝盖 |
| （缀）膝盖 | （缀）膝盖 | |
| nu⁵⁵₁qu⁵⁵₁ | no⁵⁵₁qo⁵⁵₁ | 星星 |
| 太阳 □ | 太阳 □ | |

余下的 86 个同源词，都是单音节词，双方在声、韵、调上都有整齐的对应关系且均为同音值或相近音质的语音对应，下面列出一些同源词作为例证，未列出的可参阅附录中的"第一百核心词同源比较表。"

| 难府 | 文山 | 汉义 | 难府 | 文山 | 汉义 |
|---|---|---|---|---|---|
| i⁵⁵₁ | i⁵⁵₁ | 一 | plau⁵⁵₁ | plou⁵⁵₁ | 羽毛 |
| mɦi²²₄ | mɦi²²₄ | 乳房 | ntau⁴⁴₅ | ntou⁴⁴₅ | 多 |
| tɕhi²²₆ | tɕhi²²₆ | 烧 | nɦaŋ²² | nɦaŋ²² | 雨 |
| pe⁵⁵₁ | pe⁵⁵₁ | 我们 | plaŋ⁵⁵₁ | plaŋ⁵⁵₁ | 肚子 |
| na²⁴₃ | na³⁵₃ | 牙齿 | ʑaŋ⁴⁴₅ | ʑaŋ⁴⁴₅ | 飞 |
| tsha⁵⁵₁ | tsha⁵⁵₁ | 新 | tl̥aŋ⁵²₂ | tl̥aŋ⁴²₂ | 黄 |
| xa³³₇ | xa³³₇ | 说 | paŋ⁴⁴₅ | paŋ⁴⁴₅ | 烟 |

| | | | | | |
|---|---|---|---|---|---|
| la⁵⁵₁ | la⁵⁵₁ | 红 | zuŋ⁴⁴₅ | zoŋ⁴⁴₅ | 好 |
| tsua⁴⁴₅ | tsua⁴⁴₅ | 给 | tɕiəu²²₄ | tɕiəu²²₄ | 火 |
| tɕʰua²²₆ | tɕʰua²²₆ | 死 | pləu²⁴₃ | pləu³⁵₃ | 心脏 |
| tua⁴⁴₅ | tua⁴⁴₅ | 杀 | təu⁴⁴₅ | təu⁴⁴₅ | 脚 |
| xau³³₇ | xou³³₇ | 喝 | tl̥əu⁵⁵ | tl̥əu⁵⁵ | 白 |
| tsʰau²⁴₃ | tsʰou³⁵₃ | 灰 | ku²⁴₃ | ko³⁵₃ | 我 |
| ntsɯ³³₇ | ntsʉ³³ | 肝 | lu⁵²₂ | lo⁴²₂ | 大 |
| pɯ⁴⁴₅ | pʉ⁴⁴₅ | 睡 | tu²¹₈ | to²¹₈ | 咬 |
| pu²¹₈ | po²¹₈ | 见 | nua²⁴₃ | na³⁵₃ | 这 |

以上的比较可以看出,难府苗语和文山苗语的同源词比例高达 97%,并且二者之间的同源词大多为音值相同或音质相差不大的语音对应关系。这说明难府苗语和文山苗语之间的通解度高、亲近度高,300 年的分化时间对最为核心的 100 词影响很小。

## 二 难府苗语与台江苗语第一百核心词同源比较

### 1. 同源词

难府苗语与台江苗语的同源词共有 72 个,可区分为不同的类型:(1)双方都是单音节词或双音节词,意义相同且语音有对应关系的同源词。这一类型是同源词中的基本类型,共有以下 54 个:

**表 14　　　　　　　　难府-台江第一百核心词的同源词**

| 难府 | 台江 | 汉义 | 难府 | 台江 | 汉义 |
|---|---|---|---|---|---|
| pe⁵⁵₁ | pi³³₁ | 我们 | nɔ²⁴₃ | n̥haŋ⁵⁵₃ | 听 |
| nua²⁴₃ | na⁵⁵₃ | 这 | pau⁵⁵₁ | pəu³³₁ | 知道 |
| i⁵⁵₁ | i³³₁ | 一 | pɯ⁴⁴₅ | pe³⁵₅ | 睡 |
| ɔ⁵⁵₅ | o³³₁ | 二 | tɕʰua²²₆ | ta²⁴₆ | 死 |
| nte²⁴₃ | te⁵⁵₃ | 长 | tua⁴⁴₅ | ta³⁵ | 杀 |
| ntsɕie²²₄ | ne²²₄ | 鱼 | zaŋ⁴⁴₅ | zaŋ³⁵₅ | 飞 |
| nɕiuŋ²²₆ | noŋ²⁴₆ | 鸟 | tua⁵²₂ | ta⁵³₂ | 来 |
| tl̥e²⁴₃ | ɬe⁵⁵₃ | 狗 | pɯ⁴⁴₅ | pe³⁵₅ | 躺 |
| ntuŋ⁴⁴₅ | toŋ³⁵₅ | 树 | n̥ɔ⁵⁵₁ | naŋ³³₁ | 坐 |
| nuŋ⁵⁵₁ | n̥hoŋ³³₁ | 种子 | tsua⁴⁴₅ | ti³⁵₅ | 给 |
| mpluŋ⁵²₂ | noŋ⁵³₂ | 叶 | nu⁵⁵₁ | n̥ha³³₁ | 太阳 |

续表

| 难府 | 台江 | 汉义 | 难府 | 台江 | 汉义 |
|---|---|---|---|---|---|
| Nqa$^{52}_2$ | ŋa$^{53}_2$ | 肉 | li$^{44}_5$ | ɬha$^{35}_5$ | 月亮 |
| ntshaŋ$^{24}_3$ | ɕhaŋ$^{55}_3$ | 血 | nfiaŋ$^{22}_6$ | noŋ$^{24}_6$ | 雨 |
| tsɔ$^{52}_2$ | ȶaŋ$^{53}_2$ | 油脂 | te$^{55}_1$ | te$^{33}_1$ | 土地 |
| qai$^{44}_5$qa$^{55}_1$ | kuə$^{35}_5$qa$^{33}_1$ | 鸡蛋 | tfiəɯ$^{22}_4$ | tu$^{22}_4$ | 火 |
| ku$^{55}_1$ | ki$^{33}_1$ | 角 | ke$^{24}_3$ | kuə$^{55}_3$ | 路 |
| plau$^{55}_1$ | plau$^{55}_3$ | 羽毛 | tl̥aŋ$^{52}_2$ | faŋ$^{53}_2$ | 黄 |
| ntse$^{52}_2$ | ne$^{53}_2$ | 耳朵 | tl̥əɯ$^{55}$ | ɬu$^{33}_1$ | 白 |
| ȵtɕau$^{52}_2$ | ȵəu$^{53}_2$ | 嘴 | tl̥u$^{55}_1$ | ɬai$^{33}_1$ | 黑 |
| tsau$^{44}_5$ | kəu$^{35}_5$ | 爪子 | ku$^{55}_1$ | khi$^{33}_1$ | 热 |
| xau$^{24}_3$tɕfiau$^{22}_6$ | fhəu$^{55}_3$tɕəu$^{24}_6$ | 膝盖 | pu$^{24}_3$ | pi$^{55}_3$ | 满 |
| pləɯ$^{24}_3$ | ɬju$^{55}_3$ | 心脏 | tsha$^{55}_1$ | xi$^{33}_1$ | 新 |
| xau$^{33}_7$ | hau$^{13}_7$ | 喝 | zuŋ$^{44}_5$ | ɣoŋ$^{35}_5$ | 好 |
| nɔ$^{52}_2$ | nəu$^{53}_2$ | 吃 | pu$^{21}_8$ | pəu$^{31}_8$ | 见 |
| ntau$^{44}_5$ | ne$^{35}_5$ | 多 | tfie$^{22}_4$ | pɛ$^{22}_4$ | 手① |
| mpe$^{44}_5$ | pe$^{35}_5$ | 名字 | tshau$^{24}_3$ | ɕəu$^{55}_3$ | 灰 |
| tɕfiaŋ$^{22}_6$ | tɕoŋ$^{53}_2$ | 根② | na$^{24}_3$ | m̥hi$^{55}_3$ | 牙齿 |

（2）语义出现差异，但相关义项有语音对应关系的同源词。

同源的词在不同方言出现词义转移、扩大、缩小等变化，这是语义演化的普遍规律。在第一阶的 100 个同源词中，有 5 个同源词在难府苗语和台江苗语中出现词义变化。如："女人"和"男人"在苗语中有成年和未成年、已婚和未婚、已为人父和未为人父之分。难府苗语女性统称 kua$_5^{44}$mau$_8^{21}$，成年女性称为 pu$_2^{52}$，未成年女性称为 ntshai$^{33}_7$。ntshai$^{33}_7$ 还可构成 "ntshai$^{33}_7$+人名" 用于女性名字。台江苗语成年女性统称为 tɕi$^{33}$mai$^{24}$，未成年女性读 pha$^{13}_7$。双方的"未成年女性"这一义项同源。"男人"，难府

---

① "手"，声调和韵母有对应关系，王辅世认为是同源词（见《苗语古音构拟》，东京：国立亚非语言文化研究所，1994：12），本书采纳王先生的观点。

② "根"声母和韵母有对应关系，调类不同。王辅世在《苗语古音构拟》（东京：国立亚非语言文化研究所，1994：31）中认为"根"的本调是第 2 调，大南山苗语读第 6 调是变调的结果。泰国难府苗语与大南山苗语同属于苗语川黔滇方言川黔滇次方言第一土语，应该遵循相同的变调规律，因此我们采纳王先生的观点，认为"根"是同源词。

苗语统称 kua$_5^{44}$quɯ$_3^{24}$，已婚男性称 ʑɦuɯ$_6^{22}$，未婚青年男性叫 tu$_1^{55}$lua$_7^{33}$，其中 tu$^{55}$ 有"男性""儿子"等义。台江苗语"男人"叫 tɕi$_1^{33}$pa$_3^{55}$，与难府苗语不同源，但 tai$^{33}_1$"儿子"与难府苗语的 tu$^{55}_1$ 同源。mɦuŋ$^{22}_4$ 难府苗语有"走""去"二义，台江苗语"走"用 hen$^{33}$，"去"用 muə$^{22}_4$。难府的"走、去"与台江的"去"同源。难府苗语的 xa$^{33}_7$"说"在台江苗语表示 xuə$^{33}_1$"话"，"说话"用 m̥he$^{33}_1$，"说大话"用 pho$^{33}_1$，难府苗语的动词 xa$^{33}_7$"说"与台江苗语的名词 xuə$^{33}_1$"话"同源。"咬"难府苗语用 tu$^{21}_8$，台江苗语用 ke$^{13}_7$，"咬人"用 təu$^{31}_8$，难府苗语的 tu$^{21}_8$"咬"与台江苗语的 təu$^{31}_8$"咬人"同源。现把这 5 个词列举于下：

| 难府 | 汉义 | 台江 | 汉义 | 斯瓦德士词项 |
|---|---|---|---|---|
| ntshai$^{33}_7$ | 未成年女性 | pha$^{13}_7$ | 未成年女性 | 女人 |
| tu$^{55}_1$ | 儿子，男性 | tai$^{33}_1$ | 儿子 | 男人 |
| mɦuŋ$^{22}_4$ | 走，去 | muə$^{22}_4$ | 去 | 走 |
| xa$^{33}_7$ | 说 | xuə$^{33}_1$ | 话 | 说 |
| tu$^{21}_8$ | 咬/吠 | təu$^{31}_8$ | 咬人 | 咬 |

（3）一方有两种说法，另一方只有一种说法，其中一种同源。这一类型共有 2 个词：

| 难府 | 台江 | 斯瓦德士词项 |
|---|---|---|
| mɔ$^{44}_5$ntu$^{53}_2$/ tsau$^{33}$ntu$^{53}_2$ | ɕi$^{35}_5$m̥haŋ$^{35}_5$ | 晚上 |
| 夜天 暗天 | □ 夜 | |
| mi$^{24}_3$/ ʑau$^{44}_5$ | ʑuə$^{35}_5$ | 小 |
| 小 小 | 小 | |

（4）一方为附加式合成词，一方为单音节词单纯词，或双方都为附加式合成词。一方的词根语素与另一方的单纯词同源，或双方的词根语素同源。这样的词有以下 6 个：

| 难府 | 台江 | 斯瓦德士词项 | 难府 | 台江 | 斯瓦德士词项 |
|---|---|---|---|---|---|
| pɔ$^{55}_1$tshaŋ$^{44}$ | ʂoŋ$^{55}_3$ | 骨头 | kɯ$^{44}_1$tu$^{24}_3$ | qa$^{33}_1$te$^{55}_3$ | 尾巴 |
| （缀）骨 | 骨头 | | □ 尾 | （缀）尾 | |
| pɔ$^{55}_1$ze$^{55}_1$ | ɣuə$^{33}_1$ | 石头 | tsu$^{24}_3$ntsɦu$^{22}_6$ | po$^{55}_1$ne$^{24}_3$ | 鼻子 |
| （缀）石 | 石 | | （缀）鼻 | （缀）鼻 | |
| tau$^{55}_1$xau$^{24/44}_3$ | fɦəu$^{55}_3$ | 头 | mplfiai$^{22}_6$ | qa$^{33}_1$na$^{31}_8$ | 舌 |
| （缀）头 | 头 | | 舌 | （缀）舌 | |

（5）半同源词，即一方为双音节词复合词，一方为单音节词单纯词，一方的词根语素与另一方的单纯词同源；或双方都为双音节复合词，但只有一个语素同源，另一个语素不同源。这样的词有以下 5 个：

| 难府 | 台江 | 斯瓦德士词项 | 难府 | 台江 | 斯瓦德士词项 |
|---|---|---|---|---|---|
| tua⁵⁵₁nɲien⁵⁵/²²₁ | nai⁵³₂ | 人 | təɯ²⁴³₃Nqa⁵²₂ | tu⁵⁵₃ | 皮肤 |
| □人 | 人 | | 皮肉 | 皮 | |
| qhɔ²⁴₃mɲiua²²₆ | n̥hoŋ³³₁ma²⁴₆ | 眼睛 | nu⁵⁵₁qu⁵⁵₁ | tsai³³₁qai³³₁ | 星星 |
| 洞脸 | □眼 | | 太阳□ | | |
| tɬaŋ⁵⁵₁tsɯ⁴⁴₅ | qai³³₁ɕi⁵⁵₃ | 什么① | | | |

2. 异源词

对比的双方意义相同，但没有语音对应关系。这些词有的是表示身体部位、天文地理的基本词汇，有的是表示性状、动作、指代的词。异源词共有以下27个：

表15　　　　难府—台江第一百核心词的异源词

| 难府 | 台江 | 汉义 | 难府 | 台江 | 汉义 |
|---|---|---|---|---|---|
| mɲii²²₄ | vuə²²₄ | 乳房 | plaŋ⁵⁵₁ | tɕhəu³³₁ | 肚子 |
| tɕi⁴⁴tɬaŋ⁵⁵₁ | qoŋ⁵⁵₃ | 脖子 | təɯ⁴⁴₅ | le³³₁ | 脚② |
| ntsɯ³³₇ | fhəu¹³₇ne²⁴₆ | 肝 | tsuŋ⁵⁵₁ | po¹³₇ | 山 |
| plau⁵⁵₁xau²⁴/⁴⁴₃ | qa³³₁ɬjəu³³₁fhəu⁵⁵₃ | 头发 | tɬe⁵²₂ | oŋ³³₁ | 水 |
| fua⁵⁵₁ | qa³³₁ɬhu¹³₇vi⁵³₂ | 云 | paŋ⁴⁴ | — | 烟 |
| təɯ²⁴³₃ntuŋ⁴⁴₅ | ko³³₁ | 树皮 | tsɯ⁴⁴₅ | ɕəu³⁵₅ | 不 |
| ntsua⁵⁵₁ | nau⁵³₂ | 绿 | la⁵⁵₁ | ɕo¹³₇ | 红 |
| nɔ⁴⁴₅ | sai²²₄ | 冷 | khen⁵² | ɬen⁵³₂ | 圆 |
| qhua²⁴₃ | ŋe²⁴₆/ki²²₄ | 干燥 | lu⁵²₂ | ɬhuə²²₄ | 大 |
| tɕfii²²₆ | tɕi³⁵₅/khi³³₁ | 烧 | ntsfie²²₄ | fa²²₄ | 站 |
| ua⁴⁴₅lua²¹₈tɬe⁵²₂ | va³¹₈oŋ³³₁/lau⁵⁵₃oŋ³³₁ | 游泳 | ku²⁴₃ | vi²²₄ | 我 |
| len⁵²₂tɬiu²²₆ | tai²²₄ɕi⁵⁵₃ | 谁 | kɔ⁵²₂ | moŋ⁵³₂ | 你 |
| sua²⁴₃tɬhəu²²₆ | tɕoŋ²²₄ | 全部 | u⁴⁴₅ | a³³₁ | 那 |
| ntshau²⁴₃ | kaŋ³³₁tai⁵⁵₃ | 虱子 | | | |

---

① 王辅世先生认为"什么"中的 tsɯ⁴⁴₅ 和 ɕi⁵⁵₃ 是同源词（《苗语古音构拟》第 28 页），因为"什么"在黔东养蒿苗语等三个点虽然是第三调，但大南山、石门坎苗语有在第一调之后变读为第五调的特点，所以"什么"应该是第三调。

② 王辅世先生在《苗语古音构拟》（第 20 页）指出，"脚"在黔东养蒿苗语的诗歌用字是 tu⁴⁴₅，是同源词。

## 3. 汉语借词有 1 个

| 难府 | 台江 | 斯瓦德士词项 |
|---|---|---|
| sua⁵⁵₁ze⁵⁵₁ | she³⁵₅ | 沙子 |
| 沙 石 | 沙 | |

难府苗语与台江苗语的同源词总计有 72 个。其中意义相同语音有对应关系的有 54 个。意义出现转移有语音对应关系的同源词有 5 个。一方有两种说法，另一方只有一种说法，其中一种说法有同源关系的词有 2 个。一方为附加式合成词，一方为单音节词单纯词，或双方都为附加式合成词，一方的词根语素与另一方的单纯词同源，或双方的词根语素同源，这样的词有 6 个。一方为双音节词复合词，一方为单音节词单纯词，一方的词根语素与另一方的单纯词同源；或双方都为双音节复合词，但只有一个语素同源，另一个语素不同源。这样的词有 5 个。异源词有 28 个，其中 27 个为本语异源词，1 个为汉语借词。从同源词的数量看，难府与文山有 97 个同源词，并且其中有 80 个同源词为音质相同或相近的有语音对应关系的同源词，显然难府苗语与台江苗语的亲缘关系远不及与文山苗语近。

### 三 难府苗语与矮寨苗语第一百核心词同源比较

#### （一）同源词

同源词共有 69 个，从意义关系、同源词的构成语素等视角看，可分为以下几个小类：

1. 意义相同语音有对应关系的同源词有表 16 中的 30 个：

**表 16　难府—矮寨第一百核心词意义相同语音对应的同源词**

| 难府 | 矮寨 | 汉义 | 难府 | 矮寨 | 汉义 |
|---|---|---|---|---|---|
| pe⁵⁵₁ | pɯ⁵³₁ | 我们 | te⁵⁵₁ | tɯ⁵³₁ | 土地 |
| nua²⁴₃ | nəŋ⁴⁴₃ | 这 | tɕʰiəɯ²²₄ | tə⁴⁴₄ | 火 |
| ɔ⁵⁵₁ | ɯ⁵³₁ | 二 | tshau²⁴₃ | ɕi⁴⁴₃ | 灰 |
| lu⁵²₂ | ljəŋ³¹₂ | 大 | ke²⁴₃ | kɯ⁴⁴₃ | 路 |
| nte²⁴₃ | dɯ⁴⁴₃ | 长 | ntsua⁵⁵₁ | mzəŋ⁵³₁ | 绿 |
| ɴqa⁵²₂ | ŋa³¹₂ | 肉 | tl̥aŋ⁵³₁ | kwəŋ³¹₂ | 黄 |
| ntshaŋ²⁴₃ | dzəŋ⁴⁴₃ | 血 | tl̥əɯ⁵⁵₁ | kwə⁵³₁ | 白 |
| xau³³₇ | χu²²₇ | 喝 | tl̥u⁵⁵₁ | kwe⁵³₁ | 黑 |
| nɔ⁵²₂ | nəŋ³¹₂ | 吃 | nɔ⁴⁴₅ | nəŋ³⁵₅ | 冷 |
| zaŋ⁴⁴₅ | zəŋ³⁵₅ | 飞 | pu²⁴₃ | pe⁴⁴₃ | 满 |

续表

| 难府 | 矮寨 | 汉义 | 难府 | 矮寨 | 汉义 |
|---|---|---|---|---|---|
| pɯ⁴⁴₅ | pə³⁵₅ | 睡 | tsha⁵⁵₁ | ɕɛ⁵³₁ | 新 |
| tɦua²²₆ | ta²²₆ | 死 | zuŋ⁴⁴₅ | zu³⁵₅ | 好 |
| tua⁴⁴₅ | ta³⁵₅ | 杀 | qhua²⁴₃ | qha⁴⁴₃ | 干燥 |
| pɯ⁴⁴₅ | pə³⁵₅ | 躺 | mpe⁴⁴₅ | bu³⁵₅ | 名字 |
| nɦaŋ²²₆ | nəŋ²²₆ | 雨 | təɯ²⁴₃（ntuŋ⁴⁴₅） | tə³⁵₅（du³⁵₅） | （树）皮 |

2. 比较双方中有一方的语义已经扩大、缩小或转移，双方的意义相近或相关，且有语音对应关系，这样的同源词有以下 12 个：

| 难府 | 矮寨 | 斯瓦德士词项 |
|---|---|---|
| ʑau⁴⁴₅ 幺（女） | zo³⁵₅ （多）少 | 小 |
| ntshai³³₇ 未成年女性 | ba²²₇ 女性 | 女人 |
| tu⁵⁵₁ 儿子/男性 | te⁵³₁ 儿子/子女 | 男人 |
| mɦuŋ²²₄ 走/去 | məŋ⁴⁴₄ 去 | 走 |
| nɔ²⁴₃ 听 | n̥aŋ⁴⁴₃ 听见 | 听 |
| pau⁵⁵₁ 知道 | po⁴⁴₃ 告诉 | 知道 |
| səɯ²⁴₃ 起来 | ɕə⁴⁴₃ 站 | 站 |
| nɔ⁵⁵₁ 坐 | ɲi⁵³₁ 住 | 住、坐 |
| nu⁵⁵₁ 太阳 | ɲe⁵³₁ 天 | 太阳 |
| lɦu²²₄ 回 | ləŋ⁴⁴₄ 来 | 来 |
| ku⁵⁵₁ 热 | kji⁵³₁ 烫 | 热 |
| tsau⁴⁴₅ 爪子 | pa⁴⁴/⁵³₃ta³⁵₅ | 蹄子 |

下面对以上同源词的语义变化做一些说明：

"小"难府苗语用 mi²⁴₃，矮寨苗语用 ɕu⁵³₁，双方不同源。排行最小，难府苗语用 ʑau⁴⁴₅ "幺"，与矮寨苗语的 zo³⁵₅ "（多）少"同源。"女人"，难府苗语统称 kua⁴⁴mau³¹，成年女性称为 pu⁵²，未成年称为 ntshai³³₇。"女人"在矮寨苗语有 ba²²₇ 和 qo⁵³₁ba²²₇ 两种说法，其中的 qo⁵³ 是前缀。用于女性人名或类指具有某一特征的女性时，用 ba²²₇，单用时用 qo⁵³₁ba²²₇。难府苗语表示未成年女性的 ntshai³³₇ 与矮寨苗语的 ba²²₇ "女性"同源。"男人"，矮寨苗语叫 qo⁵³/²¹₁nəŋ³⁵₅，难府苗语有 kua⁴⁴qu²⁴、ʑɦəɯ⁵²、tu⁵⁵lua³³、tu⁵⁵ 等多种表示法，这些说法都不同源。但难府苗语表示"男性"义和"儿子"义的 tu⁵⁵ 与矮寨苗语的 te⁵³₁ "儿子、子女"同源。难府苗语的 mɦuŋ²²₄ 有"走""去"二义，矮寨苗语"走"用 χwei³⁵₅，"去"用 məŋ⁴⁴₄，难府苗语的 mɦuŋ²²₄ "走、去"与矮寨苗语 məŋ⁴⁴₄ "去"同源。"听"难府苗语用 nɔ²⁴₃，矮寨苗语用təŋ$^{35}$₅，二者不同源，但与矮寨苗语的ŋaŋ$^{44}$₃"听见"同源。"知道"难府苗语用 pau$^{55}$₁，矮寨苗语用ɲɛ$^{44}$₃，二者不同源，但与矮寨苗语的po$^{44}$₃"告诉"同源。"站"难府苗语用 ntsfie$^{22}$₄，矮寨苗语用ɕə$^{44}$₃，二者不同源。但难府苗语的 səɯ$^{24}$₃"起来"与矮寨苗语的ɕə$^{44}$"站"同源。"坐"难府苗语读 nɔ$^{55}$₁，矮寨苗语读tɕəŋ$^{35}$₅，双方不同源。但难府苗语的 nɔ$^{55}$₁"坐"与矮寨苗语的 n̻i$^{53}$₁"居住"同源。"太阳"难府苗语是 nu$^{55}$₁，矮寨苗语是kji$^{31}$₂naŋ$^{22}$₆，双方不同源，但难府苗语的 nu$^{55}$₁"太阳"与矮寨苗语的 n̻e$^{53}$₁"天"同源。"来"，难府苗语是 tua$^{52}$₂，矮寨苗语是ləŋ$^{44}$₄"来"，双方不同源。但难府苗语的"lfiu$^{22}$"回"与矮寨苗语的ləŋ$^{44}$₄"来"同源。"热"难府苗语读 ku$^{55}$₁，矮寨苗语读dze$^{35}$₅，二者不同源。但难府苗语的 ku$^{55}$₁"热"与矮寨苗语的 kji$^{53}$₁"烫"同源。难府苗语的 tsau$^{44}$₅"爪子"与矮寨苗语的pa$^{44/53}$₃ka$^{35}$₃"爪子"不同源，但与矮寨苗语的pa$^{44/53}$₃ta$^{35}$₃"蹄子"同源。

3. 一方有两种说法，另一方只有一种说法，其中一种说法同源。此类同源词只有 1 个。

| 难府 | 矮寨 | 斯瓦德士词项 |
|---|---|---|
| mɔ$^{44}$₅ntu$^{52}$₂/ tsau$^{33}$ntu$^{52}$₂ | m̻aŋ$^{35}$₅tɕo$^{22}$ | 晚上 |
| 夜 天 暗 天 | 夜 □ | |

4. 词根同源的同源词共有 26 个。可分为两类。第一类，难府苗语为单音节的单纯词，矮寨苗语为附加式合成词。难府苗语的单纯词与矮寨苗语附加式合成词中的词根同源。此类同源词有以下 17 个：

| 难府 | 矮寨 | 斯瓦德士词项 |
|---|---|---|
| ntsfie$^{22}$₄ | ta$^{53/21}$₁mzɯ$^{44}$₄ | 鱼 |
| 鱼 | （缀）鱼 | |
| nfiuŋ$^{22}$₆ | ta$^{53/21}$₁nu$^{22}$₆ | 鸟 |
| 鸟 | （缀）鸟 | |
| tl̻e$^{24}$₃ | ta$^{53/21}$₁ɢwɯ$^{44}$₃ | 狗 |
| 狗 | （缀）狗 | |
| ntshau$^{24}$₃ | ta$^{53/21}$₁dʑi$^{44}$₃ | 虱子 |
| 虱子 | （缀）虱 | |
| ntuŋ$^{44}$₅ | qo$^{53/21}$₁du$^{35}$₅ | 树 |
| 树 | （缀）树 | |
| nuŋ$^{55}$₁ | qo$^{53}$₁n̻u$^{53}$₁ | 种子 |
| 种子 | （缀）种 | |
| mpluŋ$^{53}$₂ | qo$^{53}$₁n̻u$^{31}$₂ | 叶子 |
| 叶子 | （缀）叶 | |

| | | |
|---|---|---|
| ku$^{55}$₁ | pa$^{44/53}$₃kji$^{53}$ | 角 |
| 角 | （缀）角 | |
| ntɕau$^{52}$₂ | pa$^{44/53}$₃no$^{31}$₂ | 嘴 |
| 嘴 | （缀）嘴 | |
| mplɦai$^{22}$₄ | qo$^{53/21}$₁mza$^{22}$₄ | 舌 |
| 舌 | （缀）舌 | |
| tɦie$^{22}$₄ | qo$^{53/21}$₁tɯ$^{44}$₄ | 手 |
| 手 | （缀）手 | |
| təu$^{44}$₅ | qo$^{53}$₁tə$^{35}$₅ | 脚 |
| 脚 | （缀）脚 | |
| na$^{24}$₃ | qo$^{53/21}$₁ɕɛ$^{44}$₃ | 牙齿 |
| 牙 | （缀）牙 | |
| li$^{44}$₅ | qe$^{53}$₁la$^{35}$₅ | 月亮 |
| 月亮 | 眼睛月亮 | |
| ntse$^{53}$₂ | tən$^{31}$₂mzɯ$^{31}$₂ | 耳朵 |
| 耳 | 洞　耳 | |
| plau$^{55}$₁ | qo$^{53}$₁pei$^{53}$₁ | 羽毛 |
| 毛 | （缀）毛 | |
| tɕɦaŋ$^{22}$₆ | pa$^{44/53}$₃tɕoŋ$^{31}$₂ | 根[①] |
| 根 | （缀）根 | |

第二类，双方均为附加式合成词，其中的词根同源。此类同源词有以下 6 个：

| | | |
|---|---|---|
| tsɯ$^{24}$₃ntsɦɯ$^{22}$₆ | pa$^{44/53}$₃mzə$^{22}$₆ | 鼻子 |
| （缀）鼻 | （缀）鼻 | |
| pɔ$^{55}$₁ze$^{55}$₁ | qo$^{53}$₁zɯ$^{53}$₁ | 石头 |
| （缀）石 | （缀）石 | |
| kɯ$^{44}$₃tɯ$^{24}$₃ | pei$^{44/53}$₃tə$^{44}$₃ | 尾巴 |
| （缀）尾 | （缀）尾 | |
| xau$^{24}$₃ tɕɦau$^{22}$₆ | pei$^{44/53}$₃tɕo$^{22}$₆ | 膝盖 |
| （缀）膝盖 | （缀）膝盖 | |

---

[①] "根"声母和韵母有对应关系，调类不同。王辅世在《苗语古音构拟》（东京：国立亚非语言文化研究所，1994：31）中认为"根"的本调是第 2 调，大南山苗语读第 6 调是变调的结果。泰国难府苗语与大南山苗语同属于苗语川黔滇方言川黔滇次方言第一土语，应该遵循相同的变调规律，因此我们采纳王先生的观点，认为"根"是同源词。

第四章　中泰跨境苗语同源词比较

| pɔ⁵⁵₁tshaɲ⁴⁴₅ | po³⁵₅ səŋ⁴⁴₃ | 骨头① |
| （缀）骨 | （缀）骨 | |
| tau⁵⁵₁xau²⁴/⁴⁴₅ | po³⁵₅pʐɕi⁴⁴₃ | 头② |
| （缀）头 | （缀）头 | |

第三类，双方均为合成词，但只有其中一个语素同源，另一个语素不同源。此类同源词有 2 个：

| qai⁴⁴₅qa⁵⁵₁ | nɯ²²₆qa⁵³₁ | 鸡蛋 |
| 蛋鸡 | 蛋鸡 | |
| təɯ²⁴³₃ɴqa⁵²₂ | qo⁵³/²¹₁tə⁴⁴₃ | 皮肤 |
| 皮　肉 | （缀）皮 | |

此外，还有"人"一词，难府苗语读 tua⁵⁵₁nɦien⁵⁵/²²₁，矮寨苗语读 ne³¹₂，难府的语素 nɦien⁵⁵/²²₁ 与矮寨的 ne³¹₂ 同源。

（二）异源词

难府苗语和矮寨苗语有 31 个异源词。其中有 3 个词是由于使用汉语借词形成的异源关系。这三个词是：

| 难府 | 矮寨 | 斯瓦德士词项 |
| sua²⁴³₃tɬɦəɯ²²₆ 本语 | dʑɛ²¹₇ pu²¹₇ | 全部 |
| | 全汉借部汉借 | |
| khen⁵²₂ 本语 | dɛ³¹₂ɛ³¹₂ | 圆 |
| | 团汉借圆汉借 | |
| sua⁵⁵₁ze⁵⁵₁ | qo⁵³/²¹₁tsha³⁵₅ | 沙子 |
| 沙汉借石本语 | （缀）本语 沙汉借 | |

其余的 28 个异源词都是本语词，但不同源，义类包括身体部位、天文、指代等多个语义范畴。详见表 17。

表 17　　　　　难府—矮寨第一百核心词中的异源词

| 难府 | 矮寨 | 汉义 | 难府 | 矮寨 | 汉义 |
| --- | --- | --- | --- | --- | --- |
| ku²⁴₃ | we⁴⁴₄ | 我 | nu⁵⁵₁qu⁵⁵₁ | te⁵³₁qe⁵³₁la³⁵₅ | 星星 |
| kɔ⁵²₂ | məŋ³¹₂ | 你 | tl̥e⁵²₂ | u⁵³₁ | 水 |
| len⁵²₂tɦɯ²²₆ | tɕi⁵³₁le⁵³₁ | 谁 | fua⁵⁵₁ | ka⁵³₁tu³⁵₅ | 云 |

---

① "骨头"难府苗语是第五调，矮寨苗语是第三调，调类不同。具有王辅世在《苗语古音构拟》（东京：国立亚非语言文化研究所，1994：19）认为，该词的本调是第三调，大南山苗语读作第五调是历史音变的结果。我们认为难府苗语"骨头"的调类也应该是音变的结果。

② 王辅世（《苗语古音构拟》东京：国立亚非语言文化研究所，1994：10）考证，"头"为第三调，大南山苗语读为第五调是历史变调的结果。

续表

| 难府 | 矮寨 | 汉义 | 难府 | 矮寨 | 汉义 |
|---|---|---|---|---|---|
| tɬaŋ$^{55}$₁tsɯ$^{44}$₅ | qo$^{53}$₁dʑɯ$^{31}$₂ | 什么 | paŋ$^{44}$₅ | qo$^{53/21}$₁dzəŋ$^{35}$₅ | 烟 |
| tsɯ$^{44}$₅ | tɕu$^{53}$₁ | 不 | u$^{44}$₅ | ei$^{53}$₁ | 那 |
| ntau$^{44}$₅ | tɕu$^{53}$₁ | 多 | qho$^{24}$₃mfiua$^{22}$₆ | le$^{53}$₁qe$^{51}$₁ | 眼睛 |
| i$^{55}$₁ | a$^{44}$₃ | 一 | ua$^{44}$₅lua$^{21}$₈tɬe$^{52}$₂ | Gu$^{22}$u$^{53}$₁ | 游泳 |
| tsɔ$^{53}$₂ | ɕɛ$^{53}$₁ | 油脂 | tsua$^{44}$₅ | kaŋ$^{22}$ | 给 |
| plaŋ$^{55}$₁ | qo$^{53}$₁tɕhi$^{53}$₁ | 肚子 | xa$^{33}$₇ | phu$^{22}$₇ | 说 |
| tɕi$^{44}$₅tɬaŋ$^{55}$₁ | səŋ$^{44}$₃Gəŋ$^{44}$₃ | 脖子 | tɕfi$^{22}$₆ | o$^{53}$₁ | 烧 |
| mfii$^{22}$₄ | ma$^{53}$₁ | 乳房 | tsuŋ$^{55}$₁ | pza$^{35}$₅ | 山 |
| pləɯ$^{24}$₃ | qo$^{53}$₁məŋ$^{31}$₂ | 心脏 | pu$^{21}$₈ | qe$^{22}$₆ | 见 |
| ntsɯ$^{33}$₂ | qo$^{53/21}$₁ɕɛ$^{44}$₃ | 肝 | la$^{55}$₁ | dzəŋ$^{35}$₅ | 红 |
| tu$^{21}$₈ | qa$^{53}$₁ | 咬 | plau$^{55}$₁xau$^{24/44}$₃ | qo$^{53}$₁pei$^{53}$₁ | 头发 |

难府苗语与矮寨苗语同源词共有 69 个。其中意义相同语音有对应关系的有 30 个。意义相关语音有对应关系的有 12 个。与对方其中一种说法同源的有 1 个。双方或一方是附加式合成词词根同源的同源词有 23 个。双方或一方为复合式合成词，但只有其中一个语素同源另一个语素不同源的同源词有 3 个。异源词有 31 个，其中有 3 个是语言接触形成的异源关系，其余的 28 个是双方均使用本语词但不同源。

### 四 中泰跨境苗语第一百核心词同源比较综览

通过上文的比较，我们统计出如下数据：

表 18　　　　　　　　中泰苗语第一百核心词中的同源词

| | | 难府—文山 | 难府—台江 | 难府—矮寨 |
|---|---|---|---|---|
| 同源词 | | 97 | 72 | 69 |
| 异源词 | 本语异源 | 2 | 27 | 28 |
| | 汉语借词 | 1 | 1 | 3 |

表 18 显示：（1）难府苗语与文山苗语、台江苗语、矮寨苗语的同源词数量分别为 97、72、69，这说明难府苗语与文山苗语的亲缘关系远比台江苗语、矮寨苗语近，但与台江苗语的关系又比矮寨苗语稍近一些。（2）难府苗语、文山苗语、台江苗语均有 1 个汉语借词"沙"：

| 难府 | 文山 | 台江 | 矮寨 | 斯瓦德士词项 |
|---|---|---|---|---|
| sua⁵⁵₁ze⁵⁵₁ | sua⁵⁵₁ | she³⁵₅ | qo⁵³/²¹₁tsha³⁵₅ | 沙子 |
| 沙 石 | 沙 | 沙 | （缀）沙 | |

矮寨苗语除了这个借词外，还借入"全部""圆"2个汉语借词。

dzɛ²¹₇pu²¹₇汉借　　　全部　　　dɛ³¹₂zɛ³¹₂汉借　　　圆

在最核心的基本词汇阶出现借词。这既说明借词浸入本语词汇系统的"无界"性，也说明确定核心词的难度。什么是最核心的词汇，判断核心词汇的标准是什么？若依据词汇所反映的内容与语言使用者生活的相关度，这个相关度的确定却没有绝对的标准，因为不同族群由于生存环境的不同与某些词的相关度也不同。

从难府苗语与文山、台江、矮寨第一百核心词的同源比较中，我们看到了两点重要的差异：一是难府苗语与文山苗语的同源词远远多于与台江苗语和矮寨苗语的同源词，这体现了亲缘关系的远近；二是难府苗语与文山苗语的同源词大多音质相同或相近，而与台江苗语和矮寨苗语的同源词均音质不同，这体现了难府苗语与文山苗语有很高的通解度，而与台江苗语和矮寨苗语则通解度很低。

## 第三节　中泰跨境苗语第二百核心词同源比较

本节以斯瓦德士筛选的第二百个核心词为考察内容，将难府苗语与文山苗语、台江苗语、矮寨苗语的同源情况进行比较，以观察第二百核心词与第一百核心词在这四个点上的同源词数量差异。

### 一　难府苗语与文山苗语第二百核心词同源比较

在第二百核心词中，有"动物""呼吸""结冰"等3个词在难府苗语和文山苗语中没有相应的说法。余下的97个词中，有88个同源词、9个异源词（包括2个借词）。

（一）同源词

同源词88个分为以下两类：1. 意义相同、语音相同或相近的同源词，义类包括身体部位、自然现象、动作、性质、指代、数量等多个语义范畴。此类同源词有表19中的81个。

表19　　　难府—文山第二百核心词中的同源词

| 难府 | 文山 | 汉义 | 难府 | 文山 | 汉义 |
|---|---|---|---|---|---|
| xa⁵⁵₁ | xa⁵⁵₁ | 和 | qu⁵⁵₁ | ko⁵⁵₁ | 旧 |

| 难府 | 文山 | 汉义 | 难府 | 文山 | 汉义 |
|---|---|---|---|---|---|
| phe²¹₈ | phe²¹₈ | 坏 | ua⁴⁴₅sɯ⁴⁴₅ | ua⁴⁴₅sɿ⁴⁴₅ | 玩 |
| tshua⁵⁵₁ | tshua⁵⁵₁ | 吹 | Nqɦɯ²²₄ | Nqɦo²²₄ | 拉 |
| mi²⁴₃ȵua³³₇ | mi³⁵₃ȵua³³₇ | 孩子 | tshəɯ⁵⁵₁ | tshəu⁵⁵₁ | 推 |
| sua²⁴₃ | sua³⁵₃ | 数 | saŋ⁵⁵₁sɯ⁴⁴₅ | saŋ⁵⁵₁sɿ⁴⁴₅ | 右边 |
| tshuŋ²⁴₃ | tshoŋ³⁵₃ | 砍 | ʑɦɯ²²₆ | ʑɦau²²₆ | 正确 |
| ntu⁵³₂ | nto⁴²₂ | 天 | xaŋ²⁴₃tl̥e⁵²₂ | xaŋ³⁵₃tl̥e⁴²₂ | 河 |
| tsɦua²²₆ | tsɦua²²₆ | 蚕 | l̥ua⁴⁴₅ | l̥ua⁴⁴₅ | 绳子 |
| puŋ⁵⁵₁ | poŋ⁵⁵₁ | 掉下 | lɯ⁵²₂ | lɯ⁴²₂ | 烂 |
| tl̥e⁵⁵₁ | tl̥e⁵⁵₁ | 远 | ntse²⁴₃ | ntse³⁵₃ | 盐 |
| ntshai⁴⁴₅ | ntshai⁴⁴₅ | 怕 | səɯ³³₇ | səu³³₇ | 缝 |
| tsɦɯ²²₆ | tsɦəu²²₆ | 少 | ntse⁴⁴₅ | ntse⁴⁴₅ | 锋利 |
| tsɯ⁵⁵₁ | tsɿ⁵⁵₁ | 五 | ntu⁵²₂ | nto⁴²₂ | 天空 |
| ntaŋ⁵⁵₁ | ntaŋ⁵⁵₁ | 浮 | tsɯ⁴⁴₅ | tsɯ⁴⁴₅ | 气味 |
| ntl̥ɦɯ²²₆ | ntl̥ɦɯ²²₆ | 流 | mpl̥ɦa²²₆ | mpl̥ɦa²²₆ | 光滑 |
| paŋ⁵²₂ | paŋ⁴²₂ | 花儿 | naŋ⁵⁵₁ | naŋ⁵⁵₁ | 蛇 |
| plau⁵⁵₁ | plou⁵⁵₁ | 四 | mpo⁴⁴₅ | mpo⁴⁴₅ | 雪 |
| tsɯ²⁴₃ | tsɿ³⁵₃ | 水果 | nti⁴⁴₅ | nti⁴⁴₅ | 吐 |
| ntsɔ⁵²₂ | ntsau⁴²₂ | 草 | tɕɦəɯ²²₄ple⁵⁵₁ | tɕɦəɯ²²₄ple⁵⁵₁ | 裂开 |
| ȵu²⁴₃ | ȵo³⁵₃ | 肠子 | na³³₇ | na³³₇ | 压 |
| nfɦɯ²²₄ | nfɦi²²₄ | 他 | ȵ̊tɕaŋ⁵²₂ | ȵ̊tɕaŋ⁴² | 直 |
| ntau³³₇ | ntou³³₇ | 打 | ntsai³³₇ | ntsai³³₇ | 吮吸 |
| mua⁵⁵₁ | mua⁵⁵₁ | 拿 | ɔ⁴⁴₅ | au⁴⁴₅ | 肿 |
| ua⁴⁴₅tɕɦaŋ²²₄ | ua⁴⁴₅tɕɦaŋ²²₄ | 怎么 | nɦɯ²²₄pua⁵⁵₁ | nɦi²²₄pua⁵⁵₁ | 他们 |
| ʑɦəɯ²²₆ | ʑɦəu²²₆ | 丈夫 | tua⁵⁵₁ | tua⁵⁵₁ | 厚 |
| ȵɔ⁵⁵₁ | ȵau⁵⁵₁ | 在 | ȵfɦɛ²²₄ | ȵfɦa²²₄ | 薄 |
| lɦua²²₆ | lɦua²²₆ | 笑 | pe⁵⁵₁ | pe⁵⁵₁ | 三 |
| ȵ̊tɕi⁴²₂pua⁵⁵₁ | ȵ̊tɕi⁴²₂pua⁵⁵₁ | 腿 | lai²¹₈ | lai²¹₈ | 扔 |
| tɕa⁵²₂ | tɕa⁴²₂ | 活的 | paŋ²⁴₃ | paŋ³⁵₃ | 捆 |
| na²¹₈ | na²¹₈ | 母亲 | tɦi²²₄ | tɦi²²₄ | 转（身） |
| Nqai²¹₈ | Nqai²¹₈ | 狭窄 | ntua²⁴₃ | ntua³⁵₃ | 呕吐 |
| ze⁴⁴₅ | ze⁴⁴₅ | 近 | ntsua²⁴₃ | ntsua³⁵₃ | 洗（手） |

| 难府 | 文山 | 汉义 | 难府 | 文山 | 汉义 |
|---|---|---|---|---|---|
| tɕua⁴⁴₅ | tɕua⁴⁴₅ | 风 | ntu⁵⁵₁ | nto⁵⁵₁ | 湿 |
| kou⁵²₂ti³³/⁴⁴₇ | kou⁴²₂ti³³/⁴⁴₇ | 翅膀 | xɔ²⁴₃tɕiɯ²²₆ | xau³⁵₃tɕiɯ²²₆ | 哪里 |
| ȵaŋ²⁴₃ | ȵaŋ³⁵₃ | 重 | tɬaŋ²⁴₃ | tɬaŋ³⁵₃ | 宽 |
| xaŋ²⁴₃zuŋ²⁴₃ | zoŋ³⁵₃ | 森林 | kaŋ⁵⁵₁ | kaŋ⁵⁵₁ | 虫 |
| ɕuŋ⁴⁴₅ | ɕoŋ⁴⁴₅ | 年 | nua²⁴₃ | na³⁵₃ | 这里 |
| xu⁴⁴₅ | xo⁴⁴₅ | 唱 | khə̆u⁵⁵₁ | khə̆u⁵⁵₁ | 挖 |
| qa³³₇ | qa³³₇ | 脏 | mua⁵⁵₁ | mua⁵⁵₁ | 抓 |
| zɦɔ²²₆ta³³₇ | zɦau²²₆ta³³₇ | 假如 | tɕhɔ⁵⁵₁ | tɕhau⁵⁵₁ | 刺,刺穿 |
| muŋ²⁴₃aŋ⁴₃ | moŋ³⁵₃aŋ³⁵₃ | 尘埃 | | | |

2. 半同源词共有 7 个。

可分为四类。第一类，比较双方有一方为单纯词，另一方为复合词，双方只有一个语素同源，另一个语素不同源。这样的同源词有 4 个：

| 难府 | 文山 | 斯瓦德士词项 |
|---|---|---|
| ntsau⁵²₂qou²¹₈ | qou²¹₈ | 背（名） |
| □　背 | 背 | |
| pɦaŋ²²₄ | na²¹₈pɦaŋ²²₄ | 湖 |
| 湖 | 母　湖 | |
| kua³³₇pu⁵²₂ | po⁴²₂ | 妻子 |
| □　女 | 妻子 | |
| fua⁵⁵₁ | tsou³³₇xua⁵⁵₁ | 雾 |
| 雾 | 暗　雾 | |

第二类，一方有两种说法，另一方只有一种说法，这一说法与另一方两种说法中的一种同源。此类同源词只有 1 个：

| 难府 | 文山 | 斯瓦德士词项 |
|---|---|---|
| zi²⁴₃/tsɯ²⁴₃ | tsai³⁵₃ | 父亲 |

第三类，比较双方有一个语素同源，另一个语素不同源，不同源的原因是一方使用汉借语素而另一方用本语语素。此类同源词只有"（牛）打架" 1 个词。同源的语素是"顶"，不同源的语素是难府苗语用本语表示相互态的动词前缀 sɯ³³₇，而文山苗语借用汉语"打架"中的 tɕua²¹₈ "架"。

| 难府 | 文山 | 斯瓦德士词项 |
|---|---|---|
| sɯ³³₇ ntsau⁴⁴₅ | ntsou⁴⁴₅tɕua²¹₈ | （牛）打架 |
| （缀）顶 | 顶　架汉借 | |

第四类，双方都有两种说法，每一种说法都有三个语素，只有其中两个语素同源。此类同源词只有 1 个：

| 难府 | 文山 | 斯瓦德士词项 |
|---|---|---|
| saŋ⁵⁵₁lɦau²²₆/ saŋ⁵⁵₁phe²¹₈ 边 左 /边 左 | saŋ⁵⁵₁ tsho³⁵phe²¹₈/saŋ⁵⁵₁lɦou²²₆ phe²¹₈ 边 □ 左 /边 左 边 | 左边 |

（二）异源词共有 9 个

其中有不同的类型：

1. 双方都使用本语词，但不同源。此类异源词有以下 2 个：

| 难府 | 文山 | 斯瓦德士词项 |
|---|---|---|
| tɔ²¹₈xɔ²⁴₃ 处 那 | xau³⁵₃ ka⁴⁴₅ 处 那 | 那里 |
| tshaŋ²¹₈ 打猎 | ləu³⁵₃Nqa⁴²₂ 追 肉 | 打猎 |

2. 双方有一方没有相应的说法。此类异源词只有 1 个：

| 难府 | 文山 | 斯瓦德士词项 |
|---|---|---|
| ui²¹₈ʑɦɔ²²₆ | — | 因为 |

（三）借词

1. 比较双方一方使用本语词，一方使用借词或本语词。此类异源词有以下 4 个：

| 难府 | 文山 | 斯瓦德士词项 |
|---|---|---|
| nam⁴⁴qhen³¹ 泰借 | tḷou³³₇ 本语 | 冰 |
| pai²⁴₃ 泰借 | tua⁵⁵₁ 本语 | 短 |
| paŋ³³₇ 汉借 | qəu³³₇/paŋ³³₇ 本语 | 棍子 |
| sɔ⁴⁴₅ 本语 | tshua²¹ 汉借 | 擦 |

2. 双方都使用汉借词。此类词有以下 2 个：

| 难府 | 文山 | 斯瓦德士词项 |
|---|---|---|
| xaŋ²⁴₃tsɯ²⁴₃ | xa³⁵₃ | 海 |
| saŋ²⁴₃ | ɕaŋ³⁵₃ | 想 |

## 二 难府苗语与台江苗语第二百核心词同源比较

第二百核心词中，有"动物"和"呼吸"2 个词双方都没有相应的说法，一方没有相应说法的有 3 个。余下的 95 个词，同源词 38 个，异源词 57 个。

（一）同源词

1. 意义相同语音有对应关系的同源词（包括词根有语音对应关系、词缀无语音对应关系的同源词），有以下 28 个：

表 20　　　　　　　　难府—台江第二百核心词中的同源词

| 难府 | 台江 | 汉义 | 难府 | 台江 | 汉义 |
|---|---|---|---|---|---|
| su$^{33}$₇ntsau$^{44}$₅ | ɕi$^{35}$₅tuə$^{35}$₅ | （牛）打架 | tsɯ$^{55}$₁ | tsa$^{33}$₁ | 五 |
| paŋ$^{52}$₂ | paŋ$^{53}$₂ | 花儿 | plau$^{55}$₁ | ɬo$^{33}$₁ | 四 |
| ntsɔ$^{52}$₂ | naŋ$^{53}$₂ | 草 | ʑɦɯ$^{22}$₆ | zu$^{24}$₆ | 丈夫 |
| nɔ$^{55}$₁ | naŋ$^{33}$₁ | 在 | Nqai$^{21}$₈ | ŋa$^{31}$₈ | 狭窄 |
| ze$^{44}$₅ | ɣuə$^{35}$₅ | 近 | ȵua$^{44}$₅ | ɬhe$^{35}$₅ | 绳子 |
| lɯ$^{52}$₂ | le$^{53}$₂ | 烂 | naŋ$^{55}$₁ | naŋ$^{33}$₁ | 蛇 |
| ntse$^{24}$₃ | ɕuə$^{55}$₃ | 盐 | tua$^{55}$₁ | te$^{33}$₁ | 厚 |
| mpo$^{44}$₅ | pi$^{35}$₅ | 雪 | pɛ$^{55}$₁ | pɛ$^{33}$₁ | 三 |
| nɦɛ$^{22}$₄ | naŋ$^{22}$₄ | 薄 | tlaŋ$^{24}$₄ | faŋ$^{55}$₃ | 宽 |
| ntshua$^{44}$₅ | shau$^{35}$₅ | 洗（衣） | kaŋ$^{55}$₁ | kaŋ$^{33}$₁ | 虫 |
| naŋ$^{24}$₃ | n̥hoŋ$^{55}$₅ | 重 | ɕuŋ$^{44}$₅ | n̥hoŋ$^{35}$₅ | 年 |
| ua$^{44}$₅tɕɦaŋ$^{22}$₄ | a$^{35}$₅te$^{24}$₆ | 怎么 | nɦɯ$^{24}$₄ | nen$^{53}$₂ | 他① |
| tsɯ$^{24}$₃ | tsai$^{33}$₁ | 水果 | kau$^{52}$₂ti$^{33/44}$₇ | qa$^{33}$₃ta$^{13}$₇ | 翅膀 |
| tsɦɯ$^{22}$₆ | ɕu$^{24}$₆ | 少 | lɦou$^{24}$₄ | lu$^{22}$₄ | 老 |

2. 语义相关语音有对应关系的同源词有"孩子"和"母亲"2个。"孩子"，难府苗语是 mi$^{24}$₃ȵua$^{33}$₇，台江苗语是 tɕi$^{33}$₁tai$^{33}$，双方不同源。但难府苗语的（mi$^{24}$₃）ȵua$^{33}$₇"孩子"与台江苗语的 ȵe$^{13}$₇"婴儿"同源。"母亲"一词，难府苗语读 na$^{21}$₈，台江苗语读 mai$^{24}$₆ 不同源，两地不同源。但难府苗语的 na$^{21}$₈"母亲"与台江苗语的 mi$^{31}$₈"雌性"同源。

| 难府 | 台江 | 斯瓦德士词项 |
|---|---|---|
| mi$^{24}$₃ȵua$^{33}$₇孩子 | ȵe$^{13}$₇婴儿 | 孩子 |
| na$^{21}$₈母亲 | mi$^{31}$₈雌性 | 母亲 |

3. 一方与另一方两种说法中的一种同源。此类同源词有以下2个：

| 难府 | 台江 | 斯瓦德士词项 |
|---|---|---|
| tshua$^{55}$₁ | tshaŋ$^{35}$₃/tshəu$^{55}$₁ | 吹 |
| xɔ$^{24}$₃tɦɯ$^{22}$₆ | ha$^{55}$₃te$^{24}$₆/haŋ$^{55}$₃te$^{24}$₆ | 哪里 |
| 处　哪 | 处　哪　处　哪 | |

4. 半同源词，一方是单纯词另一方是复合词，或一方是附加式合成词另一方是复合式合成词，双方只有一个语素（附加式合成词中的词根语素）

---

① "他"，难府是第四调，台江是第二调，王辅世先生认为是同源词（《苗语古音构拟》第 22 页），我们赞同该观点。

同源。此类词有以下 6 个：

| 难府 | 台江 | 斯瓦德士词项 |
|---|---|---|
| ntəɯ²¹₈nua²⁴₃ | na⁵⁵₃ | 这里 |
| 处　这 | 这 | |
| tɕua⁴⁴₅ | poŋ³⁵₅tɕi³⁵₅ | 风 |
| 风 | □　风 | |
| ua⁴⁴₅su⁴⁴₅ | a³⁵₅tsaŋ⁵⁵₃ | 玩 |
| 做　玩 | 做　□ | |
| n̩tɕi⁵²₂pua⁵⁵₁ | pe³³₁ | 腿 |
| □　腿 | 大腿 | |
| ntu⁵²₂ | faŋ³³₁vi⁵³₂ | 天 |
| ntsau⁵²₂qau²¹₈ | qa³³₁kəu³¹₈ | 背（名）|

（二）异源词

1. "打猎""湖""吮吸" 3 个词，难府苗语有本语表示法，台江苗语没有相应的表示法。

| 难府 | 台江 | 斯瓦德士词项 |
|---|---|---|
| tshaŋ²¹₈ | — | 打猎 |
| pɦaŋ²²₄ | — | 湖 |
| ntsai³³₇ | — | 吮吸 |

2. 都用本语表示，一方有多种说法，另一方只有一种，但都不同源。此类词有以下 6 个：

| 难府 | 台江 | 斯瓦德士词项 |
|---|---|---|
| xa⁵⁵₁ | tu⁵³₂/su²²₄ | 和 |
| ntau³³₇ | ti³⁵₅/taŋ³⁵₅/ne²⁴₆/t̻e³³₁ | 打 |
| saŋ⁵⁵₁lɦau²³₆/ saŋ⁵⁵₁phe²¹₈ | pha³⁵₃pɛ²²₄tɕaŋ²²₄ | 左边 |
| tshəɯ⁵⁵₁ | loŋ²²₄/ oŋ⁵⁵₃ | 推 |
| tsɯ⁴⁴₅ | poŋ³⁵₃/ moŋ²⁴₃ | 气味 |
| zi²⁴₃/tsu²⁴₃ | pa⁵⁵₃ | 父亲 |

3. 双方都只有一种说法，但不同源。共有以下 41 个异源词：

表 21　　　　　难府—台江第二百核心词中的异源词

| 难府 | 台江 | 汉义 | 难府 | 台江 | 汉义 |
|---|---|---|---|---|---|
| phe²¹₈ | pa²²₄ | 坏 | xaŋ²⁴₃t̻le⁵²₂ | oŋ³³₁ | 河 |
| mua⁵⁵₁ | ka³⁵₃ | 抓 | ui²¹₈ʑɦo²²₆ | vai²⁴₃ | 因为 |
| tshuŋ²⁴₃ | ɕi³³₁ | 砍 | qa³³₇ | a³⁵₅muə³⁵₅ | 肮脏 |

## 第四章 中泰跨境苗语同源词比较

续表

| 难府 | 台江 | 汉义 | 难府 | 台江 | 汉义 |
|---|---|---|---|---|---|
| səu³³₇ | ɣaŋ⁵³₂ | 缝 | tsɦua²²₆ | na⁵⁵₃ | 蠢 |
| ntse⁴⁴₅ | ɣa²⁴₆ | 锋利 | muŋ²⁴₃aŋ²⁴₃ | phen³³₁ | 尘埃 |
| xu⁴⁴₅ | ʈi³⁵₅ | 唱 | puŋ⁵⁵₁ | pi⁵³₂ | 掉下 |
| ntu⁵²₂ | qhoŋ⁵⁵₃ | 天空 | tl̥e⁵⁵₁ | tau²²₄ | 远 |
| mplfia²²₆ | ɬjaŋ³⁵₅ | 光滑 | ntshai⁴⁴₅ | ɕha³³₁ | 害怕 |
| tɕɦəu²²₄ple⁵⁵₁ | ɬjuə³₅ | 裂开 | ntaŋ⁵⁵₁ | poŋ⁵³₂ | 浮 |
| na³³₇ | nai³¹₈ | 压 | ntl̥fiu²²₆ | le²²₄ | 流 |
| tɕɔ⁵⁵₁ | n̥həu³⁵₅ | 刺，刺穿 | fua⁵⁵₁ | oŋ³³₁hau³³₁ | 雾 |
| ntɕaŋ⁵²₂ | tai⁵³₂ | 直 | ɔ⁴⁴₅ | pho³³₁ | 肿 |
| n̥u²⁴₃ | qa⁵⁵₃ | 肠子 | mua⁵⁵₁ | te⁵⁵₃ | 拿 |
| tɔ²¹₈xɔ²⁴₃ | haŋ⁵⁵₃za³³₁ | 那里 | zɦɔ²²₆ta³³₇ | n̥haŋ⁵⁵₃ | 假如 |
| nfiu²²₄pua⁵⁵₁ | to²²₄tai³³₁ | 他们 | lfiua²³/²²₆ | ʈuə¹³₇ | 笑 |
| lai²¹₈ | ven³¹₈ | 扔 | tɕa⁵²₂ | ɣuo²⁴₆ | 活的 |
| tɦi²²₄tɕi²⁴₃ | ve²⁴₆ | 转 | ntua²⁴₃ | au⁵⁵₃ | 呕吐 |
| Nqfiu²²₄ | ɬjo³¹₈ | 拉 | ntu⁵⁵₁ | ɕuə³¹₈ | 湿 |
| saŋ⁵⁵₁sɯ⁴⁴₅ | pha³⁵₃pɛ²²tai⁵³₂ | 右边 | kua³³₇pu⁵²₂ | vɛ⁵⁵₃ | 妻子 |
| zɦɔ²²₆ | te²⁴₆ | 正确① | xaŋ²⁴₃zuŋ²⁴₃ | pha³³₁oŋ³⁵₅ | 森林 |
| sɔ⁴⁴₅ | ɕhaŋ³⁵₅ | 擦 | | | |

4. 比较双方一方使用借词另一方使用本语词，或双方都使用借词，或一方使用借词另一方无相应说法而形成的异源词。此类词有以下10个：

| 难府 | 台江② | 斯瓦德士词项 |
|---|---|---|
| ntsua²⁴₃ 本语 | se⁵⁵₃ 汉借 | 洗（手） |
| nam⁴⁴qhen³¹ 泰借 | ɬjuə⁵⁵₃ 本语 | 冰 |
| khəu⁵⁵₁ 汉借 | ki³¹₈ 本语 | 挖 |
| nti⁴⁴₅ 本语 | thu³⁵₅ 汉借 | 吐 |
| paŋ⁴⁴₅ 汉借 | toŋ³⁵₅ 本语 | 棍子 |
| saŋ²⁴₃ 汉借 | nen⁵³₂ 本语 | 想 |

---

① 这个词应该与王辅世《苗语古音构拟》（东京：亚非语言文化研究所，1994：33）中的"是"是一个词。王先生认为"是"为苗语的同源词，虽然不合声母对应规律。本书认为不合声母对应规律，应视为不同源词。

② 台江苗语的本语和汉借是本书作者自己认定的，若有错误概由本书作者负责。

pai²⁴₃ 泰借　　　　lai⁵⁵₃ 本语　　　短
paŋ²⁴₃ 汉借　　　　qha³³₁ 本语　　　捆
xaŋ²⁴₃ tsɯ²⁴₃ 汉借　hɛ⁵³₂ 汉借　　　海
—　　　　　　　　ki³⁵₅pi³⁵₅ 汉借　　结冰

### 三　难府苗语与矮寨苗语第二百核心词同源比较

双方都没有"动物"一词。"结冰"矮寨苗语读 tʰo⁵³₁ kjɛ⁴⁴₃、"呼吸"读 ɕɯ³⁵₅ɕɛ⁴⁴₃，难府苗语没有相应的说法。余下的 97 个词中，同源词有 33 个，双方都用本语词但不同源的词有 50 个，因使用借词而不同源的有 14 个。

（一）同源词

1. 意义相同语音对应的同源词（包括词根语素有语音对应关系的同源词）有 29 个。义类包括身体部位、自然现象、动植物名称、数目、动作、性质等类别。它们是：

表 22　　　　　　　难府—矮寨第二百核心词中的同源词

| 难府 | 矮寨 | 汉义 | 难府 | 矮寨 | 汉义 |
|---|---|---|---|---|---|
| tɬe⁵⁵₁ | qɯ⁵³₁ | 远 | naŋ⁵⁵₁ | nəŋ⁵³₁ | 蛇 |
| ntshai⁴⁴₅ | dʑa³⁵₅ | 怕 | mpo⁴⁴₅ | be³⁵₅ | 雪 |
| tsɯ⁵⁵₁ | pza⁵³₁ | 五 | ɔ⁴⁴₅ | aŋ³⁵₅ | 肿 |
| paŋ⁵²₂ | pəŋ³¹₂ | 花儿 | tua⁵⁵₁ | ta⁵³₁ | 厚 |
| plau⁵⁵₁ | pzei⁵³₁ | 四 | n̠fie²²₄ | n̠ɛ⁴⁴₄ | 薄 |
| tsɯ²⁴₃ | pei⁴⁴₃ | 水果 | pɛ⁵⁵₁ | pu⁵³₁ | 三 |
| n̠u²⁴₃ | ɕe⁴⁴₃ | 肠子 | ntshua⁴⁴₅ | dʑəŋ³⁵₅ | 洗（衣） |
| nɔ⁵⁵₁ | n̠i⁵³₁ | 在 | ntu⁵⁵₁ | de³¹₂ | 湿 |
| Nqai²¹₈ | ŋa²²₈ | 狭窄 | n̠aŋ²⁴₃ | n̠əŋ⁴⁴₃ | 重 |
| ze⁴⁴₅ | zu³⁵₅ | 近 | ɕuŋ⁴⁴₅ | tɕu³⁵₅ | 年 |
| lua⁴⁴₅ | la³⁵₅ | 绳子 | ntse²⁴₃ | dʑɯ⁴⁴₃ | 盐 |
| tshua⁵⁵₁ | phzəŋ⁵³₁ | 吹 | mplfia²²₆ | mjɛ²²₆ | 光滑 |
| ntaŋ⁵⁵₁ | dəŋ³¹₂ | 浮 | kaŋ⁵⁵₁ | ta⁵³₁kəŋ⁵³₁ | 虫 |
| kau⁵²₂ti³³/⁴⁴₇ | po³¹₂ti³⁵ | 翅膀 | na²¹₈ | ne²¹₇ | 母亲 |
| nu⁵⁵₁ | n̠e⁵³ | 天 |  |  |  |

2. 语义相关语音有对应关系的同源词有"孩子"和"老"2 个。"孩子"，

难府苗语是 mi$^{24}$₃n̩ua$^{33}$₇,矮寨苗语是 te$^{53}$₁,双方不同源。但难府苗语的 tu$^{55}$₁"儿子"与矮寨苗语的 te$^{53}$₁"孩子"同源。"老",难府苗语读 lɦau$^{22}$₄,矮寨苗语读 qəŋ$^{35}$₅,双方不同源。但难府苗语的 qu$^{55}$₁"旧"与矮寨苗语的 qəŋ$^{35}$₅"老"同源。

| 难府 | 矮寨 | 斯瓦德士词项 |
|---|---|---|
| tu$^{55}$₁ 儿子 | te$^{53}$₁ 孩子 | 孩子 |
| qu$^{55}$₁ 旧 | qəŋ$^{35}$₅ 老 | 老 |

3. 双方都是复合式合成词,或一方是复合式合成词另一方是附加式合成词,但只有一个语素同源。此类同源词有以下 2 个:

| 难府 | 矮寨 | 斯瓦德士词项 |
|---|---|---|
| ntəu$^{21}$₈n̩ua$^{24}$₃ | χo$^{35}$₃nəŋ$^{44}$₃ | 这里 |
| 处   这 | 处   这 | |
| n̩tɕi$^{52}$₂pua$^{55}$₁ | qo$^{53}$₁pa$^{53}$₁ | 腿 |
| □   腿 | （缀）腿 | |

(二)异源词

1. 一方用母语词,另一方没有相应的说法。此类词有以下 2 个:

| 难府 | 矮寨 | 斯瓦德士词项 |
|---|---|---|
| — | ɕɯ$^{35}$₅ɕɛ$^{44}$₃ | 呼吸 |
| — | tho$^{53}$₁ kjɛ$^{44}$₃ | 结冰 |

2. 双方比较词项的语素都是本语的,但不同源。此类词有表 23 中的 50 个:

表 23　　　　难府—矮寨第二百核心词中的异源词

| 难府 | 矮寨 | 汉义 | 难府 | 矮寨 | 汉义 |
|---|---|---|---|---|---|
| xa$^{55}$₁ | ŋəŋ$^{22}$₆ | 和 | tshəɯ$^{55}$₁ | tɕi$^{44/53}$tɕhəŋ$^{53}$₁ | 推 |
| ntsau$^{52}$₂qau$^{21}$₈ | tei$^{35}$₅tu$^{53}$₁ | 背(名) | saŋ$^{55}$₁sɯ$^{44}$₅ | pa$^{44/53}$₃ta$^{31}$₂ | 右边 |
| phe$^{21}$₈ | pa$^{44}$₄ | 坏 | ʑɦo$^{22}$₆ | n̩i$^{22}$₆ | 正确① |
| ui$^{21}$₈ʑɦo$^{22}$₆ | qa$^{31}$₂n̩i$^{22}$₆ | 因为 | xaŋ$^{24}$₃tl̩e$^{53}$₂ | u$^{53}$₁ | 河 |
| tshuŋ$^{24}$₃ | qhə$^{35}$ | 砍 | lɯ$^{53}$₂ | kəŋ$^{35}$₅ | 烂 |
| ntu$^{52}$₂ | tsa$^{53}$₁ne$^{31}$₂ | 天空 | mua$^{55}$₁ | ka$^{35}$₃ | 抓 |
| khəɯ$^{55}$₁ | phə$^{53}$₁ | 挖 | səɯ$^{33}$₇ | zu$^{22}$₆ | 缝 |
| muŋ$^{24}$₃aŋ$^{24}$₃ | be$^{44}$₃se$^{44}$₃ | 尘埃 | ntse$^{44}$₅ | za$^{22}$₆ | 锋利 |
| puŋ$^{55}$₁ | ta$^{21}$₇ | 掉下 | n̩tɕaŋ$^{52}$₂ | te$^{31}$₂ | 直 |

---

① 王辅世先生(《苗语古音构拟》(东京:亚非语言文化研究所,1994:33)认为"是"为苗语的同源词,虽然不合声母对应规律,本书认为不合声母对应规律,应视为不同源词。

续表

| 难府 | 矮寨 | 汉义 | 难府 | 矮寨 | 汉义 |
|---|---|---|---|---|---|
| nt̪l̥fɯ²²₆ | lə⁴⁴₄ | 流 | tsɯ⁴⁴₅ | qo⁵³/²¹₁kha³⁵₃ | 气味 |
| fua⁵⁵₁ | χo³⁵₅ | 雾 | tɕhɯ²²₄ple⁵⁵₁ | dʑa⁴⁴₃ | 裂开 |
| ntsɔ⁵²₂ | zei⁵³₁ | 草 | tɕhɔ⁵⁵₁ | tɕha⁵³₂ | 刺,刺穿 |
| nfɯ²²₄ | bɯ⁴⁴₃ | 他 | ntsai³³₇ | tɕi⁴⁴/⁵³₃lu²²₆ | 吮吸 |
| ntau³³₇ | pə³¹₂ | 打 | tɔ²¹₈xɔ²⁴₃ | χo³⁵₅ei⁵³₁ | 那里 |
| mua⁵⁵₁ | kə⁴⁴₃ | 拿 | nfɯ²²₄pua⁵⁵₁ | dʑi³⁵₅me³¹₂ | 他们 |
| ua⁴⁴₅tɕfiaŋ²²₄ | t̪ʰu²²₇dʐɯ³¹₂ | 怎么 | lai²¹₈ | ɛ⁴⁴₃ | 扔 |
| tshaŋ²¹₈ | tɯ²²₆ | 打猎 | tɕhi²²₄tɕi²⁴₃ | tɕi⁴⁴/⁵³₃ɕɛ²¹₇ | 转 |
| ʑfiəŋ²²₆ | pəŋ⁴⁴₃ | 丈夫 | kua⁴⁴₇pu⁵²₂ | ɯ⁴⁴₃ | 妻子 |
| ʑfiɔ²²₆ta³³₇ | ta³¹₂n.i²²₆ | 假如 | tɕua⁴⁴₅ | kji³⁵₅ | 风 |
| lfiua²²₆ | tɯ²¹₇ | 笑 | xɔ²⁴₃tɕfiɯ²²₆ | χo³⁵₅tɕi⁵³₁ | 哪里 |
| tɕa⁵²₂ | n.u⁴⁴₃ | 活的 | xaŋ²⁴₃zuŋ²⁴₃ | paŋ³⁵₅du³⁵₅ | 森林 |
| ua⁴⁴₅sɯ⁴⁴₅ | tɕi⁴⁴/⁵³₃tsa²²₆ | 玩 | tsfiəɯ²²₆ | zo³⁵₅ | 少 |
| ntua²⁴₃ | ŋəŋ⁴⁴₃ | 呕吐 | sɔ⁴⁴₆ | ɕaŋ³⁵₅ | 擦 |
| sɯ³³₇ntsau⁴⁴₅ | tɕi⁴⁴/⁵³₃phə⁵³₁ | (牛)打架 | Nqfiu²²₄ | te⁵³₁ | 拉 |
| na³³₇ | tɕi⁴⁴/²¹₃tɕho³⁵₅ | 压 | saŋ⁵⁵₁lfiau²²₆/saŋ⁵⁵₁phe²¹₈ | pa⁴⁴/⁵³₃n.i²²₆ | 左边 |

（三）借词

1. 双方都使用汉语借词。此类借词有以下3个：

| 难府 | 矮寨 | 斯瓦德士词项 |
|---|---|---|
| sua²⁴₃ | ʂə³⁵₅ | 数 |
| saŋ²⁴₃ | ɕaŋ⁴⁴₃ | 想 |
| xaŋ²⁴₃ 海 tsɯ²⁴₃ 子 | χɛ⁵³₁ | 海 |

"数"难府苗语读上声，矮寨苗语读 ʂə³⁵₅ 读去声。汉语"数"（上声）和"数"（去声）在上古都属山母、侯部，拟音为 *ʃĭwo[①]。难府苗语和矮寨苗语的"数"与上古汉语有语音对应关系，应为上古借词。"想"在难府苗语和矮寨苗语都读上声。而汉语"想"在上古属心母、阳部，在中古属心母、養韵、开口三等、上声、宕摄，上古和中古的拟音均为 *sĭaŋ[②]。难府苗语和矮寨苗语的"想"与上古汉语和中古汉语的"想"有语音对应关

---

[①] 引自郭锡良. 汉字古音手册[M]. 北京：北京大学出版社，1986：98-99.
[②] 引自郭锡良. 汉字古音手册[M]. 北京：北京大学出版社，1986：258.

系，应为汉语借词。泰国苗语的 $xan^{24}{}_3$（海）$tsɯ^{24}{}_3$（子）是汉语借词，因为苗语没有后缀，带后缀 $tsɯ^{24}{}_3$ 的名词为汉语借词。矮寨苗语直接借用汉语的 $\chi\varepsilon^{53}{}_1$ "海"。

2. 一方用本语词，一方用汉语借词或两种说法中的一种说法是汉借词。此类词有以下 9 个：

| 难府 | 矮寨 | 斯瓦德士词项 |
|---|---|---|
| $tļaŋ^{24}{}_3$ | $khwaŋ^{53}{}_1$ | 宽 |
| 宽 本语 | 宽 汉借 | |
| $paŋ^{44}{}_5$ | $pza^{44}{}_3$ | 棍子 |
| 棍 汉借 | 棍 本语 | |
| $nti^{44}{}_5$ | $thu^{44}{}_3$ | 吐 |
| 吐 本语 | 吐 汉借 | |
| $pɦaŋ^{22}{}_4$ 本语 | $\chi u^{31}{}_2$ 汉借 | 湖 |
| $xu^{44}{}_5$ | $Gə^{31}{}_2$ / $tshaŋ^{21}{}_8$ | 唱 |
| 唱 本语 | 唱（苗语歌曲）本语 唱（非苗语歌曲）汉借 | |
| $qa^{33}{}_7$ | $n̪u^{22}{}_6$ / $la^{31}{}_2tha^{53}{}_1$ | 脏 |
| 脏 本语 | 脏 本语　邋遢 汉借 | |
| $tsɦua^{22}{}_6$ | $kja^{44}{}_4$ / $t̪hen^{44}{}_3$（蠢） | 蠢 |
| 蠢 本语 | 蠢 本语　蠢 汉借 | |
| $paŋ^{24}{}_3$ | $tɛ^{31}{}_2$ | 捆 |
| 绑 汉借 | 捆 本语 | |
| $zi^{24}{}_3$ / $tsɯ^{24}{}_3$ | $a^{53/21}{}_1 tɕa^{35}{}_5$ / $ma^{35}{}_5$ / $a^{53}{}_1 ʑa^{31}{}_2$ | 父亲 |
| 父 本语 父 本语 | （缀）父 本语　父 本语　（缀）父 汉借 | |

上例的"宽"，矮寨苗语读 $khwaŋ^{53}{}_1$ 跟当地汉语的 $khuã^{44}$阴平有语音对应关系。王辅世构拟的古苗语为 * qlwen[B①]，声调为 B，即上声。矮寨苗语的 $khwaŋ^{53}{}_1$ "宽"与古苗语声调不合，故视为汉语借词。"父亲"矮寨苗语三种读法中的 $a^{53/21}{}_1 ʑa^{31}{}_2$，借自当地汉语的"爷"（当地读音 $ʑe^{31}$阳平）

3. 难府苗语用泰语借词，矮寨苗语用本语词。此类词有以下 2 个：

| 难府 | 矮寨 | 斯瓦德士词项 |
|---|---|---|
| $nam^{44}qhen^{31}$ | $kjɛ^{44}{}_3$ | 冰 |
| 冰 泰借 | 冰 本语 | |
| $pai^{24}{}_3$ | $le^{44}{}_3$ | 短 |
| 短 泰借 | 短 本语 | |

---

① 引自王辅世. 苗语古音构拟 [M]. 东京：国立亚非语言文化研究所，1994：40.

### 四 中泰跨境苗语第二百核心词同源比较综览

通过难府苗语与文山苗语、台江苗语、矮寨苗语第二百核心词同源比较，我们统计出表 24 中的数据：

表 24 难府苗语与文山苗语、台江苗语、矮寨苗语第二百核心词中的同源词

| 比较项 | 难府—文山 | 难府—台江 | 难府—矮寨 |
| --- | --- | --- | --- |
| 同源词 | 88 | 38 | 33 |
| 异源词 | 9 | 57 | 64 |
| 无相应说法 | 3 | 5 | 3 |

下面结合上文对表 24 进行分析：（1）第二百核心词，难府苗语与文山苗语、台江苗语、矮寨苗语的同源词数量分别为 88、38、33，难府苗语与文山苗语的同源词数量远远高于难府苗语与台江苗语和矮寨苗语。这说明在第二百核心词里，难府苗语与文山苗语的亲近度远远高于台江苗语和矮寨苗语。

（2）难府苗语与台江苗语和矮寨苗语的同源词分别为 38 和 33，二者的数量不相上下。这说明在第二百核心词里难府苗语与台江苗语、矮寨苗语的亲疏度差别很小。

（3）在异源词中出现了汉语借词和泰语借词。难府—文山、难府—台江、难府—矮寨的借词数量分别为 6 个、10 个、14 个，数量最多的是难府—矮寨。这 14 个借词中，"想""算"是难府苗语和矮寨苗语共同从汉语借入的，是老借词；"冰"和"短"是难府苗语用了泰语借词，是新借词，矮寨苗语用本语词。可见在核心词汇层次，借词都能渗入，这印证了陈保亚的语言接触"无界"论。

（4）在第二百核心词中，出现了比较双方或一方无相应说法的问题。如"动物""呼吸""结冰"在难府苗语和文山苗语中无相应说法。"动物""呼吸"在难府苗语和台江苗语中无相应说法。"动物"在难府苗语和矮寨苗语中无相应说法，"结冰""呼吸"矮寨苗语有本语的表示法，但难府苗语没有。中泰苗语都没有"动物"一词，因为苗语只有表示具体动物名称的名词，而没有相应的上位词，正如有"树""草"等植物名词，但没有"植物"一词一样。难府苗语和文山苗语没有"结冰"一词，与气候有关，难府和文山气候温热，没有结冰现象，自然在词汇中没有体现。2014 年 1 月，我去泰国难府波县巴岗镇恢宏村调查，询问了 70 岁的陶妹、47 岁的赵天涯的父亲等多位中老年人，他们都不会用母语说自然界的"冰"，只会用泰语

借词说"人造冰"。问及原因,他们说从来没有见过自然界结冰,当然就不会用母语说"冰""结冰"了。泰国难府苗族的不会说"冰",说明第二百核心词的挑选有相当大的难度,因为在甲族群使用频率很高的词,在乙族群的语言生活中没有出现,要挑选具有普遍性的词是有相当大的难度的。

## 第四节　中泰跨境苗语二百核心词同源比较综合分析

本节是对第二节"中泰跨境苗语第一百核心词同源比较"和第三节"中泰跨境苗语第二百核心词同源比较"所做的一个简短小结。我们先看前文同源词比较得出的数据,然后再来展开讨论。

表 25　　　　　　　中泰苗语二百核心词同源词统计

| | 比较项 | 难府—文山 | 难府—台江 | 难府—矮寨 |
|---|---|---|---|---|
| 第一百核心词 | 同源词 | 97 | 72 | 69 |
| | 异源词 | 2 | 27 | 28 |
| | 汉语借词 | 1 | 1 | 3 |
| 第二百核心词 | 同源词 | 88 | 38 | 33 |
| | 异源词 | 7 | 47 | 50 |
| | 汉借词/泰借词 | 2 | 10 | 14 |
| | 无相应说法 | 3 | 5 | 3 |

下面对表 24 做一些分析:(1)从第一百词和第二百词的同源词数量看,难府—文山、难府—台江、难府—矮寨第一百核心词的同源词数量分别为 97 个、72 个、69 个,第二百核心词的同源词数量分别为 88 个、38 个、33 个,第二百核心词同源词的数量比第一百核心词少了 9 个、34 个、36 个。这说明,词汇系统可以依据词义与语言使用的普遍性切分为不同的层级,在亲属语言和方言之间,越是核心的层级,同源词的比例越高,越外沿的层级,同源词的比例越低。

(2)从各点的同源词数量来看,难府—文山第一、二百核心词的同源词数量分别为 97、88,难府—台江为 72、38,难府—矮寨为 69、33。显然难府—文山的同源词数量远比难府—台江、难府—矮寨高。这说明,难府苗语与文山苗语的亲缘关系最近,其次是台江苗语,最远是矮寨苗语,但难府苗语与台江苗语、矮寨苗语的亲疏度没有明显的差别。

(3)从语言接触的视角看,在最为核心的第一百核心词,难府、文山、台江都只有"沙子"1 个汉语借词,难府读 sua[55](沙汉借) ze[55](石本语),文山读 sua⁵⁵（沙汉借）ze⁵⁵（石本语），台江读 she³⁵。矮寨苗语除了 tsha³⁵ "沙" 1 个借词外，还有 dʑɛ²¹pu²¹ "全部" 和 dɛ³¹ʑɛ³¹ "圆" 2 个借词。在略微外层的第二百核心词，不仅借词的数量增加，而且借词的类别也增加了，除了汉语借词之外还有泰语借词。难府—文山、台江、矮寨的借词数量增加到 2、10、14。除了汉语借词外，难府还出现了 nam⁴⁴qhen²¹ "冰"、pai²⁴₃ "短" 2 个泰语借词。这说明在词汇系统的最核心、次核心、非核心等不同核心层级系统中，借词由外沿层级向核心层级浸入。越外沿的层级借词数量越大，越核心的层级借词的数量越小。这个层级方向与同源词的层级方向正好相反。这一数据与陈保亚关于语言接触的 "有阶" 论是相符合的。

（4）在第二百核心词这一层级，出现了对比双方或一方无相应说法的现象。如 "动物" 在四个点中均无相应的说法。"呼吸" 在难府、文山、台江三个点无相应说法。"结冰" 在难府和文山没有相应的说法。没有相应说法的词体现不出方言或语言之间的亲疏度，不适合用于做方言或亲属语言比较的词项。这说明尽管斯瓦德士 200 核心词是依据语言使用的普遍性挑选出的，但其普遍性仍然有一定的局限。

（5）在二百核心词同源比较中分出了语义相同语音对应、语义相关语音对应、对比双方只有一个语素同源、对比双方只有一种说法同源等多种类别。这些不同的类别虽然都属于同源词，但这些不同类别的同源词制约了不同点之间的通解度。如语义相同语音对应的同源词，在第一百核心词中，难府苗语与文山苗语、台江苗语、矮寨苗语的数量分别为 97、72、69，在第二百核心词中，数量分别为 88、38、33，并且难府苗语与文山苗语多为音质相同或相近的语音对应关系。难府苗语与文山苗语在此类同源词数量上远远多于台江苗语和矮寨苗语，体现在通解度上是难府苗族与文山苗族经过适应以后能够通话，而与台江苗族和矮寨苗族完全不能通话。语义相关语音对应的同源词是由于语义扩大、缩小或转移形成的同源词，此类同源词的形成需要较长的分化时间。难府苗语和文山苗语分化的时间不足 300 年，尚无此类同源词，难府苗语与台江苗语、矮寨苗语的分化时间应该有千年以上，就出现了此类同源词。如难府和文山的 mɦiuŋ²²₄/mɦioŋ²²₄ 表示 "走" 和 "去" 两个义项。而台江苗语的 muə²²₄ 只表示 "去" 一个义项，"走" 是 hen³³。矮寨苗语的 məŋ⁴⁴₄ 也只是表示 "去"，"走" 用 χwei³⁵。对比双方只有一个语素同源的同源词，体现了同源词之间的结构差异。如 "石头" 这一同源词：难府苗语是 pɔ⁵⁵₁（缀）ze⁵⁵₁（石），前缀必须出现；文山苗语是 pau⁵⁵₁（缀）ze⁵⁵₁（石），前缀可以省略；台江苗语是 ɣuə³³₁，没有前缀；矮寨苗语的 qo⁵³₁（缀）ʐɯ⁵³₁（石），前缀必须出现。结构存在差异的同源词在难府、文山、台江、矮寨四个点中均有。这些差异有的是方言分化或跨境分化的开始或进行，如难府苗语和文山苗语。有的是方言分化的结果，如难府苗语与台江苗语和矮寨苗语。

以上的数据和分析基本体现了分化时间对同源词被借词替代的速率和方言亲疏度的影响。难府苗语与文山苗语分化时间虽然说法不一，但分化的时间不会超过300年。这说明300年的时间不足以产生较大的分化差异。难府苗语与台江苗语、矮寨苗语分化的时间是多久？为什么从第一、二百核心词比较上难府苗语与台江苗语、矮寨苗语的亲疏度没有明显差别？从迁徙时间和路线看，苗族先民在西周时期进入武陵、五溪地区，即今湘西、黔东、川东南、鄂西一带。在秦汉至唐宋时期，苗族由武陵、五溪地区向西、向南迁徙，向西进入川南和贵州大部分地区，有的经过川南和黔西北开始进入云南。元、明和清前期，苗族继续从武陵、五溪迁入贵州、广西，并从贵州、广西及川南进入云南。清雍乾至咸同年间，武陵、五溪地区的苗族继续迁往贵州、广西，贵州苗族大量迁往云南[①]。再由云南迁出中国[②]，辗转进入泰国。由迁徙路线来看，难府苗语与台江苗语分化的时间应该比矮寨苗语短，亲缘关系应该比矮寨苗语近。但从统计数据看，难府苗语与台江苗语、矮寨苗语的同源词数量并未呈现明显的差距。

---

[①] 参见伍新福. 论苗族历史上的四次大迁徙 [J]. 民族研究，1990（6）：103-110.

[②] [越] 琳心. 苗族的迁徙史及其族称（赵建国译自越南《历史研究》1961 年第 30 期）[J]. 东南亚，1984（3）45-49.

# 第五章　中泰跨境苗语语法对比

由于泰国难府苗语和达府苗语的语法规则基本一致，所以泰国苗语的选点只选取了难府苗语一个点，中国苗语则从苗语的三个方言各选一个点，文山苗语（川黔滇方言）、矮寨苗语（湘西方言）和台江苗语（黔东方言）。

中泰苗语语法对比的基本情况是：难府苗语与文山苗语的语法差异较小。其差异类型属于同中有异的差异，是大格局相同下的局部差异。这些差异如：语序不同（如修饰语的语序、关系子句语序）、虚词用法不同（如结构助词"的"、疑问副词"可"）、语法标记不同（如差比标记、被动标记）、构词法不同（如"量名结构"）、特殊句式的结构模式不同（如双宾句）等。难府苗语与台江苗语、矮寨苗语差异较大。如：矮寨苗语和台江苗语名词前缀很丰富，而难府苗语较少；矮寨苗语和台江苗语的名词前缀大多具有名词化功能，难府苗语的名词前缀多不具备这一功能；矮寨苗语和台江苗语的单音节形容词大多可以带宾语，与动词的句法功能相近，可以看作静态动词，而难府苗语的形容词大多不能带宾语，与动词的句法功能相差较大；难府苗语、文山苗语、台江苗语的量词可以表示定指，矮寨苗语的量词不具有这一功能；等等。

造成语法差异的原因有外因，也有内因。外因主要是中泰跨境苗语分别受到不同语言的影响，内因主要是苗语固有成分在演变过程中受到语言系统自身的制约而形成的差异。

下文对中泰两国苗语的构词法、词类、句法和特殊句式四个方面进行对比分析。分析侧重两个方面：一是泰国难府苗语和中国文山苗语的对比，因为二者语言关系近，通过二者的对比，有助于观察在不超过300年的跨境分化时间里语法产生哪些变异。二是注意力主要放在相异点上，尽可能挖掘更多的相异点；相同点只选取有特点的进行简要概述，不求系统、全面。

## 第一节　中泰跨境苗语构词法对比

中泰苗语的构词法基本相同，都有黏着式和分析式两类，但这两种构词法在泰国难府苗语和中国文山苗语、台江苗语、矮寨苗语里的重要性不同，有的点还采用了屈折式构词法。下面从相同点和相异点两个方面进行分析。

## 一 相同点

### 1. 分析式构词法

分析式构词法是指由词根语素复合成词的构词方法。中泰苗语的分析式构词法都包括并列式、修饰式、动宾式三类，其中并列式和修饰式使用频率较高。并列式构词法如：

| 难府 | 文山 | 台江 | 矮寨 | 汉义 |
|---|---|---|---|---|
| na$^{21}$tsɯ$^{24}$ | nɦa$^{21/22}$tsɿ$^{35}$ | mai$^{24}$pa$^{55}$ | pəŋ$^{44}$ɯ$^{44}$ | 夫妻 |
| 母 父 | 母 父 | 母 父 | 夫 妻 | |
| kɯ$^{24}$ti$^{52}$ | kɯ$^{35}$ti$^{42}$ | tɕi$^{55}$ta$^{53}$ | na$^{53}$kɯ$^{44}$ | 兄弟 |
| 弟 兄 | 弟 兄 | 兄 弟 | 兄 弟 | |
| zuŋ$^{44}$phe$^{21}$ | zoŋ$^{44}$phe$^{21}$ | ɣoŋ$^{35}$zaŋ$^{31}$ | zu$^{35}$tɕa$^{44}$ | 好坏 |
| 好 坏 | 好 坏 | 好 坏 | 好 坏 | |

有的并列式合成词，虽然构词语素相同，但所构成的词义不同。例如：

| 难府 | 文山 | 汉义 | 台江 | 矮寨 | 汉义 |
|---|---|---|---|---|---|
| tu$^{55}$ntshai$^{33}$ | to$^{55}$ntshai$^{33}$ | 子女 | tai$^{33}$pha$^{13}$ | te$^{53}$ba$^{22}$ | 女儿 |
| 子 女 | 子 女 | | 子 女 | 子 女 | |

修饰式合成词中充当修饰语素的有名词性语素、形容词性语素、动词性语素、指示性语素等，以修饰性语素在中心语素之后为优势语序。例如：

| 难府 | 文山 | 台江 | 矮寨 | 汉义 |
|---|---|---|---|---|
| tɬi$^{55}$a$^{55}$ | tou$^{55}$a$^{55}$ | fa$^{33}$ai$^{33}$ | to$^{53}$ɛ$^{53}$ | 苦瓜 |
| 黄瓜苦 | 南瓜苦 | 黄瓜苦 | 南瓜苦 | |
| te$^{55}$faŋ$^{55}$ | te$^{55}$faŋ$^{55}$ | la$^{24}$fhaŋ$^{33}$ | lu$^{35}$χwaŋ$^{53}$ | 荒地 |
| 地荒 | 地荒 | 旱地荒 | 地 荒 | |
| kua$^{44}$ntshai$^{44}$ | kua$^{44}$ntshai$^{44}$ | oŋ$^{33}$ke$^{55}$ | u$^{53}$dzo$^{35}$ | 米汤 |
| 汤 □ | 汤 □ | 水 米 | 水 米 | |
| zau$^{55}$tɬəɯ$^{55}$ | zou$^{55}$tɬəɯ$^{55}$ | ɣo$^{33}$pe$^{31}$tshai$^{13}$ | zei$^{53}$pe$^{31}$tshɛ$^{21}$ | 白菜 |
| 菜 白 | 菜 白 | 菜 白菜 | 菜 白菜 | |
| tɬe$^{52}$ŋaŋ$^{55}$ | tɬe$^{42}$tɬaŋ$^{42/33}$ | — | u$^{53}$dzəŋ$^{35}$ | 洪水 |
| 水 冲 | 水 黄 | | 水 红 | |
| nu$^{55}$qu$^{55}$puŋ$^{55}$ | nou$^{55}$ko$^{55}$zaŋ$^{44}$ | — | pei$^{44/53}$tə$^{44}$l̥ɯ$^{53}$ | 流星 |
| 星星 掉 | 星星 飞 | | （缀）火飞奔 | |

| nu⁵⁵nua²⁴/⁴⁴ | no⁵⁵na³⁵ | n̥ha³³na⁵⁵ | tha³⁵nəŋ⁴⁴ | 今天 |
| 天 这 | 天 这 | 天 这 | □ 这 | |
| nɯ³³nua²⁴ | xua²¹na³⁵ | ɕaŋ³¹na⁵⁵ | m̥aŋ³⁵nəŋ⁴⁴ | 现在 |
| □ 这 | □ 这 | □ 这 | 夜 这 | |
| ɕuŋ⁴⁴nua²⁴ | ɕoŋ⁴⁴na³⁵ | n̥hoŋ³⁵na⁵⁵ | tɕu³⁵nəŋ⁴⁴ | 今年 |
| 年 这 | 年 这 | 年 这 | 年 这 | |
| thau³³u⁴⁴ | thou³³ntso³⁵ | ɕho⁵⁵a²² | a⁴⁴/²¹zɯ⁴⁴ei⁵³ | 从前 |
| 时 那 | 时 早 | 时 那 | 一 时 候 那 | |

动宾式合成词如：

| 难府 | 文山 | 台江 | 矮寨 | 汉义 |
| ua⁴⁴n̥ua³³ | ua⁴⁴n̥ua³³ | a³⁵ɣaŋ³⁵ | thu²²zaŋ³⁵ | 撒娇 |
| 做 小 孩 | 做小孩 | 做年轻 | 做年轻 | |
| tso⁴⁴sa⁵⁵ | tsau⁴⁴sa⁵⁵ | ljaŋ²²xi³³ | tɕaŋ³⁵sɛ⁵³ | 放心 |
| 放 心 | 放 心 | 了 心 | 放 心 | |

2. 黏着式构词法多为前加式，两国苗语都有"前缀+词根"构词法。例如：

| 难府 | 文山 | 矮寨 | 汉义 |
| tsɯ²⁴tl̥ua⁵² | tsɿ³⁵tl̥ua⁴² | pei⁴⁴/⁵³qwa³¹ | 桃子 |
| （缀）桃 | （缀）桃 | （缀）桃 | |
| tsɯ²⁴sa²⁴li⁵² | tsɿ³⁵zua⁴² | pei⁴⁴/⁵³za³¹ | 梨子 |
| （缀）沙梨 | （缀）梨 | （缀）梨 | |
| tsɯ²⁴ntsen⁵² | tsɿ³⁵tse³⁵ | pei⁴⁴/⁵³zo²² | 板栗 |
| （缀）板栗 | （缀）板栗 | （缀）板栗 | |
| tsɯ²⁴mɦi²² | tsɿ³⁵mɦi²² | pei⁵³ma⁵³ | 乳头 |
| （缀）乳房 | （缀）乳房 | （缀）乳房 | |

上例的前缀均由实义名词"果子"语法化而来，且仍用作实义名词。例如：

难府　tɕɔ²⁴ tsɯ²⁴ nua²⁴ ku²⁴ tsɯ⁴⁴ tau⁴⁴ nɔ⁵² tl̥ua⁴⁴. 这些水果我没吃过。
　　　些　果子　这　我　不　得　吃　过

文山　tɕɔ³⁵ tsɿ³⁵ na³⁵/⁴⁴ ko²⁴ tsɿ⁴⁴ tou⁴⁴ nau⁴² tl̥ua⁴⁴. 这些水果我没吃过。
　　　些　果子 这　我　不　得　吃　过

矮寨　a⁴⁴/⁵³pɛ⁵³ du³⁵qwa³¹ nəŋ⁴⁴ tɛɕ³¹ pei⁴⁴ za⁴⁴. 这些桃树结果子了。
　　　一些　树　桃　这　结　果子　了

台江苗语的 tsai⁵⁵ "果子"不适合看作前缀。因为 tsai⁵⁵ 既可以构成果类名词，又能够用作实义名词，独立充当语法成分。充当果类名词前缀的如：

tsai⁵⁵（果子）ɣa⁵³（梨）"梨子"、 tsai⁵⁵（果子）naŋ²⁴（李）"李子"、tsai⁵⁵（果子）mi⁴（柿）"柿子"等。独立充当句法成分的如：接受量词短语的修饰构成 i³³（一）lai³³（个）tsai⁵⁵（果子）"一个果子"，充当动词的宾语 vi²²（我）tɕha³³（刨）tsai⁵⁵（果子）qo⁵⁵nəu⁵³（吃）"我刨果子吃"①。

## 二 相异点

1. 屈折式构词法在不同点里的发展不平衡。屈折式构词法是指通过词的语音内部变异产生新词的构词方法。难府苗语、文山苗语和台江苗语均有用不同声调区分意义相关、相近的词，而矮寨苗语相对较少。矮寨苗语多用添加前缀的构词法来构成意义相关的词。泰国苗语屈折式构词法如：

| ti⁴⁴ 靠近 | — ti⁵⁵ 相连 | ŋɔ⁵⁵ 坐 — ŋɔ⁴⁴ 蹲、屈身 |
| thau³³u̯⁵⁵ 很久以前 | — thau³³u̯⁴⁴ 以前 | tsa²⁴ 剪 — tsa⁵⁵ 剪刀 |
| tl̥a²⁴ 勺子（名词） | — tl̥a⁴⁴ 勺子（量词） | tʂfɔ²² 肥 — tsɔ⁵³ 油 |
| ntsua²⁴ 洗（手） | — ntʂhua⁴⁴ 洗（衣） | tua⁴⁴ 杀 — tɦua²² 死 |

文山苗语如：

| tsa²⁴ 剪 — tsa⁵⁵剪刀 | nto³³ 织 — ntou⁵⁵布 |
| tsา⁴⁴ 结（果子）— tsา³⁵ 果子 | tua⁴⁴ 杀 — tɦua²² 死 |

台江苗语如：

| lai³³ 个（指物）— lai⁵³ 位（指人） | qa³³poŋ²² 朋友— qa⁵⁵poŋ²² 对儿 |
| tsai³⁵结（果子）— tsai³³果子 | |

矮寨苗语如：

| qə⁴⁴勾（动词）— pa⁴⁴ᐟ⁵³qə⁴⁴钩子 | ma³¹扇（耳光）— qo⁵³ma³¹巴掌 |
| to³¹踢 — qo⁵³to³¹脚后跟 | le⁵³ 颗（量词）— qo⁵³le⁵³颗儿（名词） |

2. 虽然两国苗语都有黏着式构词法，但在中泰跨境苗语的各方言点中发展不平衡。

黏着式构词法是指用黏着性语素依附于词根之上的构词方法。在中泰苗语中各方言点都有黏着性语素。黏着性语素是由词根语素语法化而来，根据语法化的程度可分为词缀和类词缀两类，词缀是指已丧失词汇意义完全语法化的语素，类词缀是指仍然保留词汇意义但语义泛化。中泰苗语的词缀形式都是音节式词缀，句法位置是居于词根之前。有的词缀具有构词和构形两种功能，有的词缀只有构词功能。构词词缀多见于名词。前缀与词根的结合度不同，有的前缀在特定的句法位置上可以省略，有的前缀不能省略。在台江苗语和矮寨苗语中，黏着式构词法是构成名词很重要的方

---

① 姬安龙. 苗语台江话参考语法 [M]. 昆明：云南民族出版社，2012：209，201，193，122，285.

法，大量的名词是由前缀黏着词根语素构成，前缀具有语义范畴化的功能。而在难府苗语和文山苗语中黏着式构词法不及矮寨苗语和台江苗语丰富，很多在湘西苗语中用黏着式构成的合成词，在难府苗语和文山苗语中变为单纯词。为了显示中泰苗语黏着式构词法分布的不均衡性，我们把黏附在词根前的词缀列举如下：

表 26　　　　　　　　中泰苗语常用前缀一览

| 中泰苗语 | 名词前缀 | | | | | | | | 动词前缀 |
|---|---|---|---|---|---|---|---|---|---|
| 难府苗语 | tsɯ²⁴₃ | kɯ³³₇ | pɔ⁵⁵₁ | — | — | — | — | — | sɯ³³₇ |
| 文山苗语 | tʂɿ³⁵₃ | kʉ³³₇ | pau⁵⁵₁ | — | — | — | — | — | ʂɿ³³₇ |
| 台江苗语 | — | qa⁵⁵₃ | tɕi³³₁ | tɕi⁵⁵₁ | qa³³₁ | tai³³₁ | tai²²₄ | qu³⁵₅ | ɕi³⁵₅ |
| 矮寨苗语 | pei⁴⁴₃ | pa⁴⁴₃ | po³⁵₅ | te⁵³₁ | qo⁵³₁ | ta⁵³₁ | tɕi⁵³₁ | a⁵³₁ | tɕi⁴⁴₃ |

下面对表 26 中的前缀做一些分析：（1）泰国苗语和文山苗语的名词前缀不及台江苗语和矮寨苗语丰富。泰国苗语和文山苗语常用的名词前缀主要有三个，tsɯ²⁴/tʂɿ³⁵主要用于构成"果子"类名词前缀，也用于构成具有[+圆状]语义特征的名词。kɯ³³/kʉ³³为职业称谓名词前缀，pɔ⁵⁵/pau⁵⁵为具有[+坚硬]语义特征的名词前缀。其中后两个前缀的功能在中泰苗语中出现不同程度的弱化，kɯ³³在泰国苗语中功能正在弱化，文山苗语前缀 kʉ³³的用例，泰国苗语有的不用，有的可用可不用。泰国苗语用 pɔ⁵⁵前缀的，文山苗语常常省略，处于丢失状态。例如：

| 难府 | 文山 | 汉义 |
|---|---|---|
| sɯ⁵⁵fɯ⁵⁵/khu²⁴ | kʉ(ŋ)³³ ntəu³⁵ | 教师 |
| 师傅<sub>汉借</sub>　教师<sub>泰借</sub> | （缀）　书 | |
| pɔ⁵⁵ze⁵⁵ | (pau⁵⁵) ze⁵⁵ | 石头 |
| （缀）石 | （缀）石 | |

（2）台江苗语有 tɕi³³、tɕi⁵⁵、tai³³、qa³³、qa⁵⁵、qu³⁵等多个名词前缀（姬安龙，2012）。tsai³³"果子"尚未语法化为前缀，仍用作实义名词或词根。

（3）矮寨苗语有 pei⁴⁴、pa⁴⁴、a⁵³、qo⁵³、ta⁵³、te⁵³、tɕi⁵³等名词前缀，这些名词前缀具有语义范畴化功能。pei⁴⁴是"果子"类和具有[+圆状]语义特征的名词前缀。pa⁴⁴/⁵³用于构成具有[+坚硬]语义特征的名词前缀。a⁵³是亲属称谓名词前缀。te⁵³构成人或动物的名词，兼有"小巧""亲切"和"喜爱"的情感色彩。qo⁵³多用作静物名词前缀，也有少量用于非静物名词。ta⁵³是动物名词前缀。tɕi⁵³是处所名词或时间名词前缀。例如：

| pei$^{44/53}$po$^{44}$ | 疙瘩 | pa$^{44/53}$qə$^{44}$ | 钩子 |
| （缀）疙瘩 | | （缀）勾 | |
| a$^{53/21}$zo$^{35}$ | 阿姨 | qo$^{53/21}$du$^{35}$ | 树 |
| （缀）姨 | | （缀）树 | |
| qo$^{53}$ne$^{21}$qo$^{53/21}$ ma$^{35}$ | 父母 | ta$^{53/21}$tɕəŋ$^{44}$ | 老虎 |
| （缀）母（缀）父 | | （缀）虎 | |
| te$^{53}$na$^{53}$ | 哥哥 | tɕi$^{53}$ŋe$^{53}$ | 白天 |
| （缀）兄 | | （缀）天 | |

3. 难府苗语和文山苗语名词前缀的语法功能不及台江苗语和矮寨苗语发达。难府苗语和文山苗语的前缀 kɯ$^{33}$/kʉ$^{33}$ 具有名词化功能，语义功能限于构成职业类名词。矮寨苗语前缀qo$^{53}$、pa$^{44}$具有名词化功能，语义范围很广。

| 难府 | 汉义 | 文山 | 汉义 |
| kɯ$^{33}$ tsa$^{24}$ plau$^{55}$xau$^{44}$ | 理发师 | kʉ$^{33}$ntoŋ$^{44}$ | 木匠 |
| （缀）剪 头发 | | （缀）木 | |
| kɯ$^{33}$ ua$^{44}$ tse$^{24}$ | 建筑师 | kʉ$^{33}$lou$^{44}$ | 铁匠 |
| （缀）做 房子 | | （缀）铁 | |

矮寨苗语如：

| qo$^{53}$ma$^{31}$ | 巴掌 | qo$^{53}$ le$^{53}$ | 颗粒物 |
| （缀）扇 动词 | | （缀）颗 量词 | |
| qo$^{53}$pa$^{35}$ | 上百（的人或物） | pa$^{44/53}$qə$^{44}$ | 钩子 |
| （缀）百 数词 | | （缀）勾 动词 | |
| pa$^{44}$su$^{53}$tɕɯ$^{44}$ | 酒鬼 | pa$^{44}$kja$^{44}$ | 傻子 |
| （缀）醉酒 动词短语 | | （缀）傻 形容词 | |

4. 具有分类词功能的前缀分布不平衡。除了名词前缀之外，台江苗语还有大量的具有分类词功能的前缀（姬安龙，2011）用于构成名词，矮寨苗语少有，难府苗语和文山苗语我们未见用例。例如：

| 台江 | 汉义 | 矮寨 | 汉义 |
| tai$^{22}$ŋaŋ$^{33}$ | 媳妇 | pəŋ$^{53}$də$^{44}$ | 书 |
| 个 媳妇 | | 本 书 | |
| ko$^{13}$tsai$^{55}$ | 果子 | pu$^{44}$dei$^{31}$ | 拳头 |
| 串 果子 | | 坨 捶 | |

5. 前缀 kɯ$^{33}$/kʉ$^{33}$ 和 pɔ$^{55}$/pau$^{55}$的功能在中泰苗语中出现不同程度的弱化。文山苗语前缀 kʉ$^{33}$的用例，泰国苗语不用，或可用可不用。难府苗语用 pɔ$^{55}$前缀的，文山苗语常常省略。例如：

| 难府 | 文山 | 汉义 |
|---|---|---|
| sɯ⁵⁵fɯ⁵⁵/khu²⁴ | kʉ(ŋ)³³ntəu³⁵ | 教师 |
| 师傅 汉借/教师 泰借 | （缀）书 | |
| mua³¹ | kʉ³³tshua⁴² | 医生 |
| 医生 泰借 | （缀）药 | |
| tɕhu²²ua⁴⁴ŋɛ⁵² | kʉ³³ŋa⁴² | 银匠 |
| 个 做 银 | （缀）银 | |
| pɔ⁵⁵ze⁵⁵ | （pau⁵⁵）ze⁵⁵ | 石头 |
| （缀）石 | （缀）石 | |
| pɔ⁵⁵tshaŋ⁴⁴ | （pau⁵⁵）tshaŋ⁴⁴ | 骨头 |
| （缀）骨 | （缀）骨 | |

6. 表示相互态的动词前缀功能强弱存在差异。中泰苗语都有表示相互态的动词前缀，且具有同源关系（余金枝，2011①）。矮寨苗语相互态前缀功能最丰富，除了表示相互态之外，还表示强化义、目的义、致使义等多种语法意义。例如：

mɛ³¹qa⁵³maŋ²² tɕi⁴⁴ᐟ⁵³pə³¹tɕi⁴⁴ᐟ²¹da³⁵la³¹. 你们别吵架打架呀。
你们 别 （缀）打 （缀）骂 （语助）

məŋ³¹ lje²² χo⁵³səŋ⁵³ tɕi⁴⁴ᐟ²¹qhe⁴⁴la³¹. 你要好好看呐。（强化义）
你 要 好生 （缀）看 （语助）

we⁴⁴ lje²² thu⁴⁴ᐟ⁵³tɕi⁴⁴ᐟ²¹tɕu⁴⁴ a⁴⁴ᐟ⁵³pɛ⁵³ kɯ⁵³təŋ⁵³ nəŋ⁴⁴. 我要做完这些活儿。（目的义）
我 要 做 （缀）完 一 些 功夫 这

bɯ⁴⁴ thu²² tɕi⁴⁴ᐟ²¹χɛ³⁵ dzi³³ŋaŋ³¹. 他的作为使他母亲受害。（致使义）
他 做 （缀）害 他们娘

难府苗语、文山苗语和《苗语台江话参考语法》均未发现相互态前缀表示强化义、目的义、致使义等其他意义的用法。相互态的用法如：

| 难府 | 文山 | 汉义 | 台江② | 汉义 |
|---|---|---|---|---|
| sɯ³³zuŋ⁴⁴ | sʅ³³zoŋ⁴⁴ | 相好 | ɕi³⁵ljhi³³ | 相爱 |
| （缀）好 | （缀）好 | | （缀）想 | |
| sɯ³³paŋ⁵⁵ | sʅ³³paŋ⁵⁵ | 相帮 | ɕi³⁵pəu³¹ | 相见 |
| （缀）帮 | （缀）帮 | | （缀）见 | |

7. 中泰苗语的本语词没有后缀，在矮寨苗语的汉语借词中有少量后缀。这些后缀是以词汇化形式借入的，母语人区分不出词根和后缀，没有构词

---

① 余金枝. 湘西苗语前缀 tɕi⁴⁴ 的多功能性［J］. 民族语文，2009（6）：17-23.
② 姬安龙. 苗语台江话参考语法［M］. 昆明：云南民族出版社，2012：136.

能力，不能与本语的词根结合。以下是矮寨苗语的用例：

| the³⁵tsŋ⁴⁴ | 车子 | lwɔ̃³¹tsŋ⁴⁴ | 轮子 |
| --- | --- | --- | --- |
| 车子 | | 轮子 | |
| khən³⁵tsŋ⁴⁴ | 圈套 | tɕaŋ³⁵tsŋ⁴⁴ | 蚊帐 |
| 空子 | | 帐子 | |

## 第二节　中泰跨境苗语词类对比

本节通过对中泰苗语名词、指示词、数词、量词、代词、动词、形容词、状词、副词、介词、连词、助词 12 种词类的对比，我们发现其词类的语法意义和语法功能的相同点是主要的，差别是次要的。

### 一　中泰跨境苗语名词对比

（一）相同点

中泰苗语名词的基本特点相同：

（1）句法功能基本相同，能充当主语、宾语、定语。（2）时间名词可充当状语。（3）名词不能重叠。（4）方位名词有一般名词的句法特点，能够充当主语、宾语、定语、中心语等句法成分，但又与一般名词不同，不能接受"数词+量词"短语的修饰。（5）亲属称谓泛化，不存在血亲与非血亲之分。亲属称谓的泛化体现了中泰苗族对非血亲亲属的尊重，以及注重对人际关系的亲近化。（6）两国苗语方位名词的类别和数量基本相同。（7）没有"性"范畴，名词的性别用"雌、母/雄、公+名词"表示。两国苗语对名词性别的区分，主要出现在日常生活中使用频率较高的"人"和动物等生命度较高的名词上。对动物雌雄的区分，主要是在名词前添加"男""女""公""母""雌""雄"等表示。例如：

| 难府 | 文山 | 台江 | 矮寨 | 汉义 |
| --- | --- | --- | --- | --- |
| tsu²⁴mpua⁴⁴ | tsŋ³⁵mpua⁴⁴ | pa⁵⁵pe³⁵ | pa⁴⁴tə³¹ba³⁵ | 公猪 |
| 父猪 | 父猪 | 雄猪 | 雄猪 | |
| mau²¹mpua⁴⁴ | na²¹mpua⁴⁴ | mi³¹pe³⁵ | ne²¹ba³⁵ | 母猪 |
| 女猪 | 母猪 | 雌猪 | 母猪 | |
| lau²⁴qa⁵⁵ | lou³⁵qa⁵⁵ | pa⁵⁵qa³³ | pa⁴⁴/⁵³qo³⁵qa⁵³ | 公鸡 |
| 公鸡 | 雄鸡 | 雄鸡 | 雄鸡 | |
| pu⁴²qa⁵⁵ | po⁴²qa⁵⁵ | mi³¹qa³³ | ne²¹qa⁵³ | 母鸡 |
| 女鸡 | 女鸡 | 母鸡 | 母鸡 | |

（8）名词没有"数"的形态范畴，名词的"数"用"数词+量词+名

词"计量。例如：

| 难府 | 文山 | 台江 | 矮寨 | 汉义 |
|---|---|---|---|---|
| o⁵⁵ tsɔ⁵⁵ntuŋ⁴⁴ | au⁵⁵tsau⁵⁵ntoŋ⁴⁴ | o³³ tai²² toŋ³⁵ | w⁵³tu²²du³⁵ | 两棵树 |
| 两　棵　树 | 两　棵　树 | 两　棵　树 | 两　棵　树 | |
| i⁵⁵ tɕʰu²² mpua⁴⁴ | i⁵⁵ tɕʰo²² mpua⁴⁴ | i³ ³ tai²² pe³⁵ | a⁴⁴/²¹ ŋəŋ⁴⁴ ba³⁵ | 一头猪 |
| 一　头　猪 | 一　头　猪 | 一　头　猪 | 一　头　猪 | |

不同点主要有：

1. 名词指大和指小的语法手段有所不同。难府苗语名词的指大、指小有"大""小"加在名词前和后两种语序，文山苗语和矮寨苗语只能加在名词前。

难府苗语"名词+ lu⁵²（大）/mi²⁴（小）"的语序如：

| tse²⁴ lu⁵² | 大房子 | ntuŋ⁴⁴ lu⁵² | 大树 |
|---|---|---|---|
| 房子 大 | | 树 大 | |
| tɕʰie²² lu⁵² | 大手 | tɕʰai²² lu⁵² | 大碗 |
| 手 大 | | 碗 大 | |
| ke²⁴ mi²⁴ | 小路 | tse²⁴ mi²⁴ | 小房子 |
| 路 小 | | 房子 小 | |
| tɕʰai²² mi²⁴ | 小碗 | ŋkɔ⁵² mi²⁴ | 小飞机 |
| 碗 小 | | 飞机 小 | |

若名词接受量词短语的修饰，则"大"和"小"分布在名词之前，构成"数词+量词+ mi²⁴（小）+名词"语序。例如：

| i⁵⁵ tsu⁵² mi²⁴ ke²⁴ | 一条小路 | i⁵⁵ lu⁵⁵ mi²⁴ tse²⁴ | 一个小房子 |
|---|---|---|---|
| 一 条 小 路 | | 一 个 小 房子 | |
| i⁵⁵ lu⁵⁵ mi²⁴ tɕʰai²² | 一个小碗 | i⁵⁵ lu⁵⁵ mi²⁴ ŋkɔ⁵² | 一架小飞机 |
| 一 个 小 碗 | | 一 个 小 飞机 | |

除了用 mi²⁴"小"指小之外，难府苗语还用 mi²⁴ȵua³³"小孩"构成"mi²⁴ȵua³³+名词"指小。例如：

| mi²⁴ȵua³³ qa⁵⁵ | 雏鸡 | mi²⁴ȵua³³ mpua⁴⁴ | 猪崽 |
|---|---|---|---|
| 小孩 鸡 | | 小孩 猪 | |
| mi²⁴ȵua³³ tle²⁴ | 狗崽 | mi²⁴ ȵua³³ tsu²⁴ | 虎崽 |
| 小孩 狗 | | 小孩 虎 | |
| mi²⁴ȵua³³ ȵɛ⁵² | 零钱 | | |
| 小孩 钱 | | | |

文山苗语名词指大用 na²¹"母亲"加在生命度较低的植物或非生命体

名词之前，若加在生命度较高的人或动物之前，则有表示"雌性、女性"或"大"的歧义。例如：

| na$^{21}$ nti$^{24}$ tɕʰie$^{22}$ | 拇指 | na$^{21}$ ki$^{24}$ | 大路 |
| 母亲 指手 | | 母亲 路 | |
| na$^{21}$ nti$^{21}$ | 大碗 | na$^{21}$ xo$^{55}$ | 大坛子 |
| 母亲 碗 | | 母亲 坛子 | |
| na$^{21}$ tse$^{35}$ | 大房子 | na$^{21}$ ntoŋ$^{44}$ | 大树 |
| 母亲 房 | | 母亲 树 | |
| na$^{21}$ ntʂʰie$^{22}$ | 母鱼/大鱼 | na$^{21}$ nɦioŋ$^{22}$ | 母鸟/大鸟 |
| 母亲 鱼 | | 母亲 鸟 | |

文山苗语名词指小用 mi$^{24}$"小"、ȵua$^{33}$"小孩"加在名词前。ȵua$^{33}$"小孩"若加在生命度较高的动物名词前，则存在表示"小"和"小孩"的歧义，mi$^{24}$"小"则不存在歧义。例如：

| mi$^{24}$ ki$^{24}$ | 小路 | mi$^{24}$ nti$^{21}$ | 小碗 |
| 小 路 | | 小 碗 | |
| mi$^{24}$ ntoŋ$^{44}$ | 小树 | mi$^{24}$ tle$^{42}$ | 小河 |
| 小 树 | | 小 水 | |
| ȵua$^{33}$ ntʂʰie$^{22}$ | 小鱼/鱼儿 | ȵua$^{33}$ nɦioŋ$^{22}$ | 小鸟/鸟儿 |
| 孩子 鱼 | | 孩子 鸟 | |

矮寨苗语名词指大和指小有"ne$^{21}$（母）/te$^{53}$（子）+（名词）"和"ma$^{31}$（结助）+ ljəŋ$^{31}$（大）/ɕu$^{53}$（小）+（名词）"两种表示法。这两种表示法的区别主要有两点：（1）若用名词 ne$^{21}$"母"和 te$^{53}$"子"指大和指小，则可直接加在名词前，不需要添加标记；若用形容词 ljəŋ$^{31}$"大"和 ɕu$^{53}$"小"，则需要添加名物化标记 ma$^{31}$，不能直接添加在名词前。（2）ne$^{21}$、te$^{53}$ 与名词的结合比"ma$^{31}$ + ljəŋ$^{31}$/ɕu$^{53}$"与名词更紧。对于具体名词来说，这两种表示法不是任选的，而是约定俗成的。有的名词指大和指小只能添加 ne$^{21}$"母"和 te$^{53}$"子"。例如：

| ne$^{21}$da$^{44}$ | 大拇指 | ne$^{21}$kɯ$^{44}$ | 大路 |
| 母 指头 | | 母 路 | |
| te$^{53}$da$^{44}$ | 小拇指 | te$^{53}$kɯ$^{44}$ | 小路 |
| 子 指头 | | 子 路 | |
| te$^{53}$u$^{53}$ | 小河 | te$^{53}$xaŋ$^{44}$ | 小溪/小山谷 |
| 子 水 | | 子 沟壑 | |

ne$^{21}$"母"和 te$^{53}$"子"使用具有不平衡性。生命度较高的名词只能用

te$^{53}$ "子"指小，不能用 ne$^{21}$ "母"。例如：

| * ne$^{21}$du$^{35}$ | te$^{53}$du$^{35}$ | 小树 |
|---|---|---|
| 　母　树 | 　子树 | |
| * ne$^{31}$pzɯ$^{44}$ | te$^{53}$pzɯ$^{44}$ | 小房子 |
| 　母　房子 | 　子房子 | |

有的名词指大和指小只能用 ma$^{31}$ljəŋ$^{31}$/ɕu$^{53}$。例如：

| ma$^{31}$ljəŋ$^{31}$ ne$^{31}$ | 成年人 | ma$^{31}$ ɕu$^{53}$ ne$^{31}$ | 未成年人 |
|---|---|---|---|
| （结助）大　人 | | （结助）小　人 | |
| ma$^{31}$ ljəŋ$^{31}$ du$^{35}$ | 大树 | ma$^{31}$ ɕu$^{53}$ du$^{35}$ | 小树 |
| （结助）大　树 | | （结助）小　树 | |
| ma$^{31}$ ljəŋ$^{31}$ mo$^{21}$ko$^{44}$ | 大的帽子 | ma$^{31}$ ɕu$^{53}$ mo$^{21}$ko$^{44}$ | 小的帽子 |
| （结助）大　帽子 | | （结助）小　帽子 | |

有的名词指大和指小可用 ne$^{21}$、te$^{53}$ 和 ma$^{31}$ljəŋ$^{31}$/ɕu$^{53}$。例如：

| ne$^{21}$ pzɯ$^{44}$/ma$^{31}$ ljəŋ$^{31}$pzɯ$^{44}$ | 大房子 | te$^{53}$pzɯ$^{44}$/ma$^{31}$ ɕu$^{53}$ pzɯ$^{44}$ | 小房子 |
|---|---|---|---|
| 母　房子/（结助）大　房子 | | 子　房子/（结助）小　房子 | |
| ne$^{21}$te$^{35}$/ma$^{31}$ ljəŋ$^{31}$te$^{35}$ | 大碗 | te$^{53}$ te$^{35}$/ma$^{31}$ ɕu$^{53}$ te$^{35}$ | 小碗 |
| 母　碗/（结助）大　碗 | | 子　碗/（结助）小　碗 | |

而我们在《苗语台江话参考语法》中发现，台江苗语指大、指小只见"名词+ljhuə$^{33}$（大）/zuə$^{35}$（小）"一种语序。例如：

| toŋ$^{53}$ljhuə$^{33}$ | 大门 | toŋ$^{53}$ zuə$^{35}$ | 小门 |
|---|---|---|---|
| 门　大 | | 门　小 | |
| kuə$^{35}$ljhuə$^{33}$ | 大路 | kuə$^{55}$zuə$^{35}$ | 小路 |
| 路　大 | | 路　小 | |

2. 难府苗语和文山苗语的部分亲属称谓有男称和女称之别，而台江苗语和矮寨苗语不区分男称和女称。如下列称谓难府苗语和文山苗语有男称和女称两种称呼法，而台江苗语和矮寨苗语则只有一种。难府苗语和文山苗语的两种用法如：

| 难府 | 文山 | 汉义 |
|---|---|---|
| na$^{21}$ti$^{52}$ | na$^{21}$ti$^{42}$ | 嫂子（弟呼嫂子） |
| tai$^{33}$tḷaŋ$^{55}$ | tai$^{33}$tḷaŋ$^{55}$ | 嫂子（妹呼嫂子） |
| na$^{21}$lu̯a$^{33}$ | na$^{21}$lua$^{33}$ | 妹妹（姐呼妹） |
| mua$^{21}$ | mua$^{21}$ | 妹妹（兄呼妹） |

3. 难府苗语和台江苗语可以添加量词实现名词化，而矮寨苗语的量词没有这一功能。

| 难府 | tɕʰu²² ua⁴⁴ ŋɛ⁵²/tɕʰu²² ntau³³ ŋa⁵² | 银匠 | tɕʰu²² ua⁴⁴ lau⁴⁴ | 铁匠 |
| --- | --- | --- | --- | --- |
|  | 个 做 银  个 打 银 |  | 个 做 铁 |  |
| 台江 | tai²²a³⁵tsaŋ³⁵ | 生意人 | lai³³ai³³ | 苦的那个 |
|  | 个 做 生意 |  | 个 苦 |  |

4. 人名命名的习惯不同。泰国苗族一生共有两到三个名字，第一个是苗语乳名，第二个是泰语学名。苗语乳名是在刚出生不久，由祖辈、父辈取名，用于家庭、族内、村寨内交际。若不生病，乳名就一直用；若常生病，就要重新换苗语乳名。泰语学名由父辈取名，用于学校、身份证或族际交际。祖、父、孙三代人虽然都有泰语名字，但泰语名字的音义联系存在差别。祖辈的泰语名字是苗语名字的音译，而父辈、子辈和孙辈的泰语名字则与苗语名字没有音、义联系。祖辈的泰语名字包含苗族的命名文化，如用"锅""招魂的锣"等用品来命名，虽然用泰文撰写，但一看就知道该名字是苗族名字。从父辈开始，泰国苗族的泰语名字开始按照泰语文化来命名，苗族人的泰语名字不再体现苗族的命名文化和本宗族的姓氏、名字信息。2014 年 1 月，我采访泰国清迈大学苗族博士 Praist Leecha。他告诉我：他的博士学位论文专门论述了如何从泰国苗族泰语姓名的变化看泰国苗族社会关系的变迁。他说这样命名变化只有四五十年的时间，变化的原因是泰国苗族的名字与泰国人的名字不同，从名字上就容易被人认出是苗族，会被别人看不起。为了不让外族人从泰语姓名上识别出自己的苗族身份，泰国苗族的泰语名字就逐渐地与泰族的名字趋同了。Praist Leecha 说，不要小看泰国苗族的泰语名字不再体现苗族姓名这一变化，这种变化会引起苗族宗族认同的丢失，会淡化泰国苗族的认同力度，会引起泰国苗族社会关系的变迁。

泰国难府苗族和文山苗族一样，女孩的苗语名字多含有"花"，但也有别的。名字多有"美好""吉祥"之意，但仅有命名者自知，本人大多不知其意，以为只有韵律之美。例如：

| paŋ⁵² | 花 | paŋ⁵²zau⁵⁵/⁴⁴ | 花菜 |
| --- | --- | --- | --- |
| mpau⁵² | 耳环 | kia⁵⁵ | 不知其意 |
| en⁵⁵ | 不知其意 | ntshu³³ | 不知其意 |
| mpai²¹ | 不知其意 | en⁴⁴ | 不知其意 |

男孩名则各具特色。例如：

| nen⁵⁵ | 魂 | ntsɦua²² | 芽 |
| --- | --- | --- | --- |
| sɿ⁵² | 不知其意 | tsua³³ | 柴刀 |
| sɿ²¹ | 不知其意 | tsaŋ²⁴ | 不知其意 |
| kaŋ²⁴ | 不知其意 | mpluŋ⁵² | 叶子 |

men⁵² 不知其意 tshen²¹ 不知其意

有些名字，男、女皆用。例如：

zin⁵⁵ 不知其意 mfɔ²² 细

tɕhɔ⁵² 被子

文山苗族女性的苗语名字如：

paŋ⁴² 花 tsou³⁵ 不知其意

ntsəu²¹ 小 tsaŋ⁵⁵ 不知其意

文山苗族男性的苗语名字如：

lʉ²¹ 不知其意 no²¹ 官

tsha⁴² 不知其意 toŋ⁴² 铜

文山苗族男女通用的名字如：

tso⁴⁴ 甑子 waŋ²¹ 旺

矮寨苗族的苗语名字已处于丢失状态。50 岁以上的还有自己的苗语名字，如女性名字用"ba²²（女）+苗语名字"，男性名字用"pa⁴⁴ᐟ⁵³（男）+苗语名字"，40 岁以下的都没有自己的苗语名字了，从出生开始用的都是汉语名字。矮寨苗族的苗语名字如：

| 女性名字 | | 男性名字 | |
|---|---|---|---|
| ba²²to⁵³ | 女瓜 | pa⁴⁴ᐟ⁵³χo⁵³ | 巴合（无意义） |
| ba²²ŋɛ³⁵ | 无意义 | pa⁴⁴ᐟ⁵³po⁴⁴ | 巴波（无意义） |
| ba²²zin⁴⁴ | 无意义 | pa⁴⁴ᐟ⁵³wu⁴⁴ | 巴五（排行第五） |

5. 难府苗语排行分男、女，男性用"tu⁵⁵（男）+……"、女性排行用"ntshai³³（女）+……"表示。文山苗语和矮寨苗语表示排行不分男女。难府苗语如：

| 男性排行 | 女性排行 | 汉义 |
|---|---|---|
| tu⁵⁵ lu̥⁵⁵ | ntshai³³ lu̥⁵⁵ | 老大 |
| 男 长 | 女 长 | |
| tu⁵⁵ zau⁴⁴ | ntshai³³ zau⁴⁴ | 老幺 |
| 男 幺 | 女 幺 | |

"ntsaŋ⁴⁴"指排行居中的孩子，若有三个孩子，"tu⁵⁵/ntshai³³+ntsaŋ⁴⁴"指"老二"；若有五个孩子，则指"老三"。例如：

| tu⁵⁵ ntsaŋ⁵⁵ | ntshai³³ ntsaŋ⁵⁵ | 老二（三个孩子中的"老二"） |
|---|---|---|
| 子 中间 | 女 中间 | |
| tu⁵⁵ ntsaŋ⁵⁵ | ntshai³³ ntsaŋ⁵⁵ | 老三（五个孩子中的"老三"） |
| 子 中间 | 女 中间 | |

### 6. 方位名词的差别

苗语表示方位的词，不同学者归类不同。有的学者认为方位词具有名词的语义语法特征，将方位词归入名词的词类（王辅世，1985；向日征，1999；余金枝，2011），也有的学者认为苗语的方位词具有指示词的语义语法功能，故而将其归入指示词（姬安龙，2012）。本书认为方位名词在语义上表示空间位置，在语法上与普通名词一样能够充当主语、宾语、中心语、修饰语，故而将其归入名词。

为了对两国苗语方位名词的差别有直观的了解，我们将常用的方位名词列表如表 27 所示。

表 27　　　　　　　　　　中泰苗语常用方位词

| 难府 | 文山 | 台江① | 矮寨 | 汉义 |
|---|---|---|---|---|
| sau$^{44}$ | sou$^{44}$ | vi$^{53}$ 上、pɛ$^{22}$ 上 | ləŋ$^{35}$ 上 du$^{31}$ 面 | |
| pɧie$^{22}$ 坡上<br>saŋ$^{55}$ 面 sau$^{44}$ 上<br>phaŋ$^{55}$ 面 sau$^{44}$ 上<br>saŋ$^{55}$ 面 pɧie$^{22}$ 坡上<br>phaŋ$^{55}$ 面 pɧie$^{22}$ 坡上 | pɧie$^{22}$ 坡上<br>saŋ$^{55}$ 面 sou$^{44}$ 上<br>phaŋ$^{55}$ 面 sou$^{44}$ 上<br>saŋ$^{55}$ 面 pɧie$^{22}$ 坡上<br>phaŋ$^{55}$ 面 pɧie$^{22}$ 坡上 | kuə$^{55}$ 路 vi$^{53}$ 上、pha$^{35}$ 边 vi$^{53}$ 上、saŋ$^{21}$ 层 vi$^{53}$ 上；kuə$^{55}$ 路 pɛ$^{22}$ 上、pha$^{35}$ 边 pɛ$^{22}$ 上；kuə$^{55}$ 路 tɕuə$^{24}$ 上游、pha$^{35}$ 边 tɕuə$^{24}$ 上游 | phəŋ$^{35}$ 面上 | 上面 |
| ntsɧiaŋ$^{22}$ 坡下 | ntsɧiaŋ$^{22}$ 坡下 | kuə$^{55}$ 路 tɛ$^{33}$ 下 | kji$^{22}$ 底/下 du$^{31}$ 面 | |
| phaŋ$^{55}$ 面 ntsɧiaŋ$^{22}$ 坡下 | phaŋ$^{55}$ 面 ntsɧiaŋ$^{22}$ 坡下 | pha$^{35}$ 边 tɛ$^{33}$ 下 | ta$^{53}$（缀）ʑaŋ$^{44}$ 溪 | |
| ntsɧiaŋ$^{22}$ 下面 qaŋ$^{55}$ 底 | ntsɧiaŋ$^{22}$ 下面 qaŋ$^{55}$ 底 | kuə$^{55}$ 路 naŋ$^{22}$ 下游 | | 下面/下游 |
| xu$^{24}$ 里 qaŋ$^{55}$ 底 | xo$^{35}$ 里 qaŋ$^{55}$ 底 | pha$^{35}$ 边 naŋ$^{22}$ 下游 | | |
| saŋ$^{55}$ 面 xu$^{24}$ 里 qaŋ$^{55}$ 底 | saŋ$^{55}$ 面 xo$^{35}$ 里 qaŋ$^{55}$ 底 | | | |
| saŋ$^{55}$ 面 xu$^{24}$ 里 | saŋ$^{55}$ 面 xo$^{35}$ 里 | | | |
| phaŋ$^{55}$ 面 xu$^{24}$ 里 | phaŋ$^{55}$ 面 xo$^{35}$ 里 | | | |
| xu$^{24}$ | xo$^{35}$ | kuə$^{55}$ 路 ŋaŋ$^{24}$ 里<br>pha$^{35}$ 边 ŋaŋ$^{24}$ 里 | ŋaŋ$^{22}$ 里 du$^{31}$ 面 | 里 |
| ntsau$^{44}$ 外面 | ntsou$^{44}$ 外面 | kuə$^{55}$ 路 koŋ$^{53}$ 外 | pɛ$^{31}$ti$^{22}$ | 外 |
| saŋ$^{55}$ 面 ntsau$^{44}$ 外面 | saŋ$^{55}$ 面 ntsou$^{44}$ 外面 | pha$^{35}$ 边 koŋ$^{53}$ 外 | | |

---

① 表中台江苗语的"上、下、里、外、边沿、中间、前后"参见姬安龙. 苗语台江话参考语法 [M]. 昆明：云南民族出版社，2012：112-114."东边"参见第 280 页，"西边"参见第 219 页。

| 难府 | 文山 | 台江① | 矮寨 | 汉义 |
|---|---|---|---|---|
| ntɕʰu²² 边沿 | ntɕʰo²² 边沿<br>mpoŋ⁴⁴ 边沿 | qa³³（缀）poŋ³⁵ 边 | qo⁵³（缀）tʂʰu³⁵ 边<br>qo⁵³（缀）tə³⁵ 边 | 边沿 |
| tɔ²¹ 处 ntɕʰu²² 边沿 | ntəu²¹ 处 ntɕʰo²² 边沿<br>tau²¹ 处 ntɕʰo²² 边沿/旁边 | | qo⁵³（缀）ʂəŋ³⁵ 边 | 外沿 |
| su⁵⁵ tl̥ʰa²² | so⁵⁵ tl̥ʰa²² | | kɯ⁴⁴ 路 nə⁴⁴ 前 | 面前 |
| ntsua⁵⁵ ntsaŋ⁵⁵ | xo³⁵ ntsua⁵⁵ ntsaŋ⁵⁵ | qa³³（缀）toŋ³³ 里 | ta⁵³（缀）dɔŋ³¹ 中 | 中间 |
| xu²⁴ 里 pləu²⁴ 中心 | xo³⁵ 里 pləu³⁵ 中心 | | ta⁵³（缀）dɔŋ³¹ 中 | 中心 |
| tɔ²¹ 处 nte⁵² 前 | tau²¹ 处 nte⁴² 前 | kuə⁵⁵ 路 tai⁵³ 前 | kɯ⁴⁴ 路 nə⁴⁴ 前 | 前面 |
| tɔ²¹ 处 qaŋ⁵⁵ 后 | tau²¹ 处 qaŋ⁵⁵ 后 | kuə⁵⁵ 路 qaŋ³³ 后<br>pha³⁵ 边 qaŋ¹¹ 后<br>taŋ²² 头 qaŋ³³ 后 | kɯ⁴⁴ 路 tɕei³⁵ 后 | 后面 |
| saŋ⁵⁵ 面 lau²² 左/saŋ⁵⁵ 面 pʰe²¹ 左 | saŋ⁵⁵ 边 l̥iou²² 左/tsho³⁵ pʰe²¹ | pha³⁵ 边 pɛ²² tɕaŋ²² | pa⁵³ ta³¹ | 左边 |
| saŋ⁵⁵ 面 sɯ⁴⁴ 右 | saŋ⁵⁵ 面 sʐ⁴⁴ 右 | pha³⁵ 边 pɛ²² tai⁵³ | pa⁵³ n̥i²² | 右边 |
| saŋ⁵⁵ 面 nu⁵⁵ 日 tua⁵² 来 | saŋ⁵⁵ 面 no⁵⁵ 日 tua⁴² 来 | pha³⁵ 边 n̥a³³ 日 ta⁵³ 来 | ŋe⁵³ 日 tɛ⁴⁴ 生 | 东边 |
| saŋ⁵⁵ 面 nu⁵⁵ 日 puŋ⁵⁵ 掉 | saŋ⁵⁵ 面 no⁵⁵ 日 poŋ⁵⁵ 掉 | pha³⁵ 边 n̥a³³ 日 lju³¹ 下 | ŋe⁵³ 日 m̥aŋ³⁵ 夜 | 西边 |
| | | pha³⁵ 边 tɕuə²⁴/pha³⁵ 边 | | 下游 |

下面对表 27 中方位词的差别做一些分析：

（1）两国苗语的方位词虽然都以"路"作为方位的空间参照物，但难府苗语和文山苗语的方位名词中未发现包含语素"路"，而台江苗语和矮寨苗语都选用"路"作为部分方位名词的构词语素（详见表 27）。矮寨苗语和台江苗语的方位词除了用语素 kuə⁵⁵"路"构词以外，分别选用"溪""上游""下游"作为语素，这说明这两地苗族的空间认知里，"溪"和"河"也是确定方位系统的重要参照物。

（2）难府苗语和文山苗语方位名词中的 pɕʰe²² "坡上"，表示地势高于说

---

① 表中台江苗语的"上、下、里、外、边沿、中间、前后"参见姬安龙. 苗语台江话参考语法 [M]. 昆明：云南民族出版社，2012：112-114."东边"参见第 280 页，"西边"参见第 219 页。

话人说话时所在的空间位置，以区别于表示垂直位置高于说话人的 sau⁴⁴/sou⁴⁴ "上面"。二者还可以构成复合方位名词 pɦie²²sau⁴⁴/pɦie²² sou⁴⁴ "上面"，用于指称地势高于说话人并且距离说话人较近的空间位置，所表示的距离比 pɦie²² 更近、更确定。

（3）表 27 显示，难府苗语和文山苗语的方位名词几乎都有同源关系，这说明难府苗族迁出中国之前，这些方位名词就已经形成。而难府苗语、文山苗语与台江苗语、矮寨苗语则在方位名词上几乎找不到同源词，这说明从方位名词这一类别上看，跨境分化形成的差异小于方言之间的差异。

（4）在难府苗语中，我们发现方位名词 pɦie²² "坡上" 和 ntsɦaŋ²² "坡下" 常构成 "pɦie²²/ntsɦaŋ²²＋名词性成分"，表示地名所表示的空间位置高于或低于说话人说话时所在的位置。而这一用法，我们在文山苗语、台江苗语和矮寨苗语中没有发现。

难府　ku²⁴ saŋ²⁴ tsɔ²¹qaŋ⁵⁵ mɦuŋ²² ŋɔ⁵⁵ pɦie²²sua²⁴ i⁵⁵ ɕuŋ³³. 我想再去住中国一年。
　　　我　想　再　　去　住　上面 中国　一　年
　　　pɦie²² pa²¹kaŋ²¹ tua⁵² kuŋ²¹the⁵², zua²⁴ mɦuŋ²² tɕai⁵² tsʰe⁵⁵ tɔ²¹ pua⁴⁴.
　　　上面　巴岗　　来　曼谷　　要　去　　坐　车　处　波县
　　　从巴岗去曼谷，要去波县坐车。（说话人在曼谷，巴岗比曼谷地势高）
　　　ku²⁴ mɦuŋ²² ntsɦaŋ²² kuŋ²¹the⁵². 我去曼谷。（曼谷地势低于说话人所在的地点）
　　　我　去　　下面　曼谷
　　　i⁵⁵tɦu²²ntsɦie²²zaŋ⁴⁴mɦuŋ²²ntsɦaŋ²²kɔ⁵²ləu²¹. 一条鱼游到你那里去了。
　　　一条　鱼　游　去　下面　你　了　（"你"在下游）

文山苗语表示说话人认为某处地势高于或低于说话人所在的空间位置时，是否强制性使用 pɦie²² 或 ntsɦaŋ²² 受到句中动词概念意义和主语是否是施事的制约。若句中动词具有[＋位移]的语义特征、主语又是施事，则 pɦie²² 或 ntsɦaŋ²² 必须强制性使用。若句中动词不具有[－位移]的语义特征，主语即便是施事，pɦie²² 或 ntsɦaŋ²² 是可选性使用。若句中动词具有[＋位移]的语义特征，若句中无施事论元，pɦie²² 或 ntsɦaŋ²² 是可选性使用。例如：

ko³⁵ mɦoŋ²² pɦie²² ma³³kuaŋ⁵⁵. 我去马关。（强制性使用）
我　去　　坡上　马关_地名
ko³⁵ ŋau⁵⁵（pɦie²²）ma³³kuaŋ⁵⁵. 我在马关。（可选性使用）
我　在　（坡上）马关

tsʅ⁴² tɯ⁵⁵loŋ⁴² tsɦo²² (pɦe²²) ma³³kwaŋ⁵⁵ tsʅ⁴⁴tle⁵⁵. 从都龙到马关不远。(可选性使用)
从　都龙　到　(坡上)马关　　不　远

ko³⁵ mɦoŋ²² ntsɦaŋ²² moŋ³³toŋ²¹.　　　我去猛洞。(强制性使用)
我　去　　坡下　　猛洞

ko³⁵ ŋau⁵⁵ (ntsɦaŋ²²) moŋ³³toŋ²¹.　　　我在猛洞。(可选性使用)
我　在　(坡下)　猛洞

tsʅ⁴² (ntsɦaŋ²²) moŋ³³toŋ²¹ tsɦo²² zi⁴²naŋ⁴² ze⁵⁵ xen³⁵. 从猛洞到越南很近。
从　(坡下)猛洞　到　　越南　　近　很　　　(可选性使用)

（5）在我们掌握的语料中，发现"分类词+方位名词"表示"某处人"的用法仅见于台江苗语，其余三个点没有发现这一用法。台江苗语如：

tai²²pha³⁵naŋ²²　　下游人　　　　tai²²pha³⁵tɕuə²⁴　　　上游人
个　下游　　　　　　　　　　　　个　上游

tai²²ke⁵⁵vi⁵³　　　上方人　　　　tai²²ke⁵⁵tɛ³³　　　　下方人
个　上方　　　　　　　　　　　　个　下方向

## 二　中泰跨境苗语指示词对比

指示词是苗语独立的词类，在语义上具有指示功能，在语法上，多分布在"数词+量词+（名词）+指示词"结构，与量词或量词短语结合限定名词，不能充当中心语。关于指示词的归类，有的学者将其归入方位名词[①]。关于指示词的分类，前贤存在分歧。张永祥、石德富分为"定指"和"疑指"[②]。王辅世分为近指、远指和疑指[③]。王春德分为距离指示词、方位指示词和疑问指示词[④]。罗安源分为近指指示词、远指指示词、处所指示词、时间指示词四类。

本书结合前贤的研究和所掌握的苗语材料，采纳了石德富的分类法。为了直观展示中泰苗语指示词系统，我们将四个点的指示词列表如表 28 所示。

---

① 向日征.吉卫苗语研究 [M].成都：四川民族出版社，1999：36.
② 张永祥，今旦，曹翠云.黔东苗语的指示词系统 [J].中央民族学院学术论文选集 [R].北京：中央民族学院科研处，1980：255-256. 石德富.黔东苗语指示词系统 [J].语言研究，2007（1）110-114.
③ 王辅世.苗语简志 [M].北京：民族出版社，1985：49-50.
④ 王春德.苗语语法 [M].北京：光明日报出版社，1986：59-62.

表 28　　　　　　　　　　中泰苗语常用指示词表

| 调查点 | 定指 | | | | | 疑指"哪" |
|---|---|---|---|---|---|---|
| | 近指"这" | 中指"那" | 远指"那" | 远近指"这/那" | 非现场指"那" | |
| 难府 | nua²⁴ | tɔ²⁴nte⁵² | xɔ²⁴、tɔ²⁴、tɔ²⁴ᐟ²¹u⁴⁴、tɔ²⁴ᐟ⁵⁵u⁴⁴ | | | tɕɯ²² |
| 文山 | na³⁵ | ka⁴⁴ | tau²¹ka⁴⁴ | | | tɕɯ²² |
| 台江 | na⁵⁵ | ma²² | za³³ | nen⁵⁵ | a²²、za²² | te²⁴ |
| 矮寨 | nəŋ⁴⁴ | | ei⁵³、a⁴⁴ | | | tɕi⁵³ |

下面对表 28 中指示词的相同点和不同点进行分析：

（一）相同点

1. 中泰苗语的指示词都可分为定指和疑指两个大类。定指指示词指示距离的远近，疑指指示词指示未知处。

2. 指示词最常用的句法功能是构成"（数词）+量词（+……）+指示词"，指示词用于定指结构中量词所指称的个体、名词所指称的人或物体。

难府　　tɕɔ²⁴ ŋa⁵² nua²⁴ zɦɔ²² nɦɯ²² mua⁵⁵.　　　　这些钱是他给的。
　　　　些　　钱　　这　　是　　他　　给

　　　　tɕɯ²² ŋɔ⁵⁵ saŋ⁵⁵su⁴⁴ nua²⁴ zɦɔ²² ku²⁴ na²¹.　右边这个是我的母亲。
　　　　个　　坐　　右边　　这　　是　　我　　母亲

文山　　tɕɦɔ²² tua⁵⁵nɦien²² na³⁵ᐟ⁴⁴ pi³⁵ ko³⁵ maŋ⁵⁵.　　这个人比我胖。
　　　　个　　人　　　　这　　比　我　胖

台江　　tai²² ma²² tai²² za³⁵.　　　　　　　　　　　那位是布依族。
　　　　个　那　个　布依

矮寨　　a⁴⁴ᐟ²¹ ŋəŋ⁴⁴ ta⁵³ᐟ²¹ba³⁵ nəŋ⁴⁴ qa⁵³ ljəŋ³¹.　　这头猪更大。
　　　　一　　只　　（缀）　猪　　这　　更　大

3. 近指指示词同源。声母相同，韵母都是第 3 调。

（二）不同点

1. 指示词的数量不同、类别不同。

2. 表 28 中的指示词，除近指"这"声母相同，都是[n]，调类都是第三调阴上，符合语音对应规律是同源词以外，其余的均无同源关系。

3. 表 28 中的指示词，除了台江苗语有"非现指"以外，其他三个点均无。所谓"非现场指"是指不出现在交际现场的地点、事物以及说话的时点。台江苗语的"非现场指"在其他点用作远指。以下是台江苗语的"非现场指"用例。

o³³ n̥hoŋ³⁵ a²² nen⁵³ tɛ²² zuə³⁵ qəɯ³¹.　　　那两年他还很小。
二　年　那　他　还　小　（缀）

nen⁵³ a³⁵ za²² te³⁵ tɛ²⁴.　　　　　　　　他那样（做）不合理。
他　做　那　不　对

4. 难府苗语对远指区分得最细，用 4 个指示词对不同的远距离进行切分。

（1）xɔ²⁴ "那"：以说话人的空间位置为参照点，指示距离说话人空间位置较远的处所、人或事物，距离听话人的位置可近可远，比 nua²⁴ 稍远，但也看得见。例如：

pua⁵⁵ ŋɔ⁵⁵ xɔ²⁴.　　　　　　　　　　　　他们在那里。
他们　在　那

tɕɔ²⁴ zau⁵⁵ ki⁵⁵ tau⁴⁴ ŋɔ⁵⁵ xɔ²⁴.　　　　炒好的菜在那里。
些　菜　炒　得　在　那

xɔ²⁴ zɦɔ²² tɕɔ²⁴ zau⁵⁵ ki⁵⁵ tau⁴⁴.　　　　那是炒好的菜。
那　是　些　菜　炒　得

（2）tɔ²⁴ "那"：以说话人的空间位置为参照点，指示位于说话人对面的处所、人或事物。说话人和听话人都能够清楚地看见所指的物体或处所。例如：

tɕɔ²⁴ zau⁵⁵ ki⁵⁵ tau⁴⁴ ŋɔ⁵⁵ tɔ²⁴, tɕɔ²⁴ tsɯ⁴⁴ tau⁴⁴ ki⁵⁵ ŋɔ⁵⁵ nua²⁴.
些　菜　炒　得　在　那　些　不　得　炒　在　这
炒好的菜放在那里，没炒的放在这里。

tɔ²⁴ zɦɔ²² tɕɔ²⁴ zau⁵⁵ ki⁵⁵ tau⁴⁴, nua²⁴ zɦɔ²² tɕɔ²⁴ tsɯ⁴⁴ tau⁴⁴ ki⁵⁵.
那　是　些　菜　炒　得　这　是　些　不　得　炒
那是炒好的菜，这是没炒的。

n̥ɦɯ²² tse²⁴ ŋɔ⁵⁵ nua²⁴, ku²⁴ tse²⁴ ŋɔ⁵⁵ saŋ⁵⁵ tɔ²⁴. 他家在那边，我家在这边。
他　家　在　这　我　家　在　边　那

（3）tɔ²⁴⁄²¹u⁴⁴ "那"：远指，指示距离说话人很远的处所、人或物。说话人和听话人在说话时都看不见，或看得不清楚。但说话人知道所指所处的位置，听话人不一定知道所指的位置。例如：

mua⁵² ɔ⁵⁵ tɦiu²² ŋu⁵² ŋɔ⁵⁵ tɔ²⁴⁄²¹u⁴⁴.　　有两头牛在那。
有　两　头　牛　在　那

tɔ²⁴⁄²¹u⁴⁴ mua⁵² ɔ⁵⁵ tɦiu²² ŋu⁵².　　　　那里有两头牛。
那　有　两　头　牛

ku²⁴ le⁴⁴ la⁵² ŋɔ⁵⁵ tɔ²⁴⁄²¹u⁴⁴.　　　　　我的田在那。
我　的　田　在　那

## 第五章　中泰跨境苗语语法对比

tɔ$^{24/21}$u$^{44}$ zɦɔ$^{22}$ ku$^{24}$ le$^{44}$ la$^{52}$.　　　　我的田那是。
那　　　是　我　的　田

（4）tɔ$^{24/55}$u$^{44}$"那"：最远指，指示距离说话人很远的处所、人或物。说话人和听话人都看不见。例如：

nan$^{52}$ ŋɔ$^{55}$ lu$^{55}$ tsuŋ$^{44}$ tɔ$^{24/55}$u$^{44}$.　　　　难府在山那边。
难府　在　个　山　那

pe$^{55}$ le$^{44}$ luŋ$^{33}$lian$^{24}$ ŋɔ$^{55}$ tɔ$^{24/55}$u$^{44}$.　　　我们的学校在那。
我们的　学校　　在　那

4. 中泰苗语指示词充当宾语和主语的功能发展不平衡。难府苗语和文山苗语的指示词可以充当宾语和主语。矮寨苗语能够充当宾语，但不能充当主语。黔东苗语的指示词不能单独充当宾语和主语。与量词或量词短语结合充当修饰语是苗语指示词的核心功能，也应该是古苗语指示词的句法功能。充当宾语和主语，则应该是后来发展的句法功能。难府苗语指示词充当宾语和主语的如：

pua$^{55}$ŋɔ$^{55}$xɔ$^{24}$　　　　　　　别人在那里。
别人在　那

ŋua$^{24}$ zɦɔ$^{22}$ ku$^{24}$ le$^{44}$ mi$^{24}$ ŋua$^{33}$.　　　这是我的小孩子。
这　是　我　的　小孩子

文山苗语指示词充当主语和宾语的如：

na$^{35}$ zɦau$^{22}$ pe$^{55}$ le$^{44}$ tsa$^{42}$.　　　　这是我们的钱。
这　是　我们　的　钱

ko$^{35}$ ŋau$^{55}$ na$^{35}$, kau$^{42}$ ŋau$^{55}$ ka$^{44}$, nɦi$^{22}$ ŋau$^{55}$ tɦu$^{22}$?　我坐这，你坐那，他坐哪？
我　坐　这　你　坐　那　他　坐　哪

台江苗语的指示词要加上"ha$^{55}$处"才能做宾语。例如：

moŋ$^{53}$ paŋ$^{31}$ pen$^{55}$ lai$^{53}$ ŋaŋ$^{33}$ ha$^{55}$na$^{55}$.　　你的书在这儿。
你　的　本　书　在　这

矮寨苗语的指示词充当宾语应该是"χo$^{35}$处+指示词"χo$^{35}$的省略所致。因为加上χo$^{35}$是符合句法的。再说，从句法功能的同质性来看，若指示词能够充当宾语，也应该能够充当主语，但矮寨苗语的指示词是不能充当主语的，没有"这是我们的钱"之类的说法，只能说成"这些钱是你的"。

məŋ$^{31}$ ɕɐ$^{44}$ nəŋ$^{44}$, we$^{44}$ ɕɐ$^{44}$ a$^{44}$.　　　你站这，我站那。
你　站　这　我　站　那

a$^{44/53}$ pɛ$^{53}$ taŋ$^{35}$ nəŋ$^{44}$ ɲi$^{22}$ pɯ$^{53}$ naŋ$^{44}$.　　这些钱是我们的。
一些　　钱　这　是我们的

5. 难府苗语、文山苗语和台江苗语有"量词+指示词"结构，矮寨苗语没有，必须在指示词前加上数词，构成"数词+量词+指示词"结构，即使数词是"一"也不能省略。

| 泰国苗语 | 文山苗语 | 台江苗语 | 矮寨苗语 | 汉义 |
|---|---|---|---|---|
| tsɔ⁴⁴ntuŋ⁴⁴xɔ²⁴ | tsau⁴⁴ntoŋ⁴⁴ka⁴⁴ | tai²²toŋ³⁵a²² | a⁴⁴/⁵³tu²²du³⁵ei⁵³ | 那棵树 |
| 棵 树 那 | 棵 树 那 | 棵 树 那 | 一 棵 树 那 | |
| lu⁵⁵tse²⁴nua²⁴ | lo⁵⁵tse³⁵na⁵⁵ | lai³³tsɛ⁵⁵na⁵⁵ | a⁴⁴/⁵³le⁵³pzu⁴⁴nəŋ⁴⁴ | 这个房子 |
| 个 房子 这 | 个 房子 这 | 个 房子 这 | 一 个 这 | |

### 三 中泰跨境苗语数词对比

两国苗语的数词均为封闭系统，可分为系数词、位数词和其他数词。系数词是"一、二、三、四、五、六、七、八、九"。位数词是"十、二十、百、千、万、亿"。其他数词主要有"零"，是借词。数词中，系数词和位数词中的"十、二十"是本语词，其余的位数词均为借词。表示数目时，通常是十进位。两国苗语表示序数的方法有多种，都有本语的表示法，也有汉借的表示法，也可以不用数词或数词短语来表示序数，而用十二生肖来表示序数。两国苗语都有用相邻数词、数词或数词短语加上其他成分表示约数的方法。

在两国苗语表示数目的计数系统中，只有系数词和位数词是基本的，序数、约数都是数词的运用和发展。下面对两国苗语的数词、序数和约数进行对比。

（一）数词对比

中泰苗语的系数词和位数词列表于下。

表 29　　　　　　　　中泰苗语的数词

| | 难府 | 文山 | 台江 | 矮寨 | 构拟① |
|---|---|---|---|---|---|
| 一 | i⁵⁵₁ | i⁵⁵₁ | i³³₁/qe⁵⁵₃ | a⁴⁴₃/a⁵³₁ | *ʔeᴬ |
| 二 | ɔ⁵⁵₁/nfien²²₆ | au⁵⁵₁/nfien²²₆ | o³³₁ | ɯ⁵³₁ | *ʔauᴬ |
| 三 | pɛ⁵⁵₁ | pe⁵⁵₁ | pɛ³³₁ | pu⁵³₁ | *ptsæᴬ |
| 四 | plau⁵⁵₁ | plou⁵⁵₁ | l̥o³³₁ | pʐei⁵³₁/tsei⁵³₁ | *ploiᴬ |
| 五 | tsɿ⁵⁵₁ | tsɿ⁵⁵₁ | tsa³³₁ | pʐa⁵³₁ | *ptʂaᴬ |
| 六 | tsau⁴⁴₅ | tsou⁴⁴₅ | tuə³⁵₅ | to³⁵₅ | *tɭəᶜ |

---

① 数词古音构拟均摘自王辅世《苗语古音构拟》，东京：国立亚非语言文化研究所，1994 年。"一"P42，由于湘西苗语调类不对应，王辅世未将湘西苗语的"一"视为同源词。"二"p.53；"三"p.43；"四"p.51；"五"p.44；"六"p.49；"七"p.63；"八"p.45；"九"p.54；"十"p.49。

续表

|   | 难府 | 文山 | 台江 | 矮寨 | 构拟 |
|---|---|---|---|---|---|
| 七 | ɕaŋ⁴⁴₅ | ɕaŋ⁴⁴₅ | ɕoŋ²⁴₆ | tɕəŋ²²₆ | *dzoŋ^C |
| 八 | zi²¹₈ | zi²¹₈ | za³¹₈ | zi²²₈ | *za^D |
| 九 | tɕua⁵²₂ | tɕua⁴²₂ | tɕuə⁵³₂ | tɕɯ³¹₂ | *dzuɯ^A |
| 十 | kau²¹₈/tɕɦau²²₄ | kou²¹₈/tɕɦou²²₄ | tɕuə³¹₈ | ku²²₈ | *ʝə^D |
| 零 | sun²¹泰借 | lin⁴²汉借 | ljen²²汉借 | ɦi³¹汉借 |  |
| 百 | pua³³汉借 | pua⁴⁴汉借 | pe³⁵汉借 | pa³⁵汉借 |  |
| 千 | tshin⁵⁵汉借 | tsha⁵⁵汉借 | shaŋ³³汉借 | tshɛ⁵³汉借 |  |
| 万 | uaŋ²¹汉借 | uaŋ²¹汉借 | vaŋ²⁴汉借 | wɛ²¹汉借 |  |
| 亿 |  | zi²¹汉借 | zi¹³汉借 | zi²¹汉借 |  |

下面，基于表29中的数词做对比分析。

1. 相同点

（1）均有本语词和汉语借词两类。系数词是本语词，位数词是汉语借词（不包括"十"）。这说明，两国苗语最初的数词系统只有系数词，没有位数词，汉借位数词在泰国苗族迁出中国之前就已经进入苗语的数词系统了。

（2）"二"至"十"（不包括难府苗语和文山苗语的 nɦen²² "二"和 tɕɦou²² "十"，台江苗语的 qɛ⁵⁵ "一"）具有语音对应关系，是同源词。矮寨苗语的"一"有a⁴⁴₃和a⁵³₁两读。在王辅世的《苗语古音构拟》中没有将湘西苗语的"一"选入，原因是湘西苗语腊乙坪话是第三调，不符合调类对应。但笔者的母语"一"多读为a⁵³₁，是符合声调对应规律的。因此，我认为矮寨苗语的"一"与其他三个点同源。

（2）难府苗语和文山苗语的"二"和"十"有两种表示法，且两种表示法都同源。这说明，泰国苗族迁出中国之前，这些用法就已经产生了。

2. 不同点

（1）数词"零"，难府苗语借自泰语，中国苗语借自汉语。这说明泰国苗语"零"的借用时间很短，是迁入泰国后才开始借用的。

（2）"亿"难府苗语没有使用，中国苗语借自汉语。

（3）难府苗语和文山苗语的"二"和"十"有两种表示法，这有别于台江苗语和矮寨苗语。这两个"二"呈互补分布，nɦen²² "二"专用于"二十"中的"二"，ɔ⁵⁵、au⁵⁵用于构成其他数词短语。例如：

| 难府 | 文山 | 汉义 |
|---|---|---|
| ɔ⁵⁵ | au⁵⁵ | 二 |
| kau²¹ɔ⁵⁵ 十二 | kou²¹au⁵⁵ 十二 | 十二 |
| nɦien²²(ŋ)kau²¹ 二十 | nɦien²²(ŋ)kou²¹ 二十 | 二十 |
| ɔ⁵⁵pua⁴⁴/³³ 二百 | au⁵⁵pua⁴⁴/³³ 二百 | 二百 |
| ɔ⁵⁵ tshin⁵⁵ 二千 | au⁵⁵ tsha⁵⁵ 二千 | 二千 |
| ɔ⁵⁵ uaŋ²¹ 二万 | au⁵⁵uaŋ²¹ 二万 | 二万 |

"十"有两种表示法：kau²¹用于"十……二十九"，tɕɦau²²用于"三十……九十九"。例如：

| 难府 | 文山 | 汉义 |
|---|---|---|
| kau²¹ 十 | kou²¹ 十 | 十 |
| kau²¹ i⁵⁵ 十一 | kou²¹ i⁵⁵ 十一 | 十一 |
| kau²¹ ɔ⁵⁵ 十二 | kou²¹ au⁵⁵ 十二 | 十二 |
| kau²¹tɕua⁵² 十九 | kou²¹tɕua⁴² 十九 | 十九 |
| nɦien²²(ŋ)kau²¹ 二十 | nɦien²²(ŋ)kou²¹ 二十 | 二十 |
| nɦien²²(ŋ)kau³¹ tɕua⁵² 二十九 | nɦien²²(ŋ)kou²¹ tɕua⁴² 二十九 | 二十九 |
| pɛ⁵⁵ tɕɦau²² 三十 | pe⁵⁵ tɕɦou²² 三十 | 三十 |
| plau⁵⁵ tɕɦau²² 四十 | plou⁵⁵ tɕɦou²² 四十 | 四十 |
| tsɯ⁵⁵ tɕɦau²² 五十 | tsɿ⁵⁵tɕɦou²² 五十 | 五十 |
| tsau⁴⁴ tɕau²²/²¹ 六十 | tsou⁴⁴ tɕou²²/²¹ 六十 | 六十 |

ɕaŋ⁴⁴ tɕau²²/²¹   ɕaŋ⁴⁴ tɕou²²/²¹   七十
七　十　　　　　七　十

zi²¹ tɕau²²/²¹   zi²¹ tɕou²²/²¹   八十
八　十　　　　　八　十

tɕua⁵² tɕɦau²²   tɕua⁴² tɕɦou²²   九十
九　十　　　　　九　十

（4）台江苗语的"一"有 i³³和 qɛ⁵⁵两种表示法。qɛ⁵⁵专用于"十一""二十一""一百一"等"位数词+qɛ⁵⁵"的结构中，其他数词短语则用 i³³。难府苗语、文山苗语和矮寨苗语的"一"没有这一用法。以下是台江话苗语 qɛ⁵⁵"一"的用例①：

tɕuə³¹qɛ⁵⁵　　十一　　　o³³tɕuə³¹qɛ⁵⁵　　二十一
i³³pe³⁵qɛ⁵⁵　　一百一　　i³³ shaŋ³³qɛ⁵⁵　　一千一
o³³shaŋ³³qɛ⁵⁵　二千一　　i³³ vaŋ²⁴qɛ⁵⁵　　一万一

（5）难府苗语和文山苗语的数词"一"在"数词+（名词）+量词+指示词"结构中必须省略，而矮寨苗语则不能省略。例如：

难府　　　　　　文山　　　　　　矮寨　　　　　　　　汉义
lu⁵⁵ nua²⁴　　　lo⁵⁵ na³⁵　　　a⁴⁴/⁵³ le⁵³ nən⁴⁴　　这个
个　这　　　　　个　这　　　　　一　个　这

tɕɦu²² ŋu⁵² xɔ²⁴　tɕɦo²² ŋo⁴² ka⁴⁴　a⁴⁴/⁵³ ŋəŋ⁴⁴ zu⁴⁴ ei⁵³　那头牛
头　牛　那　　　头　牛　那　　　一　头　牛　那

（6）难府苗语的系数词只有本语一套，不仅用于构成数量短语，还用于表示与现代生活有关的数字。如电话号码、钟点、电视频道、车牌号等，除了"0"是用泰语借词外，其余的系数词均用本语词。这说明泰国苗语使用范围比中国苗语宽，本语系数词的功能比中国苗语强。如电话号码 080-7654835，除了其中的"0"是泰语借词外，其余的数词均用本语词表示。

sun³¹zi³¹sun³¹- ɕaŋ⁴⁴tsau⁴⁴tsɯ⁵⁵plau⁵⁵zi²¹pe⁵⁵tsɯ⁵⁵
0　8　0　7　6　5　4　8　3　5

时点也用本语数词表示。例如：

tsɯ⁵⁵ muŋ²¹　　5点　　　　pɛ⁵⁵ muŋ²¹　　3点
五　点　　　　　　　　　　三　点

而文山苗语和矮寨苗语构成数词短语或与量词组合时用本语数词，表示电视频道、电话号码、钟点等与现代生活有关的数字时，文山苗语可用

---
① 参见姬安龙.台江苗语参考语法［M］.昆明：云南民族出版社，2012：118.

本语系数词也可用汉借数词，矮寨苗语只能用汉借数词。

（二）序数表示法对比

序数表示法是指表示一般秩序、时间秩序、长幼秩序的方法。中泰苗语的语法特点总体情况是"同"大于"异"，但在序数表示法上却是"异"大于"同"。

表 30　　　　　　　　　中泰苗语的序数表示法

| 苗语点<br>顺序 | 难府苗语 | 文山苗语 | 台江苗语 | 矮寨苗语 |
|---|---|---|---|---|
| 一般次序 | thi$^{52}$第汉借+本语数词 | ti$^{42}$第汉借+本语数词 |  | ti$^{35}$第汉借+汉借数词 |
| 长幼排行 | tu$^{55}$男/ntshai$^{33}$女+非数词 |  | tai$^{22}$个+二三本语数词 | lo$^{53}$老+ 二、三、汉借数词 |
| 日期 | 农历表示法：sa$^{55}$日+本语数词<br>佛历表示法：uan$^{44}$天泰借+thi$^{52}$第汉借+数词 | 农历：sa$^{55}$+'一……十'，十一日起，直接用数词短语。<br>阳历：sua$^{35}$li$^{44}$+本语数词 | ŋha$^{33}$+十二地支<br>ŋha$^{33}$+本语数词，十一日起，直接用数词短语 | 农历：本语数词+ŋe$^{53}$天+la$^{35}$月<br>阳历：汉借数词+χo$^{35}$号汉借 |
| 星期 | 借自泰语 | 借自汉语 | 借自汉语 | 借自汉语 |
| 月份 | 佛历的月份：借用泰语 | 十二生肖+li$^{44}$月 | lha$^{35}$月+'一……十（本语数词） | la$^{35}$月+'一……十（本语数词） |

下面对表30的序数表示法进行对比分析。

1."同"主要有：

（1）一般次序表示法都借用了汉语表序数的"第"。（2）星期表示法均借自主体民族的语言。（3）农历都有本语的表示法。

2."异"主要有：（1）长幼排行，难府苗语没有采用数词去排序，而是把子女按性别分为男、女两个群体分别排序。男用"tu$^{55}$（男）+……"、女用"ntshai$^{33}$（女）+……"表示。若有四兄妹，男、女各有二人，则分为：

男性排行　　　　　女性排行　　　　　汉义

tu$^{55}$ lu̥$^{55}$　　　　　ntshai$^{33}$ lu̥$^{55}$　　　　老大

男　长（上声）　　女　长（上声）

tu$^{55}$ zau$^{44}$　　　　ntshai$^{33}$ zau$^{44}$　　　　老幺

男　幺　　　　　　女　幺

若有六兄妹，男女各有三人，则分为：

tu$^{55}$ lu̥$^{55}$　　　　　ntshai$^{33}$ lu̥$^{55}$　　　　老大

男　长（上声）　　女　长（上声）

tu⁵⁵ ntsaŋ⁴⁴　　　　　ntʂhai³³ ntsaŋ⁴⁴　　老三
子　中间　　　　　　女　中间

tu⁵⁵ ʐau⁴⁴　　　　　　ntʂhai³³ ʐau⁴⁴　　老幺
男　幺　　　　　　　　女　幺

"ntsaŋ⁴⁴"指排行居中的孩子，若有三个孩子，ntsaŋ⁴⁴指"老二"；若有五个孩子，则指"老三"。

tu⁵⁵ ntsaŋ⁴⁴　　　　　ntʂhai³³ ntsaŋ⁴⁴　老二（三个孩子中的"老二"）
子　中间　　　　　　女　中间

tu⁵⁵ ntsaŋ⁴⁴　　　　　ntʂhai³³ ntsaŋ⁴⁴　老三（五个孩子中的"老三"）
子　中间　　　　　　女　中间

文山苗语和台江苗语长幼排序中的"老大"另称，从"老二"起均用"量词+本语数词"表示。例如：

文山　　　　　　　　　台江　　　　　　　　汉义
tɕhio²² lo⁵⁵　　　　　tai²² ljhuə³³　　　　长子
个　大　　　　　　　个　大

tɕhio²² au⁵⁵　　　　　tai²² o³³　　　　　　次子
个　二　　　　　　　个　二

tɕhio²² pe⁵⁵　　　　　tai²² pɛ³³　　　　　三子
个　三　　　　　　　个　三

矮寨苗语的长幼排序完全借用了汉语的排序法，在四个苗语点中受汉语的影响最大。

（2）日期表示法分为两类，难府苗语采用农历表示法和佛历表示法，农历用"sa⁵⁵（日）+数词"表示，40岁以上的中老年人还用这种表示法，40岁以下的青年人则很少使用。农历表示法多用于1日至15日，16日至31日不使用这一表示法，直接用数词短语表示。佛历借泰语用"uan⁴⁴（天泰借）+thi⁵²（第汉借）+数词"表示。父辈、子辈用，祖辈不用。泰历表示法如：

uan⁴⁴ thi⁵² i⁵⁵　　　　一号　　　　uan⁴⁴ thi⁵² tsɯ⁵⁵　　　　　五号
天　第　一　　　　　　　　　　　天　第　五

uan⁴⁴ thi⁵² kau²¹　　　十号　　　　uan⁴⁴ thi⁵² nɦien²² (ŋ)kau²¹　二十号
天　第　十　　　　　　　　　　　天　第　二　十

uan⁴⁴ thi⁵² nɦien²² (ŋ)kau²¹ ɔ⁵⁵　二十二号　uan⁴⁴ thi⁵² pɛ⁵⁵ tɕɦau²²　三十号
天　第　二　十　二　　　　　　　天　第　三　十

农历表示法如：

sa⁵⁵ i⁵⁵　　　　　　　一号　　　　sa⁵⁵ tsɯ⁵⁵　　　　　　　五号
日　一　　　　　　　　　　　　　日　五

sa$^{55}$ kau$^{21}$　　　十号　　　　　　sa$^{55}$ nfien$^{22}$ (ŋ)kau$^{21}$　　　二十号
日　十　　　　　　　　　　　　　日　二　十
sa$^{55}$ nfien$^{22}$ (ŋ)kau$^{21}$ ɔ$^{55}$ 二十二号　　sa$^{55}$ pɛ$^{55}$ tɕfiau$^{21}$ i$^{55}$　　三十一号
日　二　十　二　　　　　　　　　日　三　十　一

　　文山苗语的日期分农历和阳历两种表示法，农历表示法与难府苗语相同，阳历用"sua$^{35}$li$^{44}$＋本语数词"表示。例如：

sua$^{35}$li$^{44}$　i$^{55}$　　　一月　　　　sua$^{35}$li$^{44}$　au$^{55}$　　　二月
汉　月　一　　　　　　　　　　　汉　月　二
sua$^{35}$li$^{44}$　kou$^{21}$ i$^{55}$　十一月　　sua$^{35}$li$^{44}$ kou$^{21}$ au$^{55}$　十二月
汉　月　十　一　　　　　　　　　汉　月　十　二

　　矮寨苗语分农历和阳历两种表示法。农历用"基数词＋n̩e$^{53}$（天）＋l̩a$^{35}$（月）"来表示一月中农历的初一到三十一。但"十一"至"三十一"，经常直接说数词，省略其中的n̩e$^{53}$"天"和l̩a$^{35}$"月"。例如：

a$^{44/53}$ n̩e$^{53}$ l̩a$^{35}$　　　一号　　　pu$^{53}$ n̩e$^{53}$ l̩a$^{35}$　　　三号
一　天　月　　　　　　　　　　　三　天　月
ɯ$^{53}$ ku$^{22}$ (n̩e$^{53}$ l̩a$^{35}$)　二十号　　pu$^{53}$ ku$^{22}$ (n̩e$^{53}$ l̩a$^{35}$)　三十一号
二　十　（天　月）　　　　　　　三　十　（天　月）

　　阳历是汉语的音译，"基数词＋χo$^{35}$（号汉借）"的格式来表示。例如：

zi$^{31}$ χo$^{35}$　　　　一号　　　　　sɛ$^{44}$ χo$^{35}$　　　　三号
一　号　　　　　　　　　　　　　三　号
ɔ$^{35}$ s̩$^{31}$ χo$^{35}$　　　二十号　　　　sɛ$^{44}$ s̩$^{31}$ χo$^{35}$　　三十号
二　十　号　　　　　　　　　　　三　十　号

　　（3）月份表示法，难府苗语分农历和佛历两种表示法。农历用"基数词＋li$^{44}$（月）＋ntu$^{52}$（天）"表示一年中的一到十二月。例如：

i$^{55}$ li$^{44/33}$ ntu$^{52}$　　　一月　　　ɔ$^{55}$ li$^{44/33}$ ntu$^{52}$　　　二月
一　月　天　　　　　　　　　　　二　月　天
pɛ$^{55}$ li$^{44/33}$ ntu$^{52}$　　三月　　　plau$^{55}$ li$^{44/33}$ ntu$^{52}$　四月
三　月　天　　　　　　　　　　　四　月　天
tsu$^{55}$ li$^{44/33}$ ntu$^{52}$　五月　　　tsau$^{44}$ li$^{44}$ ntu$^{52}$　　六月
五　月　天　　　　　　　　　　　六　月　天
ɕaŋ$^{44}$ li$^{44}$ ntu$^{52}$　　七月　　　zi$^{21}$ li$^{44}$ ntu$^{52}$　　　八月
七　月　天　　　　　　　　　　　八　月　天
tɕua$^{52}$ li$^{44}$ ntu$^{52}$　　九月　　　kau$^{21}$ li$^{44}$ ntu$^{52}$　　十月
九　月　天　　　　　　　　　　　十　月　天

| kau²¹i⁵⁵ļi⁴⁴/³³ ntu⁵² | 十一月 | kau²¹ɔ⁵⁵ļi⁴⁴ ntu⁵² | 十二月 |
| 十 一 月 天 | | 十 二 月 天 | |

佛历的月份均借用泰语表示法。父辈、子辈用，祖辈不用。例如：

| mat⁵⁵ka³³la³³khum²¹ | 一月 | ka²¹nda⁵⁵ka²¹nda³³khum²¹ | 七月 |
| kuŋ²¹pha³³phan³³ | 二月 | sjen²⁴xa²⁴khum²¹ | 八月 |
| mi³³na³³khum²¹ | 三月 | kan³³za³³zun³³ | 九月 |
| mie³³sa²⁴zun³³ | 四月 | tu²¹la³³khum²¹ | 十月 |
| phɯ⁵⁵sa³³pha³³khum²¹ | 五月 | phlɯ⁵³sa²¹tɕi²¹ka³³zun³³ | 十一月 |
| mit³³thu²¹na³³zun³³ | 六月 | tham³³ua³³khum²¹ | 十二月 |

文山苗语的月份表示法分农历和阳历两种，农历用十二生肖表示，结构为"生肖+ļi⁴⁴（月）"。例如：

| lua³⁵ ļi⁴⁴ | 一月 | zaŋ⁴² ļi⁴⁴/³³ | 二月 |
| 兔 月 | | 龙 月 | |
| naŋ⁵⁵ ļi⁴⁴/³³ | 三月 | nɦien²² ļi⁴⁴ | 四月 |
| 蛇 月 | | 马 月 | |
| zaŋ⁴² ļi⁴⁴/³³ | 五月 | la⁵⁵ ļi⁴⁴/³³ | 六月 |
| 羊 月 | | 猴 月 | |
| qa⁵⁵ ļi⁴⁴/³³ | 七月 | tļe³⁵ ļi⁴⁴ | 八月 |
| 鸡 月 | | 狗 月 | |
| mpua⁴⁴ ļi⁴⁴ | 九月 | nɦiaŋ²² ļi⁴⁴ | 十月 |
| 猪 月 | | 鼠 月 | |
| ŋo⁴² ļi⁴⁴/³³ | 十一月 | tso³⁵ ļi⁴⁴ | 十二月 |
| 牛 月 | | 虎 月 | |

但在实际使用中，十二生肖表示月份的用法使用不平衡。"龙月""牛月""虎月""兔月""蛇月"使用频率较高，因为当地苗族多选择在这几个月办喜事、做祭祀活动，如请巫师到家里更换挂在家门上祈福的红色"门布"。"鼠月"因为是春节，一般不说。其他的月份更习惯于用数词表达。其他的几个月很少使用生肖表示法，多用"数词+ļi⁴⁴（月）"表示。例如：

| plou⁵⁵ļi⁴⁴ | 四月 | tsʅ⁵⁵ļi⁴⁴ | 五月 |
| 四 月 | | 五 月 | |
| tsou⁴⁴ļi⁴⁴ | 六月 | ɕaŋ⁴⁴ļi⁴⁴ | 七月 |
| 六 月 | | 七 月 | |
| zi²¹ ļi⁴⁴ | 八月 | tɕua⁴² ļi⁴⁴ | 九月 |
| 八 月 | | 九 月 | |

kou²¹ l̥i⁴⁴　　十月　　　　　　　kou²¹ i⁵⁵ l̥i⁴⁴　　十一月
十　月　　　　　　　　　　　　十　一　月

kou²¹ au⁵⁵ l̥i⁴⁴　　十二月
十　二　月

阳历的月份用"sua³⁵l̥i⁴⁴（汉月）+数词+l̥i⁴⁴（月）+sa⁵⁵+数词"表示。例如：

sua³⁵　l̥i⁴⁴　tɕua⁴²　l̥i⁴⁴　sa⁵⁵　i⁵⁵　　　阳历九月一日
汉　　月　　九　　月　　初　一

台江苗语表示月份用"l̥ha³⁵（月）+本语数词"表示。但"十一月""十二月"用"冬月""腊月"表示。例如：

l̥ha³⁵qε⁵⁵　　　一月　　　　l̥ha³⁵o³³　　　二月
月　一　　　　　　　　　　　月　二

l̥ha³⁵tɕuə⁵³　　九月　　　　l̥ha³⁵tɕuə³¹　　十月
月　九　　　　　　　　　　　月　十

l̥ha³⁵toŋ³³　　冬月　　　　l̥ha³⁵la³¹　　　腊月
月　冬　　　　　　　　　　　月　腊

（三）概数对比

中泰苗语概数表示法如表31所示：

表 31　　　　　　　　　中泰苗语的概数表示法

|  | 难府 | 文山 | 台江① | 矮寨 |
|---|---|---|---|---|
| 多于某数 | 数目②+təɯ²¹多+（量词）/数目+量词+ntau⁴⁴多 | 数目+量词多+ntou⁴⁴ | 数目+ne³⁵多 | 系词+量词+zaŋ⁴⁴多/数词短语+zaŋ⁴⁴多+量词 |
| 少于某数 | tsɯ⁴⁴tsɦu²²不到+量词短语 | tsɿ⁴⁴ mua⁴²没有+量词短语 |  | tɕu⁵³tɛ⁴⁴不到+数目 |
| 约数 | pɦie²²tsɦəɯ²²（多少） | pɦie²²tsɦəɯ²²（多少） | i³³za³⁵几/qa⁵⁵+量词"表示"几" | "ta⁵³几+量词"表示几个、几斤…… |
|  |  |  | "数量+vi⁵³tɛ³³上下"表示"……上下" | "qo⁵³+位数词"表示"数十、百、千……" |
|  |  |  | "qa⁵⁵+位数词"表示"……上下" | "qo⁵³+名词分类词量词"表示某个 |
|  | 两个相邻数词 | 两个相邻数词组合 | 两三个相邻数词 | 两个相邻数词 |

---

① 参见姬安龙. 苗语台江话参考语法 [M]. 昆明：云南民族出版社，2012：118-119．
② 为了排版方便，句法模式中的"数目"包括数量短语和量词短语。

下面对表 31 中两国苗语的概数表示法的异同做一些分析。

1. 相同点

（1）都采用添加"多"表示多于某数。例如：

| 难府苗语 | 文山苗语 | 台江苗语 | 矮寨苗语 | 汉义 |
|---|---|---|---|---|
| i⁵⁵pua⁴⁴/³³təɯ²¹ | i⁵⁵pua⁴⁴/³³ntou⁴⁴ | i³³pe³⁵ne³⁵ | a⁴⁴/²¹pa³⁵zaŋ⁴⁴ | 一百多 |
| 一百多 | 一百多 | 一百多 | 一百多 | |

（2）均采用相邻数词组合表示约数。例如：

| 难府苗语 | 文山苗语 | 台江苗语 | 矮寨苗语 | 汉义 |
|---|---|---|---|---|
| ɔ⁵⁵pɛ⁵⁵lu⁵⁵ | au⁵⁵pe⁵⁵tɕio²² | o³³pe³³lai³³ | ɯ⁵³pu⁵³le⁵³ | 两三个 |
| 二三个 | 二三个 | 二三个 | 二三个 | |

2. 不同点

（1）难府苗语和文山苗语表示多于某数具有同源关系，少于某数的表示法则无同源关系。例如：

难府
i⁵⁵ki²¹lɔ²⁴ntau⁴⁴　　一公斤多
一　公　斤　多
tsɯ⁴⁴ tsʰu²² pɛ⁵⁵ tɕʰiau²² ɕuŋ³³. 没满三十岁。
不　到　三　十　岁

文山
au⁵⁵ki³⁵ntou⁴⁴　　两斤多
两　斤　多
tsɿ⁴⁴ mua⁴² au⁵⁵ ki³⁵ 没有两斤。
没　有　两　斤

（2）台江苗语用"上下"表示约数。文山苗语没有"十"加上"上下"表示约数的说法，但百位数、千位数则可用"上下"表示约数。例如：

台江[①]
tɕuə³¹ lai³³ vi⁵³ tɛ³³　　十个上下
十　个　上　下
i³³ pe³⁵ vi⁵³ tɛ³³　　一百上下
一　百　上　下

文山
i⁵⁵ pua⁴⁴/³³ ntɕi⁴⁴ ŋqɦie²²　　一百上下
一　百　上　下
i⁵⁵ tsʰa⁵⁵ ntɕi⁴⁴ ŋqɦie²²　　一千上下
一　千　上　下

（3）台江苗语有用三个相邻数词组合表示约数的用法，其他点未见此用法。台江苗语如：ɕoŋ²⁴（七）za³¹（八）tɕuə⁵³（九）lai⁵³（个）"七八九个"。

（4）难府苗语和文山苗语未见"前缀+位数词"表示概数的用法，台江苗语和矮寨苗语则有此用法。

| 台江苗语[②] | 汉义 | 矮寨苗语 | 汉义 |
|---|---|---|---|
| qa⁵⁵pe³⁵ | 一百上下 | qo⁵³/²¹pa³⁵ | 上百 |
| （缀）百 | | （缀）百 | |

---

① 姬安龙. 苗语台江话参考语法 [M]. 昆明：云南民族出版社，2012：119.
② 姬安龙. 苗语台江话参考语法 [M]. 昆明：云南民族出版社，2012：118.

| qa⁵⁵shaŋ³³ | 一千上下 | qo⁵³tshɛ⁵³ | 上千 |
|---|---|---|---|
| （缀）千 | | （缀）千 | |

## 四　中泰跨境苗语量词对比

两国苗语量词都包括名量词和动量词。名量词是指分布在名词短语中的词，既包括指示名词形状、种类的分类词，也包括给名词计量的度量衡量词。因为二者都与数词组合，在结构上难以截然分开，我们统一归入名量词。动量词是指分布在动词短语中与数词组合的词。两国苗语的名量词丰富，而动量词缺乏。

两国苗语名量词和动量词都是单音节的，都必须强制使用，呈镜像对称分布：数量名和动数量。这一语序符合 VO 语序使用数量名和动数量的语序倾向①。例如：

| 难府 | 文山 | 台江 | 矮寨 | 汉义 |
|---|---|---|---|---|
| i⁵⁵ tɕiu²² nɦiuŋ³³ | i⁵⁵ tɕio²² nɦioŋ²² | i³³ tai²² noŋ²⁴ | a⁴⁴/²¹ ŋəŋ⁴⁴ nu²² | 一只鸟 |
| 一 只 鸟 | 一 只 鸟 | 一 只 鸟 | 一 只 鸟 | |
| xa³³ i⁵⁵ zɦa²² | xa³³ i⁵⁵ zɦa²² | hao³⁵ i³³ te²⁴ | pu²² a⁴⁴/⁵³ to²¹ | 说一次 |
| 说 一 次 | 说 一 次 | 说 一 次 | 说 一 次 | |

### （一）名量词对比

#### 1. 相同点

（1）两国苗语的分类词都具有摹状功能和分类动能，用于描摹物体的形状，区分人、动物、植物和无生命体。如难府苗语和文山苗语用 tsu⁵²/tso⁴² 计量线状物，用 tl̥ai²¹ 计量片状物。

| 难府 | 文山 | 汉义 |
|---|---|---|
| i⁵⁵ tsu⁵² plau⁵⁵xau⁴⁴ | i⁵⁵ tso⁴² plou⁵⁵xou⁴⁴ | 一根头发 |
| 一 根 头发 | 一 根 头发 | |
| i⁵⁵ tsu⁵² lua⁴⁴ | i⁵⁵ tso⁴² lua⁴⁴ | 一根线 |
| 一 根 线 | 一 根 线 | |
| i⁵⁵ tl̥ai²¹ phua²¹ | i⁵⁵ tl̥ai²¹ phua²¹ | 一块毛巾 |
| 一 块 毛巾 | 一 块 毛巾 | |
| i⁵⁵ tl̥ai²¹ a²⁴ | i⁵⁵ tl̥ai²¹ a³⁵ | 一块镜子 |
| 一 块 镜子 | 一 块 镜子 | |

台江苗语用 taŋ³³、矮寨苗语用 te⁴⁴ 计量长条形的物体，台江苗语用 lju²²、

---

① Dryer, M.S.1992.The Greenbergian Word Order Correlations. Language 68（1）：118.

矮寨苗语用 ka²² 计量片状物①。

| 台江苗语 | 矮寨苗语 | 汉义 |
| --- | --- | --- |
| o³³ʈaŋ³³tu²² | ɯ⁵³te⁴⁴tə⁴⁴ | 二根柴 |
| 二根 柴 | 二根 柴 | |
| tuə³⁵ʈaŋ³³qen⁵³ | to³⁵te⁴⁴pjɛ⁵³tɛ³⁵ | 六根扁担 |
| 六根 扁担 | 六根 扁担 | |
| i³³ lju²² pi²⁴ | a⁴⁴/²¹ ka²² pɛ⁴⁴ du³⁵ | 一块木板 |
| 一块 木板 | 一 块 板 木 | |
| o³³lju²²to³³ | ɯ⁵³ka²²dei³¹ | 二块布 |
| 二块 布 | 二 块 布 | |

难府苗语用 tɕʰu²²、文山苗语用 tɕʰo²² 计量人、动物、鬼神等母语人认为有生命度的生命体。

| 难府 | 文山 | 汉义 |
| --- | --- | --- |
| i⁵⁵ tɕʰu²² tua⁵⁵nɦien²² | i⁵⁵ tɕʰo²² tua⁵⁵nɦien²² | 一个人 |
| 一个 人 | 一个 人 | |
| zi²¹ tɕʰu²² ntsau²¹ | zi²¹ tɕʰo²² ntsou²¹ | 八只蚂蚁 |
| 八 只 蚂蚁 | 八 只 蚂蚁 | |
| i⁵⁵ tɕʰu²² tl̥aŋ⁵⁵ | i⁵⁵ tɕʰo²² tl̥aŋ⁵⁵ | 一个鬼 |
| 一个 鬼 | 一个 鬼 | |

台江苗语用 tai²² 计量生命体，矮寨苗语用 ŋəŋ⁴⁴ 计量动物。

| 台江 | | 矮寨 | |
| --- | --- | --- | --- |
| i³³tai²²noŋ²⁴ | 一只鸟 | a⁴⁴/²¹ ŋəŋ⁴⁴ ta⁵³/²¹nu²² | 一只鸟 |
| 一只 鸟 | | 一 只（缀）鸟 | |
| o³³tai²²kha⁵⁵li⁵³ | 两个凯里人 | ɯ⁵³ŋəŋ⁴⁴ ta⁵³/²¹mzu⁴⁴ | 两条鱼 |
| 二个 凯里 | | 两 条（缀）鱼 | |

（2）名词与指示词不能直接组合，必须加分类词，构成"（数词）+分类词+名词+指示词"结构。两国苗语都没有"这孩子""那桃子""这人"等说法。矮寨苗语除了添加分类词以外，还要加上数词，即便数词是"一"也不能省略。

| 难府 | 文山 | 矮寨 | 汉义 |
| --- | --- | --- | --- |
| tɕʰu²² mi²⁴ŋua³³ nua²⁴ | tɕʰo²²mi³⁵ŋua³³ na³⁵ | a⁴⁴/⁵³le⁵³te⁵³te⁵³nəŋ⁴⁴ | 这个孩子 |
| 个 小孩子 这 | 个 小孩子 这 | 一 个 孩子 这 | |

---

① 姬安龙. 苗语台江话参考语法 [M]. 昆明：云南民族出版社，2012：122.

lu⁵⁵ tsɯ²⁴ tl̪ua⁵² xɔ²⁴    lu⁵⁵ tsȵ³⁵ tl̪ua⁴² xau³⁵    a⁴⁴/⁵³le⁵³pei⁴⁴/⁵³qwa³¹ei⁵³    那个桃子
个  果子桃  那     个  果子桃  那     一  个  果子桃  那
台江①

lai³³ɣo³³na⁵⁵tao²²maŋ⁵³va³⁵le³³.    这个菜离你们太远了。
个 菜 这  远 你们   很（语助）

tai²²nai⁵³a²²n̥ haŋ⁵⁵zaŋ⁵³.    那个人听见了。
个 人 那 听 了

（3）两国苗语都有名词兼做名量词的用法。例如：

| 难府 | 文山 | 汉义 | 台江② | 矮寨 | 汉义 |
| --- | --- | --- | --- | --- | --- |
| pha⁵⁵ | pha⁵⁵ | 盆（水） | tsɛ⁵⁵ | pzɯ⁴⁴ | （一）家 |
| tl̪a²⁴ | tl̪a³⁵ | （一）勺 | ŋaŋ⁵³ | ŋaŋ³¹ | （一）船 |

（4）两国苗语都能够重叠为"一A一A"式。如"狗把这件裙子咬成一块一块了"和"那些柴捆成了一捆一捆了"：

难府    tl̪e²⁴mua⁵⁵ ta⁵⁵ tu²¹ ntl̪fiua²² i⁵⁵ tl̪ai²¹ i⁵⁵ tl̪ai²¹ ləɯ²¹.
　　　　狗 把  裙子 咬破   一 块 一 块 了

tɕɔ²⁴ thəɯ²² xɔ²⁴ mfiaŋ²² paŋ²⁴ ua⁴⁴ i⁵⁵ pɔ⁵⁵ i⁵⁵ pɔ⁵⁵ ləɯ²¹.
些 柴 那 被 捆 做 一 捆 一 捆 了

文山    tl̪e³⁵ mua⁴⁴ tl̪ai²¹ ta⁵⁵ na³⁵ tl̪ua⁴⁴ ua⁴⁴ i⁵⁵ tl̪ai²¹ (i⁵⁵) tl̪ai²¹ le⁴⁴.
　　　　狗 把 件 裙子 这 撕 做 一 块 （一）块 的

tɕau³⁵ thəɯ²² na³⁵ paŋ³⁵ ua⁴⁴ i⁵⁵ khaŋ⁴² (i⁵⁵) khaŋ⁴² le⁴⁴.
些 柴 这 捆 做 一 捆 （一）捆 的

矮寨    ta⁵³/²¹ɢɯɯ⁴⁴ kə⁴⁴ a⁴⁴/⁵³ de⁵³ tɛ⁵³ nəŋ⁴⁴ qa⁵³ tɕɛ³¹ a⁵³ ka²² a⁵³ ka²²za²².
（缀）狗 把  一 件 裙子 这 咬成 一 块 一 块 了

χɛ³⁵ tə⁴⁴ nəŋ⁴⁴ zi⁵³se⁵³ tɛ³¹ tɕɛ³¹ a⁵³ ɢu³⁵ a⁵³ ɢu³⁵ za⁴⁴.
些 柴 这 全部 捆成 一 束 一 束 了

（二）不同点

1. 两国苗语的分类词在语法功能、语义功能和语用功能上存在差异。其功能由强到弱的排序大致为台江苗语/黔东苗语 > 文山苗语/泰国苗语 > 矮寨苗语。

---

① 姬安龙. 苗语台江话参考语法［M］. 昆明：云南民族出版社，2012：251-252.
② 姬安龙. 苗语台江话参考语法［M］. 昆明：云南民族出版社，2012：127.

表32　　　　　　　　中泰苗语名词分类词的功能

| | +指示词 | +名词 | 定指 | 宾语 | 名物化 | 重叠 | 情感评价 | 领属标记 |
|---|---|---|---|---|---|---|---|---|
| 台江 | + | + | + | + | + | + | + | + |
| 文山 | + | + | + | - | + | + | - | + |
| 难府 | + | + | + | - | + | - | - | + |
| 矮寨 | - | - | - | + | - | + | - | - |

表 32 显示台江苗语分类词的功能最强，具有表 32 中的八种功能，其中情感评价功能是其余三个点的分类词所不具备的。下面用例子对表 32 显示的七种功能差异进行描写分析。

（1）除了矮寨苗语以外，其余三个点均有"分类词+指示词"的用法。这一用法是由于难府苗语、文山苗语和台江苗语省略了数词"一"，矮寨苗语不能省略。例如：

难府　　　　　文山　　　　　台江　　　　　矮寨　　　　　　　汉义

lu$^{55}$tse$^{24}$nua$^{24}$　lo$^{55}$tse$^{35}$na$^{35}$　lai$^{33}$tsɛ$^{55}$na$^{55}$　a$^{44/53}$le$^{53}$pzu$^{44}$nəŋ$^{44}$　这个房子
个 房 这　　个 房 这　　个 房 这　　一 个 房 这

tɕiu$^{22}$ntsɕie$^{22}$xɔ$^{24}$　tɕio$^{22}$ntsɕie$^{22}$ka$^{44}$　tai$^{22}$nɛ$^{22}$a$^{22}$　a$^{44/21}$ŋəŋ$^{44}$mzuu$^{44}$ei$^{53}$　那条鱼
条 鱼 那　　条 鱼 那　　条 鱼 那　　一 条 鱼 那

（2）"分类词+名词"在黔东苗语中大量存在。姬安龙将这一结构视为派生式合成词①，张永祥②视为名词修饰量词的短语。从"量名"结构的双音节性和语义凝固性看，黔东苗语的"量名"结构处在词汇化的路径上，但词汇化尚未完成，因而兼有合成词和短语的语义语法特征。难府苗语、文山苗语也有"分类词+名词"结构，分类词起到定指的作用。

难府苗语如：

tɕiu$^{22}$ mi$^{24}$ŋua$^{33}$ nɔ$^{52}$ tshua$^{52}$ lɔ$^{44}$ tsɕiau$^{22}$zɕiu$^{22}$ lɔ$^{44}$. 这个孩子一吃完药呢就睡了。
个 小孩子 吃 药 （语助）睡着 （语助）

me$^{21}$e$^{25}$ tɬha$^{44}$ mɕiuŋ$^{55}$ lu$^{55}$ xaŋ$^{24}$zu$^{24}$ saŋ$^{55}$sau$^{44}$ ləu$^{21}$. 羊跑到上面的树林去了。
羊 跑 去 个森林 上面 了

文山苗语也使用分类词表示定指，但使用范围不及难府苗语广。以上难府苗语的两个用例，第一例文山苗语需要用名词分类词，第二例则不用。

---

① 姬安龙. 苗语台江话参考语法 [M]. 昆明：云南民族出版社，2012：62-64，193.
② 张永祥. 黔东苗语的量名结构 [J]. 中央民族大学学报，1996（2）：66-71.

台江苗语如：

| tai²² kaŋ³³ 虫子 | lai³³ po¹³ 山 | tɕo⁵³ fhuə⁵⁵ 线 |
|---|---|---|
| 个  虫 | 个  山 | 根  线 |
| qo⁵³ tsai⁵⁵ 果子 | qai²⁴ ljo⁵⁵ 黄牛 | poŋ²² tu²⁴ 筷子 |
| 个  果子 | 个  黄牛 | 双  筷 |

（3）名词分类词充当句法成分的能力黔东苗语最强，矮寨苗语次之，文山苗语和难府苗语最弱。在黔东苗语中，名词分类词能够充当主语以及动词和形容词的宾语。在矮寨苗语、难府苗语和文山苗语中，名词分类词不能充当动词的宾语。矮寨苗语有"形容词+名词分类词"的用法。文山苗语仅见"形容词+名词分类词+形容词+名词分类词"的重叠用法，难府苗语未发现此用法。

黔东苗语如[①]：

to¹¹ tə³¹ noŋ³⁵ noŋ⁵⁵ lɛ³³ qa⁵⁵ noŋ⁵⁵ qhu³³? 这些豆子吃豆粒儿，还是吃豆壳呢？
些 豆子 这 吃 个 或 吃 壳

tɛ¹¹ moŋ⁵⁵ ɬhiə³³ tɛ¹¹ va⁵⁵.  那个人的个儿大得很。
个 那 大 个 很

矮寨苗语分类词充当形容词宾语的如：

a⁴⁴/⁵³ le⁵³ ne³¹ ei⁵³ ljəŋ³¹ du³¹ χən³⁵.  那个人个儿大得很。
一 个 人 那 大 坨 很

文山苗语如：

tɕau³⁵ tou²¹ ka⁴⁴ na²¹ kho³⁵ na²¹ kho³⁵ le⁴⁴.  那些豆子颗粒很大。
些 豆 那 大 颗 大 颗 的

tɕau³⁵ mpua⁴⁴ na³⁵ mi³⁵ tɕho²² mi³⁵ tɕho²² le⁴⁴.  这些猪很小。
些 猪 这 小 只 小 只 的

（4）难府苗语、文山苗语和台江苗语的名词分类词均有名物化功能。名词分类词能够加在谓词性成分前使之转指动作的施事或性状的拥有者。矮寨苗语未发现此用法。

| 难府 | 文山 | | 台江 | |
|---|---|---|---|---|
| tl̥ai²¹ lu⁵² | tl̥ai²¹ lo⁴² | 大块的 | tai²² ki⁵³ | 哭者 |
| 块  大 | 块  大 | | 个  哭 | |
| tɕhu²² ŋɔ⁵⁵ | tɕho²² ŋau⁵⁵ | 坐着的 | lai³³ ai³³ | 苦的那个 |
| 个  坐 | 个  坐 | | 个  苦 | |

（5）难府苗语的名量词不能重叠为AA式，表示通指难府苗语用"tshua³³

---

[①] 张永祥. 黔东苗语的量名结构 [J]. 中央民族大学学报, 1996（2）: 66-71.

（每）+量词"。文山苗语既可用"tshua³³（每）+量词"，也可重叠为 AA 式。台江苗语和矮寨苗语只用 AA 式。例如：

| 泰国 | 文山 | 台江 | 矮寨 | 汉义 |
| tshua⁴⁴ lu⁵⁵ | tshua⁴⁴lo⁵⁵/lo⁵⁵lo⁵⁵ | lai⁵³ lai⁵³ | le⁵³ le⁵³ | 个个/每个 |
| 每 个 | 每个 / 个个 | 个 个 | 个 个 | |

（6）在名词类别词表示褒贬的情感评价功能上存在差别。只有台江苗语的分类词有此用法，其余三个点没有。如台江苗语用 qo⁵³ 和 ŋɯ⁵³ 表示褒义，用 qai²⁴ 表示贬义。台江苗语类别词表示褒义的如（姬安龙，2012）：

tai²² toŋ³⁵ ke⁵⁵vi³³ tsai³³ i³³ qo⁵³ qa³³ tai³³ tsai⁵⁵ naŋ²⁴ hei³³lei⁵³.
棵 树 上面 结 一 个（缀）子 李子 哦 （语助）
树上结了一颗小小的李子哦。

贬义量词如：

ɕho³⁵a²² nen⁵³ ŋaŋ³⁵pəɯ³¹qa⁵⁵tɛ³³ ma⁵³ i³³ qai²⁴ kaŋ³³lhao⁵⁵ne²².
那时 他 见（缀）地 有 一 个 千脚虫
那时他看见地下有一大只千脚虫。

（7）难府苗语、文山苗语和台江苗语的名词分类词可用做领属标记，而矮寨苗语的分类词没有这一用法。难府苗语如：

nua²⁴ zɦɔ²² len⁵² tɕhɯ²⁴ tɕhɯ²² mi²⁴ ŋua³³?  这是谁的孩子？
这 是 个 哪 个 小孩子
nua²⁴ zɦɔ²² ku²⁴ tɕhɯ²² mi²⁴ŋua³³.  这是我的孩子。
这 是 我 个 小孩子
kɔ⁵² lu⁵⁵ mpe⁴⁴ sau⁴⁴ le⁴⁴tɕhiaŋ²²?  你的名字怎么写？
你 个名字 写 怎么

文山苗语既可用分类词标记领属关系，也可用结构助词 le⁴⁴ "的"。例如：

ko³⁵ tɕhio²²/le⁴⁴ ŋua³³ tsʅ⁴⁴ ŋau⁵⁵ tse³⁵.  我的孩子不在家。
我 个/的 孩子 不 在 家
kau⁴² lo⁵⁵/le⁴⁴mpe⁴⁴ ua⁴⁴tɕhiaŋ²² sou⁴⁴?  你的名字怎么写？
你 个/的 名字 怎么 写
tɕhio²² ŋua³³ na³⁵/⁴⁴ zɦau²² len⁴² tɕhɯ²² tɕhio²²/le⁴⁴?  这个孩子是谁的？
个 孩子 这 是 个哪 个/的
tɕhio²² ŋua³³ na³⁵/⁴⁴ zɦau²² ko³⁵ tɕhio²²/le⁴⁴.  这是我的孩子。
个 孩子 这 是 我 个/的
lo⁵⁵ tshau⁴⁴ na³⁵ zɦau²² nɦi²² lo⁵⁵/le⁴⁴.  这件衣服是他的。
件 上衣 这 是 他 件/的

台江苗语如：

nen⁵³ lai³³ pɛ³⁵ pɛ³⁵hao³⁵ puə⁵⁵tɕen³³.　　　他的名字叫做哥金。
他　个　名　叫做　　　哥金

2. 一些分类词的范畴化功能存在差异。

（1）两国苗语没有与普通话"个"相对应的分类词。苗语的分类词区分人、动物、植物以及非生命体。例如：

| 难府 | 文山 | 台江 | 矮寨 | 语义功能 |
|---|---|---|---|---|
| tɕʰu²²个/lʰien²²位 | tɕʰo²² | tai²² | le⁵³ | 计量"人" |
| tɕʰu²² | tɕʰo²² | tai²² | ŋəŋ⁴⁴ | 计量动物 |
| lu⁵⁵ | lo⁵⁵ | lai³³ | le⁵³ | 计量非生命体 |

难府苗语计量人的分类词有通称和敬称之别，而国内苗语只有一个。难府的 lʰien²² "位"是敬称量词，专用于计量长者或受发话人所尊敬者，tɕʰu²² "个"用于同辈或晚辈。为什么难府苗语有敬称量词，而中国苗语没有？原因应该与语言接触有关。泰语的称谓名词分尊卑，而汉语不分。如泰国的大学老师叫a³³tɕan³³，中小学老师叫khu³³，a³³tɕan³³的社会地位比khu³³高。而汉语所有的教师都统称为"老师"。两国主体民族语言是否分区分尊卑对两国苗语的分类词是否有敬称产生不同的影响。请看难府苗语 lʰien²² "位"和 tɕʰu²² "个"的用例：

i⁵⁵ lʰien²² muŋ⁵⁵　　一个苗族人　　i⁵⁵ lʰien²² tɕu⁴⁴　　一个瑶族人
一　个　苗族　　　　　　　　　　一　个　瑶族

i⁵⁵ lʰien²² qɯ²⁴　　一个男人　　　i⁵⁵ lʰien²² mau²¹　　一个女人
一　个　男人　　　　　　　　　　一　个　女人

i⁵⁵ lʰien²² mua²¹　　一个医生　　　i⁵⁵ lʰien²² sɯ⁵⁵fɯ⁵⁵　一个老师
一　个　医生　　　　　　　　　　一　个　老师

i⁵⁵ tɕʰu²² tua⁵⁵nʰien²²　一个人　　i⁵⁵ tɕʰu²² mi²⁴ŋua³³　一个小孩
一　个　人　　　　　　　　　　　一　个　小孩

分类词对生命体的区分不同。难府苗语的 tɕʰu²² 和文山苗语的 tɕʰo²²，都用于计量人和动物等生命体，包括在母语人认知里有生命的鬼、怪、神，乃至人可手握的物体。例如：

| 难府 | 文山 | 汉义 |
|---|---|---|
| i⁵⁵ tɕʰu²² tua⁵⁵nʰien²² | i⁵⁵ tɕʰo²² tua⁵⁵nʰien²² | 一个人 |
| 一　个　人 | 一　个　人 | |
| i⁵⁵ tɕʰu²² tlaŋ⁵⁵ | i⁵⁵ tɕʰo²² tlaŋ⁵⁵ | 一个鬼 |
| 一　个　鬼 | 一　个　鬼 | |

| | | |
|---|---|---|
| pɛ⁵⁵ tɕʰu²² ntsʰie²² | pe⁵⁵ tɕʰo²² ntsʰie²² | 三条鱼 |
| 三 条 鱼 | 三 条 鱼 | |
| kau²¹ tɕʰu²² ŋu⁵² | kou²¹ tɕʰo²² ŋo⁴² | 十头牛 |
| 十 头 牛 | 十 头 牛 | |
| tsɯ⁵⁵ tɕʰu²² qa⁵⁵ | tsʅ⁵⁵ tɕʰo²² qa⁵⁵ | 五只鸡 |
| 五 只 鸡 | 五 只 鸡 | |
| zi²¹ tɕʰu²² ntsau²¹ | zi²¹ tɕʰo²² ntsou²¹ | 八只蚂蚁 |
| 八 只 蚂蚁 | 八 只 蚂蚁 | |
| tɕua⁵² tɕʰu²² nɕuŋ²² | tɕua⁴² tɕʰo²² nɕoŋ²² | 九只鸟 |
| 九 只 鸟 | 九 只 鸟 | |
| i⁵⁵ tɕʰu²² tɕʰəɯ²² | i⁵⁵ tɕʰo²² tɕʰəu²² | 一根柴 |
| 一 根 柴 | 一 根 柴 | |
| i⁵⁵ tɕʰu²² ntai²⁴ | i⁵⁵ tɕʰo²² ntai³⁵ | 一个梯子 |
| 一 个 梯子 | 一 个 梯子 | |
| i⁵⁵ tɕʰu²² zəu²¹ɕɯ⁵² | i⁵⁵ tɕʰo²² zəu²¹ɕʅ⁴² | 一把钥匙 |
| 一 把 钥匙 | 一 把 钥匙 | |

台江苗语的量词 tai²² 专用于计量有生命物体。例如：①

| | | | |
|---|---|---|---|
| o³³ tai²² kha⁵⁵li⁵³ | 两个凯里人 | i³³ tai²² noŋ²⁴ | 一只鸟 |
| 二 个 凯 里 | | 一 只 鸟 | |
| o³³ tai²² lɛ⁵⁵ | 两条狗 | pɛ³³ tai²² ma²² | 三匹马 |
| 二 条 狗 | | 三 匹 马 | |

但有的非生命体，由于具有运动或位移能力，具有生命体的行为特征，因此也可用计量生命体的量词 tai²² 来计量。例如：

| | | | |
|---|---|---|---|
| i³³ tai²² oŋ³³ | 一次洪水 | o³³ tai²² pi³⁵ | 二场雪 |
| 一 次 水 | | 二 场 雪 | |

矮寨苗语的分类词区分人和动物。只有在特殊语境中将人贬斥为动物时，才用计量动物的 ŋəŋ⁴⁴ 来计量人，这种用法凸显的是语用功能。"鬼、神、菩萨"等虚拟世界里的生命体，矮寨苗语使用不同的分类词，"鬼"用计量动物的 ŋəŋ⁴⁴，"神、菩萨"等用计量人的 le⁵³。因为，在矮寨苗族人的认知里，"鬼"是恶者，"神、菩萨"是善者，善者应该使用与人相同的分类词，恶者应该使用低人一等的分类词。下面的例子可以显示 le⁵³ 和 ŋəŋ⁴⁴ 的语义组合关系：

---

① 引自姬安龙. 台江苗语参考语法[M]. 昆明：云南民族出版社，2012：124.

| ɯ⁵³ le⁵³ ne³¹ | 两个人 | pʐa⁵³ le⁵³ bu²²sa⁵³ | 五个菩萨 |
| 二 个 人 | | 五 个 菩萨 | |
| pu⁵³ ŋəŋ⁴⁴ ta⁵³qwən⁵³ | 三个鬼 | ta⁵³ ŋəŋ⁴⁴ pa⁴⁴tɛ⁴⁴ | 几只蜻蜓 |
| 三 条 (缀)鬼 | | 几 只 蜻蜓 | |

难府的 lu⁵⁵、文山的 lo⁵⁵、台江的 lai³³、矮寨的 le⁵³，声母相同，调类相同，都是阴平，我们认为是同源词。王辅世在《苗语古音构拟》中将这个词列入同源词①，构拟为*ˀlonᴬ。这个同源词的功能在不同点发生了变化。*ˀlonᴬ 在难府苗语、文山苗语和台江苗语中只用于计量非生命体，在矮寨苗语中还用于计量人，即便在计量非生命体时，*ˀlonᴬ 与名词的搭配也出现了差别。

| 难府 | 文山 | 矮寨 | 汉义 |
| i⁵⁵lu⁵⁵ nu⁵⁵ | i⁵⁵ lo⁵⁵ no⁵⁵ | a⁴⁴ᐟ⁵³ le⁵³ kji³¹naŋ²² | 一个太阳 |
| 一 个 太阳 | 一 个 太阳 | 一 个 太阳 | |
| i⁵⁵ lu⁵⁵tse²⁴ | i⁵⁵ lo⁵⁵ tse³⁵ | a⁴⁴ᐟ⁵³ le⁵³ pʐɯ⁴⁴ | 一栋房子 |
| 一 个 房子 | 一 个 房子 | 一 个 房子 | |
| i⁵⁵ lu⁵⁵ntsaŋ⁴⁴ | i⁵⁵ lo⁵⁵ ntsaŋ⁴⁴ | a⁴⁴ᐟ⁵³ le⁵³ dzəŋ³⁵ | 一个坟 |
| 一 个 坟 | 一 个 坟 | 一 个 坟 | |
| i⁵⁵ lu⁵⁵ tsɦɯ²² | i⁵⁵ lo⁵⁵ tsɦʅ²² | a⁴⁴ᐟ⁵³ ŋəŋ²² tɕi³¹gə⁴⁴ | 一条裤子 |
| 一 个 裤子 | 一 个 裤子 | 一 条 裤子 | |
| i⁵⁵ lu⁵⁵kau³³ | i⁵⁵ lo⁵⁵ kou³³ | a⁴⁴ᐟ⁵³ pɦaŋ⁵³ se²¹ | 一把伞 |
| 一 个 伞 | 一 个 伞 | 一 把 伞 | |
| i⁵⁵ lu⁵⁵tsuŋ⁵² | i⁵⁵ lo⁵⁵ tsoŋ⁴² | a⁴⁴ᐟ⁵³ tu²² tɕi⁵³pe³¹ | 一张桌子 |
| 一 个 桌子 | 一 个 桌子 | 一 张 桌子 | |
| i⁵⁵ lu⁵⁵tshe⁵⁵ | i⁵⁵ lo⁵⁵ tshe⁵⁵ | a⁴⁴ᐟ⁵³ kja²¹ the⁴⁴tsʅ⁴⁴ | 一辆汽车 |
| 一 个 车 | 一 个 车 | 一 架 车子 | |

3. 度量衡量词的来源存在差异

中泰苗语的度量衡量词都可分为非标准度量衡量词和标准度量衡量词两类，常用的度量衡量词见表33。

表33　　　　　　　　中泰苗语的常用度量词

| 类别 | 难府 | 文山 | 台江 | 矮寨 |
|---|---|---|---|---|
| 非标准度量衡量词 | tḷu³³拃 | tḷo³³拃 | ljaŋ⁵³庹 | tɕi⁴⁴拃 |
| | tlɦaŋ²²庹 | tlɦaŋ²²庹 | lao³⁵大拇指到中指的距离 | pɦɛ⁴⁴庹 |

---

① 王辅世. 苗语古音构拟 [M]. 东京: 国立亚非语言文化研究所, 1994: 24.

续表

| 类别 | 难府 | 文山 | 台江 | 矮寨 |
|---|---|---|---|---|
| 非标准度量衡量词 | ntshɯ²¹（一）肘 | sɿ⁵⁵（四）指（宽） | thu³³ 大拇指到食指的距离 | kha⁴⁴ 大拃 |
| | nti²⁴（一）指（宽） | nti³⁵（一）指（宽） | ŋo²² 指节长度 | ŋ̍ɛ³⁵kɯ⁴⁴ 里 |
| 标准度量衡量词 | ki²¹lɔ²⁴ 公里 | | li⁵³ 里 | |
| | mit²⁴ 米 | tsaŋ²¹ 丈 | tsaŋ¹³ 丈 | ʈaŋ²¹ 丈 |
| | sen³³ti³³mit²⁴/⁴⁴ 厘米 | tshɿ²¹ 尺 | toŋ³⁵ 尺 | tɕhi⁵³ 尺 |
| | lai⁵² 莱（1 莱等于 2.4 亩） | tshen²¹ 寸 | tshen¹³ 寸 | tshɔ̃²¹ 寸 |
| | a⁴⁴ 哇（1 哇等于 4 平方米） | mu³³ 亩 | məu⁵³ 亩 | mɯ⁴⁴ 亩 |
| | mpa²¹ 铢 | ʈlai²¹ 元 | khɛ⁵³ 元 | khwɛ⁴⁴ 元 |
| | sa²¹taŋ⁵⁵ 萨当（100 萨当等于 1 铢） | tɕo⁴² 角 | tɕo³¹ 角 | tɕo³¹ 角 |
| | | fen⁵⁵ 分 | fen³³ 分 | χəŋ⁵³ 分 |
| | ki²¹lɔ²⁴ 公斤 | ki³⁵ 斤 | tɕaŋ³³ 斤 | kaŋ⁵³ 斤 |
| | khi³³ 公两 | lɦaŋ²² 两 | ljaŋ²² 两 | tɕi³¹ 两 |
| | kam⁴⁴ 克 | li⁴² 钱 | saŋ⁵³ 钱 | qe⁵³ 钱 |

表 33 显示了两国苗语度量衡量词的几个特点：（1）非标准度量衡量词均为本语词，标准度量衡量词多为借词，这说明非标准度量衡量词先于度量衡量词产生。（2）非标准度量衡量词中，只有难府苗语和文山苗语的"拃"和"庹""（一）指（宽）"同源，其余的无同源关系。这说明非标准度量衡量词是在苗语分化为三个方言之后产生的。（3）难府苗语的标准度量衡量词均为泰语借词，这说明泰国苗语的标准度量衡量词是苗族迁入泰国之后才产生的。而苗族自老挝迁入泰国只有 100 多年的历史，可见泰国苗语标准度量衡量词的使用时间最多只有 100 多年。（4）"华里"这一距离单位，在文山苗语和矮寨苗语是非标准度量衡量词，在台江苗语是标准度量衡量词。因为文山苗语的"一华里"是用"一袋烟的路程"来表示，抽完一袋烟所走的路程就是一华里。矮寨苗语则是ŋ̍ɛ³⁵（喊）kɯ⁴⁴（路），即"一华里路"的距离是声音发出点到传送终点的距离。而台江苗语则借用了汉语的 li⁵³ "里"。

（二）动量词对比

1. 中泰苗语专用动量词很少。使用频率最高的动量词"次"，难府苗语和文山苗语是 zɦa²²；台江苗语是 te²⁴；矮寨苗语是 bɛ³¹、to²¹、laŋ²¹、wa³¹、

bɛ³¹和to²¹是借自当地汉语；laŋ²¹和wa³¹是本语词，这四个动量词可以换用。从来源看，难府苗语和文山苗语同源，台江苗语和矮寨苗语异源。这说明专用动量词"次"是苗语分化为三个方言之后产生的。两国苗语专用动量词"次"的用例如下：

| 难府 | 文山 | 台江 | 矮寨 | 汉义 |
|---|---|---|---|---|
| mfiuŋ²²i⁵⁵zɦa²² | mfioŋ²²i⁵⁵zɦa²² | muə²²i³³ te²⁴ | məŋ⁴⁴a⁴⁴/⁵³to²¹ | 去一次 |
| 去 一次 | 去 一次 | 去 一次 | 去 一 次 | |

2. 中泰苗语的动量词都能够重叠为"一 AA"式，表示动作的延续或反复。例如：

难府　nfiɯ²² pɯ⁴⁴ i⁵⁵ nu⁵⁵ nu⁵⁵.　　　　他天天睡觉。
　　　他　睡　一　天　天

　　　tɕɦu²² mi²⁴ŋua³³ xɔ²⁴ qua⁵² i⁵⁵ mɔ⁴⁴ mɔ⁴⁴.　那个小孩天天晚上哭。
　　　个　小孩　那　哭　一　夜　夜

| 文山 | 台江 | 矮寨 | 汉义 |
|---|---|---|---|
| ɴqo⁴⁴ i⁵⁵ kaŋ⁵⁵ kaŋ⁵⁵ | ŋo²² i³³ kaŋ⁵³ kaŋ⁵³ | sɛ³⁵a⁴⁴/⁵³sei²¹sei²¹ | 咳一阵阵 |
| 咳 一 阵 阵 | 咳 一 阵 阵 | 咳 一 阵 阵 | |
| mfioŋ²² i⁵⁵ ntɦaŋ²²ntɦaŋ²²kɦi²² | muə²² i¹ te³⁵te³⁵ | məŋ⁴⁴ a⁴⁴/⁵³ta³⁵ta³⁵ | 去一早上 |
| 去 一 早上 早上 | 去 一早上早上 | 去 一 早上早上 | |

3. 难府苗语的动量词不能重叠为"AA"式，文山苗语、台江苗语、矮寨苗语可以。例如：

| 文山 | 台江 | 矮寨 | 汉义 |
|---|---|---|---|
| zɦa²² zɦa²² | te²⁴ te²⁴ | bɛ³¹ bɛ³¹ | 次次 |
| no⁵⁵ no⁵⁵ | n̥ha³³ n̥ha³³ | n̥e⁵³ n̥e⁵³ | 天天 |

## 五　中泰跨境苗语动词对比

苗语的动词是表示动作行为、思想活动、发展变化、存在领有等意义的词。与名词相比，动词的语法特点是：充当谓语，大多能带宾语，能够接受否定副词"不""没"的修饰，能够与表示动作过程的体助词、时间副词等成分连用，部分动词能够重叠，部分动词能够添加表示相互态的前缀等。这些特点都是析取性的，因为找不到一条语法功能是所有动词都具备的。

中泰苗语的动词是数量仅次于名词的词类。它在句法结构中，处于中心位置，其他的句子成分环绕着它构成各类动词短语。除了在特定的语境下出现极少数无动词的句子外，动词是构成句子的强制性成分。动词在句子中主要充当谓语、状语、补语，在一定的语义条件下，能充当定语、主语、宾语。动词中除了一般动词外，还有趋向动词、存在动词和判断动词等。下面选择几个有特点的进行对比。

（一）动词前缀对比

中泰苗语都只有一个动词前缀，这个前缀的语法功能是加在单音节动词或形容词前，表示相互态。据王辅世、余金枝考证①，这个前缀具有同源关系，是古苗语动词前缀的保留。王辅世相互态前缀构拟为*şe②。

难府苗语的相互态前缀是 suɯ³³。例见下：

tshe²⁴ 骂 ~ suɯ³³tshe²⁴ 吵架　　　ntsau⁴⁴ 顶 ~ suɯ³³ntsau⁴⁴ 打架（牛打架）
ntau³³ 打 ~ suɯ³³ntau³³ （人）打架　　ŋɛ²¹ 喜欢 ~ suɯ³³ŋɛ²¹ 相爱
ŋtɕəɯ³³ 踢 ~ suɯ³³ŋtɕəɯ³³ （鸡）打架　tɕau²¹ 追 ~ suɯ³³tɕau²¹ 相逐
tu²¹ 咬 ~ suɯ³³tu²¹ （狗）打架　　zuŋ⁴⁴ 好 ~ suɯ³³zuŋ⁴⁴ 相爱/相好

文山苗语的相互态前缀是 sɿ³³。例如：

ŋa²¹ 喜欢 ~ sɿ³³ŋa²¹ 相爱　　　　nthe⁴⁴ 骂 ~ sɿ³³nthe⁴⁴ 吵架

台江苗语的相互态前缀是 ɕi³⁵。例如：

te³³ 打 ~ ɕi³⁵te³³ 打架　　　　　ljhi³³ 想 ~ ɕi³⁵ljhi³³ 相爱

矮寨苗语的相互态前缀是 tɕi⁴⁴。例如：

da³⁵ 骂 ~ tɕi⁴⁴/²¹da³⁵ 吵架　　　　ta³⁵ 杀 ~ tɕi⁴⁴/²¹ta³⁵ 互杀

相互态前缀的功能在两国苗语中发展不平衡。在难府苗语、文山苗语和台江苗语中，仅表示相互态。在矮寨苗语中，除了表示相互态以外，还表示致使义、强化义和目的义等多种语法意义。致使义是指施事致使受事被动发出某种动作或处于某种状态，如下例 1a 加前缀 tɕi⁴⁴ 表致使义；1 b 不加则不表致使义。

（1a）puɯ⁵³ kə⁴⁴ a⁴⁴/²¹ ŋəŋ⁴⁴ ta⁵³nəŋ⁵³ nəŋ⁴⁴ pə³¹ tɕi⁴⁴/²¹ta²². 我们把这条蛇打死。
　　　我们 把 一 条 （缀）蛇 这 打（缀）死

（1b）puɯ⁵³ pə³¹ ta²² a⁴⁴/²¹ ŋəŋ⁴⁴ ta⁵³nəŋ⁵³. 　　　　我们打死一条蛇。
　　　我们 打 死 一 条 （缀）蛇

强化义是指 tɕi⁴⁴ 对动作的时间量和力度量、性质状态变化的程度量加以强调，使之成为句子的焦点（如 2a）。若去掉 tɕi⁴⁴，则动词不是句子的焦点，焦点是句末的宾语（如 2b）。

（2a）buɯ⁴⁴ tɕi⁴⁴/⁵³pzən³¹ qo⁵³dzɯ³¹? 　　　　他窥视什么？
　　　他 （缀）窥视 什么

---

① 余金枝. 湘西矮寨苗语前缀 tɕi⁴⁴ 的多功能性及其源流 [J]. 民族语文，2009（6）：17-23.
② 王辅世. 苗语古音构拟 [M]. 东京：国立亚非语言文化研究所，1994：43.

(2b) bɯ⁴⁴ pzəŋ³¹ qo⁵³dzɯ³¹?　　　　　他窥探什么?
　　　你　窥视　什么

tɕi⁴⁴可以强化动作时间量和力度量的大或小、性质状态程度量的高或低。例如:

(3a) kaŋ²² tɕi⁴⁴/⁵³tɕu⁵³ te⁵³te⁵³ lo³¹.　　　多给一点点吧。
　　　给　(缀)多　点点（语助）

(3b) mɛ³¹ tɕəŋ³⁵ tɕi⁴⁴/²¹zɯ³⁵ te⁵³.　　　你们坐近一点。
　　　你们 坐　(缀)近　点

目的义是指"tɕi⁴⁴+动词"充当目的补语（如 4a）。若去掉tɕi⁴⁴，则不表示目的义，而表示结果义（如 4b）。

(4a) pu⁵³ lje²² kə⁴⁴ a⁴⁴/⁵³ tɕi²² la²² nəŋ⁴⁴ ʂu²¹ tɕi⁴⁴/²¹tɕu⁴⁴.　我们要把这丘田犁完。
　　　我们 要 把 一 丘 田 这 犁 (缀)完

(4b) pu⁵³ ʂu²¹ tɕu⁴⁴ a⁴⁴/⁵³ tɕi²² la²² za⁴⁴.　　我们犁完一丘田了。
　　　我们 犁 完 一 丘 田 了

## （二）动词的体对比

动词的体是"对事件的内在时间结构的各种观察方法"[①]。中泰苗语动词的体都借助添加助词、副词等分析性手段表示，但各自所选用的体标记不尽相同。现把常用的体标记列表于下:

表 34　　　　　　　　中泰苗语常用的体标记

| | 难府 | 文山 | 台江 | 矮寨 |
|---|---|---|---|---|
| 完成体 | ləɯ²¹ 了 | ləŋ²¹/la³³ 了 | zaŋ⁵³ 了 | za⁴⁴/zo⁴⁴ 了 |
| 终结体 | tɬua⁴⁴ 过 | tɬua⁴⁴ 过 | | kwa³⁵ 过 |
| 将行体 | zua²⁴ 要 | zua³⁵ 要 | te²² 将要，noŋ²⁴ 将，qa⁵³ 将 | lje²² 要 |
| 进行体 | taŋ⁵⁵tɔ²¹ 正在 | tsen²¹ 正，tsəu³⁵ 着 | ma²² 那，na⁵⁵ 这，za³ 那，nen⁵⁵ 那 | tu⁵³tɕəŋ⁵³ 正在 |
| 持续体 | tsen²¹ 还 | (xa⁴²) tsen²¹（还）在 | si⁵³nɛ²² 仍然，nɛ²²nɛ²² 仍然，用状词表示 | kho⁵³lə⁵³ 还 |

表 34 显示: 有的体是语法体，是用体助词来表示动作行为的时间进程; 有的述谓体，用词汇手段来表示。难府苗语和文山苗语完成体、终结体、将行体、进行体和持续体 5 类体标记同源。难府苗语和文山苗语与台江苗语、矮寨苗语的体标记未发现同源关系。这说明苗语的体标记是在方言分化之后、泰国苗族迁出中国之前产生的。下面对表 34 列举的体标记进行逐

---

① Comrie, B.1976.Aspect: An Introduction to the Study of Verbal Aspect and Related Problems. Cambridge: Cambridge University Press.

一对比分析。

1. 完成体

完成体是指事件已经完成。两国苗语虽然都用体助词"了"标记事件的完成，但用法上存在一些差别。难府苗语的ləɯ²¹"了"和文山苗语的体标记ləɯ²¹"了"能够分布在"动词+完成体标记+补语"中，是典型的体标记。而矮寨苗语的"了"只能分布在句末，只能看作是体标记和语气词的兼类。

难府　tɕʰu²² mpua⁴⁴ nua²⁴ mɔ⁵⁵ ləɯ²¹ ɔ⁵⁵ nu⁵⁵.　　这头猪病了两天。
　　　头　猪　　这　病　了　　两　天

　　　kau⁵² xa³³ ləɯ²¹ pʰie²²tsʰəɯ²² zɦa²².　　你说了几遍了。
　　　你　说　了　几　　　遍

　　　mi²⁴ȵua³³ tsʰau²²zɦu²² ləɯ²¹.　　小孩睡觉了。
　　　子女小　　睡睡着　　　了

文山　nɦi²² na²¹ mua⁵⁵ nɦi²² zi²¹ tɕʰo²² qa⁵⁵ ka⁴⁴ tua⁴⁴ ləɯ²¹.
　　　他　母亲　拿　他　　家　只　　鸡　那　杀　　了
　　　他母亲把他家的那只鸡杀了。

　　　nɦi²² mɦoŋ²² la³³ i⁵⁵ lo⁵⁵ li⁴⁴/³³ la³³,xa⁴²tsʰ⁴⁴tou⁴⁴lɦo²².
　　　他　去　　　了　一　个　月　　　了　还　不　得　回来
　　　他去了一个月了，还没有回来。

台江　tai²² kaŋ³³ no²⁴ ŋoŋ²⁴ ku²² ȵu²² ku²² ȵu²² ta⁵³ zaŋ⁵³.　　蚂蚁爬过来了。
　　　个　蚂蚁　　　爬　　　持续状　　　　　　来　了

　　　tai²² ljaŋ¹³ ta²⁴ zaŋ⁵³.　　野猫死了。
　　　个　野猫　　死　了

矮寨　a⁴⁴/²¹ ŋən⁴⁴ ba³⁵ nən⁴⁴ məŋ⁵³ w⁵³ ne̠⁵³ zo⁴⁴.　　这头猪病了两天。
　　　一　头　　猪　这　　病　　　两　天　　　了

　　　məŋ³¹ phu²² ta⁵³ to²¹ za⁴⁴.　　你说了几遍了。
　　　你　说　几　遍　了

2. 终结体

终结体是指动作行为在参照时点前已经终结，只关注动作行为的完成，不关注动作行为的起始时间，强调动作不再持续。用体助词"过"标记，难府苗语和文山苗语都读tɬua⁴⁴，第五调。矮寨苗语读kwa³⁵，也是第五调。台江苗语我们虽然在《苗语台江话参考语法》中未见用例，但石德富在《黔东苗语动词的体范畴》[①]中列举了黔东苗语经历体标记 fha⁵ 的用法，也是第五调。基于王辅世的《苗语古音构拟》，我们发现中泰苗语的终结体标记存

---

[①] 石德富.黔东苗语动词的体范畴[J].中央民族大学学报，2003（3）：125-130.

在声、韵、调之间的语音对应关系，应该有共同的来源。王辅世将"过"构拟为*qlwau$^C$。*qlwau$^C$"过"虽然在中泰苗语中来源相同，但并不是苗语的本语同源词，而是汉语借词。因为壮语的经历体也是 kwa$^5$"过"，也是第五调，如 kun$^1$kwa$^5$"吃过"①。何霜分析了 kwa$^5$"过"作为壮语经历体标记的用法，以及 kwa$^5$"过"由动词语法化为体标记的过程②。据蓝庆元考证，壮语的 kwa$^5$ 是后中古汉语借词③。苗语的"过"与壮语的"过"有语音对应关系，苗语的"过"应该是古汉语借词。苗语借入汉语的动词"过"，动词"过"在苗语里平行演变为终结体标记。

难府　ku$^{24}$ mɦiuŋ$^{22}$ tɬua$^{44}$ tsen$^{52}$mai$^{21}$.　　我去过清迈。
　　　我　去　过　清迈

文山　nɦi$^{22}$ tua$^{42}$ tɬua$^{44}$ khuen$^{55}$min$^{42}$.　　他来过昆明。
　　　他　来　过　昆明

黔东④　vɛ$^4$ lei$^5$ fha$^5$ tɯ$^3$ sɛ$^2$ pi$^1$ ta$^6$ zɛ$^2$.　　我已经到过省城三次了。
　　　　我　到过　中　省城　三　次　了

矮寨　we$^{44}$ tɛ$^{44}$ kwa$^{35}$ kji$^{31}$χo$^{44}$.　　我到过吉好寨。
　　　我　到　过　吉好

### 3. 将行体

将行体表示事件将在参照时点之后发生。两国苗语没有将行体标记，而是采用词汇手段表示。难府苗语、文山苗语和矮寨苗语虽然都用动词"要"构成"'要'+动词"表示，但难府苗语和文山苗语的"要"是有共同来源的汉语借词 zua$^{24}$/zua$^{35}$，矮寨苗语的"要"是本语词 lje$^{22}$。台江苗语是在句尾加语气词 te$^{22}$"将要"或在动词前加副词 noŋ$^{24}$"将"、qa$^{53}$"将"表示⑤。将行体的表示法显示：难府苗语和文山苗语的将行体表示法有同源关系，与台江苗语和矮寨苗语没有同源关系。这说明将行体的产生是在苗语分化为三个方言之后、泰国苗族迁出中国之前。下面用一些例句来展示两国苗语将行体的异同。如"要下雨了"和"学校要修好了"在用"'要'+动词"表示将行体的难府苗语、文山苗语、矮寨苗语分别说成：

难府　　　　　　　　　　　　　　　文山

nɦiaŋ$^{22}$ zua$^{24}$ lɦiu$^{22}$ ləɯ$^{21}$.　　　　zua$^{35}$ lɦio$^{22}$ nɦiaŋ$^{22}$ la$^{33}$.

雨　要　来　了　　　　　　　　　　要　来　雨　了

---

① 引自孙宏开等主编. 中国的语言·壮语. [M]. 北京：商务印书馆，2007：1108.
② 何霜. 壮语的语法化 [M]. 中央民族大学学报. 2006（2）：127-131.
③ 蓝庆元. 壮汉同源借词研究 [M]. 北京：中央民族大学出版社，2003.216.
④ 例子摘自石德富. 黔东苗语的体范畴 [J]. 中央民族大学学报，2003（3）127.
⑤ 姬安龙. 苗语台江话参考语法 [M]. 昆明：云南民族出版社，2012：141.

tse²⁴kəu⁵²ntəu²⁴ ʑua²⁴ ua⁴⁴ lai⁵⁵ ləɯ²¹.　　　tse³⁵kəu²¹ntəu³⁵ ʑua³⁵ ua⁴⁴ tou⁴⁴ la³³.
房子读书　　要　做　可以　了　　　房子读书　要　做　得　了

矮寨

ljeʔ²² ta³¹ nəŋ²² ləŋ⁴⁴ za⁴⁴.　　　ɕo³¹daŋ³¹ ljeʔ²² tɕu³¹ tɕɛ³¹ ləŋ⁴⁴ za⁴⁴.
要　下雨　来　了　　　　　　学堂　　要　竖　成　来　了

台江

nen⁵³ noŋ²⁴ muə²² te²².　　　他要去了。
他　将　去　将

po³³ fa²² moŋ⁵³ qa⁵³ ɣoŋ³⁵ sa³³ te²².　　　明天你的病就好了。
明天　你　　就　好　痧　将

### 4. 进行体

进行体是指在参照时点事件正在发生。观察的视点是在参照时点事件的进行状况，不关注事件的起始时间和完结时间。进行体的表示法难府苗语、文山苗语、台江苗语都不相同。难府苗语在动词前添时间副词 taŋ⁵⁵tɔ²¹ "正在"，文山苗语在动词前加时间副词 tsen³⁵ "正"或在动词后加 tsəu³⁵ "着"两种句法手段表示，tsəu³⁵ 有可能是汉借进行体助词"着"。台江苗语在句末用指示词 ma²² "那"、na⁵⁵ "这"、za³³ "那"、nen⁵⁵ "那"。这既说明进行体的表示法产生于方言分化之后，也说明在泰国苗族迁出中国之前，难府苗语和文山苗语同属的川黔滇次方言第一土语尚未产生进行体表示法。

难府　nɦiu²² taŋ⁵⁵tɔ²¹ nɔ⁵² mɔ²⁴.　　　他正在吃饭。
　　　他　正在　吃　饭

　　　saŋ⁵⁵ntsau⁴⁴ taŋ⁵⁵tɔ²¹ lfiu²² nfiaŋ²².　　　外面正在下雨。
　　　外面　　　正在　　下　雨

文山　nɦi²² tsen²¹ nau⁴² mau³⁵.　　　他正在吃饭。
　　　他　正　吃　饭

　　　nɦi²² qua⁴² tsəu³⁵ le⁴⁴, tlaŋ⁵⁵ntsɿ³³ tu⁵⁵ tsɿ⁴⁴ nau⁴².　　　她哭着，什么都不吃。
　　　她　哭　着　的　什么　　都　不　吃

台江　nen⁵³ a³⁵ tso³¹ ŋe³¹ ma²².　　　在做作业。
　　　他　做作业　那

　　　vi²² phɛ⁵⁵tɕu⁵⁵ na⁵⁵ lao⁵³.　　　我正在烧酒。
　　　我　烧酒　　这　了

　　　ljɯ²² ma²² ŋaŋ³³ ha⁵⁵nen⁵⁵ ki⁵³ nen⁵⁵ lao⁵³.　　　那个正在那里哭呢。
　　　个　那　在　那里　　哭　那（语助）

### 5. 持续体

持续体是指以时段的视点来观察动作行为，指动作行为发生于参照时点之前，并持续至参照时点仍未结束。从标记手段看，两国苗语都是用词汇手段，在动词前添加时间副词"还"或"仍然"，用时间副词修饰动词。从来源上看难府苗语与文山苗语所用的词汇标记同源，难府是 tsen²¹ "还"，文山是 xa⁴²tseŋ³⁵ "还正"。与台江苗语和矮寨苗语异源。台江苗语用 si⁵³nɛ²² "仍然"，矮寨苗语用 khə⁵³lə⁵³ "仍然"。这说明持续体表示法产生于方言分化之后，泰国苗族迁出中国之前。请看"他还在吃饭"和"外面还在下雨"在难府苗语、文山苗语和矮寨苗语中的说法。

难府　　　　　　　　文山　　　　　　　　　矮寨
nɲiɯ²²tsen²¹nɔ⁵²mɔ²⁴. 　nɲi²²xa⁴²tsen²¹nau⁴²mau³⁵. 　bɯ⁴⁴khə⁵³lə⁵³nəŋ³¹le³⁵.
他　还　吃饭　　　　　他　还正　吃饭　　　　　他　还正　吃饭
saŋ⁵⁵ntsau⁴⁴tsen²¹lɲiɯ²¹nɲiaŋ²². 　ntsou⁴⁴zoŋ³⁵tsen²¹lɲio²²nɲiaŋ²². 　pɛ²²ti²² khə⁵³lə⁵³ta³¹nəŋ²².
外面　还　来　雨　　　外面　还　来　雨　　　　外面　仍然　下　雨

再看台江苗语的用例：
nɛ²² si⁵³nɛ²² ho³⁵ ti³⁵ lai³³ vi²² ma²². 　鱼还在锅里煮着。
鱼　仍然　煮　于　个　锅　那

（三）判断动词对比

虽然中泰苗语都只有一个判断动词，但判断动词是两国苗语动词中很重要的一个类别。两国苗语的判断动词如下：

难府　　　　文山　　　　台江　　　　矮寨　　　汉义
zɦɔ²²₆　　　zɦau²²₆　　 te²⁴₆　　　 ɲi²²₆　　　是

虽然两国苗语的判断动词都是第六调，但声母和韵母以及来源上存在差异。泰国苗语的判断动词 zɦɔ²² 与文山苗语的 zɦau²² 有语音对应关系，是同源词；与台江苗语的 te²⁴、矮寨苗语的 ɲi²² 没有语音对应关系，而且难府苗语、文山苗语与矮寨苗语的判断动词找不出源词，台江苗语的判断动词 te²⁴ 来源于动词 te²⁴ "（打）中"。"（打）中"王辅世构拟为 *dɔᶜ，是苗瑶语的同源词（详见"被动句"）。由于语义的引申方向不同，在台江苗语中表示"正确""是"，在矮寨苗语中演变为被动标记。这说明苗语的判断动词产生于苗语分化为三个方言之后，泰国苗族迁出中国之前。这一观点与王辅世先生有分歧。王先生认为"是"是同源词，因为各点都是第六调，都是舌面音，而且"是"是最常用的字，容易发生读音变化①。请看两国苗语判断动词的用例：

难府　nɲiɯ²² zɦɔ²² ku²⁴ na²¹lɲiau²². 　　　她是我姐姐。
　　　她　是　我　姐姐

---

① 王辅世. 苗语古音构拟 [M]. 东京：国立亚非语言文化研究所，1994：33.

文山　no⁵⁵na³⁵/⁴⁴ ʑɦau²² ɕin⁵⁵tɕhi⁵⁵thin⁵⁵.　　今天星期天。
　　　今天　　　是　　星期天
台江　tai²²na⁵⁵te²⁴vi³³tsɛ⁵⁵pa⁵⁵zuə³⁵.　　这位是我的叔叔。
　　　这是　我家爸小
矮寨　ɕi⁵³ne̠⁵³ ni̠²² we⁴⁴ naŋ⁴⁴ ŋu²²suɨ⁴⁴.　　明天是我的生日。
　　　明天　是　我　的　日生

（四）趋向动词对比

两国苗语都有表示趋向的动词，可以单用做句子核心，也可用于动词后做补语。从音节形式看，可分为单音节趋向动词和双音节趋向动词两类，双音节趋向动词大多由单音节趋向动词复合而成。详见表 35。

表 35　　　　　　　　　　中泰苗语的趋向动词

|  | 难府 | 文山 | 台江/养蒿 | 矮寨 | 汉义 |
|---|---|---|---|---|---|
| 单纯词 | tua⁵²₂,lfiu²²₄ | tua⁴²₂,lfio²²₄ | ta⁵³₂, lao²²₄ | ləŋ⁴⁴₂ | 来 |
|  | mɦuŋ²²₄ | mɦoŋ²²₄ | muə²²₄ | məŋ⁴⁴₄ | 去 |
|  | ŋtɕi⁴⁴₅ | ŋtɕi⁴⁴₅ | tɕuə³⁵₅ | dzu³⁵₅ | 上 |
|  | ɴqɦie²²₄ | ɴqɦie²²₄ | ŋa¹¹ ① | lo³⁵₅ | 下 |
|  | lfiu²²₄ | lfio²²₄ | lo¹¹₄（归来） | ɖaŋ⁴⁴₃ | 回（来） |
| 合成词 | ŋtɕi⁴⁴₅上 tua⁵²₂来 | ŋtɕi⁴⁴₅上 lfio²²₄来 | vi⁵³₂上 ta⁵³₂来 | dzu³⁵₅上 ləŋ⁴⁴₄来 | 上来 |
|  | ŋtɕi⁴⁴₅上 mɦuŋ²²₄去 | ŋtɕi⁴⁴₅上 mɦoŋ²²₄去 | tɕuə³⁵₅上 muə²²₄去 | dzu³⁵₅上məŋ⁴⁴₄去 | 上去 |
|  | ɴqɦie²²₄下 lfiu²²₄来 | ɴqɦie²²₄下 lfio²²₄来 /ɴqɦie²²₄下 tua⁴²₂来 | yu¹³₇下 ta⁵³₂来 | lo³⁵₅上 ləŋ⁴⁴₄来 | 下来 |
|  | ɴqɦie²²₄下 mɦuŋ²²₄去 | ɴqɦie²²₄下 mɦoŋ²²₄去 | lao²²₄来 muə²²₄去 | lo³⁵₅上məŋ⁴⁴₄去 | 下去 |
|  | tsɔ²⁴₃转 lfiu²²₄回 | tsau³⁵₃转 lfio²²₄来 | taŋ⁵⁵₃回 lao²²₄去 | ɖaŋ⁴⁴₃ləŋ⁴⁴₄ | 回来 |
|  | tsɔ²⁴₃转 mɦuŋ²²₄去 | tsau³⁵₃转 mɦoŋ²²₄去 | taŋ⁵⁵₃回 muə²²₄去 | ɖaŋ⁴⁴₃回məŋ⁴⁴₄去 | 回去 |
|  | təu²¹₈出 lfiu²²₄来 | təu²¹₈出 lfio²²₄来 |  | pzəŋ⁴⁴₃出ləŋ⁴⁴₄来 | 出来 |

下面对表 35 中的趋向动词进行对比分析：

1. 难府苗语和文山苗语的趋向动词均为同源词。这说明泰国苗族迁出我国之前趋向动词就已经产生。

2. 单音节趋向动词"来""去""上""下""回"，难府苗语、文山苗语和台江苗语均有语音对应关系，是同源词。这 5 个单音节趋向动词中，矮

---

① ŋa¹¹₄"下"、lo¹¹₄（归来）分别摘自张永祥. 苗汉词典·黔东方言［M］. 贵阳：贵州民族出版社，1990：326，300.

寨苗语只有"来""去""上"3个与难府苗语、文山苗语和台江苗语同源。单音节趋向动词产生的时间早于双音节趋向动词，双音节趋向动词多由单音节趋向动词构成。这说明从单音节趋向动词的同源关系看，难府苗语、文山苗语与黔东苗语（包括台江苗语和养蒿苗语）更亲近。

3. 双音节趋向动词只有"上去"一词四个点同源，"回来"和"回去"台江苗语和矮寨苗语同源。从双音节趋向动词的同源数量可以看出难府苗语与文山苗语极度亲近，台江苗语与矮寨苗语较为亲近。

4. 中泰苗语趋向动词常用的句法功能是做谓语、补语。不同的是：（1）难府苗语、文山苗语、台江苗语的"来"和"去"可以带处所宾语，而矮寨苗语的趋向动词不能直接带处所宾语。

难府　　nfɯ$^{22}$ tua$^{52}$ nan$^{52}$, ku$^{24}$ mfiuŋ$^{22}$ khuen$^{55}$min$^{52}$. 他去难府，我去昆明。
　　　　他　来　难府　我　去　　昆明

　　　　pe$^{55}$ ntɕi$^{44}$mfiuŋ$^{22}$ nan$^{52}$.　　　　　　我们上难府去。
　　　　我们　上去　　难府

　　　　me$^{52}$ ntɕi$^{44}$tua$^{52}$ nan$^{52}$.　　　　　　你们上难府来。
　　　　你们　上来　　难府

　　　　nfɯ$^{22}$ ɴqe$^{22}$mfiuŋ$^{22}$ me$^{52}$zfio$^{22}$.　他下你们村子去。
　　　　他　下　去　你们　寨子

文山　　tua$^{42}$ khuen$^{55}$min$^{42}$ 来昆明　　　　mfioŋ$^{22}$ khuen$^{55}$min$^{42}$ 去昆明
　　　　来　　昆明　　　　　　　　　　　　　　　去　　昆明

　　　　pe$^{55}$ ntɕi$^{44}$ mfioŋ$^{22}$ xou$^{35}$tsua$^{44}$zfiau$^{22}$.　我们去岩头寨。
　　　　我们　上　去　　岩头寨

　　　　mi$^{42}$ ntɕi$^{44}$ tua$^{42}$ xou$^{3}$tsua$^{44}$zfiau$^{22}$.　你们上岩头寨来。
　　　　你们　上　来　岩头寨

台江　　pa$^{55}$ɕoŋ$^{35}$ ɕen$^{35}$ɕen$^{35}$ muə$^{22}$ moŋ$^{53}$ qa$^{53}$ ta$^{253}$ na$^{55}$ te$^{22}$. 雄叔叔刚才走你就来了。
　　　　父　雄　刚刚　　去　你　就　来　这了

　　　　hao$^{3}$oŋ$^{33}$muə$^{22}$pha$^{35}$tɕua$^{2}$, ɕhe$^{55}$sai$^{53}$muə$^{22}$pha$^{35}$naŋ$^{22}$.
　　　　喝水　去　上游　花钱　去　下游
　　　　去上游喝水，去下游用钱。

（2）难府苗语、文山苗语和矮寨苗语的"来"和"去"可以带施事宾语。请看"他家来了九个人"和"你们村子去两个人"在三个点的用例。

难府　　　　　　　　　　　　　　　　　文山
nfɯ$^{22}$ tse$^{24}$ tua$^{52}$ tɕua$^{52}$ lfien$^{22}$ tua$^{55}$nfien$^{22}$.　nfi$^{22}$ zi$^{21}$ tua$^{42}$ tɕua$^{42}$ tfio$^{22}$ tua$^{55}$nfien$^{22}$.
他　家　来　九　位　人　　　　　　　他　家　来　九　个　人

第五章　中泰跨境苗语语法对比　221

me$^{52}$ zɦau$^{22}$ mfiuŋ$^{22}$ ɔ$^{55}$ lfien$^{22}$.　　　　　mi$^{52}$ zɦau$^{22}$ mfioŋ$^{22}$ au$^{55}$ tɦo$^{22}$tua$^{55}$nɦen$^{22}$.
你们 寨　去　两　位　　　　　你们 寨　去　两 个　人
矮寨
dʑi$^{35}$ pʐu$^{44}$ləŋ$^{44}$ tɐɯ$^{31}$ le$^{53}$ ne$^{31}$.
他们 家　来　九　个　人
mɛ$^{31}$ qə$^{44}$ məŋ$^{44}$ ɯ$^{53}$ le$^{53}$ ne$^{31}$.
你们 寨　去　两 个　人

在《苗语台江话参考语法》中，我们看到了"来"带施事宾语的用例①：

a$^{22}$mai$^{22}$! ta$^{53}$ ne$^{35}$ nai$^{53}$ poŋ$^{35}$va$^{35}$ zi$^{13}$.　　哎！来很多人呀。
哎呀　　来　多　人　很　（语助）
nen$^{53}$to$^{22}$ ta$^{53}$ ne$^{35}$ɕu$^{24}$ nai$^{53}$?　　　　他们来了多少人？
他们　　来 多少　人

（3）难府苗语、文山苗语"来+处所词+来"的拷贝式连动结构，台江苗语和矮寨苗语用"从+处所词+来"的状中结构表示。请看"你们从哪里来？"和"我们从鸡公寨来"。

难府　　　　　　　　　　　　文山
me$^{52}$ tua$^{52}$ xɔ$^{24}$tɦɯ$^{22}$ tua$^{52}$?　　　　mi$^{42}$ tua$^{42}$ xau$^{35}$tɦɐ$^{22}$ tua$^{42}$?
你们 来 处哪　来　　　　　你们 来 处哪　来
pe$^{55}$ tua$^{52}$ tɕi$^{55}$kuŋ$^{33}$ tua$^{52}$ ntəɯ$^{21}$nua$^{24}$.　　pe$^{42}$ tua$^{42}$ paŋ$^{42}$tɦəu$^{22}$ tua$^{42}$.
我们 来 鸡公　　来 处这　　　我们 来 文山　　来
台江　　　　　　　　　　　　矮寨
tai$^{21}$naŋ$^{22}$kaŋ$^{22}$qoŋ$^{55}$łoŋ$^{55}$ta$^{53}$.　　ta$^{53/21}$nəŋ$^{44}$ ti$^{53}$ qhu$^{22}$pʐu$^{44}$ ləŋ$^{44}$. 老鼠从窗子进来。
只老鼠 从 窗子　来　　　　　（缀）鼠 从 洞屋子 来
tai$^{22}$qa$^{33}$zaŋ$^{35}$ti$^{35}$ha$^{55}$te$^{24}$ta$^{53}$?　　ta$^{53}$qa$^{53}$　ti$^{53}$tɕi$^{53}$zəŋ$^{53}$ləŋ$^{44}$naŋ$^{44}$? 鸡从哪里飞来？
只鸡　飞 从 哪里 来　　　　（缀）鸡从哪 飞 来 的

（4）难府苗语和文山苗语的"去+处所词"，台江苗语用"去+处所词+去"，矮寨苗语用"到+处所词+去"。如"你们去哪里去？"

难府　　　　　　　　　　　　文山
me$^{52}$ mfiuŋ$^{22}$ xɔ$^{24}$tɦɯ$^{22}$?　　　　　mi$^{42}$ mfioŋ$^{22}$ xau$^{35}$tɦɐ$^{22}$?
你们 去　　处哪　　　　　　你们 去　　处哪

---

①"哎！来很多人呀"为我的翻译，因为我认为该句的句法结构是"来"带宾语"很多人"，而不是动词"来"修饰"人"。在《苗语台江话参考语法》（第187页）中译为"哎！来的人很多呀"。若有错误由我负责。"他们来多少人"见《苗语台江话参考语法》（第207页）.

台江苗语和矮寨苗语将"我们家的不知道去哪儿去了"和"马蜂朝那边飞去"说成：

台江
pi$^{33}$tsɛ$^{55}$te$^{35}$pəu$^{33}$muə$^{22}$ha$^{35}$te$^{24}$muə$^{22}$.
我们家不知 去 哪里 去

矮寨
pɯ$^{53}$pzu$^{44}$naŋ$^{44}$tɕu$^{53}$ŋɛ$^{44}$qa$^{35}$tɕi$^{53}$mən$^{44}$za$^{44}$.
我们家 的 不知到哪 去 了

tai$^{22}$kaŋ$^{33}$ŋu$^{53}$zaŋ$^{35}$muə$^{22}$pha$^{35}$za$^{33}$muə$^{22}$.
只 马蜂 飞 去 边那 去

ta$^{53}$dzɛ$^{31}$ zəŋ$^{35}$ qa$^{35}$ ei$^{53}$ mən$^{44}$ za$^{44}$.
（缀）马蜂飞 到 那 去 了

## （五）存在动词对比

中泰苗语的存在动词都只有"有"一个，且有语音对应关系，是同源词。

| 难府 | 文山 | 台江 | 矮寨 | 汉义 | 古音构拟 |
| --- | --- | --- | --- | --- | --- |
| mua$^{52}$₂ | mua$^{42}$₂ | ma$^{53}$₂ | me$^{31}$₂ | 有 | *mai$^{A}$① |

两国苗语存在动词的用法也基本一致，"有+宾语"中的宾语不受到生命度的制约。这说明两国苗语的存在动词在方言分化之前就已产生。

## （六）动词的语法化对比

动词语法化是词汇语法化普遍存在的语言现象。苗语是分析型语言，主要依靠语序和虚词来表达语义意义。部分虚词，如介词主要来自动词的语法化。中泰苗语动词语法化的诱因主要有语义的虚化或泛化、句法位置的改变、句法地位下降等。下面以几个在中泰苗语中均发生语法化的动词为例，来显示中泰苗语动词语法化的常见类型。

1. 动词语法化为介词

动词语法化为介词大多经历连动结构的 V1 位置。在连动结构 V1 位置上的动词不再是句子唯一的语法核心，句法地位下降，语义泛化、虚化，经过重新分析，语法化为介词。下面以实义动词"拿"语法化为处置标记来展示两国苗语动词语法化为介词的基本路径。由于台江苗语及其所隶属的苗语黔东方言没有处置句，所以此处仅涉及难府苗语、文山苗语和矮寨苗语。

两国苗语都有实义动词"拿"，难府苗语和文山苗语是 mua$^{55}$₁，矮寨苗语是 kə$^{44}$₃，难府苗语和文山苗语是第一调，矮寨苗语是第三调，不仅调类不同，声母和韵母也没有对应关系，因而不是同源词。虽然没有同源关系，两国苗语实义动词"拿"语法化的路径也不完全相同，但都大致经历了"拿"用于连动结构 V1 位置，[抓取]语义特征减弱，语义泛化，最后[抓取]语义特征消失，凸显[处置]语义特征，语法化为处置标记的语法化路径。

---

① 王辅世. 苗语古音构拟 [M]. 东京：国立亚非语言文化研究所，1994：78.

语义：　　　　　[抓取]　　　　　→　　[抓取]或[掌控] → 　[处置]
句法功能：　唯一句法核心　　→　　V1/Pre（介词）→ 　Pre（介词）

由于实义动词"拿"语法化为介词是一个连续统，在"拿+宾语+VP"这一句法位置上，有的例句存在将"拿+宾语"视为动宾或介宾两可性。这种两可性体现了语法化过程的语义滞留原则和语法功能并存原则。当然，为了句法划分操作的简单性，也可将分布在连动结构 V1 位置上的"拿"视为处置标记。

（1）凸显[抓取]语义特征，"拿"所带的受事宾语所表示的物体能够被"抓取"，"拿"是句中唯一的句法核心。如"我拿你的锄头"：

难府　　　　　　　　　文山　　　　　　　　　矮寨
ku²⁴mua⁵⁵kɔ⁵²le⁴⁴lau⁴⁴.　 ko³⁵mua⁵⁵kau⁵²le⁴⁴lou⁴⁴.　 we⁴⁴kə⁴⁴məŋ³¹naŋ⁴⁴kho⁴⁴.
我　拿　你　的　锄头　　我　拿　你　的　锄头　　我　拿　你　的　锄头

（2）"拿"兼有[抓取]和[掌控]的语义特征，若"拿"所带的受事宾语所表示的物体能被"抓取"，且"拿"后的 VP 不是"V+结果补语"，则"拿"的[抓取]语义特征仍然滞留，但"拿"不是句中唯一的句法核心。"拿"的词性分析出现两可性，可看作动词，与其后的 V2 共同构成连动结构，充当句子的核心之一。也可看作介词，构成"拿+宾语"的介宾短语，修饰其后的 V2。如"我把钱放在柜子上"：

难府　　　　　　　　　　　　　　　文山
ku²⁴ mua⁵⁵ ŋɛ⁵² tsɔ⁴⁴ sau⁴⁴ tu⁵³.　　ko³⁵ mua⁵⁵ tsa⁴² tsau⁴⁴ sou⁴⁴ kui²¹tsʅ³⁵.
我　拿/把　钱　放　上　柜子　　　　我　拿/把　钱　放　上　柜子

矮寨
we⁴⁴ kə⁴⁴ taŋ³⁵ pɛ⁴⁴ ŋi⁵³ qo⁵³/²¹thu³⁵ ei⁵³.
我　把　钱　放在　（缀）柜子　那

（3）"拿"的[抓取]、[掌控]的实义特征消失，凸显[处置]语义特征，"拿"语法化为处置标记，"拿+宾语"构成介宾短语修饰其后的 VP。如"你把我的碗弄破了"

难府　　　　　　　　　　　　　　　文山
kɔ⁵²mua⁵⁵ku²⁴lu⁵⁵tɕhai²²uɯ⁴⁴pa²¹ləɯ²¹.　 kau⁴²mua⁵⁵ko³⁵lo⁵⁵nti²¹ ua⁴⁴tɕhɔu⁴²ləu²¹.
你　把　我　个　碗　弄破　了　　　你　把　我　个　碗　弄破　了

矮寨
məŋ³¹kə⁴⁴we⁴⁴naŋ⁴⁴te³⁵pə³¹tə²²za⁴⁴.
你　把　我　的　碗　打破　了

2. 动词语法化为助词

中泰苗语动词语法化为助词的主要诱因是语义泛化、虚化、句法位置的变化和语用等因素。下面以实义动词"看"语法化为表示"试探"义的情貌助词为例。

"看",难府苗语和文山苗语读为 sai$^{55}_1$,矮寨苗语读为 qhe$^{44}_3$,没有语音对应关系。实义动词"看"经历语义泛化、虚化到句法位置发生变化的语法化路径。

"观看"义(动词)　　→　"猜测"义(动词)→　"试探"义(情貌助词)
看+名词宾语/小句宾语→　看+小句宾语　　　→　　VP+看

(1)"看"表示"观看"义,是句中唯一的动词核心,可以带小句宾语或名词宾语。如"我看别人打球"和"弟弟看书":

难府　　　　　　　　文山　　　　　　　　矮寨
ku$^{24}$sai$^{55}$lua$^{33}$ntau$^{33}$po$^{44}$.　ko$^{35}$sai$^{55}$lua$^{33}$ntou$^{33}$tɕhɯu$^{42}$.　we$^{44}$qhe$^{44}$ne$^{31}$pə$^{31}$dzɯ$^{31}$.
我　看　别人　打　球　　我　看　别人　打　球　　我　看　别人　打　球

mi$^{24}$kɯ$^{24}$sai$^{55}$ntəɯ$^{24}$.　　ku$^{35}$ sai$^{55}$ ntəɯ$^{35}$.　　te$^{53/21}$kɯ$^{44}$ qhe$^{44}$ do$^{44}$.
弟弟　　看　书　　　　弟弟　看　书　　　　弟弟　　看书

(2)表示"推测"义,但只能带小句宾语,不能带名词宾语,仍然是句法核心。如"你看今天会下雨吗"和"我看他不会来了":

难府　　　　　　　　　　　　　　文山
kau$^{52}$sai$^{55}$nu$^{55}$nua$^{24}$pua$^{33}$ tsəɯ$^{52}$lɦu$^{22}$nɦaŋ$^{22}$?　kau$^{42}$sai$^{55}$no$^{55}$na$^{35/44}$ka$^{55}$tsəɯ$^{42}$lɦo$^{22}$nɦaŋ$^{22}$?
你　看　天　这　可　会　来　雨　　　　你　看　天　这　可　会　来　雨

ku$^{24}$sai$^{55}$nɦi$^{22}$tsɯ$^{44}$ tsəɯ$^{52}$lɦu$^{22}$ləɯ$^{21}$.　ko$^{35}$ sai$^{55}$ nɦi$^{22}$ tʂ$^{21}$ tsəɯ$^{42}$ lɦo$^{22}$ la$^{33}$.
我　看　他　不　会　来　了　　　　　我　看　他　不　会　来　了

矮寨
məŋ$^{31}$ qhe$^{44}$ tha$^{35}$nəŋ$^{44}$ ʂei$^{53}$ ta$^{31}$nəŋ$^{22}$ me$^{31}$?
你　看　天　这　　会　下雨　(语助)

we$^{44}$ qhe$^{44}$ bɯ$^{44}$tɕu$^{44}$ ʂei$^{53}$ ləŋ$^{44}$ za$^{44}$.
我　看　他　不　会　来　了

(3)"看"表示"试探"义,用于句末,是情貌助词。如"穿一下试试"和"我试一次看":

难府　　　　　　　文山　　　　　　　矮寨
naŋ$^{24}$i$^{55}$zɦa$^{22}$sai$^{55}$.　　naŋ$^{35}$i$^{55}$zɦa$^{22}$sai$^{55}$.　　ŋəŋ$^{44}$ a$^{44/53}$bɛ$^{31}$qhe$^{44}$.
穿　一遍　看　　　　穿　一遍　看　　　　穿　一遍　看

ku$^{24}$sɯ$^{21}$i$^{55}$zɦa$^{22}$sai$^{55}$.　ko$^{35}$sʅ$^{21}$i$^{55}$zɦa$^{22}$sai$^{55}$.　we$^{44}$sʅ$^{21}$a$^{44/53}$bɛ$^{31}$qhe$^{44}$.
我　试　一　次　看　　我　试　一　次　看　　我　试　一　次　看

(七)中泰苗语动词的名物化对比

两国苗语动词名物化的手段不尽相同。难府苗语用"动词+tɦau$^{22}$(得)"

实现名物化，用以指称惯常发生某种行为的施事。例如：

| 动词 | | 名物化：动词+tɕʰau²² | |
|---|---|---|---|
| tsəɯ²¹ | 吵 | tsəɯ²¹ tɕʰau²² | 爱吵闹者 |
| qua⁵² | 哭 | qua⁵² tɕʰau²² | 爱哭者 |
| tʂhe²⁴ | 骂 | tʂhe²⁴ tɕʰau²² | 骂人者 |
| l̥u⁵⁵ | 爱 | l̥u⁵⁵ tɕʰau²² | 爱人者 |
| ŋɛ²¹ | 喜欢 | ŋɛ²¹ tɕʰau²² | 喜欢者 |

文山苗语用"动词性成分+le⁴⁴（的）"实现名物化。例如：

ko³⁵ mɦua²² nau⁴² le⁴⁴.　　　　我买吃的。
我　买　吃　的
kau⁴² mua⁵⁵ ntʂhua⁴⁴ zoŋ⁴⁴ le⁴⁴.　　你取洗好的。
你　取　洗　好　的

台江苗语用计量生命体的分类词 tai²² 构成"tai²²+动词性成分"实现名物化，用以指称动作行为的施事。例如：[1]

tai²² a³⁵ŋaŋ²⁴　小偷　　　　tai²² taŋ³⁵ ŋi⁵³ 打银的
个　偷　　　　　　　　　个　打　银

矮寨苗语的动词性成分通过添加名物化助词ma³¹和名词前缀pa⁴⁴、qo⁵³、pei⁴⁴等实现名物化。矮寨苗语有专门的名物化助词ma³¹分布在动词性成分前使之名物化，用以指称动作行为的关涉者，包括施事、受事或当事等。名词前缀pa⁴⁴、qo⁵³、pei⁴⁴兼有充当名词前缀和名物化前缀两种功能。pa⁴⁴既充当具有[+雄性]或[+坚硬]语义特征的名词前缀，也添加在动词或动词短语前使之名物化，用以指称发出某种动作行为的人。qo⁵³既充当非生命体名词的前缀，还用于动词使之名物化，用以指称动作行为所关涉的物体。pei⁴⁴既用作"果子"类和"圆状"类名词的前缀，也用于动词前使之名物化，指称动作行为所关涉的物体。例如：

| 动词性成分 | | 名物化：ma³¹/pa⁴⁴/qo⁵³/pei⁴⁴+动词性成分 | |
|---|---|---|---|
| ta²² | 死 | ma³¹（缀）ta²²死 | 死的 |
| qe²² 生 nɯ²² 蛋 | 生蛋 | ma³¹（名物化助词）qe²²生 nɯ²²蛋 | 生蛋的 |
| qə⁴⁴ | 勾 | pa⁴⁴/⁵³（缀）qə⁴⁴勾 | 钩子 |
| su⁵³ 醉 tɕɯ⁴⁴ 酒 | 醉酒 | pa⁴⁴/⁵³（缀）su⁵³醉 tɕɯ⁴⁴酒 | 醉鬼 |
| dei³¹ | 捶 | qo⁵³/²¹（缀）dei³¹捶 | 锤子 |
| to³¹ | 踢 | pei⁴⁴/⁵³（缀）to³¹踢 | 脚后跟 |

---

[1] 姬安龙. 苗语台江话参考语法 [M]. 昆明：云南民族出版社，2012：94.

## （八）动词重叠式对比

中泰苗语都有 VV 式重叠，但重叠式所表示的意义和分布环境有一些差别。难府苗语和文山苗语用动词重叠 VV 式表示短时貌，表示动作行为持续的时量短、动量小。

| 难府 | 文山 | 汉义 |
|---|---|---|
| kɔ⁵² sɯ²¹ sɯ²¹. | kau⁴² sʅ²¹ sʅ²¹. | 你试试。 |
| 你 试 试 | 你 试 试 | |
| kɔ⁵² lɦua²² lɦua²². | kau⁴² lɦua²² lɦua²². | 你笑笑。 |
| 你 笑 笑 | 你 笑 笑 | |

难府苗语和文山苗语的 VV 式可带名词宾语，进入"VVO+VP₂"连动结构。VVO 凸显动作行为的短时貌和轻松貌。"VVO+VP₂"表示完成动作 VVO 之后，旋即发生动 VP₂。VVO 的终点即是 VP₂ 的起点。如"我们边走边说，说着说着一会儿就到了"：

难府　pe⁵⁵ i⁵⁵ke²⁴ mɦuŋ²² i⁵⁵ke²⁴ xa³³, xa³³xa³³ lɦu²² i⁵⁵plɦa²² tɯ⁵⁵ tsɦu²² ləɯ²¹.
　　　我们一路 走　一路 说 说 说 话 一会儿 就 到 了
文山　pe⁵⁵ i⁵⁵ki⁴⁴ mɦoŋ²² i⁵⁵ki⁴⁴ xa³³, xa³³xa³³ lɦo²² i⁵⁵plɦa²² tɯ⁵⁵ tsɦo²² ləu²¹.
　　　我们一边 走　一边 说 说 说 话 一会儿 就 到 了

又如"他喝着喝着酒一下子就倒了"：

难府　nɦɯ²² xau³³ xau³³ tɕəɯ²⁴ i⁵⁵plɦa²² tɯ⁵⁵ qɦau²² ləɯ²¹.
　　　他　喝　喝　酒　一下　就　倒　了
文山　nɦi²² xou³³ xou³³ tɕəu²⁴ i⁵⁵plɦa²² tɕəu²¹ qɦou²² ləu²¹.
　　　他　喝　喝　酒　一下　就　倒　了

再如"他看着看着书一会儿就睡着了"：

难府　nɦɯ²² sai⁵⁵ sai⁵⁵ ntəɯ²⁴ i⁵⁵plɦa²² tɯ⁵⁵ tsɦau²²zɦu²² ləɯ²¹.
　　　他　看　看　书　一会儿　就　睡着　了
文山　nɦi²² sai⁵⁵ sai⁵⁵ ntəu²⁴ i⁵⁵plɦa²² tɕəu²¹ tsɦou²²zɦo²² ləu²¹.
　　　他　看　看　书　一会儿　就　睡着　了

难府苗语的动词 VV 式重叠不能带进行体助词，但文山苗语可以带 tɕəɯ²¹"就"，构成"VV+tɕəɯ²¹"式，表示动作行为正在进行。文山苗语如：

nɦi²² xau³³ xau³³ tɕəɯ²¹ qɦou²² la³³.　　他喝着喝着就倒了。
他　喝　喝　就　倒　了
nɦi²² sai⁵⁵ sai⁵⁵ tɕəu²¹ tsɦou²²zɦo²² la³³.　他看着看着就睡着了。
他　看　看　就　睡觉　了

矮寨苗语有部分持续动词若重叠为"VV"式，多出现在"VV+VP₂"的连动结构则表示两种动作交错进行，只强调两种动作的进行，不强调这两种动作的起止时间。若重叠为"VVV"式,则多出现在复句的第一个分句中,VV 式表示动作持续的时量短,VVV 表示动作持续的时量长,体现了形式和意义相匹配的相似原则。矮寨苗语的动词不能重叠为"VVO"式。例如:

| pɯ$^{53}$ χwei$^{35}$χwei$^{35}$ za$^{35}$ gə$^{31}$ a$^{44/53}$ za$^{22}$ sa$^{44}$. | 我们走着走着又唱一首歌。 |
| 我们 走 走 又 唱 一 首 歌 | |
| bɯ$^{44}$ tɕəŋ$^{35}$tɕəŋ$^{35}$tɕəŋ$^{35}$,tsʅ$^{21}$ pɛ$^{53}$ za$^{44}$. | 她坐坐坐,就瘸腿了。 |
| 她 坐 坐 坐 就 瘸 了 | |

### 六 中泰跨境苗语形容词对比

中泰苗语形容词的对比首先面对的一个难题就是形容词的词类地位如何界定,形容词是一个独立的词类,还是归于动词,属于动词中的谓 2 或静态动词?因为中泰苗语形容词带宾语的功能强弱不同。难府苗语、文山苗语的形容词一般不能带宾语,而动词则大多能够带宾语,据此我们可以将形容词列为一个独立的词类。但黔东苗语和矮寨苗语的单音节形容词与动词大多能带宾语,这使得形容词与动词的核心句法功能难以区分,因此张永祥将黔东苗语的形容词和动词合成谓词,将形容词称为谓词 2[①]。石德富认为黔东苗语形容词和动词的形态和句法特征没有本质的差别,可以合并为谓词,苗语应该属于形容词和动词不分的语言[②]。余金枝将湘西苗语的形容词带名词宾语看作是述宾结构中的一个特殊类别[③]。考虑到难府苗语和文山苗语的形容词与动词大多不能带名词宾语,与动词的核心句法功能有根本的差别,本书将形容词列为单独的词类。下面对中泰苗语形容词的相同点进行概述,不同点进行分析。

(一)相同点

1. 形容词接受程度副词修饰有副词居前和居后两种语序。例如:

| 难府 | 汉义 | 文山 | 汉义 |
| --- | --- | --- | --- |
| lu$^{52}$ tshaŋ$^{52}$ | 特别大 | zoŋ$^{44}$ tɬua$^{44}$ntai$^{33}$ | 非常好 |
| 大 特别 | | 好 非常 | |
| mua$^{52/21}$ntsʅ$^{24}$ a$^{55}$ | 有点苦 | xen$^{35}$ zoŋ$^{44}$ | 很好 |
| 有 点 苦 | | 很 好 | |

---

[①] 张永祥,曹翠云. 黔东苗语的谓 2—体词结构 [J]. 语言研究,1984(2):69-75.
[②] 石德富,陈雪玉. 黔东苗语形容词在词类中的地位 [J]. 中央民族大学学报,2011(1):87-94.
[③] 余金枝. 湘西苗语述宾结构中的一种特殊类别——"形容词+名词"结构分析 [J]. 语言研究,2009(1):117-123.

| 台江 | 矮寨 | 汉义 |
|---|---|---|
| qa³³poŋ³³ va³⁵ | tsho⁴⁴ χəŋ³⁵ | 很淘气 |
| 淘气 很 | 淘气 很 | |
| sha³⁵kuə¹³ | tsei²¹ ta⁴⁴ | 最硬 |
| 最 硬 | 最 硬 | |

2. 形容词修饰名词以居后为优势语序。例如：

| 难府 | 文山 | 台江 | 矮寨 | 汉义 |
|---|---|---|---|---|
| tsho⁴⁴ la⁵⁵ | tshau⁴⁴ la⁵⁵ | u⁵⁵ ɕo¹³ | ə⁴⁴ dzəŋ³⁵ | 红衣服 |
| 上衣 红 | 上衣 红 | 衣 红 | 衣服 红 | |
| tse²⁴ tsha⁵⁵ | tse³⁵ tsha⁵⁵ | ʒse⁵⁵ xi³³ | pzɯ⁴⁴ ɕɛ⁵³ | 新房子 |
| 房子 新 | 房子 新 | 家 新 | 房子 新 | |

3. 有体范畴。形容词的"体"是指性质或状态的时间进程，参照时点可以是说话时点，也可以是语境中提供的参照时点。与动词一样，中泰苗语的形容词也有体范畴。如有完成体、将行体、持续体、未行体等。形容词体范畴的表现手段与动词相同。形容词的完成体表示性质或状态的变化在参照时点已经完成。采用的语法手段是在形容词或形容词短语之后加"了"。例如：

| 难府 | 文山 | 矮寨 | 汉义 |
|---|---|---|---|
| xɔ²⁴tsɔ⁵⁵la⁵⁵ləɯ²¹. | xau³⁵tsau⁴⁴la⁵⁵ləu²¹. | ʂei²¹ta⁴⁴ dzəŋ³⁵ za⁴⁴. | 辣椒红了。 |
| 辣椒 红 了 | 辣椒 红 了 | 辣椒 红 了 | |

台江
ɕaŋ³¹na⁵⁵tsao¹³zəŋ⁵³te²²ho³¹.　合哥，现在天黑了。
现在　黑　了 哥合

形容词的将行体是指性质或状态的变化将在参照时点之后发生，都采用词汇手段来表示。例如：

| 难府 | 文山 | 矮寨 | 汉义 |
|---|---|---|---|
| mɔ²⁴taŋ⁵⁵tɔ²¹zua²⁴sa²⁴. | mau³⁵zua³⁵sa³⁵la³³. | lje²²ɕɛ⁴⁴le³⁵za⁴⁴. | 饭要熟了。 |
| 饭 正在 要 熟 | 饭 要 熟 了 | 要 熟 饭 了 | |

台江
ke⁵⁵qa⁵³ɕhaŋ⁵⁵te²²,maŋ⁵³taŋ²²nai¹³nai¹³.　饭就熟了，你们等一会儿。
饭 就 熟 将 你们 等 点 点

形容词的持续体是指出现在参照时点之前的性质或状态仍在持续。两国苗语都采用词汇手段表示。如"现在还冷"：

| 难府 | 文山 | 矮寨 |
|---|---|---|
| taŋ²⁴nua²⁴tsen²¹nɔ⁴⁴. | xua²¹na³⁵tsen²¹nau⁴⁴. | m̥aŋ³⁵nəŋ⁴⁴kha⁵³lə⁵³nəŋ³⁵. |
| 现在 还 冷 | 现在 还 冷 | 现在 还 冷 |

台江

nen⁵³tɛ²²zuə³⁵, ɕəu³⁵kuə⁵⁵pɛ²²qha³⁵nen⁵³muə²². 她年纪还小，不要把她嫁出去。
她  还 小   先别  嫁 她 去

形容词的未行体是指已经出现的性质或状态至参照时点尚未完成。两国苗语均采用词汇手段表示。如"饭还没熟"：

| 难府 | 文山 | 矮寨 |
|---|---|---|
| mɔ²⁴tsen²¹tsɯ⁴⁴tau⁴⁴sa²⁴. | mau³⁵tʂɿ⁴⁴tou⁴⁴sa³⁵. | l̥e³⁵ɕaŋ⁴⁴ɕɛ⁴⁴. |
| 饭 正不得 熟 | 饭 不得 熟 | 饭 未 熟 |

台江

oŋ³³ŋaŋ³³pɛ²²khi³³, maŋ³³ɕəu³⁵kuə⁵⁵pɛ²²ta³⁵qa³³lei⁵³. 水还没有热，你俩先别杀鸡哦。
水 没有 热  你俩  先别  杀鸡 哦

4. 形容词的否定形式是"否定词+形容词"，可重叠为"否定副词+形容词₁+否定副词+形容词₂"。形容词₁和形容词₂是一对反义词，此重叠式表示性质或状态的程度符合说话人的评价标准。例如：

| 难府 | 文山 | 汉义 |
|---|---|---|
| tsɯ⁴⁴ a⁵⁵ | tʂɿ⁴⁴ a⁵⁵ | 不苦 |
| 不 苦 | 不 苦 | |
| tsɯ⁴⁴tau⁴⁴ qau⁵⁵ | tʂɿ⁴⁴tau⁴⁴ qou⁵⁵ | 还没酸 |
| 不 得 酸 | 不 得 酸 | |
| tsɯ⁴⁴ lu⁵² tsɯ⁴⁴ mi²⁴ | tʂɿ⁴⁴ lo⁴² tʂɿ⁴⁴ mi³⁵ | 不大不小 |
| 不 大 不 小 | 不 大 不 小 | |

| 台江 | 矮寨 | |
|---|---|---|
| te³⁵ɣoŋ³⁵ | tɕu⁵³ zu³⁵ | 不好 |
| 不 好 | 不 好 | |
| oŋ³³ ŋaŋ³³pɛ²² khi³³ | u⁵³ ɕaŋ⁴⁴ ɕəŋ⁴⁴ | 水还没有热 |
| 水 没有 热 | 水 未 热 | |

（二）不同点

1. 形容词带宾语的能力不同

在讨论形容词带宾语的能力之前，首先要解决"形容词+名词"结构是否是述宾结构的问题。对于形容词之后的名词成分是否是宾语，主要存在三种不同的观点：（1）王春德（1986）、向日征（1999）认为是补语，名词对形容词的性状进行补充说明。（2）罗安源（1983，1987，1990，1993，2005）认为是主语，他在系列论述中一直认为形容词之后的名词是主语，是被陈述的对象（话题），谓语是对主语的陈述，"形—名"结构是"谓语—主语"结构。(3) 张永祥(1982)、曹翠云(2001)、余金枝(2009)、石德富(2011)认为是宾语。石德富认为苗语的谓词系统是一个连续统,自主的动词及物动词是典型成员,形容词是边缘成员(2011)。本书支持第三种观点,认为苗语的形容词能够带宾语。

中泰苗语的形容词虽然都能带宾语,但形容词带宾语的能力存在较大差别。难府苗语和文山苗语的形容词很少能够带宾语,而黔东苗语和湘西矮寨苗语单音节形容词带宾语则较为普遍。下面是我们收集到的难府苗语和文山苗语形容词带宾语的用例:

| 难府 | 文山 | 汉义 |
|---|---|---|
| ntu⁵⁵ nfiaŋ²² | nto⁵⁵ nfiaŋ²² | 淋雨 |
| 湿 雨 | 湿 雨 | |
| ntu⁵⁵ tle̥⁵² | nto⁵⁵ tle̥⁴² | 湿水 |
| 湿 水 | 湿 水 | |
| qhua²⁴ tle̥⁵² | qhua³⁵ tle̥⁴² | 水干 |
| 干 水 | 干 水 | |
| tlə̯u⁴⁴ ntse²⁴ | tlə̯u⁴⁴ ntse³⁵ | 盐咸 |
| 咸 盐 | 咸 盐 | |
| tshai⁵⁵ plaŋ⁵⁵ | tshai⁵⁵ plaŋ⁵⁵ | 肚子饿 |
| 饿 肚子 | 饿 肚子 | |
| tsau⁴⁴ plaŋ⁵⁵ | tsou⁴⁴ plaŋ⁵⁵ | 肚子饱 |
| 饱 肚子 | 饱 肚子 | |

有一些形容词,在难府苗语中不能带宾语,文山苗语中能带。下面的这些形容词在难府苗语中是不能带宾语的,在文山苗语中能够带宾语。例如:

tshaŋ³⁵nto⁴² xen³⁵ ko⁵⁵ tua⁵⁵nfien⁵⁵.　　　　今天很热。
天这　很　热　人

nfi²² mau⁵⁵ plaŋ⁵⁵.　　　　　　　　　　他痛肚子了。
他　痛　肚子

虽然难府苗语和文山苗语有一些单音节形容词可以带宾语,但数量远不及黔东苗语和湘西矮寨苗语,单音节形容词带宾语是黔东苗语和矮寨苗语很常见的句法特征。张永祥对黔东苗语的"形容词—体词"进行研究,认为苗语的形容词和动词在句法上有许多共性,应该合称谓词,把动词称为谓词$_1$,形容词称为谓词$_2$[①]。据石德富研究,黔东苗语的形容词可以带客体论元。他

---

[①] 张永祥,曹翠云. 黔东苗语的谓 2—体词结构 [J]. 语言研究,1984(2):69-75.

认为"黔东苗语形容词和动词的句法特征没有本质的差别,苗语应该属于形—动不分类型的语言。"①据余金枝统计矮寨苗语 155 个单音节形容词,能够带宾语的有 131 个,占 85%②。张伯江认为"大小黑白高低好坏"等表示基本属性的单音节形容词是形容词中最典型的成员③,在黔东苗语和矮寨苗语中都能够带宾语,而在文山苗语和难府苗语中都不能带。可以说单音节的性质形容词在黔东苗语和矮寨苗语中基本上都能够带宾语。如下例中的形容词"大""滑"在黔东苗语和矮寨苗语中是能够带宾语的,而在难府苗语和文山苗语中不能带宾语。

| 黔东④ | 矮寨 | 汉义 |
| --- | --- | --- |
| ɬhju³ əu¹. | ljəŋ³¹ u⁵³ | 涨大水 |
| 大  水 | 大 水 | |
| nen² ɬja¹ lo¹ zɛ². | bɯ⁴⁴ ŋu²² lo̥⁵³ za⁴⁴. | 他脚打滑了。 |
| 他 滑 脚 完成体 | 他 滑 脚 了 | |

黔东苗语和矮寨苗语的"形+名"式"形+宾"结构,难府苗语和文山苗语一般改用 "名+形"式"主+谓"结构。为了加深中泰两国苗语形容词带宾语能力的感性认识,我们再举一些黔东苗语和矮寨苗语必须用"形+名"而难府苗语和文山苗语只能用"名+形"的例子。从形容词带宾语的能力看,难府苗语与文山苗语有较高的亲近度,均属于形容词带宾语能力较弱的点;台江苗语与矮寨苗语有较高的亲近度,均属于形容词带宾语能力较强的点。

| 难府 | 文山 | 汉义 |
| --- | --- | --- |
| tl̥e⁵²lu⁴² | tl̥e⁴² lo⁴² | 水大 |
| 水 大 | 水 大 | |
| tua⁵⁵nɦen²²tɕuŋ⁵⁵ | tua⁵⁵nɦen²² ntou⁴⁴ | 人多 |
| 人 多 | 人 多 | |
| tɕi²⁴lu⁵² | tɕi³⁵ lo⁴² | 个儿大 |
| 个子大 | 个子大 | |

---

① 石德富,陈雪玉. 黔东苗语形容词在词类中的地位 [J]. 中央民族大学学报,2011(1):87-94.
② 参见余金枝. 湘西苗语述宾结构中的一种特殊类别——"形容词+名词"结构分析 [J]. 语言研究,2009(1):117-123.
③ 张伯江. 性质形容词的范围和层次 [A]. 语法研究和探索 (第 8 辑)[C],北京:商务印书馆,1997.
④ 引自石德富,陈雪玉. 黔东苗语形容词在词类中的地位 [J]. 中央民族大学学报,2011(1):87-94.

ku²⁴qhɔ²⁴mɦua²²la⁵⁵ləu²¹.　　　ko³⁵qhau³⁵mɦua²²la⁵⁵ləu²¹.　我眼睛红了。
我　眼睛　红　了　　　　我　眼睛　　红　了

tsɔ⁴⁴ntuŋ⁴⁴xɔ²⁴mpluŋ⁵²tlaŋ⁵²ləu²¹.　tsau⁴⁴ntoŋ⁴⁴xau³⁵mploŋ⁴²tlaŋ⁴²ləu²¹.　那棵树叶子黄了。
棵　树　那　叶子　黄　了　　　棵　树　那　叶子　黄　了

tshai⁴⁴le⁴⁴plau⁴⁴xau⁴⁴nte²⁴tshaŋ⁵². tshai⁴⁴le⁴⁴plou⁴⁴xou⁴⁴xen³⁵nte³⁵.　猫₂的头发很长。
猫　的　头发　　长　特别　猫　的　头发　　很　长

### 2. 形容词名词化的语法手段不同

难府苗语、文山苗语和台江苗语的形容词可以通过"量词+形容词"实现名物化，矮寨苗语不能借助量词实现名物化，而是通过"ma³¹（名物化助词）+形容词"实现名物化。从名物化的语法来看，难府苗语、文山苗语和台江苗语有较高的亲近度，这三个点与矮寨苗语的亲近度较低。如"这两件衣服，我穿旧的，你穿新的""这两个碗，我拿大的，你拿小的"：

难府　ɔ⁵⁵ lu⁵⁵ tshɔ⁴⁴ nua²⁴, ku²⁴ naŋ²⁴ lu⁵⁵ qu⁵⁵, ko⁵² naŋ²⁴ lu⁵⁵ tsha⁵⁵.
　　　两　件　上衣　这　我　穿　件　旧　你　穿　件　新

　　　ɔ⁵⁵ lu⁵⁵ tɦai²² nua²⁴, ku²⁴ ɴqaŋ⁴⁴ lu⁵⁵ lu⁵², ko⁵² qaŋ⁵⁵ lu⁵⁵ mi²⁴.
　　　两　个　碗　这　我　拿　个　大　你　拿　个　小

文山　au⁵⁵ lo⁵⁵ tshau⁴⁴ na³⁵, ko³⁵ naŋ³⁵ lo⁵⁵ qo⁵⁵, kau⁴² naŋ³⁵ lo⁵⁵ tsha⁵⁵.
　　　两　件　上衣　这　我　穿　件　旧　你　穿　件　新

　　　au⁵⁵ lo⁵⁵ nti²¹ na³⁵, ko³⁵ ɴqaŋ⁴⁴ lo⁵⁵ lɔ⁴², kau⁴² ɴqaŋ⁴⁴ lo⁵⁵ zou⁴⁴.
　　　两　个　碗　这　我　拿　个　大　你　拿　个　小

台江　tai²² zuə³⁵ ho³¹ tai²² ljhuə³³ tsai¹³.　小的和大的一样。
　　　个　小　和　个　大　（语助）

矮寨　w⁵³ d̪ə⁵³ ə⁴⁴ nəŋ⁴⁴, we⁴⁴ ŋəŋ⁴⁴ ma³¹ qəŋ³⁵, məŋ³¹ ŋəŋ⁴⁴ ma³¹ ɛɛ⁵³.
　　　两　件　衣服　这　我　穿（结助）旧　你　穿（结助）新

### 3. 重叠的格式

难府苗语、文山苗语和矮寨苗语均未发现"AA+tɕəɯ²⁴+A"式重叠，只有台江苗语有这一重叠方式。台江苗语用三个单音节形容词重叠的构式表示性质或状态的程度增加，这一构式符合形式和意义相似的原则，即用较多的形式来表示较多的意义。例如：

faŋ⁵⁵ faŋ⁵⁵ tɕəɯ²⁴ faŋ⁵⁵　宽宽的　　　sai²² sai²² tɕəɯ²⁴ sai²²　阴阴的
宽　宽　　宽　　　　　　　　　　冷　冷　　冷

na³¹ na³¹ tɕəɯ²⁴ na³¹　辣辣的　　　lu²² lu²² tɕəɯ²⁴ lu²²　老老的
辣　辣　　辣　　　　　　　　　　老　老　　老

虽然中泰苗语均用ABAC表示形容词的最高程度义，且B和C为固定搭配，但难府苗语、文山苗语和矮寨苗语的固定搭配成分B和C不同。难府苗语为"A+tɕa⁵²（生）+A+ tɦua²²（死）"。例如：

tɕɔ²⁴ tsɯ²⁴tl̥ua⁵² nua²⁴ qau⁵⁵ tɕa⁵² qau⁵⁵ tɕʰua²². 这些桃子特别酸。
些 桃子 这 酸 生 酸 死

ɔ⁵⁵ pɛ⁵⁵ nu⁵⁵ nua²⁴ nɔ⁵⁵ tɕa⁵² nɔ⁵⁵ tɕʰua²². 这两天特别冷。
两 三 天 这 冷 生 冷 死

文山苗语为"A+tl̥aŋ⁵⁵（鬼）+A+ tɕʰua²²（死）"式。苗语固定构式的四音格重叠，一般要求固定的嵌余成分词性相同，但文山苗语四音格重叠式的 tl̥aŋ⁵⁵ "鬼"和 tɕʰua²² "死"分属名词和动词，这种固定搭配在苗语中是比较少见的。例如：

qou⁵⁵ tl̥aŋ⁵⁵ qou⁵⁵ tɕʰua²²　特别酸　　　nau⁴⁴ tl̥aŋ⁵⁵ nau⁴⁴ tɕʰua²²　特别冷
酸 鬼 酸 死　　　　　　　　　　　　冷 鬼 冷 死

矮寨苗语形容词四音格重叠式的固定嵌余较难府苗语和文山苗语丰富，可构成"A+ta²²（死）+A+səŋ⁵³（生）""A+zɛ³¹（剩）+A+zaŋ⁴⁴（余）""A+zu³⁵（好）+A+tɕa⁴⁴（坏）"和"A+li³¹（哩）+A+ta⁴⁴（嗒）"等多种固定构式。ta²² "死"和 səŋ⁵³ "生"构成的形容词重叠式表示性质的程度已经超量，不符合说话人的心理预期。zɛ³¹ "剩"和 zaŋ⁴⁴ "余"构成的形容词重叠式表示性质的程度超出了说话人的心理期盼，多表示褒义色彩。li³¹ "哩"和 ta⁴⁴ "嗒"构成的形容词重叠式凸显性质或状态的不纯粹、不地道，含贬义色彩。例如：

χen²⁴ ta²² χen²⁴ səŋ⁵³　太狠了　　ɛ⁵³ ta²² ɛ⁵³ səŋ⁵³　太苦了
狠 死 狠 生　　　　　　　　　　　苦 死 苦 生

ljəŋ³⁵ zɛ³¹ ljəŋ³⁵ zaŋ⁴⁴　特别富裕　　teu⁵³ zɛ³¹ teu⁵³ zaŋ⁴⁴　特别多
富裕 剩 富裕 余　　　　　　　　　　多 剩 多 余

qwə⁵³ li³¹ qwə⁵³ ta⁴⁴　白不拉几　　dəŋ³⁵ li³¹ dəŋ³⁵ ta⁴⁴　神里神气
白 哩 白 嗒　　　　　　　　　　　神气 哩 神气 嗒

## 七　中泰跨境苗语状词对比

中泰苗语的状词是指分布在动词或形容词之后描写动作或性质的状态的词，它在语音结构和句法功能上都有不同于其他词类的特点，所以归为独立的词类。关于苗语状词的研究，主要集中在国内苗语上，国外苗语的状词研究未见公开发表的成果。从国内的研究成果得知，川黔滇次方言（李云兵，1995）[①]、黔东苗语（曹翠云，1961，2002）[②]、湘西苗语（余金枝，

---

[①] 参见李云兵. 苗语川黔滇次方言的状词 [J]. 民族语文，1995（4）：63-68.

[②] 参见曹翠云. 黔东苗语状词初探 [J]. 中国语文，1961（4）：297-335. 曹翠云. 诗经特殊语句像苗语新解——兼释 明星煌煌、明星晳晳等 [J]. 中央民族大学学报，2002（6）：102-107.

2011）[①]都有丰富的状词。我们对泰国苗语状词的研究主要依赖于田野调查所获得的第一手资料。从我们掌握的第一手资料和文献资料，发现中泰状词主要有以下相同点和不同点。

（一）相同点

1. 韵律形式基本相同

中泰苗语的状词从音节形式看，都有二个和四个音节的状词，音节之间多有双声、叠韵或重叠的韵律关系。

难府苗语如：

tsɯ$^{44}$ qaŋ$^{55}$ qɔ$^{21}$lɔ$^{44}$　其香无比　　　lau$^{24}$qa$^{55}$ qua$^{44}$ qu$^{21}$lu$^{55}$qu$^{21}$.　公鸡咕咕噜噜地叫。
气味香　味浓感　　　　　　　　公鸡　叫　咕噜声

文山苗语如：

lua$^{33}$ xo$^{42}$xi$^{35}$　笑嘻嘻　　　nau$^{42}$ ŋko$^{42}$ŋken$^{44}$　　缓慢地吃
笑　嬉笑声　　　　　　　　　　吃　慢嚼状

台江苗语如：

tai$^{35}$łəu$^{22}$łəu$^{22}$　不断踢　　　lu$^{31}$pəu$^{22}$łəu$^{22}$pəu$^{22}$łəu$^{22}$　粗鲁地抢夺
踢　持续　　　　　　　　　　抢　迅猛状

矮寨苗语如：

dzəŋ$^{35}$ qɛ$^{31}$qɛ$^{22}$　红得刺眼　　tɕi$^{44/53}$kəŋ$^{21}$ tsha$^{31}$tshu$^{44}$tsha$^{31}$tshu$^{44}$　迅猛地站起来
红　红亮状　　　　　　　　　　钻/穿行　缓慢前行状

2. 语义功能相同

中泰苗语的状词都具有较强的语义描写功能，具有使其所修饰的动词或形容词表义更为生动形象的功能。下面以不同的状词修饰同一个动词为例，来观察状词细致生动的语义描写功能。

如难府苗语的动词"响"接受不同的状词修饰：

nɕɯ$^{22}$ tɕhi$^{21}$tɕhi$^{21}$sa$^{55}$, qua$^{52}$ ntsɔ$^{24}$ vɕɯ$^{22}$.　　他很伤心，号啕大哭。
他　气气　心　哭　响　痛哭声

nɕaŋ$^{22}$ lɕiu$^{22}$ tɕua$^{44}$ tshua$^{44}$ ntsɔ$^{24}$ qɔ$^{21}$vɕuŋ$^{22}$.　要下雨了，风呼呼地吹。
雨　来　风　吹　响　呼啸声

nɕaŋ$^{22}$ lɕiu$^{22}$ ntsɔ$^{24}$ qɔ$^{21}$ntɕɯ$^{22}$.　　　雨哗啦哗啦地下。
雨　来　响　哗啦声

nɕɯ$^{22}$ ntau$^{33}$ lau$^{44}$ ntsɔ$^{24}$ qɔ$^{21}$ŋkhen$^{55}$.　他叮当叮当声地打铁。
他　打　铁　响　叮当声

nɕɯ$^{22}$ kau$^{44}$ lau$^{44}$ ntsɔ$^{24}$ ki$^{21}$ki$^{21}$khɕəu$^{22}$khɕəu$^{22}$.　他叮叮当当地锯铁杆。
他　锯　铁　响　锯铁声

---

[①] 参见余金枝.湘西矮寨苗语参考语法［M］.北京：中国社会科学出版社，2011：134-139.

文山苗语如：

la⁵⁵ pli³⁵ 红得淡淡的　　　　　　la⁵⁵ plfioŋ²² 红艳艳
红　淡红状　　　　　　　　　　红　艳红状

如台江苗语的形容词"红"接受不同的状词修饰所表示不同的红色。

ɕo¹³ ko³³ljo³³ 红艳艳　　　　　　ɕo¹³ ka²²lja²² 红彤彤
红　大红状　　　　　　　　　　红　红状

矮寨苗语的形容词"白"接受不同的状词修饰表示不同的白色。

qwə⁵³ tɕa⁵³tɕa⁵³ （脸色）惨白　　qwə⁵³ bei⁵³bei⁵³ 雪白
白　惨白状　　　　　　　　　　白　雪白状

3. 句法功能基本相同

由上例可以看出，状词基本的语法功能是置于动词和形容词之后，对动作的状态、方式、声音、速度等方面进行修饰，从颜色、味觉、触觉等方面对其所修饰的形容词进行修饰。位于动词或形容词之后的状词是状语，还是补语？由于"动词/形容词+状词"结构的中心语是动词或形容词，中心语之后的句法成分在中泰苗语中有修饰语和补语两类语法成分，并且修饰语居后是中泰苗语的优势语序和原始语序，因此，无论从状词与中心语的语义关系，还是从中泰苗语有修饰语居后的语序原则来看，将状词视为状语更符合苗语的句法系统。

（二）不同点

1. 音节数量的差异

难府苗语、文山苗语和台江苗语均有一个和三个音节的状词。从我们搜集的十余万字语料看，矮寨苗语未见一个和三个音节的状词。

难府　nu⁵⁵ təɯ²¹ pɦie²²tsuŋ⁵⁵ la⁵⁵ pli²⁴.　　日出山坡红彤彤。
　　　太阳　出　山坡　　　红　红色状

　　　qa⁵⁵ qua⁴⁴ zu²¹qɔ²¹zɦɯə²².　　鸡叫此起彼伏。
　　　鸡　叫　此起彼伏声

文山　tsɦia²² zɦia²²　　冷冰冰
　　　冷　冰凉状

　　　tɭe²⁴ to²¹ zɦo²²qa³³zɦəu²².　　狗吠此起彼伏。
　　　狗　吠　此起彼伏声

台江　puə³⁵ poŋ²²　　响轰轰
　　　响　轰

　　　fa²²tsai³⁵tsai³⁵　　迅猛地起来
　　　（起）迅速状

## 2. 句法分布和句法功能的差异

难府苗语、文山苗语和矮寨苗语均未见状词充当状语但前置于动词和形容词的分布，据姬安龙（2012）研究台江苗语有少量用例。难府苗语、文山苗语和台江苗语均未见状词充当谓语、对名词主语进行陈述的用法，而矮寨苗语有少量用例。

台江　ka$^{24}$ta$^{24}$ka$^{24}$ta$^{53}$　咕嘟咕嘟来　　ka$^{35}$ta$^{35}$ka$^{35}$ta$^{35}$muə$^{22}$　　缓慢地去
　　　持续状　　　来　　　　　　　持续状　　　　　　去

矮寨　te$^{53}$ŋwei$^{31}$dəŋ$^{31}$dəŋ$^{44}$, tʂhu$^{22}$dzɯ$^{31}$lje$^{22}$qa$^{35}$a$^{44/53}$le$^{53}$phu$^{53}$qəŋ$^{35}$ei$^{53}$?
　　　姑娘　　挺拔状　　　做什么　要 嫁 一 个 老头　那
年纪轻轻的，为什么要嫁给那老头呢？

## 3. 状词保留现状的差异

状词在中泰苗语中普遍存在，但状词的保留现状却存在差异。难府苗语和文山苗语都属于川黔滇方言川黔滇次方言，据李云兵研究这个次方言有丰富的状词。他在《苗语川黔滇次方言的状词》[①]中列举了情貌状词、速度状词、声音状词、性状状词、颜色状词、气味状词、感觉状词七类状词。在调查中，我们发现难府苗语的发音合作人赵天涯（27岁）、杨天畅（29岁）、杨丽雨（26岁）和文山发音合作人杨超（26岁）、杨廷友（25岁）、项正美（31岁），对李云兵在《苗语川黔滇次方言的状词》所列举的状词大多不会。难府苗族赵天涯的父亲（49岁）和云南文山岩头寨苗族项春光（53岁）也只会说该文中的部分状词。文山苗语的状词也出现代际断裂，我们调查生于1991年的杨超和1992年的杨廷友，他俩都是岩头寨土生土长的苗族，但他们会说的状词很少。生于1964年、一直在岩头寨生活的项春光对于李云兵在《苗语川黔滇次方言的状词》所列举的状词也大多不会。当然，我们不能根据泰国难府恢宏村和中国文山州马关县都龙镇岩头寨两个村状词保留情况就推断出难府苗语和文山苗语状词的保留出现了衰变，但这两寨子都是苗族聚居的寨子，苗语是寨中最为重要的交际用语，且岩头寨分布在山上，交通极为不便。这两个寨子的状词传承应该也能够算作状词衰变的个案。

相对于难府苗语和文山苗语，台江苗语和矮寨苗语的状词保留更好。50岁左右的母语人掌握大量的状词。

## 八　中泰跨境苗语副词对比

中泰苗语的副词根据语义可分为程度副词、范围副词、时间副词、语

---

① 参见李云兵. 苗语川黔滇次方言的状词 [J]. 民族语文, 1995（4）：63-68.

气副词、情状副词等类别。这些副词的句法功能是充当状语，副词修饰中心语有居前或居后两种语序。为了揭示中泰苗语副词的异同，我们将中泰苗语常用的副词及其语序列表于下。

**表36　　中泰苗语的常用副词及其语序**

| | 语序 | 难府 | 文山 | 台江 | 矮寨 |
|---|---|---|---|---|---|
| 程度副词 | 居后 | xen²⁴很，tɕhaŋ⁵²特别、最，tɬhau⁴⁴太、过，tɕhaŋ⁵²plʰəɯ²²特别 | lua⁴⁴tɬʰa²²特别 | va³⁵很，poŋ³⁵很，tɕu²⁴最、很，ɕhaŋ³⁵超过，ŋo⁵³太 | χəŋ³⁵很，kwa³⁵超过，tɕho³⁵极其 |
| | 居前 | tsɯ⁴⁴tshua²¹不太，mua⁵²ntsɯ³³有点 | thai²¹太，tsui²¹最，mua⁴²ntʂɿ³³有点 | poŋ³⁵va³⁵非常，ha³⁵最，poŋ³⁵tɕu²⁴很、太，poŋ³⁵tɕu²⁴ŋo⁵³很，pɛ²²taŋ²²不大 | kjɛ²¹特别，thɛ²¹太，tsei²¹最，me³¹tɛ⁵³有点，tɕu²¹lɛ²¹不，tɕi⁵³ko⁵³比较，qa⁵³更，tsɛ²¹qa⁵³更加 |
| | 可前可后 | | zen³⁵很 | | tsu³¹足够 |
| 范围副词 | 统括 | 居前 | tʰaŋ²²ntʂhɔ⁴⁴全都 | i⁵⁵xua²¹全都，tɯ⁵⁵都 | toŋ⁵³全部，qu⁵⁵lao²²总共，qu⁵⁵tsai¹³总共 | dze³¹pu³⁵全都，thəŋ⁴⁴thəŋ⁴⁴统统，tsəŋ⁴⁴kəŋ²¹总共 |
| | | 居后 | | | tɕoŋ²²（tsai¹³）全部 | |
| | 唯一 | | tsua³³mua⁵²只有 | tsua³³mua⁴²只有 | tɕəɯ²⁴就 | phjɛ⁵³nɛ³¹偏偏，tu³¹tu³¹独独 |
| | 限制 | | tɕʰəɯ²²pau²¹tɕhaŋ²²至少 | tsui²¹tɕʰəɯ²²至少，tsɿ⁴⁴liau³³不了 | | na²²zo³⁵至少，tɕhi⁴⁴ma⁴⁴起码，pu³¹tsɿ⁵³不止 |
| | 类同 | | ku⁵²也 | la³³也 | | la³¹也 |
| 时间副词 | 时点时段 | | ŋa²⁴刚 | tɯ⁵⁵ŋi³⁵刚刚 | tɕu²⁴hu³⁵刚刚 | qo⁵³me³¹刚刚 |
| | | | taŋ²¹sɯ²¹nua²⁴马上 | ntʰəɯ²²ntʰa²²马上 | qa⁵³马上 | kɔ̃⁴⁴to⁴⁴马上 |
| | | | | tua⁵⁵plʰa²²忽然 | | u³¹ti³¹忽然 |
| | | | | tsɿ⁴⁴maŋ⁴²暂且别 | | qa⁵³pzo³¹暂且别 |
| | | | tsen²¹还 | tsen²¹还 | | khɔ⁵³lə⁵³仍然 |
| | | | tsen²¹taŋ⁵⁵tɔ²¹还在 | | | a³¹tsəŋ³⁵还在 |
| | | | taŋ⁵⁵tɔ²¹正在 | tsen²¹正在 | | tu⁵⁵tɕəŋ⁵³正在 |
| | 频率 | 居前 | | khen³⁵常常 | ɕaŋ³¹ɕaŋ³¹常常 | dzaŋ³¹dzaŋ³¹常常 |
| | | | tsɔ²⁴qaŋ⁵⁵又、再 | tsau³⁵又 | | za³⁵又 |
| | | | te⁵²qo³³zʰa²²有时 | mua⁴²te⁴²zʰa²²/mua⁴²te⁴²xua²¹有时 | qa⁵⁵ɕho³⁵有时 | me³¹ŋaŋ³¹有时 |
| | | 居后 | | | | tshu⁵³再 |
| 时间副词 | 时间先后 | | ua⁴⁴nte⁵²先 | so⁵⁵先 | | sa⁵³先 |
| | | | ua⁴⁴qaŋ⁵⁵随后 | ɕau³⁵xua²¹小会儿 | | kɔ̃⁴⁴to⁴⁴随后、马上 |

续表

| 语序 | | 难府 | 文山 | 台江 | 矮寨 |
|---|---|---|---|---|---|
| 否定 | | tsɯ⁴⁴不、没 | tsʅ⁴⁴不、没 | te³⁵不/没，ŋəɯ³⁵不，pɛ²²不、未曾，ɕəɯ³⁵别，kuə⁵⁵别，ma⁵³不；ɕəɯ³⁵别，要…… | tɕu⁵³不、没 |
| | | tsɯ⁴⁴tau⁴⁴（得）尚未 | tsen²¹tsʅ⁴⁴tou⁴⁴尚未 | | ɕaŋ⁴⁴尚未 |
| | | sɔ⁵⁵别 | tsʅ⁴⁴ɕa⁵⁵别 | | qa⁵³maŋ²²/qa⁵³别 |
| | | | | | qa⁵³pzo³¹暂且别 |
| 语气副词 | 居后 | tɬia²²tɬia²²确实 | tɬia²²确实 | | məŋ³¹你 |
| | | kua²¹lai⁵⁵一定 | | | |
| | 居前 | te⁵²za³³可能 | tɯ⁵⁵都 | tɛ²²还、仍然， | ɕaŋ³¹məŋ³¹确实， |
| | | | ua⁴⁴tɕhiaŋ²²怎么 | | |
| | | pua³³可 | pua³³/ka⁵⁵可 | noŋ²⁴taŋ⁵⁵倒是 | ta³¹tɕəŋ²¹真的，sa³⁵都 |
| | | tɬia²²tɬia²²真正 | min⁴²min⁴²明明 | tɕəɯ²⁴tai⁵³果真 | ɕi²¹难道 mĩ³¹mĩ³¹明明 |
| | | kua²¹lai⁵⁵一定 | phin⁵⁵phin⁵⁵偏偏 | ta²⁴ɣuə²⁴偏偏、死活 | phjɛ⁵³nɛ³¹偏偏 |
| | | | faŋ³⁵tsen²¹反正 | ta²⁴ɣuə²⁴偏偏 | χwɛ⁵³tsɔ̃³⁵反正 |
| 情状副词 | | i⁵⁵ke⁴⁴一起 | ua⁴⁴ki⁴⁴一起 | | a⁴⁴/²¹kɯ⁴⁴一起 |
| | | tshɔ⁴⁴tsɯ²¹故意 | ku²¹zi²¹故意 | | pa²¹zi²¹故意 |

表 36 显示：（1）难府苗语和文山苗语中"很""有点""只有""还""不、没""尚未""确实""可""一起" 9 个有共同来源，其中"很"是汉语借词，其余的 8 个是同源词。这说明泰国苗族迁出中国之前，这些副词就已经出现。但跨境分化之后，难府苗族和文山苗族又各自产生新的副词用以丰富各自的副词系统。（2）难府苗语没有而文山苗语有的"太""最""小会儿""都""暂且别""正在""明明""偏偏""反正""故意"都是汉语新借词。这说明文山苗语的副词受汉语的影响较大。汉语副词的出现将使文山苗语和难府苗语的差别增大。差别的一个重要原因是新借词的出现。（3）除了难府苗语和文山苗语在副词上有部分来源相同的词之外，难府苗语和文山苗语与台江苗语、矮寨苗语鲜见同源词。这说明中泰苗语的副词大多产生于苗语分化为三个方言之后。（4）中泰苗语的时间副词，除了矮寨苗语表示频率tshu⁵³"再"用于动词性成分之后以外，其余的都用在中心语之前。（5）否定副词都用于中心语之前。（6）语气副词有居中心语之前和之后两种语序。（7）情状副词都用于中心语之前。下面对表 36 中副词逐类进行对比。

（一）中泰苗语程度副词对比

1. 相同点

中泰苗语的副词修饰形容词均有后置和前置两种语序。修饰语后置语序是苗语的固有语序，也是苗瑶语的优势语序。这一语序符合Greenberg所总结的第21条普遍现象"如果某些或所有副词跟在它们所修饰的形容词后，那么这种语言中的形容词也处于名词之后，而且以动词前置于名词性宾语为优势语序。"[①]因为苗瑶语是V-O语序，形容词修饰语后置于名词为优势语序。

难府　　nɦɯ²² mɔ⁵⁵ nte²⁴ thlau⁴⁴ lɯ²¹！　　　　他病得太久了！
　　　　他　 生病　久　 过　　 了
　　　　nu⁵⁵nua²⁴ tsɯ⁴⁴tshua²¹ nɔ⁴⁴.　　　　　今天不太冷。
　　　　今天　　　不太　　　冷

文山　　naŋ⁵⁵ ntsa⁵⁵ na³⁵/⁴⁴ ŋaŋ³⁵ xen²⁴ lɯ²¹！　这袋米很重啊！
　　　　袋　　米　 这　　 重　 很　（语助）
　　　　thai²¹ tle⁵⁵ la³³！　　　　　　　　　　　太远了！
　　　　太　 远　（语助）

台江　　moŋ⁵³ qa³³ poŋ³³ va³⁵.　　　　　　　　你很淘气。
　　　　你　 淘气　 很
　　　　tai²²tai³³ za³³ sha³⁵ su⁵³ lai⁵³ te²².　　　那个小孩最能读书。
　　　　个　儿　那　 最　 会　书　了

矮寨　　məŋ³¹ gja³¹ χəŋ³⁵.　　　　　　　　　　你很蛮横。
　　　　你　 蛮横　 很
　　　　te⁵³χaŋ⁴⁴ na³⁵tɕi⁵³ zu³⁵tshən⁴⁴.　　　　德夯非常凉快。
　　　　德夯　　　那么　　凉快

难府苗语、文山苗语和矮寨苗语都借入了汉语的程度副词"很"，且都置于形容词之后。新借入的程度副词大多位居中心语之前。"很"位居中心语之后说明借入的时间较早，能融入苗语的修饰语后置语序系统中。如"他家很宽"：

难府　　　　　　　　　　　文山　　　　　　　　　　　矮寨
nɦɯ²²tse²⁴tlaŋ²⁴xen²⁴.　　　nɦi²²zi²¹tlaŋ³⁵xen³⁵.　　　bɯ⁴⁴pzɯ⁴⁴khwaŋ⁵³χəŋ³⁵.
他　家　宽　很　　　　　　他　家　宽　很　　　　　　他　家　宽　很

2. 不同点

难府苗语、台江苗语和矮寨苗语的程度副词大多后置于形容词，与V-O语序相和谐。与难府苗语相比，文山苗语的程度副词前置于形容词的更多。一些程度副词难府苗语只能用后置语序，文山苗语用前置语序。如"这里

---

① Joseph H. Greenberg.某些主要跟语序有关的语法普遍现象［J］（陆丙甫、陆致极译）.国外语言，1984（2）：45-60.

特别美""太肥也不好看":

难府
ntəɯ²¹ nua²⁴ zuŋ⁴⁴ŋkau⁵² tɕhaŋ⁵² pl̥ɦəɯ²².
处这　　好看　　　特别
maŋ⁵⁵ tl̥hau⁴⁴ la³³ laŋ⁵² sai⁵⁵.
肥　过　了　难看

文山
ntəu²¹ na³⁵/⁴⁴ thai²¹ zoŋ⁴⁴sai⁵⁵.
处这　　太　　好看
thai²¹ maŋ⁵⁵ la³³ laŋ⁴² sai⁵⁵.
太　肥　了　难看

(二)中泰苗语范围副词对比

从表义功能看,可将中泰苗语的范围副词分为统括性范围副词、唯一性范围副词和限制性范围副词。从句法功能看,副词的句法功能主要是修饰谓词性成分,但范围副词有的修饰谓词性成分,有的修饰体词性成分。从语义指向上看,既有指向其前成分的,也有指向其后成分的。

1. 中泰苗语统括性范围副词对比

统括性范围副词是指所包括的对象是某个范围的全体。中泰苗语的统括性范围副词相同点主要是语义大多指向名词性成分,统括名词性成分所表示的全部成员。不同点主要是语序不同,难府苗语的统括性范围副词多用在动词性成分之后,修饰动词。如"这些菜全部烂了"难府苗语的统括性范围副词 tɕhaŋ²²ntʂhɔ⁴⁴"全都"的句法功能是修饰其前动词 lɯ⁵²"烂",句法位置在动词之后。例如:

tɕɔ²⁴zau⁵⁵nua²⁴lɯ⁵²tɕhaŋ²²ntʂhɔ⁴⁴ləu²¹.
些　菜　这　烂　全都　　　了

文山苗语和矮寨苗语的统括性范围副词多分布在谓词性成分之前,修饰其后的谓词性成分。如下例,文山苗语的统括性副词 i⁵⁵xua²¹ "全都"、矮寨苗语的 dzɛ³¹pu³⁵ "全都"修饰其后的动词"烂",分布在动词之前。

文山　　　　　　　　　　　　矮寨
tɕau³⁵zou⁵⁵nua³⁵ i⁵⁵xua²¹lɯ⁴²tɕhaŋ²²ləu²¹. a⁴⁴/⁵³pɛ³⁵zei³⁵nəŋ⁴⁴dzɛ³¹pu³⁵kəŋ³⁵tɕu⁴⁴za⁴⁴.
些　菜　这　全都　烂　完　了　　一　些　菜　这　全部　烂　完　了

台江苗语的统括性副词出现了分布在谓词性成分之前和之后两类句法位置。例如:

n̥hoŋ³⁵na⁵⁵qu³⁵ɬu³³lju³³fɦəu³⁵tɕoŋ²²zaŋ⁵³.　今年老头子头发全白了。
年　这　公白毛头　全　了
qu³⁵hao³⁵maŋ⁵³toŋ⁵³tsai¹³ta⁵³muə²².　　　爷爷说你们全都去。
爷　说　你们　全部　去

2. 中泰苗语限制性范围副词对比

限制性副词是指所表示的对象只是整个范围中的一部分的副词。限定性范围副词大致又可分为表少量、多量等语义类别。表少量的限制性范围副词不论客观量是多还是少，主观量总是认为是少的。表多量的限制性范围副词，不管客观量是多还是少，主观量总是认为是多的。中泰苗语限制性范围副词的相同点是句法位置和句法功能相同，都分布在谓词性成分之前，修饰其后的谓词性成分，语义指向其后的谓词。不同点是没有相同的来源。这说明限制性范围副词产生的时间在泰国苗族迁出中国之后。下面以"这条鱼至少有五斤"和"这条鱼最多不超过五斤"为例，来展示中泰苗语限制性范围副词的异同。

难府　tɕiu²²ntɕhe²²nua²⁴tɕhəɯ²²pau²¹tɕhaŋ²²zin⁵²zua²⁴mua⁵²tsɯ⁵⁵ki²¹lɔ²⁴.
　　　条　鱼　这　至少　　　定要　有　五　公斤

　　　tɕiu²²ntɕhe²²nua²⁴ntau⁴⁴tɕhaŋ⁵²tsɿ⁴⁴tlhau⁴⁴tsɯ⁵⁵ki²¹lɔ²⁴.
　　　条　鱼　这　最多　　不　超过　五　公斤

文山　tɕio²²ntɕhe²²na³⁵tsui²¹tɕhəɯ²²mua⁴²tsɿ⁵⁵ki³⁵.
　　　条　鱼　这　最少　　有　五　斤

　　　tɕio²²ntɕhe²²na³⁵tsui²¹ntou⁴⁴mua⁴²tsɿ⁵⁵ki³⁵.
　　　条　鱼　这　最多　　有　五　斤

矮寨　a⁴⁴/²¹ŋəŋ⁴⁴mzɯ⁴⁴nəŋ⁴⁴na³⁵tɕi⁵³ɕo³⁵la³¹me³¹pza⁵³kaŋ⁵³.
　　　一条　鱼　这　最少　　也有　五　斤

　　　a⁴⁴/²¹ŋəŋ⁴⁴mzɯ⁴⁴nəŋ⁴⁴tsei³⁵tɕu⁵³la³¹ŋi²²me³¹pza⁵³kaŋ⁵³.
　　　一条　鱼　这　最多　　也是有　五　斤

3. 中泰苗语唯一性范围副词对比

唯一性范围副词是指所限定的对象是整体中的唯一的个体。中泰苗语唯一性范围副词的相同点是句法位置相同、句法功能相同、语义指向相同。句法位置都是分布在体词性成分之前，限定其后的体词性成分，语义指向体词性成分。不同点是中泰苗语的唯一性范围副词没有共同的来源，矮寨苗语多用"只剩+体词性成分+自己"格式，"只剩"和"自己"的语义都指向体词性成分，共同对体词性成分进行唯一性限定。这说明唯一性范围副词是在泰国苗族迁出中国之后才平行产生的，是跨境分化之后的创新。下面以"大家都来了，只有你一个人没来"为例来显示中泰苗语唯一性范围副词的用法

难府　sua²⁴tlhɯ²²tɯ⁵⁵tua⁵²tɕhaŋ²²ləɯ²¹, tsua³³mua⁵²kɔ⁵²i⁵⁵lɕen²²tsɯ⁴⁴tua⁵².
　　　大家　　都　来　完　了　只有　　你　一位　不　来

文山　tua²¹tɕua⁵⁵ tɯ⁵⁵ tua⁴² tɕhaŋ²²ləɯ²¹, tsua³³mua⁴² kau⁴²i⁵⁵ tɕio²² tsɿ⁴⁴ tua⁴².
　　　大家　　都　来　完　了　只有　　你　一位　不　来

矮寨　ta⁵³ɕi²¹zi⁵³se⁵⁵ləŋ⁴⁴tɕu⁴⁴za⁴⁴, tsɿ²¹tɯ⁴⁴məŋ³¹ta⁵³le⁵³tɕu⁵³ləŋ⁴⁴.
　　　大家　全部　来　完　了　只剩　你　自己　不　来

## （三）时间副词对比

时间副词是指表示时间意义且用于修饰谓词性成分的副词。根据事件在一维性时间轴上所占据的时间长短和事件的时间进程、先后顺序、发生的频率等，大致可将中泰苗语的时间副词分为表示时点和时段的副词、表示频率的副词和表示时间先后顺序的副词三个次类。

### 1. 表示时点和时段的副词对比

表示时点的副词是指时间副词所限定的事件在时间轴上难以区分起点和终点，或者说事件的起点时间和终点之间间隔短。表示时段的副词是指所限定事件的起点时间和终点时间具有一定的距离，或者副词所限定的事件仍在持续。中泰苗语的时间副词的语法位置多在谓词性成分之前。中泰苗语表示时点和时段的副词相同点主要是句法位置相同，都分布在谓词性成分之前，不同点是大多没有同源关系，是方言分化之后的产物。请看下面各点的两个例句，前一个是时点副词的用例，后一个例句是时段副词的用例。

难府　nfiaŋ²² n̠a²⁴ tu⁴⁴.　　　　　　　雨刚停。
　　　雨　刚　停

　　　nfiɯ²² tsen²¹ kəɯ²¹ ntəɯ²⁴?　　他还在读书？
　　　他　还　读　书

文山　tɬ͡ho²² lɬ͡hou²² tua⁵⁵nfien²² mau⁵⁵ n̠i³⁵ zoŋ⁴⁴.　老人家病刚好。
　　　个　老　人　　病　刚刚　好

　　　nfiaŋ²² tsen²¹ lɬ͡ho²²nfiaŋ²².　　昨天还下雨。
　　　昨天　还　来　雨

台江　o³³tai³³pa⁵⁵tai³³ɕen³⁵muə²².　　他父子刚走。
　　　他俩　父子　刚　去

　　　o³³mai²⁴tai³³qa⁵³tɕen³⁵ɕi³⁵puə²⁴ki⁵³.　母子俩就一直抱着哭。
　　　两母　子　就　一直　互抱　哭

矮寨　we⁴⁴ tsɿ²¹ məŋ⁴⁴.　　　　　　我就去。
　　　我　就　去

　　　məŋ³¹ khə⁵³lə⁵³ n̠i⁵³ nəŋ⁴⁴?　　你还在这里？
　　　你　还　在　这

### 2. 表示时序的副词对比

表示时序的副词是指表示事件发生的时间顺序的副词。难府苗语表示时序的副词以居谓词性成分后为优势语序。居后的多为本语词，居前的多为汉语借词。文山苗语和台江苗语表示时序的副词均有居于谓词性成分之前和之后两种语序，矮寨苗语只见居于谓词性成分之前一种语序。难府苗语和文山苗语有两个同源词：ua⁴⁴qaŋ⁵⁵ "随后" 和 maŋ²¹ "才"。maŋ²¹ 借自汉语的 "慢"，用以表示 "才" 或 "稍后" 等时间意义。

| 难府 | qo̠²¹qɯ²⁴ no⁵² ua⁴⁴nte⁵², qo̠²¹mau²¹ no⁵² ua⁴⁴qaŋ⁵⁵. | 男人先吃，女人后吃。 |
|---|---|---|
|  | 男人　吃　先　　女人　吃　随后 |  |
|  | tsɦu²² pua⁴⁴ ua⁴⁴nte⁵², maŋ²¹ tsɦu²² pa²¹kaŋ²¹. | 先到波县，再到巴岗。 |
|  | 到　波县　先　　才汉借　到　巴岗 |  |
| 文山 | kau⁴² so⁵⁵ mɦoŋ²², pe⁵⁵ maŋ²¹ntsɿ³³ mɦoŋ²². | 你先去，我们随后去。 |
|  | 你　先　去　　我们　慢点　　去 |  |
|  | tɕau³⁵zɦəu²² so⁵⁵ nau⁴², tɕau³⁵ po⁴² nau⁴² ua⁴⁴qaŋ⁵⁵. | 男的先吃，女的后吃。 |
|  | 些　男人　吃　先　些　女人　吃　随后 |  |
| 台江 | vi²²si⁵³ɬjhi³³nəu³³tu²⁴nɛ²²ke⁵⁵tai⁵³. | 先吃一块鱼再说。 |
|  | 我　也　想　吃　块　鱼　先 |  |
|  | tsen⁵³nai⁵³tɕoŋ³³ɕu²⁴n̪ha³³qa⁵³tɕaŋ⁵³n̪i⁵³tɕaŋ⁵³ljo⁵⁵muə²². | 整了别人以后就变牛变马。 |
|  | 整　别人　　以后　　就　成　水牛　成黄牛　去 |  |
| 矮寨 | məŋ³¹sa⁵³məŋ⁴⁴, we⁴⁴to²²tei³⁵ məŋ⁴⁴. | 你先去，我后去。 |
|  | 你　先　去　　我　后　　去 |  |

#### （四）否定副词对比

中泰苗语的否定副词是指对事物、事件、性质、状态、关系等的真实性、相关性、已然性、未然性进行否定的词。可以分为叙述性否定副词、祈使性否定副词、已然性否定副词三类。中泰苗语的否定副词都是用于谓词性成分前，充当状语。叙述性否定副词否定事件发生、否定状态变化、否认意愿，是中泰苗语中使用频率最高的否定副词，其功能大致与汉语普通话的 "不" 相当。此类否定副词难府苗语与文山苗语同源，与台江苗语、矮寨苗语不同源。这说明叙述类否定副词是在苗语方言分化之后产生的。中泰苗语的叙述性否定副词有：

| 难府 | 文山 | 台江 | 矮寨 | 汉义 |
|---|---|---|---|---|
| tsɯ⁴⁴₅ | tsɿ⁴⁴₅ | te³⁵₅、ŋəu³⁵₅、ma⁵³₂ | tɕu⁵³₁ | 不 |

| 难府 | nɦɯ²² tsɯ⁴⁴ mɦoŋ²² nan⁵². | 他不去难府。 |
|---|---|---|
|  | 他　不　去　难府 |  |
|  | tḻai²¹ ntəɯ²⁴ nua²⁴ tsɯ⁴⁴ tua⁵⁵. | 这本书不厚。 |
|  | 本　书　这　不　厚 |  |
| 文山 | ko³⁵ tsɿ⁴⁴ tua⁴² la³³. | 我不来了。 |
|  | 我　不　来　了 |  |
|  | khaŋ⁴² tɦəu²² na³⁵/⁴⁴ tsɿ⁴⁴ ŋaŋ³⁵. | 这捆柴不重。 |
|  | 捆　柴　这　不　重 |  |

台江　　o³³　te³⁵　ma⁵³　sai⁵³.　　　　　　　　我俩没有钱。
　　　　我俩　没　有　钱

　　　　nen⁵³ tsɛ⁵⁵ tai²² pe³⁵ ŋəu³⁵ nəu⁵³ qoŋ⁵⁵ zoŋ²².　他家猪不吃食了。
　　　　他家　头　猪　不　吃　食　了

　　　　tai²²ljo⁵⁵na⁵⁵te²⁴kuə⁵⁵te²⁴si²³ma⁵³muə²².　　这头牛怎么赶都不走。
　　　　头　水牛　这　赶　怎么　也　不　走

矮寨　　we⁴⁴ ɕi⁵³ne̠⁵³ tɕu⁵³ məŋ⁴⁴ thu²²ne³¹qha³⁵.　我明天不去做客。
　　　　我　明天　不　去　做　人客

　　　　a⁴⁴/⁵³pɛ⁵³ pei⁴⁴/⁵³qwa³¹ nəŋ⁴⁴ tɕu⁵³ tɕaŋ⁴⁴.　这些桃子不甜。
　　　　一　些（缀）桃　这　不　甜

已然性否定副词否定事件完成或状态变化的时间进程，表示至说话时点事件、性质或状态的变化尚未完成或尚未发生。与叙事性否定副词相比，已然性否定副词的否定辖域主要是一维时间轴线上的事件发生或完成、性质状态的变化或完成。难府苗语和文山苗语的已然性否定副词同源，都用"不得"或"还不得"表示，这说明在泰国苗族迁出中国之前，已然性否定副词就已产生。难府苗语、文山苗语与台江苗语和矮寨苗语相比，已然性否定副词是没有同源关系的。这说明已然性否定副词产生于苗语分化为三个方言之后。中泰苗语的已然性否定副词有：

难府　　　　　　　　　文山　　　　　　　　　台江　　矮寨　　汉义
（tsen²¹）tsɯ⁴⁴tau⁴⁴　（tsen²¹）tsɹ̩⁴⁴tou⁴⁴　　pɛ²²　　ɕaŋ⁴⁴　尚未
（还）　不　得　　　　（还）　不　得

请看难府苗语、文山苗语的"鸡还没死"和"辣椒还没红"两个例句。

难府　　　　　　　　　　　　　文山
qa⁵⁵ tsɯ⁴⁴ tau⁴⁴ tɕhua²².　　　qa⁵⁵ tsɹ̩⁴⁴ tou⁴⁴ tɕhua²².
鸡　不　得　死　　　　　　　鸡　不　得　死

xɔ²⁴tsɔ⁵⁵ tsen²¹ tsɯ⁴⁴ tau⁴⁴ la⁵⁵.　xau³⁵tsau⁵⁵ tsen²¹tsɹ̩⁴⁴ tou⁴⁴ la⁵⁵.
辣椒　还　不　得　红　　　　辣椒　还　不　得　红

矮寨
ta⁵³qa⁵³ ɕaŋ⁴⁴ ta²².　　　　　　　ʂei²¹ta⁴⁴ ɕaŋ⁴⁴ dzəŋ³⁵.
（缀）鸡　尚未　死　　　　　　辣椒　尚未　红

台江
tai²²pe³⁵na⁵⁵pɛ²²te³³tsen³³.　　这头猪还没有打过针。
个　猪　这　不　打　针

祈使类否定副词用于动词或动词性短语前，表示规劝或制止某种行为，多用于祈使句。祈使类否定副词中泰苗语四个点之间均无同源关系。这说明，这类否定副词是在泰国苗族迁移出中国之后产生的，祈使类否定副词比叙述性否定副词、已然性否定副词产生的时间更晚。泰国难府苗语的祈使类否定副词 sɔ⁵⁵"别"还可以与叙述性否定副词 tsɯ⁴⁴"不"叠加，以加强劝阻语气。中泰苗语的祈使类否定副词常用的有：

| 难府 | 文山 | 台江 | 矮寨 | 汉义 |
|---|---|---|---|---|
| sɔ⁵⁵/tsɯ⁴⁴sɔ⁵⁵ | ɕa⁵⁵mi⁵⁵/tʂɿ⁴⁴ɕa⁵⁵mi⁵⁵ | ɕəɯ³⁵/kuə⁵⁵ | qa⁵³maŋ²²/qa⁵³/qa⁵³pzo³¹ | 别/暂且别 |

下面是一些用例。难府苗语如：

(tsɯ⁴⁴) sɔ⁵⁵ tɕɦi(ŋ)²²ŋkɦen²²!　　　别偷懒！
（不） 别　　　懒

(tsɯ⁴⁴) sɔ⁵⁵ mɦuŋ²²!　　　别去！
（不） 别 去

文山苗语虽然也有祈使类否定副词 ɕa⁵⁵mi⁵⁵"别"，但不常用，更习惯于与叙述性否定副词 tsɿ⁴⁴"不"叠加使用。例如：

tsɿ⁴⁴ɕa⁵⁵mi⁵⁵ xa³³lɦo²² la³³.　　　别说话了。
别　　　说话　了

tsɿ⁴⁴ɕa⁵⁵mi⁵⁵ nau⁴² tshua⁴² la³³.　　　别吃药了。
别　　　吃 药 了

台江苗语如：

moŋ⁵³ɕəɯ³⁵tɕuə³³xi³³tai²²mɦaŋ³⁵a³⁵he³⁵moŋ⁵³. 你别期待狼可怜你。
你 别 期待　只 狼 可怜 你

kuə⁵⁵hen³³tɕo⁵³kuə⁵⁵ma²².　　　别走那条路。
别 走 条 路 那

矮寨苗语的qa⁵³maŋ²²和qa⁵³用于劝阻某一行为，qa⁵³maŋ²²比qa⁵³劝阻的语气更重，有强烈劝阻之义，这符合形式与语义相匹配的原则。与qa⁵³maŋ²²和qa⁵³相比，qa⁵³pzo³¹凸显的是时间轴上的否定意义，用于劝阻事件的延时发生。例如：

məŋ³¹ qa⁵³ phu²² tu³⁵.　　　你别说话。
你 别 说话

məŋ³¹ qa⁵³maŋ²² phu²²tu³⁵.　　　你可别说话。
你 别　　　说话

məŋ³¹ qa⁵³pzo³¹ phu²² tu³⁵.　　　你先别说话。
你　别急　　说话

（五）语气副词对比

中泰苗语的语气副词是主要用于传递信息、表示情态和语气的副词。语气副词的传信功能体现在对事件真实性的态度和对事件的确信程度上。

表示情态体现在说话人对事件的主观态度。表示语气体现在有些语气副词可以用于疑问句或反问句中，表示询问或反问的语气。情态副词的句法功能是用于修饰谓语或句子，充当状语，与其他副词相比，语气副词语序灵活，可在中心语之前、之后或句首。中泰苗语常用的情态副词如表36所示。中泰苗语语气副词的差异主要是语序的差异和疑问语气副词的差异。

1. 语序差异

难府苗语和文山苗语的语气副词均有前置或后置于谓词两种语序，但难府苗语语气副词后置为优势语序。一些难府苗语后置的语序，文山苗语要用前置的语序。再者若动词后有时间状语，难府苗语要把语气副词放在时间状语之后。如：tɕʰia$^{22}$tɕʰia$^{22}$"真的"，表示确认、强调，用在时间状语之后，文山苗语没有这一用法。台江苗语和矮寨苗语的语气副词多用于谓词之前。

难府苗语如：

tɬai$^{21}$ ntəu$^{24}$ nua$^{24}$ tua$^{55}$ tɕʰia$^{22}$tɕʰia$^{22}$.　　　　这本书真的厚。
本　书　这　厚　真的

kɔ$^{52}$ zua$^{24}$ tua$^{52}$ pɦie$^{22}$kɦi$^{22}$ tɕʰia$^{22}$tɕʰia$^{22}$ le$^{44}$!　　明天你真的要来啊！
你　要　来　明天　真的　的

pɦie$^{22}$kɦi$^{22}$ te$^{52}$za$^{33}$ nɦiaŋ$^{22}$ lɦiu$^{22}$.　　　　　　明天可能会下雨
明天　可能　雨　来

te$^{52}$za$^{33}$ pɦie$^{22}$kɦi$^{22}$ nɦiaŋ$^{22}$ lɦiu$^{22}$.　　　　　　可能明天会下雨。
可能　明天　雨　来

ku$^{24}$ zua$^{24}$ mɦiuŋ$^{22}$ kua$^{21}$lai$^{55}$.　　　　　　　　我一定要去。
我　要　去　一定

文山苗语如：

tɕʰiaŋ$^{22}$kɦi$^{22}$ kau$^{42}$ zua$^{35}$ tua$^{42}$ tɕʰia$^{22}$ a$^{35}$!　　明天你真的要来啊！
明天　你　要　来　真（语助）

tɕʰiaŋ$^{22}$kɦi$^{22}$ kʰo$^{35}$nen$^{42}$ tsəu$^{42}$ lɦo$^{22}$ nɦiaŋ$^{22}$.　明天可能会下雨。
明天　可能　会　来　雨

kɔ$^{35}$ zi$^{42}$tin$^{21}$ zua$^{35}$ mɦoŋ$^{22}$.　　　　　　　　　我一定要去。
我　一定　要　去

台江苗语的语气副词多用于谓词之前或句首。例如：

te$^{24}$ na$^{55}$ kʰu$^{33}$ za$^{33}$ tɕəu$^{24}$tai$^{53}$ muə$^{22}$ zaŋ$^{53}$.　　这次那些（人）真的走了。
次　这　群　那　果真　去　了

qəu$^{55}$ nen$^{53}$ ʂa$^{35}$ te$^{24}$ na$^{55}$ muə$^{22}$ te$^{22}$.　　　　可能他就是这一次了。
可能　他　结束　次　这　去了

矮寨苗语语气副词用于谓词之前。例如：

məŋ³¹ ta³¹tɕəŋ²¹ ləŋ⁴⁴ za⁴⁴！　　　　　　你真的来了！
你　真的　　来　了

məŋ³¹ nɛ³⁵ we⁴⁴ qa⁵³ məŋ⁴⁴, we⁴⁴ phjɛ⁵³ŋɛ³¹ lje²² məŋ⁴⁴. 你叫我别去，我偏偏要去。
你　叫　我　别　去　我　偏偏　　要　去

2. 疑问副词有差异

难府苗语和文山苗语都有表示疑问语气的副词 pua³³，用于谓词性成分之前，表示是非问句，询问事件是否发生、状态是否出现。不同的是文山苗语除了 pua³³ 之外，还有 kau⁵⁵，kau⁵⁵ 和 pua³³ 功能相同，可以换用。台江苗语、矮寨苗语没有这类疑问副词，是非问的表现手段是借助语调或语气词。kau⁵⁵ 用于是非问汉语云南方言中也有。现以"你来吗？"和"这些米好吃吗？"在难府苗语、文山苗语、云南方言中的用法为例：

| 难府苗语 | 文山苗语 | 云南方言 |
|---|---|---|
| kɔ⁵² pua³³ tua⁵²? | kau⁴² ka⁵⁵/pua³³ tua⁴²? | 你咯来？ |
| 你　可　来 | 你　可/可　来 | |
| tɕɔ²⁴ntsa⁵⁵nua²⁴pua³³qaŋ⁵⁵? | tɕau³⁵ntsa⁵⁵na³⁵ ka⁵⁵/pua³³zoŋ⁴⁴ nau⁴²? | 这些米咯好吃？ |
| 些　米　这　可　好吃 | 些　米　这　可　好　吃 | |

我们再来看台江苗语和矮寨苗语是非问句的用例：

| 台江 | 矮寨 | 汉义 |
|---|---|---|
| nen⁵³ ta⁵³ hei³³? | bɯ⁴⁴ ləŋ⁴⁴ me³¹? | 他来吗？ |
| 他　来（语助） | 他　来（语助） | |

以上的对比用例显示：（1）难府苗语和文山苗语疑问副词 pua³³ 同源，语序用于谓语核心之前，且与云南方言相同。而这一语序与苗语其他方言不同。如台江苗语和矮寨苗语表示疑问的主要手段是在句末添加语气词。那么难府苗语和文山苗语为什么会选用"pua³³+谓语核心"这一语序来表示疑问？原因可能与汉语云南方言有关。据涂良军研究，云南方言疑问副词"咯"的源头始于唐代，自明代以后普遍使用。①而自明代开始，汉语成为云南的强势语，云南境内的很多少数民族包括苗族都兼用汉语。文山"苗—汉"双语人在母语"修饰语+中心语"结构的类推作用下，把云南方言的疑问语气副词"咯+谓语核心"语序借入云南苗语。（2）文山苗语还可用 ka⁵⁵ "可"表示疑问，而且这个疑问语气副词与难府苗语没有同源关系。也就是说，在泰国苗族迁出中国之后，文山苗语继续受到云南方言的影响，在已有的"pua³³+谓语核心"语法槽中，将 ka⁵⁵ "可"引入 pua³³ 的句法位置。

---

① 参见涂良军. 云南方言词汇比较 [M]. 昆明：云南大学出版社，2001：82-83.

## （六）情状副词对比

情状副词是用于描摹动作的状态、方式、情状的词，用于修饰动词性成分，充当状语。难府苗语的情状副词多用在动词性成分之后，中国苗语多用在动词性成分之前。我们以中泰苗语中使用频率较高的 i⁵⁵ke⁴⁴ "一起"为例，来看中泰苗语的情态副词语序。

难府　　　　　　　　　　　文山　　　　　　　　　　　汉义

nɦɯ²²pua⁵⁵mɦuŋ²²i⁵⁵ke⁴⁴ləɯ²¹.　　nɦi²²pua⁵⁵ua⁴⁴ki⁴⁴mɦoŋ²²ləu²¹.　　他们一起去了。
他们　去　一路　了　　　　他们　一起　去　了

pe⁵⁵ nɔ⁵² mɔ²⁴ i⁵⁵ke⁴⁴.　　　　pe⁵⁵ ua⁴⁴ki⁴⁴ nau⁴² mau³⁵.　　我们一起吃饭。
我们 吃饭 一路　　　　　　我们　一起　吃饭

台江　moŋ⁵³tɕaŋ³³ɛ⁵⁵ni²²ɕi³⁵te⁵⁵nɔ²⁴. 你和妮姐一起采（猪菜）。
　　　你　和　姐妮　一起 采

　　　lai³³ɲha³³hei³³lai³³tha³⁵ɕi³⁵te⁵⁵muə²²tsu¹³ki⁵³.　太阳和月亮一起去跳芦笙。
　　　个　天　和　个 月　一起　去　跳芦笙

矮寨　pɯ⁵³a⁴⁴/²¹kɯ⁴⁴nəŋ³¹ le³⁵.　　　　　　　　　　　我们一起吃饭。
　　　我们　一起　吃饭

　　　ta⁵³ɕi²¹a⁴⁴/²¹kɯ⁴⁴məŋ⁴⁴.　　　　　　　　　　　大家一起去。
　　　大家　一路　去

## 九　中泰跨境苗语介词对比

介词是指不能单用、不能独立充当句法成分、附着在宾语前的虚词。由介词和宾语构成的介宾短语在中泰苗语中主要充当状语、补语和句首修饰语三种句法成分。中泰苗语的介词大多由古代苗语的动词语法化而来，由于语法化在中泰苗语中具有不平衡性，有的动词在有的点已经语法化为介词，在有的点还是动词或者是动词和介词的兼类。由于语法化的渐进性和复杂性，在同一个土语点里，有的动词语法化为介词已经完成，有的正在进行，仍存在视为动词和介词的两可性，我们只能根据它的动态分布来判断是介词还是动词。介词在语义功能主要是把表示对象、处所、时间等意义的名词介引给动词或形容词。介词是封闭性词类，现将中泰苗语常用的介词列表于下。

表37　　　　　　　　　中泰苗语的常用介词

|  | 难府苗语 | 文山苗语 | 台江苗语 | 矮寨苗语 |
| --- | --- | --- | --- | --- |
| 介引对象 | mua⁵⁵把 | mua⁵⁵把 | te³⁵用、拿 | kə⁴⁴用、把 |
|  | mɦiaŋ²²被 | mɦiaŋ²²被 | tsao³¹被 | to²²被 |

续表

|  | 难府苗语 | 文山苗语 | 台江苗语 | 矮寨苗语 |
|---|---|---|---|---|
| 介引对象 |  | pi³⁵比 | ɤuə³⁵像, ljuə¹³像 | pi⁴⁴比 |
|  | tɬhua⁴⁴过 | tɬhua⁴⁴过 | ɕhaŋ³⁵超过, fhuə⁵⁵过 | ŋəŋ²²和 |
|  | ntsfiu²²跟 | ntsfio²²跟 | ti³⁵给/于, su²²与/和 | kja³⁵借助 |
|  | ua⁴⁴使 | tɕa⁴⁴使, ua⁴⁴使, khəu³³让 | mai²⁴让 | kaŋ²²让 |
| 介引处所 | nɔ⁵⁵在 | nau⁵⁵在 | naŋ³³在 | ni⁵³在 |
|  | tsɯ⁵²从 | tshoŋ⁴²从汉借 | kaŋ²² 从, ti³⁵ 从 | ti⁵³从 |
|  | ti⁴⁴到 | tsfio²²到 | lai³⁵到, sao²⁴到 | qa³⁵到 |
| 介引时间 | tsɯ⁵²从 | tshoŋ⁴²从汉借 | kaŋ²² 从, tɕhi⁵⁵ 从 | ti⁵³从 |
|  | ti⁴⁴到 | tsfio²²到 | lai³⁵到 | tɛ⁴⁴到 |

表37显示：中泰苗语常用介词的数量不多，都只有十几个。下面对表中的介词进行对比分析。

（一）相同点

1. 介词"把、用""比""使""让""跟、和""在""到"等介词兼作动词。判断它们是介词还是动词是依据其所在的句法位置以及语法意义。若是句子的句法核心，则为动词。动词语法化为介词，大多经历分布在连动结构这一句法环境。因为两个动词性成分长期连用，会形成在句法地位和语义核心上地位强弱不一。弱的动词性成分若分布在连动"S+V₁+V₂"中的 V₁ 位置，V₁ 语法化为介词后构成介宾结构充当状语，修饰 V₂；若分布在 V₂ 的位置，V₂ 语法化为介词后与其后的宾语构成介宾短语充当 V₁ 的补语。就我们掌握的材料看，"S+V₁+V₂"结构中的 V₁ 语法为介词比 V₂ 语法为介词更为常见。当然，"S+V₁+V₂"中的 V₁ 或 V₂ 是否完成了语法化则存在不平衡性，有的已经完成，有的尚未完成，仍滞留着源词的动词语义特征，存在着分析为介词或动词的两可性，这体现了语法化过程的语义滞留性和句法功能并存性原则。在本节主要是分析 V₁ 语法化为介词、构成介宾短语的非连动用法。表 37 中的"在"在四个点存在语音对应关系，王辅世先生将古苗语的"在"构拟为*ʔnɔnᴬ[①]。下面以中泰苗语的同源词"在"为例来观察两国苗语介词兼动词的用法。

难府　　nɛ⁵² nɔ⁵⁵ xu²⁴ qaŋ⁵⁵ le²⁴.　　　　　　钱在席子下面。（动词）
　　　　钱　在　下面　席子

---

[①] 王辅世. 苗语古音构拟[M]. 东京：国立亚非语言文化研究所，1994：87.

    mpluŋ⁵² xa⁵⁵ ziŋ⁵⁵ nɔ⁵⁵ tɔ²¹xɔ²⁴ ua⁴⁴lua²¹tle⁵². 叶子和英在那里游泳。(介词/动词)
    叶子 和 英 在 处那 游泳
文山 kau⁴² ua⁴⁴ le⁴⁴ taŋ⁵⁵ta⁵⁵ ȵau⁵⁵ ntəu²¹ka⁴⁴. 你绣的花带在那里。(动词)
    你 做 的 花带 在 处那
    nɦi²² ȵau⁵⁵ xau³⁵ ntəu²¹ka⁴⁴ pʉ⁴⁴. 他在那里睡。(介词)
    他 在 处 处那 睡
台江 qu³⁵ɕaŋ²⁴ ȵaŋ³³ tse⁵⁵ te³⁵ ȵaŋ³³? 师傅在家吗？(动词)
    师傅 在 家 不 在
    phaŋ³³ u⁵⁵ tsɛ³³ ȵaŋ³³ ha⁵⁵na⁵⁵. 衣服晒在这儿。(介词)
    件 衣 晒 在 这里
矮寨 m̥aŋ³⁵nəŋ⁴⁴ pu⁵³ ni⁵³ qə⁴⁴ɕɛ⁵³. 现在我们在大兴寨。(动词)
    现在 我们 在 寨新
    m̥aŋ³⁵nəŋ⁴⁴ pu⁵³ ni⁵³ qə⁴⁴ɕɛ⁵³ kjɛ⁴⁴dzaŋ³¹. 现在我们在大兴寨赶集。(介词/动词)
    现在 我们 在 寨新 赶场

  2. 介引处所的"从"和"到"也介引时间，这说明从空间隐喻到时间是苗族人的认知共性。如难府苗语介引处所的 ti⁴⁴ "到"用于介引时间：

  nan⁵²mɦuŋ²²ti⁴⁴tsin⁵²mai²¹mua⁵²pɛ⁵⁵pua⁵⁴ki²¹lɔ²⁴ke²⁴. 难府到清迈有三百千米路。
  难府 去 到 清迈 有 三 百 千米 路
  tse⁵⁵nua⁴⁴ti⁴⁴ɕuŋ⁴⁴nua²⁴nɦui²²lɛ⁴⁴nɛ⁵²li⁴⁴ʑɦɔ²²⁵⁵vaŋ²¹mpa²¹.
  去年 到 年今 他 的 钱 月 是 两万 铢
  去年到今年，他的工资是每月两万泰铢。

  文山苗语的介引处所的 tshoŋ⁴² "从"借自汉语，也有由介引空间到介引时间的用法。例如：

  tshoŋ⁴² xou³⁵ tsua⁴⁴ tsɦo²² ntsɦaŋ²²lɦaŋ²² ʑua³⁵ i⁵⁵ kaŋ⁵⁵ziŋ⁵⁵ le⁴⁴ ki³⁵.
  从 岩头寨 到 田坝心 要 一 杆 烟 的 路
  从岩头寨到田坝心要抽一杆烟的时间。
  nɦi²² tshoŋ⁴² nɦaŋ³² lɦo²² tʉ⁵⁵ tsŋ⁴⁴ tou⁴⁴ nau⁴² mau³⁵. 她从昨天起都没有吃饭。
  她 从 昨天 回 都 不 得 吃 饭

  台江苗语 kaŋ²² "从"的用法如：
  kaŋ²²ha³⁵na³⁵muə²²lai³⁵kuə³⁵ɬɦuə³³te³⁵? 从这里能到达大路吗？
  从 处这 去 到 路大 不
  kaŋ²²sai⁵⁵ɕhi³³lai³⁵mo²²ɕhi³³ma⁵³tuə³⁵lai³⁵tsoŋ³³thəu³¹. 从子时到卯时有六个小时。
  从 子时 到 卯时 有 六 个 钟头

  矮寨苗语的本语介词 ti⁵³ "从"也有介引空间和时间的用法。例如：

qa³⁵pza³⁵kwəŋ³¹ti⁵³nəŋ⁴⁴məŋ⁴⁴.　　　　　　到黄岩冲从这走。
到　黄岩冲　从　这　走

ti⁵³nəŋ⁴⁴dʐɯ³⁵,dʑi³⁵mɛ³¹tɕɛ³¹tɕo⁵³za⁴⁴.　　从这时起，他们结怨了。
从这　起　他们　结　怨了

（二）不同点

1. 表 37 所列举的介词，除了难府苗语与文山苗语的处置标记"把"，被动标记"被"，差比标记"过""跟"等部分介词是同源词以外，其他的介词均无同源关系。这说明，泰国苗族迁出中国之前这些同源的介词就已经产生，跨境分化之后，各自又创造出自己的介词以丰富自己的介词系统。难府苗语、文山苗语与台江苗语、矮寨苗语没有同源的介词，这说明介词产生于苗语方言分化之后。中泰苗语的介词"在"同源，是源于动词"居住"的同源，而非介词"在"的同源。因为中泰苗语的动词"居住"和介词"在"具有相同的语音形式，在苗语分化为三个方言之前，"居住"义动词已存在于中泰苗语中，苗语分化为三个方言之后，由于语义相宜原则，"居住"义的动词在中泰苗语中均语法化为介词"在"。

2. 难府苗语、文山苗语和矮寨苗语有处置标记，台江苗语没有，因为台江苗语尚未产生处置句。虽然难府苗语、文山苗语和矮寨苗语的处置标记均由实义动词"拿"语法化而来，但并无同源关系。难府苗语和文山苗语的处置标记是 mua⁵⁵，矮寨苗语的处置标记是 kə⁴⁴。处置标记在中泰苗语中发展不平衡和没有同源关系，说明处置标记出现于苗语分化为三个方言之后、泰国苗族迁出中国之前。下面以"弟弟把钱用完了"为例来展示中泰苗语处置标记的差异。

难府　　　　　　　　　　　　　　　　　文山

mi²⁴kɯ²⁴mua⁵⁵nɛ⁵²sɯ²⁴tɕiaŋ²²ləɯ²¹.　　mi³⁵kʉ³⁵mua⁵⁵tsa⁴²sŋ³⁵tɕiaŋ²²ləɯ²¹.
弟弟　把　钱　用　完　了　　　　　　弟弟　把　钱　用　完　了

矮寨

te⁵³kɯ⁴⁴kə⁴⁴taŋ³⁵tshəŋ²¹tɕu⁴⁴za⁴⁴.
弟弟　把　钱　用　完　了

3. 中泰苗语均有被动标记。难府苗语和文山苗语的被动标记是 mɦiaŋ²²₆，台江苗语的被动标记是 tsao³¹₈，矮寨苗语的被动标记是 to²²₆。难府苗语和文山苗语的被动标记同源，与台江苗语、矮寨苗语异源。难府苗语和文山苗语的 mɦiaŋ²²₆ 专用于标记被动，未见其他用法。台江苗语的被动标记 tsao³¹₈ 由动词 tsao³¹₈ "遭受"语法化而来，因为 tsao³¹₈ 有"遭受"的用例，而由"遭受"义动词语法化被动标记符合语法化的"语义相宜"原则。矮寨苗语的被动标记 to²²₆ 由实义动词"(打)中"语法化而来。这说明中泰苗语的被动标记产生于方言分化之后、泰国苗族迁出中国之前。下面用例句说明中泰苗语的被动标记及其来源。

难府　　　　　　　　　　文山　　　　　　　　　汉义
nɦɯ²²mɦaŋ²²lua³³ntau³³lɤu²¹.　nɦi²²mɦaŋ²² lua³³ tsoŋ⁴⁴.　他被别人打。
他　被　别人　打　了　　　他　被　别人　打

台江　to²²pe³⁵tɕəu²⁴te³⁵tsao³¹to²²kaŋ³³ke¹³ne³⁵.　猪也不会被蚊虫叮咬。(动词)
　　　些　猪　才　不　遭　些　虫　咬　多
　　　tai³³nai²²tsao³¹tai²²ŋa⁵³pe³⁵tɛ³³ke¹³i³³hɛ⁵⁵zaŋ⁵³.　舅舅被野猪咬了一口了。(介词)
　　　舅舅　被　头　肉猪　土咬　一口　了

矮寨　bu⁴⁴to²²ba²²tɕhi⁴⁴za⁴⁴.　　　　　　他遭放蛊婆放蛊了。(动词)
　　　他　中　女放蛊　了
　　　bu⁴⁴to²²a⁴⁴/⁵³le⁵³ba²²ei⁵³tɕhi⁴⁴za⁴⁴.　他被那个女的放蛊了。(介词)
　　　他　被　一　个　女　那放蛊　了

4. 难府苗语和台江苗语未见差比标记"比",差比标记均用本语标记。文山苗语和矮寨苗语除了本语差比标记以外,还有差比标记"比"。这说明两个语言现象:一是差比标记"比"进入的时间苗语是在泰国苗族迁出中国之后。因为难府苗语不用差比标记"比"而文山苗语用,泰国苗族迁出中国的时间大约是明末清初,而"比"成为汉语通用的差比标记也是明末清初,泰国苗语没有受汉语差比标记影响的时间条件[①]。二是语言接触只是"比"用作差比标记的外在条件,"比"能否用作差比标记还受到语言结构自身规律的制约。因为台江苗语具有语言接触的条件,但并没有用"比"作为差比标记。

难府苗语、文山苗语和台江苗语的差比标记均采用从属标记,难府苗语是tl̥ua⁴⁴"过"或tl̥hou⁴⁴"过",文山苗语是tl̥hua⁴⁴"过",台江苗语是ɕaŋ³⁵"超过"或fɦuə⁵⁵"过"。矮寨苗语采用核心标记和从属标记,从属标记采用本语的介词ŋən²²"和"。矮寨苗语差比标记用 pi⁴⁴"比"的频率比用ŋən²²"和"高,并且50岁以下者更习惯用 pi⁴⁴"比"。从本语的差比标记看,中泰苗语的差比标记产生于方言分化之后、泰国苗族迁出中国之前。试看中泰苗语差比句的用例。

难府　ntəɯ²¹nua²⁴ tu⁵⁵tl̥hau⁴⁴ntəɯ²¹xɔ²⁴.　　　这里比那里深。
　　　这　里　深　超过　那　里
文山　　　　　　　　　　矮寨

---

[①] 余金枝. 矮寨苗语的差比句[J]. 中央民族大学学报, 2012(2): 130-136.

nɦi²²sa⁵⁵tɬua⁴⁴nɦi²²tsai³⁵.　　　buɯ⁴⁴qa⁵³sɛ⁵³ŋəŋ²²dzi³⁵tɕa³⁵naŋ⁴⁴.他比他父亲更高。
他　高　过　他　父亲　　　他　更　高　和　他们　父亲 的
mi³⁵kɐ³⁵pi³⁵ti⁴²lɦiou²²nɦioŋ²²lɦio²².　te⁵³/²¹kuɯ⁴⁴pi⁴⁴a⁵³na⁵³qa⁵³təŋ³⁵tu³⁵.弟比哥哥听话。
小弟弟比　哥哥　听　话　弟弟　比　（缀）哥　听　话
台江　　tai²²lao¹³tsai²⁴xaŋ⁵⁵ɕhaŋ³⁵tai²⁴tɬu¹³muə²².　　兔子跑得比乌龟快。
　　　个　兔　跑　快　过　个乌龟　去

5. 表示距离，难府苗语只用一个介词构成"起始地+去+到（介词）+终到地"的构式，中国苗语则用两个介词构成"从+起始地+到+终到地"构式，用"从"介引起始地，用"到"介引终到地。

难府　　naŋ⁵²mɦiuŋ²²ti⁴⁴tsin⁵²mai⁵²mua⁵²pe⁵⁵pua⁴⁴ki²¹lɔ²⁴ ke²⁴.从难府到清迈有三百公里。
　　　　难府　去　到　清迈　　有　三　百　公里　路
文山　　tshoŋ⁴²xau³⁵tsua⁴⁴tsfio²²ntsɦaŋ²²lɦŋ²²ʑua³⁵i⁵⁵kaŋ⁵⁵ʑin⁴²le⁴⁴ki³⁵.
　　　　从　岩头寨　到　田坝心　要　一　杆　烟　的　路
　　　　从岩头寨到田坝心要一杆烟的路程。
台江　　kaŋ²²faŋ³³ni⁵³lai³⁵toŋ³³ʐaŋ²²na³⁵ma⁵³ne³⁵ɕu²⁴li⁵³kuə⁵⁵? 从台江到村子里有多少里路?
　　　　从　台江　到　（词缀）寨　那　有　多少　里　路
矮寨　　ti⁵³qə⁴⁴ɕɛ⁵³tɛ⁴⁴kji⁵³ta⁴⁴ me³¹ a⁴⁴/²¹ kuɯ²² pza⁵³ n̪e³⁵kuɯ⁴⁴.从大兴寨到矮寨有十五里。
　　　　从　大兴寨　到　矮寨　有一　十　五　喊　路

表示有起始时间和终止时间的时段，难府苗语用"tsɯ⁵²自+起始时间+lɦu²²ti⁴⁴来到+终止时间"。若只有起点时间而无终止时间，则用"tsɯ⁵²自+起始时间+lɦu²²来/ mɦuŋ²²去"。例如：

tsɯ⁵²nu⁵⁵mɔ⁴⁴lɦu²²ti⁴⁴ nu⁵⁵nua²⁴/⁴⁴nɦuŋ²²tsɯ⁴⁴tau⁴⁴ntsua²⁴tɕi²⁴.
从　前天　来到　今天　她　不　得　洗身
从前天到今天她都没有洗澡。

tsɯ⁵²nɦaŋ²²mɔ⁴⁴lɦu²²nɦuŋ²²tsɯ⁴⁴tau⁴⁴nɔ⁵²mɔ²⁴.　从昨天起，他就没有吃饭。
从　昨天　来　他　不　得　吃饭

tsɯ⁵²nu⁵⁵nua²⁴/⁴⁴mɦuŋ²²ku²⁴ʑua²⁴tsau⁴⁴sa⁵⁵ua⁴⁴nu²¹.从今天起我要努力干活。
自　天这　去　我　要　用心　做活

若有时间的起点和终点，文山苗语、台江苗语和矮寨苗语都用"从+起始时间+到+终止时间"，不同的是文山苗语的 tshoŋ⁴² "从"是汉语借词，而台江苗语的 kaŋ²² "从"和矮寨苗语的 ti⁵³ "从"是本语词。若只有起点时间，没有终止时间，文山苗语和台江苗语用"从+起始时间+来"，矮寨苗语用"从+起始时间+起"，语义结构模式相同，不同的是文山苗语的 lɦu²² "来"和台江苗语的 ta⁵³ "来"是本语词，而矮寨苗语的 khji⁴⁴ "起"是汉语借词。

文山　tshoŋ⁴²tse⁵⁵na³⁵/⁴⁴tsfio²²xua³⁵na³⁵/⁴⁴, nfii²²ua⁴⁴tou⁴⁴i⁵⁵uaŋ²¹tḷai²¹tsa⁴².
　　　从　前年　　到　现在　　他　做　得一　万　块　钱
　　　从前年到现在，他挣了一万块钱。
　　　nfii²²tshoŋ⁴²nfiaŋ²²lfio²²tɯ³⁵tsŋ⁴⁴tou⁴⁴nau⁴²mau³⁵. 她从昨天起都没有吃饭。
　　　她　从　昨天来　都　不　得　吃饭

台江　kaŋ²²sai⁵⁵chi³³lai³⁵mo²²chi³³ma⁵³tɯə³⁵lai³³tsoŋ³³thəu³¹. 从子时到卯时有六个小时。
　　　从　子　时　到　卯　时　有　六个　钟　头
　　　tɕhi⁵³tai³¹tha³⁵ke⁵⁵tai⁵³ta⁵³,lai³³vi⁵³qa⁵³te³⁵ta⁵³i³³n̥uə²⁴noŋ²⁴zoŋ²².
　　　从　个　月　以前　来　个天　就　不下一　点　雨　了
　　　从上个月开始，天上就不掉下一粒雨。

矮寨　ti⁵³kwa³⁵tɕɛ⁵³te⁴⁴maŋ³⁵nəŋ⁴⁴, bɯ⁴⁴tɕu⁵³dąŋ⁴⁴tɛ⁴⁴pzɯ⁴⁴.
　　　从　过年　到　现在　　他　不　回到　家
　　　从过年到现在，他一直没有回家。
　　　we⁴⁴ti⁵³a⁴⁴/⁵³ku²²pza⁵³tɕu³⁵khji⁴⁴tsŋ²¹tsəŋ⁴⁴tu²¹za⁴⁴. 我从十五岁起，就出门了。
　　　我　从　一　十　五　岁　起　　就　出　门　了

## 十　中泰跨境苗语连词对比

连词是指具有连接功能的词。连词跨词和短语的两级语法单位，具有连接功能的短语结构凝固，功能相当于词，也划为连词，但不是连词中的典型成员。两国苗语的连词可以连接词、短语和小句，具有多层级连接功能。从使用是否配对来看，两国苗语的连词可以分为单用连词和合用连词。单用连词大多是兼类词，有的是连词与副词的兼类，有的是连词与介词的兼类。合用的连词，语义虚化程度高低不一，有的还表示词汇义。中泰苗语常用的连词如表38所示：

表38　　　　　　　　中泰苗语的常用连词

|  | 难府 | 文山 | 台江 | 矮寨 |
|---|---|---|---|---|
| 并列关系 | xa⁵⁵和 | xa⁵⁵和、tha⁵⁵和 | tɕaŋ³³、su²²和、与 | ŋəŋ²²和、ko⁴⁴和 |
|  |  | la³³也、zəu²¹又 | tao²⁴、hei³³和、与 | phei⁴⁴…phei⁴⁴边……边 |
|  | i⁵⁵ke⁴⁴…i⁵⁵ke⁴⁴一边……一边…… | (i⁵⁵) ki⁴⁴…(i⁵⁵)ki⁴⁴ (一) 边…… (一) 边 | …hu²²…hu²² 也好……也好 | dɯ³¹…dɯ³¹ 边……边 |
| 选择关系 | lɔ³³或 | xa⁴²sŋ²¹还是 | qu¹³或、还是 | pei³⁵n̥i²²还是 |
|  | zin⁵²也 | la³³也、ʑi³³也 | te³⁵n̥haŋ⁵⁵要么……要么 | dzəŋ³¹zɛ²¹…la³ 情愿……也 |
|  | tsɯ⁴⁴zfio²²…te⁴⁴ zin⁵²zfiə²²不是……就是 | tsŋ⁴⁴zfiau²²…tɕəu²¹ zfiau²²不是……就是 | noŋ²⁴n̥haŋ⁵⁵宁可…… te⁵⁵n̥haŋ⁵⁵宁可……也不 | tɕu⁵³n̥i²²…tsŋ²¹n̥i²² 不是……就是 |

续表

| | 难府 | 文山 | 台江 | 矮寨 |
|---|---|---|---|---|
| 递进关系 | tsɯ⁴⁴tsau³³tsɯ⁴⋯tsen²¹ 不但不⋯⋯还 | tsʅ⁴⁴⋯xa⁴²zua³⁵ 不⋯⋯还要 | tɕəu²² 还 | tse²¹kən⁴⁴⋯tshu⁵³⋯⋯反而⋯⋯还 |
| | zin⁵²⋯zin⁵² 越⋯⋯越⋯⋯ | zi²¹⋯zi²¹ 越⋯⋯越⋯⋯ | | ze²¹⋯ze²¹ 越⋯⋯越⋯⋯ |
| | sɔ⁴⁴xa³³⋯tɯ⁵⁵tsɯ⁴⁴⋯ 别说⋯⋯都不 | | | qa⁵³phu²²⋯tse²¹lje²² 别说⋯⋯还要 |
| | tsɯ⁴⁴/³³tsau³³⋯tsen²¹⋯不但⋯⋯还 | | | |
| 连贯关系 | lɔ⁴⁴就, ku⁵² 就 | tɕəu²¹ 就 | tɕəu²⁴⋯qa⁵³ 一⋯⋯就 | a⁴⁴/²¹⋯tsʅ²¹ 一⋯⋯就 |
| | tɯ⁵⁵ 就, xa³³le⁴⁴ 才 | tsha⁴⁴ 才 | tɕəu²⁴ 才 | ta³¹khji⁴⁴ 才 |
| 转折关系 | kua³³ 但 | la³³ 也 | noŋ²⁴⋯hu²² 虽然 | la³¹ 也 |
| 假设关系 | ʐfiɔ²²⋯要是 | ʐfiau²²⋯tɕəu²¹ 要是⋯⋯就 | n̥haŋ⁵⁵/la³³ 如果 | ta³¹ni²²⋯tsʅ²¹ 要是⋯⋯就 |
| | ⋯ku⁵² 就 | tɕəu²¹ 就 | n̥haŋ⁵⁵⋯qa⁵³ 假如⋯⋯就⋯⋯ | naŋ⁴⁴tu³⁵⋯tsʅ²¹ 的话⋯⋯就 |
| 条件关系 | xa³³le⁴⁴⋯ 才⋯⋯ | tsha⁴⁴ 才 | tɕəu²⁴ 才 | tɕu⁵³kwɛ⁴⁴⋯la³¹/sa³⁵/tsəŋ³⁵ 不管⋯⋯也/都/总 |
| | tsɯ⁴⁴kua²⁴ntse⁵² 不听、不管 | tɯ⁵⁵ 都 | tse¹³kua⁵⁵te²⁴hu²²⋯si⁵³ 不论⋯⋯也 | tsʅ²¹lje²²⋯tsʅ²¹ 只要⋯⋯就 |
| 因果关系 | ui²¹ʐfiɔ²²⋯xa³³le⁴ 因为⋯⋯才, ku⁵² 就 | tsha⁴⁴ 才, tɕəu²¹ 就 | vai²⁴ 因为 | qa³¹ 所以, qa³¹（ni²²）lje²² 所以（是）要 |

表 38 显示八种语义类型的连词，数量不多，每一类语义关系的连词少的只有一个，多的也只有三个，这说明两国苗语的连词都不发达。下面对中泰苗语的连词做更细的比较。

1. 表 38 的连词除了难府苗语和文山苗语的 xa⁵⁵"和""越⋯越""一边⋯一边"具有同源关系以外，其他的连词，均无同源关系。这说明连词大多产生于泰国苗族迁出中国之后。难府苗语、文山苗语与台江苗语和矮寨苗语之间未发现具有同源关系的连词，这说明在苗语方言未分化之前连词尚未产生，苗语早期词与词之间的关联有可能是借助韵律，如四个音节，分句之间多为意合关系，不用关联词连接。

2. 中泰苗语表示并列关系的连词既存在源流差异，也存在功能差异、分布差异。难府苗语的"和"可连接体词和谓词，连接体词时用于两个体词之间，xa⁵⁵"和"不叠用。连接谓词时，用于谓词之后，xa⁵⁵"和"叠用。例如：

ku²⁴ mɦuŋ²² ʐua²⁴ tsɔ⁵² xa⁵⁵ ntse²⁴.　　　我去买油和盐。
我　去　买　油　和　盐
ku²⁴ xa⁵⁵ nɦɯ²² ʐɦɔ²² phen⁵² ʐɦɯ²².　　我和他是朋友。
我　和　他　是　朋友
nɦɯ²² tsɦɔ²² xa⁵⁵ tsen²¹ qe²² xa⁵⁵.　　　他又肥又矮。
他　肥　和　还　矮　和
lu⁵⁵ tse²⁴ nua²⁴ sa⁵⁵ xa⁵⁵ tsen²¹ lu⁵² xa⁵⁵.　这个房子又高又大。
个房子这　高　和　还　大　和
ntau³³ xa⁵⁵ tshe²⁴ xa⁵⁵　　　　　　　　又打又骂
打　又　骂　又

文山苗语"和"只用于连接体词或体词性短语，语序在体词性短语之间。如"从前，猫和老鼠是朋友""我家和他家是亲戚"。动词性成分不用连词连接，如"我去买油买烟"不能说成"我去买油和买烟"，而要说成"我去买油吃烟喝"或"我去买油和烟"。形容词性成分不能用"和"连接，而要改用汉语的"又……又……"格式。如"又高又大的房子"和"又薄又暖的衣服"。

thau³³o⁴⁴, mi³⁵xa⁵⁵tsɦua²²ʐɦau²²kɯ³⁵lua³³.　　ko³⁵ʑi²¹xa⁵⁵nɦi²¹ʐɦau²²tshen⁵⁵ze⁴⁴.
从前　猫　和　鼠　是　朋友　　　　　我家和他家　是　亲戚
ko³⁵mɦoŋ²²mɦua²²ntse³⁵nau⁴²ʑin⁵⁵xou³³.　　ko³⁵mɦoŋ²²mɦua²²ntse³⁵xa⁵⁵zin⁵⁵.
我去买盐吃烟喝　　　　　　　　　　　我去买　盐　和　烟
ʐəu²¹lo⁴²ʐəu²¹sa⁵⁵le⁴⁴tse³⁵　　　　　　ʐəu²¹nɦa²²ʐəu²¹so³⁵le⁴⁴tshau⁴⁴
又　大　又　高　的　房子　　　　　　又　薄　又　暖　的　上衣

与难府苗语和文山苗语不同的是，台江苗语有 tɕaŋ³³、su²²、hei³³ 等多个表示并列关系的连词。例如：

tai²²ni⁵³tɕaŋ³³tai²²ɕuə⁵⁵　　　　　　　　水牛和老虎
个水牛和个虎
puə⁵⁵tɕen³³ta²⁴i³³tai²²pai³¹su²²i³³tai²²ɬe⁵⁵.　金哥杀了一只猫和一条狗。
哥金　杀一只猫　和一条狗
tai²²nɛ²²hei³³tai²²to³³ŋa²⁴poŋ³⁵va³⁵.　　　鱼和螃蟹很勤快。
条鱼　和　条蟹　勤　很

矮寨苗语的连词 ŋən²² "和"仅用于连接体词，且由 ŋən²² 构成的并列短语大多出现在主语位置，很少出现在宾语位置。若体词性成分所表示的对象是人，还可用量词短语 ɯ⁵³le⁵³ "两个" 来连接。动词性成分之间不用连词。形容词性成分之间用"又……又……"连接。

ɕi⁵³ŋaŋ³¹ɕi⁵³nu²², ta⁵³mo²¹ŋəŋ²²ta⁵³/²¹nəŋ²²ni²²χu⁵³kji⁵³. 从前,猫和老鼠是朋友。(用 ŋəŋ²²)
从前　　（缀）猫 和（缀）鼠 是 朋友

we⁴⁴na³⁵tɕi⁵³dze³¹ta⁵³mo²¹ ta⁵³/²¹nəŋ⁴⁴.　　　我很讨厌猫和老鼠。(不用 ŋəŋ²²)
我 那么 讨厌（缀）猫（缀）鼠

pɯ⁵³ɯ⁵³le⁵³məŋ³¹məŋ⁴⁴kjɛ⁴⁴dzaŋ³¹.　　　我和你去赶集。
我们两个　你　去　赶场

we⁴⁴ məŋ⁴⁴ nəŋ²² ɕɛ⁵³ nəŋ²² ʑɛ⁵³.　　　我去买油买烟。
我 去 买 油 买 烟

te⁵³me²¹za³⁵ŋa⁴⁴za³⁵taŋ²².　　　小妹又矮又胖。
小妹　又矮又胖

3. 表示两个动作同时发生，虽然难府苗语、文山苗语和矮寨苗语都选用"（一）边……（一）边……"，但源流不同，其中难府苗语的 i⁵⁵ke⁴⁴…i⁵⁵ke⁴⁴ "（一）边……（一）边……" 和文山苗语的（i⁵⁵）ki⁴⁴…（i⁵⁵）ki⁴⁴… "（一）边……（一）边……" 同源，与台江苗语的 i³³taŋ²²…i³³taŋ²²、矮寨苗语的 dɯ³¹…dɯ³¹ "边……边……" 异源。例如：

难府　nɦiɯ²²i⁵⁵ke⁴⁴mɦua²²khuŋ²⁴, i⁵⁵ke⁴⁴zu²⁴mi²⁴nua³³, i⁵⁵ke⁴⁴xa³³lɦiu²².
　　　她 一边 卖 东西 一边 带 小孩 一边 说话
　　　她一边卖东西，一边带孩子，一边聊天。

文山　nɦii²²（i⁵⁵）ki⁴⁴xa³³（i⁵⁵）ki⁴⁴lɦua²².　　　他边说边笑。
　　　他（一）边 说 （一）边 笑

台江　tai²²tai³³pha¹³ɣoŋ⁵³qa⁵³i³³taŋ²²hen²²ta⁵³muə⁴,i³³taŋ²²taŋ⁵⁵ma²⁴ŋaŋ³⁵nen⁵¹paŋ³¹tɕi³³tai³³.
　　　个 姑娘 龙 就 一边 走 来 去 一边 回 脸 看 她 的 孩子
　　　龙姑娘没办法就一边走一边回头看她的孩子。

矮寨　a⁴⁴/⁵³le⁵³te⁵³te⁵³ei⁵³dɯ³¹ŋa⁵³dɯ³¹χwei³⁵. 那个小孩边走边哭。
　　　一 个 小孩 那 边 哭 边 走

4. 表示连贯关系的连词，文山苗语和矮寨苗语都借用了汉语的"就"，难府苗语没有借用，而是用本语词的 lɔ⁴⁴ "就"和 ku⁵² "就"，并且 lɔ⁴⁴ "就"的句法位置很特别，用在两个分句的末尾。下面是难府苗语的用例：

nɦiɯ²² no⁵² mo²⁴ tɕhiaŋ²² lɔ⁴⁴, təu²¹mɦiuŋ²² lɔ⁴⁴.　　　他一吃完饭，就出去了。
他 吃 饭 完 就 出去 就

tɕhiu²² mi²⁴nua³³ no⁵² tshua⁴³ lɔ⁴⁴, tsɦiau²²zɦiu²² lɔ⁴⁴. 这个孩子一吃完药，就睡着了。
个 小孩子 吃 药 就 睡着 就

kɔ⁵² saŋ²⁴ tɬaŋ⁵⁵tsɯ⁴⁴, ku⁵² xa³³ təɯ²¹lfiu²². 你想什么，就说出来。
你 想 什么 就 说 出来

tɕɯ²² mi²⁴ȵua³³ nua²⁴ pu²¹ tɬaŋ⁵⁵tsɯ⁴⁴, ku⁵² ʐua²⁴ ʐua²⁴. 这个小孩见什么，就要买什么。
个 小孩子 这 见 什么 就要 买

台江苗语也用本语的 tɕəu²⁴⋯qa⁵³ "一⋯就⋯"。例如：

tai²²ɬe⁵⁵tɕəu²⁴ɕuə²⁴, nen⁵³qa⁵³ŋaŋ³⁵qu³⁵toŋ⁵³kai³³sai³³. 狗一叫，他就盯着门口看。
只 狗 一 叫 他 就 看（缀）门 持续狀

文山苗语和矮寨苗语用汉借词"就"表示连贯关系，下面以"等雨停，我们就回家"为例。

文山 tɕʰau²² nfiaŋ²² to⁴⁴,pe⁵⁵ tɕəu²¹ mɦoŋ²² tse³⁵.
　　 等 雨 停 我们 就 去 房子

矮寨 taŋ⁴⁴ pa²² nfiəŋ²²,pɯ⁵³ tsɿ²¹ ɖaŋ⁴⁴ moŋ⁴⁴.
　　 等 停 雨 我们 就 回 去

5. 表示选择关系的连词中泰苗语虽然都有，但其来源和功能存在一些差异。难府苗语和台江苗语是本语词，文山苗语和矮寨苗语是汉语借词"还是"，请看"这个好，还是那个好？"在难府苗语和文山苗语中所用的连词。

难府　　　　　　　　　　　　　　　文山
lu⁵⁵nua²⁴ʐuŋ⁴⁴lɔ³³lu⁵⁵xɔ²⁴ʐuŋ⁴⁴?　　lo⁵⁵na³⁵ʐoŋ⁴⁴, xa⁴²sɿ²¹lo⁵⁵ka⁴⁴ʐoŋ⁴⁴?
个 这 好 或 个 那 好　　　　　　　个 这 好 还是 个 那 好

台江苗语 qu¹³ 表示选择关系的连词，能够连接体词性成分和分句。例如：

qaŋ³⁵shai⁵⁵ma²²moŋ⁵³qaŋ³⁵qu¹³vi²²qaŋ³⁵. 那挑米你来挑还是我来挑。
挑 米 那 你 挑 还是 我 挑

ɬe²²tɕen³³qu¹³ɬe²²tshaŋ³¹tai²¹ɕi⁵⁵muə²²si⁵⁵ɣoŋ³⁵. 金哥或常哥谁去都可以。
哥 金 还是 哥 常 谁 去 也 好

矮寨苗语借用汉语是 pei³⁵ȵi²² "还是"用以连接分句。例如：

mɛ³¹lje²²we⁴⁴phu²²ku⁵³tɕɕ⁴⁴pei³⁵ȵi²²Gə³¹sa⁴⁴? 你们要我讲故事还是唱苗语歌曲？
你们要 我 讲 故事 还是 唱 苗语歌曲

6. 条件关系的连词中泰苗语都有，但都不同源。这说明表示条件关系的连词产生于跨境分化之后。

难府 tsau⁴⁴sa⁵⁵ua⁴⁴nu²¹, xa³³le⁴⁴mua⁵²ȵɛ⁵². 用心干活，才有钱。
　　 用心 干活 才 有 钱

tsɯ⁴⁴qua²⁴ntse⁵²pua⁵⁵ʐua²⁴xa³³le⁴⁴tɕfiaŋ²², ku²⁴ʐua²⁴mfiuŋ²²kua²¹tau⁴⁴.
不管　　　他们 要 说 怎么　　我 要 去 一定

不管他们怎么说，我都一定要去。

文山　tsua³³mua⁴²sɿ³⁵ʑfio²²ua⁴⁴xɨ⁴²lɨ²¹tsha⁴⁴mua⁴²mau³⁵nau⁴². 努力做功夫，才有饭吃。
　　　只有　使力气做 活路　才 有　饭　吃
　　　tsɿ⁴⁴kuaŋ³⁵lua³³mɦioŋ²²tsɿ⁴⁴mɦioŋ²², pe⁵⁵tɨ⁵⁵tou⁴⁴mɦioŋ²².
　　　不管　别人 去 不　去　　我们 都 得　去
　　　你这么说话，就是要让人家骂。

台江　nen⁵³thɛ³⁵tai²²ʑa³³,tai²²ʑa³³tɕəu²⁴te³³nen⁵³u³⁵. 他骂那个人，那人才打了他。
　　　他　骂　个那 　个那 才 打他（语助）
　　　tsɛ¹³kuə⁵⁵te²⁴hu²²pi³³si⁵³noŋ²⁴a³⁵tɕaŋ⁵³ʑaŋ⁵³tɕəu²⁴muə²².
　　　再　路 哪也罢 我们 也 要　做　完　了　才 去
　　　不论如何我们都做完了再走。

矮寨　me³¹taŋ³⁵tɕɯ²²pʐɯ⁴⁴, ta³¹khji⁴⁴ne²²to³⁵u⁴⁴. 有钱建房子，才能娶到老婆。
　　　有 钱 竖　房 子 才　　娶 到 妻子
　　　tɕu⁵³kwɛ⁴⁴ɕi⁵³n̥e⁵³la⁴⁴tɕu⁵³la⁴⁴nəŋ²², pɯ⁵³tsəŋ³⁵lje²²məŋ⁴⁴ʂu²¹la²².
　　　不管　明天 下雨不 下雨　我们 都　要　去　犁田
　　　不管明天下不下雨，我们都要去犁田。

## 十一　中泰跨境苗语助词对比

助词是指附着于某个语法单位、在语法结构中起到助加作用的词。中泰苗语的助词大致可分为结构助词、体助词和语气助词三类。详见表39：

表39　　　　　　　　　　中泰苗语的常用助词

| | | 难府苗语 | 文山苗语 | 台江苗语 | 矮寨苗语 |
|---|---|---|---|---|---|
| 结构助词 | | le⁴⁴₅的 | le⁴⁴₅的/地/得 | paŋ³¹₈的 | naŋ⁴⁴₃的, ma³¹₂, tɕi⁵³的 |
| | | | le⁴⁴₅得 | kuə⁵⁵₅得 | te⁵³₅得 |
| 体助词 | | tɭua⁴⁴₅过, ləu²¹₈了 | tɭua⁴⁴₅过, ləu²¹₈了 | fha₅过①, ti³⁵₅着 | kwa³⁵₅过 |
| 语气助词 | 陈述 | ləu²¹₇了 | la³³₇了 | lao³³₇了 | ʑa⁴⁴₃了, naŋ⁴⁴₃的 |
| | 疑问 | ləu²¹₈lo²⁴₃了吗, na²⁴₃吗, xa⁵⁵₁吗 | a³⁵₅吗 | hei³³₁吗 aŋ³⁵₅吗, ven³⁵₅吗 | me³¹₂吗 |
| | 祈使 | ma⁵²吧, nəɯ²¹呀 | a³⁵₅啊 | o¹³₇吧, lei³¹₈吧,ma³¹₈嘛 | laŋ²²₆/lo⁶³¹₈吧,ma³¹₂嘛 |
| | 感叹 | ləɯ²¹₈lɔ⁴⁴₅了呀 | ləɯ²¹₈la³³₅了呀 | nɔ⁵³呀 | le³¹₂咪, lɛ⁴⁴₅咪 |

表39显示了中泰苗语助词系统的一些特点：（1）难府苗语与文山苗语的结构助词和体助词有同源关系，语气助词没有同源关系。这说明难府苗

---
① 石德富. 黔东苗语的体范畴[J]. 中央民族大学学报，2003（3）：127.

语的结构助词和体助词产生于跨境分化之前，语气助词产生于跨境分化之后，结构助词和体助词产生于语气助词之前。(2) 难府苗语和文山苗语与台江苗语、矮寨苗语的结构助词、体助词和语气助词没有同源关系。这说明，结构助词、体助词和语气助词产生于方言分化之后。下面逐类进行对比。

（一）结构助词对比

1. 中泰苗语结构助词的数量不一。难府苗语和文山苗语只有一个，台江苗语有两个，矮寨苗语有三个。

2. 中泰苗语的结构助词源流不一。难府苗语和文山苗语是一个源流，台江苗语和矮寨苗语的结构助词分属不同的源流。结构助词是方言分化之后的各自创新。

3. 中泰苗语结构助词的功能不一、分布不一。下面是中泰苗语结构助词功能一览表。

表 40　　　　　　　　中泰苗语结构助词的语法功能

|  | 定语标记 |  |  | 状语标记 | 补语标记 | AA 的 | 名物化标记 |
|---|---|---|---|---|---|---|---|
|  | 领属关系 | 限制关系 | 修饰关系 |  |  |  |  |
| 难府 | le$^{44}$ | — | — | — | — | le$^{44}$ | — |
| 文山 | le$^{44}$ | le$^{44}$ | le$^{44}$ | le$^{44}$ | le$^{44}$ | le$^{44}$ | le$^{44}$ |
| 台江 | paŋ$^{31}$ | — | — | — | kuə$^{55}$ | — | paŋ$^{31}$ |
| 矮寨 | naŋ$^{44}$ | naŋ$^{44}$ | naŋ$^{44}$ | — | te$^{53}$ | naŋ$^{44}$/tɕi$^{53}$ | ma$^{31}$① |

下面进一步对表 40 中结构助词的分布差异和功能差异进行分析。（1）分布差异体现在难府苗语、文山苗语和台江苗语的结构助词只有前附型，没有后附型。即结构助词附着于前面的成分。矮寨苗语的结构助词有前附型和后附型两类。即结构助词大多附着于前面的成分（除了 ma$^{31}$ 以外的结构助词），也有的结构助词附着于后面的成分（如 ma$^{31}$）。例如：

| 难府 | 文山 | 汉义 |
|---|---|---|
| nɦɯ$^{22}$ le$^{44}$ ntɯ$^{24}$ | nɦi$^{22}$ le$^{44}$ ntəu$^{35}$ | 他的书 |
| 他　的　本书 | 他　的　本书 |  |
| nɦɯ$^{22}$sa$^{55}$sa$^{55}$le$^{44}$ | nɦi$^{22}$sa$^{55}$sa$^{55}$le$^{44}$. | 他高高的。 |
| 他　高高　的 | 他　高高　的 |  |

---

① 关于矮寨苗语 ma$^{31}$ 的归类存在两种观点：观点一，认为是结构助词。向日征在《湘西苗语助词的语法特点》[民族语文,1987（2）：43-46.] 中认为 ma$^{31}$ 是结构助词。余金枝在《湘西矮寨苗语参考语法》（北京：中国社会科学出版社，2011）中认为是名物化结构助词。观点二，认为是谓冠词。罗安源在《松桃苗话描写语法学》（北京：中央民族大学出版社，2005：126-128）

矮寨
bɯ⁴⁴naŋ⁴⁴pəŋ⁵³də⁴⁴　　　　　　他的书　　te⁵³me³⁵ʂe⁵³ʂe⁵³tɕi⁵³. 高高的。
他 的 本 书　　　　　　　　　　　　　小妹　高高的
məŋ³¹phu²²te⁵³zu³⁵/²¹zu³⁵tɕi⁵³naŋ⁴⁴.你说得好好的。　ma³¹ɛ³³kə⁴⁴kaŋ²²we⁴⁴. 苦的拿给我。
你　说　得　好　　好的的　　　　　（结助）苦 拿 给 我
台江
Vi²²paŋ³¹pen⁵⁵lai⁵³ 我的书本　　　　　　　　tɕoŋ²²ɣuə²⁴kuə⁵³ki⁵³tsai¹³ 累得哭了
我 的 本 书　　　　　　　　　　　　　　　　　累　　得　哭　了

（2）结构助词的语法功能存在差异。难府苗语和文山苗语的结构助词虽然同源，但用法有同有异。"同"主要有两点：一是都用于表示领属关系，并且 le⁴⁴ 后面的中心语可以省略，构成 le⁴⁴ 字结构。二是都用于 "AA le⁴⁴"。例如：

难府　　　　　　　　　　文山　　　　　　　　　　汉义
ko³⁵ zi³⁵ le⁴⁴ la⁵²　　　　pe⁵⁵ zi²¹ le⁴⁴ la⁴²　　　　我家的田
我 家 的 田　　　　　　　我 家 的 田
lu⁵⁵tsho⁴⁴nua²⁴ʑfiɔ⁵³ku²⁴tai³³le⁴⁴.　lo⁵⁵tshau⁴⁴na³⁵ʑfiau²²na²¹tai³³le⁴⁴. 这件衣服是我外婆的。
件 上衣 这 是 我 外婆 的　　件 上衣 这 是 外婆 的
tsu⁵²ke²⁴xɔ²¹Nqai²¹Nqai²¹le⁴⁴.　tso⁴²ki³⁵ka⁴⁴Nqai²¹Nqai²¹le⁴⁴.　那条路窄窄的。
条 路 那 窄 窄 的　　　　条 路 那 窄 窄 的

"异"主要体现在难府苗语的结构助词 le⁴⁴ 功能不及文山苗语发达，具体体现在以下四点：一是难府苗语的 le⁴⁴ 不用于表示限制关系和修饰关系，而用限制性和修饰性定语置于中心语之后的无标记语序来表示二者之间的结构关系，不用结构助词。而文山苗语要用，而且限制性和修饰性定语置于中心语之前，构成"限制定语/修饰定语 + le⁴⁴（的）+ 中心语"语序。从语序类型学看，难府苗语的语序与 S-V-O 语序相和谐，而文山苗语的语序则与 S-V-O 语序不和谐。

难府苗语如：
pau⁵⁵kɯ⁴⁴ɕuŋ⁴⁴nua²⁴ 今年的玉米　　　tle⁵²xu²⁴tɕhai²²　　　　碗里的水
玉米　今年　　　　　　　　　　　水 里 碗
tua⁵⁵nɦien²² ua⁴⁴nu²¹ 干活的人　　　　tua⁵⁵nɦien²² mɦua²² zau⁵⁵　卖菜的人
人　　做活　　　　　　　　　　　人　　　卖菜
tɕhəɯ³³ tɕfiɔ²² zau⁵⁵ 栽菜的地方　　　ku³³ten²⁴ xu²⁴qaŋ⁵⁵ tsuŋ⁵²　桌子下面的凳子
地方 种 菜　　　　　　　　　　　凳子　　下面　桌子
lu⁵⁵ tɕai⁵² nɔ⁵⁵ tshan⁵²plɦɯɯ²² ʑfiɔ²² i⁵⁵li⁴⁴ntu⁵².　　最冷的季节是一月。
个 季节 冷 最　　　　是　一月天

ku²⁴ ŋkəɯ²¹ khau⁴⁴ ku²⁴ tsau⁴⁴ nua²⁴ ʑfɔ²² ku²⁴ na²¹ ʐua²⁴.   我穿的这双鞋是母亲买的。
我  双   鞋    我  穿   这  是  我  母  买
pəɯ⁵⁵ kɯ³³ tɕi⁴⁴ pi²⁴ pəɯ⁵⁵ kɯ³³ xau⁴⁴ qaŋ⁵⁵.    烧的玉米比煮的好吃。
玉米    烧    比  苞谷      煮    香
mi²⁴ ɲua³³ ɔ⁵⁵ ɕuŋ⁴⁴/³³ pi²⁴ mi²⁴ ɲua³³ i⁵⁵ ɕuŋ⁴⁴/³³ ʐuŋ⁴⁴ tɕɔ⁵².两岁的孩子比一岁的好带。
孩子    两岁    比  小孩子    一  岁    好  带
tua⁵⁵ nfien²² ntshua⁵⁵ qen⁵² tsɔ²⁴ lfiu²² ləɯ²¹.    吹芦笙的人回来了。
人      吹    芦笙    转   回   了

文山苗语如：

ɕoŋ⁴⁴ na³⁵ le⁴⁴ mfii²²    今年的玉米        sou⁴⁴ qhau³⁵ tso³³/⁴⁴ le⁴⁴ nti²¹   灶上的碗
年  这   的  玉米                              上面  灶          的  碗

xo³⁵ tshəɯ³⁵ le⁴⁴ tl̥e⁴²    缸里的水           pe⁵⁵ lo⁵⁵ li⁴⁴ le⁴⁴ nua³³ la⁵⁵   三个月的婴儿
里  缸      的  水                              三  个   月   的  孩子  红

kau⁴² ki⁵⁵ le⁴⁴ zou⁵⁵     你炒的菜           ua⁴⁴ xʉ⁴² lɯ²¹ le⁴⁴ tua⁵⁵ nfien²² 做活路的人
你  炒  的  菜                                  做   活路      的   人

naŋ³⁵ khou⁵⁵ le⁴⁴ tshau⁴⁴穿旧的衣服        tshua⁵⁵ qfiou²² le⁴⁴ mfii²²   吹倒的玉米
穿  旧    的   上衣                              吹     倒     的   玉米

zen³⁵ nau⁴⁴ le⁴⁴ thou³³ ka⁴⁴很冷的那个时候    zen³⁵ a⁵⁵ le⁴⁴ zou⁵⁵         最苦的菜
很   冷    的   时候那                          很   苦  的   菜

二是难府苗语的 le⁴⁴ "的"不能用于状中结构，而文山苗语可以。以下 le⁴⁴ 的这些用法不见于难府苗语，可见于文山苗语：

mi⁴² i⁵⁵ tɕio²² tho²² le⁴⁴ mfioŋ²² ləɯ²¹.    你们一个个都走了。
你们 一  个    个   地  去      了

nfii²² pua⁵⁵ i⁵⁵ tɕio²²（i⁵⁵）tɕio²² le⁴⁴ tua⁴².    他们一个一个来。
他们     一个（一）个   地  来

kau⁴² i⁵⁵ lo⁴⁴（i⁵⁵）lo⁴⁴ le⁴⁴ xa³³.    你一句一句说。
你  一  句 （一） 句  地  说

ko³⁵ tsai³⁵ i⁵⁵ tɕio²²（i⁵⁵）tɕio²² le⁴⁴ tsa⁵⁵.    我父亲一根一根地砍。
我  爸  一  根 （一）  根   地  砍

ko³⁵ i⁵⁵ ʐfia²² i⁵⁵ ʐfia²² le⁴⁴ tsɿ³³.    我一次一次地背。
我  一  次  一  次   地  背

三是难府苗语的 le⁴⁴ "的"不能用作补语标记，而文山苗语可以。以"这幢房子修得大大的"和"我走得快快的"两例来体现文山苗语 le⁴⁴ 的补语标记功能。

难府
lu⁵⁵ tse²⁴ nua²⁴ ua⁴⁴ lai⁵⁵ lu⁵² lu⁵² le⁴⁴.
个 房子 这  做 成 大 大 的
ku²⁴ mɦiuŋ²² sai⁴⁴ sai⁴⁴ le⁴⁴.
我 走   快 快 的

文山
lo⁵⁵ tse³⁵ na²⁴/⁴⁴ ua⁴⁴ le⁴⁴ sa⁵⁵ sa⁵⁵ le⁴⁴.
个 房子 这 做 得 高 高 的
ko³⁵ mɦioŋ²² le⁴⁴ sai⁴⁴ sai⁴⁴ le⁴⁴.
我 走 得 快 快 的

台江苗语的两个结构助词分布各异，paŋ³¹ "的"多分布于定中结构表示领有关系，kuə⁵⁵ 分布于述语和情状补语之间。也就是说 paŋ³¹ 用于名词性结构，kuə⁵⁵ 用于谓词性结构。例如：

qu³⁵paŋ³¹lai³³mo²⁴   爷爷的帽子   tɕoŋ²²ɣuə²⁴kuə⁵⁵ki⁵³tsai¹³   累得哭了
爷爷的（缀）帽                    累   得 哭 了

矮寨苗语有 ma³¹、naŋ⁴⁴、te⁵³、tɕi⁵³ 等四个结构助词，功能互补。ma³¹ 分布于谓词性成分之前使之名物化，指称动作行为的施事或性质状态的主体。naŋ⁴⁴ 分布于体词性成分、谓词性成分和"ma³¹+谓词性成分"之后，标记定语和中心语之间的领属关系、限制关系和修饰关系；用于形容词重叠式之后，起到完足句子的作用，若不用则不成句。te⁵³ 用于"动词+te⁵³+AA（形容词重叠式）"结构中，起到连接动词与状态补语的作用。tɕi⁵³ 用于"形容词重叠式+tɕi⁵³"结构，起到完足句子的作用，若不用则不成句。tɕi⁵³ 后常常跟语气助词 naŋ⁴⁴（naŋ⁴⁴ 是结构助词和语气助词的兼类）。例如：

ma³¹qha⁴⁴   干的              ma³¹ŋa⁵³naŋ²²           爱哭的
（缀）干                        （缀）哭 得起

we⁴⁴naŋ⁴⁴ə⁴⁴   我的衣服        ləŋ³⁵tɕi⁵³pe³¹naŋ⁴⁴te³⁵   桌上的碗
我 的 衣                        上面 桌子 的 碗

we⁴⁴me²²naŋ⁴⁴zei⁵³ 我卖的菜    tʰu²²kuʉ⁵³təŋ⁵³naŋ⁴⁴ne⁵¹qa⁵³ŋwa²². 干活的人更勤快。
我 卖 的 菜                     做 功夫 的 人 更 勤快

ma³¹kwəŋ³¹naŋ⁴⁴pei⁴⁴/⁵³pəŋ³¹qa⁵³tɕaŋ⁴⁴.   黄的杏子更甜。
（助）黄 的（缀）杏 更 甜

a⁴⁴/⁵³ le⁵³ ne³¹ nəŋ⁴⁴ dzei³¹dzei³⁵ naŋ⁴⁴.   这个人瘦瘦的。
一 个 人 这 瘦瘦 的

a⁴⁴/⁵³ qə⁴⁴ ne³¹ ei⁵³ khwaŋ⁵³ khwaŋ⁵³ tɕi⁵³.   那个寨子大大的。
一 个 寨子 那 宽 宽（助）

bu⁴⁴ zu³¹ zu³⁵ tɕi⁵³ naŋ⁴⁴.   她好好儿的。
她 好 好（助词）的

a⁵³ko⁵³ tɕəŋ³⁵ te⁵³ zu³¹ zu³⁵ naŋ⁴⁴.   哥哥坐得好好的。
（缀）哥 坐（助）好 好 的

te⁵³ku⁴⁴ pe⁴⁴ te⁵³ tsei³¹ pzu²²pzu²² tɕi⁵³ naŋ⁴⁴.   弟弟摆得整整齐齐的。
弟弟 摆（助）齐 整齐状（助）的

四是两国苗语结构助词发展不平衡。难府苗语的结构助词数量少，功能不如文山苗语发达。虽然难府苗语与文山苗语的结构助词都只有 le$^{44}$一个，但文山苗语却用于定中、状中、述补三类结构中，起到普通话中"的""地""得"三个助词的功能。且难府苗语的 le$^{44}$只标记领属关系，而文山苗语除了领属关系以外，还标记限制和修饰关系。台江苗语的结构助词虽然有两个，但 paŋ$^{31}$ 多用于标记领属关系，kuə$^{55}$ 多用于标记情状补语，限制关系和修饰关系的定中结构、状中结构以及非情状补语的述补结构，鲜见结构助词标记。矮寨苗语虽然有三个结构助词，但功能最多的只有naŋ$^{44}$，它可以用于领属关系、限制关系、修饰关系的定中结构中，构成名物化结构，仅在名词性短语中起到非常重要的作用。其他两个助词te$^{53}$和tɕi$^{53}$功能单一，te$^{53}$只用于标记情状补语，tɕi$^{53}$ 只后附于单音节形容词重叠式。

从中泰苗语四个点结构助词的对比，我们能够看到定语助词的功能有强弱之别。定语助词的功能弱的，只能标记领属关系。定语助词功能强的还可以标记限制关系、修饰关系，甚至还可以扩展到标记状语和补语。由定语标记功能的强弱，我们可以推断，标记领属关系是结构助词的原型功能，是定语助词最先产生的功能。标记限制关系和修饰关系是后起的功能，标记状语和情状补语应该是结构助词的延伸功能。从中泰跨境的视角看，难府苗语结构助词的功能比文山苗语少，应该与语言接触有关。

（二）体助词对比

1. 相同点

（1）中泰苗语的体助词都不发达，两国苗语的体助词只有一两个。

（2）两国苗语的终结体助词来源相同，都借汉语的动词"过"。有可能是在苗语尚未分化为三个方言之前就借用了汉语的动词"过"，方言分化之后动词"过"在三个方言里平行演变为终结体标记。因为中泰苗语的完成体标记和进行体标记既无同源关系，也发展不平衡，有的点如矮寨苗语至今尚无完成体标记和进行体标记，这说明体标记产生于方言分化之后（详见"动词的体范畴"）。

（3）难府苗语的完成体助词 ləɯ$^{21}$和文山苗语的完成体助词 ləu$^{21}$同源。这说明在泰国苗族迁出文山之前就已产生了完成体标记。

难府　　kɔ$^{52}$xa$^{33}$ləɯ$^{21}$pɦie$^{22}$tsɦəɯ$^{22}$zɦa$^{22}$.　　　　你说了几遍了。
　　　　你　说　了　几　　　遍

文山　　pe$^{55}$ xau$^{35}$na$^{35}$ tsau$^{35}$mɦoŋ$^{22}$ ləu$^{21}$ i$^{55}$ mpau$^{42}$ ȵua$^{33}$.　我们这里回去了一群孩子。
　　　　我们　处这　　　回去　　　了　一　群　孩子

2. 不同点

（1）难府苗语与文山苗语的完成体标记与台江苗语的完成标记不同源。

矮寨苗语没有典型的完成体标记，表示完成的 za⁴⁴，不能用于句中，只能用于句末，可以视为语气助词和完成体助词的兼类。例如：

难府　tɕiu²² mpua⁴⁴ nua²⁴ mɔ⁵⁵ ləɯ²¹ ɔ⁵⁵ nu⁵⁵.　　这头猪病了两天。
　　　头　猪　这　病　了　两　天

文山　nɦi²² pua⁵⁵ mɦioŋ²² ləu²¹ ɔ⁵⁵ no⁵⁵ la³³.　　他们去了两天了。
　　　他们　去　了　两　天了

台江　pa⁵⁵tʃhuə³³li⁵³su⁵³a³⁵shoŋ⁵⁵nɛ²², qa²⁴zaŋ⁵³nen⁵³si⁵³su⁵³a³⁵lao²²nen⁵⁵lei⁵³.
　　　父大　里会做刺　鱼　卡了　他　也会做来（语助）（语助）
　　　里伯伯会弄鱼刺，卡住了他也会弄出来哦。

矮寨　a⁴⁴/²¹ŋəŋ⁴⁴ba³⁵nəŋ⁴⁴məŋ⁵³za⁴⁴./məŋ⁵³tɕe³¹ɯ⁵³ŋe⁵³za⁴⁴. 这头猪病了/病两天了。
　　　一　头　猪　这病　了/病　成　两　天　了

（2）中泰苗语的进行体助词存在差异。难府苗语和矮寨苗语没有进行体助词，文山苗语有进行体助词。台江苗语未见典型的进行体助词。文山苗语的进行体助词如：

nɦi²² qua⁴²tsəu³⁵ le⁴⁴, tɬaŋ⁵⁵tsɿ⁴⁴tʉ⁵⁵tsɿ⁴⁴nau⁴².她哭着呢，什么都不吃。
她　哭　着　的　什么　都　不　吃

（三）语气助词对比

语气助词是指居于句末、表示语气的词。中泰苗语均有表示陈述、疑问、祈使和感叹的语气助词，并且都有单音节和多音节之分，多音节词是单音节语气助词的套用。

1. 相同点

（1）语气助词的相同点主要是：表示陈述语气的"了"兼表完成体。例如：

难府　pua⁵⁵ tɬau²¹ tsuŋ⁵⁵ mɦuŋ²² ləu²¹.　　　他们上山去了。
　　　他们　上　山　去　了

文山　nɦi²²na²¹mua⁵⁵nɦi²²zi²¹tɦio²²qa⁵⁵ka⁴⁴tua⁴⁴ləu²¹. 他母亲把他家的那只鸡杀了。
　　　他　母亲　拿他　家　只　鸡那　杀　了

台江　a³¹! ɲha³³na⁵⁵khi³³poŋ⁵³va³⁵zaŋ⁵³!　　哦！今天太热了！（语气助词）
　　　啊　今天　热　很　了

　　　pi³³si⁵³noŋ²⁶a³⁵tɕaŋ⁵³zaŋ⁵³hoŋ³³muə²². 我们也要做完了才去。（完成体助词）
　　　我们也要　做完　了　才　去

矮寨　bɯ⁴⁴lo³⁵tʰu⁵³məŋ⁴⁴za⁴⁴.　　　　　　他上坡去了。
　　　他　下山野　去　了

（2）难府苗语、文山苗语和矮寨苗语的结构助词"的"兼有语气词的功能。而台江苗语的结构助词 paŋ³¹"的"未见兼做语气助词的用法。判断结构"的"结构助词还是语气助词的标准是,"的"删除是否影响语义或句子成立,若影响语义或句子成立则为结构助词,反之则是语气助词。

难府　a²¹ʑi²¹, me⁵²tse²⁴tl̪aŋ²⁴mpau²¹nua²⁴le⁴⁴!　　哎呀,你们家这么宽呀!
　　　哎呀　你们家　宽　这么　（语助）

　　　tl̪ai²¹ntəu²⁴ko⁵²taŋ⁵⁵to²¹se⁵⁵ʐɕɔ²²len⁵²tɕʰiu²² le⁴⁴?　你正在看的书是谁的?
　　　本　书　你　正在　看　是　个　哪　（结助）

文山　nɦi²²ʐɦau²²tua⁴²təu⁴⁴tua⁴²le⁴⁴.　　他是走路来的。
　　　他　是　来　脚　来　（语助）

　　　tɕau³⁵toŋ⁵⁵ɕi⁵⁵na³⁵ntshai⁴⁴ʐɦau²²lua³³ le⁴⁴.　这些东西怕是别人的。
　　　些　东西　这　怕　是　别人　（结助）

矮寨　we⁴⁴n̪i²²χwei³⁵ku⁴⁴ləŋ⁴⁴naŋ⁴⁴.　　我是走路来的。
　　　我　是　走　路　来　（语助）

　　　a⁴⁴/⁵³d̪e⁵³ə⁴⁴nəŋ⁴⁴n̪i²²we⁴⁴naŋ⁴⁴.　　这件衣服是我的。
　　　一　件　衣服　这　是　我　（结助）

## 第三节　中泰跨境苗语语序对比

语序是句法单位的线性排列顺序,是语言类型学研究的核心。1963 年 J.Cerenbegr 的《某些主要与语序有关的语法共性》(*Some Universals of Garmmar with Particular Reference to the odrer of Meaningful Elements*)归纳的 45 条规律,就有十余条涉及语序。根据语言类型学研究成果揭示的一般规律:形态标记丰富的语言,语序相对灵活;形态标记缺乏的语言语序相对固定。中泰跨境苗语属于形态标记不发达的语言,主要靠语序和虚词表达语法意义,因此语序不仅是中泰苗语非常重要的语法手段,也是重要的语用手段。

最早关注苗语语序的前贤是罗安源。1983 年,他指出湘西苗语 tɕa⁴⁴(坏) ne³¹(人)"(此)人坏"[①]。1987 年。他再次指出苗语存在"前谓语—后主语""被定语—后定语(如'花红')"和"前定语—被定语(如'前山')""被状语—后状语(如'好很')"以及"前状语—被状语(如'很好')"的语序特点,从而总结出"苗语的句法成分具有可移动性"[②]。2004 年,余金枝指出湘西苗语的形修名有"名+形"和"形+名"两种语序,这两种

---

[①] 罗安源. 苗语(湘西方言的谓—主结构)[J]. 语言研究, 1983(1):97-103.
[②] 罗安源. 苗语句法成分的可移动性[J]. 民族语文, 1987(3):14-17.

语序在结构松紧、是否有标记、语义焦点等方面存在差别[①]。2008年，李云兵从类型学的视角揭示了苗瑶语族语言基本语序类型和名词性短语句法结构的语序类型[②]。2011年，吴秀菊深入地研究湘西沟良苗语的关系从句；指出了前置型和后置型关系从句在结构、关系化标记以及语义语用上的差别[③]。三十余年来，关于苗语语序的研究经历了从结构主义语法到语序类型学的发展，这些研究为我们认识中泰苗语的语序提供了很有价值的借鉴。但我们也看到，目前关于苗语语序的研究成果，主要集中于湘西方言的语序或苗瑶语语序，对其他方言，特别是跨境苗语的语序研究尚未看到相关的研究成果。

因此本节从两个视角致力于中泰苗语的语序研究：一是描写中泰跨境苗语的语序特点，揭示中泰跨境苗语语序的相同点和相异点，重点在相异点，从相异点看跨境分化和方言分化双重因素对中泰跨境苗语语序的影响；二是基于语言类型学，从中泰跨境苗语语序的对比研究中归纳出中泰苗语的语序规则及其蕴含共性，并分析符合或违反世界语言语序共性的动因。

## 一 中泰苗语的语序共性

中泰苗语的方言分化应该不少于千年的历史，苗语不同方言的语音难以找到相同音质的对应，三个方言通解度很低，难以通话。词汇系统也差异较大，除了200核心词的同源比例较高以外，在非核心词系统同源词比例不高。但在语序系统中泰苗语的基本语序却呈现较高的一致性。分述如下：

（一）都是SVO语序，只在被动句和处置句中，出现了将受事宾语提前的OV语序（详见"中泰苗语特殊句式对比"），在话题句中出现了将受事宾语话题化的OSV语序。

（二）都是"动+数量""数量+名"语序。例如：

难府　i$^{55}$ lu$^{55}$ paŋ$^{52}$ 一朵花　　　　mfiuŋ$^{22}$ i$^{55}$ zfia$^{22}$ 去一次
　　　一　个　花　　　　　　　　　去　一　次

文山　i$^{55}$ tsau$^{55}$ ntoŋ$^{44}$ 一棵树　　　na$^{33}$ au$^{55}$ zfia$^{22}$　揞两下
　　　一　棵　树　　　　　　　　　揞　两　次

台江　i$^{33}$mai$^{22}$nai$^{53}$　一群人　　　muə$^{22}$i$^{33}$ te$^{24}$　去一次
　　　一　群　人　　　　　　　　　去　一　次

---

① 余金枝. 矮寨苗语形修名语序的类型学特征 [J]. 中央民族大学学报, 2004 (1): 106-109.
② 李云兵. 中国南方民族语言语序类型研究 [M]. 北京：北京大学出版社, 2008: 157-189.
③ 吴秀菊. 凤凰沟良苗语关系从句研究 [D]. 湖南大学硕士学位论文, 2011.

矮寨　a$^{44/21}$to$^{44}$pəŋ$^{31}$一朵花　　　　Ga$^{31}$a$^{44/53}$bɛ$^{31}$　唱一遍
　　　　一　　朵　花　　　　　　　　　　唱　一　遍

### （三）名词短语的部分语序语序

1. 若加入指示词这一参项，都是"数词+量词+名词+指示词"语序，数词是"一"时，难府苗语、文山苗语、台江苗语必须省略，矮寨苗语不能省略。根据 Greenberg（1963）总结的普遍现象 20：当任何一个或者所有的下述成分（指别词、数词、描写性形容词）居于名词之前时，它们总以这种语序出现。如果它们后置，语序或者依旧，或者完全相反。由于量词这一参项的介入，中泰苗语的指别词、数词、名词并没有依照上述的两种语序出现。例如：

难府　pe$^{55}$lu$^{55}$tshɔ$^{441}$xɔ$^{24}$　　那三件衣服　　zaŋ$^{52}$ŋkau$^{52}$muŋ$^{55}$nua$^{24}$　　这首苗歌
　　　三　件　上衣　那　　　　　　　　　首　歌　苗族　这

文山　pe$^{55}$tɕio$^{22}$tsɿe$^{22}$na$^{35}$　　这三条鱼　　tso$^{42}$ki$^{35}$　ka$^{44}$　　那条路
　　　三　条　鱼　这　　　　　　　　　　条　路　那

台江　tsa$^{33}$tɕo$^{53}$ɬhe$^{35}$za$^{33}$　　那五条绳子　lai$^{24}$kaŋ$^{24}$na$^{55}$　　这个大碗
　　　五　条　绳　那　　　　　　　　　　个　大碗　这

矮寨　to$^{35}$le$^{53}$te$^{35}$nəŋ$^{44}$　　这六个碗　　a$^{44/53}$za$^{22}$sa$^{44}$nəŋ$^{33}$　这首歌
　　　六　个　碗　这　　　　　　　　　一　首　苗语歌曲 这

2. 名词与领属定语的语序都是"领属定语+名词中心语"。这条语序规则不符合 Greeberg 归纳的普遍规律 2：使用前置词的语言中，所有格几乎总是后置于中心名词，而使用后置词的语言，所有格几乎总是前置于中心名词。中泰苗语是前置词语言，领属定语却无一例外地前置于名词中心语。例如：

| 难府 | 文山 | 台江 | 矮寨 | 汉义 |
| --- | --- | --- | --- | --- |
| ku$^{24}$tsɯ$^{24}$ | ko$^{24}$tsai$^{35}$ | vi$^{22}$pa$^{55}$ | pɯ$^{53}$tɕa$^{24}$ | 我父亲 |
| 我　父 | 我　父 | 我　父 | 我　父 | |

3. 名词与性别属性定语的语序都是"性别+名词中心语"。例如：

| 难府 | 文山 | 台江 | 矮寨 | 汉义 |
| --- | --- | --- | --- | --- |
| təɯ$^{44}$mpua$^{44}$ | tsŋ$^{35}$mpua$^{44}$ | pa$^{55}$pe$^{35}$ | pa$^{44}$tə$^{31}$ba$^{35}$ | 公猪 |
| 公未阐 猪 | 公　猪 | 公　猪 | 公未阐 猪 | |
| mau$^{21}$mpua$^{44}$ | na$^{21}$mpua$^{44}$ | mi$^{31}$pe$^{35}$ | ne$^{21}$ba$^{35}$ | 母猪 |
| 雌　猪 | 雌　猪 | 雌　猪 | 雌　猪 | |

4. 属性名词定语修饰名词，与性别属性定语修饰名词的语序不同，中泰苗语的语序均为属性名词修饰语后置的"名词+属性名词"语序。例如：

| 难府 | 文山 | 台江 | 矮寨 | 汉义 |
|---|---|---|---|---|
| qai⁴⁴qa⁵⁵ | qai⁴⁴qa⁵⁵ | kuə³⁵qa³³ | nu²²qa⁵³ | 鸡蛋 |
| 蛋 鸡 | 蛋 鸡 | 蛋 鸡 | 蛋 鸡 | |
| ku⁵⁵ȵu⁵² | ko⁵⁵ȵo⁴² | ki³³ȵi⁵³ | ki⁵³zu⁴⁴ | 牛角 |
| 角黄牛 | 角黄牛 | 角 牛 | 角 牛 | |

5. 时间名词与指示词的语序是"时间名词+指示词"。例如：

| 难府 | 文山 | 台江 | 矮寨 | 汉义 |
|---|---|---|---|---|
| ɕuŋ⁴⁴nua²⁴ | ɕoŋ⁴⁴na³⁵ | n̥hoŋ³⁵na⁵⁵ | tɕu³⁵nəŋ⁴⁴ | 今年 |
| 年 这 | 年 这 | 年 这 | 年 这 | |

（四）谓词与否定副词的语序都是"否定副词+谓词"。例如：

| 难府 | 文山 | 台江 | 矮寨 | 汉义 |
|---|---|---|---|---|
| tsɯ⁴⁴mɦuŋ²² | tsɿ⁴⁴mɦoŋ²² | te³⁵muə²² | tɕu⁵³məŋ⁴⁴ | 不去 |
| 不 去 | 不 去 | 不 去 | 不 去 | |
| tsɯ⁴⁴zuŋ⁴⁴ | tsɿ⁴⁴zoŋ⁴⁴ | te³⁵ɣoŋ³⁵ | tɕu⁵³zu³⁵ | 不好 |
| 不 好 | 不 好 | 不 好 | 不 好 | |

## 二 中泰苗语的语序差异

中泰苗语语序的基本格局相同，都是 SVO 语序。不同的主要是在 SVO 这个大的语序框架下的一些次要成分语序。如名词短语、动词短语、形容词短语中核心词与修饰语之间的语序。分述如下：

（一）名词短语的语序差异

名词短语指由名词中心语和修饰语构成的短语。名词短语的语序差异主要是修饰语前置或后置于名词核心语的差异。

1. 方位短语的语序，难府、文山、矮寨都是"方位词+名词"，但台江是"名词+方位词"。例如：

难府　xu²⁴ŋkɔ⁵²t̪ɦie²² 船里　　　文山　xo³⁵tshəu³⁵　井里
　　　里 船　　　　　　　　　　　　里 井

台江　lai³³tse⁵⁵ke⁵⁵n̥aŋ²⁴　房子里面　矮寨　ŋaŋ²²ŋaŋ³¹ 船里
　　　个 房子中间　　　　　　　　　　里 船

2. 关系从句与名词的语序，难府苗语是"名词+关系从句"语序，文山苗语是"关系从句+名词"语序，台江苗语存在"名词+关系从句"和"关系从句+名词"两种语序，矮寨苗语一般用"关系从句+名词"语序。根据 Greenberg 归纳的第 24 条共性"如果关系从句前置于名词是唯一的或者是可交替的结构，那么这种语言或使用后置词，或者形容词前置于名词，也可能二者兼有）。苗语是前置词语言，形容词后置于名词是苗瑶语的优势语序。据此可推出苗语的关系从句固有的应该后置于名词。刘丹青指出"苗瑶语是 SVO 语言，关系从句理应后置，但是在汉语的强大影响下，也开始出现跟汉语一样的关系从句前置的现象"①。下面我们来看关系从句修饰名词的不同语序。

| 难府 | 文山 | 矮寨 | 汉义 |
|---|---|---|---|
| tua⁵⁵nɦien²²mɦua²²zau⁵⁵ | mɦua²²zou⁵⁵le⁴⁴tua⁵⁵nɦien²² | me²²ʑei⁵³naŋ⁴⁴ne³¹ | 卖菜的人 |
| 人 卖菜 | 卖 菜 的 人 | 卖 菜 的 人 | |

台江苗语如"你昨天买来的那些衣服很贵"：

to²²u⁵⁵n̥ha³³noŋ²²moŋ⁵³ma²⁴lao²²a²²tɕi⁵³qa³⁵poŋ³⁵va³⁵.（关系从句后置）
些衣 昨天 你 买来 那贵价 很

n̥ha³³noŋ²²moŋ⁵³ma²⁴lao²²to²²u⁵⁵ a²²tɕi⁵³qa³⁵poŋ³⁵va³⁵.（关系从句前置）
昨天 你 买 来 些衣那贵价 很

3. 时间词、处所词修饰名词存在双重语序。难府苗语是"名词+时间词/处所词"，采用的是无标记语序，而文山苗语和矮寨苗语是"时间词/处所词+'的'+名词"，且必须添加定语标记"的"。从标记的有无看，我们认为难府苗语的无标记语序先于文山苗语和矮寨苗语的有标记语序产生。例如：

| 难府 | 文山 | 矮寨 | 汉义 |
|---|---|---|---|
| pau⁵⁵ku⁴⁴ɕuŋ⁴⁴nua²⁴ | ɕoŋ⁴⁴na³⁵le⁴⁴mɦi²² | tɕu³⁵nəŋ⁴⁴ naŋ⁴⁴ pɔ³⁵zɔ⁴⁴ | 今年的玉米 |
| 玉米 今年 | 年这 的 玉米 | 年这 的 苞谷 | |
| nɦien²²qho²⁴tɦɯ²² | xau³⁵tɦɯ²²le⁴⁴tua⁵⁵nɦien²² | χo³⁵tɕi⁵³naŋ⁴⁴ne³¹ | 哪里人 |
| 人 处哪 | 处哪 的 人 | 处哪 的 人 | |
| tl̥e⁵²xu²⁴tɦai²² | xo³⁵nti²¹le⁴⁴tl̥e⁴² | naŋ²²te³⁵naŋ⁴⁴u⁵³ | 碗里的水 |
| 水 里碗 | 里碗 的 水 | 里 碗 的 水 | |

4. 疑问代词"什么"修饰名词，难府苗语用"名词+'什么'"，文山苗语采用"名词+'什么'"和"'什么'+名词"双重语序，矮寨苗语虽然也采用双重语序，但以"'什么'+名词"为优势语序，以"名词+'什么'"为劣势语序，只在凸显惊疑等语用功能时才采用。例如：

| 难府 | 文山 | 汉义 |
|---|---|---|
| tsho⁴⁴tl̥aŋ⁵⁵tsu⁴⁴ | tshau⁴⁴tl̥aŋ⁵⁵tsɿ⁴⁴ / tl̥aŋ⁵⁵ntsɿ⁴⁴tshau⁴⁴ | 什么上衣 |
| 上衣 什么 | 上衣 什么 什么 上衣 | |
| naŋ⁵⁵tl̥aŋ⁵⁵tsu⁴⁴ | naŋ⁵⁵tl̥aŋ⁵⁵ntsɿ⁴⁴ / tl̥aŋ⁵⁵ntsɿ⁴⁴naŋ⁵⁵ | 什么蛇 |
| 蛇 什么 | 蛇 什么 什么 蛇 | |

---
① 刘丹青. 汉藏语言的若干语序类型学课题[J]. 民族语文, 2002（5）：1-11.

矮寨　mən³¹ŋ̍ əŋ⁴⁴a⁴⁴ᐟ⁵³pɛ⁵³nəŋ⁴⁴n̩i²²qo⁵³dzɯ³¹ə⁴⁴？你穿的这些是什么衣服？（常用）
　　　　你 穿　　一些　　 这 是 什么　 衣
　　　　mən³¹ŋ̍ ə ŋ⁴⁴a⁴⁴ᐟ⁵³pɛ⁵³nəŋ⁴⁴n̩i²²ə⁴⁴qo⁵³dzɯ³¹？你穿的这些是什么衣服？（惊疑,少用）
　　　　你 穿　　一些　　 这 是 衣 什么
　　　　a⁴⁴ᐟ⁵³pɛ⁵³nəŋ⁴⁴n̩i²² qo⁵³dzɯ³¹nəŋ⁵³？这些是什么蛇？（常用）
　　　　一些　　 这是 什么　蛇
　　　　a⁴⁴ᐟ⁵³pɛ⁵³nəŋ⁴⁴n̩i²²nəŋ⁵³qo⁵³dzɯ³¹？这些是什么蛇呀？（惊疑：我从来没见过。）
　　　　一些　　 这 是 蛇 什么

5. 形修名中泰苗语存在双重语序。难府苗语和台江苗语一般是"名词+形容词"语序，文山苗语和矮寨苗语则有"形容词+名词"和"名词+形容词"双重语序。根据 Greenberg 归纳是普通现象 19：当一般规则是描写性形容词后置时，可能会有少数形容词常常前置，但一般规则是描写性形容词前置时，则不存在例外。这一普遍现象在难府苗语和台江苗语中得以证实，但在文山苗语和矮寨苗语中，形容词前置和后置都很常用。不同的是形容词后置是无标记语序，且形容词和名词结构紧密，不仅出现在词法里，还出现在句法中。而形容词前置于名词，则只出现在句法中，且大多带有定语标记，形容词和名词结合较松。我们先来看中泰苗语都用形容词后置语序的用例。

| 难府 | 文山 | 台江 | 矮寨 | 汉义 |
|---|---|---|---|---|
| tsho⁴⁴la⁵⁵ | tshau⁴⁴la⁵⁵ | u⁵⁵ɕo¹³ | ə⁴⁴dzəŋ³⁵ | 红衣服 |
| 上衣 红 | 上衣 红 | 衣 红 | 衣 红 | |
| tl̥e⁵²tsɦa²² | tl̥e⁴²tsɦa²² | oŋ³³sai²² | u⁵³tsɛ⁴⁴ | 冷水 |
| 水 冷 | 水 冷 | 水 冷 | 水 冷 | |

再看几个难府苗语只能用形容词后置语序，文山苗语可用双重语序的用例：

| 难府 | 文山 | 汉义 |
|---|---|---|
| nen⁵⁵phe²¹ | phe²¹tua⁵⁵nɦien²²/tua⁵⁵nɦien²²phe²¹ | 坏人 |
| 人 坏 | 坏 人　　　 人 坏 | |

最后再看一组难府苗语用形容词后置语序，文山苗语和矮寨苗语用形容词前置语序的用例：

| 难府 | 文山 | 矮寨 | 汉义 |
|---|---|---|---|
| ntuŋ⁴⁴lu⁵² | na²¹ntoŋ⁴⁴ | ma³¹ljəŋ³¹ du³⁵ | 大树 |
| 树 大 | 大 树 | （结助）大　树 | |
| ntuŋ⁴⁴mi²⁴ | mi³⁵ntoŋ⁴⁴ | ma³¹ɕu⁵³ du³⁵ | 小树 |
| 树 小 | 小 树 | （结助）小　树 | |
| tɕɦai²² lu⁵² | na²¹nti²¹ | ma³¹ljəŋ³¹ t̥e³⁵ | 大碗 |
| 碗 大 | 大 碗 | （结助）大　碗 | |

tɕʰai²² mi²⁴   mi³⁵ nti²¹        ma³¹ ɕu⁵³ te³⁵   小碗
碗    小       小  碗            （结助）小 碗

tshɔ⁴⁴ȵɕie²²kua³³su²⁴  zəu²¹ȵɕia²²zəu²¹so³⁵le⁴⁴tshau⁴⁴  za³⁵ɕɔŋ⁴⁴za³⁵ʂɤ⁴⁴naŋ⁴⁴ə⁴⁴
上衣 薄 但 暖          又 薄 又 暖 的 上衣                又 薄 又 暖 的 上衣

tse²⁴sa⁵⁵xa⁵⁵lu⁵²xa⁵⁵   zəu²¹lo⁴²zəu²¹sa⁵⁵le⁴⁴tse³⁵   za³⁵ljəŋ³¹za³⁵ʂe⁵³naŋ⁴⁴pzu⁴⁴
房 高 和 大 和          又 大 又 高 的 房                又 大 又 高 的 房子

台江苗语也用的是形容词后置语序。例如：

moŋ⁵³muə²²tao⁵⁵te³⁵to²²toŋ³⁵tɬʰuə³³tɬʰuə⁵³zuə⁵⁵si⁵³ke⁵⁵lao²¹. 你去大树小树也扛回来。
你 去 砍 得 些 树 大 大 小 小 也 扛 来

6. 动词修饰名词 难府苗语用"名词+动词"语序，文山苗语用"动词+关系化标记+名词"语序，矮寨苗语则存在"名词+动词"和"ma³¹（名物化助词）+动词+naŋ⁴⁴（定语标记）+名词"两种语序。例如：

难府                    文山                    矮寨                    汉义

po⁵⁵ku⁴⁴tɕi⁴⁴          tɕi⁴⁴le⁴⁴mfʰi²²         ma³¹o⁵³naŋ⁴⁴pə³⁵zə⁴⁴   烧的玉米
玉米 烧                 烧 的 玉米              （助）烧 的 苞谷

tɬe⁵²ntshua³³khau⁵⁵tɬfiua²² ntshua⁴⁴khou⁵⁵tɬfiu²²le⁴⁴tɬe⁴² u⁵³dza⁴⁴ə⁴⁴   洗衣服的水
水 洗 衣服                  洗 衣服 的 水水             洗 衣服

（二）动词短语的语序差异

动词短语是指功能相当于动词的短语，动词是短语的中心语，是短语的核心成分，其他成分为修饰语，是短语的次要成分。修饰语充当状语，具有修饰和限制动词的功能。中泰苗语动词短语的参项一般是两个以上，即一个核心与一个以上的修饰语。由于由一个核心和一个修饰语构成的动词短语是最为基本的结构类型，此节仅讨论动词核心与单项修饰语的语序，暂不讨论双项或多项修饰语的语序。下面以词性或语义的角度，对动词常用的修饰语进行分类，以观察中泰苗语动词修饰语的语序差异。

表 41　　　　　　　中泰苗语动词短语动词修饰语的语序

| 修饰语 | 难府苗语 | 文山苗语 | 台江苗语 | 矮寨苗语 |
|---|---|---|---|---|
| 形容词 | 动+形 | 形+动 | 形+动 | 形+动 |
| 代词 | 动词+代词/代词+动词 | 代词+动词 | 代词+动词 | 代词+动词 |
| 时间词 | 动词+时间词/时间词+动词 | 时间词+动词 | 时间词+动词 | 时间词+动词 |
| 情状副词 | 动词+情状副词 | 情状副词+动词 | 情状副词+动词 | 情状副词+动词 |
| 量词短语 | 动词+量词短语 | 量词短语+动词 | — | 量词短语+动词 |

表41所列举的五种语序中泰苗语有同有异。现逐一分析于下：

1. 形容词修饰动词，难府苗语只有"动+形"一种语序。文山苗语有"动+形"和"形+动"两种语序，以"形+动"为优势语序。台江苗语和矮寨苗语只有"形+动"一种语序。例如：

难府　tlha⁴⁴ kɦia²² kɦia²²　快快地跑　　mɦuŋ²² qen⁵⁵mi²⁴ntsɯ²⁴　慢点走
　　　跑　快　快　　　　　　　　　　走　慢　小点

　　　ua⁴⁴ zuŋ⁵²ʑi²¹　　　容易做　　　Nqaŋ⁵⁵ zuŋ⁴⁴ zuŋ⁴⁴　好好拿
　　　做　容易　　　　　　　　　　　拿　好　好

　　　pɯ³³ tsɔ²⁴ntaŋ²⁴　　横着睡　　　khəɯ⁵⁵ tu⁵⁵ tu⁵⁵　　深深地挖
　　　睡　横着　　　　　　　　　　　挖　深　深

文山　sai⁴⁴ mɦoŋ²²　　　快去　　　　zoŋ⁴²ʑi²¹ua⁴⁴　　　容易做
　　　快　去　　　　　　　　　　　　容易　做

　　　pɯ⁴⁴taŋ³⁵Nqaŋ³⁵　横着睡　　　maŋ²¹ntsʅ³³mɦoŋ²²　慢点走
　　　睡　横　　　　　　　　　　　　慢　点　走

台江　ɣoŋ³⁵ a³⁵　　　　好做　　　　kuə³⁵ kuə³⁵ hen³³　　慢慢走
　　　好　做　　　　　　　　　　　　慢　慢　走

矮寨　tɕa⁴⁴qhe⁴⁴　　　难看　　　　zu³⁵ me⁵³　　　　　容易取
　　　丑　看　　　　　　　　　　　　好　取

2. 指示代词和疑问代词修饰动词，难府苗语以"动词+代词"为优势语序，以"代词+动词"为劣势语序，而台江苗语、文山苗语和矮寨苗语以"代词+动词"为唯一语序。例如：

难府　xa³³le⁴⁴nua²⁴　　　这样说　　　　tua⁴² le⁴⁴tɕɦan²²?　怎么来？
　　　说　这样　　　　　　　　　　　　来　怎么

　　　me⁴² tua⁴² thau³³tɕɦɯ²²?　你们何时来？　ua⁴⁴tɕɦan²²qua⁵²?　为什么哭？
　　　你们　来　时候哪　　　　　　　　　为什么　哭

文山　ko³⁵ua⁴⁴na³⁵xa³³. 我这样说。　　mi⁴²thou³³tɕɦɯ²²tua⁴²?你们什么时候来？
　　　我　做这　说　　　　　　　　　　你们　时候哪　来

台江　to²²lu²²hao³⁵ a³⁵te²⁴a³⁵pi³³qa⁵³a³⁵za²²a³⁵. 老人们教怎么做我们就怎么做。
　　　些老　叫　怎么　做我们就　那样做

矮寨　bɯ⁴⁴nəŋ⁵³zaŋ²²ʂei³⁵. 他这样写。　　pɯ⁵³ŋaŋ³¹tɕi⁵³məŋ⁴⁴? 我们什么时候去？
　　　他　这样　写　　　　　　　　　　　我们　时候哪　去

3. 时间词做修饰语，难府苗语有的可用"动词+时间词"和"时间词+动词"两种语序，有的只能多用一种语序，文山苗语和矮寨苗语只有"时间名词+动词"一种语序。

难府　ku²⁴ mɦiuŋ²² pɦie²²kɦii²². / ku²⁴ pɦie²²kɦii²² mɦiuŋ²². 　我去明天。
　　　我　去　明天　　　　　我　明天　　去

　　　me⁵² tua⁵² taŋ²⁴nua²⁴. / me⁵² taŋ²⁴nua²⁴ tua⁵². 　你们现在来
　　　你们来　现在　　　　　你们　现在　　来

　　　sai⁴⁴ tshua⁴⁴mɔ⁴⁴　　 / tshua⁴⁴mɔ⁴⁴ sai⁴⁴ 　　　每晚看
　　　看　每　晚　　　　　　每　晚　　看

　　　mɦiuŋ²² tshua⁴⁴ li⁴⁴ / tshua⁴⁴ li⁴⁴ mɦiuŋ²² 　　每月去
　　　去　　每　　月　　　每　　月　　去

　　　lɦiu²² tshua⁴⁴ɕuŋ⁴⁴ / tshua⁴⁴ɕuŋ⁴⁴ lɦiu²² 　　　每年来
　　　来　每　年　　　　　每　年　　来

　　　tshua⁴⁴ nu⁵⁵ tɦiɯ²² / tɦiɯ²² tshua⁴⁴ nu⁵⁵ 　　　每天等
　　　每　天　　等　　　　等　每　天

tlai²¹ntəɯ²⁴nua²⁴mɔ⁴⁴ntu⁵²ku²⁴maŋ²⁴ sai⁴⁴./ tlai²¹ntəɯ²⁴nua²⁴ku²⁴maŋ²⁴sai⁴⁴mɔ⁴⁴ntu⁵²
本书　这晚上　　我　才　看　　　本书　　这　我　才　看　晚上
这本书，我晚上看。

　　　mɦiuŋ²² taŋ²¹sɯ²¹nua²⁴　　马上去　　　nɔ⁵² ua⁴⁴nte⁵²　　先吃
　　　去　马上　　　　　　　　　　　　　　　吃　先

　　　mɦiuŋ²² nu⁵⁵tɦiɯ²²　　　哪天走　　　tsɦiu²² i⁵⁵tɦiaŋ²²mɔ⁴⁴　半夜到
　　　走　　天哪　　　　　　　　　　　　　到　一　半夜

　　　me⁵² tua⁵² thau³³tɦiɯ²²?　你们什么时候来？
　　　你们　来　时候什么

文山　zɦien²² mɦioŋ²²　　　　马上去　　　mi⁴² thou³³tɦiɯ²² tua⁴²　你们什么时候来？
　　　快　去　　　　　　　　　　　　　　你们时候哪　　来

　　　tsen²¹ nau⁴²　　　　　　正在吃　　　ko³⁵ tɦiaŋ²²kɦii²² tua⁴². 我明天来。
　　　正在　吃　　　　　　　　　　　　　　我　明天　　　来

台江　vi²² ɲha³³ɲha³³si⁵³muə²²ɣoŋ⁵⁵. 我每天都上坡。
　　　我　天天　　也去　野外

　　　ɲhoŋ³⁵i³³nen⁵³muə²²qhe³⁵muə²²zaŋ⁵³. 去年她出嫁了。
　　　去年　　她　去　客　去　了

矮寨　bɯ⁴⁴ u⁵³pɛ⁴⁴ləŋ⁴⁴. 他后天来。　　pɯ⁵³ maŋ³⁵nəŋ⁴⁴ məŋ⁴⁴. 我们现在去。
　　　他　后天　来　　　　　　　　　　我们　现在　　去

　　　maŋ³⁵maŋ³⁵ ŋa⁵³　　　　每晚哭　　la³¹la³⁵ kje²¹ taŋ³⁵　　每月寄钱
　　　夜　夜　　哭　　　　　　　　　　　月　月　寄　钱

　　4. 情状副词做修饰语，难府苗语有"动词+情状副词"和"情状副词+动词"两种语序语序，台江苗语、文山苗语和矮寨苗语只有"情状副词+动词"一种语序。例如：

| 难府 | 文山 | 矮寨 | 汉义 |
|---|---|---|---|
| mfiuŋ²² ua⁴⁴ke⁴⁴ | ua⁴⁴ki⁴⁴ mfioŋ²² | a⁴⁴/²¹ku⁴⁴ χwei³⁵ | 一起走 |
| 走　做路 | 做路　走 | 一路　走 | |
| sɔ⁴⁴tsɯ²¹ ua⁴⁴ | pai²¹zi²¹ ua⁴⁴ | pa²¹zi²¹ thu²² | 故意做 |
| 故意　做 | 故意　做 | 霸意　做 | |

台江 nen⁵⁵ma⁵³,moŋ⁵³ta⁵³pi³³ɕi³⁵te⁵⁴muə²²ma⁵³. 这样嘛，你来我们一起去嘛。
　　　这样嘛　你来我们一起去　嘛
　　　qəu³⁵nai⁵³tɕoŋ³³to²¹tse⁵⁵ɬa²⁴a²²təu⁵⁵kuə⁵⁵te⁵⁵ke⁵⁵nao³¹ta⁵³tɕhaŋ⁵⁵ŋaŋ²²vi²²pəu³³.
　　　估计　别人　些家富那故意　拿饭糯　来逗弄　我吧
　　　估计是那些富有的人家故意拿糯米饭来逗弄我吧。

5. 量词短语重叠式修饰动词，难府苗语是"动词+量词短语重叠式"语序，文山苗语和矮寨苗语是"量词短语重叠式+动词"语序。例如：

| 难府 | 文山 | 矮寨 | 汉义 |
|---|---|---|---|
| ɴqaŋ⁴⁴pɛ⁵⁵lu⁵⁵pɛ⁵⁵lu⁵⁵ | pɛ⁵⁵lo⁵⁵pɛ⁵⁵lo⁵⁵le⁴⁴ mua⁵⁵ | pu⁵³le⁵³pu⁵³le⁵³me⁵³ | 三个三个拿 |
| 拿　三个　三个 | 三个　三个　地拿 | 三个　三个拿 | |
| tshuŋ²⁴ i⁵⁵ lu⁵⁵ i⁵⁵ lu⁵⁵ | i⁵⁵lo⁵⁵ i⁵⁵lo⁵⁵ le⁴⁴ tshoŋ³⁵ | a⁴⁴/⁵³le⁵³a⁴⁴/⁵³le⁵³la²² | 一个一个切 |
| 切　一个一个　一个一个 | 一个一个　一个一个 地 切 | 一个一个切 | |

从以上五种类型修饰语与动词的语序，我们大致可以得出这样一条规律：泰国难府苗语更倾向于采用修饰语后置语序，或后置与前置双重语序；而中国的文山、台江、矮寨苗语均采用修饰语前置语序。根据类型学的研究成果，动词短语的核心动词与修饰语与 OV/VO 语序有蕴含关系，VO 型语言倾向于采用"动词核心+修饰语"，OV 型语言倾向于采用"修饰语+动词核心"。Dryer（1992）研究副词修饰动词的语序。他共统计 128 种语言，其中 58 种是 VO 型语言，70 种是 OV 型语言，结果发现 58 种 VO 型语言中，采用"动词—副词"语序的语言有 44 种，"副词—动词"语序的语言有 14 种。这个数据显示 VO 型语言更倾向于选用"动词—副词"语序。本节所指的动词修饰语虽然远远不止副词，但也能够以 Dryer（1992）的研究为旁证，因为中泰苗语副词的主要句法功能是充当状语，而本节所列举的各类修饰语的句法功能也是充当状语，具有与副词相同的句法功能，理应与副词具有相同的语序。中泰苗语均为 VO 型语言，泰国难府苗语以"动词—修饰语"为优势语序，符合 Dryer（1992）统计出的 VO 型蕴含"动词—副词"的倾向性规律，说明泰国苗语的"动词—修饰语"语序与 VO 语序相和谐，中国苗语的"修饰语—动词"语序则与 VO 语序不相和谐，不相和谐的原因应该与语言接触有关。

## （三）形容词短语的语序差异

形容词短语是指以形容词为中心语、以修饰语为次要成分构成的短语，形容词是短语的核心，修饰语充当状语。中泰苗语经常充当形容词修饰语的成分主要有副词，量词短语也修饰形容词。分述如下：

1. 程度副词修饰形容词，两国苗语都有居前和居后双重语序，但一般的规律是程度副词是汉借副词语序居前；本语词副词语序居后。但各点有差异。难府苗语只见程度副词居后一种语序。台江苗语的副词大多居后，居前用例少。文山苗语和矮寨苗语则有居前和居后两种语序。

| 难府 | lu$^{52}$ xen$^{24}$ | 很大 | ku$^{24}$ ntsu$^{55}$ nfiɯ$^{22}$ xen$^{24}$ | 我很讨厌他 |
|---|---|---|---|---|
| | 大 很 | | 我 讨厌 他 很 | |
| | nɔ$^{44}$ tɕiɑ$^{22}$tɕiɑ$^{22}$ | 真冷 | zuŋ$^{44}$ tɕhaŋ$^{52}$plʑɯɯ$^{22}$ | 特别好 |
| | 冷 真真 | | 好 特别 | |
| 文山 | zen$^{35}$ zoŋ$^{44}$ | 很好 | tsʉ$^{44}$tua$^{55}$nɦien$^{22}$xen$^{35}$. | 使人觉得很臭 |
| | 很 好 | | 臭 人 很 | |
| | mi$^{42}$ uo$^{55}$ tua$^{55}$nɦien$^{22}$ na$^{35}$ nɦi$^{22}$ tsui$^{21}$ la$^{35}$. | | 你们这群人里，他最聪明。 |
| | 你们 群人 这 他 最 聪明 | | | |
| 台江 | moŋ$^{53}$qa$^{33}$poŋ$^{33}$va$^{35}$. 你很淘气。 | tai$^{22}$tai$^{33}$na$^{55}$zaŋ$^{31}$tɕu$^{24}$a$^{53}$. | 这个孩子脾气最坏。 |
| | 你 淘气 很 | 个儿 这 坏 很呀 | |
| | tɕo$^{53}$faŋ$^{33}$na$^{55}$sha$^{35}$kɯ$^{13}$tu$^{22}$qa$^{53}$te$^{24}$tsaŋ$^{33}$ɕoŋ$^{35}$mi$^{22}$. | | 这个地方最顽强的就数张秀眉了。 |
| | 片 地方 这 最 硬 就是 张 秀 眉 | | | |
| 矮寨 | tɕho$^{53}$χen$^{35}$ | 很厉害 | taŋ$^{22}$tsu$^{21}$/ tsu$^{21}$taŋ$^{22}$ | 特别肥 |
| | 厉害 很 | | 肥 特别 / 特别 肥 | |
| | ɕo$^{53}$zaŋ$^{44}$ | 太酸了 | na$^{35}$tɕi$^{53}$dze$^{35}$ | 那么热 |
| | 酸 剩 | | 那么 热 | |

2. 量词短语修饰形容词，难府苗语为"形容词+量词短语"语序，文山苗语和矮寨苗语为"量词短语+形容词"语序。

| 难府 | nte$^{24}$i$^{55}$me$^{55}$ | 一米长 | naŋ$^{24}$i$^{55}$ki$^{21}$lɔ$^{24}$ | 一公斤重 |
|---|---|---|---|---|
| | 长 一 米 | | 重 一 公斤 | |
| | nte$^{24}$ɔ$^{55}$ tɬu$^{33}$ | 两拃长 | sa$^{55}$i$^{55}$me$^{55}$ | 一米高 |
| | 长 两拃 | | 高 一 米 | |

这一结构的结构关系有歧义，可分析为"中心语+状语"，也可分析为"中心语+补语"。但从母语人的语感来看，他们倾向于在形容词上稍有停顿，量词短语应该是补语，补充说明形容词的程度量。但从泰国绿苗苗语的语序系统来看，修饰语后置是其优势语序，状语后置的现象很普遍。并且，泰国绿苗苗语的状语很发达，而补语不发达，若把形容词后的数量短语视

作补语，似不符合泰国绿苗苗语修饰语后置的特点，且中国苗语的量词短语都前置于形容词，故而我们将此类结构视为量词短语修饰形容词结构。此类结构文山苗语存在"形容词+量词短语"和"量词短语+形容词"两种语序，"形容词+量词短语"用于陈述句，"量词短语+形容词"用于对话中的答句。矮寨苗语无论是在陈述句和对话中的答句，都用"数词+量词+形容词"。例如：

| 文山 | 矮寨 | 汉义 |
|---|---|---|
| naŋ³⁵i⁵⁵ki³⁵/ i⁵⁵ki³⁵naŋ³⁵ | a⁴⁴ᐟ⁵³ kaŋ⁵³ ŋəŋ⁴⁴ | 一斤重 |
| 重 一 斤 / 一 斤 重 | 一 斤 重 | |
| nte³⁵au⁵⁵tshŋ²¹/ au⁵⁵tshŋ²¹nte³⁵ | ɯ⁵³tɕhi⁵³du⁴⁴ | 两尺长 |
| 长 两 尺 / 两 尺 长 | 两 尺 长 | |

## 第四节 中泰跨境苗语特殊句式对比

特殊句式是指在结构、语义、语用上具有一定特殊特征的句子类别。中泰苗语表示比较、被动、处置、判断、双宾等语义或语用范畴的句子有特定的句法结构模式，本节将之归入"特殊句式"。这些句式在中泰苗语中既有共性又有个性。共性体现在语序基本相同，个性体现在特殊句式的标记均无同源关系，特殊句式发展不平衡，这说明特殊句式是方言分化之后的各自创新。下面以句式为序，进行逐一对比。

### 一 中泰跨境苗语比较句对比

比较句是指表示比较关系并含有比较标记的句子。这种句子表示"胜过""不及"和"近似""等同"等语义范畴，在句法中表现为一定的格式。

（一）差比句

差比句包括比较主体、比较基准、比较本体、比较点、比较标记、比较结果、比较差值等7个参项。这些比较参项用如下符号标记：比较主体：SJ（Subject），比较基准：ST（Standard），比较本体：O（Comparative Owner），比较点：P（Comparative Point），比较标记：M（Comparative Marker），比较结果：R（Comparative Result），比较差值：D（Comparative Differential Value）。

比较主体和比较基准是指差比句中用于比较的不同对象。例如：

zəu²¹ lȵau²² tȿua⁴⁴ pu⁵² kau²¹ ɕuŋ⁴⁴.　　　　　爷爷比奶奶大十岁。（难府）
爷爷 大　过　奶奶 十　岁

　　　　SJ　　　　　　ST

比较本体是指差比句中的同一个对象。例如：

we⁴⁴ tha³⁵nəŋ⁴⁴ pi⁴⁴ ȵi⁵³ŋe⁵³ qa⁵³ ləŋ⁴⁴ ʥəŋ⁴⁴.　　我今天比昨天来得早。（矮寨）
我　今天　　比　昨天　　更　来　早
　　　　　　O

比较点是指用于比较的具体方面。例如：

bɯ⁴⁴ pi⁴⁴ we⁴⁴ qa⁵³ tɕaŋ³¹ χu²² tɕɯ⁴⁴.　　他比我更喜欢喝酒。（矮寨）
他　比　我　更　喜欢　喝酒

差比标记是差比句的形式标记，分基准标记和核心标记两类。基准标记用于标记比较基准，核心标记用于标记比较结果。例如：

zau⁵⁵ xau⁴⁴ qaŋ⁵⁵ tɭua⁴⁴ zau⁵⁵ ki⁵⁵.　　煮的菜比炒的菜好吃。（难府）
菜　煮　　好吃　过　　菜　炒
　　　　　　　　M（基准标记）

we⁴⁴ qa⁵³ ɕu⁵³　　　ŋəŋ²² məŋ³¹.　　我比你小。（矮寨）
我　更　小　　　　和　你
　　M（核心标记）　M（基准标记）

比较结果是差比句中的核心内容，表示比较对象的性质、状态的程度差距。例如：

zəɯ²¹ lɦiau²² tɭua⁴⁴ pu⁵² kau²¹ ɕuŋ⁴⁴.　　爷爷比奶奶大十岁。（难府）
爷爷　大　　过　　奶奶　十　岁
　　　　R

比较差值是差比句中表示比较结果量化差距的成分。例如：

zəɯ²¹ lɦiau²² tɭua⁴⁴ pu⁵² kau²¹ ɕuŋ⁴⁴.　　爷爷比奶奶大十岁。（难府）
爷爷　大　　过　　奶奶　十　岁
　　　　　　　　　　　　D

上述 7 个参项，比较主体、比较基准、比较结果是必选参项，比较标记、比较本体、比较点、比较差值是可选参项。据差比标记的有无，两国苗语的差比句都可分为有标记和无标记两类。

有标记的如：

ko⁵² mi²⁴ tɭhau⁴⁴ pe⁵⁵.　　你比我们小。（难府）
你　小　超　我们

ko³⁵ zoŋ⁴⁴ tɭua⁴⁴ nɦi²².　　我比他好。（文山）
我　好　过　　他

moŋ⁵³ poŋ³⁵ ʨhaŋ³⁵ vi²² tao²².　　你力气比我大多了。（台江）
你　力　大过　我　远

we⁴⁴ qa⁵³ zaŋ³⁵ məŋ³¹ naŋ⁴⁴ .　　　　我比你小。　　（矮寨）
我　更　嫩　你　的

tha³⁵noŋ⁴⁴ qa⁵³ noŋ³⁵ ŋəŋ²² n̠i⁵³n̠e⁵³.　　今天比昨天冷。　（矮寨）
今天　更冷　和　昨天

无标记的如：

tɕʰu²²ntsʰe²² na²⁴/⁴⁴ naŋ²⁴tɕʰu²²ntsʰe²² ka⁴⁴ i⁵⁵ ki⁴⁴.　这条鱼比那条鱼重一斤。（难府）
条　鱼　这　重　条　鱼　那　一　斤

we⁴⁴ ljəŋ³¹ məŋ³¹ pu⁵³ tɕu³⁵.　　　　　　我比你大三岁。（矮寨）
我　大　你　三　岁

上例中，两国苗语有标记的差比句语序都是"SJ+ R+ M+ ST"，无标记的差比句语序都是"SJ+ R+ ST"。这两种语序的共同特点是比较结果都在比较基准之前。由于苗语是 S-V-O 和前置词语言，采用这一语序符合 Greenberg（1963）归纳的第 22 条语序共性。这一共性指出："如果唯一的语序是形容词——标记——基准时，那么这种语言除了偶然出现的情况外，绝大多数是前置词语言。"①苗语是 SVO 型语言，采用这一语序也符合 Dryer（1992）发现："VO（动宾）型语言一律取'形容词——基准'语序"②。

不同点主要有以下几点：

1. 差比标记三点重要的差别：一是从词源比较看，各点的差比标记没有同源关系；二是中国苗语都借用差比标记"比"，难府苗语和达府苗语不用"比"；三是除了矮寨苗语有核心标记，其他苗语点没有。

表 42　　　　　　　　　中泰苗语的差比标记

| | 本语标记 | | 汉借标记 M₂ |
|---|---|---|---|
| | 基准标记 M₁ | 核心标记 M₃ | |
| 难府苗语 | tl̥hau⁴⁴超过/tl̥ua⁴⁴过 | — | |
| 达府苗语 | ka²¹过 | — | — |
| 文山苗语 | tl̥ua⁴⁴过 | — | pi³⁵比 |
| 黔东苗语 | hxangt/hfed/fat 过 | — | bix③比 |
| 矮寨苗语 | ŋəŋ²²和 | qa⁵³更 | pi⁴⁴比 |

---

① 参见 Joseph H. Greeberg. 某些主要跟语序有关的语法普遍现象（陆丙甫、陆致极译）[J]. 国外语言学,1984（2）：45-60.

② 刘丹青. 差比句的调查框架及研究思路 [C]//现代语言学理论与中国少数民族语言研究. 北京：民族出版社，2003：2-17.

③ 引自石德富. 苗语基础教程·黔东方言 [M]. 北京：中国人民大学出版社，2006：124.

表 42 显示：（1）从来源上看，差比标记可分为本语和借用两类。中国苗语点有本语标记和汉借标记"比"两个系列。达府苗语和难府苗语没有差比标记"比"。（2）本语标记可分为基准标记和核心标记两类，只有矮寨苗语两类标记都有，其他点都只有基准标记。难府苗语的基准标记 tḻua⁴⁴ 与文山苗语 tḻua⁴⁴ 虽然同源，但文山苗语使用频率很高，可用于各种语义类别的差比句而难府苗语很少使用。难府苗语多用 tḻhau⁴⁴。以下是难府苗语用 tḻhau⁴⁴ 的例句：

nu⁵⁵nua²⁴tsen²¹ nɔ⁴⁴ tḻhau⁴⁴ nfiaŋ²²mɔ⁴⁴. 　　　今天比昨天还冷。
天这　还　冷　过　昨天

kɯ²⁴ nu⁵⁵n̠uŋ³³ tsɕiəɯ²² tḻhau⁴⁴ kɯ²⁴ tsau⁵⁴ ɕuŋ⁴⁴. 　　弟弟小我六岁。
弟弟　年龄　少　过　我　六　岁

tɕiu²² ntsɕie²² nua²⁴ n̠aŋ²⁴ tḻhau⁴⁴ tɕiu²² ntsɕie²² xɔ²⁴ ɔ⁵⁵ ki²¹lɔ²⁴.　这条鱼重那条鱼两公斤
条　鱼　这　重　过　条　鱼　那　两　公斤

　　泰国苗语不使用标记 pi²⁴ "比"，因为东南亚的苗族从云南迁移出境的时间是在明末清初时期，①而"汉语'比'字句的广泛使用大约是明清时期"②，泰国苗语没有受汉语"比"字句影响的时间条件。我们调查泰国难府的杨天畅（29 岁）、赵天涯的父亲（50 岁）、赵天涯的祖母（70 岁）等多位难府苗族，以及泰国达府的杨丽芳（女，达府小山村青苗，28 岁，中央民族大学汉语专业硕士生），她家迁居泰国达府已有九代人，若按每代人 20 年计算，应该有 180 年左右。她很肯定地说：她那个村子差比句不用"比"。"我比你高"她只有以下一种说法：

kɔ⁵³ ʃa⁵⁵ ka²¹ kɔ⁵³.
我　高　过　你

　　达府苗语的基准标记常用 ka²¹ "过"，而难府苗语则不常用。我们在泰国难府调查 40 岁以下的苗族，他们都不知道差比句还能用 ka²¹ "过"，但 40 岁以上的人，如赵天涯的父亲（50 岁）就能够听得懂 ka²¹ "过"类差比句，但自己平时不说。以下是泰国达府杨丽芳的 ka²¹ "过" 差比句用例：③

tɕiu²²kɯ³⁵ nfioŋ²² lɕiu²² ka²¹ tɕiu²² ti⁵³.　　弟弟比哥哥听话。
弟弟　听　话　过　哥哥

---

① 参见石茂明. 跨国苗族研究——民族语国家的边界 [M]. 北京：民族出版社，2004：115.
② 参见李蓝. 汉语方言的差比句类型 [J]. 方言,2003（3）：214-232.
③ 该例句为本人调查所得，发音合作人：杨丽芳，女，25 岁，青苗支系，泰国达府小山村人，母语是苗语。

nu⁵⁵ nɔ⁴⁴ ku⁵⁵ ka²¹ nfiaŋ²² mɔ⁴⁴.　　今天比昨天更热。
今天　热　过　昨天

ku²⁴ lfiau²² tl̥hau⁴⁴ kɔ⁵² pɛ⁵⁵ ɕuŋ⁴⁴.　　我大你三岁。　　（难府苗语）
我　老　过　你　三　岁

文山苗语只有基准标记，没有核心标记。基准标记有本语的 tl̥ua⁴⁴ "过" 和汉借的 pi³⁵ "比"。这两个标记可以换用。母语人认为两个标记的合格度是相同的。如以下二例 tl̥ua⁴⁴ "过" 和 pi³⁵ "比" 自由换用：

o³³ laŋ⁴² zɦo²² tl̥ua⁴⁴ qa⁵⁵. / o³³ pi³⁵ qa⁵⁵ laŋ⁴² zɦo²². 鸭子比鸡难养。
鸭　难　养　过　鸡　　　鸭子　比　鸡　难　养

nfii²² tshaŋ²¹ le⁴⁴ zoŋ⁴⁴ tl̥ua⁴⁴ ko³⁵. / nfii²² pi³⁵ ko³⁵ tshaŋ²¹ le⁴⁴ zoŋ⁴⁴. 他比我唱得好。
他　唱　得　好　过　我　　他　比　我　唱　得　好

黔东苗语本语标记有 hxangt、hfed、fat 三个本语标记基准。例如：①
Laib zaid nongd hvib hfed/hxangt laib zaid aib mongl.　　这栋房子比那栋房子高。
个　房子　这　高　过　过　个　房子　那　去

Laib hnaib hlieb hxangt /hfed laib hlat mongl.　　太阳比月亮大。
个　太阳　大　过　　过　个　月亮　去

由于受到汉语的影响，黔东苗语有的土语差比句也有"比"字差比句。例如：②

Laib zaid nongd bix laib zaid aib hvib mongl.　　这栋房子比那栋房子高。
个　房子　这　比　个　房子　那　高　去

Dail liod bix dail bat hniongd（mongl）.　　牛比猪重。
头　牛　比　头　猪　重　去

与其他点相比，矮寨苗语的差比标记最为复杂。其三个差比标记可分为两类：一类是基准标记 ŋəŋ²² "和" 和 pi⁴⁴ "比"。ŋəŋ²² "和" 与 qa⁵³ "更" 强制性共现，构成了 "SJ+qa⁵³（更）+R+ŋəŋ²²（和）+ST" 语序。pi⁴⁴ "比" 用于 "SJ+pi⁴⁴（比）+ST+（qa⁵³更）+R" 语序，与核心标记 qa⁵³ "更" 选择性共现。另一类是使用核心标记 qa⁵³ "更"，qa⁵³ "更" 可以单独使用，也可以与基准标记共现。例如：

tha³⁵nəŋ⁴⁴qa⁵³dze³⁵ŋəŋ²²ni⁵³n̥e⁵³. 今天比昨天更热。（"更"与"和"强制性共现）
过去　更　热　和　昨天

bu⁴⁴pi⁴⁴məŋ³¹（qa⁵³）ljəŋ³⁵. 他比你更富。（"更"与"比"选择性共现）
他　比　你　（更）富

---

① 石德富. 苗语基础教程·黔东方言 [M]. 北京：中国人民大学出版社，2006：125.
② 石德富. 苗语基础教程·黔东方言 [M]. 北京：中国人民大学出版社，2006：125.

bɯ⁴⁴qa⁵³ljəŋ³⁵.　　　　　　他更富。　　　　（"更"不与基准标记共现）
他　更　富

矮寨苗语使用核心标记qa⁵³"更"的差比句排斥比较差值这一参项。如下例是不合句法的：

*a⁴⁴/²¹ zu⁵³ qa⁵³ nəŋ³⁵ ŋəŋ²² m̥aŋ³⁵nəŋ⁴⁴ kji⁵³tu⁵³ naŋ⁴⁴　过去比现在更冷许多。
　过去　更　冷　和　现在　　的许多　　的

*a⁵³na⁵³ pi⁴⁴ we⁴⁴ qa⁵³ ljəŋ³¹ pza⁵³ tɕu³⁵　　　哥哥比我更大五岁。
（缀）兄 比 我 更 大 　五 岁

如上文所述，难府苗语、文山苗语和台江苗语都选用"过"作为基准标记，这是符合苗瑶语基准标记的一般规律的，因为中国瑶语也选用kwjɛ²⁴"过"作为基准标记①。据吴福祥研究，源于动词"经过、超过、胜过"义的差比标记见于汉藏、侗台、南亚、南岛等语系，分布于整个东南亚地区，并认为这是受粤语影响的结果②。既然"过"作为差比标记有如此强的区域共性，矮寨苗语也有表示"超过"义的动词kua³⁵"过"，但为什么不像其他点一样用来做差比标记？原因主要与语义指向和句法功能有关。矮寨苗语的kwa³⁵，虽然具有[+超过]的语义特征，但kwa³⁵[+超过]的语义指向是前指，指向其前具有"程度"义的形容词或心理动词，表示形容词或心理动词的程度量远远超过说话者认定的程度标准，意义与汉语的"太"相当，用作程度副词。程度副词不能带宾语，当然就不能用作差比标记了。例如：

bɯ⁴⁴ ʂe⁵³ ne³¹ kwa³⁵.　　　　　　他太高了。
他　高　人　过

a⁴⁴/²¹ qə⁴⁴ ne³¹ a⁴⁴ χɛ³⁵ ŋa⁴⁴ kwa³⁵.　　　那寨子人，太矮了。
一 寨　人 那 那 矮 过

为什么矮寨苗语会选用具有[+伴随]语义特征的ŋəŋ²²"和"作为差比标记？我们先看ŋəŋ²²"和"的语法化路径。ŋəŋ²²兼有动词、介词和连词三种用法。因连词是另外的问题，所以这里只讨论动词和介词的共时用法以及其历时演变的语法化链。③

（1）ŋəŋ²²用作实义动词，表示"跟随"义，构成"ŋəŋ²²+宾语（伴随成分）"结构。例如：

we⁴⁴ naŋ⁴⁴ te⁵³te⁵³ ŋəŋ²² pu⁵³ naŋ³¹.　　我的孩子跟我娘（在一起）。
我的　孩子　和　我们 娘

---

① 戴庆厦. 泰国优勉（瑶族）及其语言 [M]. 北京：中国社会科学出版社，2013：313.
② 吴福祥. 粤语差比式"X+A+过+Y"的类型学地位——比较方言学和区域类型学的视角. 中国语文，2010（3）：238-255.
③ 余金枝. 矮寨苗语的差比句 [J]. 中央民族大学学报，2012（2）：130-136.

we⁴⁴ tɕu⁵³ ŋəŋ²² məŋ³¹ za⁴⁴.　　　　我不和你（来往）了。
我　不　和　你　了

（2）ŋəŋ²²用作介词，表示"和"义，有四种用法：

① 介引动作的另一参与者，用于"主语+ŋəŋ²²（和）+宾语+动词"结构中。在这一结构中，句子的表义重心和句法核心都移至其后的动词上，ŋəŋ²²"和"的句法位置下降，语法化为介词。例如：

we⁴⁴ ŋəŋ²² məŋ³¹ ɕo³¹ pə³¹ ŋaɯ⁴⁴.　　　我跟你学打鼓。
我　和　你　学　打　鼓

② ŋəŋ²²语法化为介词后构成介宾短语，与矮寨苗语其他的介宾短语一样，在有的句子中，可用于动词之前或之后。如"我妈跟弟弟住"：

puɯ⁵³ naŋ³¹ tɕəŋ³⁵ ŋəŋ²² te⁵³/²¹kɯ⁴⁴.　／　puɯ⁵³ naŋ³¹ ŋəŋ²² te⁵³/²¹kɯ⁴⁴ tɕəŋ³⁵.
我们　娘　住　和（缀）弟　　　我们　娘　和（缀）弟　住

③ 用于等比句中，介引比较基准，结构为"主体+ŋəŋ²²（和）+基准+a⁴⁴/²¹ɕei³⁵（一样）+结果"。这一结构是"主语+ŋəŋ²²（和）+宾语+动词"的类推。因"主体"和"基准"具有相同的性质和程度，可以看作一个共同的语义结构体。例如：

bu⁴⁴ ŋəŋ²² we⁴⁴ a⁴⁴/²¹ɕei³⁵ ljəŋ³¹.　　　他和我一样大。
他　和　我　一样　　大

④ 用于差比句中，介引比较基准，结构为"主体+ qa⁵³（更）+结果+ŋəŋ²²（和）+基准"。这一结构与等比句结构最大的不同是，ŋəŋ²²"和"构成的介宾短语位于谓语核心之后。之所以形成这一语序主要有两点原因：一是"主体+ŋəŋ²²（和）+基准+结果"已用于表示"等比"义，表示"差比"义只能把基准移至比较结果之后；二是矮寨苗语里本身也存在与差比句类似的"主语+动词/形容词+ŋəŋ²²（'和'，介词）+宾语"结构，这一结构为"ŋəŋ²²（和）+基准"移至比较结果之后提供了句法位置。例如：

məŋ³¹ qa⁵³ qəŋ³⁵ ŋəŋ²² bu⁴⁴ naŋ⁴⁴.　　　你比他老。（差比句）
你　更　老　和　他　的

we⁴⁴ tsu⁴⁴ ŋəŋ²² məŋ³¹.　　　　你因为你而受穷。（非差比句）
我　穷　和　你

由ŋəŋ²²"和"以上的四种用法，可以看出其语法化的路径是："ŋəŋ²²（'跟随'，动词）+宾语"→"ŋəŋ²²（'和'，介词）+宾语+动词"→"动词+ŋəŋ²²（'和'，介词）+宾语"→"形容词+ŋəŋ²²（'和'，介词）+宾语"。ŋəŋ²²语法化为差比标记符合语义相宜原则和句法类推原则。

中国苗语的不同方言都用"比"作为差比标记，是直接从汉语借入差比标记"比"，还是先借入汉语的动词pi⁴⁴"比"，然后受到汉语差比句的影响而平行演化为差比标记？我们先看看中泰两国苗语动词"比"的用法。

矮寨苗语如：

me³¹ u⁵³ le⁵³ pi⁴⁴ a⁴⁴ᐟ⁵³ be³¹.　　　你们二人比一下。
你们 二 个 比 一 遍

黔东苗语的"比"可以作为动词性词根语素参与表示相互态的前缀连缀构词。例如：

xit bix　　　　　相比
（缀）比

文山苗语和难府苗语的"比"可以充当句法核心。例如：

文山苗语　　　　　ko³⁵ tsɿ⁴⁴ ntsɿ̥o²² kau⁴² pi³⁵.　　我不和你比。
　　　　　　　　　我 不 和 你 比
泰国难府白苗苗语①　　w³⁵ pi³⁵ xu⁴⁴ŋkau⁵³.　　　　我们比唱歌（看谁好）。
　　　　　　　　　我们 比 唱歌

以上例子说明泰国苗族在没有迁移出境之前，就已借入汉语的动词"比"。这样，差比标记"比"的来源就有两种假设：一是在汉语"比"字句的影响下，原来借入苗语的动词"比"在各方言中平行演化为差比标记；二是直接从汉语里借入差比标记"比"。第一种假设可能性最大，因为矮寨苗语的介词大多是由动词语法化而来的，语法化的路径是用于连动结构的第一个动词位置上，在时间一维性原则的作用下②，第一个动词句法地位下降，全句的语义和句法重心移至后面的表示差比结果的谓词性成分。在汉语"比"字句的影响下，借入的动词"比"，沿用动词语法化为介词的路径，由原来表示"比量"义的动词语法化为差比标记。③

2. 差比句语序的异同主要与是否使用基准"比"有关。使用本语的基准标记，语序为"SJ+R+M₁+ST"，使用标记"比"的，语序则为"SJ+M₂+ST+R"。这两种语序在中泰苗语中分布不平衡。泰国达府苗语和难府苗语都只有"R+M₁+ST"语序，没有"SJ+M₂+ST+R"语序。

达府 ntɯ²¹ no³⁵ ta⁵⁵ ka³¹ ntɯ²¹ xɔ³⁵.　　这里比那里深。
　　　这 里 深 过 那 里
　　　nɦɯ²² mi³⁵ ka²¹ᐟ³⁵ ku³⁵ tʃau⁴⁴ çoŋ⁴⁴.　他小我六岁。
　　　他 小 过 我 六 年

---

① 该例句为本人调查所得，发音合作人：王小玲，女，24岁，白苗支系，泰国难府人，母语是苗语。
② 参见石毓智. 时间一维性原则对介词产生的影响 [J]. 中国语文,1995（1）：1-10.
③ 参见余金枝. 矮寨苗语的差比句 [J]. 中央民族大学学报,2012（2）：130-136.

难府 tɕɔ²⁴ tl̥e⁵² nua²⁴ xu²⁴ tl̥hau⁴⁴ tɕɔ²⁴ tl̥e⁵² xɔ²⁴.　　　这些水比那些水干净。
　　　些　水　这　干净　过　些　水　那

ku²⁴ mua⁵² ɲɛ⁵² ntau⁴⁴ tl̥hau⁴⁴ kɯ²⁴.　　　我比弟弟钱多。
我　有　钱　多　过　弟弟

ku²⁴ nɛ²¹ tshua⁵⁵ qen⁵² tl̥hau⁴⁴ kɔ⁵².　　　我比你喜欢吹芦笙。
我　喜欢　吹　芦笙　过　你

黔东苗语有"R+M₁+ST"和"M₂+ST+R"两种语序。石德富在《苗语基础教程·黔东方言》①中指出，由于受到汉语的影响，一些土语的形容词比较句的句式向汉语靠拢。

黔东苗语的"R+M₁+ST"差比句如②：

Laib zaid nongd hvib hfed laib zaid aib bib qif.　　这栋房子比那栋房子高三尺。
个　房子　这　高　过　个　房子　那　三　尺

Laib hox ceib hvangd hfed /hxangt laib qif ceib mongl.　火车比汽车快。
个　火车　快　过　过　个　汽车　去

黔东苗语的"M₂+ST+R"如：

Laib zaid nongd bix laib zaid aib hvib mongl.　　这栋房子比那栋房子高。
个　房子　这　比　个　房子　那　高　去

Nenx bix wil hlieb ob hniut.　　　他比我大两岁。
他　比　我　大　两　岁

矮寨苗语的"R+M₁+ST"和"M₂+ST+R"并存竞争，但"M₂+ST+R"更具优势。具体表现为三个方面：（1）表义范围更广。用"R+M₁+ST"表达的"差比"义，都可以改用"M₂+ST+R"语序表达；用"M₂+ST+R"表达的"差比"义则不一定能改用"R+M₁+ST"语序表达。能否用"R+M₁+ST"语序表达与语义的抽象度有关。如"我的脚比他的大"，两种语序均可用：

we⁴⁴ naŋ⁴⁴ lo⁵³ qa⁵³ ljəŋ³¹ ŋəŋ²² bɯ⁴⁴ naŋ⁴⁴.　　（R+M₁+ST）
我　的　脚　更　大　和　他　的

we⁴⁴ naŋ⁴⁴ lo⁵³ pi⁴⁴ bɯ⁴⁴ naŋ⁴⁴ ljəŋ³¹.　　（M₂+ST+R）
我　的　脚　比　他　的　大

而"我父亲的脾气比我哥的大"和"他比你狡猾"都只能用"M₂+ST+R"语序表示：

pɯ⁵³ tɕa³⁵ pi⁴⁴ pɯ⁵³ ko⁵³ ljəŋ³¹ qe⁴⁴.　　　bɯ⁴⁴ pi⁴⁴ məŋ³¹（qa⁵³）kwei⁴⁴.
我们　父亲　比　我们　哥　大　脾气　　　他　比　你　（更）　鬼

---

① 参见石德富. 苗语基础教程·黔东方言［M］. 北京：中国民族大学出版社，2006：121-127.
② 黔东苗语的差比句例句引自石德富. 苗语基础教程·黔东方言［M］. 北京：中央民族大学出版社，2006：121-127.

（2）"R+M$_1$+ST"和"M$_2$+ST+R"两选时，母语人倾向于选用"M$_2$+ST+R"。如"苗族服装比汉族服装好看"和"大兴寨比小兴寨宽"母语人都倾向于选用"M$_2$+ST+R"语序：

ə⁴⁴ ɕəŋ⁵³ pi⁴⁴ ə⁴⁴ ta⁴⁴ zu³⁵qhe⁴⁴.　　　　qə⁴⁴ɕɛ⁵³ pi⁴⁴ qə⁴⁴pza̠³⁵ khwaŋ⁵³.
衣 苗族 比 衣 汉 好看　　　　　　　　寨新　比　寨山　　宽

（3）差比句的否定形式

两国苗语差比句否定形式的差异在于比较结果、否定词和比较基准的语序不同。难府苗语的语序是"SJ+R+tsɯ⁴⁴tɕɦua²²（不赶上）+ST"。例如：

kɯ²⁴ ntse⁴⁴ tsɯ⁴⁴tɕɦua²² na²¹lɦau²².　　弟弟不及姐姐聪明。
弟弟聪明　不赶上　姐姐

nu⁵⁵nua²⁴ nɔ⁴⁴ tsɯ⁴⁴tɕɦua²² nɦaŋ²²mɔ⁴⁴.　　今天比不及昨天冷。
天这　　冷　不赶上　　昨天

文山苗语的语序是"SJ+ tsɯ⁴⁴（不）+R+ tɕɦua²²（赶上）+ST"或"SJ+ tsɯ⁴⁴mua⁴²（不有）+ ST +R"。这两种语序的差别是前一种语序基准在比较结果之后，后一种语序是基准在比较结果之前。这两种语序可以换用。例如：

mi³⁵kʉ³⁵ tsɿ⁴⁴la³⁵ tɕɦua²² ve³⁵. / mi³⁵kʉ³⁵ tsɿ⁴⁴ mua⁴² ve³⁵ la³⁵.　弟弟不及姐姐聪明。
弟弟　不 聪明 赶上 姐　　　弟弟　不　有　姐 聪明

nɦaŋ²² tsɿ⁴⁴ nau⁴⁴ tɕɦua²² no⁵⁵na³⁵. / nɦaŋ²² tsɿ⁴⁴ mua⁴² no⁵⁵na³⁵ nau⁴⁴.　昨天不及今天冷。
昨天 不 冷 赶上 天这　　　昨天 不 有 天这 冷

矮寨苗语的语序只有"SJ+ tɕu⁵³tɕɦa²²（不赶上）/tɕu⁵³na²²（不及）+ST+R"一种。例如：

te⁵³/²¹kɯ⁴⁴ tɕu⁵³tɕɦa²² a⁵³/²¹tɕe⁴⁴ za̠²².　　　弟弟不及姐姐聪明。
弟弟　　不　赶上（缀）姐　聪明

n̠i⁵³ ŋ̠ e⁵³ tɕu⁵³na²² tha³⁵nəŋ⁴⁴ nəŋ³⁵.　　昨天不及今天冷。
昨天　　不及　今天　　冷

（二）极比句

中泰苗语的极比句表示比较主体的属性程度最高。这一语义的句法实现在不同的苗语点各有不同。难府苗语对应的句法模式是"ST（主话题）+ST（次话题）+R+M$_3$（tshaŋ⁵²plɦɘɯ⁵²最）"。例如：

tɕɔ²⁴ tshe⁵⁵ nua²⁴, nɦɯ⁴⁴ lu⁵⁵ sai⁴⁴ tshaŋ⁵²plɦɘɯ²².　　这么多车，他的最快。
些　车子 这　　他 个 快　　最
ST　　　　　　SJ　R　M$_3$

ɔ⁵⁵ pɛ⁵⁵ nu⁵⁵ nua²⁴, nu⁵⁵nua²⁴/⁴⁴ kɯ⁵⁵ tshaŋ⁵²plɦɘɯ²².　这两三天，今天最热。
两三天　　 这　　天这　　　热　最

| ST | SJ | R | M₃ |
|---|---|---|---|
| pe⁵⁵ paŋ⁵⁵ nua²⁴, | nɦɯ²² | ntse⁴⁴ | tshaŋ⁵²plɦəɯ²². |
| 我们帮这 | 他 | 聪明 | 最 |
| ST | SJ | R | M₃ |

我们这群人，他最聪明。

　　文山苗语也是用话题结构表示。不同的是，比较标记借用汉语的 tsui²¹ "最"，tsui²¹ "最"用在比较结果之前。其句法模式为"ST（主话题）+SJ（次话题）+M₃（tsui²¹最）+R"，这一结构模式和极比句的标记与汉语云南方言完全相同。可见，文山苗语的极比句受到的汉语云南方言的深度影响。例如：

| mi⁴² uo⁵⁵ tua⁵⁵nɦien²² | na³⁵/⁴⁴ | nɦi²² | tsui²¹ | la³⁵. |
|---|---|---|---|---|
| 你们 群 人 | 这 | 他 | 最 | 聪明 |
| ST | SJ | M₃ | R | |

你们这群人里，他最聪明。

| ko³⁵ mɦoŋ²² tlua⁴⁴ xau³⁵ ntou⁴⁴ te⁵⁵tɕhəu³³, | pai⁴²tɕin⁵⁵ | tsui²¹ | zoŋ⁴⁴. |
|---|---|---|---|
| 我 走 过 那么 多 地方 | 北京 | 最 | 好 |
| ST | SJ | M₃ | R |

我走过那么多地方，北京最好。

　　矮寨苗语也采用话题结构，语序与文山苗语相同，不同的是矮寨苗语采用了基准标记和核心标记套用的双重标记，其句法模式为"ST（主话题）+SJ（次话题）+M₄（ta⁵³le⁵³自己）+M₃（qa⁵³更）+R"。其中 M₄ta⁵³le⁵³ "自己"源于反身代词，用于标记 SJ、回指 SJ，凸显其唯一性。M₃qa⁵³ "更"是核心标记，语义指向 R。例如：

| mɛ³¹a⁴⁴/²¹ maŋ²² ne³¹ | nəŋ⁴⁴ | bɯ⁴⁴ | ta⁵³le⁵³ | qa⁵³ | za²². |
|---|---|---|---|---|---|
| 你们一 群 人 | 这 | 他 | 自己 | 更 | 聪明 |
| ST | SJ | M₄ | M₃ | R | |

你们这群人里，他最聪明。

| we⁴⁴ te⁴⁴ kua³⁵ na³⁵tɕu⁵³ qo⁵³te³¹, | pe³¹tɕi⁴⁴ | ta⁵³le⁵³ | qa⁵³ | zu³⁵. |
|---|---|---|---|---|
| 我 走 过 那么多（缀）处 | 北京 | 自己 | 更 | 好 |
| ST | SJ | M₄ | M₃ | R |

我走过那么多地方，北京最好。

　　从标记来看，三个点的极比句，矮寨苗语的标记最为复杂，使用双重标记，其余两个点都使用单一标记。从语序来看，难府苗语的极比句仍然保留标记在比较结果之后的语序，文山苗语和矮寨苗语都采用标记居于比较结果之前的语序。这三个点比较标记、语序的差异性显示极比句的异源性，说明极比句的产生应该是在东南亚苗族迁出中国之后。

　　（三）等比句

　　中泰苗语的等比句是指表示"等同"义的句子。比较参项有 SJ、ST、

M 和 R 四个，M 都表示"等同"义，不同的只是难府苗语采用"SJ+ST+R+M（一样）"语序，文山苗语和矮寨苗语采用"SJ+ST+M+R"语序。

难府　lu⁵⁵ la⁵⁵ xa⁵⁵ lu⁵⁵ ntsua⁵⁵ zuŋ⁴⁴ŋkau⁵² i⁵⁵ʑaŋ²¹.　　红的和绿的一样好看。
　　　<u>个　红</u>　和　<u>个　绿</u>　　<u>好看</u>　　<u>一样</u>
　　　SJ　　　　　ST　　　　　R　　　　M

　　　ntɕəu³³ pɔ⁵⁵ xa⁵⁵ ua⁴⁴te⁵⁵ ku²⁴ i⁵⁵ʑaŋ²¹.　　踢足球和干活一样累人。
　　　<u>踢　足球</u>　和　<u>做　地</u>　<u>苦</u>　<u>一样</u>
　　　SJ　　　　　　ST　　　　R　　M

　　　nu⁵⁵nua²⁴ xa⁵⁵ nɦiaŋ²²mɔ⁴⁴ nɔ⁴⁴ i⁵⁵ʑaŋ²¹.　　今天和昨天一样冷。
　　　<u>天这</u>　　和　<u>昨天</u>　　<u>冷</u>　<u>一样</u>
　　　SJ　　　　　　ST　　　　R　　M

文山　la⁵⁵ le⁴⁴ xa⁵⁵ ntsua⁵⁵ le⁴⁴ i⁵⁵ʑaŋ²¹ zoŋ⁴⁴ sai⁵⁵.　　红的和绿的一样好看。
　　　<u>红　的</u>　和　<u>绿　的</u>　<u>一样</u>　<u>好　看</u>
　　　SJ　　　　　ST　　　　　M　　　　R

　　　ntɕəu³³ te⁵⁵ xa⁵⁵ ua⁴⁴la⁴² i⁵⁵ʑaŋ²¹ tsɦo²²sa³⁵.　　挖地和插秧一样累。
　　　<u>挖　地</u>　和　<u>做田</u>　　<u>一样</u>　<u>累</u>
　　　SJ　　　　　ST　　　　　M　　　R

　　　tsɦo²² xau³⁵na³⁵ xa⁵⁵ tsɦo²² xau³⁵ka⁴⁴ i⁵⁵ʑaŋ²¹ tle̠⁵⁵.　　到这里和到那里一样远。
　　　<u>到　处　这</u>　和　<u>到　处　那</u>　<u>一样</u>　<u>远</u>
　　　SJ　　　　　　　ST　　　　　　　M　　　R

矮寨　we⁴⁴ naŋ⁴⁴ ə⁴⁴ ŋəŋ²² məŋ³¹ naŋ⁴⁴ a⁴⁴ᐟ²¹ʂei³⁵ ljəŋ³¹.　我的衣服和你的一样大。
　　　<u>我　的　衣</u>　和　<u>你　的</u>　<u>一样</u>　<u>大</u>
　　　SJ　　　　　　　ST　　　　　M　　　R

　　　məŋ³¹ ŋəŋ²² bɯ⁴⁴ a⁴⁴ᐟ²¹ʂei³⁵ tɕu⁵³tu³⁵.　　你和他一样话多。
　　　<u>你</u>　和　<u>他</u>　<u>一样</u>　<u>多话</u>
　　　SJ　　ST　　　M　　　R

## 二　中泰跨境苗语被动句对比

中泰苗语都有被动句，即有既表示被动的意义又有被动标记的句子。这类句子在句法结构、表义功能上都与主动句不同。中泰苗语被动句的特点是：（1）有专门的被动标记。（2）难府苗语和文山苗语的被动标记同源，与湘西苗语和黔东苗语异源。（3）被动句的句法结构都是"S（主语）+M（被动标记）+O（宾语）+V（动词）"（下文简写为"S+Prep+O+V"），语义结构都为"受事 ＋施事引介＋施事＋动作"。（4）被动句的表义范围限于"消极",不表示"积极"义和"中性"义。

（一）被动标记

1. 被动标记的同源比较

难府苗语只有一个被动标记 mɦaŋ²² "被",文山苗语有 mɦaŋ²² "被"和 tsɦau²² "着"两个被动标记,台江苗语有 ʑi²⁴ "着"、tsao³¹ "着"等三个被动标记,ʑi²⁴ "着"一般用于咒语①。矮寨苗语有 to²² "着"一个被动标记。例如：

| | | |
|---|---|---|
| nɦɯ²² mɦaŋ²² pua⁵⁵ ntau⁴⁴ ləɯ²¹. | 他被人家打了。 | （难府） |
| 他 被 他们 打 了 | | |
| nɦi²² mɦaŋ²² lua³³ tsoŋ⁴⁴. | 他被别人打。 | （文山） |
| 他 被 别人 打 | | |
| lai³³tsoŋ³³na⁵⁵tsao³¹nen⁵³a³⁵pa²²ʐaŋ⁵³. | 这个钟被他弄坏了。 | （台江） |
| 个 钟 这 着 他 做 坏 了 | | |
| noŋ²²tai⁵³a²²nen⁵³ʑi²⁴naŋ³³ke¹³u⁵³. | 前段时间他被蛇咬呀。 | （台江） |
| 前段那 他 挨 蛇 咬呀 | | |
| Wil yens nenx dib yangx. | 我被他打了。 | （黔东）② |
| 我 被 他 打 了 | | |
| bɯ⁴⁴ naŋ⁴⁴ ɕo³⁵ to²² ne³¹ to³⁵ məŋ⁴⁴ ʐa⁴⁴. | 他的鞋子被别人穿走了。 | （矮寨） |
| 他的 鞋 被 人 穿 走 了 | | |

上例显示难府苗语、文山苗语、黔东苗语、台江苗语、矮寨苗语使用不同的被动标记,显示被动标记的多元性,这说明被动标记是在苗语方言分化之后产生的。

我们再来看看三个方言点被动标记的来源。难府苗语和文山苗语的 mɦaŋ²² "被"是专用被动标记,不出现在其他句式,不能考证到其源头。只能分析其语法功能,根据其后可不可带施事宾语,或能否单独回答问题,得出 mɦaŋ²² "被"是介词、助词或是助动词的兼类。

| | | |
|---|---|---|
| 难府 nɦɯ²² mɦaŋ²² pua⁵⁵ ntau³³ ləɯ²¹. | 他被他们打了。（介词） | |
| 他 被 他们 打 了 | | |
| nɦɯ²² mɦaŋ²² ntau³³ ləɯ²¹. | 他被打了。 （助词） | |
| 他 被 打 了 | | |
| 问：nɦɯ²² mɦaŋ²² tsɯ⁴⁴ mɦaŋ²² ntau³³? | 他被不被打? | |
| 他 被 不 被 打 | | |

---

① 参见姬安龙. 苗语台江话参考语法 [M]. 昆明：云南民族出版社,2012：231-232.
② 引自石德富. 苗语基础教程·黔东方言 [M]. 北京：中央民族大学出版社,2006：121-127.

答：mɦiaŋ²². 被。（助动词）

文山　nɦii²² mɦiaŋ²² lua³³ ntou³³.　他被人家打了。（介词）
　　　他　被　别人　打

　　　nɦii²² mɦiaŋ²² xo⁴⁴ mɦoŋ²² ləu²¹.　他被叫走了。（助词）
　　　他　被　叫　走　了

问：kau⁴² mɦiaŋ²² tsɿ⁴⁴ mɦiaŋ²²tsəu²¹？　你被不被骂？
　　你　被　不　被　骂

答：mɦiaŋ²². 被。（助动词）

台江苗语的被动标记 tsao³¹ "着"，姬安龙认为应为汉语词"着"的借音。①矮寨苗语的被动标记 to²² "着"用于被动句时，也是介词、助词和助动词的兼类。

ta⁵³qa⁵³ to²² ne³¹ nɛ²² məŋ⁴⁴ za⁴⁴.　鸡被人家偷走了。（介词）
（缀）鸡被人　偷　走　了

ta⁵³qa⁵³ to²² nɛ²² məŋ⁴⁴ za⁴⁴.　鸡被偷走了。（助词）
（缀）鸡被　偷　走　了

问：me³¹ pzɯ⁴⁴ ta⁵³ qa⁵³ to²² ne³¹ nɛ²² me³¹？　你家的鸡被人家偷走了吗？
　你　你们家　（缀）鸡 被 人 偷 （语助）

答：to²². 遭。（助动词）

余金枝认为湘西苗语的被动标记 to²² "着"源于动词 to²² "(打)中"，②此义在苗语三个方言都读第六调，声、韵也相近。王辅世先生把它的语音形式构拟为笛母凿韵去声＊dɔᶜ：

|  | 养蒿 | 腊乙坪 | 大南山 | 石门坎 | 摆托 | 甲定 | 绞坨 | 野鸡坡 | 枫香③ | 古音构拟 |
|---|---|---|---|---|---|---|---|---|---|---|
| （打）中 | to⁶ | to⁶ | tou⁶ | dau⁶ | tu⁶ | ta⁶ | to⁶ | — | — | ＊dɔᶜ |

"（打）中"在湘西方言和川黔滇方言中仍用作动词，并兼作被动标记。在黔东方言已引申为"正确"义，"（打）中"义只作为语素残存在复合词中，如 to⁶xhi¹（心）"中意"④。因此湘西苗语的to²²与其他方言存在同源关系。经余金枝考证，湘西苗语的被动标记to⁶借自汉语，借用的途径是：苗语三个方言未分化之前，从上古汉语借表示"（射）中"义的"着（著）"，后来苗语方言分化，"着（著）"在三个方言里经历了各自的发展。选择被"（打）中"物为语义引申方向的湘西方言和川黔滇方言，＊dɔᶜ 语法化为被

---

① 姬安龙．苗语台江话参考语法 [M]．昆明：云南民族出版社，2012：231．
② 余金枝．湘西苗语被动句研究 [J]．中央民族大学学报，2009（1）：107-113．
③ 各点的记音，养蒿参见石德富．汉借词与苗语固有词的语义变化 [J]．民族语文，2003（5）：47，其余点均参见王辅世．苗语古音构拟 [M]．东京：国立亚非语言文化研究所，1994：47．
④ 石德富．汉借词与苗语固有词的语义变化 [J]．民族语文，2003（5）：47．

动标记。选择"(打)中"物的接触点为语义引申方向的黔东方言,*dɔ^C 没有成为被动标记。①

2. 被动句的发展不平衡

与汉语普通话相比,苗语各方言点的被动句都不发达,因为汉语普通话的被动句可以表示"积极"义,苗语不能。"他被选为村长""他被老师表扬"等表示"积极"义的句子,在苗语里都不能用被动句表示,都要改用主动句表示。但苗语方言点之间被动句的发展也有差异。难府苗语的被动句仅表示"消极"义,不表示"积极"义和"中性"义,"斧头被他拿走了""他被叫去踢球了"之类的句子都不能用被动句表示,但文山苗语和矮寨苗语是可以的。如下例在难府苗语是不合句法的:

* tau³³ mɦaŋ²² nɦɯ²² Nqaŋ⁵⁵ mɦɯŋ²² ləu²¹.　　斧头被他拿走了

  斧头　被　他　　拿　　去　了

而"消极"义不强的句子,文山苗语和矮寨苗语也可以用被动句表示。

文山　nɦi²² tsɦou²² lua³³ tɕaŋ⁵⁵ mɦoŋ²² xa³³ lɦo²²tsa⁴² ləu²¹.  他被别人拉去唱苗族山歌了。

　　　他　着　别人　拉　去　唱　苗歌　　了

　　　nɦi²² le⁴⁴ tshe⁵⁵ tsɦou²² lua³³ tɕai⁴² mɦoŋ²² ləu²¹.  他的车被别人骑走了。

　　　他　的　车　着　别人　骑　走　了

矮寨　a⁵³ko⁵³ to²² ne³¹ nɛ³⁵ məŋ⁴⁴ pə³¹dʑɯ³¹ za⁴⁴.　　哥哥被别人叫去打球了。

　　　(缀)哥　被　人　叫　去　打球　了

　　　məŋ³¹ naŋ⁴⁴ thɛ⁴⁴tsɿ⁴⁴ to²² ne³¹ tɛ²¹ za⁴⁴.　　你的摊位被别人占用了。

　　　你　的　摊子　被人　占　了

### 三　中泰跨境苗语处置句对比

两国苗语都有"S+处置标记+O+VP"的句式,表示施事发出某种动作致使受事产生变化,含有说话人对事件的主观态度。两国苗语处置句的基本特点相同。如:(1)处置标记均由动词"拿"语法化而来;(2)处置标记均兼有动词用法,在有的句子中难以界定是动词还是介词。若是动词就是连动句,若是介词则为处置句。以难府苗语为例:

① ku²⁴ mua⁵⁵ kɔ⁵² le⁴⁴ ʝau⁴⁴.　　　　　　　我拿你的锄头。(动词)

　　我　拿　你　的　锄头

② ku²⁴ mua⁵⁵ kɔ⁵² le⁴⁴ ʝau⁴⁴ ntɕɯ³³ pa²¹ ləu²¹.　我把你的锄头挖坏了。(介词)

　　我　把　你　的　锄头　挖　坏　了

---

① 参见余金枝. 湘西苗语被动句研究 [J]. 中央民族大学学报,2009(1): 107-113.

③ mua⁵⁵ tɕɔ²⁴ ntsa⁵⁵ nua²⁴ lau⁴⁴ tsɔ⁴⁴ xu²⁴naŋ⁵⁵.　　把这些米装进袋子里。(介词/动词)
　　把　些　米　这　装　放　里袋子

（2）中泰苗语处置句的句法结构模式都为"S（主语）+M（处置标记）+O（处置对象）+V（动词）/VC（动补）"。下面以难府苗语为例：

mi²⁴n̩ua³³ mua⁵⁵ tɕhai²² ua⁴⁴ tɕhəɯ²² ləɯ²¹.　　小孩把碗打破了。
小孩子　把　碗　弄　破　了
　S　　 M　O　V　C

kɔ⁵² mua⁵⁵ kɔ⁵² le⁴⁴ khuŋ²¹ tɕɔ⁵² mɦuŋ²².　　你把你的东西带走。
你　把　你的　东西　带　走
S　 M　 O　　　　V　C

（3）处置句中的动词不能以光杆形式出现，后面必须带补语、完成体助词等成分，以体现动作的完成或变化的实现。下面以难府苗语为例：

ku²⁴ mua⁵⁵ ku²⁴ le⁴⁴ nɛ⁵² sɯ²⁴ tɕhaŋ²² ləɯ²¹.　　弟弟把我的钱花完了。
弟弟　把　我的　钱　用　完　了
　　　　　　　　　　　　C

kɔ⁵² mua⁵⁵ kɔ⁵² le⁴⁴ khuŋ²¹ tɕɔ⁵² mɦuŋ²².　　你把你的东西带走。
你　把　你的　东西　带　走
　　　　　　　　　　　　C

但也有一些不同点：

1. 中泰苗语处置标记的词源不同

处置标记是处置句最重要的语法形式，是有没有处置句的判断标准。中泰苗语，除了台江苗语没有处置标记以外，其他三个点都有。但不同方言之间不同源。同属川黔滇次方言的难府苗语和文山苗语处置标记都是mua⁵⁵，源义是动作动词"拿"，具有[＋抓取]、[＋掌控]等多个语义特征。在"S＋mua⁵⁵＋O"中，mua⁵⁵是句中唯一的核心动词（例①）。在"S＋mua⁵⁵＋O＋V/VP＋…"中，mua⁵⁵视为动词"拿"还是处置标记受其后VP的制约。一般的规律是：若P为结果补语或V后带有完成体标记ləɯ²¹"了"，语义重心在mua⁵⁵后的"V+结果补语"或V上，视为处置句（例②和例③）。若mua⁵⁵后为"V+O"，视为连动结构（例④）。若mua⁵⁵后为表示连续动作的V₁和V₂，视为连动结构（例⑤）。以下是难府苗语的用例：

① ku²⁴ mua⁵⁵ kɔ⁵² le⁴⁴ lau⁴⁴.　　我拿你的锄头。(动词)
　 我　拿　你的　锄头

② mi²⁴n̩ua³³ mua⁵⁵ tɕhai²² ua⁴⁴ tɕhəɯ²² ləɯ²¹.　小孩把碗打破了。(处置标记)
小孩子　把　碗　弄　破　了

③ me⁵² le⁴⁴ nu⁵² mua⁵⁵ pe⁵⁵ le⁴⁴ zau⁵⁵ nɔ⁵² ləu²¹. 你们的牛把我们的菜吃了。（处置标记）
　你们　的　牛　把　我们　的　菜　吃　了

④ ku²⁴ mua⁵⁵ ɳɛ⁵² tsɔ⁴⁴ sau⁴⁴ tu⁵². 　　　我把钱放在柜子上。（动词）
　我　拿　钱　放　上　柜子

⑤ tɕʰu²² mi²⁴ ɳua³³ nua²⁴ mua⁵⁵ tɕo²⁴ tau²¹tlaŋ⁵² mua⁵⁵ lai²¹ mua⁵⁵ lai²¹ le⁴⁴. （动词）
　个　小孩子　这　拿　些　豆黄　拿　扔　拿　扔　的
　这个小孩子把那些黄豆抓了扔抓了扔。

从以上五例可以看出，mua⁵⁵ "拿"兼有实义动词和处置标记的用法，因此我们不能把难府苗语和文山苗语的处置句叫"mua⁵⁵"句。实义动词 mua⁵⁵ 语法化为处置标记，必须经过"S＋ mua⁵⁵＋O＋V/VP＋……"的句法环境，但并不是分布在"S＋mua⁵⁵＋O＋V/VP＋……"中的 mua⁵⁵ 都会语法化为处置标记。

矮寨苗语的处置标记是 kə⁴⁴，源于实义动词 kə⁴⁴ "拿"，具有[＋抓取]、[＋掌控]等多个语义特征。虽然 kə⁴⁴ 与文山苗语和难府苗语的 mua⁵⁵ 没有同源关系，但分布却是相同的。kə⁴⁴ 也分布于"S＋ kə⁴⁴＋O"和"S＋kə⁴⁴＋O＋V/VP"两种结构中。在前一类结构中，它是实义动词（例⑥）。在后一类结构中，它可视为动词"拿"（例⑦），也可视为处置标记（例⑧）。kə⁴⁴ 为实义动词还是处置标记受到其后动词性成分的语义制约。例如：

⑥ buɯ⁴⁴ kə⁴⁴ ne³¹ naŋ⁴⁴ taŋ³⁵. 　　　　他拿别人的钱。（动词）
　他　拿　人　的　钱

⑦ buɯ⁴⁴ kə⁴⁴ ne³¹ naŋ⁴⁴ taŋ³⁵ kaŋ²² məŋ³¹. 他拿别人的钱给你。（动词）
　他　拿　人　的　钱　给　你

⑧ buɯ⁴⁴ kə⁴⁴ ne³¹ naŋ⁴⁴ taŋ³⁵ zəŋ²¹ tɕu⁴⁴ za⁴⁴. 他把钱花光了。（处置标记）
　他　拿　人　的　钱　用　完　了

例⑥、例⑦、例⑧显示了矮寨苗语实义动词 kə⁴⁴ "拿"语法化为处置标记的语法语义链是：kə⁴⁴ 是句中的唯一动词，具有[＋抓取]和[＋掌控]的语义特征，但凸显[＋抓取]的语义特征（例⑥）→ kə⁴⁴ 用于连动结构的 V₁ 位置上，兼有[＋抓取]和[＋掌控]的语义特征，但凸显[＋掌控]的语义特征（例⑦）→ kə⁴⁴ 用于连动结构的 V₁ 位置上，[＋抓取]语义特征消失，语法化为处置标记（例⑧）。

台江苗语没有处置标记。处置义借助词汇手段或句法成分之间的语义关系来表示。例如：

ta⁵³to²² te⁵⁵ tai²²pe³⁵ ta²⁴ ljaŋ²² ti³⁵ ha⁵⁵te²⁴? 他们把那头死猪埋在什么地方？
大家　拿　头猪　死　埋　于　何地

vi²² a³⁵tɛ²² pen⁵⁵ lai⁵³ moŋ⁵³ thu³³ lao²² a²² muə²² zaŋ⁵³.我把你借来的那本书给丢了。
我 做丢 本 书 你 借来 那 去 了

nen⁵³ te²² ʑuə³⁵, ɕəu³⁵kuə⁵⁵pɛ²² qha³⁵ nen⁵³ muə²².她年纪还小，不要把她嫁出去。
她 还 小 先别 嫁 她 去

te²² vi²²tɕəu²⁴lai⁵³, si⁵³qaŋ³⁵to²²ke⁵⁵na⁵⁵muə²²lai⁵³tsɛ⁵⁵muə²².
留下我 一 个 也挑 些饭 这 去 到 家 去
只有我一个人，也要把这些粮食挑到家去。

2. 两国苗语处置句的发展不平衡

判定处置句发展是否平衡需要有相关的参项，而我们尚未发现可供参考的相关文献，因此只好结合中泰苗语的语言材料选取以下四个参项：（1）是否有专门的处置标记；（2）处置句表义范围的大小；（3）处置句的施事是否受到生命度的限制；（4）处置句使用频率的高低。若有专门的处置标记，处置句表示消极义、中性义、积极义等多种意义，充当施事的语义角色生命度不受限制，处置句使用频率高，则判定为处置句发达，如普通话。没有专门的处置标记，处置标记兼有实义动词的用法，在某些句子中难以判断是处置标记还是实义动词"拿"；处置句多表示消极义，但也表示积极义；施事不仅可以是高生命度"人"或"动物"，也可以是具有运动力的物体（如"风""水"），使用频率较高，则视为处置句较发达。如泰国苗语和文山苗语。没有专门的处置标记；处置句多表示消极义；很少表示中性义和积极义）；施事限于生命度较高的生命体（如"人"或"动物"）；处置句使用频率较低，则判定为处置句不发达，如矮寨苗语。台江苗语没有处置标记，没有处置句。据此中泰苗语处置句发展的不平衡可表示为：

无处置句→　　处置句不发达　　　→　　处置句较发达
台江苗语　　　矮寨苗语　　　　　　　文山苗语/难府苗语

（1）台江苗语没有处置标记，没有特定的句式表示处置义。
（2）下面以表示"积极"义、"中性"义、"消极"义的例句来反映中泰苗语处置句发展的不平衡性。难府苗语如：

ku²⁴ mua⁵⁵ kɔ⁵² le⁴⁴ khau⁴⁴tl̥ɦua²² ua⁴⁴ ntl̥ɦua²² ləɯ²¹.我把你的衣服弄破了。（消极义）
我 把 你的 衣服 弄 破 了

ku²⁴mua⁵⁵nɦiu²²le⁴⁴mɔ²¹ntuŋ⁴⁴tsɔ²⁴lɦu²²ləɯ²¹. 我把他的帽子戴回来了。（中性义）
我 把 他的 帽子 戴 转回 了

nɦiu²²mua⁵⁵ kɔ⁵² le⁴⁴ khau⁴⁴tl̥ɦua²²ntshua⁴⁴ lai⁵⁵ xu²⁴xu²⁴ le⁴⁴.　　　（积极义）
他 把 你的 衣服 洗 得 干净干净的
他把你的衣服洗得干干净净的。

文山苗语的处置句多用于表示消极义，如"人家把我的树砍光了"，但也可表示积极义。

　　lua³³ mua⁵⁵ ko³⁵ le⁴⁴ ntoŋ⁴⁴ tsa⁵⁵ tɕʰaŋ²² ləu²¹.　　（消极义）
　　人　把　我的　树　砍　完　了
　　lua³³ mua⁵⁵ ko³⁵ le⁴⁴ ntoŋ⁴⁴ tɕʰau²² zoŋ⁴⁴ la³³.　　（积极义）
　　人　把　我的　树　栽　好　了

矮寨苗语的处置句只用于表示消极义。如"人家把我的树砍光了"可用处置句表示，但"人家把我的树栽好了"就不能用处置句：

　　ne³¹ kə⁴⁴ we⁴⁴ naŋ⁴⁴ du³⁵ qhə³⁵ tɕu⁴⁴ za⁴⁴.　　（消极义）[1]
　　人　把　我　的　树　砍　完　了
* ne³¹ kə⁴⁴ we⁴⁴ naŋ⁴⁴ du³⁵ tɕaŋ²² tɕɛ³¹ za⁴⁴　　（积极义）
　　人　把　我　的　树　砍　成　了

（3）处置句的使用频率不高。若无特定的语用需要（无须强调处置或被动义）可用处置句、主动句或被动句表达时，矮寨苗语习用度最高的是主动句，其次是被动句，而不是处置句。如以下三个同义句式，习用度由高到低的顺序是：① 主动句："哥哥用完妈妈的钱了"—— ② 被动句："妈妈的钱被哥哥用完了"——③ 处置句："哥哥把妈妈的钱用完了"

① a⁵³ko⁵³ ʑoŋ²¹ tɕu⁴⁴ a⁵³ȵaŋ³¹ naŋ⁴⁴ taŋ³⁵ za⁴⁴.　　（矮寨）
　　（缀）哥　用　完　（缀）娘　的　钱　了
② a⁵³ȵaŋ³¹ naŋ⁴⁴ taŋ³⁵ to²² a⁵³ko⁵³ ʑoŋ²¹ tɕu⁴⁴ za⁴⁴.　　（矮寨）
　　（缀）娘　的　钱　着　（缀）哥　用　完　了
③ a⁵³ko⁵³ kə⁴⁴ a⁵³ȵaŋ³¹ naŋ⁴⁴ taŋ³⁵ ʑoŋ²¹ tɕu⁴⁴ za⁴⁴.　　（矮寨）
　　（缀）哥　把　（缀）娘　的　钱　用　完　了

文山苗语的发音合作人认为上例在语言交际中出现时，总要体现说话人的主观评价，或强调受事，或强调施事，与纯粹的事件叙述句不同。他们更习惯于选用处置句，表达对施事的问责；也选用被动句以表示消极事件的发生；很少选用主动句。

③ ti⁴²lɦou²² mua⁵⁵ na²¹ le⁴⁴ tsa⁴² ʑoŋ²¹ tɕʰaŋ²² ləu²¹.　　（文山）
　　哥哥　把　母　的　钱　用　完　了
② na²¹ le⁴⁴ tsa⁴² tsɦou²² ti⁴²lɦou²² ʑoŋ²¹ tɕʰaŋ²² ləu²¹.　　（文山）
　　母　的　钱　着　哥哥　用　完　了
① ti⁴²lɦou²² ʑoŋ²¹ tɕʰaŋ²² na²¹ le⁴⁴ tsa⁴² ləu²¹.　　（文山）
　　哥哥　用　完　母　的　钱　了

（4）施事受生命度的制约度不同。矮寨苗语处置句的施事只能由生命

---

[1] 余金枝. 湘西矮寨苗语参考语法 [M]. 北京：中国社会科学出版社，2011：304.

度最高的生命体"人"来充当，动物和"风""水"等具有运动能力的物体都不能充当处置句的施事。但在文山苗语中，动物和具有运动能力的物体可以充当处置句的施事。如文山苗语的"猫把鱼吃完了""风把你的衣服吹走了""洪水把我家的田坎冲垮了"在矮寨苗语中要改用被动句来表达。

文山　mi³⁵ mua⁵⁵ ntsɦie²² nau⁴² tɦaŋ²² ləu²¹.
　　　猫　把　鱼　　吃　　完　了

　　　tɕua⁴⁴ mua⁵⁵ kau⁴² lo⁵⁵ tshau⁴⁴ tshua⁵⁵ ʐaŋ⁴⁴ ləu²¹.
　　　风　把　你　件　上衣　　吹　飞　了

　　　tle̥⁴² mua⁵⁵ pe⁵⁵ le⁴⁴ tsɦiaŋ²²la²² tshoŋ⁵⁵ pau⁵⁵ ləu²¹.
　　　水　把　我们的　坎田　　冲　跨　了

矮寨　ta⁵³/²¹mʐu⁴⁴ to²² ta⁵³mo²¹ nəŋ³¹ tɕu⁴⁴ ʐa⁴⁴.
　　　（缀）鱼　被（缀）猫　吃　完　了

　　　məŋ³¹ naŋ⁴⁴ ə⁴⁴ to²² kji³⁵ pʐɛ⁵³ ṣə⁵³ ʐa⁴⁴.
　　　你　的　衣　被　风　吹　跑　了

　　　puɯ⁵³ pʐu⁴⁴ naŋ⁴⁴ qɛ³¹la²² to²² u⁵³dzəŋ³⁵ tshəŋ⁴⁴ qwa⁴⁴ ʐa⁴⁴.
　　　我们　家　的　　坎田　被　水红　　冲　垮　了

3. 中泰苗语处置句产生的成因分析

处置句并不是语言中的普遍句式，我们查阅了135种中国少数民族语言（包括跨境语言）或方言的材料，看到苗瑶语族①、壮侗语族语言②有处置句；南亚语系语言③中的布赓语、京语、中国云南勐腊县的克木语有处置句，与勐腊县毗邻的老挝南塔省克木语有处置句但处于萌芽状态，不及勐腊克木语发达（戴庆厦，2012：234—251）；阿尔泰语系和南岛语系没有处置句。藏缅语族中只有白语有处置句④。表43是我们收集到的苗瑶语族、壮侗语族、南亚语系、藏缅语族语言或方言的处置标记。

---

① 苗瑶语族语言或方言的处置标记及处置句来源：布努语引蒙有义（2012：170）；优诺语引李云兵（2007：96-97）；巴哼语引毛宗武、李云兵（1997：60-61）；炯奈语引（毛宗武、李云兵2002：59）；畲语引（毛宗武、蒙朝吉1986：56）；泰国优勉语引刘玉兰（2011：314-318）；中国优勉语引戴庆厦（2013：300）。

② 壮侗语族语言或方言的处置标记及处置句来源：壮语引韦景云、何霜、罗勇现（2011：230-231）；仫佬语引银莎格（2014：284-285）；布央语引莫海文（2012：181-183）；布依语引喻翠容（1980：34）；毛难语引梁敏（1980：59）；侗语引梁敏（1980：57）；佯僙语引薄文泽（1997：99）；仡佬语引贺嘉善（1986：41）；黎语引欧阳觉亚、郑贻青（1980：39-40）；村语引欧阳觉亚（1998：127-128）。

③ 壮侗语族语言或方言的处置标记及处置句来源：布赓语引李云兵（2005：151-152）；京语引欧阳觉亚、程方、喻翠容（1984：92）；中国克木语引戴庆厦等（2012：234—251）；老挝克木语引戴庆厦等（2012：306）。

④ 白语处置标记及处置句例句引自赵燕珍（2012：183-184）。

表 43　　　　　　　　　　处置标记一览表

| 语言或方言 | 处置标记 | 语言或方言 | 处置标记 | 语言或方言 | 处置标记 |
| --- | --- | --- | --- | --- | --- |
| 湘西苗语 | kə$^{44}$ | 中国优勉语 | tsɔ$^{755}$ | 仡佬语 | pa$^{33}$ |
| 文山苗语 | mua$^{55}$ | 壮语 | tauɯ$^{42}$ | 黎语 | deɯ$^{1}$ |
| 布努语 | pa$^{3}$ | 仫佬语 | pa$^{3}$ | 村语 | bui$^{2}$ |
| 优诺语 | te$^{13}$ | 布央语 | mi$^{31}$/a$^{24}$ | 布赓语 | mbei$^{24}$ |
| 巴哼语 | ɤ$^{31}$ | 布依语 | au$^{1}$ | 京语 | ləi$^{5}$ |
| 炯奈语 | kjɔ$^{53}$ | 毛难语 | pa$^{3}$ | 中国克木语 | mɔːt |
| 畲语 | tsɔŋ$^{3}$ | 侗语 | təu$^{1}$ | 老挝克木语 | muɯːt$^{33}$ |
| 泰国优勉语 | tsɔ$^{755}$ | 佯僙语 | təi$^{2}$ | 白语 | ka$^{44}$ |

为了便于理解，下面列举一些例子：

文山苗语　　tɕhɯ$^{22}$ mua$^{55}$ ko$^{35}$ le$^{44}$ ntɕua$^{35}$ nau$^{42}$ tɕhaŋ$^{22}$ ləu$^{21}$?　　谁把我的粑粑吃完了?
　　　　　　 谁　把　我　的　粑粑　吃　完　了

优诺语　　　naŋ$^{22}$ te$^{13}$ ke$^{33}$ ze$^{22}$khi$^{13}$ tɔ$^{35}$ a$^{53}$.　　　　　　　　　　他把鸡都杀了。
　　　　　　 他　把　鸡　一起　　杀　了

巴哼语　　　mfɯ$^{33}$ ɤ$^{31}$ tɔ$^{35}$ hɔ$^{31}$ ntɕu$^{55}$ tɕe$^{35}$.　　　　　　　　　　你把刀磨利一些。
　　　　　　 你　把　刀　磨　利　些

炯奈语　　　maŋ$^{33}$ kjɔ$^{53}$ mau$^{22}$ ntɔuŋ$^{35}$ ŋouŋ$^{35}$.　　　　　　　　　　你把帽子戴好。
　　　　　　 你　把　帽子　戴　好

泰国优勉语　xa$^{755}$ tau$^{755}$ tsɔ$^{755}$ tja$^{53}$ tsou$^{24}$wai$^{31}$ lɛ$^{53}$?　　　　　　谁把桌子弄坏了。
　　　　　　 哪　个　把　桌子　弄坏　了

壮语　　　　te$^{24}$ tauɯ$^{42}$ ki$^{35}$kai$^{35}$ he$^{55}$ ha:i$^{24}$ lu$^{33}$.　　　　　　　他把那些鸡卖掉了。
　　　　　　 他　把　些　鸡　那　卖　（语助）

毛南语　　　pa$^{3}$ kuk$^{7}$na:i$^{6}$ zak$^{7}$vɛ$^{4}$ sɛu$^{5}$.　　　　　　　　　　　　　把这件衣服洗干净。
　　　　　　 把　衣服　这　洗　做　干净

仫佬语　　　mi$^{31}$ tsɔk$^{31}$hu$^{53}$ pat$^{53}$ pa$^{24}$ θau$^{53}$.　　　　　　　　　　把衣裳洗干净。
　　　　　　 把　衣裳　洗　把　干净

侗语　　　　tei$^{2}$ man$^{5}$ ja$^{5}$ ɬa$^{5}$ phje$^{5}$ tɔ$^{3}$ ŋən$^{2}$ hu$^{3}$.　　　　　　把那些田分给穷人。
　　　　　　 把　些　田　那　分　给　穷人

黎语　　　　deɯ$^{1}$ tsɯ$^{1}$ hom$^{1}$ wa:u$^{1}$ tsho:n$^{2}$ dɯ$^{3}$ tsho$^{1}$.　　　　把一个碗放在桌子上。
　　　　　　 把　一　个　碗　放　在　桌子

| 白语 | pɔ³³ ka⁴⁴ pa⁴⁴tɯ⁵⁵ tɯ²¹ kv⁴⁴ na³⁵ (< na³³ xɯ⁵⁵) lɔ⁴². 他把凳子坐坏了。|
|---|---|
| | 他 把 板凳 只 坐 烂 实现体 了 |
| 中国克木语 | ʔoʔ mɔːt həʔ jeʔ tːɤm° ba duɯk tin lɛːu. 我把你的柴撞倒了。|
| | 我 拿 柴 你 撞 倒 了 |

矮寨苗语处置句产生的原因大约与上述有处置句的语言一样，主要有以下几个因素：

1. VO 是决定处置句产生的语序土壤

矮寨苗语是 VO 语序，这种语序是动词在宾语之前，这正符合处置句的 "kə⁴⁴+O" 语序。从类型学上看，凡是有处置句的语言都是 VO 语序，如 "处置标记一览表" 中列举的语言都是 VO 语序，OV 语序的藏缅语族语言（除白语外）、阿尔泰语系语言都没有处置句。

2. 前置词语言是产生处置句的句法因素

世界语言分为前置词语言和后置词语言两类，前置词语言是介词在名词性成分之前的语言，后置词语言是名词性成分在后置词之前的语言。而处置句的标记是介词，是在名词之前，符合前置词语言的句法结构。

矮寨苗语属于前置词语言，有丰富的介词，具有产生处置式句法结构的条件。与矮寨苗语同为前置词的语言，如汉语、苗瑶语、壮侗语以及藏缅语族中的白语，都有处置句。而藏缅语（除了白语）均为后置词语言，也就没有处置句。这个界限是很清楚的。

当然，VO 型语言与前置词语言、OV 型语言与后置词语言是相关联的，也就是说 VO 型语言必定是前置词语言，OV 型语言必定是后置词语言。这并不是说凡是 VO 型语言与前置词语言都会产生处置句，如南亚语系语言中的佤语、德昂语、克木语等虽然是 VO 型语言与前置词语言，但佤语、德昂语并没有产生处置句；中国克木语的处置句比老挝克木语的处置句发达。苗语三个方言的处置句发展不平衡。可见 VO 型语序与前置词型语言不是产生处置句的充要条件，而是必要条件。

3. 语法化是矮寨苗语产生处置句的一个重要原因

矮寨苗语带有处置义的 kə⁴⁴ 字句之所以能够产生，与动词语法化为介词有直接的关系。苗语的介词大多由动词语法化而来，如湘西矮寨苗语的被动标记也是由表示 "打中" 的实义动词语法化而来，其语法化的句法条件与处置标记一样，都是用在连动结构的 $V_1$ 位置上。当 kə⁴⁴ 表示处置义的使用频率不断增高后，"kə⁴⁴+O+VP" 出现了重新分析（reanalysis）和类推（analogy）。重新分析使 "kə⁴⁴+O" 和 VP 由无修饰关系的连动结构重新分析为有修饰关系的状中结构。当重新分析完成之后，"kə⁴⁴+O+VP" 处置句得以类推强化。

### 四 中泰跨境苗语判断句对比

判断句有广义和狭义之分。广义的判断句从句子功用的角度来定义，把判断句定义为用来对事物的身份、用途、性质以及客观事实等进行判断的句子，判断句可以带有标记、判断动词、表示判断关系的助词等，也可以不带有判断动词。狭义的判断句既指具有判断功能又指带有判断标记的判断句。本书取广义的判断句。

（一）相同点

1. 两国苗语都有体词判断句。例如：

| 难府 | pfie$^{22}$kfii$^{22}$ wan$^{44}$tɕan$^{44}$. | 明天星期一。 |
|---|---|---|
| | 明天　　星期一 | |
| 文山 | no$^{55}$na$^{35/44}$ ɕin$^{55}$tɕhi$^{55}$ʑi$^{42}$. | 今天星期天。 |
| | 天这　　星期一 | |
| 养蒿 | n̥hɛ$^{33}$noŋ$^{35}$ n̥hɛ$^{33}$qɛ$^{35}$. | 今天初一[①]。 |
| | 今天　　初一 | |
| 矮寨 | tha$^{35}$nən$^{44}$ ɕi$^{44}$dʑi$^{31}$ʑi$^{31}$. | 今天星期一。 |
| | □　这　星期一 | |

2. 两国苗语都有系词判断句，语序都是"主语+系词+表语"。这一语序符合 Dryer（1992）的动宾结构和系词表语结构语序和谐原则，即 VO 语言倾向于用"系词+表语"的语序，而 OV 语言倾向于用"表语+系词"语序[②]。例如：

| 难府 | nu$^{55}$nua$^{24/44}$ zɦɔ$^{22}$ nu$^{55}$ thi$^{52}$ i$^{55}$. | 今天是第一天。 |
|---|---|---|
| | 天 这　是　天 第 一 | |
| 文山 | no$^{55}$na$^{35/44}$ zɦau$^{22}$ ti$^{21}$ i$^{55}$ no$^{55}$. | 今天是第一天。 |
| | 天这　是 第 一 天 | |
| 台江 | n̥ha$^{33}$a$^{22}$ te$^{24}$ n̥ha$^{33}$ɕaŋ$^{53}$te$^{22}$. | 那天是赶集天呀。 |
| | 天 那 是 天 赶集呀 | |
| 矮寨 | tha$^{35}$nən$^{44}$ n̠i$^{22}$ dzaŋ$^{31}$kji$^{53}$ta$^{44}$. | 今天是矮寨的赶集日。 |
| | □　这是 集市 矮寨 | |

---

[①] 王辅世. 苗语简志 [M]. 北京：民族出版社，1985：76.
[②] 刘丹青编著. 语言调查研究手册 [M]. 上海：上海教育出版社，2008：59-60.

## （二）不同点
### 1. 两国苗语的判断动词不同源

| 难府 | 文山 | 台江 | 黔东 | 矮寨 | 汉义 |
| --- | --- | --- | --- | --- | --- |
| ʑɦɔ²² | ʑɦau²² | ȶe²⁴ | dios① |  | ȵi²² | 是 |

难府苗语和文山苗语的判断动词同源，与台江苗语、矮寨苗语不同源②。这说明苗语的判断动词产生于苗语分化为三个方言之后，泰国苗族迁移出中国之前。难府苗语、文山苗语、矮寨苗语的判断动词考证不出其来源，因为难府苗语的 ʑɦɔ²²、文山苗语的 ʑɦau²²、矮寨苗语的 ȵi²² 都只有表示判断一种用法，未见其他用法，在其他方言点里也没有发现有语义相关的词。黔东苗语的判断动词 dios，原义是"打中"，引申为"正确"，再引申为"是"。

### 2. 判断动词在中泰苗语判断句中的强制性程度不同

难府、文山和矮寨三个点的判断句大多要强制性使用判断动词，而台江苗语的判断句判断动词一般都可以省略③。我们考察了《苗语台江话参考语法》（姬安龙，2012）中省略判断动词的用例，发现表语多为"类别词+……"结构。台江苗语的类别词具有定指其后名词性成分的功能，能够起到对其后名词性成分与主语的同一性或类属性进行判断的功能。因为判断句的语义关联是表示对象之间的同一性或类属关系，而类别词的定指功能实现了对象之间关系的定指化，况且从与名词性成分结合的紧密度看，类别词比判断动词更紧，因此从同类功能的成分可省略的视角看，应该是省略与名词性成分结合松的判断动词而不是类别词。而在难府、文山和矮寨三个点中则不存在此类结构，必须使用判断动词。由此可见，中泰苗语的判断句存在不同的构式。以下是台江苗语判断句能够省略判断动词的用例：

nen⁵³（ȶe²⁴）tai²²faŋ³³pɛ²²。　　　　他是反排人。
他　（是）个　反排

tai²²ʑa³³（ȶe²⁴）tai²²ȵaŋ²⁴?　　　　那个是小偷吗？
个　那　（是）个　小偷

tai²²na⁵⁵（ȶe²⁴）tai²²toŋ³⁵tsai⁵⁵ɣa⁵³.　　这棵树是梨子树。
个　这（是）个　树　果　梨

以下是难府、文山和矮寨三个点的用例：

---

① 引自张永祥. 苗汉词典［M］. 贵阳：贵州民族出版社，1990：81.
② 王辅世（1994）认为"'是'虽然不合声母对应规律，但这个字同源。"
③ 参见姬安龙. 苗语台江参考语法［M］. 昆明：云南民族出版社，2012：227.

难府　ku²⁴ ʑɦɔ²² tua⁵⁵nɦen²² nan⁵².　　　我是难府人。
　　　　我　是　人　　　难府

文山　ko³⁵ ʑɦau²² xou³⁵tsua⁴⁴ tua⁵⁵nɦen²². 我是岩头寨人。
　　　　我　是　岩头寨　　　　人

矮寨　we⁴⁴ ɲi²² qə⁴⁴ɕɛ⁵³ ne³¹.　　　　　　我是大兴寨人。
　　　　我　是　大兴寨　人

3. 判断动词标记焦点的功能不同

与文山苗语和矮寨苗语相比，难府苗语判断句的特点是：ʑɦɔ²² "是" 不能用在 "他是走路来的" 之类的句子中。在这类句子中，ʑɦɔ²² "是" 为副词，起到加强肯定语气、标记焦点的作用，若去掉 "是"，句子的基本意义不变，但肯定语气减弱。文山苗语和矮寨苗语的判断动词就有这一用法。例如：

文山　　　　　　　　　　　　　　矮寨
nɦi²²（ʑɦau²²）tua⁴² təu⁴⁴ tua⁴² le⁴⁴.　　bɯ⁴⁴ ɲi²² χwei³⁵ kɯ⁴⁴ lǝŋ⁴⁴ naŋ⁴⁴.
他　（是）　来　脚　来　的　　　　他（是）走　路　来　的

两国苗语这一用法的差别应该与语言接触有关。汉语的判断动词 "是" 可以用作副词，表示强调语气，有 "他是走路来的" 这一说法，中国苗语受到汉语影响也采用类似的说法。而泰语没有 "他是走路来的" "我是坐车来的" 之类的说法，泰国苗语也没有这一说法。

4. 难府苗语有少量的动词短语可以直接充当宾语，而文山苗语和矮寨苗语不能，必须要经过名词化。这是中泰两国苗语判断句的一个重要区别。下面是两国苗语的对比用例。

"这些菜是我炒的"：

难府　tɕɔ²⁴ zau⁵⁵ nua²⁴ ʑɦɔ²² ku²⁴ ki⁵⁵.
　　　　些　菜　这　是　我　炒

文山　tɕau³⁵ zou⁵⁵ na³⁵ ʑɦau²² ko²⁴ ki⁵⁵ le⁴⁴.
　　　　些　菜　这　是　我　炒　的

矮寨　a⁴⁴/⁵³pɛ⁵³ zei⁵³ nəŋ⁴⁴ ɲi²² we⁴⁴ ka⁵³ naŋ⁴⁴.
　　　　一　些　菜　这　是　我　炒　的

"这些花是别人送给你的"：

难府　tɕɔ²⁴ paŋ⁵² nua²⁴ ʑɦɔ²² lua³³ mua⁵⁵ tsua⁴⁴ kɔ⁵².
　　　　些　花　这　是　别人　拿　给　你

文山　tɕau³⁵ paŋ⁴² na³⁵ ʑɦau²² lua³³ saŋ⁴⁴ kau⁴² le⁴⁴.
　　　　些　花　这是　　别人　送　你　的

矮寨　a⁴⁴ᐟ⁵³pe⁵³ pəŋ³¹ nəŋ⁴⁴ ȵi²² ne³¹ kaŋ²² məŋ³¹ naŋ⁴⁴.
　　　　一　些　　花　　这　是　别人送　你　　的

"这个碗是我打破的"：
难府　lu⁵⁵ tɕʰai²² nua²⁴ ʑɦɔ²² ku²⁴ ua⁴⁴ tɕʰəu²².
　　　　个　碗　这 是　我　弄　破
文山　lo⁵⁵ nti²¹ na³⁵ ʑɦau²² ko³⁵ ua⁴⁴ tɕʰəu²² le⁴⁴.
　　　　个　碗　这 是　我　弄　破　的
矮寨　a⁴⁴ᐟ⁵³le⁵³ ʈe³⁵ nəŋ⁴⁴ ȵi²² we⁴⁴ pə³¹ tə²² naŋ⁴⁴.
　　　　一　个　碗　这 是　我　打　破　的

通过以上比较，可以看出中泰苗语的判断动词在使用功能上有强弱之分。难府、文山、矮寨三个点的苗语判断句大多需要借助判断动词，而台江苗语除了借助判断动词之外，还可以借助分类词。这说明难府、文山、矮寨三个点苗语判断动词的功能比台江苗语强。苗语判断动词是向强功能演化，还是向弱功能演化？应该是向强功能演化。因为判断动词是方言分化之后产生的，这说明苗语的判断句是从无判断动词向有判断动词演化。下例"这棵树是梨子树"三个点都必须用判断动词，而台江苗语可用可不用，并不是判断动词在台江苗语判断句中的删省，而是判断动词在判断句中的新增。

台江　tai²²na⁵⁵（ʈe²⁴）tai²²toŋ³⁵tsai⁵⁵ɣa⁵³.
　　　　个　这　（是）个　树　果　梨
难府　tsɔ⁴⁴ ntuŋ⁴⁴ nua²⁴ ʑɦɔ²² ntuŋ⁴⁴ sa²⁴li⁵².
　　　　棵　树　这 是　树　沙梨
文山　tsau⁵⁵ ntoŋ⁴⁴ na³⁵ ʑɦau²² ntoŋ⁴⁴tsɿ³⁵zua⁴².
　　　　棵　树　这 是　树　（缀）梨
矮寨　a⁴⁴ᐟ²¹ tʰu²² du³⁵ nəŋ⁴⁴ ȵi²² du³⁵pi⁴⁴ᐟ⁵³za³¹.
　　　　一　棵　树　这 是　树　（缀）梨

之所以这样说有两个理由：（1）以上四个点的例子，只有台江苗语在"梨树"前加量词 tai²² "个"，而其他三个点都不加。分类词在台江苗语中有一个非常重要的功能就是定指，而判断句最重要的句义功能也是定指。台江苗语已经借助分类词 tai²² "个"实现了定指功能，可以不用判断动词。其他三个点不用分类词，只能借助判断动词定指。（2）当宾语前不能添加分类词时，台江苗语的判断句必须使用判断动词，也说明了分类词与判断动词都具有定指功能。例如：

ȵoŋ²² na⁵⁵ ʈe²⁴ toŋ⁵⁵ hei³³　ei³⁵?　这段时间是什么季节？
期间　这 是　季　（语助）（语助）

**五　中泰跨境苗语双宾句对比**

双宾句是指一个动词带两个名词宾语的句子，动词与两个宾语之间能够单独构成述宾关系。其句法要素是主语（以下用 S 表示）、动词（以下用 V 表示）、间接宾语（以下用 IO 表示）、直接宾语（以下用 DO 表示）。句法结构为"S+V+IO+DO"或"S+V+DO+IO"结构。双宾句的特点是动词有施事、客体和与事三个直接论元，若用 $O_t$ 表示充当直接宾语的客体（theme），用 $O_r$ 表示充当间接宾语或介词宾语的与事（recipient），则存在 $VO_rO_t$ 和 $VO_tO_r$ 两种语序。双宾句的核心意义是"有意识地给予性转移"，转移有顺向和逆向之分。根据动词的概念意义，我们将中泰苗语的双宾句分为给予类、信息传递类和取得类，其中给予类双宾句是双宾句的原型构式，信息传递类和取得类为给予类双宾句的引申构式。根据类型学的研究成果，双宾构式不是人类语言的普遍结构。这一结论从中国苗语的双宾句是高度构式化的结构而泰国苗语则用与格结构表示能够证实。

（一）给予义句子对比

给予类句子的构式意义是"施事通过转移性行为将空间领域的实体转移给与事"。此类意义是中国苗语双宾句的核心意义，其句式意义是施事通过某种行为使与事接受客体。中国苗语的给予类双宾句为 $VO_rO_t$ 语序，体现了"可别度领先"（陆丙甫，2005）原则，表达的给予性事件是一个统一的过程。但从动词的视角看存在两种结构，一种是台江苗语和矮寨苗语所用的"S+V+IO+DO"结构，另一种是文山苗语所用的"S+ V 给+IO+DO"结构。差异在于双宾句的动词是 V 还是复合词"V 给"。形成差异的原因主要与动词的语义特征有关。台江苗语的 pi[33]和矮寨苗语的 kaŋ[22]均是三价动词，具有[＋给予]或[＋转让]的语义特征，能够与施事、客体和与事构成三论元结构。文山苗语没有表示给予义或转让义的动作动词，要表示"有意识地给予性转移"，必须构成 mua[55]（拿）tsua[44]（给）的复合词结构，因为 mua[55]"拿"是表示"抓取"义的动作动词，能够通过"抓取"这一动作使某物发生位移，具有构成双宾句的语义基础，但 mua[55]"拿"是单宾动词，不能带两个域内直接论元，要实现论元增容，必须由 tsua[44]"给"来指派。而泰国苗语的给予类句子大多不采用 $VO_1O_2$ 的双宾句，而是采用"mua[55]（拿） $O_t$tsua[44]（给） $O_r$"的与格结构，表达的是由"拿 $O_t$"和"给 $O_r$"两个相连事件构成的一个复合事件。例如：

难府　　tsɯ[24]ntsəɯ[21] mua[55] i[55] tɕʰu[22] ntsʰe[22] tsua[44] ku[24].　叔叔拿一条鱼给我。

叔叔　　　拿　　一　条　鱼　　给　我

ti⁵²lɕiau²² mua⁵⁵ i⁵⁵ tɕiɔ²² kua²⁴ntsua³³ tsua⁴⁴ ku²⁴.　　哥哥拿给我一根甘蔗。
哥哥　　拿　一　根　甘蔗　　给我

nfɯ²² mua⁵⁵ i⁵⁵ tlai²¹ ta⁵⁵ tsua⁴⁴ qhua⁴⁴.　　他拿一件裙子给客人。
他　拿　一　块　裙子　给　客人

nfɯ²² mua⁵⁵ i⁵⁵ tau³³ paŋ⁵² tsua⁴⁴ ku²⁴.　　他拿一束花给我。
他　拿　一　束　花　给　我

ti⁵²lɕiau²² fai⁵⁵ i⁵⁵ tɕiɔ²² ɲu⁵² tsua⁴⁴ ku²⁴.　　哥哥分给弟弟一头牛。
哥哥　　分　一　头　牛　给　弟弟

nfɯ²² qe²⁴ nɛ⁵² tsua⁴⁴ ku²⁴.　　他借给我钱。
他　借　钱　给　我

nfɯ²² tɕi²⁴ i⁵⁵ pua⁴⁴ mpa²¹ tsua⁴⁴ ku²⁴.　　他递我一百铢。
他　递　一　百　铢　给　我

文山　ko³⁵ ve³⁵ mua⁵⁵tsua⁴⁴ ko³⁵ i⁵⁵ tɕiɔ²² ɲo⁴².　　我姐姐给我一头牛。
　　　我　姐　拿给　我　一　头　牛

ti⁴²lɕiou³² mua⁵⁵tsua⁴⁴ ko²⁴ i⁵⁵ tɕiɔ²² kua²⁴ntsua³³.　　哥哥拿给我一根甘蔗。
哥哥　　拿　给　我　一　根　甘蔗

台江　vu¹³ pi³³ vi²² o³³ lai³³ tsai⁵⁵.　　奶奶送我两个果子。
　　　奶奶　送我　二　个　果子

pa³⁵pi³³moŋ⁵³ne³⁵ɕu²⁴sai⁵³?　　爸爸给你多少钱?
爸给你　多少　钱

tai²²ɕi⁵⁵pi³³maŋ³³to²²tɕuə⁵⁵na⁵⁵?　　谁给你们俩这些粑粑?
谁　送　你俩　些　粑这

矮寨　pɯ⁵³ tɕe⁴⁴ kaŋ²² we⁴⁴ a⁴⁴/²¹ ŋəŋ⁴⁴ zu⁴⁴.　　我姐姐送我一头牛。
　　　我们姐　送　我　一　头　牛

a⁵³ko⁵³ kaŋ²² we⁴⁴ a⁴⁴/²¹ te⁴⁴ du³⁵zə⁴⁴.　　哥哥给我一根甘蔗。
（缀）哥给我　一　根　树高粱

但在泰国苗语中，我们也发现了"V+IO+DO"即VO_tO_r语序的少量用例。如：

na²¹ mua⁵⁵ mi²⁴ntsua²⁴ nɛ⁵² ku²⁴!　　母亲，给我点钱!
母　给　小点　钱　我

（二）信息传达义句子对比

信息传递类句子的构式意义是"施事通过言说行为将话语信息传递给与事的事件过程"。此构式意义是给予类意义的引申，是将转移的实体由空间领域引申到话语领域。此类句式的构式特点是动词为"教、告诉、问"等言说类的外向动词，其句法实现可选用双宾句，也选用非双宾。中国苗语的三个点均选用双宾句"S+V+IO+DO"即 $VO_rO_t$，并遵循重成分后置原则，言说动词附带的小句 T 总位于 R 之后，而泰国苗语则采用"$VO_t$ tsua⁴⁴（给） $O_r$"的与格结构。

难府　n̥ɯ²² qha⁴⁴ i⁵⁵ zaŋ⁵² ŋkau⁵²muŋ⁵⁵ tsua⁴⁴ pe⁵⁵.　　他教我们一首苗歌。
　　　他　教　一　首　歌苗族　　给　我们
　　　n̥ɯ²² qha⁴⁴ i⁵⁵ liaŋ⁵² tsua⁴⁴ ku²⁴.　　他告诉我一件事。
　　　他　告诉　一　事情　给　我

文山　n̥i²² qha⁴⁴ pe⁵⁵ i⁵⁵ zaŋ⁴² ŋkou⁴²moŋ⁵⁵.　　他教我们一首苗歌。
　　　他　教　我们　一　首　歌苗族
　　　ko³⁵ n̥ioŋ²² kau⁴² i⁵⁵ lo⁴⁴ l̥io²².　　我问你一句话。
　　　我　问　你　一　句　话

台江　tɕo³³ vi²² i³³ pa²⁴ xuə³³ a²² zaŋ⁵³···　　教我那番话了……
　　　教　我　一　番　话　那　了
　　　vi²² ȵaŋ³³pɛ²²te³⁵ ɕaŋ²⁴ vu¹³lu²²lai³³ nen⁵⁵ lei⁵³.　　我还没有告诉奶奶这个事呢。
　　　我　还不　告诉　奶老　个　这　（语助）

矮寨　bɯ⁴⁴ ʂa⁵³ pɯ⁵³　a⁴⁴/⁵³ za²² sa⁴⁴.　　他教我们一首苗语歌曲。
　　　他　教　我们　一　首　苗歌
　　　we⁴⁴ po⁴⁴ məŋ³¹ a⁴⁴/²¹ do³⁵ tu³⁵.　　我告诉你一句话。
　　　我　告诉　你　一　句　话

（三）获取义句子对比

此类句式的语义特点是"施事从与事处获得客体的拥有权"，结构的特点是动词为"借、欠、偷"等具有[+获取]语义特征的内向动词。此类意义的句法实现中泰苗语均用"S+V+IO+DO"即 $VO_rO_t$ 结构。由于 IO 是 DO 领有者，故而加上领有标记"的"即可构成"S+V+IO+ 的+DO"单宾句。例如：

难府　kɔ⁵² tsai³³ ku²⁴ i⁵⁵ tl̥ai²¹ tɕhɔ⁵².　　～　kɔ⁵² tsai³³ ku²⁴ le⁴⁴ i⁵⁵ tl̥ai²¹ tɕhɔ⁵².
　　　你　借入　我　一　块　被子　　　　　你　借　我　的　一　块　被子
　　　你借我一床被子。　　　　　　　　　你借我的一床被子。
　　　n̥ɯ²² tshua²⁴ ku²⁴ i⁵⁵ tshin⁵⁵ mpa²¹.　～　n̥ɯ²² tshua²⁴ ku²⁴ le⁴⁴ i⁵⁵ tshin⁵⁵ mpa²¹.
　　　他　欠　我　一　千　铢　　　　　他　欠　我　的　一　千　铢
　　　他欠我一千铢。　　　　　　　　　　他欠我的一千铢。
　　　ku²⁴ the²¹ pua⁵⁵ i⁵⁵ pua⁴⁴/³³ mpa²¹.　～　ku²⁴ the²¹ pua⁵⁵ le⁴⁴ i⁵⁵ pua⁴⁴/³³ mpa²¹.
　　　我　还　他们　一　百　铢　　　　　我　还　他们　的　一　百　铢
　　　我们还他们一百铢。　　　　　　　　我们还他们的一百铢。
　　　n̥ɯ²² ȵ̥a²² ku²⁴ i⁵⁵ tɕhɯ²² ȵu⁵².　～　n̥ɯ²² ȵ̥a²² ku²⁴ le⁴⁴ i⁵⁵ tɕhɯ²² ȵu⁵².

　　　　他　偷　我　一　头　牛　　　　　　　他　偷　我　的　一　头　牛
　　　　他偷我的一头牛。　　　　　　　　　他偷我的一头牛。
文山　ko³⁵ tsai³³ nfii²² i⁵⁵ lo⁵⁵ pou³⁵ na⁴². ～ ko³⁵ tsai³³ nfii²² le⁴⁴ i⁵⁵ lo⁵⁵ pou³⁵ na⁴².
　　　　我　借　她　一　个　项圈　　　　　　我　借　她　的　一　个　项圈
　　　　nfii²² nfia²² ko²⁴ i⁵⁵ tfio²² no⁴². ～ nfii²² nfia²² ko²⁴ le⁴⁴ i⁵⁵ tfio²² no⁴².
　　　　他　偷　我　一　头　牛　　　　　　　他　偷　我　的　一　头　牛
矮寨　we⁴⁴qa⁴⁴buɯ⁴⁴a⁴⁴/⁵³le⁵³qho³⁵ɢəŋ⁴⁴. ～ we⁴⁴qa⁴⁴buɯ⁴⁴naŋ⁴⁴a⁴⁴/⁵³le⁵³qho³⁵ɢəŋ⁴⁴.
　　　　我　借　她　一　个　项圈　　　　　　我　借　她　的　一　个　项圈
　　　　buɯ⁴⁴nɛ²² we⁴⁴ a⁴⁴/²¹ ŋeŋ⁴⁴ ta⁵³/²¹zu⁴⁴. ～ buɯ⁴⁴nɛ²²we⁴⁴naŋ⁴⁴ a⁴⁴/²¹ ŋeŋ⁴⁴ ta⁵³/²¹zu⁴⁴.
　　　　他　偷　我　一　头（缀）牛　　　　　他　偷　我　的　一　头（缀）牛

（四）称谓义句子对比

此类句子的句式意义是"施事将与事称呼或命名为客事"，句中动词为"叫、喊、骂"等具有"称呼"或"命名"等语义特征的言说类动词。此类句子中国苗语用非双宾句表示，泰国苗语用"S+ V+ IO+ DO"双宾句。例如：

难府　ku²⁴ xu⁴⁴ nfiɯ²² tsu²⁴ntsəu²¹.　　　　我叫他叔叔。
　　　　我　叫　他　叔叔
　　　　kɔ⁵² xu⁴⁴ nfiɯ²² na²¹lfiau²².　　　　　你叫她姐姐。
　　　　你　叫　她　姐姐
　　　　pe⁵⁵ xu³³ nfiɯ²² paŋ⁵².　　　　　　　我们叫他花。
　　　　我们 叫 他 花人名
　　　　pe⁵⁵ sua²⁴tlfiəɯ²² tshe²⁴ nfiɯ²² kua²⁴mplau²¹.　我们大家骂他小气鬼。
　　　　我们 大家　　骂 他　小气鬼

文山　kau⁴² xo⁴⁴ nfii²² xo⁴⁴（ua⁴⁴）tsɿ³⁵ntsəu²¹.　你叫他叔叔。
　　　　你　叫　他　叫　（做）叔叔
　　　　kau⁴² xo⁴⁴ ko³⁵ xo⁴⁴（ua⁴⁴）na²¹lua³³.　　你叫我大姨。
　　　　你　叫　我　叫　（做）大姨

矮寨　puɯ⁵³ nɛ³⁵ buɯ⁴⁴ thu²² pa⁴⁴/⁵³sɛ²¹kji²¹.　　我们大家骂他小气鬼。
　　　　我们 叫 他 做（缀）小气
　　　　məŋ³¹ nɛ³⁵ buɯ⁴⁴ thu²² a⁵³/²¹tɕi⁴⁴.　　　你叫她姐姐。
　　　　你　叫　她　做（缀）姐

我们通过以上的对比分析，虽然不可能全面系统地解释中泰苗语的语法差异，但我们可以观察到这样的语法现象：方言之间的差异大于跨境之间的差异，也就是说文山苗语（川黔滇方言）、台江苗语（黔东方言）、矮寨苗语（湘西方言）之间的差异大于中国文山苗语与泰国难府苗语之间的差异。这种差异度揭示了语言演变速率与分化时间、分布国度之间的关系。从目前的差异度来看，分化时间对语言变异的影响力要比跨境因素大。因为泰国苗语与中国文山苗语 300 年的分化并不能使泰国难府苗语语法的基本特点发生重大变化，只能出现局部变化。但随着分化时间的延长，两国苗语应该呈现这样的演变趋势：泰国难府苗语与中国文山苗语共性仍然是主要的，但差异越来越多；中国苗语不同方言之间在主体民族语言的影响下，差异虽然存在，但会向着与汉语趋同的方向演化。

# 第六章  中泰跨境苗语对比的宏观审视

过去中国学者谈到苗语，主要是就中国苗语的情况而言的。而境外学者研究苗语，对象是境外自称为"赫蒙"（Hmong）的支系所说的苗语。这是不全面的。现在，通过泰国苗语的调查及中泰苗语的对比，我们对苗语的总体特点又有了一些新的认识。我们体会到，要认识苗语的特点不仅要了解中国境内的苗语，还要认识境外的苗语。下面就中泰苗语的总体特点及跨国苗语的主要差异进行概括、分析。

## 第一节  中泰跨境苗语的主要共性

通过上文的对比分析，我们对中泰苗语语音、词汇、语法、语用的共性形成如下的总体认识。在语音上，中泰苗语都有丰富的声母系统和声调系统，韵母系统简单，声母都有小舌音，声调都产生了阴阳分化，阴去调都伴有浊流。词法上都有复合式和附加式两种构词法。语序上，都是SVO、前置词语序、"数量名""动数量""数词+量词+名词+指示词""领属语+中心语"语序。语用上，都是话题优先。

### 一  中泰苗语的音系及韵律共性

（一）音系特点

两国苗语语音系统的一个突出特点是声母多、韵母少。

|  | 难府 | 文山 | 台江 | 矮寨 |
|---|---|---|---|---|
| 声母 | 49 | 43 | 38 | 59 |
| 韵母 | 15 | 21 | 13 | 15 |

声韵母这一数量差符合古苗语音系声类多韵类少的语音格局。王辅世在《苗语古音构拟》中所构拟的古声类有130个，韵类只有30个，声类数量是韵类数量的四倍[①]。虽然与古苗语相比，中泰苗语的声母系统出现了不同程度的简化，但仍然保留了声母系统丰富韵母系统简单的特点。

---

[①] 参见王辅世. 苗语古音构拟[M]. 东京：亚非语言文化研究所，1994：5-7.

## （二）词汇韵律

从中泰苗语四个点的 3000 词调查中，我们看到两国苗语均以双音节词为主要的韵律形式。难府苗语和文山苗语的双音节词大多是以两个词根构成的复合词，矮寨苗语和台江苗语的双音节词，除了两个词根构成的复合词之外，还有大量的由前缀加词根构成的附加式合成词。这些前缀的功能之一是满足双音节的韵律需求。

两国苗语都有词化的四音格结构。四音节词的语音形式固定，四个音节的顺序不能调换，四音格词表义凝固，词义不是语素义的简单相加，而是语素义的融合。由于苗语有以双音节为一个音步的韵律语感，这些四音节词多重叠为 ABAC、AABB，在第二个音节之后形成一个节奏，四个音节构成了一个整体韵律。这些两个音步构成的整体韵律已经习用成俗，形成固定的韵律构式和语义构式。如矮寨苗语用两个双音节的个称名词 ta$^{53/21}$qwɯ$^{44}$ "狗" 和 ta$^{53/21}$ba$^{35}$ "猪" 构成四音节的类称名词 ta$^{53/21}$qwɯ$^{44}$ta$^{53/21}$ba$^{35}$ "家畜"。难府苗语用双音节个称名词 tsɯ$^{24}$ntuŋ$^{44}$ "果树" 与无实义不能单独使用的 tsɯ$^{24}$suŋ$^{44}$ 结合，构成类称名词 tsɯ$^{24}$ɕuŋ$^{44}$tsɯ$^{24}$ntuŋ$^{44}$ "果树"。无实义的 tsɯ$^{24}$suŋ$^{44}$ 之所以能够与 tsɯ$^{24}$ntuŋ$^{44}$ "果树" 构成类称名词，是由于四音格强大的韵律构式和语义构式。

## （三）句法韵律

两国苗语的重叠式多为双音节的 AA 式和四音节的 ABAC、ABAB、AABB、ABCB 等。难府苗语和文山苗语的动词重叠为 AA 式表示短时义或反复义。如难府苗语的 sai$^{55}$sai$^{55}$ "看看"，文山苗语的 ȵau$^{55}$（住）ȵau$^{55}$（住）"待不多久"。矮寨苗语的动词 AA 式表示"动作在不经意中延续"。bɯ$^{44}$（他）χwei$^{35}$（走）χwei$^{35}$（走）tsʅ$^{21}$（就）qo$^{22}$（倒）ʑa$^{44}$（了）"他走着走着就倒了"。四音格式重叠两国苗语中很普遍。

| 难府 | tsɯ$^{44}$sa$^{55}$tsɯ$^{44}$qai$^{33}$ 不高不矮 | tsɯ$^{44}$tsfɔ$^{22}$tsɯ$^{44}$ntsɦau$^{22}$ 不肥不瘦 |
|---|---|---|
| | 不 高 不 矮 | 不 肥 不 瘦 |
| | ntau$^{33}$xa$^{55}$tshe$^{24}$xa$^{55}$ 又打又骂 | mfiuŋ$^{22}$sai$^{44}$lfiu$^{22}$sai$^{44}$ 快去快回 |
| | 打 又 骂 又 | 去 快 回 快 |
| 文山 | tsəu$^{21}$ȵua$^{33}$tsəu$^{21}$po$^{42}$ 骂妻骂子 | tsʅ$^{35}$tɬua$^{42}$tsʅ$^{35}$khəu$^{55}$ 桃李 |
| | 骂 孩子 骂 妻 | （缀）桃（缀）李 |
| | pʉ$^{44}$pʉ$^{44}$nau$^{42}$nau$^{42}$ 吃吃睡睡 | tɬaŋ$^{42}$tɬaŋ$^{42}$ntsfiou$^{22}$ntsfiou$^{22}$ 黄黄瘦瘦 |
| | 睡 睡 吃 吃 | 黄 黄 瘦 瘦 |
| 台江 | mua$^{22}$mua$^{22}$lao$^{22}$lao$^{22}$ 去去来来 | ljhua$^{33}$ljhua$^{33}$ʑua$^{35}$ʑua$^{35}$ 大大小小 |
| | 去 去 来 来 | 大 大 小 小 |

|  |  |  |  |
|---|---|---|---|
|  | ɕi³⁵ʈe³³ɕi³⁵ta³⁵ 互相残杀 | faŋ⁵³muə²²tsao¹³lao²² | 早去晚归 |
|  | （缀）打（缀）杀 | 亮去 黑来 |  |
| 矮寨 | tɕho⁵³ta²²tɕho⁵³səŋ⁵³非常厉害 | zeŋ⁴⁴məŋ⁴⁴/²¹zeŋ⁴⁴dəŋ⁴⁴ | 翻来覆去 |
|  | 狠 死 狠 生 | 重复去 重复回 |  |
|  | tɕi⁴⁴/⁵³li²¹ tɕi⁴⁴/⁵³lja²² 胡乱拖扯 | phu²²dʑɯ³⁵phu²²lo³⁵ | 胡言乱语 |
|  | （缀）（配音）（缀）拖 | 说 上 说 下 |  |

两国苗语大量的四音格式重叠，不仅是表义需求，也是韵律需求。以2+2两个音步构成的四音格重叠式是一个对称而和谐的韵律结构体。

## 二 中泰苗语都属于分析性语言，但具有非分析性的特征

分析语是古典语言类型学从句法关系的角度将语言划分出来的类型之一，是与综合语相对立的语言类型。孤立语是古典类型学从词的形态类型的视角划分出来的语言类型之一，是与黏着语、屈折语和多式综合语相对立的语言类型（金立鑫，2011）[①]。分析语的特征主要是借助虚词和语序来表示语法关系。孤立语的特征是语言中的词是一个个孤立的语言单位，主要通过虚词来表达语法意义。虽然孤立语和分析语是从不同层面划分出来的语言类型，但孤立语和分析语具有诸多共性，因此有学者不区分二者的区别，也有学者不区分词的形态和句法关系这两个不同的层面划分出来的语言类别，直接将语言划分为分析性语言和非分析性语言。从词的形态看，苗语属于孤立语；从句法关系看，苗语属于分析语。结合苗语的词法和句法特点，我们采用将语言分为分析性和非分析性的做法（戴庆厦，2017）[②]，将苗语中符合孤立语和分析语特点的语言现象统称为分析性特点，不符合分析性的语言现象统称为非分析性特点。

（一）两国苗语的分析型特点

1. 词根复合法是两国苗语重要的构词方法。两国苗语都存在并列式、修饰式、动宾式等类别的词根复合词。

| 难府 | 并列式 | tle⁵²nɦaŋ²² | 雨水 | 修饰式 | nɦaŋ²²tshau²⁴ | 毛毛雨 |
|---|---|---|---|---|---|---|
|  |  | 水 雨 |  |  | 雨 灰 |  |
|  | 动宾式 | lɦaŋ²²ntsfie⁵²/²² | 聋子 | 主谓式 | tɦie²²ntsəu²¹ | 手巧 |
|  |  | 聋 耳 |  |  | 手 快 |  |
| 文山 | 并列式 | na²¹ tsai³⁵ | 父母 | 修饰式 | qhau³⁵ mfiua²² | 眼睛 |
|  |  | 母 父 |  |  | 孔 眼睛 |  |

---

[①] 金立鑫. 什么是语言类型学 [M]. 上海：上海外语教育出版社，2011: 10-11.
[②] 戴庆厦, 闻静. 论分析性语言研究眼光 [J]. 云南师范大学学报（哲学社会科学版）2017（4）: 1-8.

|  |  |  |  |  |  |  |
|---|---|---|---|---|---|---|
|  | 动宾式 | ntau⁴⁴mpe⁴⁴<br>浮　名 | 出名 | 主谓式 | tɕie²²ntsəu²¹<br>手　快 | 手巧 |
| 台江 | 并列式 | to⁵⁵ʈe²²<br>姐　哥 | 兄妹 | 修饰式 | toŋ³⁵qai⁵⁵<br>树　松 | 松树 |
|  | 动宾式 | qe³³ljaŋ³³<br>叫　鬼 | 诅咒 | 主谓式 | lɛ⁵⁵ta²⁴<br>狗　死 | 死狗（咒语） |
| 矮寨 | 并列式 | na⁵³ku⁴⁴<br>兄　弟 | 兄弟 | 修饰式 | kjo³⁵ȵo³¹<br>皮　嘴 | 嘴皮 |
|  | 动宾式 | ta²²tɕhi⁵³<br>死　肚子 | 死心 | 主谓式 | ŋɛ⁴⁴χəŋ³¹<br>眼　红 | 眼红 |

### 2. 缺乏标记语法意义的形态

两国苗语都没有表示名词语义格的形态，不存在人称与动词的一致关系，没有话题标记。两国苗语名词的"性""数"，动词的"体"，形容词的"级"等语法范畴都通过添加词汇的分析性手段来表示。名词的"性""数"表示法如：

| 难府 | 文山 | 台江 | 矮寨 | 汉义 |
|---|---|---|---|---|
| tsɯ²⁴ tle²⁴<br>父　狗 | tsʅ³⁵ tle³⁵<br>父　狗 | pa⁵⁵lɛ⁵⁵<br>雄　狗 | pa⁴⁴qwɯ⁴⁴<br>雄　狗 | 公狗 |
| mau²¹ tle²⁴<br>母　狗 | na²¹ tle³⁵<br>母　狗 | mi³¹lɛ⁵⁵<br>雌　狗 | ne²¹qwɯ⁴⁴<br>母　狗 | 母狗 |
| i⁵⁵tɕhiu²²mpua⁴⁴<br>一头猪 | i⁵⁵tɕho²²mpua⁴⁴<br>一头猪 | i³³tai²²pe³⁵<br>一头猪 | a⁴⁴ᐟ²¹ŋəŋ⁴⁴ba³⁵<br>一头猪 | 一头猪 |
| ɔ⁵⁵tsɔ⁵⁵ntuŋ⁴⁴<br>两棵树 | au⁵⁵tsau⁵⁵ntoŋ⁴⁴<br>两棵树 | o³³tai²²toŋ³⁵<br>两棵树 | ɯ⁵³ʈu²²du³⁵<br>两棵树 | 两棵树 |

难府苗语在动词后添加体助词 ləɯ²¹ "了"、tlua⁴⁴ "过"表示完成体、终结体，用"ʐua²⁴（要）+动词+ləɯ²¹（了）"表示将行体，用将行体的重叠式"ʐua²⁴（要）+动词+ʐua²⁴（要）+动词"表示即行体，"taŋ⁵⁵tɔ²¹（正在）+动词"表示进行体，"tsen²¹（还）+动词"表示持续体，用"tsen²¹tsɯ⁴⁴tau⁴⁴（还不得）+动词"表示未行体等。文山苗语与难府苗语基本相同。难府苗语如：

mi²⁴ȵua³³ mua⁵⁵ tɕhai²² ntau³³ tɕhəɯ²² ləɯ²¹.
小孩　拿　碗　打　破　了
小孩打破碗了。（完成体，动词后用 ləɯ²¹ "了"）

ku²⁴ ua⁴⁴ tlua⁴⁴ fɯ⁵²saŋ²¹. 我当过和尚。（终结体，动词后用 tlua⁴⁴ "过"）
我　做　过　和尚

nfiaŋ²² ʐua²⁴ lfiu²² ləuɯ²¹ lɔ⁵². 要下雨了。（将行体，动词前加 ʐua²⁴ "要"）

雨　　要　来　了（语助）

saŋ⁵⁵ntsau⁴⁴ taŋ⁵⁵tɔ²¹ lfiu²² nfiaŋ²². 外面正在下雨。（进行体，动词前加 taŋ⁵⁵tɔ²¹ "正在"）

外面　　　正在　　下　雨

saŋ⁵⁵ntsau⁴⁴ tsen²¹ lfiu²² nfiaŋ²². 外面还在下雨。（持续体，动词前加 tsen²¹ "还"）

外面　　　还　来　雨

pe⁵⁵tsen²¹tsɯ⁴⁴tau⁴⁴mfiuŋ²². 我们还没去。（未行体，动词前加 tsen²¹tsɯ⁴⁴tau⁴⁴ "还不得"）

我们　还　不　得　去

台江苗语通过在动词后添加状词或在动词前添加副词表示持续体，在句尾添加 ma²²、na⁵⁵、ʐa³³、nen⁵⁵等指示词表示进行体，在动词前添加副词 noŋ²⁴ "将"、qa⁵³ "将"表示将行体，句尾加语气词 ʐaŋ⁵³ "了"表示完成体。例如：

tɕe²²toŋ³⁵ʐuə²⁴la²⁴ tao⁵⁵tao³³. 冬哥在耪土。（持续体，动词后加状词）

哥　冬　　耪　土　持续状

ne²²si⁵³ne²²ho³⁵ti³⁵lai³³vi²²ma²². 鱼还在锅里煮着。（持续体，动词前加副词）

鱼　仍然　煮　于　个　锅　那

nen⁵³a³⁵tso³¹ne³¹ma²². 他在做作业。（进行体，句尾加指示词）

他　做　作业　那

tai²²tɕi³³tai³³noŋ²⁴muə²²ɣoŋ³³ɣoŋ³³. 孩子要哭了。（将行体，动词前加副词）

个　孩子　　将　去　　状词

tai²²ljaŋ¹³ta²⁴ʐaŋ⁵³. 野猫死了。（完成体，句尾加"了"）

个　野猫　死　了

矮寨苗语在句末用 ʐa⁴⁴ "了"表示完成体，动词后加 kwa³⁵ "过"表示终结体，用"lje²²（要）+动词+（ləŋ⁴⁴来）+ʐa⁴⁴（了）"句法格式表示将行体，用重叠式"lje²²（要）+动词+ lje²²（要）+动词+ləŋ⁴⁴（来）+ʐa⁴⁴（了）"表示即行体，用"tu⁵³tɕən⁵³（正在）+动词"表示进行体，用"khə⁵³lə⁵³（仍在）+动词"表示持续体，用"ɕaŋ⁴⁴（尚未）+动词"表示未行体。例如：

tɕe⁵³tɕe⁵³ pə³⁵qwe³¹ ʐa⁴⁴. 小孩睡觉了。（完成体，句末加"了"）

子女小　睡觉　了

we⁴⁴ thu²² kwa³⁵ pu⁵³ tɕu³⁵ kjəŋ⁵³. 我当过三年兵。（终结体，动词后加"过"）

我　做　过　三　年　兵

lje²² ta³¹nəŋ²² ləŋ⁴⁴ʐa⁴⁴. 快要下雨了。（将行体，用"lje²²+动词+ləŋ⁴⁴ ʐa⁴⁴"表示）

要　下雨　　来　了

bu⁴⁴ pzɯ⁴⁴ lje²² qo²² lje²² qo²² lən⁴⁴ za⁴⁴. 房子就要倒了。(即行体，用将行体的重叠式表示)
他　房子　要　倒　要　倒　来　了

bu⁴⁴ tuɯ⁵³tɕəŋ⁵³ nəŋ³¹ l̥e³⁵. 他正在吃饭。(进行体，在动词前加副词)
他　正在　　吃　饭

bu⁴⁴ kʰə⁵³lə⁵³ nəŋ³¹ l̥e³⁵. 他还在吃饭。(持续体，在动词前加副词)
他　还在　　吃　饭

bu⁴⁴ ɕaŋ⁴⁴ nəŋ³¹ l̥e³⁵. 他还没有吃饭。(未行体，在动词前加否定副词)
他　尚未　吃　饭

形容词的"级"和情状通过添加程度副词、重叠为 AA 式或四音格式、后加状词等词汇手段或语法手段表示。

难府　　nɲiɯ²² tse²⁴ tl̥aŋ²⁴ xen²⁴. 他家很宽。(加程度副词 xen²⁴ "很")
　　　　他　家　宽　很

ntɯ²¹nua²⁴ ku⁵⁵ tl̥ʰau⁴⁴ lɯ²¹. 这里太热了。(加程度副词 tl̥ʰau⁴⁴ "过")
处这　　　热　过　　了

tɕʰɯ²² tua⁵⁵nɲien²² nua²⁴ sa⁵⁵sa⁵⁵ le⁴⁴. 这个人高高的。(形容词重叠式表示增量)
个　人　　　这　高　高　的

tɕɔ²⁴ tsɯ²⁴tl̥ua⁵² nua²⁴ qau⁵⁵tɕa⁵² qau⁵⁵tɕʰua²². 这些桃子特别酸。(重叠表示极量)
些　(缀)桃　这　酸　生　酸　死

文山　　tɕʰɔ²² tua⁵⁵nɲien²²na³⁵ sa⁵⁵sa⁵⁵ le⁴⁴. 那个人挺高。(形容词重叠表示增量)
　　　　个　人　那　高　高（助）

pei⁴²tɕin⁵⁵ zen³⁵ zoŋ⁴⁴. 北京很好。(加程度副词 zen³⁵ "很")
北京　　　很　好

qou⁵⁵tl̥aŋ³⁵qou⁵⁵tɕʰua²² 酸死了（形容词重叠表示极量）
酸　鬼　酸　死

台江　　ɬe²²l̥en³⁵n̥en²²a³⁵n̥en²²tɕʰi³⁵tu²²ta⁵³ʐaŋ³⁵.
　　　　哥雄　越做越　生气　来了
好汉越来越生气了。("越……越"表示量逐增)

tai²²nai⁵³lu²²na⁵⁵sha³⁵yoŋ³⁵xi³³tsai¹³. 这位老人良心最好。(加程度副词"最")
个人　老　这　最　好　心（语助）

faŋ⁵³（ten³³）kao³³ao³³ 亮堂堂的灯（后加状词表示增量和情状）
亮　　灯　　明亮状

矮寨　　ʂe⁵³ʂe⁵³tɕi⁵³ 高高的（重叠表示增量）
　　　　高 高（助）

tɕa⁴⁴ta²²tɕa⁴⁴sən⁵³ 特别丑（重叠表示极量）
丑　死　丑　生

zu³⁵ χəŋ³⁵ 很好（加程度副词"很"）
好　很

a⁴⁴/⁵³ pe⁵³ ŋa³¹ nəŋ⁴⁴ ṭaŋ²² dəŋ⁴⁴dəŋ⁴⁴ naŋ⁴⁴.
一　些　肉　这　肥　油肥状　的

这些肉肥油油的。（加状词表示增量和情状）

## （二）两国苗语的非分析性特点

苗语是强分析性语言，但也兼有非分析性语言的一些特点。在词法上体现为由词缀构成合成词，在形态上体现为通过前缀表示语法意义。

1. 中泰苗语都有"前缀+词根"的附加式构词法。泰国苗语和文山苗语有果类名词前缀、职业名词前缀、硬物名词前缀等。台江苗语有表示人伦、植物、动物、方位的名词前缀。矮寨苗语有表示静物、动物、地名、方位的名词前缀（详见"构词法"）。

2. 两国苗语都有加在动词或形容词之前表示相互态的前缀，这个前缀具有同源关系（详见"动词对比"）。

## 三　中泰苗语都是话题优先型语言

两国苗语都是话题优先型语言。具体表现在：（1）话题化操作相对容易，借助语法、语音和词汇手段都可以实现话题化。（2）任何实义性的语义成分都可以充当话题。（3）能够充当话题的句法成分很多，如名词或名词性短语、动词或动词性短语、形容词或形容词性短语。

### （一）话题化手段

1. 语法手段：两国苗语都可以调整语序，将表示叙述的起点成分置于句首，使之话题化。例如：

难府　n̠ɛ⁵² tsɔ⁴⁴ ntəɯ²¹nua²⁴.　　　　　钱放在这里。
　　　钱　放　处　这

文山　n̠o⁴² ko³⁵ po⁵⁵ tḷua⁴⁴ zou⁵⁵ ləu²¹.　　牛我喂过草了。
　　　牛　我　喂　过　草　了

台江　ṭai²²za³³nen³³sen⁵³nen⁵³kuə⁵⁵te²⁴hu²².　那个（人）呢就随便他了。
　　　个　那　呢　放任　他　怎么　也罢

矮寨　tha³⁵nəŋ⁴⁴ me³¹ qa⁵³ məŋ⁴⁴ po³¹dɯ³¹.　今天你们别去打球。
　　　今天　你们　别　去　打球

2. 语音手段：在话题后有一个短暂的停顿，以凸显谈话的起点。例如：

难府　kuŋ³³the⁵², ku²⁴ mɦuŋ²² tḷua⁴⁴.　　　曼谷我去过。
　　　曼谷　　我　去　过

文山　　nɕiaŋ²² mau⁴⁴, pɕie²² zoŋ³⁵ lɕio²² mpo⁴⁴.　　昨晚，老君山下雪。
　　　　昨晚　　　　老君山　　下雪

台江　　ai³³qa³³so³⁵ma²², nen⁵³te³⁵tɕi²⁴tu²²ləɯ²².　　那个灶呀，它不燃火。
　　　　个 灶 那　　它 不 燃火 了

矮寨　　pa⁴⁴ᐟ⁵³sɛ²¹kji²¹, pɯ⁵³ tɕu⁵³ tɕaŋ³¹.　　小气鬼，我们不喜欢。
　　　　（缀）小气　我们 不 喜欢

3. 词汇手段，两国苗语可以在话题后添加语气助词，强调叙述的起点。例如：

难府　　kuŋ³³the⁵² le⁴⁴, ku²⁴ mɕiuŋ²² tɭua⁴⁴.　　曼谷呢，我去过。
　　　　曼谷（语助）我 去　　过

文山　　po⁴²tso³⁵ ni³³, tsou⁴⁴tɕie²² zen³⁵ nte³⁵.　　母老虎啊，爪子很长。
　　　　母虎（语助）爪手　　很　长

台江　　lai³³nen⁵⁵o⁵³, hao⁵⁵nen⁵³ noŋ²⁴ a⁵⁵ qa⁵³no⁵³.　　这个嘛，叫他自己做就行。
　　　　个 这（语助）叫　他　自己　做　就算

矮寨　　bɯ⁴⁴naŋ⁴⁴mjən²¹a³¹, tɕu⁵³ɣɛ⁴⁴ni²²mjən²¹qo⁵³dzɯ³¹.　　他的命啊，不知是什么命。
　　　　他 的 命（语助）不 知 是 命　 什么

（二）表示实义的语义成分都可以充当话题

可以充当话题的语义成分很多，下面列举常用的几类。

1. 受事话题

难府　　mpluŋ⁵² ku²⁴ pau⁵⁵.　　叶子 人名 我认得。
　　　　叶子 人名 我 认识

文山　　pau⁵⁵kɨ³³ pe⁵⁵ nau⁴² ntshai⁴⁴ ləɯ²¹.　　玉米我们吃怕了。
　　　　玉米 我们 吃 怕 了

台江　　lai³³nen⁵⁵a³¹vi²²te³⁵tao²⁴ xi³³nəɯ⁵³.　　这个呀我不想吃。
　　　　个 这 呀我不 喜欢 吃

矮寨　　te⁵³me³⁵ bɯ⁴⁴ zi²² tɕu⁵³ to³⁵.　　小妹他不认得。
　　　　小妹　他 认 不 得

2. 施事话题

难府　　kɔ⁵² tɭaŋ⁵⁵tsɯ⁴⁴ ku⁵²tsɯ⁴⁴pau⁵⁵ ua⁴⁴.　　你什么都不会做。
　　　　你 什么　　　都 不 知道 做

文山　　tɕio²² nua³³ ka⁴⁴ tɭaŋ⁵⁵ntsŋ⁴⁴ tɨ⁵⁵ tsəɯ⁴² ua⁴⁴.　　那个孩子什么都会做。
　　　　个 孩子 那 什么　　　都 会 做

台江　　i³³tse⁵⁵nai⁵³lei²², lai⁵³lai⁵³si⁵³ta⁵³o¹³.　　一家人哦，个个都来哦。
　　　　一 家 人（语助）个 个 也 来（语助）

矮寨　a⁴⁴²¹ pzɯ⁴⁴ ne³¹ ei⁵³ le⁵³ le⁵³ sa³⁵ ləŋ⁴⁴.　　　那家人个个都来。
　　　　一家　　人那个个　都来

### 3. 当事话题

难府　ntsɦua²²ɕuŋ⁵⁵ ntəɯ²¹ nua²⁴ ntau⁴⁴ kɦiɯ²²!　　竹笋这里多极了。
　　　芽竹　　　处　这　多　尽头

文山　tɕɦo²² n̠ua³³ na³⁵ la³⁵ tsɿ⁴⁴ la³⁵?　　　　　　这个小孩聪明不聪明？
　　　个　孩子　这　聪明　不 聪明

台江　tai²²za³³nen³³te²⁴tai²⁴ɣoŋ³⁵tsai¹³.　　　　　　那个呢是个"好种"呀。
　　　个那呢　　是个　好　语气词

矮寨　qə⁴⁴ɕe⁵³ tha³⁵nəŋ⁴⁴ zu³⁵dzaŋ³¹.　　　　　　　大兴寨今天赶集人多。
　　　大兴寨　今天　　好场

### 4. 时间话题

难府　naŋ³³mɔ⁴⁴ ku²⁴ mɦua²² zau⁵⁵ nɔ⁵⁵ tɔ³¹ ta³¹lat³¹.　昨天，我在集市卖菜。
　　　昨天　　我　卖　　菜　在　处 集市

文山　tɕɦaŋ²²kɦi²² kau⁴² mɦoŋ²² ua⁴⁴qhua⁴⁴.　　　　明天你去做客。
　　　明天　　你　去　　做客

台江　ɕho³⁵a²²nen⁵⁵nen⁵³te³⁵tɕa²⁴to²²nen⁵⁵ʐoŋ²².　　那时候嘛想不到这些了。
　　　时 那（语助）想不 到 些这 了

矮寨　tha³⁵nəŋ⁴⁴ we⁴⁴ məŋ⁴⁴ lʝu²² u⁵³la²².　　　　今天我去守田水。
　　　今天　　我　去　守　水田

### 5. 方所话题

难府　saŋ⁵⁵sau⁵⁵ zɦo²² zɦau²² muŋ⁵⁵.　　　　　　上面是苗族寨子。
　　　上面　　是　寨子　苗族

文山　tau²¹qaŋ⁵⁵ tua⁴² i⁵⁵ tɕɦo²² tua⁵⁵nɦen²².　　后面来一个人。
　　　后面　　来　一个　人

台江　lai³³ɣaŋ²²ma²²ma³³,ma⁵³i³³lai⁵³a³⁵qa³³lai²²hei³³.　那个寨子嘛，有一个当官的。
　　　个村那嘛　有 一个 做官 哦

矮寨　tə³⁵lu³⁵,ne³¹ tɕaŋ²² kʝi⁵³tu⁵³ nu²¹tei⁴⁴.　　地边，人家栽了许多黄豆。
　　　旁边地 人　栽　许多　黄豆

**6. 条件话题**：话题表示动作行为的条件。这个条件可以是客观存在的条件，也可以是假设的条件。例如：

难府　tu⁵⁵ɔ⁵⁵ɕuŋ⁴⁴ nɦuŋ⁴⁴ tsen²¹ tsu⁴⁴ pau⁵⁵ mɦuŋ²² ke²⁴.都两岁了他还没不会走路。
　　　都两　岁　他　还　不　知道　走　路

文山　nau⁴⁴ mi⁴² tɕəu²¹ tsou³⁵ sua³⁵tɕɦəu²².　　　冷你们就生火。
　　　冷　你们　就　生　火

台江　qa³³ʂaŋ³³a³⁵ɕuə³¹oŋ³³nen²⁴qa⁵³ɕhaŋ⁵⁵pəu²⁴ta⁵³te²². 伤口弄湿水呢就会化脓的。
　　　伤口　做湿水　呢　就　化脓　来了
矮寨　tɕu⁵³ tɕaŋ³¹ tsʅ²¹ qa⁵³ məŋ⁴⁴.　　　　　不喜欢就别去。
　　　不　喜欢　就　别　去

(三) 话题可以由名词性成分、动词性成分、形容词性成分或小句充当。
1. 名词性成分充当话题
难府　tsɯ²⁴tl̥ua⁵² ʐua²⁴tsu²¹ nɔ⁵² tɕɔ⁵⁴ sa²⁴.　　　桃子必须吃熟的。
　　　(缀) 桃　必须　吃　些　熟
　　　nɦaŋ²²mɔ⁴⁴ lfiu²² nɦaŋ²² ləu²¹.　　　　　昨天下雨了。
　　　昨天　下　雨　了
　　　saŋ⁵⁵pɦe²² mua⁵² i⁵⁵ tɦiu²² tl̥e⁵².　　　　前面有一条河。
　　　前面　有　一　条　河
　　　ntəu²⁴ nɦɯ²² sau⁴⁴ ʐuŋ⁴⁴ŋkau⁵².　　　　他写的字漂亮。
　　　字　他　写　漂亮
　　　tɔ²⁴ tl̥e⁵²tu⁵⁵.　　　　　　　　　　　　　那里水深。
　　　那　水　深
　　　tsu⁵⁵ tɕɦau²² ki²¹lɔ²⁴ kɔ⁵² au⁵⁵ pua³³ tɦiau⁴⁴ᐟ²²? 五十公斤你背得起吗？
　　　五　十　公斤　你　背　可　得
　　　me⁵²ᐟ⁵⁵ ɔ⁵⁵ lɦien⁴⁴ kɔ²⁴ i⁵⁵ na²¹ tsɦɔ²² i⁵⁵ na²¹ ntsɦau²². 你俩一个胖一个瘦。
　　　你们　两　个　那　一个　胖　一个　瘦
文山　no⁵⁵na³⁵ tɯ⁵⁵loŋ⁵⁵ kaŋ³⁵ka⁵⁵.　　　　　今天都龙赶街。
　　　天这　都龙　赶街
　　　xau³⁵na³⁵ tɕɦau²² tou²¹ ʐoŋ⁴⁴.　　　　　这里栽豆角好。
　　　处这　栽　豆　好
　　　pe⁵⁵ tɕɦou⁴⁴ ɕoŋ⁴⁴ nɦi²² tɯ⁵⁵ tsʅ⁴⁴ tou⁴⁴ qua⁴⁴ təu²¹mɦoŋ²². 三十岁她还没嫁出去。
　　　三　十　岁　她　都　不　得　嫁　出去
　　　qha⁴⁴ntəu³⁵ le⁴⁴ zɦau²² tɦo²² ntʂhai³³ lɔ⁵⁵.　教书的是大女儿。
　　　教书　的　是　个　女　大
台江　ɕho³⁵a²²nen⁵⁵, nen⁵³te³⁵tɕa²⁴to²²nen⁵⁵ʐoŋ²². 那时候嘛,想不到这些了。
　　　时那呢　想　不到　些这了
　　　tɕuə³¹khe²¹ɕi³⁵lei⁵³, moŋ⁵³mɦe³⁵lai⁴³a³⁵lai³⁵o¹³. 十块钱哦,你说到做到哦。
　　　十　块　纸哦　你　说　到　做到哦
　　　i³³to⁵⁵vaŋ⁵³ɣo³³lei⁵³, tsao³¹pe³⁵nəɯ⁵³tɕoŋ²². 整块菜园里的菜呀,被猪吃光了。
　　　一块园　菜呀　被　猪　吃　完

矮寨　　ɕi⁵³ŋe⁵³ dʑi³⁵ pʐɯ⁴⁴ taŋ⁴⁴tɕhu⁵³.　　　　　明天他家娶媳妇。
　　　　明天　他们　家　接新娘
　　　　χo³⁵nəŋ⁴⁴ pɯ⁵³ χa⁵³ kua³⁵ ʐa⁴⁴.　　　　这里我们蹚过了。
　　　　处这　　我们　蹚　过　了
　　　　ma³¹ʐu³⁵ to²² ne³¹ sɛ⁴⁴ tɕu⁴⁴ ʐa⁴⁴.　　　好的被别人选完了。
　　　　（结助）好　被　别人　选　完　了
　　　　a⁴⁴/⁵³ te³⁵ l̯e³⁵ nəŋ⁴⁴ we⁴⁴ nəŋ³¹ to²² ʐa⁴⁴.　这碗饭是我吃过的。
　　　　一　碗　饭　这　我　吃　中　了

## 2. 动词性成分充当话题

难府　　mɦiuŋ²² zuŋ⁴⁴ tl̥hau⁴⁴.　　　　　　　　去更好。
　　　　去　好　过
　　　　mɦiuŋ²² tsu⁵² ke²⁴ nua²⁴ ze⁴⁴ tl̥hau⁴⁴.　　走这条路更近。
　　　　走　条　路　这　近　过
　　　　nɔ⁵² tsɯ⁴⁴ tɦaŋ²² kɔ⁵² sɔ⁴⁴ nɔ⁵² ləu²¹.　　吃不完你就别吃了。
　　　　吃　不　完　你　别　吃　了
　　　　nɔ⁵² sai⁴⁴ ua⁴⁴tsua⁴⁴ tl̥ɦai²² tɕi⁴⁴tl̯aŋ⁵⁵.　　快吃会噎着喉咙。
　　　　吃　快　让给　噎　喉咙
　　　　ku²⁴ naŋ²⁴ lu⁵⁵ tsho⁴⁴ nua²⁴ pua³³ xu²¹?　　我穿这件衣服合适吗？
　　　　我　穿　件　上衣　这　可　合

文山　　ua⁴⁴sʅ⁴⁴ tɦɯ²² tsʅ⁴⁴ tsəu⁴²?　　　　　玩谁不会？
　　　　玩　谁　不　会
　　　　tsho³⁵ qen⁴² nɦi²² tɕho⁴²sʅ⁴² zen³⁵ na²¹.　吹芦笙他确实很喜欢。
　　　　吹　芦笙　他　确实　很　喜欢
　　　　naŋ³⁵ tou⁴⁴ tɕəu²¹ tou⁴⁴.　　　　　　　穿得就行。
　　　　穿　得　就　得

台江　　moŋ⁵³a³⁵ma²²maŋ³³te³⁵ te²⁴li²²ne³⁵.　　你那样做嘛不太合理哦。
　　　　你　做　那　嘛　不　对理　多
　　　　muə²²tɕo⁵³faŋ³³ʐa³³nen¹³qa⁵³ɕəɯ³⁵ljhe³³taŋ⁵⁵lao²²ʐoŋ²².
　　　　去　片地方那　呢　就　不　想　回　来　了
　　　　去那个地方呢就别想回来了。

矮寨　　pu²², tɕi⁵³le⁵³ tɕu⁵³ ʂei⁵³?　　　　　说，谁不会。
　　　　说　哪个　不　会
　　　　pa⁴⁴ pən³¹ bɯ⁴⁴ nɔ⁵³.　　　　　　　　绣花他擅长。
　　　　绣　花　他　擅长

pə³⁵ to³⁵ tsŋ²¹ zu³⁵.　　　　　　　　　　能睡就好。
睡　得　就　好

### 3. 形容词性成分充当话题

难府　ŋkɦen²² te³³ tsɯ⁴⁴ mua⁵² mɔ²⁴ nɔ⁵².　　懒就没有饭吃。
　　　懒　　就　不　有　饭　吃

　　　nua⁵⁵ mpau²¹nua²⁴ kɔ⁵² kəu²¹pua³³ tɕɦau⁴⁴/²²?　这么难你学得会吗？
　　　难　这么　　你　学　可　得

　　　ntɕau⁵² ntau⁴⁴ tsɯ⁴⁴ zuŋ⁴⁴.　　　　　　嘴多不好。
　　　嘴巴　多　不　好

　　　kɔ⁵² tsɯ⁴⁴ tshai⁵⁵ pua³³ zɦɔ²²?　　　　你不饿,是吗？
　　　你　不　饿　可是

　　　tshai⁵⁵ plaŋ⁵⁵ pe⁵⁵ mɦuŋ²² nɔ⁵² mɔ²⁴.　　饿肚子我们去吃饭。
　　　饿　肚子　我们去　　吃饭

文山　thai²¹ tsɦua²² lua³³ tsəu⁴² tɕhi⁵⁵.　　　太傻人家会欺负。
　　　太　傻　　别人　会　欺负

　　　thai²¹ maŋ⁵⁵ la³³ laŋ⁴² sai⁵⁵.　　　　　太肥也不好看。
　　　太　肥　也　难　看

　　　tua⁵⁵nɦen²² qɦe²² tsŋ⁴⁴ zoŋ⁴⁴ ntsha³⁵ xɤ⁴²lɯ²¹.　人矮不好找工作。
　　　人　　矮　　不　好　找　活路

矮寨　ɕi⁵³ mɛ³¹ tsŋ²¹ nəŋ³¹ lẹ³⁵.　　　　　饿你们就吃饭。
　　　饿　你们　就　吃饭

　　　ɕɯ³⁵ kwa³⁵ ne³¹ ne³¹qhai⁴⁴.　　　　　太吝啬别人讨厌。
　　　吝啬　过　人　难看

　　　χwɛ²²ljaŋ³¹səŋ⁵³ kɯ⁴⁴tɕi³⁵ tɕu³⁵ to³⁵ zu³⁵.　良心坏今后没好报。
　　　坏　良　心　　路后　不　得　好

　　　pzu²¹gjɛ³¹gjɛ³¹ qo⁵³dʑɯ³¹ sa³⁵ qhe⁴⁴ tɕu⁵³ qe²².　黑黢黢什么都看不见。
　　　黑黢黢　　什么　　都　看　不见

### 4. 介词短语做话题

难府　tsɯ⁵² nɦaŋ²²mɔ⁴⁴ lɦu²², nɦaŋ²² i⁵⁵tsɯ²¹ lɦu²².　从昨天起,就一直下雨。
　　　自　昨天　　来　雨　一直　来

文山　nau⁵⁵ xou³⁵tsua⁴⁴ pe⁵⁵ nau⁵⁵ la³³ tsŋ⁵⁵ ɕoŋ⁴⁴.　在岩头寨,我们住了五年。
　　　在　岩头寨　　我们　住　了　五　年

矮寨　ni⁵³ naŋ²²kjɛ⁵³ məŋ³¹ qa⁵³maŋ²² sɔ³⁵ taŋ³⁵.　在街上,你别数钱。
　　　在　里街　你　别　　数　钱

## 5. 小句做话题

难府　mua⁵²nfiaŋ²²,tɕɔ²⁴ntuŋ⁴⁴nua²⁴xa³³le⁴⁴tsɯ⁴⁴tɕhua²². 只有下雨, 这些树才不会死。
　　　有　雨　　些　树　这　才　不　死

文山　mua⁴² tshe⁵⁵, ko²⁴ la³³ tsɿ⁴⁴ mfioŋ²². 　　　有车, 我也不去。
　　　有　车　　我 也 不　去

台江　lai³³l̥ha³⁵lju³¹zaŋ⁵³nen²⁴, tai²²vu¹³ɕhaŋ¹³tɕəɯ²⁴taŋ̥³ma²⁴ŋaŋ³⁵tai²²tɕi³³tai³³.
　　　个 月　下　了　呢, 个 老 变 婆　才　回　脸 看 个 词缀儿
　　　月亮下山了呢, 老变婆才回头看小该。

矮寨　tɕu⁵³ tu⁴⁴ taŋ³⁵ za⁴⁴, nəŋ²² tɕu⁵³ n̥aŋ²² ə⁴⁴ za⁴⁴. 没有钱了, 买不起衣服了。
　　　不　余　钱　了　买　不　起 衣 了

## 四　中泰苗语共存的某些语序符合或违反某些普遍现象

为了更深入地揭示中泰苗语的语序共性, 我们以格林伯格（Joseph H. Greenberg）在《某些主要跟语序有关语法普遍现象》（1963）中所归纳的45条普遍现象为参照, 将中泰苗语都符合或都违反的语序共性描写如下：

### （一）符合普遍现象8

普遍现象8：" 如果可以根据语调模式区分是非疑问句和其相应的陈述句, 那么语调中的每一种语调上的区别特征表现在句末, 而不是句首 "。两国苗语的是非疑问句和陈述句语调的区别特征都是在句末, 疑问句在句末用升调, 陈述句用降调。例如：

难府　ti⁵²l̥fiau²² mfiuŋ²² nan⁵² ləɯ²¹lɔ⁴⁴? ↗①　哥哥去难府了吗？
　　　哥哥　　去　　难府　了（语助）

　　　ku²⁴ tsɯ⁴⁴ tau⁴⁴ xa³³ kɔ⁵². ↘　　　我没说你。
　　　我　不　得　说　你

文山　mi⁴² ka⁵⁵ mfioŋ²² la³³? ↗　　　你们去了吗？
　　　你们 可　去　　了

　　　nfii²² mua⁴² tsɿ⁵⁵ tɕhio²² n̥ua³³. ↘　他有五个孩子。
　　　他　　有　　五　个　　孩子

台江　nen⁵³ta⁵³hei³³? ↗　　　他来吗？
　　　他　来 吗

　　　vu¹³pɛ²²vaŋ²⁴ma⁵³tɕuə⁵³tɕuə³¹o³³n̥hoŋ³⁵zaŋ⁵³. ↘ 排湾的奶奶有九十二岁了。
　　　奶 排湾　　有　九　十　二　岁　了

---

① ↗表示声调, ↘表示降调。

矮寨　mən³¹ nəŋ³¹ ɕaŋ⁴⁴? ↗　　　　　你吃了吗？
　　　 你　　吃　　未
　　　 puɯ⁵³ lo³⁵ tɕi⁵³ᐟ²¹su⁴⁴ za⁴⁴. ↘　我们下吉首<sub>地名</sub>了。
　　　 我们　下　吉首<sub>地名</sub>　了

### （二）符合普遍现象 14

普遍现象 14："在条件陈述句中，所有语言都以条件从句处于结论之前为正常语序"。两国苗语的条件复句都符合这一语序共性。这应该是人类认知的共性使然，先有条件，后有结果。这一认知顺序的句法实现就是"条件分句+结果分句"。例如：

难府　tsau⁴⁴sa⁵⁵ ua⁴⁴nu²¹,xa³³le⁴⁴ mua⁵² n̠ɛ⁵².　用心干活，才有钱。
　　　 用心　　干活　　才　　有　钱
文山　tsua³³mua⁴² n̠tɕəu³³ tɧaŋ²² xau³³na³⁵,tle⁴² tsha⁴⁴ ntl̠ɧʉ²² tɧou⁴⁴ᐟ²².
　　　 只有　挖　　完　处　这　　水　才　　流　　得
　　　 只有挖完这个地方，水才流得了。
台江　nen⁵³ma⁵³ʈaŋ³³zuə³³,qa⁵³qɛ³⁵sao²⁴lai³³tsai⁵⁵za³³te²².
　　　 他　有　根　杆　　就　勾　到　　个　果　那　了
　　　 他有杆儿，就能弄到那个果子了。
矮寨　me³¹ pzu⁴⁴ n̠i⁵³,ta³¹khji⁴⁴ tɕaŋ³⁵ʂe⁵³.　有屋住，才放心。
　　　 有　屋　住　才　　放心

### （三）符合普遍现象 23

普遍现象 23："如果同位结构中专用名词（用 S 表示）一般前置于普通名词（用 G 表示），那么这种语言中的中心名词（用 N 表示）也前置于从属它的所有格（用 G 表示）。如果普通名词一般前置于专用名词，那么，从属的所有格成分绝大多数处于它的中心名词之前。"两国苗语的同位结构是"G-S"语序，其所有格与名词中心语的语序是"G-N"语序。例如：

|  | G-S |  | G-N |  |
|---|---|---|---|---|
| 难府 | na²¹lɧau²² paŋ⁵² | 花姐姐 | pe⁵⁵ zɧɔ²² | 我们寨子 |
|  | 姐姐　花<sub>人名</sub> |  | 我们寨子 |  |
| 文山 | mi³⁵kʉ³⁵xua⁴² | 华弟弟 | ko³⁵ tɕi³³ | 我姐姐 |
|  | 小弟　华<sub>人名</sub> |  | 我　姐 |  |
| 台江 | n̠aŋ³³fa³³ | 花嫂子 | nen⁵³tsɛ⁵⁵ | 他家 |
|  | 嫂子花<sub>人名</sub> |  | 他　家 |  |
| 矮寨 | na⁵³kwe³⁵ | 贵哥哥 | mɛ³¹ pzu⁴⁴ | 你家 |
|  | 哥哥贵<sub>人名</sub> |  | 你们　家 |  |

## （四）符合普遍现象 34

普遍现象 34："有双数的语言才会有三数，有复数的语言才会有双数。"两国苗语有双数但没有三数，有复数因而有双数，符合语言的普遍共性。例如：

|  | 复数 |  |  | 双数 |  |  |
|---|---|---|---|---|---|---|
|  | 我们 | 你们 | 他们 | 我俩 | 你俩 | 他俩 |
| 难府 | pe⁵⁵ | me⁵² | nfɯ²²pua⁵⁵ | e⁵⁵(ɔ⁵⁵)lfien²² | me⁵⁵(ɔ⁵⁵)lfien²² | nfɯ²²ɔ⁵⁵lfien²² |
| 文山 | pe⁵⁵ | mi⁴² | nfi²²pua⁵⁵ | pe⁵⁵au⁵⁵tɕio²² | kau⁴²au⁵⁵tɕio²² | nfi²²au⁵⁵tɕio²² |
| 台江 | pi³³ | maŋ⁵³ | to²²tai³³ | o³³ | maŋ³³ | o³³tai³³ |
| 矮寨 | pɯ⁵³ | mɛ³¹ | dzi³⁵mɛ³¹ | pɯ⁵³(ɯ⁵³)le⁵³mən³¹ | mɛ³¹(ɯ⁵³)le⁵³ | dzi³⁵mɛ³¹ɯ⁵³le⁵³ |

## （五）符合普遍现象 36

普遍现象 36："一种语言如果有性范畴，它总具有数的范畴。这一共性没有列出相反的蕴涵关系，即'一种语言如果没有性范畴，它也没有数范畴。'"两国苗语没有性范畴，也没有数范畴，名词的"性"和"数"均采用词汇手段表示。例如：

|  | 公猪 | 母猪 | 三条鱼 |
|---|---|---|---|
| 难府 | tsɯ²⁴mpua⁴⁴ | mau²¹mpua⁴⁴ | pe⁵⁵tɕiu²²ntsfie²² |
|  | 父　猪 | 雌　猪 | 三　条　鱼 |
| 文山 | tsɿ³⁵mpua⁴⁴ | na²¹mpua⁴⁴ | pe⁵⁵tɕio²²ntsfie²² |
|  | 父　猪 | 母　猪 | 三　条　鱼 |
| 台江 | pa⁵⁵pe³⁵ | mi³¹pe³⁵ | pe³³tai²²nɛ²² |
|  | 雄　猪 | 雌　猪 | 三　条　鱼 |
| 矮寨 | ne²¹ba³⁵ | qo⁵³tə³¹ba³⁵ | pu⁵³ŋəŋ⁴⁴mzɯ⁴⁴ |
|  | 母　猪 | （未阉）公猪 | 三　条　鱼 |

## （六）符合普遍现象 42

普遍现象 42："所有语言都有至少包括三种人称和两种数在内的代词范畴。"两国苗语都有第一、二、三人称代词，单数、复数和双数，符合这一普遍共性。例如：

|  | 我 | 你 | 他/她 | 我们 | 你们 | 他们/她们 |
|---|---|---|---|---|---|---|
| 难府 | ku²⁴ | kɔ⁵² | nfɯ²² | pe⁵⁵ | me⁵² | nfɯ²²pua⁵⁵ |
| 文山 | ko³⁵ | kau⁴² | nfi²² | pe⁵⁵ | mi⁴² | nfi²²pua⁵⁵ |
| 台江 | vi²² | moŋ⁵³ | nen⁵³ | pi³³ | maŋ⁵³ | to²²tai³³ |
| 矮寨 | we⁴⁴ | məŋ³¹ | bɯ⁴⁴ | pɯ⁵³ | mɛ³¹ | dzi³⁵mɛ³¹ |

## （七）符合普遍现象 43

普遍现象 43："一种语言如果名词有性的范畴，那么在代词方面也有性的范畴。"这一规则总结了名词的性范畴与代词的性范畴之间的联系。两国苗语的名词都没有性的范畴，代词也没有性范畴，符合这一普遍共性。

（八）违反普遍现象 20

普遍现象 20："当任何一个或者所有的下述成分（指别词、数词、描写性形容词[①]）居于名词之前时，它们总以这样的语序出现。如果它们后置，语序或者依旧，或者完全相反。"两国苗语不符合"普遍现象 20"中的任何一类语序。Greenberg 考察此类语序时，没有考虑量词这一参项。如果参项中包括指别词、数词，两国苗语必须有名量词（包括类别词和度量词）这一参项，才能构成符合句法的结构。指别词、数词、描写性形容词、名量词、名词这五个参项的语序为"$Num\text{-}CL_N\text{-}N\text{-}A\text{-}Det$"。例如：

难府　pe$^{55}$ tɕiu$^{22}$ mpua$^{44}$ tɭəɯ$^{55}$ nua$^{24}$　　这三头白猪
　　　三　头　猪　白　这

文山　au$^{55}$ lo$^{55}$ tshau$^{44}$ tɭaŋ$^{42}$ ka$^{44}$　　那两件黄上衣
　　　二　件　上衣　黄　那

台江　o$^{33}$ phaŋ$^{33}$ u$^{55}$ xi$^{33}$ na$^{55}$　　这两件新衣服
　　　两　件　衣　新　这

矮寨　a$^{44/53}$ le$^{53}$ pzɯ$^{44}$ ɕɛ$^{53}$ nəŋ$^{44}$　　这一栋新房子
　　　一　个　房子　新　这

## 五　中泰苗语与国内其他 V-O 型语言的语序共性和个性

中泰苗语是典型的 V-O 型语言，为了更加深入地了解中泰苗语与其他 V-O 型语言的语序存在哪些共性和个性特征，本节参照黄行（1996）对壮侗、苗瑶共 10 种 V-O 型语言的 12 项语序参项的统计数据。黄行考察的这些参项是：① 动词和宾语：动词（用 V 表示，下同）和宾语（用 O 表示）；② 介词：前置词（用 Pr 表示）和后置词（用 Po 表示）；③ 被领属成分：名词（用 N 表示，下同）和领属成分（用 G 表示）；④ 形容词：形容词（用 A 表示，下同）和名词；⑤ 关系从句：名词和关系从句（用 Rel 表示）；⑥ 指示词：名词和指示词（用 Det 表示）；⑦ 数词：名词和数词（用 Num 表示）；⑧ 同位结构：通名（用 G 表示）和专名（用 S 表示）；⑨ 助动词：助动词（用 Aux 表示）和动词；⑩ 副词：副词（用 Ad 表示）与动词/形容词；⑪ 比较结构：形容词、比较标记（用 M 表示）和比较基准（用 St 表示）；⑫ 词缀：前缀（用 Pref）和后缀（用 Suf 表示）[②]。这些参项在中泰跨境苗语中的分

---

[①] 名词、指别词、数词、描写性形容词、名量词分别用 N、Det、Num、A、$CL_N$ 表示。

[②] 参见黄行. 我国少数民族语言的词序类型 [J]. 民族语文，1996（1）：10-18.

布情况见表 44：

表 44　中泰苗语与国内 V-O 型语言语序对比

| 语序参项 | | 中泰苗语 | | | | V-O 型语言 | |
| --- | --- | --- | --- | --- | --- | --- | --- |
| | | 难府苗语 | 文山苗语 | 台江苗语 | 矮寨苗语 | 10① | |
| 1. 动词-宾语 | V-O | | | | | 壮侗 6 | 苗瑶 4 |
| 2. 介词 | Pr | +② | + | + | + | 6 | 4 |
| | Po | - | - | - | - | 0 | 0 |
| 3. 领属成分 | N-G | - | - | - | - | 6 | 0 |
| | G-N | + | + | + | + | 0 | 4 |
| 4. 形容词 | N-A | + | + | + | + | 6 | 3 |
| | A-N | - | + | - | - | 0 | 1 |
| 5. 关系从句 | N-Rel | + | + | +③ | - | 6 | 2 |
| | Rel-N | - | + | + | + | 0 | 2 |
| 6. 指示词 | N-Det | + | + | + | + | 6 | 2 |
| | Det-N | - | - | - | - | 0 | 2 |
| 7. 数词 | N-Num | - | - | - | - | 2 | 0 |
| | Num-N | + | + | + | + | 4 | 4 |
| 8. 同位结构 | G-S | + | + | + | + | 6 | 2 |
| | S-G | - | - | - | - | 0 | 2 |
| 9. 助动词 | Aux-V | + | + | + | + | 6 | 4 |
| | V-Aux | - | - | - | - | 0 | 0 |
| 10. 副词 | V/A-Ad | - | - | - | - | 0 | 0 |
| | V/A-Ad/Ad-V/A | + | + | + | + | 5 | 2 |
| | Ad-V/A | - | - | - | - | 1 | 2 |
| 11. 比较结构 | A-St | + | + | + | + | 5 | 1 |
| | St-A | - | + | - | + | 1 | 3 |
| 12. 词缀 | Pref | + | + | + | + | 5 | 3 |
| | Pref/Suf | - | - | - | - | 1 | 1 |
| | Suf | - | - | - | - | 0 | 0 |

表 44 显示中泰苗语 4 个点以及壮侗苗瑶 10 种语言在使用前置词、不

---

① 这 10 语言中的 6 种为壮侗语族语言：壮语、傣语、侗语、水语、黎语、仡佬语，4 种为苗瑶语族语言：苗语、瑶语、畲语、布努语。

② +表示使用该语序，- 表示不用该语序，下同。

③ 姬安龙. 苗语台江话参考语法［M］. 昆明：云南民族出版社，2012：229.

使用 V-Aux 和后缀等参项上具有一致性，在其他参项上则出现差异性。差异性主要有：

（1）领属成分。中泰苗语 4 个点与苗瑶语 4 种均选择 G-N 语序，与壮侗 6 种语言所采用的 N-G 语序相反。根据类型学研究成果，与 V-O 型语言相和谐的语序是 N-G 语序，中泰苗语及苗瑶语族语言在这个语序参项上与 V-O 型语言不和谐。

（2）形容词修饰名词的语序。泰国苗语和台江苗语采用 N-A 语序，文山苗语和矮寨苗语则采用 N-A 和 A-N 两种语序，以 N-A 为优势语序。壮侗语族 6 种语言都采用 N-A 语序。苗瑶语 4 种语言中有 3 种语言采用 N-A 语序，有 1 种语言采用 A-N 语序。N-A 是与 V-O 相和谐的语序，是中泰苗语、苗瑶语的无标记语序和优势语序，A-N 是有标记语序，应该是受汉语影响后起的语序。

（3）关系从句语序，中泰苗语有多种选择，泰国苗语只采用 N-Rel 语序，矮寨苗语只用 Rel-N 语序，文山苗语和台江苗语则可采用 N-Rel 和 Rel-N 两种语序。N-Rel 是苗语的固有语序，是与 V-O 型语言相和谐的语序。Rel-N 应该是受汉语影响产生的语序。壮侗语族 6 种语言都采用 N-Rel 语序。苗瑶语有 2 种语言选用 N-Rel 语序，2 种语言选用 Rel-N 语序。

（4）指示词的语序。中泰苗语的 4 个点与壮侗语语族的 6 种语言均采用 N-Det 语序，这种语序与 V-O 型语序相和谐。苗瑶语的 4 种有 2 种采用 N-Det 语序，有 2 种采用 Det-N 语序。

（5）数词语序，中泰苗语的 4 个点与壮侗语族中的 4 种语言、苗瑶语族中的 4 种语言采用 Num-N（名词—数词）语序。据石毓智（2006）对汉藏语系一语三族 48 种量词型语言统计得出的两条语言共性：SVO 语言与"数量+名"和"动+数量"对应；SOV 语言与"名+数量"和"数量+动"对应，我们认为苗瑶语的这一语序与 V-O 型语序相和谐。

（6）同位结构，壮侗和中泰苗语的 4 个点均采用 G-S 语序，而苗瑶语中的苗语和布努语采用采用 G-S 语序，瑶语和畲语采用 S-G 语序。G-S 语序与 S-V-O 语序相和谐。

（7）副词修饰形容词和动词的语序，中泰苗语 4 个点和壮侗语族的 5 种语言、苗瑶语族的 2 种语言采用 V/A-Ad 和 Ad-V/A 两种语序，壮侗语族语言中有 1 种语言、苗瑶语族语言中有 2 种语言采用 V/A-Ad 语序。据类型学的研究成果，V/A-Ad 语序与 V-O 型语言相和谐。虽然中泰苗语都采用 V/A-Ad 和 Ad-V/A 两种语序，但泰国苗语以 V/A-Ad 为优势语序，文山苗语以 Ad-V/A 为优势语序，V/A-Ad 为苗语的固有语序，Ad-V/A 为受汉语影响而产生的语序。

（8）比较结果和比较基准的语序，泰国苗语和台江苗语、壮侗语族中的 5 种语言、苗瑶语族种的 1 种语言只采用 A-St 语序，文山苗语和矮寨苗语采用 A-St 和 St-A 两种语序。A-St 语序使用本语标记，St-A 使用汉借标记"比"。壮侗语族中的 1 种语言、苗瑶语族中的 3 种语言采用 St-A 语序。从 Greenberg（1963）的第 22 条语序共性"如果唯一的语序是形容词—标记—基准时，那么这种语言除了偶然出现的情况外，绝大多数是前置词语言。"Dryer（1992）发现的 VO（动宾）型语言一律取"形容词—基准"语序看，A-St 语序与 V-O 语序相和谐；再者 St-A 语序多借用汉语的"比"，因此，我们认为中泰苗语中的 A-St 为本语语序，St-A 为语言接触的产物。

## 六　中泰苗语的核心词类都是动词

（一）动词是句法核心，并可充当多种句法成分

两国苗语的词类有 10 种以上，各词类在语法系统中的功能有强弱之分。在词类中，动词的功能最强，是句法核心，句子中不同的句法成分都与动词构成各种不同的语义关系。如下例的动词"骂"与"他""我""一次"分别构成施事、受事、数量关系。

难府　nhɯ²² tshe²⁴ ku²⁴ i⁵⁵ zɦa²².　　他骂了我一顿。
　　　他　 骂　 我　一 次

动词除了充当谓语核心之外，无须名物化或添加标记，就可充当主语、宾语、补语等多种句法成分。例如：

难府　nɔ⁵⁵ ku⁵² khɯ²⁴.　　　　　　坐也累。（做主语）
　　　坐　 也　 累

文山　mɦoŋ²² tsha⁴⁴ zoŋ⁴⁴.　　　　 去才好。（做主语）
　　　去　　才　 好

矮寨　məŋ⁴⁴ qa⁵³ zu̱³⁵.　　　　　　 去更好。（做主语）
　　　去　 更　 好

难府　ku²⁴ saŋ²⁴ qua⁵².　　　　　　我想哭。（做宾语）
　　　我　 想　 哭

文山　mi³⁵ȵua³³ tɯ⁵⁵ na²¹ ua⁴⁴sɿ⁴⁴.　小孩子都爱玩。（做宾语）
　　　小孩子　都　喜欢　玩耍

矮寨　we⁴⁴ dʑa³⁵ thu²² kɯ⁴⁴təŋ⁵³.　我怕干活。（做宾语）
　　　我　 怕　 干活

难府　kɔ⁵² nti⁵⁵ təɯ²¹tua⁵².　　　　你吐出来。（做补语）
　　　你　 吐　 出来

文山　tsa⁴² tsɦou²² sɿ³⁵ tɕɦaŋ²² la³³.　　　　钱用完了。（做补语）
　　　钱　被　　用　完　　了

台江　nəɯ⁵³tɕoŋ²²　　　　　　　　　　　　吃完（做补语）
　　　吃　完

矮寨　tɕi⁵³le⁵³ tɕhəŋ⁵³ qo²² we⁴⁴ naŋ⁴⁴ tə⁴⁴ ʐa⁴⁴?　谁把我的柴推倒了？（做补语）
　　　哪个　推　　倒　我　的　柴　了

（二）动词可以通过词汇手段或语法手段表示各种不同的语法意义，表示事件中的时间结构

一种语言总要表达与动作有关的时间概念，体现在语言系统里就是"时"范畴和"体"范畴。"时"范畴和"体"范畴虽然都与时间相关，但"时"范畴表达的是相对于参照时间的时间位置，即前于、同于或后于参照时间。而"体"范畴则表达事件内在的时间结构，即事件的开始、进行、经历、完成等。不同的语言在"时、体"方面会有所侧重。侧重"时"可称为"时"凸显的语言，侧重体可称为"体"凸显的语言。两国苗语都没有专门用于"时"范畴的语法标记或词汇标记，而对"体"范畴则有体现，如关注事件的时间构成，事件的起始、进行、完成、经历、持续等都有相应的表达方式。中泰苗语采用在动词前后添加助词或形成框式结构的语法手段、添加副词的词汇手段来表示事件的时间结构。两国苗语动词的"体"范畴可分为完整体和非完整体两大类，完整体又可分为完成体和终结体，非完整体又可分为起始体、进行体、持续体、未行体、反复体。完整体如：

难府　kau⁵² xa³³ ləu²¹ pɦe²²tsɦɯ²² ʐɦa²². 你说了几遍。（完成体）
　　　你　说　了　几　　　遍
　　　ku²⁴ ua⁴⁴ tɬua⁴⁴ pe⁵⁵ ɕuŋ⁴⁴ fɯ⁵²saŋ²¹. 我当过三年和尚。（终结体）
　　　我　做　过　三　年　和尚

文山　mi³⁵n̠ua³³ pɰ³³ tsɦou²²ʐɦo²² ləu²¹ la³³. 小孩睡觉了。（完成体）
　　　小孩　　睡　睡着　　了　（语助）
　　　nɦi²² tua⁴² tɬua⁴⁴ khuen⁵⁵min⁴². 他来过昆明。（终结体）
　　　他　来　过　昆明

矮寨　te⁵³te⁵³ pə³⁵qwe³¹ ʐo⁴⁴. 孩子睡觉了。（完成体）
　　　孩子　睡觉　了
　　　bɯ⁴⁴ ʈhu²² kwa³⁵ kjəŋ⁵³. 他当过兵。（终结体）
　　　他　做　过　兵

非完整体如：

难府　nɦaŋ²² ʐua²⁴ lɦu²² ləu²¹. 要下雨了。（将行体）
　　　雨　　要　　来　了

saŋ⁵⁵ntsau⁴⁴ taŋ⁵⁵tɔ²¹ lfiu²² nfiaŋ²². 外面正在下雨。（进行体）
外面　　　正在　下　雨

saŋ⁵⁵ntsau⁴⁴ tsen²¹ lfiu²² nfiaŋ²². 外面还在下雨。（持续体）
外面　　　还　来　雨

nfiɯ²² tsen²¹ tsu⁴⁴ tau⁴⁴ nɔ⁵² mɔ²⁴. 他还没有吃饭。（未行体）
他　　还　不　得　吃　饭

kɔ⁵² tsa²¹qaŋ⁵⁵ nɔ⁵² i⁵⁵ tfiai²² ma²¹. 你再吃一碗吧。（反复体）
你　再　　　吃 一 碗　（语助）

文山　ʐua³⁵ lfio²² nfiaŋ²² la³³. 要下雨了。（将行体）
　　　要　来　雨　了

ntsou⁴⁴ʐoŋ³⁵ tsen²¹ tshua⁵⁵ tɕua⁴⁴ 外面正在吹风。（进行体）
家的外面　　正在　吹　风

ko³⁵ tsen²¹ nau⁴² i⁵⁵ nti²¹ xa⁵⁵. 我再吃一碗饭。（反复体）
我　还　吃 一 碗（语助）

nfii²² tsen²¹ tsɿ⁴⁴ tou⁴⁴ nau⁴² mau³⁵. 他还没有吃饭。（未行体）
他　　还　不　得　吃　饭

台江　nen⁵³ a³⁵ tso³¹ ȵe³¹ ma²². 他在做作业。（进行体）
　　　他　做　作业　那

nen⁵³ noŋ²⁴ muə²² te²². 他要去了。（将行体）
他　将　去　将

o³³ tai³³ ɕi³⁵ka³⁵ tao⁵⁵tao³³. 他俩在互相抓打。（持续体）
二儿（缀）抓　持续状

矮寨　lje²² dɑŋ⁴⁴ tɛ⁴⁴ pzɯ⁴⁴ ʐo⁴⁴. 要回到家了。（将行体）
　　　要　回　到 家 了

a⁴⁴⁄²¹ŋəŋ⁴⁴mzɯ⁴⁴nəŋ⁴⁴lje²²ta²²lje²²ta²²ləŋ⁴⁴ʐa⁴⁴. 这条鱼就要死了。（即行体）
一　条　　　这要死要死来了

a⁵³ȵaŋ³¹ tɯ⁵³tɕoŋ⁵³ ɢə³¹sa⁴⁴. 母亲正在唱苗歌。（进行体）
（缀）娘　正在　唱苗歌

bɯ⁴⁴ khə⁵³lə⁵³ χu²² tɕɯ⁴⁴. 他还在喝酒。（持续体）
他　还在　喝　酒

te⁵³te⁵³ ɕaŋ⁴⁴ ȵɛ⁴⁴le⁵³. 孩子还不懂事。（未行体）
孩子　尚未　懂事

## 七　中泰苗语都受到汉语的深度影响

中泰苗族虽跨境分布，但泰国苗族在迁出中国之前就与汉族有长期接触,因此两国苗语在词汇、语音和语法上都受到汉语的影响。

（一）都借用了大量的汉语借词

中泰苗语都有大量的汉语借词,借词涵盖面广。从词类看,名词、动词、形容词、量词、副词等均有汉语借词。汉语借词进入中泰苗语的核心词汇。因难府苗语与中国苗语分化的时间至多只有 300 年,因此通过难府苗语中的汉语借词能够看出 300 年前汉语借词对苗语的影响。难府苗语汉借中的名词如:

| | | | |
|---|---|---|---|
| tuŋ$^{52}$ | 铜 | fɯ$^{52}$tsɯ$^{24}$ | 胡子 |
| sɯ$^{55}$fɯ$^{55}$ | 老师 | fɯ$^{52}$saŋ$^{21}$ | 和尚 |
| pheŋ$^{52}$ʐɦɯ$^{22}$ | 朋友 | sen$^{21}$ | 姓 |
| sen$^{21}$ʐaŋ$^{52}$ | 姓杨 | sen$^{21}$uaŋ$^{52}$ | 姓王 |
| sen$^{21}$thɔ$^{52}$ | 姓陶 | sen$^{21}$li$^{21}$ | 姓李 |
| vɦaŋ$^{22}$ | 网 | lua$^{21}$ʑin$^{55}$ | 烟 |
| lau$^{21}$ua$^{44}$sen$^{55}$ | 花生 | tɕəu$^{24}$ | 酒 |
| ten$^{55}$ | 灯 | ɕaŋ$^{55}$ | 香（~火） |
| ʐəu$^{21}$sɯ$^{52}$ | 钥匙 | phɔ$^{21}$ | 枪 |
| fɯ$^{52}$ | 壶 | se$^{21}$ | 颜色 |
| sen$^{52}$ɕin$^{55}$ | 神仙 | ʐaŋ$^{52}$the$^{21}$ | 锡 |
| mɔ$^{21}$ | 帽子 | tɕhɔ$^{52}$ | 桥 |
| tshe$^{55}$ | 车 | pəu$^{55}$kɯ$^{33}$ | 苞谷 |
| paŋ$^{24}$ʐɯ$^{52}$ | 板油 | sua$^{24}$thaŋ$^{52}$ | 红糖 |

动词如:

| | | | |
|---|---|---|---|
| paŋ$^{55}$ | 帮助 | fɯ$^{21}$ | 搀扶 |
| sɯ$^{21}$ | 尝试 | lɦien$^{22}$ | 承认 |
| fai$^{55}$ | 分 | kaŋ$^{21}$ | 敢（吃） |
| ten$^{21}$ | 顶（住） | paŋ$^{24}$ | 捆（草） |
| khua$^{33}$ | 赞扬 | khəu$^{55}$ | 挠痒 |
| tsen$^{55}$ | 抢、夺 | ʑua$^{24}$ | 要 |
| pe$^{24}$ | 比量 | tshua$^{24}$ | 欠（账） |
| ʑin$^{52}$ | 赢 | sɯ$^{55}$ | 输 |
| tshen$^{21}$ | 拄（拐杖） | tu$^{24}$ | 赌 |
| zua$^{52}$ | 揉 | | |

形容词如:

| | | | |
|---|---|---|---|
| khuŋ$^{55}$ | 空 | tsin$^{24}$ | 紧 |
| suŋ$^{55}$ | 松 | tsen$^{55}$ | 真 |

| tɕua²⁴ | 假 | se²¹ | 涩 |
| man²¹ | 慢 | khɯ²⁴ | 苦 |
| khau²⁴sɯ²¹ | 可惜 | tso²¹n̩i²¹ | 穷 |
| phin⁵²ʐɦi²² | 便宜 | zuŋ⁵²ʑi²¹ | 容易 |

数词如：

| tshin⁵⁵ | 千 | vaŋ²¹ | 万 |
| paŋ⁵⁵ | 群（一～） | | |

量词如：

| pɔ⁵⁵ | 包 | khəɯ⁴⁴ | （一）口 |
| thuŋ⁵⁵ | 桶（一～水） | fɯ⁵² | 壶（一～酒） |

副词如：

| xen²⁴ | 很 | tɯ⁵⁵ | 都 |

助词如：

| thi⁵²（i⁵⁵） | 第（一） | tl̥ua⁴⁴ | 过（体助词） |

（二）汉语借词已经融入苗语的语法系统，具有与苗语固有词相同的语法功能

1. 汉语借词具有能产性，与苗语固有的词根、词缀，依据本语的构词法构成新词。难府苗语如：

| sua²⁴ntuŋ⁵² | 电话 | tsɯ²⁴ sa²⁴li⁵² | 梨子 |
| 线<sub>本语</sub>铜<sub>汉借</sub> | | （缀）<sub>本语</sub>梨<sub>汉借</sub> | |
| tsɯ²⁴ pu²⁴lu⁵² | 菠萝 | khəɯ²¹ tshɔ⁴⁴ | 扣子 |
| （缀）<sub>本语</sub>菠萝<sub>汉借</sub> | | 扣<sub>汉借</sub>上衣<sub>本语</sub> | |
| tɕəɯ²⁴tl̥əɯ⁵⁵ | 白酒 | tɕəɯ²⁴la⁵⁵ | 红酒 |
| 酒<sub>汉借</sub>白<sub>本语</sub> | | 酒<sub>汉借</sub>红<sub>本语</sub> | |
| mɔ²⁴tɕəɯ²⁴ | 甜酒 | phɔ²¹lu⁵² | 大炮 |
| 饭<sub>汉借</sub>酒<sub>本语</sub> | | 炮<sub>汉借</sub>大<sub>本语</sub> | |
| se²¹la⁵⁵ | 红色 | se²¹tl̥əɯ⁵⁵ | 白色 |
| 色<sub>汉借</sub>红<sub>本语</sub> | | 色<sub>汉借</sub>白<sub>本语</sub> | |
| tshe⁵⁵mi²⁴ | 摩托车 | | |
| 车<sub>汉借</sub>小<sub>本语</sub> | | | |

台江苗语如：

| tsɛ⁵⁵ɕo³¹ | 学校 | tɕue⁵⁵man³¹thəu³¹ | 馒头 |
| 房<sub>本语</sub>学<sub>汉借</sub> | | 粑<sub>本语</sub>馒头<sub>汉借</sub> | |
| ɣo³³pe³¹tshai¹³ | 白菜 | tɕa³³tu³¹zo³¹ | 毒药 |
| 菜<sub>本语</sub>白菜<sub>汉借</sub> | | 药<sub>本语</sub>毒药<sub>汉借</sub> | |

| tsai⁵⁵phen³¹ko⁵³ | 苹果 | kuə⁵⁵hɔ⁵³tse³³ | 火车道 |
| 果本语苹果汉借 | | 路本语火车汉借 | |

矮寨苗语如：

| dʐɛ³¹ taŋ³⁵ | 钱 | ʐe̞⁵³ pe³¹tshɛ³⁵ | 白菜 |
| 钱汉借钱本语 | | 菜本语白菜汉借 | |
| qo⁵³ do³¹ | 坨状物 | tɕi⁴⁴ phjɛ⁵³ | 使偏/偏（移）|
| （缀）本语坨汉借 | | （缀）偏汉借 | |

2. 借入的动词与本语的动词一样可以加上表示相互态的前缀。

| 难府 | 文山 | 矮寨 | 汉义 |
| su³³paŋ⁵⁵ | sɿ³³paŋ⁵⁵ | tɕi⁴⁴⁄²¹paŋ⁴⁴① | 相帮 |
| （缀）本语帮汉借 | （缀）本语帮汉借 | （缀）本语帮汉借 | |
| su³³tsen⁵⁵ | sɿ³³tsen⁵⁵ | tɕi⁴⁴⁄²¹tɕhaŋ⁴⁴ | 相抢 |
| （缀）本语抢汉借 | （缀）本语抢汉借 | （缀）本语抢汉借 | |
| su³³fu²¹ | sɿ³³fɯ²¹ | tɕi⁴⁴⁄²¹tɕaŋ⁴⁴ | 相扶 |
| （缀）本语搀扶汉借 | （缀）本语搀扶汉借 | （缀）本语搀扶汉借 | |

3. 从汉语借入的形容词、动词可以进入本语形容词、动词的重叠式。

| 难府 | 文山 | 汉义 |
| maŋ²¹ maŋ²¹ | maŋ²¹ maŋ²¹ | 慢慢的 |
| 慢 慢 | 慢 慢 | |
| ki²¹ ki²¹ le⁴⁴ | kui²¹ kui²¹ le⁴⁴ | 贵贵的 |
| 贵 贵 的 | 贵 贵 的 | |
| khuŋ⁵⁵khuŋ⁵⁵le⁴⁴ | khoŋ⁵⁵khoŋ⁵⁵le⁴⁴ | 空空的 |
| 空 空 的 | 空 空 的 | |

（三）汉语借词对两国苗语的语音系统、词汇系统和语法系统产生影响

1. 增加新音位

两国苗语的声母系统和声调系统比所接触的汉语官话丰富，但韵母系统不及汉语官话丰富，因此，汉语借词对苗语语音系统的影响主要体现在韵母上。苗语韵母系统均借入了复元音韵母、鼻音韵母，用于拼读汉语借词。如难府苗语借汉语的 uen、uaŋ 二韵，专用于拼读 uen⁵²（tsaŋ²¹）"蚊帐"、uaŋ²¹ "万" 等汉语借词。文山苗语借入复元音韵母 ui、uai、iau 和鼻韵母 in、uaŋ、iaŋ、uen，用于拼读 sui³⁵pi⁴² "钢笔"、kha⁵⁵xui²¹ "开会"、kuai⁵⁵ "乖"、liaŋ⁴²khuai²¹ "凉快"、miau²¹ "庙"、thiau⁴²ken⁵⁵ "调羹" 等汉语借词

---

① 矮寨苗语的 tɕi⁴⁴⁄²¹paŋ⁴⁴ "相帮" 不能单用，只能用于构成四个音词 tɕi⁴⁴⁄²¹paŋ⁴⁴ tɕi⁴⁴⁄²¹ɕɔ²⁴ "相帮相助"。

上。台江苗语 u-类韵母用于拼读 kui$^{13}$ʐaŋ$^{31}$"贵阳"、kuaŋ$^{53}$ toŋ$^{33}$"广东"等汉语借词①。矮寨苗语借用当地汉语的鼻化韵母 ɔ̃、ĩ 和卷舌韵母 ɚ，用于拼读 pɔ̃$^{44}$（sʅ$^{21}$）"本（事）"、nĩ$^{31}$（χaŋ$^{31}$）"银（行）"、(lo$^{53}$) ɚ$^{35}$"（老）二"等汉语借词。

2. 汉语借词将"修饰语素+名词性中心语素"的语序引入苗语的构词系统。苗语修饰式合成词的构词语序是"名词性中心语素+修饰语素"。苗语借用汉语词时，以音译方式把汉语的修饰性合成词作为一个整体借入，于是形成苗语借词中与本语语序相反的合成词。例如：

| 难府 | sua$^{24}$thaŋ$^{52}$ 沙 糖 | 红糖 | paŋ$^{24}$ʐɯ$^{52}$ 板 油 | 板油 | ʐaŋ$^{52}$ xu$^{24}$ 洋 火 | 火柴 |
|---|---|---|---|---|---|---|
| 文山 | sua$^{55}$thaŋ$^{42}$ 沙 糖 | 红糖 | ʑin$^{42}$thaŋ$^{42}$ 盐 糖 | 白糖 | liaŋ$^{42}$xai$^{42}$ 凉 鞋 | 凉鞋 |
| 台江 | shen$^{33}$zen$^{22}$ 神 人 | 仙人 | fen$^{53}$tshaŋ$^{22}$ 粉 肠 | 粉肠 | ten$^{33}$ɕen$^{33}$ 灯 芯 | 灯芯 |
| 矮寨 | dzɛ$^{31}$tɕɯ$^{44}$ 甜 菜 | 甜菜 | pe$^{31}$daŋ$^{31}$ 白 糖 | 白糖 | ljaŋ$^{53}$χɛ$^{53}$ 凉 鞋 | 凉鞋 |

由于习用"修饰语素+名词性中心语"的汉语借词形成了语感，用汉语借词构成新词时也出现类似语序。如难府苗语的 ʐaŋ$^{52}$xu$^{24}$（洋火）phlau$^{44}$（盒）"火柴盒"。

中泰苗语的合成词都没有后缀，由于借入汉语带有后缀的词，所以在苗语的借词中也出现了后缀词。如难府苗语的 fɯ$^{52}$tsɯ$^{24}$"胡子"、sen$^{55}$（n）tsɯ$^{24}$"孙子"、khəɯ$^{21}$tsɯ$^{24}$"扣子"，文山苗语的 thaŋ$^{55}$ntsʅ$^{35}$"摊子"、tɕi$^{42}$tsʅ$^{33}$"桔子"，矮寨苗语的 tʰe$^{44}$tsʅ$^{44}$"车子"、mjɛ$^{21}$tsʅ$^{44}$"面子"、tʰɛ$^{44}$tsʅ$^{44}$"摊子"等。

3. 苗语固有的序数表示法，是"名词+数词"语序，由于借用了汉语表序数的助词"第"，于是出现了"'第'+数词"的序数表示法。例如：

| 难府 | 文山 | 矮寨 | 汉义 |
|---|---|---|---|
| thi$^{52}$i$^{55}$ 第 一 | ti$^{21}$i$^{55}$ 第 一 | ti$^{35}$ʑi$^{31}$ 第 一 | 第一 |
| thi$^{52}$ɔ$^{55}$ 第 二 | ti$^{21}$au$^{55}$ 第 二 | ti$^{35}$ɚ$^{21}$ 第 二 | 第二 |
| thi$^{52}$ pɛ$^{55}$ 第 三 | ti$^{21}$pe$^{55}$ 第 三 | ti$^{35}$ sɛ$^{44}$ 第 三 | 第三 |

---

① 引自姬安龙.台江苗语参考语法[M].昆明：云南民族出版社，2012：44.

## 第二节　中泰跨境苗语的主要差异

中泰跨境苗语主要差异是什么，跨境对两国苗语的影响究竟有多大？这是本书必须解答的核心问题。

通过前文的研究，我们可以看到中泰苗语的差异主要体现在通解度和语言本体两个方面。泰国苗语与中国文山苗语的通解度较高，与台江苗语和矮寨苗语的通解度很低。体现在口语交际上是：泰国苗族与文山苗族经过适应可以通话，而与台江苗族、矮寨苗族则不能通话。体现在语音上是：泰国苗语和文山苗语存在较多的相同或相近音质的语音对应，与台江苗语和矮寨苗语很少相同或相近音质的对应。体现在同源词上是：第一、二百核心词，难府—文山的同源词数量分别为97、88，难府—台江为72、38，难府—矮寨为69、33，这些数据反映了难府苗语与文山苗语的关系亲近，而与台江苗语和矮寨苗语关系较远。中泰苗语语言本体的差异主要是语音和词汇的差异，语法上差异较小。下面做些具体的分析。

### 一　中泰跨境苗语语音系统的主要差异

苗语划分为湘西苗语、黔东苗语、川黔滇苗语三个方言，划分依据主要是语音差异。古苗语有*mp、*mph、*mb、*nts、*ntsh、*ndz、*nt、*nth、*nd……*ŋk、*ŋkh*ŋg、*Nq、*Nqh、*NG 等带鼻冠音的闭塞音声类。这些声类在现代各地苗语中的读音不同，根据这些声类的读音，我们可以把苗语分为湘西、黔东和川黔滇三个方言（王辅世，1983）[1]。除了古苗语鼻冠音在现代苗语方言中的差异以外，还有清鼻音是否保留、声母和声调系统简化程度、韵母系统繁化等问题。下面我们看这些语音问题在中泰苗语中的演变差异。

（一）声母系统的差异：中泰跨境苗语的声母系统出现了不同程度的简化

声母系统复杂是苗语语音系统的一个重要特点。从前贤对古苗语或古苗瑶语声类的构拟可见一斑。张琨（1976）构拟了苗语的原始声母古苗语声母系统共有 86 个[2]。王辅世（1995）所构拟的古苗语的声类有 130 个[3]。数量最少的是吴安其（2002）构拟的古苗语声母系统，也有 76 个之

---

[1] 王辅世. 苗语方言划分问题 [J]. 民族语文. 1983（5）：1-22.
[2] 张琨. 原始苗语声母 [R]. 民族语文研究情报资料集（第 2 期），1983.
[3] 王辅世. 苗语古音构拟 [M]. 东京：日本东京外国语大学亚非语言文化研究所，1994.

多①。但从中泰跨境苗语四个点的声母系统来看，没有一个点的声母达到76个。泰国难府苗语48个，达府苗语49个，文山苗语43个，台江苗语38个，矮寨苗语59个。声母系统的简化已经成为一个共同的演变趋向。

1. 鼻冠音出现不同的演化趋向

鼻冠音是古苗语的一个语音特点。古苗语的鼻冠音在中泰苗语四个点出现不同的分化。难府苗语和文山苗语保留了古苗语的带鼻冠音的闭塞音声类，并且可以出现在阴阳两种调类上。鼻冠音之后的塞音、塞擦音分送气和不送气出现不同的读音。不送气的闭塞音由于受鼻音的影响，发生了协同音变，读为浊音。送气的闭塞音仍然读为清音。台江苗语没有带鼻冠音的闭塞音声母。矮寨苗语读为浊塞音、浊塞擦音或鼻音。以下是古苗语带鼻冠音的苗语同源词在中泰苗语四个点的读音情况：

| 难府 | 文山 | 台江 | 矮寨 | 汉义 |
|---|---|---|---|---|
| $mpua^{44}_5$ / $mbua^{44}_5$ | $mpua^{44}_5$ / $mbua^{44}_5$ | $pe^{35}_5$ | $ba^{35}_5$ | 猪 |
| $ntsu^{24}_3$ / $ndzu^{24}_3$ | $ntso^{35}_3$ / $ndzo^{35}_3$ | $sao^{55}_3$ | $dzəŋ^{44}_3$ | 早 |
| $ntsua^{24}_3$ / $ndzua^{24}_3$ | $ntsua^{24}_3$ / $ndzua^{24}_3$ | $se^{55}_3$ | $dza^{44}_3$ | 洗（锅） |
| $nte^{44}_5$ / $nde^{44}_5$ | $nte^{44}_5$ / $nde^{44}_5$ | $te^{35}_5$ | $duɯ^{35}_5$ | 烤（火） |
| $ŋkɔ^{52}_2$ / $ŋgɔ^{52}_2$ | $ŋkau^{42}_2$ / $ŋgau^{42}_2$ | $ŋaŋ^{53}_2$ | $ŋaŋ^{31}_2$ | 船 |
| $Nqfiua^{22}_6$ / $ŋgfiua^{22}$ | $Nqfiua^{22}_6$ / $NGfiua^{22}$ | $ŋa^{24}_6$ | $ŋua^{22}_6$ | 勤快 |
| $ntshua^{44}_5$ | $ntshua^{44}_5$ | $shau^{35}_5$ | $dzəŋ^{35}_5$ | 洗（衣） |
| $ntshaŋ^{24}_3$ | $ntshaŋ^{35}_3$ | $ɕhaŋ^{55}_3$ | $dzəŋ^{44}_3$ | 血 |
| $ntshai^{44}_5$ | $ntshai^{44}_5$ | $ɕha^{33}_5$ | $dza^{35}_5$ | 害怕 |

2. m̥、n̥、ŋ̊等清化鼻音的存留出现差异

古苗语有清化鼻音。难府苗语和文山苗语的清化鼻音m̥、n̥、ŋ̊已消失②，读为非清化鼻音的m和n。台江苗语和矮寨苗语仍然保留。下面以苗语同源词为例来说明这一演变：

| 难府 | 文山 | 大南山 | 台江 | 矮寨 | 汉义 |
|---|---|---|---|---|---|
| $mɔ^{44}_5$ | $mau^{44}_5$ | $m̥ao^{44}_5$ | $m̥haŋ^{35}_5$ | $m̥aŋ^{35}_5$ | 夜 |
| $nu^{55}_1$ | $no^{55}_1$ | $n̥o^{43}_1$ | $n̥ha^{33}_1$ | $n̥e^{53}_1$ 天 | 太阳 |
| $nɔ^{24}_3$ | $nau^{35}_3$ | $n̥au^{55}_3$ | $ŋaŋ^{55}_3$ | $ŋaŋ^{44}_3$ | 听见 |
| $naŋ^{55}_1$ | $naŋ^{55}_1$ | $n̥aŋ^{43}_1$ | $n̥haŋ^{33}_1$ | $n̥əŋ^{53}_1$ | 穗 |
| $n̥aŋ^{24}$ | $n̥aŋ^{35}$ | $n̥aŋ^{55}_3$ | $n̥hoŋ^{55}_3$ | $n̥əŋ^{44}_3$ | 重 |

---

① 吴安其. 汉藏语同源研究 [M]. 北京：中央民族大学出版社，2002：267-268.

② 本书所说的清化鼻音消失仅指本书的调查点——云南文山州马关县都龙镇岩头寨。清化鼻音在文山的存留有差异，有的点仍然保留。

### 3. 舌尖后音的演变出现差异

古苗语有舌尖后塞音 *ʈ、*ʈh、*nʈ、*nʈh，舌尖后塞擦音 *tʂ、*tʂh、*ntʂ、*ntʂh，舌尖后擦音 *ʂ、*ʐ 三套声母。这三套声母在不同点保留的情况不同。如在川黔滇方言川黔滇次方言的标准语点大南山苗语中，这三套音仍然保留。在云南省文山州马关县都龙镇岩头寨，23 岁的杨超、36 岁的陶智慧、53 岁的项春光、65 岁的陶友珍等 9 位不同年龄段的人，均并入舌尖前音 ts、tsh、nts、ntsh、s、z。在泰国难府则存在代际差异，赵天涯的父亲（46 岁）仍然保留舌尖后，20 多岁的赵天涯和杨天畅则已经将舌尖后音并入舌尖前音。这说明，古苗语的舌尖后声母在文山苗语中合并已经完成，而难府苗语正处在演变中。这三套音，台江苗语大多对应为舌尖前音和舌面前音。矮寨苗语最明显的对应关系是大南山苗语的鼻冠音大多读为浊音，少部分读为鼻音。为了更好地体现这三套舌尖音在泰国难府和中国文山的演变情况，我们找出这三套声母的相应例词，并列出不同年龄段发音人的读音情况，来展示这一演变。

| 难府(赵天涯) | 难府(赵天涯之父) | 文山(杨超) | 文山(杨超外公) | 台江 | 矮寨 | 大南山① | 汉义 |
|---|---|---|---|---|---|---|---|
| tsɔ⁵²₂ | tʂɔ⁵²₂ | tsau⁴²₂ | tsau⁴²₂ | taŋ⁵³₂ | — | tao³¹₂ | 油 |
| tsau⁴⁴₅ | tʂau⁴⁴₅ | tsou⁴⁴₅ | tsou⁴⁴₅ | tuə³⁵₅ | tɔ³⁵₅ | tou⁴⁴₅ | 六 |
| tsɦɯ²²₆ | tʂɦɯ²²₆ | tsɦɯ²²₆ | tsɦɯ²²₆ | tu²⁴₆ | tʐu²⁴₆ | tau²⁴₆ | 筷子 |
| tshai³³₇ | tʂhai³³₇ | tshai³³₇ | tshai³³₇ | tha¹³₇ | — | tʂhai³³₇ | 插 |
| ntsaŋ⁵⁵₁ | nʈaŋ⁵⁵₁ | ntsaŋ⁵⁵₁ | ntsaŋ⁵⁵₁ | toŋ³³₁ | dəŋ³¹₂ | nʈaŋ⁴³₁ | 中间 |
| ntsu⁴⁴₅ | nʈu⁴⁴₅ | ntso⁴⁴₅ | ntso⁴⁴₅ | ȵuə²²₄ | ŋəŋ⁴⁴₅ | nʈo⁴⁴₅ | 浑浊 |
| ntsɦɯ²²₆ | nʈɦɯ²²₆ | ntsɦŋ²²₆ | ntsɦŋ²²₆ | — | dei³¹₂ | nʈi²⁴₆ | 拳头 |
| ntsɦua²²₄ | nʈɦua²²₄ | ntsɦua²²₄ | ntsɦua²²₄ | ȵuə²²₄ | ŋəŋ⁴⁴₄ | nʈua¹¹₄ | 鼓 |
| tse²⁴₃ | tʂe²⁴₃ | tse³⁵₃ | tse³⁵₃ | tsɛ⁵⁵₃ | — | tʂe⁵⁵₃ | 房子 |
| tsau⁴⁴₅ | tʂau⁴⁴₅ | tsou⁴⁴₅ | tsou⁴⁴₅ | ɕəu³⁵₅ | — | tʂou⁴⁴₅ | 饱 |
| tsɦɯ²²₆ | tʂɦɯ²²₆ | tsɦɯ²²₆ | tsɦɯ²²₆ | ɕu²⁴₆ | — | tʂau²⁴₆ | 少 |
| tshai³³₇ | tʂhai³³₇ | tshai³³₇ | tshai³³₇ | — | — | tʂhai³³₇ | 早饭 |
| tshua⁵²₂ | tʂhua⁵²₂ | tshua⁴²₂ | tshua⁴²₂ | — | — | tʂhua³¹₂ | 药 |
| tshua²⁴₃ | tʂhua²⁴₃ | tshua³⁵₃ | tshua³⁵₃ | — | — | tʂhua⁵⁵₃ | 欠（钱）|
| ntse²⁴₃ | nʈʂe²⁴₃ | ntse³⁵₃ | ntse³⁵₃ | ɕuə⁵⁵₃ | dzɯ⁵⁵₃ | nʈʂe⁵⁵₃ | 盐 |
| ntse⁴⁴₅ | nʈʂe⁴⁴₅ | ntse⁴⁴₅ | ntse⁴⁴₅ | — | — | nʈʂe⁴⁴₅ | 锋利 |

---

① 大南山苗语例词均摘自鲜松奎. 新苗汉词典·西部方言[M]. 成都：四川民族出版社，2000. "少" p.339，"中间" p.92，"浑浊" p.196，"插" p.292，"鼓" p.199，"孤儿" p.54，"房子" p.336，"饱" p.346，"早饭" p.24，"欠" p.28，"盐" p.234，"锋利" p.235，"直立" p.234，"辣" p.236，"清" p.178，"怕" p.178。作者根据该词典的音系转写为国际音标。

| | | | | | | | |
|---|---|---|---|---|---|---|---|
| ntsɻie²²₆ | ņtʂɻie²²₆ | ntʂɻie²²₆ | ntʂɻie²²₆ | — | dzəŋ⁵³₁ 竖 | ņtʂe²⁴₆ | 直立 |
| ntsɯ²¹₈ | ņtʂɯ²¹₈ | ntʂɻ²¹₈ | ntʂɻ²¹₈ | na³¹₈ | mzei²²₈ | ņtʂi¹³₆ | 辣 |
| ntsɻua²²₆ | ņtʂɻua²²₆ | ntʂɻua²²₆ | ntʂɻua²²₆ | — | | ņtʂua²⁴₆ | 孤儿 |
| ntsha²⁴₃ | ņtha²⁴₃ | ntsha³⁵₃ | ntsha³⁵₃ | — | tha³⁵₅ | — | 找 |
| ntsha⁵⁵₁ | ņtʂha⁵⁵₁ | ntsha⁵⁵₁ | ntsha⁵⁵₁ | çhi³³₁ | dza⁵³₁ 洁净 | ņtʂha⁴³₁ | 清 |
| ntshai⁴⁴₅ | ņtʂhai⁴⁴₅ | ntshai⁴⁴₅ | ntshai⁴⁴₅ | çha³³₁ | dza³⁵₅ | ņtʂha⁴⁴₅ | 怕 |
| ntshau²⁴₃ | ņtʂhau²⁴₃ | ntshou³⁵₃ | ntshou³⁵₃ | — | dzi⁴⁴₅ | ņtʂhou⁵⁵₃ | 头虱① |
| sɯu²⁴₃ | ʂɯu²⁴₃ | səu³⁵₃ | səu³⁵₃ | çhu⁵⁵₁ | çə⁴⁴₅ | ʂauu⁵⁵₃ | 起来 |
| sɻ⁵⁵₁ | ʂɻ⁵⁵₁ | sɻ⁵⁵₁ | sɻ⁵⁵₁ | fhe³³₁ | ça⁵³₁ | ʂi⁵⁵₁ | 轻 |
| sua⁵⁵₁ | ʂua⁵⁵₁ | sua⁵⁵₁ | sua⁵⁵₁ | xuə³³₁ | ʂəŋ¹ | ʂua⁴³₁ | 声音 |
| ze⁵⁵₁ | ze⁵⁵₁ | ze⁵⁵₁ | ze⁵⁵₁ | ɣuə³³₁ | zu⁵³₁ | ze⁴³₁ | 石头 |
| ze⁴⁴₅ | ze⁴⁴₅ | ze⁴⁴₅ | ze⁴⁴₅ | ɣuə³⁵₅ | zu³⁵₅ | ze⁴⁴₅ | 近 |

（二）与古苗语的声调相比，中泰跨境苗语的声调出现了不同的演变方向

苗语的声调演变大致可以分为三个层次。第一个层次是只有*A、*B、*C、*D 四个调。20 世纪 50 年代的调查中发现了苗语罗泊河次方言只有 4 个声调，这 4 个声调每个声调均可跟不送气声母、送气清声母和浊声母相拼，所以被认为是苗瑶语里各语言或方言中现存最古老的声调系统。下面是罗伯河次方言第一土语西家苗语的声调例词（陈其光，2007）②。

| 古调类 | 调值 | 全清声母 | | 次清声母 | | 浊声母 | |
|---|---|---|---|---|---|---|---|
| *A | 31 | qo³¹ | 钩 | qho³¹ | 剜 | vu³¹ | 女人 |
| *B | 55 | tço⁵⁵ | 酒 | so⁵⁵ | 站 | vu⁵⁵ | 刺 |
| *C | 24 | to²⁴ | 六 | ło⁴⁴ | 铁 | vu²⁴ | 手镯 |
| *D | 33 | ntço³³ | 啄 | kho³³ | 检 | vu³³ | 见 |

第二个层次是 *A、*B、*C、*D 四个调因声母的清浊逐渐扩大调值差异分化为阴阳两类声调，即分化为 A1、A2、B1、B2、C1、C2、D1、D2，也用 1、2、3、4、5、6、7、8 表示。古清声母分化为 A1、B1、C1、D1 调，即 1、3、5、7 调，浊声母分化为 A2、B2、C2、D2 调，即 2、4、6、8 调。关于苗语声调分化，张琨（1947）通过分析十个现代苗语方言点的声调对应以及声调和声母的对应关系，推断出"古苗语有八个调类，其中 4 个是阴调，4 个是阳调。阴阳调的分立是依照声母来源的清浊分的"。

---

① 引自鲜松奎. 新苗汉词典·西部方言［M］. 成都：四川民族出版社，2000：179 "头虱"，272 "（站）起来" "轻"，277 "声音"。作者根据该词典的音系转写为国际音标。

② 陈其光. 西家苗语［J］. 民族语文，2007（4）：71.

从而得出了苗语有 8 个调的理论[①]。在苗语的大多数方言里，声调都完成了阴、阳分化。中泰苗语的难府、文山、台江完成了第二层次的分化，矮寨苗语的 B1 和 B2 读相同的调值，是完成了第二层次的分化之后再合并的结果。例如：

| *A | 难府 | 文山 | 台江 | 矮寨 | 汉义 |
|---|---|---|---|---|---|
| 古苗语清声类 | plau$^{55}_1$ | plou$^{55}_1$ | ɬo$^{33}_1$ | pẓei$^{53}_1$ | 四 |
|  | pe$^{55}_1$ | pe$^{55}_1$ | pi$^{33}_1$ | pɯ$^{53}_1$ | 我们 |
| 古苗语浊声类 | mua$^{52}_2$ | mua$^{42}_2$ | me$^{53}_2$ | me$^{31}_2$ | 有 |
|  | zua$^{52}_2$ | zua$^{42}_2$ | ɣa$^{53}_2$ | za̠$^{31}_2$ | 梨 |

| *B | 难府 | 文山 | 台江 | 矮寨 | 汉义 |
|---|---|---|---|---|---|
| 古苗语清声类 | ke$^{24}_3$ | ki$^{35}_3$ | pẓei$^{53}_3$ | ku$^{44}_3$ | 路 |
|  | sa$^{24}_3$ | sa$^{35}_3$ | ɕhaŋ$^{55}_3$ | ɕe$^{44}_3$ | 熟 |
| 古苗语浊声类 | lɦɔ$^{22}_4$ | lɦiau$^{22}_4$ | lɦia$^{22}_4$ | ljaŋ$^{44}_4$ | 埋（人） |
|  | nɦaŋ$^{22}_4$ | nɦaŋ$^{22}_4$[②] | na$^{22}_4$ | nəŋ$^{44}_4$ | 老鼠 |

| *C | 难府 | 文山 | 台江 | 矮寨 | 汉义 |
|---|---|---|---|---|---|
| 古苗语清声类 | xau$^{44}_5$ | xou$^{44}_5$ | ho$^{35}_5$ | χo$^{35}_5$ | 煮 |
|  | qua$^{44}_5$ | qua$^{44}_5$ | qe$^{35}_5$ | qa$^{35}_5$ | （公鸡）叫 |
| 古苗语浊声类 | nɦuŋ$^{22}_6$ | nɦoŋ$^{22}_6$ | noŋ$^{24}_6$ | nu$^{22}_6$ | 鸟 |
|  | Nqɦua$^{22}_6$ | Nqɦua$^{22}_6$ | ŋa$^{24}_6$ | ŋwa$^{22}_6$ | 勤快 |

| *D | 难府 | 文山 | 台江 | 矮寨 | 汉义 |
|---|---|---|---|---|---|
| 古苗语清声类 | xau$^{33}_7$ | xou$^{33}_7$ | hao$^{33}_7$ | χu$^{22}_7$ | 喝（水） |
|  | təɯ$^{33}_7$ | təɯ$^{33}_7$ | tu$^{13}_7$ | ta$^{21}_7$ | 点（灯） |
| 古苗语浊声类 | ntsɯ$^{21}_8$ | ntsʅ$^{21}_8$ | na$^{31}_8$ | mẓei$^{22}_8$ | 辣 |
|  | ʑi$^{21}_8$ | ʑi$^{21}_8$ | za$^{31}_8$ | ʑi$^{22}_8$ | 八 |

第三个层次是阴声调又根据声母的全清和次清分化为阴平甲、阴平乙，阴上甲、阴上乙，阴去甲、阴去乙，阴入甲、阴入乙等 12 个调类。如川黔滇方言川黔滇次方言的宗地苗语。苗语声调分化的三个层次如下图：

```
第一层次      平           上           去           入
             /\           /\           /\           /\
第二层次  阴平 阳平    阴上 阳上    阴去 阳去    阴入 阳入
         /\    \     /\    \     /\    \     /\    \
第三层次 阴平甲 阴平乙 阳平  阴上甲 阴上乙 阳上  阴去甲 阴去乙 阳去  阴入甲 阴入乙 阳入
```

---

[①] 张琨. 苗瑶语声调问题 [R]. 中央研究院历史语言研究所集刊（第 16 本），1947.
[②] nɦaŋ$^{22}$ 只出现在泰国苗语的 nɦaŋ$^{22}$n̩tʃua$^{24}$ "松鼠"、nɦaŋ$^{22}$qu$^{33}$ "山鼠"等词中，单用时说 tsɦua$^{22}$。

本书调查的中泰苗语四个点没有产生第三层次的整体分化，而是在不同点出现了不同的分化与合并现象。难府苗语和文山苗语8个调类对应7个调值，第四调和第六调合并为22调值并伴有浊流。在此特别要说明的一点是，第四调和六调的合并在云南文山发展并不均衡，在本书的调查点文山马关县都龙镇岩头寨的绿苗苗语出现了合并，但白苗支系未合并，第四调读33调值，第六调读22调值[①]；绿苗支系不合并，第四调读21调值，第6调读11调值。台江苗语8个调类对应8个调值，未出现声调合并现象。矮寨苗语的*B调先分化，后合并，*D调分化为全清声母和次清声母、浊声母两类，全清声母读为21调值并带有后喉塞音ʔ，次清声母和浊声母并入C2调读为22调值。为了更加深入地体现中泰跨境苗语的声调差异，我们把川黔滇方言川黔滇次方言的标准语点贵州毕节大南山苗语的声调也一并列举，共列出5个点的声调如下：

表45　　　　　　　　　　中泰苗语的调值调类

|  | A1 | A2 | B1 | B2 | C1 | C2 | D1 | D2 |
|---|---|---|---|---|---|---|---|---|
| 大南山 | 43 ze̠$^{43}$ | 31 paŋ$^{31}$ | 55 po$^{55}$ | 21 teu$^{21}$ | 44 nte$^{44}$ | 13 zua$^{13}$ | 33 zai$^{33}$ | 24 ntʂi$^{13}$ |
| 难府 | 55 ze$^{55}$ | 52 paŋ$^{52}$ | 24 pu$^{24}$ | 22 tɦɯ$^{22}$ | 44 nte$^{44}$ | 22 zɦua$^{22}$ | 33 zai$^{33}$ | 21 ntsʅ$^{21}$ |
| 文山 | 55 ze$^{55}$ | 42 paŋ$^{42}$ | 35 po$^{35}$ | 22 tɦɯ$^{22}$ | 44 nte$^{44}$ | 22 zɦua$^{22}$ | 33 zai$^{33}$ | 21 ntsʅ$^{21}$ |
| 台江 | 33 ɣuə$^{33}$ | 53 paŋ$^{53}$ | 55 pi$^{55}$ | 22 tu$^{22}$ | 35 tɛ$^{35}$ | 24 ɣe$^{24}$ | 13 ɣa$^{13}$ | 31 na$^{31}$ |
| 矮寨 | 53 zɯ$^{53}$ | 31 pən$^{31}$ | 44 pe$^{44}$ | 44 tə$^{44}$ | 35 dɯ$^{35}$ | 22 qo$^{53/21}$za$^{22}$ | 21/22 za$^{21}$/χu$^{22}$ | 22 mzei$^{22}$ |
| 例词 | 石头 | 花 | 满 | 火 | 烤（火） | 梳子 | 藏/喝 | 辣 |

（三）韵母系统出现了不同程度的繁化

古苗语的韵类系统简单。王辅世（1994）[②]构拟了30个古苗语韵类，其实在现代苗语方言中，大多数点苗语的韵母系统中用于拼读本语词的韵母只有十余个，韵母系统中的复合元音韵母、带有介音的鼻音韵母或鼻化韵母等多为专用于汉语借词，在泰国苗语中还出现了带有塞音韵尾的韵母专用于拼读泰语借词。中泰苗语韵母系统的繁化是由于苗语的韵母系统比汉语或泰语的韵母系统简单，借入了本语韵母系统中没有的韵母用于拼读

---

① 发音合作人：吴金标，男，白苗，1994年生于云南文山广南县珠琳镇西基德村委会以得沟村。
② 王辅世. 苗语古音构拟[M]. 东京：日本东京外国语大学亚非语言文化研究所，1994.

借词。韵母系统的繁化是中泰苗语为了适应借词的需要、满足表达需求而做的自我调节。

## 二 中泰跨境苗语分析性程度存在差异

中泰苗语都是分析性语言,但分析性程度存在差异,难府苗语和文山苗语两个点的分析性程度比台江苗语和矮寨苗语更高。

（一）从构词法看中泰跨境苗语分析性的程度差异

中泰苗语的构词法可分为词根复合法、加缀派生法、语音屈折法等。分析性语言在词法上的表现是以词根复合法为最重要的构词方法,比如汉语。黏着性语言在词法上的体现是以加缀派生法为最重要的构词法,如蒙古语。屈折型语言是以语音屈折为主要构词手段,如拉丁语。很少有只采用单一方法构词的语言,大多数语言是以其中的一种为主而兼有其他构词法。苗语构词法就是如此,是以分型性为主但兼有黏着性。四个点分析性的强弱主要体现在构词前缀的数量和功能差异上。

1. 前缀

难府苗语和文山苗语的构词前缀数量最少,常用的名词前缀只有果类名词前缀和职业称谓类前缀两种。其中果类名词前缀仍然兼有实义名词"果"的用法,尚未完全语法化为专用的名词前缀,但其出现了语义泛化,可用于形状与果类相似的圆状类物体名词前,因此可看成类前缀。果类名词前缀如：

| 难府 | 文山 | 汉义 |
| --- | --- | --- |
| tsɯ$^{24}$tʅua$^{52}$ | tsʅ$^{35}$tʅua$^{42}$ | 桃子 |
| tsɯ$^{24}$sa$^{24}$li$^{52}$ | tsʅ$^{35}$zua$^{42}$ | 梨子 |
| tsɯ$^{24}$ntsen$^{52}$ | tsʅ$^{35}$tse$^{35}$ | 板栗 |
| tsɯ$^{24}$mɦi$^{22}$ | tsʅ$^{35}$mɦi$^{22}$ | 乳头 |
| tsɯ$^{24}$ntsɦɯ$^{22}$ | tsʅ$^{35}$ntsɦɯ$^{22}$ | 鼻子 |

虽然难府苗语和文山苗语都有职业称谓类前缀,但难府苗语的职业称谓类前缀能产性不及文山苗语强。有的词难府苗语不用职业称谓类前缀,文山苗语用；有的词难府苗语可用、可不用职业称谓前缀,文山苗语用；但也有少数词难府苗语用职业称谓类前缀,文山苗语不用。例如：

| 难府 | 文山 | 汉义 |
| --- | --- | --- |
| kɯ$^{33}$ntau$^{33}$l̥au$^{44}$/ tɕɯ$^{22}$ntau$^{33}$l̥au$^{44}$ | kɯ$^{33}$lou$^{44}$ | 铁匠 |
| （缀）打 铁 / 个 打 铁 | （缀）铁 | |
| kɯ$^{33}$ntau$^{33}$ȵɛ$^{52}$/ tɕɯ$^{22}$ntau$^{33}$ȵɛ$^{52}$ | kɯ$^{33}$ȵa$^{42}$ | 银匠 |
| （缀）打 银 / 个 打 银 | （缀）银 | |

| | | |
|---|---|---|
| tua⁵⁵nɦien²²tɕaŋ²⁴tshe⁵⁵<br>人　　　驾　车 | kʉ³³ tshe⁵⁵<br>（缀）车 | 司机 |
| khu²⁴泰借/sɯ⁵⁵fɯ⁵⁵汉借<br>老师　/　师傅 | kʉ（ŋ）³³ntəu³⁵<br>（缀）　书 | 老师 |
| mua²¹泰借<br>医生 | kʉ³³ tshua⁴²<br>（缀）药 | 医生 |
| — | kʉ³³ ntoŋ⁴⁴<br>（缀）木 | 木匠 |
| — | kʉ³³ ze⁵⁵<br>（缀）石 | 石匠 |
| — | kʉ³³ ɦua²²<br>（缀）瓦 | 瓦匠 |
| kɯ³³tsa²⁴plau⁵⁵xau⁴⁴<br>（缀）剪 头发 | — | 理发师 |
| kɯ³³ua⁴⁴tse²⁴<br>（缀）做房 | — | 建筑师 |

台江苗语的前缀比难府苗语和文山苗语丰富，常用的有 qa³³、tɕ³³、tɕi⁵⁵、tai³³ "儿"、qu³⁵ "公" 五个①，其中前三个语法化程度很高，是典型的前缀；后两个语法化的程度不高，仍然表示实义，是类前缀。例如：

| | | |
|---|---|---|
| qa³³poŋ²²　　朋友<br>（缀）伴儿 | qa³³pa⁵⁵　　雄性<br>（缀）父 | |
| tɕi³³mai⁵³　　高粱<br>（缀）高粱 | tɕi⁵⁵ɛ⁵⁵　　姐妹<br>（缀）姐 | |

tai³³ "儿"、qu⁵⁵ "公" 用作前缀时语义泛化，例如：

| | | |
|---|---|---|
| tai³³pha¹³　　姑娘<br>儿 姑娘 | qu³⁵ʨuə²²　　汉人<br>公 汉 | |
| tai³³ʨe²²　　小伙<br>儿 哥 | qu³⁵ɲaŋ²⁴　　小偷<br>公 小偷 | |

矮寨苗语的名词前缀最丰富，有 qo⁵³、ta⁵³、pei⁴⁴、pa⁴⁴、a⁵³、te⁵³、tɕi⁵³、kɯ⁴⁴ 等，并且名词前缀具有使名词语义范畴化的功能和标记词性的功能。qo⁵³ 用于静物名词，ta⁵³ 用于动物名词，pei⁴⁴ 用于果类名词或圆状类名词前缀，pa⁴⁴ 用于男性人名、具有 [+坚硬] 语义特征的物体名词，a⁵³ 用于亲属称谓名词，te⁵³ 表示小巧、可爱，tɕi⁵³ 用于方位处所名词，kɯ⁴⁴ 用于方位名

---

① 参见姬安龙. 台江苗语参考语法 [M]. 昆明：云南民族出版社，2012：72-74.

词。例如：

| qo⁵³nu³¹ | 叶子 | qo⁵³zɯ⁵³ | 石头 |
| （缀）叶 | | （缀）石 | |
| ta⁵³zəŋ³¹ | 龙 | ta⁵³ku²¹ | 青蛙 |
| （缀）龙 | | （缀）蛙 | |
| pei⁴⁴pəŋ³¹ | 杏子 | pei⁴⁴kə⁴⁴ə⁴⁴ | 扣子 |
| （缀）杏 | | （缀）勾衣 | |
| pa⁴⁴qə⁴⁴ | 钩子 | pa⁴⁴kja⁴⁴ | 傻子 |
| （缀）勾 | | （缀）蠢 | |
| a⁵³na⁵³ | 阿哥 | a⁵³ɲaŋ³¹ | 阿娘 |
| （缀）兄 | | （缀）娘 | |
| te⁵³me³⁵ | 小妹 | te⁵³na⁵³ | 小哥哥 |
| （缀）妹 | | （缀）兄 | |
| tɕi⁵³təŋ⁵³ | 地方 | tɕi⁵³tuu⁵³ | 地上 |
| （缀）地方 | | （缀）地 | |
| kɯ⁴⁴nə⁴⁴ | 前面 | kɯ⁴⁴tɕi³⁵ | 后面 |
| （缀）前 | | （缀）后 | |

2. 后缀①

除了台江苗语外，其他三个点没有后缀。台江苗语的后缀可以分为谐音和非谐音两类。谐音后缀跟在动词性语素或形容词性语素后，与其前的语素有双声或叠韵关系。例如：

| maŋ¹³tɕaŋ¹³ | 揉 | fa²²tsaŋ²² | 起来 |
| 揉（缀） | | 起（缀） | |
| moŋ²²toŋ²² | 细 | kaŋ³⁵ki³⁵ | 快 |
| 细（缀） | | 快（缀） | |

（二）从前缀的语法功能看中泰跨境苗语分析性的程度差异

1. 动词前缀的语法功能存在差异

虽然中泰苗语有一个同源的相互态前缀（王辅世将这个前缀构拟为 *ʂe②），但这个前缀在各个点的功能不同。在难府、文山、台江这三个点，这个动词前缀只表示相互态。例如：

| 难府 | sɯ³³ tshe²⁴ | 吵架 | sɯ³³ ntsau⁴⁴ | 打架（牛打架） |
| | （缀）骂 | | （缀）顶 | |

---

① 参见姬安龙. 台江苗语参考语法 [M]. 昆明：云南民族出版社，2012：322.
② 王辅世. 苗语古音构拟 [M]. 东京：国立亚非语言文化研究所，1994：77.

| 文山 | sɿ³³ (缀) | n̥a²¹ 爱 | 相爱 | sɿ³³ (缀) | ntou³³ 打 | 打架 |
|---|---|---|---|---|---|---|
| 台江 | ɕi³⁵ (缀) | te³³ 打 | 打架 | ɕi³⁵ (缀) | ljhi³³ 爱 | 相爱 |

在矮寨苗语中，这个前缀除了表示相互态之外，还表示致使义、强化义、目的义。例如：

pɯ⁵³ tɕi⁴⁴/²¹de⁴⁴ za⁴⁴.        我俩吵架了。（相互义）
我们（缀）骂 了

məŋ³¹ qa⁴⁴maŋ²² tɕi⁴⁴/²¹χɛ³⁵ ne³¹.   你别害人家。（致使义）
你 别    （缀）害 人

we⁴⁴ χə³⁵ məŋ³¹ tɕi⁴⁴/²¹ljɯ²².    我帮你（好好）看守。（强化义）
我 帮 你（缀）守

məŋ³¹lje⁴⁴kə⁴⁴we⁴⁴naŋ⁴⁴taŋ³⁵tshəŋ³⁵tɕi⁴⁴/²¹tɕɯ⁴a³¹?你要把我的钱瞎花完吗？（目的义）
你 要 拿 我 的 钱 瞎花（缀）完（语助）

台江苗语有加在动词前，并与动词有双声或叠韵关系的前缀，表示动作的"无序"貌、"胡乱"貌。其他三个点没有此类前缀。台江苗语如：

| məɯ¹³ maŋ¹³ | 乱揉 | nu⁵⁵ nəɯ⁵⁵ | 乱戳 |
|---|---|---|---|
| （缀）揉 |  | （缀）戳 |  |
| thu³⁵ the³⁵ | 乱骂 | khəɯ³⁵ khuə³⁵ | 乱抖 |
| （缀）骂 |  | （缀）抖 |  |

2. 名词前缀的语法功能存在差异

难府苗语和文山苗语具有名词化功能的前缀不多，常用的有职业称谓类名词前缀 kɯ³³/kɨ³³。矮寨苗语有 qo⁵³、pa⁴⁴、pei⁴⁴等多个前缀具有名词化功能。qo⁵³加在动词、类别词之前实现名物化，转指与该动作、性质或形状相关的物体。加在位数词前表示主观量大的概数。pa⁴⁴加在谓词性成分前实现名物化，转指具有某类性状特征或行为特征者。pei⁴⁴加在动词前实现名物化，转指能发出动作的圆状形物体。例如：

| qo⁵³ to³¹ | 脚后跟 | qo⁵³ ku²² | 数十 |
|---|---|---|---|
| （缀）踢_动词 |  | （缀）十_数词 |  |
| qo⁵³ phjɛ²² | 薄片物 | pa⁴⁴/⁵³ qə⁴⁴ | 钩子 |
| （缀）片_类别词 |  | （缀）勾_动词 |  |
| pa⁴⁴/⁵³tu⁵³ | 聋子 | pa⁴⁴/⁵³ sɛ²¹kj²¹ | 小气鬼 |
| （缀）聋_动词 |  | （缀）小气_形容词 |  |
| pa⁴⁴/⁵³ mu³⁵ | 迟钝者 | pei⁴⁴/⁵³ ljo⁵³ | 圆状形敲击物 |
| （缀）迟钝_形容词 |  | （缀）用圆状物敲击_动词 |  |

## 三 中泰跨境苗语量词的功能差异

从类型学的视角看,中泰苗语量词可分为单位词和分类词,分类词又分为名词分类词和数词分类词。两国苗语单位词的语法功能大致相同,差异主要是名词分类词。从句法分布和语义功能看,名词分类词的功能由强到弱的排序为:台江苗语＞难府苗语/文山苗语＞矮寨苗语。

（一）从句法分布看两国苗语名词分类词的功能差异

分布范围的宽窄是考察名词分类词句法功能的指标,分布范围宽说明句法功能强,分布范围窄则说明句法功能弱。两国苗语名词分类词分布见下表 46。

表 46　　　　　　　　中泰苗语名词分类词分布一览表

|  | +名词 | +谓词 | +时间词 | +指示词 | 前缀+ | 领属词+分类词+名词 |
|---|---|---|---|---|---|---|
| 台江 | + | + | - | + | + | + |
| 难府 | + | + | + | + | - | + |
| 文山 | + | + | - | + | - | + |
| 矮寨 | - | - | - | - | + | - |

表 46 显示:台江苗语名词分类词的分布范围最广,矮寨苗语最弱。下面做进一步说明。

（1）中泰苗语中,只有台江苗语的名词分类词能够单独与名词组合,构成"名词分类词+名词"结构,无须加数词和指示词。这类结构是词法结构还是句法结构有分歧。姬安龙将此类结构放在构词法中。如 tai$^{22}$（个）toŋ$^{35}$（树）→"树"[1]。姬安龙是母语人,他之所以认为是词,应该是认为名词分类词与其后的成分结合紧密。台江话属于苗语黔东方言,张永祥认为黔东方言的此类结构是名词修饰量词构成的修饰词组,不是合成词,理由是量词有明显的词汇意义、量名之间能够插入其他成分、量词能够单独充当某些句子的主语和宾语。张永祥举的例子如:tɛ$^{11}$（个）tə$^{44}$（树）"树（一棵）"[2]。矮寨苗语虽然也有类似结构,但是用于构成合成词,此类词可以接受数量短语的修饰。如 pəŋ$^{44}$（本）də$^{44}$（书）"书", a$^{44/21}$（一）pəŋ$^{44}$（本）pəŋ$^{44}$də$^{44}$"一本书"。王辅世认为"名词分类词+名词"中的名词分类词具有定指功能,相当于定冠词[3]。步连增认为此类结构中的名词分类词具

---

[1] 姬安龙. 苗语台江话参考语法 [M]. 昆明:云南民族出版社,2012:62.
[2] 张永祥. 黔东苗语的量名结构 [J]. 中央民族大学学报,1996（2）:66-71.
[3] 王辅世. 苗语简志 [M],北京:民族出版社,1985:56.

有类指和定指功能①。

（2）名词分类词与谓词组合，在难府苗语、文山苗语和台江苗语有这一用法，在矮寨苗语中未见此用法。例如：

| 难府 | tɕiu²² sai⁵⁵ȵu⁵² | 放牛的 | lo⁵⁵ mi³⁵ | 小的 |
|---|---|---|---|---|
|  | 个 看牛 |  | 个 小 |  |
| 文山 | tɕio²² qhe⁵⁵tshe⁵⁵ | 开车的 | tɕio²² sai⁵⁵ȵo⁴² | 放牛的 |
|  | 个 开车 |  | 个 看牛 |  |
|  | lo⁵⁵ ko⁵⁵ | 旧的 | lo⁵⁵ mi³⁵ | 小的 |
|  | 个 旧 |  | 个 小 |  |
| 台江 | tai²²ki⁵³ | 哭的 | tai²²ljhuə³³ | 长子 |
|  | 个 哭 |  | 个 大 |  |
|  | tai²²faŋ³³ȵi⁵³ | 台江人 | tai²²kha⁵⁵li⁵³ | 凯里人 |
|  | 个 台江 |  | 个 凯里 |  |

（3）难府苗语名词分类词有一个突出的句法特点：加在时间词之前表示定指，这是其他点的分类词所没有的句法功能。例如：

nɯ³³nua²⁴ tsɕiu²² lu⁵⁵ tɕai²² tɕɕio²² mple⁵² ləɯ²¹. 现在到时候种稻谷了。
现在 到 个 季节 栽 稻谷 了

mple⁵²zɕio²²tɕɕio²²mple⁵²te⁵⁵suɯ⁵⁵,tɕɕio²² thau³³lu⁵⁵ɕaŋ⁴⁴ li⁴⁴,thau³³lu⁵⁵ kau²¹ li⁴⁴ mple⁵² ku⁵²
稻谷 是 栽 稻谷 地 仅仅 栽 时候 个 七月 时候 个 十月 稻谷 也
sa²⁴ ləɯ²¹. 稻谷是栽在稻谷地，七月栽种，十月稻谷也熟了。
熟 了

（4）名词分类词与指示词组合，除了矮寨苗语，其他三个点都有这一用法。矮寨苗语的名词分类词必须与数词组合后才能与指示词组合。例如：

| 难府 | 文山 | 台江 | 矮寨 | 汉义 |
|---|---|---|---|---|
| lu⁵⁵ nua²⁴ | tɕio²² na⁵⁵/³⁵ | lai³³ nen⁵⁵ | a⁴⁴/⁵⁴ le⁵³ nəŋ⁴⁴ | 这个 |
| 个 这 | 个 这 | 个 这 | 一 个 这 |  |
| lu⁵⁵ xɔ²⁴ | tɕio²² xau³⁵ | lai³³ ma²² | a⁴⁴/⁵⁴ le⁵³ ei⁵³ | 那个 |
| 个 那 | 个 那 | 个 那 | 一 个 那 |  |

（5）前缀+名词分类词。名词分类词加上前缀后名词化，语法功能变为名词，语义上由表示"量"范畴转变为表示具有某类形状特征的物体，在矮寨苗语中非常常见，在台江苗语中发现少量用例，在难府和文山苗语中未见这一用法。例如：

---

① 步连增. 南方民族语言的名词分类词和数词分类词 [J]. 民族语文，2011（1）：48-49.

矮寨 台江①
qo⁵³le⁵³ 粒儿  qa³³po⁵⁵ 坨儿
（缀）粒  缀 坨

（6）在"领属词+分类词+名词"结构中，名词分类词具有联系项作用，用于连接领属语和中心语。除了矮寨苗语以外，其他三个点都有这一用法。例如：

难府 文山 台江 矮寨 汉义
kɔ⁵²lu⁵⁵tshɔ⁴⁴ kau⁴²lo⁵⁵tshau⁴⁴ moŋ⁵³phaŋ³³u⁵⁵ mən³¹naŋ⁴⁴ə⁴⁴ 你的衣服
你 件 上衣 你 件 上衣 你 件 衣 你 的 衣服

（二）从语义功能看两国苗语量词的差异

两国苗语量词语义功能的差异主要表现在名词分类词的语义功能上。衡量名词分类词语义功能强弱的主要指标是表义范围的宽窄。两国苗语的名词分类词都表示"计量"义和"性状"义，只有台江苗语的名词分类词除此之外还能表示"情感"义。因此，我们认为台江苗语名词分类词的语义功能最强。名词分类词具有表示褒贬的情感评价功能早已受到学界的关注（吴平，1983；王辅世，1985；姬安龙，2012）。以下是台江苗语名词分类词兼表形状和褒贬的用例：

qo⁵³qa³³ tai³³ma²² yoŋ³⁵qa¹³poŋ³⁵va³⁵. 那一小个太逗人喜欢了。（小巧、喜爱）
个（缀）仔那 好 玩 很

qa³³ poŋ³⁵tsɛ⁵⁵ma⁵³thoŋ²²qai³⁵ma²² hei³³ ma⁵³. 房屋边上有一大个锤儿。（粗大、厌恶）
（缀）边 房 有 个 锤 那（语气词）（语气词）

ɕho³⁵a²²nen⁵³ŋaŋ³⁵pəɯ¹²qa⁵⁵tɛ³³ma⁵³qai²⁴kaŋ³³l̥hao⁵⁵ne²².
那时 他 见 地下 有 个 千脚虫
那时他看见地下有一只大千脚虫。

### 四 中泰跨境苗语的语序差异

中泰苗语乃至苗瑶语族语言的基本语序是一致的，其语序差异只是语序基本格局相同下的局部差异。考察两国苗语语序差异有两个视角：视角一是不选择共同的参照点，仅从中泰苗语的对比中寻找差异；视角二是以类型学的语序共性或我国 V-O 型语言的语序共性为参照点，从参照点去观察中泰苗语的差异。本书选择第二个视角。因为第二个视角既能够看到中泰苗语的语序差异，也能够看到中泰苗语语序差异与世界语言语序共性、V-O 型语言语序共性之间的关系。世界语言语序共性这一参照点，本书选

---

① 姬安龙. 苗语台江话参考语法［M］. 昆明：云南民族出版社，2012：60.

取的是 Greenberg（1963）所总结的 45 条语序普遍共性。国内 V-O 型语言语序共性这一参照点，本节选择的是国内 10 种 V-O 语言的语序共性（黄行，1996）。

（一）从世界语言语序共性看两国苗语的语序差异

与 Greenberg（1963）归纳的以下普遍现象相比，两国苗语有不同的语序表现，概述如下：

普遍现象 19："当一般规则是描写性形容词后置时，可能会有少数形容词常常前置，但一般规则的描写性形容词前置时，则不存在例外。"苗瑶语的一般规则是描写性形容词后置，因此只有难府苗语和台江苗语符合这一语序共性。难府苗语以描写性形容词后置为优势语序，少见形容词前置语序。就我们掌握的语料看，"形+名"语序难府苗语仅见形容词 mi$^{24}$ "小"用于名词前的用例。难府苗语形容词 mi$^{24}$ "小"前置于名词的用例：

mi$^{24}$ ntshai$^{33}$　小女孩　　　　　mi$^{24}$ kɯ$^{24}$　　小弟弟
小　女孩　　　　　　　　　　　小　弟弟

我们查阅了《苗语台江话参考语法》，未见"形+名"用例。姬安龙在形容词做定语的描述中，也只举描写性形容词后置的用例，未举前置的例子①。台江话属于黔东方言，王辅世在分析黔东方言养蒿话形容词的语法功能时指出"形容词可以修饰普通名词，修饰时在普通名词的后面"②。

文山苗语和矮寨苗语不符合这一语序共性，这两个点都存在描写形容词修饰名词可前置于名词、也可后置于名词的两种语序，后置是无标记语序，前置是有标记语序。下面我们以难府苗语只有描写性形容词后置于名词一种语序而文山苗语有前置和后置两种语序来看两个点的差别：

难府　　　　　　　　文山　　　　　　　　文山
tshɔ$^{44}$ la$^{55}$ 红衣服　　tshau$^{44}$ la$^{55}$ 红衣服　　tɕua$^{35}$ tsa$^{42}$ 假钱
上衣　红　　　　　　上衣　红　　　　　　假　钱
zau$^{55}$ qau$^{55}$ 酸菜　　zou$^{55}$ qou$^{55}$ 酸菜　　mi$^{35}$ tse$^{35}$ 小房子
菜　酸　　　　　　　菜　酸　　　　　　　小　房子
tɕiəu$^{22}$ qhua$^{24}$ 干柴　tɕiəu$^{22}$ qhua$^{35}$ 干柴　ko$^{55}$ tse$^{35}$ 旧房子
柴　干　　　　　　　柴　干　　　　　　　旧　房子

矮寨苗语的形容词可以通过添加 ma$^{31}$ 移到名词之前。例如：

ne$^{31}$ tɕa$^{44}$　　坏人　　～　ma$^{31}$ tɕa$^{44}$ ne$^{31}$　　坏的人
人　坏　　　　　　　　（结助）坏　人

---

① 姬安龙. 苗语台江话参考语法[M]. 昆明：云南民族出版社，2012：155.
② 王辅世. 苗语简志[M]. 北京：民族出版社，1985：60.

ŋa³¹ dzei³⁵ 瘦肉　　　　　　～　ma³¹ dzei³⁵ ŋa³¹　　瘦的肉
肉　瘦　　　　　　　　　　　（结助）瘦　肉

描写性形容词后置是苗瑶语的固有语序，这说明难府苗语和台江苗语较好地保留了古苗语形容词后置语序。文山苗语和矮寨苗语由于受到汉语的影响，出现了前置语序，并且前置语序的使用频率较高。

两国苗语不仅在描写性形容词修饰名词方面的语序有差异，在名词性成分和动词性成分修饰名词中心语方面也呈现同样的差异。难府苗语的名词性成分和动词性成分只能用于名词中心语之后。例如：

ŋkau⁵² muŋ⁵⁵　　苗歌　　　　　ntshai³³ tɕu⁴⁴　瑶族女孩
歌　苗族　　　　　　　　　　　女孩　瑶族

mi²⁴ntshai³³xu⁴⁴ŋkau⁵² 唱歌的小女孩　tɭe⁵² xau³³　　喝的水
小女孩　唱歌　　　　　　　　　水　喝

文山苗语名词修饰名词有居前、居后两种语序，动词性修饰成分则以前置于中心语为优势语序。例如：

ntsfie²² la⁴²　　　　　田里的鱼　　lfio²²tsa⁴² moŋ⁵⁵　　苗歌
鱼　田　　　　　　　　　　　　　歌　苗族

çoŋ⁴⁴na³⁵ le⁴⁴ pau⁵⁵kɯ³³　今年的苞谷　nfiaŋ²²mau⁴⁴ le⁴⁴ mau³⁵　昨晚的饭
年这　的　玉米　　　　　　　　昨晚　的　饭

pau⁵⁵kɯ³³ tɕi⁴⁴　　　　烧的苞谷　　xau⁴⁴ mua³³ le⁴⁴ ŋqa⁴²　煮软的肉
苞谷　烧　　　　　　　　　　　　煮　软　的　肉

tua⁵⁵nfien²² n.tɕəu³³ te⁵⁵　～　n.tɕəu³³ te⁵⁵ le⁴⁴ tua⁵⁵nfien²² 做地的人
人　挖　地　　　　　　　　　挖　地　的　人

台江苗语，我们掌握的语料只有名词性修饰语和动词性修饰语居名词中心语之后的用例：

li⁵³ zi³³　　　　秧田　　　　　tɕɛ⁵⁵çen³³　　　　砖房
田　秧　　　　　　　　　　　　家　砖

tai²²nai⁵³qaŋ³⁵tuə²⁴　抬轿子的人　tai²²ljo⁵⁵khe³³li⁵³　犁田的牛
个人　抬轿　　　　　　　　　　个　黄牛　犁田

矮寨苗语有居前和居后两种用例：

mzɯ⁴⁴ la²²　　　　田里的鱼　　pzɯ⁴⁴ du³⁵　　　木房子
鱼　田　　　　　　　　　　　　房子　树

tɕu³⁵nəŋ⁴⁴ naŋ⁴⁴ pə³⁵zə⁴⁴　今年的玉米　n.i⁵³m̩ aŋ³⁵ naŋ⁴⁴ l̩ e³⁵　昨晚的饭
年这　的　苞谷　　　　　　　　昨晚　的　饭

u⁵³ χu²²　　　　　饮用水　　ma³¹ χu²² naŋ⁴⁴ u⁵³　　喝的水
水　喝　　　　　　　　　　　（结助）喝　的　水

普遍现象 22："在形容词比较级结构中，如果唯一的或可能交替的语序之一是基准—标记—形容词的话，那么这种语言是后置词语言。如果唯一的或可能的语序是形容词—标记—基准，那么这种语言是除了偶然出现的情况外，绝大多数是前置词语言。"苗瑶语是前置词语言，难府苗语和台江苗语的形容词比较级结构是形容词—标记—基准语序，符合前置词语言比较级结构的普遍共性。文山苗语和矮寨苗语使用了双重语序，既用符合语序共性的形容词—标记—基准语序，也用不符合语序共性的基准—标记—形容词语序，不符合语序共性的语序使用了介词"比"作为比较标记，这一语序的产生是语言接触的产物（详见"差比句"）。

普遍现象 24："如果关系从句前置于名词或者是唯一的或者是可交替的结构，那么这种语言或者使用后置词，或者形容词前置于名词，也可能二者兼有。"两国苗语关系从句的语序上出现较大的差异。难府苗语的关系从句后置于名词。文山苗语和矮寨苗语的关系从句前置于名词。台江苗语使用双重语序：关系从句可后置于名词，也可前置于名词。

难府苗语关系从句后置于名词的用例：

tɔ²⁴ zɦɔ²² tɭe⁵² ntshua⁴⁴ khau⁵⁵ tɭɦua²².　　　　　那是洗衣服的水。
那　是　水　　洗　　　衣服

tɭai²¹ ntəɯ²⁴ ku²⁴ qe²⁴ lɦiu²² plu²¹ ləɯ²¹.　　　　我借的书丢了。
本书　我　　借　回丢　　了

tɭai²¹ ntəɯ²⁴ kɔ⁵² taŋ⁵⁵tɔ²¹ sai⁴⁴ zɦɔ²² len⁵²tɦiɯ²² le⁴⁴?　你正在看的书是谁的？
本书　你　　正在　　　看　是　哪个　　的

tɕɔ²⁴ nɛ⁵² kɔ⁵² na²⁴ mua⁵⁵ nua²⁴ ku²⁴ su²⁴ tɦiaŋ²² ləɯ²¹.　你刚给的这些钱我花完了。
些钱　你　刚　给　这　　我　　用　完　了

tɕɔ²⁴ ntsɔ⁵² nɦiɯ²² pua⁵⁵ tɭɔ⁵⁵ nɔ⁵⁵ nua²⁴.　　　他们拔的草在这里。
些草　他们　　　拔　在　这

文山苗语关系从句前置于名词的用例：

ua⁴⁴ xo⁴² lʉ²¹ le⁴⁴ tua⁵⁵ nɦien²² tsau³⁵ lɦio²² ləɯ²¹.　　干活的人回来了。
做　活路　的　人　　回来　　了

kau⁴² ki⁵⁵ le⁴⁴ zou⁵⁵ tsɿ⁴⁴ zoŋ⁴⁴ nau⁴².　　　你炒的菜不好吃。
你　炒　的菜　不　好　吃

ko³⁵ tsou⁴⁴ le⁴⁴ khou⁴⁴ lo⁴² xen²⁴.　　　　我穿的鞋很大。
我　穿　的　鞋　大　很

kau⁴² ua⁴⁴ le⁴⁴ taŋ³⁵ta⁵⁵ nau⁵⁵ ntəɯ²¹ka⁴⁴.　　你绣的花带在那里。
你　做　的　花带　在　处那

ntou³³la⁴² le⁴⁴ tua⁵⁵nɦen²² lɦo²² la³³.　　　打谷子的人回来了。
打　田　的　人　　回　了

矮寨苗语关系从句前置于名词的用例：
puɯ⁵³ɲi⁵³ ɲe⁵³te⁴⁴naŋ⁴⁴a⁴⁴/²¹qə⁴⁴ne³¹ei⁵³na³⁵tei⁵³ ljəŋ³¹.　我们昨天到的那个寨子那么大。
我们　昨天　到　的　一　　寨子人那　那么　大
a⁵³/²¹teɕ⁴⁴ kaŋ²² naŋ⁴⁴ ə⁴⁴ teu⁴⁴ qe⁴⁴ za⁴⁴.　　　姐姐给的衣服不见了。
（缀）姐　给　　的　衣　不　见了

台江苗语关系从句后置或后置于名词双重语序的用例。如"你昨天买来的那些衣服很贵"：
to²² u⁵⁵ ɲha³³noŋ²² moŋ⁵³ ma²⁴ lao²² a²² tɕi¹³ qa³⁵ poŋ³⁵va³⁵.（后置）
些 衣 昨天　　你 买 来 那 贵 价 很
ɲha³³noŋ²² moŋ⁵³ ma²⁴ lao²² to²² u⁵⁵ a²² tɕi¹³ qa³⁵ poŋ³⁵va³⁵.（前置）
昨天　　　你 买 来 些 衣 那 贵 价 很

又如"我们刚才到过的那个村子漂亮哦"：
lai³³ ɣaŋ²² pi³³ teu²⁴hu⁵⁵ lai³⁵lao²² za³³ yoŋ³⁵faŋ³³hei³³.（后置）
个 村 我们 刚才 到 来 那 好 地方（语助）
pi³³ teu²⁴hu⁵⁵ lai³⁵lao²² lai³³ ɣaŋ²² za³³ yoŋ³⁵faŋ³³hei³³.（前置）
我们　刚才 到 来 个 村 那 好 地方（语助）

（二）从我国 S-V-O 语言的语序共性看两国苗语的语序差异

据黄行（1996）对国内壮、傣、侗、水、黎、仡佬等壮侗语族 6 种语言，苗、布努、畲、瑶等苗瑶语族 4 种语言，共计 10 种 V-O 型语言的 10 个参项的调查结果，我们选取了与中泰苗语语序差异相关的参项进行对比[①]，对比结果见表 47。

表 47　　　　　中泰苗语与国内 V-O 型语言语序对比

| 动词-宾语词缀 | V-O Pre | 10 壮侗6 | 苗瑶4 | 难府苗语 | 文山苗语 | 台江苗语/黔东苗语 | 矮寨苗语 |
|---|---|---|---|---|---|---|---|
| 形容词 | N-A | 6 | 3 | + | + | + | + |
|  | A-N | 0 | 1 | - | + | - | + |
| 关系从句 | N-Rel | 6 | 2 | + | - | + | + |
|  | Rel-N | 0 | 2 | - | + | + | + |
| 比较结构 | A-St | 5 | 1 | + | + | + | + |
|  | St-A | 1 | 3 | - | + | + | + |

---

① 参见黄行. 我国少数民族语言的词序类型[J]. 民族语文，1996（1）：10-18.

表47显示"形容词""关系从句""比较结构"等参项，两国苗语与10种V-O型语言存在语序差异。"形容词"这一参项，与V-O型语言相和谐的语序是N-A。壮侗语族的6种语言都使用N-A，苗瑶语中有3种语言使用N-A。可见在该参项上，苗瑶语族形容词语序与V-O型语言的和谐度不及壮侗语族高。在中泰苗语中，也体现了和谐度的不均衡，难府苗语和台江苗语只用N-A语序，形容词语序与V-O型的和谐度较高，而文山苗语和矮寨苗语则使用N-A和A-N双重语序，与V-O型语言的和谐度较低。

"关系从句"这一参项，与V-O和谐的语序是N-Rel。壮侗的6种语言皆为N-Rel语序。苗瑶语中有2种为N-Rel语序，有2种为Rel-N语序。壮侗语关系从句与V-O语序的和谐度远远高于苗瑶语。苗瑶语关系从句与V-O的低和谐度在中泰苗语中体现为四个点语序的不一致。难府苗语是N-Rel语序，文山苗语和矮寨苗语是Rel-N语序，台江苗语是N-Rel和Rel-N双重语序。从与V-O语序的和谐度看，难府苗语最高，台江苗语次之，文山苗语和矮寨苗语最低。

"比较结构"这一参项，与V-O和前置词语言相和谐的语序是"A-St"。壮侗语族的6种语言中有5种语言与V-O语序相和谐，苗瑶语4种语言中仅有1种语言与V-O语序相和谐，难府苗语和台江苗语用A-St语序，文山苗语和矮寨苗语用A-St和St-A双重语序。可见，比较结构这一参项的和谐度由高到低的排序是：壮侗语＞中泰苗语＞苗瑶语。

从以上对比可以看出，形容词、关系从句和比较结构这三个参项壮侗语比苗瑶语更具有V-O型语言的特征，但苗瑶语内部有较大的不平衡性。如畲语的形容词、关系从句多位居核心成分之前[①]，比较结构用"A-St"，借用了汉语的pji⁵"比"，这些参项的语序都是与V-O型语言不和谐的。中泰苗语四个点也体现了和谐度的不平衡性，和谐度最高的是难府苗语，其次是台江苗语，再次是文山苗语和矮寨苗语。难府苗语和文山苗语同属苗语川黔滇方言川黔滇次方言第一土语，按理应该在和谐度上较为接近，但语言事实却不是如此。文山苗语和谐度不及难府苗语高应该是语言接触的原因。

## 五 中泰跨境苗语的特殊句式存在差异

中泰苗语的被动句、处置句、双宾句、判断句等特殊句式产生于方言分化之后。被动标记、处置标记记和判断标记不同源，处置句发展不平衡，双宾句的方言分布存在差异。下面做具体的分析。

---

[①] 毛宗武、蒙朝吉. 畲语简志 [M]. 北京：民族出版社，1986：41、65、77、81.

## 1. 被动句

中泰苗语被动句的差异主要有两点：一是被动标记不同源。四个点被动标记分别是：

| 难府 | 文山 | 台江 | 矮寨 |
|---|---|---|---|
| mɦiaŋ$^{22}_6$ 被 | mɦiaŋ$^{22}$ 被/tsɦou$^{22}_6$ 着 | zi$^{24}_6$ 着/ tsao$^{31}_8$ 着 | to$^{22}_6$ 着 |

难府苗语和文山苗语的被动标记 mɦiaŋ$^{22}$ 同源，来源不明。而文山苗语除了 mɦiaŋ$^{22}$ 之外，还用 tsɦou$^{22}$ "着"，有两个被动标记。台江苗语的被动标记有 zi$^{24}$ 和 tsao$^{31}$ 两个，姬安龙认为 tsao$^{31}$ 借自汉语[①]。矮寨苗语只有 to$^{22}$ "着"一个。文山苗语的 tsɦou$^{22}_6$ 与矮寨苗语的 to$^{22}_6$ 同源，源自古苗语表示"（打）中"义的动词。这个动词在难府苗语中仍用作表示"（打）中"义的动词，在文山苗语和矮寨苗语中，除了用作"（打）中"义的动词之外，还兼用作被动标记。在黔东方言中，ȶo$_6$ 引申为"正确"义，"（打）中"义只作为语素残存于复合词中。如：ȶo$_6$xhi$_1$（心）"中意"。余金枝认为"（打）中"义借自上古汉语的动词"着（著）"，但其被动用法是在汉语的影响下平行产生的[②]。请看"（打）中"的分布和苗语古音构拟。

| 养蒿 | 腊乙坪 | 大南山 | 石门坎 | 摆托 | 甲定 | 绞坨 | 野鸡坡 | 枫香 | 古音构拟 | 汉义[③] |
|---|---|---|---|---|---|---|---|---|---|---|
| ȶo$_6$ | ȶo$_6$ | ȶou$_6$ | dau$_6$ | tu$_6$ | ta$_6$ | ȶo$_6$ | — | — | *dɔ$^c$ | （打）中 |

其实"*dɔ$^c$（打）中"不仅仅是苗语的同源词，也与勉语的 tsu$^{?31}$"（打）中"有同源关系。tsu$^{?31}$"（打）中"在中泰勉语里语义演变不同，泰国勉语既保留源义，又演变为被动标记，中国勉语丢失了源义，只用作被动标记[④]。请看泰国优勉语 tsu$^{?31}$ 用作被动标记和动词"（打）中"的用例：

oa$^{33}$ nɛi$^{33}$ tsau$^{24}$ tsu$^{?31}$ mei$^{53}$ tshai$^{55}$ tsu$^{?31}$ na$^{?31}$.   我的脚被你踩中了。
我 的 脚 被 你 踩 中 了

二是被动句的发达程度不同。判断一种句式是否发达需要相关的参项。目前，我们尚未发现判断被动句是否发达的相关成果，只能根据中泰苗语的语言事实，将是否有专门的被动标记视为判断被动句是否发达的核心参项。根据这一参项，我们认为难府苗语和文山苗语的被动句比台江苗语和矮寨苗语发达。因为难府苗语和文山苗语有专门的被动标记 mɦiaŋ$^{22}$，这个标记只能出现在被动句中，不能出现在其他句式中，而台江苗语和矮寨苗语的被动标记均兼有动词的用法，也就是说被动标记的语法化尚未完成。例如：

---

[①] 姬安龙. 苗语台江话参考语法 [M]. 昆明：云南民族出版社，2012：213.
[②] 余金枝. 湘西苗语被动句研究 [J]. 中央民族大学学报，2009（3）：107-113.
[③] 王辅世. 苗语古音构拟 [M]. 东京：国立亚非语言文化研究所，1994：47.
[④] 戴庆厦. 泰国优勉族（瑶族）及其语言 [M]. 北京：中国社会科学出版社，2013：407.

台江　tai²²ʑi²⁴tu¹³! 那个挨刀的！（动词）
　　　个　挨刀
　　　nŋ²²tai⁵³ a²² nen⁵³ ʑi²⁴ naŋ³³ ke¹³u⁵³. 前段时间他被蛇咬呀。（被动标记）
　　　前段　那他　被　蛇　咬（语助）
　　　n̥ha³³noŋ²²sai²²va³⁵vi²²tsao³¹sa³³ʑaŋ⁵³. 昨天太冷了我生病了。（动词）
　　　昨天 冷 很　我 着 痧 了
　　　lai³³ tsoŋ³³ na⁵⁵ tsao³¹ nen⁵³ a³⁵ pa²² ʑaŋ⁵³. 这个钟被他弄坏了。（被动标记）
　　　个 钟 这 着 他 做 坏 了
矮寨　a⁴⁴/⁵³ le⁵³ be⁴⁴ nən⁴⁴ to²² ne³¹ nəŋ³¹ to²² ʑa⁴⁴. 这个粑粑被别人吃过了。
　　　一　个 粑粑 这 被 别人 吃 中 了

#### 2. 处置句

处置句并不是普遍句式，在后置词语言和非分析性语言中不存在这一句式。在"中泰苗语特殊句式对比研究"一节中，已指出中泰苗语处置句的两个重要差异：差异一是处置句的发展不平衡，其不平衡性表现为三个表征：台江苗语没有处置句，矮寨苗语处置句的表义范围不及难府苗语和文山苗语广，矮寨苗语处置句的使用频率不及难府苗语和文山苗语高。差异二是有处置句的方言，处置标记不同源，难府苗语和文山苗语的处置标记是 mua⁵⁵ "拿"，矮寨苗语的处置标记是 kə⁴⁴ "拿"。这些差异说明处置句产生于方言分化之后，泰国苗族迁出中国之前。

#### 3. 双宾句

从"中泰苗语特殊句式对比·双宾句"一节我们能够观察到，中泰苗语的双宾句不是一个同质的结构系统，其结构受到句中动词的概念意义的制约。分述如下：（1）在动词为"给予"义或句子的语义结构为顺向转移（施事将物体转移给与事）时，难府苗语采用"mua⁵⁵（拿）/ '给'义动词+$O_t$+tsua⁴⁴（给）+$O_r$"的与格结构，表达的是由"拿 $O_t$"和"给 $O_r$"两个相连事件构成的一个复合事件，这一结构是客体宾语 $O_t$ 位于与事宾语 $O_r$ 之前。文山苗语采用"mua⁵⁵（拿）/ '给'义动词+ tsua⁴⁴（给）+$O_t$+$O_r$"结构的双宾结构。这一结构的特点是先组成"mua⁵⁵（拿）/'给'义动词+ tsua⁴⁴（给）"再带两个宾语。台江苗语和矮寨苗语是"mua⁵⁵（拿）/'给'义动词+ $O_t$+$O_r$"的双宾结构。例如：

难府　tsu²⁴ntsəu²¹ mua⁵⁵ i⁵⁵ tɕʰiu²² ntsʰie²² tsua⁴⁴ ku²⁴. 叔叔拿一条鱼给我。
　　　叔叔　拿 一 条 鱼 给 我
文山　ko³⁵ tɕi³³ mua⁵⁵tsua⁴⁴ ko³⁵ i⁵⁵ tɕʰio²² no⁴². 我姐姐给我一头牛。
　　　我 姐 拿给　我 一 头 牛

台江　vu¹³ pi³³ vi²² o³³ lai³³ tsai⁵⁵.　　　　　奶奶送我两个果子。
　　　奶奶　送　我　二个　果子

矮寨　puɯ⁵³ tɕe⁴⁴ kaŋ²² we⁴⁴ a⁴⁴/²¹ ŋəŋ⁴⁴ zu⁴⁴.　　我姐姐送我一头牛。
　　　我们姐　送　我　一　头　牛

（2）表示"信息传达"义的句子，即表示"施事通过言说行为将话语信息传递给与事的事件过程"的句子。泰国苗语仍然采用与"给予"义相同的与格结构："mua⁵⁵（拿）/'给'义动词+O_t+tsua⁴⁴（给）+O_r"，而中国苗语的三个点均选用双宾句"S+V+IO+DO"即VO_rO_t语序。例如：

难府　nɦɯ²² qha⁴⁴ i⁵⁵ zaŋ⁵² ŋkau⁵²muŋ⁵⁵ tsua⁴⁴ pe⁵⁵.　他教我们一首苗歌。
　　　他　教　一首　歌苗族　　　给　我们

文山　nɦi²² qha⁴⁴ pe⁵⁵ i⁵⁵ zaŋ⁴² ŋkou⁴²moŋ⁵⁵.　　　他教我们一首苗歌。
　　　他　教　我们　一　首　歌苗族

台江　tɕo³³ vi²² i³³ pa²⁴ xuə³³ a²² zaŋ⁵³⋯　　　　教我那番话了……
　　　教　我　一　番　话　那　了

矮寨　bu⁴⁴ ʂa⁵³ puɯ⁵³ a⁴⁴/⁵³ za²² sa⁴⁴.　　　　　他教我们一首苗语歌曲。
　　　他　教　我们　一　首　苗歌

（3）表示"称谓"义的句子，即"施事将与事称呼或命名为客事"的句子，泰国苗语用"S+ V+ IO+ DO"双宾句，中国苗语多用"S+ V+ IO+（做/成）+DO"的非双宾句。例如：

难府　ku²⁴ xu⁴⁴ nɦɯ²² tsɯ²⁴ntsəɯ²¹.　　　　　　我叫他叔叔。
　　　我们　叫　他　叔叔

文山　kau⁴² xo⁴⁴ nɦi²² xo⁴⁴（ua⁴⁴）tsʅ³⁵ntsəu²¹.　你叫他叔叔。
　　　你　叫　他　叫（做）　叔叔

矮寨　puɯ⁵³ ŋe³⁵ bu⁴⁴ thu²² pa⁴⁴/⁵³sɛ²¹kji²¹.　　我们大家骂他小气鬼。
　　　我们　叫　他　做（缒）小气

### 4. 判断句

中泰苗语判断句的差异主要有三点：一是判断动词不同源。泰国苗语的判断动词 zɦo²² 与文山苗语的 zɦau²² 同源，与台江苗语的 te²⁴、矮寨苗语的 ni²² 不同源。这说明苗语的判断动词产生于苗语分化为三个方言之后，泰国苗族迁移出中国之前。二是泰国苗语没有"他是走路来的"之类的表示强调意义的句子，中国苗语受汉语的影响产生了这类句子。例如：

文山　　　　　　　　　　　　　　　矮寨

nɦi²²（zɦau²²）tua⁴² təu⁴⁴ tua⁴² le⁴⁴.　　buɯ⁴⁴（ni²²）χwei³⁵ ku⁴⁴ ləŋ⁴⁴ naŋ⁴⁴.
他（是）来　脚　来的　　　　　　他（是）走　路　来的

三是判断动词在中泰苗语中的隐现条件不同。下面的判断句，台江苗语一般要省略判断动词（姬安龙，2012），但在难府、文山和矮寨三个点的苗语必须使用判断动词。以下是台江苗语的用例：

nen⁵³（ʨe²⁴）tai²²faŋ³³pe²²。　　　　他是反排人。
他　是　个　反排

### 5. 比较句

中泰苗语差比句的差比标记和语序有差异。差比标记有三点重要的差别：一是从词源比较看，各点的差比标记没有同源关系；二是中国苗语都使用差比标记"比"，难府苗语不用；三是除了矮寨苗语有核心标记外，其他苗语点没有。

表 48　　　　　　　　中泰苗语的差比标记

|  | 本语标记 |  | 汉借标记"比" |
|---|---|---|---|
|  | 基准标记 | 核心标记 |  |
| 难府 | tɬhau⁴⁴超过，tɬua⁴⁴过 | — | — |
| 文山 | tɬua⁴⁴过 | — | pi³⁵比 |
| 黔东 | hxangt/hfed/fat 过 | — | bix[①]比 |
| 矮寨 | ŋən²²和 | qa⁵³更 | pi⁴⁴比 |

泰国苗语没有标记"比"，自然也就没有"'比'+比较基准+比较结果"的差比句。其原因是泰国苗族迁出云南在明末清初时期（石茂明，2004），而"汉语'比'字句的广泛使用大约是明清时期"（李蓝，2003），泰国苗语没有受汉语"比"字句影响的时间条件。中国苗语的"比"字句是受汉语影响而平行产生的（余金枝，2012）。中国苗语的"比"字句违反了格林伯格的普遍现象 22："在形容词比较级结构中，如果唯一的或可能交替的语序之一是基准—标记—形容词的话，那么这种语言是后置词语言……"中泰苗语都是前置词语言，语言接触是触发语序改变的因素之一。

等比句泰国苗语采用"比较结果+比较标记"语序，文山苗语和矮寨苗语则采用相反的语序。如"红的和绿的一样好看"：

难府　　lu⁵⁵ la⁵⁵ xa⁵⁵ lu⁵⁵ ntsua⁵⁵ zuŋ⁴⁴ŋkau⁵² i⁵⁵zaŋ²¹.
　　　　个　红　和　个　绿　好看　　　一样
文山　　la⁵⁵ le⁴⁴ xa⁵⁵ ntsua⁵⁵ le⁴⁴ i⁵⁵ʐaŋ²¹ zoŋ⁴⁴ sai⁵⁵.
　　　　红　的　和　绿　　的　一样　　　好　看

---

[①] 黔东苗语的差比标记引自石德富《苗语基础教程·黔东方言》[M]．北京：中央民族大学出版社，2006.

矮寨　ma³¹ljəŋ⁴⁴ ŋəŋ²² ma³¹dʑəŋ³⁵ a⁴⁴ᐟ²¹ ṣei³⁵ ẓu³⁵zaŋ²².
（结助）红 和（结助）绿 一样 好 看

## 六　中泰苗语的语言特征已经出现不同的分化

自明末清初苗族迁移出境以后，两国苗语便受到不同主体语言的影响，在词汇、语音和语法上出现了一些局部的差异。

（一）泰语对泰国苗语的影响

1. 泰语借词对泰国苗语词汇系统的影响

（1）泰国苗语中出现大量的泰语借词。这些借词可以分为两个类别：一是借入本语没有的词，以填补本语词汇系统的表义空白。这是语言为了丰富自身表达能力的需要，是语言发展在词汇上的必然选择。泰国苗语中的这类借词，词类上涉及名词、量词、动词等多个词类，语义范畴上包括自然物质、果蔬、用具、处所、时间、动作、计量单位等各种语义类别。例如：

| | | | |
|---|---|---|---|
| nam⁴⁴tɔ²¹ | 瀑布 | nam⁴⁴qhen²¹ | 冰 |
| pa²¹ntu⁵⁵ | 鲶鱼 | pa²¹thu³³ | 鱼鳃鲐 |
| thu⁴⁴lian⁴⁴ | 榴莲 | khai⁴⁴lot³¹ | 胡萝卜 |
| mau²¹ɔ²⁴ | 柚子 | lin²⁴tɕɯ³³ | 荔枝 |
| lam²⁴ʐai²⁴ | 龙眼 | ma²⁵⁵nau²⁴ | 柠檬 |
| xuŋ⁵²nam⁴⁴ | 厕所 | ka²¹mpɯaŋ⁵² | 瓦 |
| uat⁵⁵ | 庙 | kui⁵²tiu²⁴ | 卷粉 |
| khɔ²¹nuŋ²¹sen⁵⁵ | 米线 | naŋ⁵²ntaŋ²¹ | 糖 |
| tɕaŋ²¹ | 盘子 | kiau⁵² | 杯子 |
| kuŋ³³ | 盒子 | kuŋ³³ | 粉 |
| plen²⁴ | 刷子 | sa³³mpu³³ | 肥皂 |
| fe⁵⁵ | 洗衣粉 | lɔ³³fai²⁴ | 电灯 |
| ki²¹lɔ²⁴ | 电子秤 | pui²¹ | 肥料 |
| tha⁴⁴na⁴⁴qhan⁴⁴ | 银行 | mua²¹ | 医生 |
| pa³³ka²¹ | 钢笔 | ntin²⁴sɔ²¹ | 铅笔 |
| thuŋ⁴⁴ | 旗 | khuŋ²¹ | 东西 |
| luŋ³³mpan²⁴ | 医院 | laŋ⁵² | 商店 |
| uan⁴⁴tɕan⁴⁴ | 星期一 | uan⁴⁴an³³khan³³ | 星期二 |
| uan⁴⁴phut⁵⁵ | 星期三 | uan⁴⁴pha²⁵⁵lɯk⁵⁵xan²¹ | 星期四 |
| uan⁴⁴suk²¹ | 星期五 | uan⁴⁴sau²⁴ | 星期六 |
| uan⁴⁴a⁴⁴thit⁵⁵ | 星期天 | sun²¹ | 零 |

| | | | |
|---|---|---|---|
| liaŋ⁵⁵ | 事情 | khu²⁴ | 老师 |
| khu⁵² | （一）对 | tɕhan⁵⁵ | （一）层（楼） |
| xuŋ⁵² | （一）间 | muŋ²¹ | （六）点（钟） |
| lai⁵² | （一）铢 | phai⁴⁴ | 撑、划（船） |
| au²¹ | 要 | thɔ⁵⁵ | 打（电话） |
| mpa³³ | 疯 | pai⁴⁴ | 走 |

二是借入本语中已有的词，新借的泰语词与本语词形成并存竞争的使用格局。年轻人习惯选用泰语借词，老年人习惯选用本语词。年轻人的词汇选用体现词汇系统的演变方向，年轻人把越来越多的泰语借词带入苗语的词汇系统，势必使中泰两国苗语同源词的数量趋减，与国内苗语的分化加剧。例如：

| 泰借词 | 本语词 | 汉义 | 泰借词 | 本语词 | 汉义 |
|---|---|---|---|---|---|
| tl̥e²⁴mpa³³ 狗本语疯泰借 | ~ tl̥e²⁴vɯ²¹ 狗本语疯本语 | 疯狗 | pa²¹tl̥ɔɯ²⁴ 鱼泰借 | ~ ntsfie²²tl̥ɯ²⁴ 鱼本语 白本语 | 小白鱼 |
| mpa³³ 疯泰借 | ~ tua⁵⁵nfien²²vɯ²¹ 人本语 疯本语 | 疯子 | lu²¹a²⁴ 船泰借 | ŋkɔ⁵²tl̥fie²² 船本语 划本语 | 船 |
| phi²¹ 鬼泰借 | ~ tl̥aŋ⁵⁵ 鬼本语 | 鬼 | luŋ³³lian²⁴ 学校泰借 | ~ tse²⁴kəɯ²¹ntəɯ²⁴ 房子本语 读书本语 | 学校 |
| ap²¹nam⁴⁴ 洗澡泰借 | ~ ntsua²⁴tɕi²⁴ 洗本语 身本语 | （在家）洗澡 | | | |

（2）后来借入的泰语词融入苗语的本语构词系统，并具有再生能力，与先借入的汉语词、本语词共同构成苗、泰、汉或泰、汉合璧词。例如：

| | | | |
|---|---|---|---|
| tsɯ²⁴suŋ⁵⁵ （缀）本语桔泰借 | 桔子 | ke²⁴la⁵²ʑaŋ²⁴ 路本语 沥青泰借 | 柏油路 |
| tl̥e²⁴mpa³³ 狗本语疯泰借 | 疯狗 | ʑaŋ⁵²xu²⁴ ke⁵⁵ 洋火汉借 气泰借 | 打火机 |
| plen²⁴ ntshua²¹na²⁴ 刷子泰借 擦汉借 牙本语 | 牙刷 | | |

2. 泰语借词对泰国苗语语音系统的影响

由于大量吸收了泰语借词，使得苗语的韵母系统中出现了一些本语没有的新韵母，年轻人用得多一些，老年人还不大使用。下面举一些例子：

| ui | pui²¹ | 肥料泰借 | kui⁴⁴（tiu²⁴） | 米干泰借 |
| iu | （kui⁴⁴）tiu²⁴ | 米干泰借 | | |
| iau | kiau⁵² | 杯子泰借 | | |
| an | nan⁵² | 难府泰借 | （luŋ³³）mpan²⁴ | 医院泰借 |

| am | （xuŋ⁵²）nam⁴⁴ | 厕所泰借 | nam⁴⁴（tɔ²¹） | 瀑布泰借 |
| ian | thian（qhai²¹） | 蜡烛泰借 | （luŋ³³）lian²⁴ | 学校泰借 |
| iaŋ | liaŋ⁵² | 事情泰借 | | |
| ɯaŋ | （ka²¹）mpɯaŋ⁵² | 瓦泰借 | | |
| uat | uat⁵⁵ | 庙泰借 | | |

3. 泰语对泰国苗语语法系统的影响

古苗瑶语是"N-A"语序，泰语也是"N-thi⁵¹（结助）-A"语序。由于与泰语接触，泰国苗语的形修名结构保留了"N-A"语序，未出现"A-N"语序，而国内的文山苗语和矮寨苗语出现了"N-A"和"A-N"双重语序，我们认为泰国苗语之所以保留古苗瑶语的"A-N"语序，与泰语的影响有关。

一月中的日期次序，泰国苗语分佛历和农历两种表示法。佛历借用泰语表示法"uan⁴⁴（天泰借）+thi⁵²（第汉借）+数词"。这一用法存在代际差异，父辈、子辈用，祖辈不用。佛历表示法如：

| uan⁴⁴ thi⁵² i⁵⁵ | 一号 | uan⁴⁴ thi⁵² tsu⁵⁵ | 五号 |
| 天　第　一 | | 天　第　五 | |
| uan⁴⁴ thi⁵² kəɯ²¹ | 十号 | uan⁴⁴ thi⁵² nɦien²²（ŋ）kau²¹ | 二十号 |
| 天　第　十 | | 天　第　二　十 | |
| uan⁴⁴ thi⁵² nɦien²²（ŋ）kau²¹ ɔ⁵⁵ | 二十二号 | uan⁴⁴ thi⁵² pɛ⁵⁵ tɕɦiau²² | 三十号 |
| 天　第　二　十　二 | | 天　第　三　十 | |

农历用"sa⁴⁴（日）+数词"表示。老人习惯于用这种表示法。例如：

| sa⁴⁴ i⁵⁵ | 一号 | sa⁴⁴ tsu⁵⁵ | 五号 |
| 日　一 | | 日　五 | |
| sa⁴⁴ kau²¹ | 十号 | sa⁴⁴ nɦien²²（ŋ）kau²¹ | 二十号 |
| 日　十 | | 日　二　十 | |
| sa⁴⁴ nɦien²²（ŋ）kau²¹ ɔ⁵⁵ | 二十二号 | sa⁴⁴ pɛ⁵⁵ tɕɦiau²² i⁵⁵ | 三十一号 |
| 日　二　十　二 | | 日　三　十　一 | |

农历表示法如：

| i⁵⁵ l̥i⁴⁴/³³ ntu⁵² | 一月 | ɔ⁵⁵ l̥i⁴⁴/³³ ntu⁵² | 二月 |
| 一　月　天 | | 二　月　天 | |
| pɛ⁵⁵ l̥i⁴⁴/³³ ntu⁵² | 三月 | plau⁵⁵ l̥i⁴⁴/³³ ntu⁵² | 四月 |
| 三　月　天 | | 四　月　天 | |
| tsu⁵⁵ l̥i⁴⁴/³³ ntu⁵² | 五月 | tsau⁵⁵ l̥i⁴⁴ ntu⁵² | 六月 |
| 五　月　天 | | 六　月　天 | |
| ɕaŋ⁴⁴ l̥i⁴⁴ ntu⁵² | 七月 | ʑi²¹ l̥i⁴⁴ ntu⁵² | 八月 |
| 七　月　天 | | 八　月　天 | |

| tɕua⁵² l̥i⁴⁴ ntu⁵² | 九月 | kau²¹ l̥i⁴⁴ ntu⁵² | 十月 |
| 九 月 天 | | 十 月 天 | |
| kau²¹ i⁵⁵ li⁴⁴/³³ ntu⁵² | 十一月 | kau²¹ ɔ⁵⁵ li⁴⁴ ntu⁵² | 十二月 |
| 十 一 月 天 | | 十 二 月 天 | |

在"第……天"的表示上，难府苗语用"nu⁵⁵+thi⁵²（第）+数词"语序，与泰语表示"第……天"的结构相同。境内苗语不用这一表示法。难府苗语如：

| nu⁵⁵ thi⁵² i⁵⁵ | 第一天 | nu⁵⁵ thi⁵² ɔ⁵⁵ | 第二天 |
| 天 第 一 | | 天 第 二 | |
| nu⁵⁵ thi⁵² pɛ⁵⁵ | 第三天 | nu⁵⁵ thi⁵² plau⁵⁵ | 第四天 |
| 天 第 三 | | 天 第 四 | |
| nu⁵⁵ thi⁵² tsɯ⁵⁵ | 第五天 | nu⁵⁵ thi⁵² tsau⁴⁴ | 第六天 |
| 天 第 五 | | 天 第 六 | |
| nu⁵⁵ thi⁵² nɦien²²（ŋ）kau²¹ | 第二十天 | nu⁵⁵ thi⁵² pɛ⁵⁵tɕɦau²² | 第三十天 |
| 天 第 二 十 | | 天 第 三 十 | |

### 4. 泰国苗语向着与泰语趋同、与境内苗语分化的方向演变

随着泰国十五年义务教育的普及，泰国苗族五岁便开始接受以泰语为授课语言的学校教育，加之谋求生存发展机会、媒体的普及、与外界的交往、融入主体民族的心理需求等一系列因素，使泰国苗语借入了越来越多的泰语借词。在泰语借词、汉语老借词和本语词的选用中，老年人习惯于选用本语词和汉语老借词，青少年则习惯于选用泰语借词，本语词、汉语借词和泰语借词形成了泰国苗语词汇来源的三个系统。这三个词汇系统的选用，祖辈、父辈、子辈已经出现了代际差异。差异分为两个层次：一是祖辈和父辈不用，子辈用。二是祖辈不用，父辈、子辈用。如"走"有本语的 mɦuŋ²² 和泰借的 pai⁴⁴，但年轻人都喜欢说 pai⁴⁴，把"往高处走"说成 pai⁴⁴（走）pɦie²²（高处），而中老年人则说成 mɦuŋ²²（走）pɦie²²（高处）。"尺子"一词，父辈和子辈都用泰语借词 mai²⁴mpan³³that⁴⁴，祖辈不用。下面再举一些子辈用而祖辈和父辈不用的泰语借词：

| lian⁵⁵ nua²⁴ ʐua²⁴ ua⁴⁴ le⁴⁴tɕɦaŋ²²? | 这件事要怎么办？ |
| 事情泰借 这 要 做 怎么 | |
| i⁵⁵ lu⁵⁵ uat⁴⁴ | 一座庙 |
| 一 个 庙泰借 | |
| | ʐua²⁴ tsɦu²² tsau⁴⁴ muŋ²¹ 将近六点 |
| | 要 到 六 点泰借 |
| taŋ²⁴nua²⁴ pɛ⁵⁵ muŋ²¹ ləu²¹. | 现在三点了。 |
| 现在 三 点泰借 了 | |

en²¹, mɦuŋ²² tsɿɕɯ²² muŋ²¹ tua⁵² xu⁴⁴ ku²⁴?　　嗯，几点来叫我？
嗯　去　多少　钟泰借 来　叫　我

ku²⁴ tho⁵⁵　ntsha²⁴ ku²⁴ tsɯ²⁴ mpai³³mpai³³.　　我经常给父亲打电话。
我　打电话泰借 找　我　父亲　经常泰借

kɔ⁵² zua²⁴ au²¹ ua⁴⁴tɕɦaŋ²²?　　你到底要怎么样？
你　要　要泰借 怎么样

tɕɦu²² ntɔɯ²⁴ nua²⁴ an³³ le⁴⁴tɕɦaŋ²²?　　这个字怎么读？
个　字　这　读泰借 怎么

有一些次序，如一周内各天的次序，都借自泰语。父辈、子辈用，而祖辈不用。例如：

uan⁴⁴tɕaŋ⁴⁴　　星期一　　　　uan⁴⁴aŋ³³khaŋ³³　　星期二
星期　一　　　　　　　　　　星期　　二

uan⁴⁴phut²⁴　　星期三　　　　uan⁴⁴pha⁴⁴lɯ⁴⁴xan²¹　星期四
星期　三　　　　　　　　　　星期　　四

uan⁴⁴sut²¹　　星期五　　　　uan⁴⁴sau²⁴　　星期六
星期　五　　　　　　　　　　星期　六

uan⁴⁴a⁴⁴thit⁴⁴　星期天
星期　天

年轻人的语言使用代表语言演变的方向。随着泰国苗族接受教育程度的提高和接受教育人数比例的增加，泰语对泰国苗语的影响将逐渐加大，泰国苗语与境内苗语的分化将加剧。

（二）汉语对境内苗语的影响

汉语对苗语的影响历史悠久。苗族迁出中国之前，中泰苗语均受到汉语的影响，借入了汉语借词，我们称之为"老借词"。如："银""铜""箸""酒""瓦""炭"等名词，"百""千""万"等数词，"喝""敢""过"等动词，"贵""便宜"等形容词。泰国苗族迁移出境之后，中国苗语仍然受汉语的影响，而泰国苗语则不再受汉语的影响，中泰苗语处于不同的语言接触环境中，开始产生跨境分化。中国苗语借入了反映生活、政治、经济、文化等方面的词以填补本语的表义空白，我们称之为"新借词"。随着新借词在中国苗语词汇系统中比例的增大，中国苗语的语音、语序和语义出现了一些变化。

1. 各方言点的音系都增加了专门用于拼读汉语借词的声、韵母

文山苗语借用 y、ui、uai、iau、iaŋ、uaŋ 等韵母专用于拼读汉语借词，如 qau⁴⁴zaŋ⁴²ɦy²² "马铃薯"、sui³⁵pi⁴² "钢笔"、kha⁵⁵xui²¹ "开会"、kuai⁵⁵ "乖"、miau²¹ "庙"、thiau⁴²ken⁵⁵ "调羹"、liaŋ⁴²kuai²¹ "凉快"、uaŋ²¹ "万"等。台江苗语借入当地汉语的声母 z，用于汉语借词"人（民）""日（本）"

等带有 z 声母的词。台江苗语没有以 u 为韵头的合口呼韵母，随着 kui¹³（ʐaŋ³¹）"贵（阳）"、kuaŋ⁵³（toŋ³³）"广（东）"等词的借入，此类韵母逐渐进入了台江苗语的韵母系统①。矮寨苗语借入了ɚ、ə̃、ĩ 等韵母，用于拼读（ti³⁵）ɚ³⁵ "（第）二"、（tʂɿ³¹）ɚ³¹ "（侄）儿"、（tɕɛ³⁵）tə̃⁴⁴ "（电）灯"、（zɿ³¹）pə̃⁴⁴ "日本"、ʑĩ⁴⁴ "音" 等汉语借词。

2. 一些语序出现了变化

由于受到汉语的影响，文山苗语的一些语序、句法结构发生了变化。如：形容词修饰名词，古苗瑶语是 N-A 语序，中国苗语除了台江苗语较好地保留了这一语序之外，文山苗语和矮寨苗语均出现了 N-A 和 A-N 双重语序，而难府苗语由于没有受到汉语的影响则较好地保留了 N-A 语序。关系从句与名词中心语的语序，古苗瑶语是 N-Rel 语序，由于受汉语影响，文山苗语和矮寨苗语使用 Rel-N 语序，台江苗语则使用 N-Rel 和 Rel-N 双重语序，由于没有受到汉语的影响，难府苗语只是用 N-Rel 语序。"比较结构"中比较结果和比较标记的语序，古苗瑶语是 "A-St" 语序，文山苗语和矮寨苗语使用 A-St 语序和 St-A 双重语序，难府苗语和台江苗语则只用 A-St 语序，A-St 语序不使用比较标记或使用本语标记，St-A 语序则使用了汉借标记 "比"。

N-A 在泰国得以较好地保留，可以用泰国勉语保留修饰语素居后语序，而中国勉语演变为修饰语素前置语序做旁证②：

| 泰国勉语 | 中国勉语 | 汉义 |
| --- | --- | --- |
| pwa²⁴ᐟ³¹bja³¹<br>手　右 | bjau²²pwə²³<br>右　手 | 右手 |
| pwa²⁴ᐟ³¹ tsa:i²⁴<br>手　左 | tsai²⁴ᐟ³¹pwə²³<br>左　手 | 左手 |
| tɕan²⁴ᐟ³¹lɔʔ⁵⁵xe³¹<br>民族　拉祜 | la³³xu⁵³sok²²<br>拉祜　民族 | 拉祜族 |
| tɕan²⁴ᐟ³¹li⁵⁵su⁵⁵<br>民族　傈僳 | li³¹su⁵³sok²²<br>傈僳 族 | 傈僳族 |
| top³¹jaŋ⁵³<br>豆　黄 | wjaŋ³¹top²²<br>黄　豆 | 黄豆 |
| top³¹mɛŋ³³<br>豆　绿 | luə²²tau²²<br>蓝　豆 | 绿豆 |

---

① 姬安龙. 台江苗语参考语法 [M]. 昆明：云南民族出版社，2012：44.
② 戴庆厦. 泰国优勉族及其语言 [M]. 北京：中国社会科学出版社，2014：371.

### 3. 一些语序、词义组合关系出现了变化

汉语借词使本语词的语义搭配关系发生变化。矮寨苗语的本语词动词 pə³¹ "打"只带受事宾语，但"打电话"以 pə³¹（打_意译）tɕɛ³⁵χwa³⁵（电话_音译）、"打手机"以 pə³¹（打_意译）ʂɯ⁵³tɕi⁴⁴（手机_音译）"意译+音译"的方式借入后，使 pə³¹ "打"与宾语的语义关系变化，pə³¹ "打"可以带工具宾语。文山苗语的 ntau³³ "打"也出现类似的用法。如：ntau³³（打_意译）tin²¹xua²¹（电话_意译）"打电话"、ntau³³（打_意译）tsen⁵⁵（针_音译）"打针"等。

语言变化受到内因和外因两个因素的制约。内因是语言结构自身的变化规律，外因是语言接触。从 2006 年开始，义务教育开始在国内实行，苗族接受学校教育的时间和人数在增长。随着劳务输出的频繁、媒体传播的普及、对外交流的增加、现代化进程的加快，汉语作为族际通用语对于苗语的影响已经由苗语和汉语的双向影响变为汉语对苗语的单向影响，并且影响的力度是前所未有的。这种影响将使境内苗语的不同方言都向着与汉语趋同的方向发展。

# 结　语

本书通过对难府、文山、台江、矮寨等多个点的对比分析，发现中泰跨境苗语具有的一些特点，得出一些自己的认识，在某些方面有所创新，但也存在一些不足。

## 一　本书的创新之处

1. 研究内容的创新

当前苗语的研究有一个突出特点：境内研究者，主要以境内苗语为研究对象，很少涉及境外苗语。境外研究者，早期是传教士，之后是非母语的西方学者，他们的研究对象是境外苗语。早期，传教士对境外苗语的研究主要是编纂词典、编写苗语课本、撰写介绍苗语的概况性短文和少量的专题研究论文，目的主要是为推广苗文和传播宗教服务。21世纪以来，虽然出现了《白苗苗语的连动结构》《苗瑶语古音构拟》等佳作，但为数不多，在境外苗语的语音系统、语法系统和词汇系统等领域仍有诸多空白点。对中泰苗语的语言结构进行系统比较求其异同更是未见学者涉及。

本书基于泰国的难府和中国的文山、台江和矮寨四个点的材料，对中泰苗语的语音系统进行了描写，并对中泰苗语的语音系统、构词法、词类、语序、特殊句式等语言结构进行对比，探索其中的异同，重点在异而不在同。以斯瓦德士第一、二百核心词为考察对象，探索泰国苗语与文山苗语、台江苗语和矮寨苗语第一、二百核心词的同源词的比例，根据同源词比例的大小来判定泰国苗语与文山苗语、台江苗语和矮寨苗语的亲疏关系。对中泰苗族语言使用现状进行对比，揭示二者的共性和个性及其原因。这些研究向学界展示了中泰苗语在不到300年的分化时间里保留哪些古苗瑶语的语言特征，哪些语言结构出现了跨境差异。这些研究内容都是学界未曾涉及的。

2. 研究方法的创新

对苗语的研究，过去多采用结构主义的方法对某一类语言结构进行专题性描写，或采用历史比较语言学中的回顾法构拟苗语古音。本书除了采用这两种方法之外，还尝试运用多种现代语言学理论和方法来研究。如采用对比语言学的理论方法,从中国苗语的三个方言选取三个代表点,从泰国苗语选取一个点,对这四个点的语音系统、语法系统进行对比,揭示其异同,并着力挖掘相异之处。用语言类型学的理论和方法,探索中泰苗语的领属结构语序、形修名语序、关系从句语序、同位结构语序、差比结构语序等语序是否符合格林伯格归纳的普遍语序共性,并与我国境内的 V-O 语言相比,考察中泰苗语的这些语序参项是否与 V-O 语序相和谐。运用语法化理论探索中泰苗语被动标记、处置标记的来源。运用历史语言学以及接触语言学的"有阶无界"理论等探索中泰苗语第一、二百核心词的同源词比例,并以此判断它们之间的亲疏关系。运用社会语言学的理论方法对中泰苗族语言使用现状进行调查,归纳两国苗族语言使用特点,并揭示其语言使用与社会生活之间的互动关系。尽量做到观察充分、描写充分、解释充分。总之,全书以对比语言学为框架,运用多种语言学理论和方法,从两国苗语的"同"中考察其发生学上的同源关系,从"异"中观察跨境分化和方言分化所产生的语言结构差异。

3. 观点创新

以往关于泰国苗语的认识仅仅停留在与中国苗语川黔滇方言川黔滇次方言比较相似这一朦胧的认识上,究竟哪些语言结构相似,哪些结构相同,哪些结构不同,并没有清晰的认识。本书通过中泰苗语的语音、词汇、语法的对比、二百核心词的同源比较,语言功能对比,得出了一些前人未曾提及的观点:

(1)从通解度看,跨境差异小于方言差异。难府苗语与文山苗语多为相同音质的语音对应,可以通话;与台江苗语和矮寨苗语为不同音质的语音对应,不能通话。

(2)中泰苗语的声母系统向着简化的方向演变。有的点简化已经完成,有的点简化正在进行。如:清化鼻音 m̥、n̥、ȵ̥ 在难府苗语和文山苗语中已经消失,读为非清化鼻音 m、n、ȵ,台江苗语和矮寨苗语还保留。舌尖后塞音 ʈ、ʈh、nʈ、nʈh,塞擦音 tʂ、tʂh、ntʂ、ntʂh,擦音 ʂ、ʐ,在文山苗语不同年龄段都读为舌尖前音 ts、tsh、nts、ntsh、s、z。泰国苗语则存在代际差异,父辈仍然保留,子辈合并为舌尖前音。这说明,舌尖后音在文山苗语中已消失,而泰国苗语中仍在演变中。中泰跨境苗语的声调出现不同程度的简化。

(3)从二百核心词的同源词比例看,难府苗语与文山苗语的关系最近,与台江苗语较远,与矮寨苗语最远,但与台江苗语和矮寨苗语之间的亲属距离并无明显的差距。

(4)中泰苗语的分析性强弱有程度差异,泰国苗语和文山苗语的分析性比台江苗语和矮寨苗语强。具体表现在两个方面：一是难府苗语和文山苗语名词前缀少，且功能不发达，而台江苗语和矮寨苗语名词前缀多，且功能发达。二是虽然中泰苗语都有同源的、表示相互态的动词前缀，但难府苗语、文山苗语和台江苗语的动词前缀仅表示相互态，而矮寨苗语的动词前缀还表示其他语义。

（5）中泰苗语量词的功能强弱不同，由强到弱的排序大致为台江苗语＞文山苗语/泰国苗语＞矮寨苗语。形容词带宾语的功能有差异。泰国苗语和文山苗语只有少量的单音节形容词可以带宾语，但黔东苗语和矮寨苗语单音节形容词带宾语则是很常见的句法功能。疑问副词存在差异。泰国苗语用疑问副词 pua$^{33}$"可"构成"pua$^{33}$（可）+谓语核心"结构表示疑问，询问动作是否发生、状态是否出现。文山苗语也可用 pua$^{33}$"可"，但多用 ka$^{55}$"咯"，而台江苗语和矮寨苗语则没有疑问副词，疑问语气用句末添加疑问语气词表示。文山苗语用 ka$^{55}$"咯"表示疑问与语言接触有关。结构助词的用法存在差异。泰国苗语的结构助词 le$^{44}$只用于标记定指，而文山苗语的结构助词 le$^{44}$除了标记定指外，还标记限制关系和修饰关系，用作状语和补语标记［tl̥ha$^{44}$（跑）le$^{44}$（得）sai$^{55}$（快）"跑得快"］。文山苗语结构助词 le$^{44}$的多功能性应该是受汉语影响的结果。

（6）泰国苗语更多地保留了古苗瑶语的修饰语后置语序

根据类型学研究，S-V-O 型语言的关联语序是修饰语后置语序。泰国苗语较多地保留了古苗语的这一语序，而中国苗语则出现了后置和前置两种语序。

（7）差比标记、被动标记、处置标记、判断标记等特殊句式的句法标记，泰国苗语与文山苗语同源，与台江苗语、矮寨苗语不同源，这说明这些特殊句式产生于苗语分化为三个方言之后。

（8）中泰苗语语言特征已经出现不同的分化。自明末清初自称"蒙"（Hmong）的苗族迁出中国以后，中泰两国苗语便受到不同主体语言的影响，两国苗语的语言结构向着分化的方向演变。泰国苗语词汇系统中出现大量的泰语借词，越来越多的泰语借词进入苗语的词汇系统，势必使中泰两国苗语同源词的比例趋减，向着与泰语趋同的方向演变，与国内苗语的分化加剧。汉语对苗语影响的力度是前所未有的。这种影响使得中国苗语向汉语趋同的演化加速。

（9）中泰苗语的跨境差异小于方言差异。中泰跨境苗语的差异包含两种不同类别的差异：一是跨境形成的差异，如泰国苗语与文山苗语的差异；二是跨境差异与方言差异叠加形成的双重差异，如泰国苗语与台江苗语、矮寨苗语的差异。泰国苗语与文山苗语在语音、词汇、语法上的相近度较高，与台江苗语、矮寨苗语差别很大，中泰苗语的跨境差异小于方言差异。这说明制约中泰跨境苗语差异度的主要因素是分化时间，次要因素是跨境分布。

4. 材料创新

本书在研究过程中十分重视语料的收集和语料的可靠性。书中关于难府、达府、文山等多个点的语言本体材料、语言功能材料皆为项目主持人田野调查所得。本书是基于难府、达府、文山等多个点的词汇、短语、句子、民间故事、苗语歌曲、自然话语等约50万字的语料写成的。书中关于难府、达府、文山岩头寨三个点的音系、语言本体的语料和语言功能的材料都是来自项目主持人田野调查的第一手材料，首次在国内公布。

## 二 关于中泰苗语对比研究的几点体会

中泰跨境苗语对比研究不同于境内苗语或境外苗语的研究。境内苗语研究前贤已经做过深入的探索，有诸多的成果和方法可以借鉴，可选择前人尚未涉及或研究不够深入的领域做专题性或系统性的探索。境外苗语的研究状况是境外学者根据自己的需要考察了境外苗语白苗支系和绿苗支系的某一类语言结构。境内外苗语研究形成了境内学者和境外学者两个独立的学术群体，大家各自耕耘自己的领域。因此做中泰跨境苗语研究难有现成的框架和思路可以借鉴，需要自己探索，寻找一个恰当的研究方法，将这两个领域联系起来，摸索出既能反映中泰苗语全貌又能突出特点的研究方法。经过七年的调查研究，我得出以下几点体会：

1. 中泰跨境苗语对比研究一定要立足于"对比性视角"。"对比性视角"是跨境语言对比研究的基本方法。本项目从选点、田野调查到材料分析，都一直以"对比性视角"为导向。如在选点上，中国苗族有几十个支系，分布在中国的九个省市区，泰国苗族有绿苗、白苗和花苗三个支系，分布在北部的十几个府。本书首先选取了人数较多的绿苗支系，并把调查点定在绿苗聚居的难府波县巴岗镇。选定了泰国的调查点之后，再从中国选取与泰国绿苗相关度最高的支系和调查点。根据现有的研究成果，我们了解到绿苗与绿苗关系很近，且境外的苗族多从云南文山迁出，于是我们选取了云南文山州马关县都龙镇的青苗支系。通过这两个点的对比，我们能够观察跨境分化产生的差异。为了深入地了解中泰跨境苗语的差异，我们还从国内苗语的黔东方言、湘西方言分别选取了台江和矮寨两个对比点。这样，通过难府、文山、台江、矮寨四个点的对比，就能够看到跨境分化和方言分化所产生的两种类型的差异。

除了选点凸显对比性以外，书稿的撰写也体现了对比性。全书从中泰苗族及其语言使用、语音、200核心词、语法等章节，通篇均以对比为框架来撰写，从对比中揭示异同，概写"同"，详写"异"。通过"异"来观察跨境分化和方言分化。

2. 中泰苗语对比研究要立足于"系统性视角"。中泰跨境苗语对比研究乃至跨境语言的对比研究都要有系统的、全面的视角，对语言本体结构、语言功能进行全面调查，从而全面系统地了解所对比的语言，而不是随意挑选几组词、几组语音、几个语法现象进行零星的对比。本书稿的系统性体现在，从语音、200核心词、语法等语言结构的三个方面对中泰跨境苗语进行了系统的对比研究，有助于读者对中泰苗语的语言本体形成系统的认识，帮助读者全面深入地了解中泰苗语在语言结构和语言功能上的异同。从系统性的相同点，看到中泰苗语发生学上的共性特征。从系统性的相异点，能够观察到跨境分化对泰国苗语本体结构的影响。

3. 共时描写和历时比较相结合。中泰苗语对比研究，重在共时描写，为读者清晰地展示中泰苗语的语言事实。在共时描写的基础上，再进行历时比较，看哪些语言单位或语言现象是原始苗瑶语的继承，哪些是各自的创新。中泰苗语对比研究从200核心词的分阶比较中，揭示泰国苗语与中国文山苗语关系亲近，与台江苗语较远，与矮寨苗语更远。通过被动标记、处置标记、判断标记、差比标记的历时比较，发现中泰苗语的这些标记都没有同源关系，从而判断出特殊句式都是方言分化之后产生的。通过副词、介词、结构助词、体助词的比较，发现虚词大多是方言分化或跨境分化之后产生的。从而看到，中泰苗语的语言体系的核心词汇、SVO语序等是相同的，非核心词、虚词、次要语序则有差异，这说明上千年的方言分化、300年的跨境分化都撼动不了中泰苗语从原始苗瑶语那里继承而来的最根本的语言特征。

4. 中泰跨境苗语研究要抓住"稳固性"与"适应性"、抓住"共同性"和"差异性"两对矛盾。处于两侧的跨境民族，由于有共同来源，有原始的、共同的DNA，所以，必然有共同的、扎根很深的相同因素，这些因素是很不容易消失的，我们看到中泰苗族虽然经过了300年的分化，但仍保留许多基本的特点。不过，由于分布于不同制度、不同环境、不同社会进程的国家里，必然会出现一些"适应性"。"适应性"使中泰苗族采取积极的和消极的态度来改变自己原有的一些特点，使自己尽快地融入到主体民族的潮流中去。

处于不同国度的同一民族，必然会由于国家环境的不同而出现差异，"差异性"和"共同性"构成了一对矛盾，其消长构成了一个民族发展的动力。比如中泰苗族在国家认同上出现了异同。中国的苗族在祖国观念上，只有一重性，因为他们认为我们祖祖辈辈都生活在中国的土地上，只有中国才是自己的祖国。而泰国苗族的国家意识则有双重性：一是现实的祖国观念，认为他们是泰国的公民，享受泰国公民的待遇，连他们的户口本上都写着泰国国籍。二是远古的祖籍国概念，他们认为祖先来自中国，与中国有血缘关系，不能忘记中国。这两种观念在不同时期、不同的社会动荡风云中，会有变化，会随两国的地位和他们生存的需要而改变。当现实居住的国家民族政策对他们有更多的优惠时，他们的祖国观念会增强；而祖籍国的经济强大时，他们往往也会从内心里感到自豪，并增强了亲近感。

5. 中泰苗语对比研究要采用"多学科综合法"。中泰跨境苗语对比研究应该以语言学为核心，并结合历史学、民族学、人类学等多学科综合的调查方法，全面了解中泰苗族的社会文化生活，这样才能更深入地揭示中泰苗语的共性和个性及其成因。

### 三 基于"中泰苗语对比研究"提出的对策或建议

1. 应该重视跨境民族语言功能的调查研究。境外苗族人口有200多万，分布在越南、老挝、泰国、缅甸等东南亚国家，以及美国、澳大利亚、法国等欧美国家。境外苗族都是蒙支系，与中国的蒙支系同祖同根。以泰国苗族为突破口，研究境外苗族的语言使用功能，有助于深化对跨境苗族母语功能的认识。我国有34个跨境民族，我们对这些跨境民族的语言使用功能知之甚少，跨境苗族的语言研究能够促进其他跨境民族的语言功能研究，使我国对跨境民族的语言使用做到心中有数。

2. 应该加强跨境民族的语言本体研究。泰国苗族只有300年的跨境分化时间，研究泰国苗语可能使我们看到，在300年的分化时间里，语言结构的大格局没有变化，但产生了一些小的、局部的变化。如泰国苗语没有"比"字句，没有"天上飞着鸟"之类的存在句，没有进行体标记"着"，泰国苗语的结构助词"的"功能不及中国文山苗语强，等等。这说明了泰国苗族迁出中国时中国苗语还没有产生"比"字句，中国苗语由于受到汉语"动词+着"存在句、进行体助词"着"、结构助词"的"的影响，产生了与当地汉语类似的用法。这些小的、局部的变化显示了中泰苗语的不断分化的演变趋势，这些分化差异必须通过跨境语言的对比研究才能看到。

3. 应该借鉴境外国家的语言文化政策，促进我国少数民族语言文化的保留。泰国规定，每周五为自己民族的日子。这一天，学生不穿校服，要穿自己的民族服装上学，课堂上开设自己民族的手工艺课。泰国有自己的民族语电视节目，由于这些节目反映了老百姓的日常生活，深受老百姓的喜爱。

## 四　存在的不足

本书存在以下两点不足：

（1）中泰跨境苗语比较的深度还不够。其原因主要是：这是一个比较大的题目，要在几年内完成一个有相当深度的比较是达不到的；这是一个崭新的项目，国内外积累的资料难以支撑系统深入的比较。

（2）对语料的掌握不均衡。矮寨、难府、文山的语料为第一手材料，台江苗语的语料均为第二手材料。

（3）由于语言障碍，获取泰国苗语的材料难度较大，对泰国苗语中一些有特点的语法现象，如泰国苗语的方位系统、存在范畴、连动结构等有特点的语法现象语料收集不够。

中泰跨境苗语值得深入研究的语言现象很多，本书只对其中的一些现象做深入研究，还有一些语言现象研究得不够深入，如语言接触对跨境苗语的影响，跨境苗语分析性程度差异的形成原因等，没有做深入的研究。这将是后续研究的努力方向。

今后，作者将继续坚持中泰苗语的比较研究。将有计划地对泰国的苗语进行全方位、多角度的调查研究，不断提高对中泰苗语异同的认识，而且还要通过比较探索中泰苗语的历史演变，以期对苗瑶语言学、跨境语言研究，甚至对汉藏语系语言的研究做出一些贡献。

# 附　　录

## 附录一　泰国苗族访谈录

### 一　泰国清莱绿苗韩俊能访谈录

访谈对象：韩俊能，苗族，男，22岁，清莱绿苗。
访谈时间：2012年1月8日
访谈地点：泰国帕夭府蓬县帕常耨乡班卡村小学
访谈人：余金枝

**问**：你好！请介绍一下你的个人情况。

**答**：我叫韩俊能，苗语名字是 tɕhin$^{53}$，意为"诚实"。我们家人都有自己的苗族名字。目前就读于清莱皇家大学汉语专业三年级。我最先学会的是苗语，泰语是6岁上小学时学会的，之前只会听一点，还不会讲。因为我们村都是苗族，没有泰族，所以没有机会学习。汉语是进入大学后开始学习的。

**问**：能谈谈你的家庭情况吗？

**答**：听父母说，我家是30年前从老挝迁居到泰国的。到泰国后，定居在了现在的清莱府汤县塔陶村（Chingrai Thoeng TapTao）。这个村子的人大多也是从老挝搬过来的。我家所在的村寨有100多户人家，都是苗族，由绿苗、白苗两个支系组成，绿苗人数相对较多。因而，村子里以绿苗苗语为主要的交际工具，白苗苗语和绿苗苗语可以通话。

我家有7口人，有爸爸、妈妈、两个妹妹、两个弟弟和我。我是家里的老大，在泰国出生。父母不会讲老挝语，他们在老挝时都是说苗语。我们全家现在都有泰国户口。在家里主要说绿苗苗语。我跟父母用苗语交流，但弟弟妹妹只会说很简单的苗语了。父母还懂苗文，是小时候在学校学的，所写的苗文是白苗苗文。爸爸以前还会讲汉语，后来很少说，慢慢就忘了，现在只会听一点。

**问**：你们村有学校吗？收学费吗？

答：村里有幼儿园，三四岁就可以上幼儿园了，不要学费，生活费也不要。早上去，晚上回。村里的幼儿园办了20多年了。我4岁上的幼儿园，老师是泰族，上课用泰语，常用图画来辅助教学。刚开始时，我听不懂，时间长了就会了。村里还有小学，设一到六年级。现在刚开始招收初中一、二、三年级的学生。高中要到Thoeng这个地方去读，或者去其他地方的高中都可以。初中、高中都不收学费。上大学就要交学费了。我的学费是每学期6000多泰铢。

问：毕业后你准备去哪里找工作呢？

答：我想去清孔、美塞、清盛等地方当翻译。

问：现在学汉语好找工作吗？

答：在泰国还是好找的。一个月最少能赚一万泰铢。

问：你们班有多少个学汉语的学生？

答：21个。其中有4个是苗族。学习内容主要有：汉语拼音、听说、阅读、写作、翻译、汉字、成语故事、人文风俗等。汉字由中国老师教。

问：班上的苗族都来自哪里？

答：王展龙是帕尧的，我和另一个同学是清莱的，还有一个是难府的。王展龙和我是绿苗，其他的两个是白苗，我们都会说苗语，他们讲的白苗苗语我也能听懂。我们在学校不太说苗语，大多数情况下讲泰语。

问：你们村还过哪些苗族节日？

答：主要是春节。大约在每年农历的腊月廿五日到一月三日之间。全村的苗族，不论男女老少，都会穿上自家做的苗族服装。一起做苗族游戏，比如玩弩、陀螺等。过年的前三天，要拜鬼、拜祖先，跳苗族舞蹈等。我没有自己的苗族服装，弟弟妹妹们有。

问：你会唱苗歌跳苗族舞蹈吗？

答：我不会跳。村里的年轻人都不会跳了，要专门学才会。现在的年轻人大都在外读书，很少有机会学了。父母只会唱一些现代的苗歌，比如泰国的流行歌，他们就会用苗语来唱。我跟弟弟妹妹都不会唱苗歌。村里也只有三四十岁以上的人才会。我还听他们用苗语讲过有关苗族的民间故事。故事的名字我忘记了，内容大致是"以前很穷，有一个女孩被鬼捉去。她被捉去后，有一个青年男子到处找她。青年男子在这里唱歌，被鬼捉去的女孩在对面的山上听见了，就用苗歌回答。青年男子就对哥哥说：'我唱歌有人回答'。哥哥说：'我不相信'。'那你跟我去'青年男子说。哥哥就跟着他来到田里，哥哥唱歌，没有人回答。哥哥说：'你骗我'。青年男子唱歌，就听见有人回答了。然后，他们就回家准备行李，去找唱歌的女孩。他们找到那个女孩，看见她跟很多鬼在一起。鬼去找东西吃的时候，他们就躲进去。鬼回来的时候,他们就一个一个地把鬼杀死。然后,他们就把女孩救回家了"。

问:你们这里有没有苗语电视台?

答:有的,常会放苗语电影,绿苗苗语和白苗苗语都讲。我们喜欢看直接用苗语播放的电视、电影,不喜欢看由泰语翻译过来的。

问:谢谢你!

## 二 泰国清莱白苗龙先生访谈录

访谈对象:龙先生,苗族,男,33岁,清莱皇家大学社会发展计划专业的硕士研究生

访谈时间:2012年1月5日

访谈地点:泰国清莱皇家大学

访谈人:余金枝

问:你好!请介绍一下你的个人情况。

答:我的苗语名字叫"龙"(苗语写作 loŋ$^{53}$),是老大的意思,具体指在兄弟中的排行,不包括姐妹。泰语名字在未婚时是一个字,结婚后就变成两个字了。我的泰语名字是 Supinanthachai Saelee。Lee 代表苗族的姓,是祖先的名字。不论哪个国家的苗族,都是不允许同姓结婚的。公元 2004 年(佛历 2547)毕业于清莱皇家大学的社区发展专业,现在是清莱皇家大学社会发展计划专业的研究生,主要是对少数民族和边境国家的状况进行调查研究。目前正在撰写毕业论文,还有两三个月就要毕业了。

我最先学会说的是白苗苗语,6岁以后才慢慢学会泰语。全家苗语讲得最不好的就是我了,可能因为我很早就出来读书吧。好多话我会选择用泰语来代替表达,现在我想一个事情会同时用两种语言思考,但用泰语想的速度要比用苗语快。估计是长期讲泰语的结果。

问:请谈一谈你们村以及你的家庭情况吧!

答:我家住在 Khunwang 村,隶属于 Maewin 镇 Maewang 县 Chingmai 府。人口有 1000 多人,以苗族为主,也有少部分泰族。其中苗族有 5%是绿苗,其余都是白苗,绿苗是从外面嫁入或是上门的。我们村周围有克伦族。最开始白苗和绿苗的村寨是分得很清楚的,后来慢慢就混合在一起了。

我家有 7 口人:妈妈、姐姐、妹妹、三个弟弟和我。父亲在我 11 岁时就去世了,母亲把我们兄弟姐妹抚养长大,至今没有再婚。父亲去世后,姐姐就辍学,帮妈妈养花、照顾弟弟妹妹。种植花卉是我们村寨大部分家

庭主要的收入来源。现在，我们家只有我和最小的弟弟还没有结婚。他也在清莱皇家大学读书，主修教育学。我妹妹跟绿苗结婚了，结婚以后就搬去清迈府 Hot 市了，离家有 60 公里。姐姐也是结婚后就跟着姐夫去坤各琅（Khunglang）了，离家约 14 公里。另外两个弟弟在家养花。我们全家都是白苗，都会讲白苗苗语。

问：你妈妈泰语讲得怎么样？

答：与同龄人相比，我妈妈的泰语算是好的了；跟年轻人比，相对差一些。她有时讲泰语方言，有时讲泰语标准语。主要是由于父亲去世后，妈妈经常一个人坐车到学校来看我，在跟别人打交道的过程中，就慢慢学会了泰语标准语和泰北方言。我们这里都讲泰北方言。在街上需要别人帮助时，她能够用泰语方言跟别人交流。

问：怎样区分白苗和绿苗呢？

答：主要通过语言和服饰来划分。白苗苗语的声调以及白苗裤装上绣的花纹均与绿苗有所差异。比如 "去"，白苗读作 $mɦo^{22}$，绿苗读作 $mɦoŋ^{22}$；"水"，白苗读作 $nte^{53}$，绿苗读作 $tle^{53}$。很多人认为绿苗的苗语不标准。绿苗自己也认为自己讲得不标准。于是就让自己的小孩开始学白苗苗语。比如，我一个同事的弟弟是绿苗，他的父母就让他学白苗苗语。

白苗女装的裤装上绣有花纹；而裙装上就没有花纹。绿苗只有裙装，裙子上绣了很多花纹。现在白苗的年轻人赶时髦，也喜欢穿裙子了，但裙子上不喜欢有花纹。在难府的 Banggelang 镇上，有个村子，村民 80% 都是绿苗，专门从事苗装的编织工作。

问：为什么会有这种想法，是不是因为文字是白苗苗语的？

答：在泰国白苗多一些，文字也是以白苗语音为标准音。

问：小学有没有苗语教材？

答：我们村里的学校以前用过，我还教过一段时间的苗文，后来又取消了。我手边本来有一本，但现在不知放到哪里了。

问：谢谢你的详细介绍。

# 附录二  中国云南文山州马关县岩头寨苗族访谈录

## 一  岩头下寨绿苗项春福老师访谈录

访谈对象：项春福，苗族，男，71 岁，中专毕业，田坝心小学校长，高级教师。

访谈时间：2011 年 8 月 14 日下午

访谈地点：岩头下寨杨超家

访谈人：余金枝

**问**：外公，跟我说说您的经历好吗？

**答**：我 1940 年出生在岩头寨。1950 年解放时，我在保良街读小学，当时我们这边还没有小学，读书都得去勐洞，初中在麻栗坡县城中学读，我们这里归麻栗坡管。毕业后考到文山师专，当时叫文山师范学校。1963 年毕业后，分配到坝堡小学教书。

在坝堡教了 5 年书。后来想离家近点，就调到保良街小学了。在这儿教了 2 年，后又调到金竹山小学当校长，在这个小学工作了 12 年。后来田坝心小学要办半寄宿制小学，就把我调来当校长，一直当到退休。1979 年的时候，老伴生病了，我就退休了。我是小学高级教师，在小学工作了 30 多年。

**问**：外公，您说说这里学校的情况吧。

**答**：我七八岁时，这里就有小学了。整个都龙有几所小学，我们就到离我家最近的保良街小学读书。保良街离我们这儿有 15 里路，每天走路去学校。距离勐洞有 60 里，到麻栗坡更远，有 100 多里，太远了。我们这里就我一个人读书，大家都不读了。

**问**：村子的孩子在哪里上学？

**答**：现在村里的孩子都在田坝心小学。学校有 100 多个学生，设 1—6 年级，共 6 个班级。该小学招收岩头寨在内的附近八九个寨子的学生。有苗族、壮族、傣族、汉族、瑶族等多个民族的学生。

田坝心小学创办于解放后不久，大约是 1953 年或 1954 年。原来田坝心小学只有一个公办老师，其他两个老师都是民办的。现在田坝心小学有十一二个老师，都是师范毕业。两个老师教一个班级。是半寄宿制小学，学生都享有国家补助。

都龙镇原先有 8 所小学，后来都合并了。现在镇上有 3 所半寄宿制小学，分别是田坝心、辣子寨和茅坪，学生可以在学校吃午餐。

**问**：村寨里送孩子读书的多不多？

**答**：原来读书的人很少，主要是因为学校少也离家远。我们岩头上下寨没有一个识字的人，两个生产队要找一个会计，记工分，都找不到，要到别的寨子去请。在这几个村子里，我们这一辈人，就我一个人上到中专。

刚解放时，妇女们基本上都不会说汉话。1957 年以后，办了一些村小，识字的人才渐渐增多，但是不去读书的人还是很多的。这种情况一直持续到国家九年义务教育制度的实行。九年义务教育普及以后，村里孩子基本上都读了小学。读高中还不太多，特别是女孩，十六七岁就早早地结婚了。直到 2010 年村里才出了两个大学生。一个就读于昆明的云南民族大学，一个在文山的三鑫职业技术学院。

问：从都龙到村里的路是什么时候修的？

答：从都龙到我们村，要先坐从都龙到勐洞的车，坐 20 公里，到田坝心下车，再爬 3 公里的山路才到我们寨子。

从都龙到勐洞的路 1958 年就修了，路非常不好走。从田坝心到我们村的土石路是近五六年才修的，路也不好走，只有摩托车能勉强开，其他车辆都进不来。没有铺土石路以前，是一条茅草小路。在铺这条土石路之前，村里的孩子都是早上走茅草路去田坝心小学读书，中午走路回来，下午又去，晚上再返回来，每天要在这条茅草路上跑四趟。

问：村民们的住房情况怎么样？

答：以前村子里都是茅草房，1958 年以前，一间瓦房都没有。之后，村里建了一个瓦窑，这才慢慢盖起了瓦房。如今岩头上下寨每村有三四家是砖瓦房。

问：村里水、电是什么时候通的？

答：2003 年通的水。镇里出钱、村里出工建好的。电通得早，1957 年建了一个电站，就通电了。但后来又断电了，一直到 1998 年电网改造时，才彻底通电。

问：村里老乡们的生活条件怎么样？

答：条件还可以，吃饭不成问题，劳动一年够吃两年。家庭的经济收入不高，农业生产以农作物种植为主。收获的稻谷、玉米、黄豆主要用于自给自足。电视基本上家家都有，摩托车 80% 的人家有。田坝心到村里的这条路只能骑摩托车。摩托车是我们村唯一的交通工具。

问：谢谢您的介绍。

## 二　岩头寨苗族、金竹山村委会主任熊正学访谈录

访谈对象：熊正学，苗族，男，42 岁，高中毕业，金竹村村委会主任。

访谈时间：2011 年 8 月 14 日晚、15 日晚、16 日晚

访谈地点：岩头下寨熊正学家

访谈人：余金枝

问：熊主任，请简单介绍您的个人情况，好吗？

答：我 1969 年出生，高中毕业后一直做矿产生意。2008 年当选村支书。原来做了几年矿产生意，要不然哪里盖得起这两层楼的砖房子哦。你看村

里的房子，大部分是土房子、木房子或者土木房子，盖砖房子的那几家都是做过矿产生意的。

我原来娶过一个瑶族媳妇，她生病过世了。现在这个媳妇刚进门不到一年。

问：请您介绍一下村里的情况吧。

答：我们岩头寨属于金竹山村委会。金竹山村委会下辖16个村民小组，人口共计3112人，其中苗族人口占总人口的53%。8个苗族寨子都在公路上面，公路下面是壮族寨子。整个村委会有苗族、壮族、傣族、布依族、汉族等6个民族，还有几个是外地嫁来的蒙古族。

岩头寨的东边是堡良街，西边是黄脚树，南边是田坝心，北边是老君山省级自然保护区。田坝心是壮族寨子，堡良街和黄脚树是汉族寨子，寨与寨之间通简易的公路，可以跑摩托车。部分寨子的水泥路是2008年修建的。电是2002年才通的。饮用水是2005年通的。田坝心到岩头寨的路是2002年修的，路不宽，只能跑摩托车。泥石路面，一到雨季，路就被冲得七零八落的，很不好走。2006年，岩头寨开始覆盖手机信号。网络到现在还没有。

岩头寨属于矿区，寨子上面的老君山富藏着白钨、黑钨、锌、硅等多种矿产资源。过去几年，采矿是岩头寨村民的主要收入来源，家家户户都上山采矿。现在矿山封闭了，都龙政府鼓励村民经济转型，改种香蕉。现在大部分家庭都种植香蕉，年收入最高可达几万元。

岩头寨的经济情况在金竹山16个村民小组里算中上。村民们平时种山谷、玉米、香蕉、芭蕉、核桃，有的还悄悄挖点矿。种一年谷子够吃三年，孩子上学不用交书费，一日三餐也不用交钱，交点米就可以了。学校伙食还不错，餐餐有肉吃。大家觉得日子还可以，很少有人外出打工。寨子里最富裕的人家有二三十万存款，十来万的人家也有不少，几万块钱的家庭就很多了。

这里交通不便，去都龙一天只有一趟车。早上五六点钟就得下山赶车，下午一点以前要把事办完，不然就回不来了。车费非常贵，从田坝心到都龙，有23公里，便宜时15元，贵的时候要30元。家里有点东西都不敢拿到都龙去卖，出不起车费。算算，还是自己买摩托车比较划算。岩头寨大部分家庭都有摩托车，有的还不止一辆。

问：村里人重视教育吗？

答：不太重视。小学嘛人人都上，读完小学后，有一半的孩子就不上初中了。上高中的就没几个了。家长们都觉得读书也没有工作，用处不大。

早婚也影响读书。好多孩子，十五六岁就结婚了，二十多岁结婚的很少。村里有个孩子，还在读初二，读着读着就突然不读了，跑去嫁人了。有一些女孩的家长认为，读不读书都得嫁人，还不如不读书帮家里省点钱。

村里也有个别读过书的家长，他们比较重视孩子读书。只养一个女孩，就领独生子女证了。怕养多了供不起孩子读书。这样的家长是二三十岁的年轻家长，他们比较有见识。我想，以后这样的家长会越来越多。我到过很多地方，看来看去还是要读书才有前途。我以后就会尽我自己最大的努力让孩子上学，读到哪里，我就让他去哪里。我特别尊敬有文化的人。

其实现在政策还是很好的。读小学不要钱，吃饭不要钱，孩子读到初中以后，家里就可以享受低保。

问：您觉得村里的苗族文化保留得如何？

答：我觉得苗族语言保留得不错，在村里大家都说苗语，想说汉语都没有机会。但是，苗族歌曲很多年轻人都不喜欢唱也不喜欢听了。现在的年轻人不会吹芦笙、不会绣苗族的花裙子。我们村里会主持丧事的二三十岁的年轻人只有一两个，并且主持丧事也不像上一代那样精细，形式上大致像就行了。年轻人，特别是读过书的年轻人比较喜欢汉族服装，不像他们的长辈那样爱自己的民族服装了。我觉得文化的流逝比语言的流逝要快得多。再过一两代人，苗族的服装、芦笙可能会失传，但苗族的语言不会消失。但过一千年以后就难说了，也许最后也是会消失的。

问：如果苗族语言和文化消失了，您觉得遗憾吗？

答：那是肯定的，那是自己民族的象征，消失了就跟其他民族一样了。不过，这是社会发展的趋势，任何人想拦也拦不住的。

问：这里的民族关系如何？

答：民族关系很好。村里有喜事，周边寨子的汉族、壮族都会来帮忙。这几天是办丧事，办丧事只能自己村里的人自己办，不兴外面的人来帮。以前，我们苗族都不跟其他民族通婚，现在可以了。只要年轻人愿意，父母都不干涉。

问：这个村子有多少年的历史？

答：有100多年的历史，与当地的壮族、彝族相比，历史比较短。我家的祖坟还在西畴县呢，村里人大多数是从西畴搬过来的。我爷爷从西畴搬来时有20多岁。刚搬来时，只有几户人家，住在岩头寨的上寨。后来，上寨人多了，住不下了，有部分人就搬到下寨去住了。

问：谢谢您，跟我们谈了这么多，再见！

## 附录三　泰国苗语长篇语料 2 篇

### 1. ku²⁴ lu⁵⁵ tse²⁴ 我的家
### 我　个　家

ku²⁴ mua⁵² pɛ⁵⁵ lu⁵⁵ mpe⁴⁴:i⁵⁵ lu⁵⁵ mpe⁴⁴ muŋ⁵⁵, i⁵⁵ lu⁵⁵ mpe⁴⁴thai⁵⁵, i⁵⁵ lu⁵⁵ mpe⁴⁴ sua²⁴.
我　　有　三　个　名字: 一 个 名字 苗　一 个 名字 泰　一 个 名字 汉
ku²⁴ lu⁵⁵ mpe⁴⁴ muŋ⁵⁵ xu⁴⁴ nen⁵⁵, ku²⁴ lu⁵⁵ mpe⁴⁴thai⁵⁵ xu⁴⁴ laŋ²⁴, ku²⁴ lu⁵⁵ mpe⁴⁴sua²⁴xu⁴⁴ tɕau⁵²
我 个 名字 苗 叫 魂 我 个 名字 泰 叫 琅 我 个 名字 汉 叫 赵
thian⁴⁴ʑa²⁴.ɕuŋ⁴⁴nua²⁴ ku²⁴ nu⁵⁵n̥uŋ³³ nɦien²²(ŋ)kau²¹ ɔ⁵⁵ ɕuŋ⁴⁴.
天涯　　年这　　我　年龄　　二　　十 二 岁

ku²⁴ tse²⁴ mua⁵² tsau⁴⁴ lɦien²²: ku²⁴ tsɯ²⁴、ku²⁴ na²¹, ɔ⁵⁵ tɦiu²² kuɯ²⁴、ku²⁴ mua²¹ xa⁵⁵ ku²⁴.
我　家　有　六　位　　我　父亲　我　母亲　两 个　弟弟　我　妹妹 和 我
ku²⁴ ʑfiɔ²² tu⁵⁵ ḻu⁵⁵. ku²⁴ tsɯ²⁴ ʑfiɔ²² muŋ⁵⁵ntsua⁵⁵, ku²⁴ na²¹ ʑfiɔ²² muŋ⁵⁵tḻəu⁴⁵. thau³³u⁴⁴, ku²⁴
我　是　儿子大　我　父亲 是 苗族绿　　我　母亲 是 苗族白　　时候从前 我
tsɯ²⁴ nɔ⁵⁵ mpaŋ²¹ke²¹, tɔ²¹qaŋ⁵⁵nua²⁴ ku²⁴ tsɯ²⁴ tsɯ²⁴ ntəu²¹ mpaŋ²¹ke²¹, lfiu²² nɔ⁵⁵ ntəu²¹ pa²¹
父亲　住 庞格　　后面　　这 我　父亲 跑 处　庞格　　来 住 处 巴
kaŋ²¹, nu³³/²¹nua²⁴ pe⁵⁵ tsen²¹ nɔ⁵⁵ lu⁵⁵ ʑfiɔ²² nua²⁴. ku²⁴ na²¹ i⁵⁵tsɯ²¹ nɔ⁵⁵ ʑfiɔ²² pa²¹kaŋ²¹.
岗　现在　　我们 还　住 个 寨子 这　我　母亲一直　住　寨子 巴岗

ku²⁴ tsɯ²⁴ xa⁵⁵ ku²⁴ na²¹ ua⁴⁴la⁵²ua⁴⁴ te⁵⁵, ku²⁴ xa⁵⁵ ku²⁴ mua²¹ kəu²¹ntəu²⁴ nɔ⁵⁵ ntəu²¹
我　父亲 和 我　母亲 做 田 做 地　我 和 我　妹妹　读　书　在 处
ut²¹ta³³la³³ndit²¹. ku²⁴ ɔ⁵⁵ tɦiu²² ku²⁴ kəu²¹ntəu²⁴ nɔ⁵⁵ pe⁵⁵ ʑfiɔ²².
程逸皇家大学　我　两 个　弟弟 读　书　在 我们 寨子

ku²⁴ tsen²¹n̥tɕu⁴⁴ tau⁴⁴ thau³³ ku²⁴ tsen²¹ mi²⁴, pe⁵⁵ nɛ²¹ nfiuŋ²² na²¹ xa⁵⁵ tsɯ²⁴ xa³³ lfiu²²
我　还　记　得 时候 我　还　小　我们 喜欢 听 母亲和父亲 说 苗语
ntsfiua²², tsfiau²²ʑfiu²² mpaŋ²¹tfiu²² ku⁵² tsɯ⁴⁴ pɯ⁴⁴.taŋ²²nua²⁴, tɕɔ²² lfiu²²ntsfiua²² xɔ²⁴ ku²⁴
故事　　因乏　多么　　　也 不　睡　现在　　些 苗语故事　那 我
nɔ²⁴qaŋ⁵⁵ tfiaŋ²² ləu²¹.
忘记　　完　了

ku²⁴ tse²⁴ tsɯ⁴⁴ tshua²¹ mua⁵² nɛ⁵² kua³³ ku²⁴ nɛ²¹ ku²⁴ tse²⁴.
我　家 不　很　有　钱　但是 我 喜欢 我 家

译文:
我有三个名字,苗语名字叫魂,泰语名字叫琅,中文名字叫赵天涯。我今年二十二岁了。

我家有六口人，我爸、我妈、我、两个弟弟、一个妹妹。我是家里的长子。

我爸爸是绿苗，我妈妈是白苗。我爸爸原来住在庞格，后来从庞格搬走，来到巴岗村住。巴岗就是我现在住的村子。我妈妈从小一直住在这个村子。

我爸爸和我妈妈种田种地。我和我妹妹现在程逸皇家大学读书，我的两个弟弟在我们村子的学校读书。

我记得小时候，我们喜欢听爸爸妈妈讲故事，再困都不去睡觉。现在这些故事都忘记完了。

我们家不是很有钱，但是我很喜欢我的家。

## 2. ku²⁴ lu⁵⁵ zfiɔ²² 我的家乡
### 我 个 寨子

ku²⁴ lu⁵⁵ zfiɔ²² xu⁴⁴ ta³³ tɕi⁵⁵kuŋ⁴⁴, ŋɔ⁵⁵ tsua⁴⁴ sen²⁴naŋ⁵² thai⁵⁵te⁵⁵, ntəɯ²¹ pe⁵⁵ lu⁵⁵ zfiɔ²²
我 个 寨 叫 道 鸡公   住 于 府难  泰国   处 我们 个 寨
nua²⁴ zfiɔ²² i⁵⁵ lu⁵⁵ zfiɔ²² muŋ⁵⁵,tsua⁴⁴ lu⁵² tsɯ⁴⁴ mi²⁴.mua⁵² muŋ⁵⁵ tl̥əɯ⁵⁵ xa⁵⁵ muŋ⁵⁵ ntsua⁵⁵.
这 是 一 个 寨   苗族 不 大 不 小 有 苗族 白 和 苗族 绿
muŋ⁵⁵ ntsua⁵⁵ lfiu²² ŋɔ⁵⁵ ua⁴⁴nte⁵²,muŋ⁵⁵ tl̥əɯ⁵⁵ ŋa²⁴ lfiu²² ŋɔ⁵⁵ tsua⁴⁴ ɕuŋ⁴⁴ 1987. xa³³tsfiu²²
苗族 绿 来 在 做前  苗族 白 才 来 住 于 年        说 到
ntəɯ²¹ ke²⁴kuŋ²¹tfie²²,ntəɯ²¹ pe⁵⁵ lu⁵⁵ zfiɔ²² ui²¹zfiɔ²² mua⁵² muŋ⁵⁵ tl̥əɯ⁵⁵ xa⁵⁵ muŋ⁵⁵ ntsua⁵⁵
处 相处    处 我们 个 寨 因为 是 有 苗族 白 和 苗族 绿
ŋɔ⁵⁵ ua⁴⁴ke⁴⁴,te⁵²zfia²⁴ ku⁵² tsu⁴⁴ sɯ³³xu²¹, mua⁵²plau⁵⁵mua⁵²ntfiu²² xa⁵⁵. kua³³tsfiu²² thau³³
住 一起  有时 也 不 相和  有事件 有事件（语助）但 到 时候
zua²⁴ zua²⁴ke²⁴ sɯ³³paŋ⁵⁵.ku⁵² pu²¹ tau⁴⁴ ta³³ sua²⁴tl̥fiu²² ku⁵² mua⁵² ke²⁴kuŋ²¹tfie²² zuŋ⁴⁴
要 需要 相互帮助 也 见 得 （结助）大家 也 有 相处    好
kfiəɯ²² le⁴⁴xa⁵⁵.zaŋ²¹le⁴⁴, zfiɔ²² kɔ⁵² tse²⁴ mua⁵²tshuŋ⁴⁴mua⁵²kɔ⁴⁴,lɔ³³ ku²⁴ ku⁵² mfiuŋ²² paŋ⁵⁵.
尽头 （语助）比如 要是 你 家 有 嫁 有 娶 或 我 也 去 帮
ku²⁴ tse²⁴ mua⁵² nfien²¹ tsu⁴⁴ ŋɔ⁵⁵ ləɯ²¹, lɔ³³ kɔ⁵² ku⁵² tua⁵² zu²⁴.
我 家 有 人 不 在 了 或 你 也 来 守
ŋɔ⁵⁵ tsua⁴⁴ ɕuŋ⁴⁴2003, pe⁵⁵ lu⁵⁵ zfiɔ²² mua⁵⁵ fai⁵⁵ ua⁴⁴ ɔ⁵⁵ lu⁵⁵, ui²¹ tɕɔ²⁴ tɕɔ⁵²nɔ⁵²tɕɔ⁵²ua⁴⁴
在 于 年   我们个寨 把 分 做 两 个 因为 些 带 吃 带 做
pu²¹ ta³³ pe⁵⁵ lu⁵⁵ zfiɔ²² lu⁵² xen²⁴ ləɯ²¹,tsha²¹le⁴⁴ mua⁵⁵ fai⁵⁵ ua⁴⁴ ɔ⁵⁵ lu⁵⁵. pe⁵⁵ lu⁵⁵ zfiɔ²² ŋɔ⁵⁵
见（结助）我们 个 寨 大 很 了 才    把 分 做 两 个 我们 个 寨 住
tsua⁴⁴ sau⁴⁴tsuŋ⁵⁵,ntshaŋ⁵⁵tshaŋ⁵²plfiəɯ²². nɔ²⁴ te⁵² lfiau²² xa³³ ta³³,thau³³u⁴⁴,nɔ⁵⁵ te⁵² tsuŋ⁵⁵ zuŋ⁴⁴-
于 上面 山 陡  特别        听见 些 老人 说 道 时候从前住 □ 山 像

---

① □未能明确释义的词，下同。

le⁴⁴ nua²⁴ tsha²⁴le⁴⁴ zuŋ⁴⁴ tsha⁴⁴ te⁵⁵ ua⁴⁴ nɔ⁵³, tɔ²¹qaŋ⁵⁵ nua²⁴ nɔ²¹tsu²⁴ tsu⁴⁴ pu⁵⁵ muŋ⁵⁵ ntu²⁴
这  才   好找  地  做  吃   后来  这  官  不 让  苗族  砍
ntuŋ⁴⁴ ləɯ²¹,tsha²⁴le⁴⁴ fai⁵⁵ te⁵⁵ tsua⁴⁴ pe⁵⁵ ua⁴⁴ xa⁵⁵ tsha²⁴le⁴⁴ tsu⁴⁴ pu⁵⁵ pe⁵⁵ lua⁵² te⁵⁵ ntu²⁴
树   了  才   分  地  给  我们 做  和   才   不  让 我们 薅 地 砍
xaŋ²⁴zuŋ²⁴ zuŋ⁴⁴le⁴⁴ pe⁵⁵ lu⁵⁵ sa⁵⁵n̠ɛ²¹ ləɯ²¹.
树林     像   我们 个 心喜欢  了

ntəɯ²¹ pe⁵⁵ lu⁵⁵ zɦɔ²² nua²⁴, ku⁵² mua⁵² tua⁵⁵nɦien²² ua³³ tɕɔ²⁴ nɔ²¹ tsɔ⁴⁴ tua⁵² se⁵⁵ xaŋ²⁴
处    我们 个  寨  这    也   有   人        □  些 官  派   来 看守 树
zuŋ²⁴,ua⁴⁴tsua⁴⁴ pe⁵⁵ lu⁵⁵ zɦɔ²² mua⁵² ntuŋ⁴⁴ ntau⁴⁴tsaŋ⁴⁴ntau⁴⁴ʑaŋ²¹,ntəɯ²¹ pe⁵⁵ lu⁵⁵ zɦɔ²²
林    做给   我们 个  寨   有    树    多 种  多  样     处   我们 个  寨
mɦiuŋ²² tsu⁴⁴ tl̥e⁵⁵, mua⁵² i⁵⁵ tɦiu²² mi²⁴ tl̥e⁵², pe⁵⁵ mua⁵⁵ xu⁴⁴ ta³³ "tl̥e⁵² naŋ⁵²fe²¹", ku⁵² tsu⁴⁴
走      不    远  有 一  条   小   河   我们  把   叫 （结助） 河  难 啡       也  不
pau⁵⁵ ta³³ lu⁵⁵ mpe⁴⁴ nua²⁴ lɦiu²² le⁴⁴tɕɦaŋ²², kua³³ pe⁵⁵ lu⁵⁵ zɦɔ²² sɯ²⁴ tɦiu²² tl̥e⁵² ntəɯ²¹ nua²⁴
知道（结助）个 名字  这    来  怎么    但是  我们 个  寨   用   条   河   处    这
sɯ⁵⁵. ntəɯ²¹ pe⁵⁵ zɦɔ²² nua²⁴ ku⁵² mua⁵² ke²⁴tshe⁵⁵ tua⁵² tsɦiu²² nte²⁴ ləɯ²¹, kua³³ nu³³ᐟ²¹nua²⁴
仅仅   处    我们  寨   这   也   有     路车    来    到     久   了    但   现在
ke²⁴ ku⁵² ua⁴⁴ua⁴⁴ qhɔ²⁴, tsu⁴⁴ pau⁵⁵ ta³³ thau³³tɦiu²² pua⁵⁵ ma²¹le⁴⁴ khu⁴⁴ kua²¹ zuŋ⁴⁴.
路  也   做 做   洞    不   知道（结助） 时候什么   他们 才     修   让   好

xa³³ tsɦiu²² ntəɯ²¹ ke²⁴ ua⁴⁴ la⁵² ua⁴⁴ te⁵⁵ i⁵⁵ ɕuŋ⁴⁴ᐟ³³ tɕɦɔ²² i⁵⁵ zɦa²² mɔ²⁴mple⁵², tɕɦɔ²² ɔ⁵⁵
说   到    处    □  做  田  所 地  一 年      栽   一 次   饭稻谷   栽    两
zɦa²²pau⁵⁵kɯ³³,mple⁵² zɦɔ²² tɕɦɔ²² mple⁵²te⁵⁵ sɯ⁵⁵, tɕɦɔ²²thau³³lu⁵⁵ɕaŋ⁴⁴ l̥i⁴⁴,thau³³lu⁵⁵ kau²¹ l̥i⁴⁴
次 苞谷      稻谷  是    栽    稻谷    地   仅仅   栽   时候  个 七  月    时候  个  十  月
mple⁵² ku⁵² sa²⁴ ləɯ²¹. xa³³tsɦiu²² ntəɯ²¹ pau⁵⁵kɯ⁴⁴, zɦa²² i⁵⁵ zɦɔ²² tɕɦɔ²² tɕɔ⁵² lɦiu²² nɔ⁵², pe⁵⁵
稻谷   也   熟  了    说 到     处     苞谷    次 一  是   栽    带   来   吃  我们
xu⁴⁴ ua⁴⁴ pau⁵⁵kɯ⁴⁴ ntu⁵²nɦiaŋ²². zɦa²² ɔ⁵⁵ zɦɔ²² tɕɦɔ²² mɦua²².tl̥ua⁴⁴ le⁴⁴nua²⁴ thau³³ ntu⁵² lɦiu²²
叫   做    苞谷     天雨       次 二   是    栽     卖    过     样这     时候   天   来
nɦiaŋ²², ku⁵² mua⁵² ka²¹ tɕɦɔ²² qha²⁴、xɔ²⁴tsɔ⁴⁴、tl̥i⁵⁵、tau⁵⁵ xa⁵⁵ tsen²⁴ tɕɦɔ²² i⁵⁵tsha⁴⁴ tsu²⁴ɕuŋ⁴⁴-
雨    也   有   □   栽   姜    辣椒    黄瓜  南瓜  和   还   栽   一些   （缀）□
tsu²⁴ntuŋ⁴⁴, ʑaŋ²¹le⁴⁴ lin²⁴tsu⁴⁴、tsau⁵¹mpua⁵⁵、kua²⁴mi²⁴ xa⁵⁵ plaŋ⁵⁵n̠ɦiuŋ²². khuŋ⁵⁵ᐟ²¹ xu²⁴ la⁵²
（缀）树    比如   荔枝       芒果        酸角   和   菠萝蜜         空      里  田
te⁵⁵, tɕɔ²⁴ kua⁵³mau²¹ ku⁵² nɔ⁵⁵tse²⁴ ua⁴⁴naŋ²⁴, tɕɔ²⁴ kua³³ qɯ⁴⁴ ku⁵² mɦiuŋ²² tshaŋ²¹.
地   些   女人      也   在家     绣花       些  男人    也   去    打猎

nɔ⁵²pe⁵⁵tɕɦau²² zɦɔ²² pe⁵⁵ muŋ⁴⁴ i⁵⁵ lu⁵⁵ tɕai⁵²n̠ɦiuŋ²² tsua⁴⁴ pe⁵⁵ muŋ⁵⁵ lɦiu²² su⁴⁴ lɦiu²² ua⁴⁴
吃三十       是·   我们 苗族 一 个   节日       给    我们  苗族   来   休息  来  玩

suɯ⁴⁴, ʐfio²² i⁵⁵ lu⁵⁵ tɕai⁵² n̩fiuŋ²² ua⁴⁴ lɔ²¹ze²¹ xen²⁴ tsua²² tɕɔ²⁴ tu⁵⁵ntshai³³lua³³. nɔ⁵² pɛ⁵⁵tɕfiau²²
要　是　一个 节日　　　做 闹热 很　给　些 男女 年轻 吃 三十
ʐfio²² lu⁵⁵ suɯ⁵²xau³³ thau³³ kau²¹ɔ⁵⁵ li⁴⁴ ntu⁵².
是　个 时候　时候 十 二 月 天.

　　ntəɯ²¹ pe⁵⁵ lu⁵⁵ ʐfio²² nua²⁴ tɕɔ²⁴ tua⁵⁵nfien²² lfiau²² ku⁵² tsen²¹ pu²¹ naŋ²⁴ khau⁴⁴tḷfiua²²
　　处　我们 个 寨　这 些　人　　老 也 还 见 穿 衣服
muŋ⁵⁵ xa⁵⁵, kua³³ʐfio³³ te⁵²ʐfia²² ku⁵² naŋ²⁴ tḷai²¹ ta⁵⁵ suɯ⁵⁵, te⁵²ʐfia²² ku⁵² naŋ²⁴ lu⁵⁵tshɔ⁴⁴ suɯ⁵⁵,
苗族 （语助）但是　有时 也 穿 件 裙子 仅仅 有时 也　穿 件 上衣 仅仅
lɔ³³suɯ³³, te⁵²ʐfia²² ku⁵² naŋ²⁴ lu⁵⁵ tsfiuɯ²² suɯ⁵⁵. tɕɔ²⁴ nfien²²lfiau²² te⁵² lfien²² ku⁵² tsəɯ²⁴ xa³³
或者　有时 也 穿 件 裤子 仅仅　些 人　老 有 位 也 会 说
lfiu²²tsa²⁴, xa³³ lfiu²²ntsfiu²², tshua⁵⁵ qen⁵², nu³³nua²⁴ ntəɯ²¹ pe⁵⁵ lu⁵⁵ ʐfio²² ku⁵² taŋ⁵⁵tɔ²¹ qha⁴⁴
苗族山歌 说 苗族民间故事 吹　芦笙　现在　　处　我们 个 寨 也 正在 教
kua²¹ tɕɔ²⁴ tu⁵⁵lua³³ tshua³³ qen⁵² xa⁵⁵.
□ 些 男年轻 吹　芦笙（语助）.

　　thau³³u²⁴, tsen²¹ tsuɯ⁴⁴ tau⁴⁴ mua⁵² naŋ²¹ se⁵⁵, tɕɔ²⁴ lfiau²² ku⁵² xa³³ lfiu²²ntsfiua²² tsua⁴⁴ tɕɔ²⁴
　　时候 从前 还　没 得 有　电视 看 些 老人 也 说 民间故事 给 些
mi²⁴nua³³ ʐau⁴⁴ nfiuŋ²², kua³³ nu²¹nua²⁴ tsuɯ⁴⁴ xa³³ ləu²¹, se⁵⁵ naŋ²⁴ suɯ⁵⁵. tɕɔ²⁴ tu⁵⁵ntshai³³lua³³
小孩子 幼 听　但 现在　不 说 了　看 电视 仅仅　些 男女 年轻
tɕɔ²⁴ kəɯ²¹ ntəɯ²⁴ ku⁵² mfiuŋ²² kəɯ²¹ntəɯ²⁴ ləu²¹, tɕɔ²⁴ tsuɯ⁴⁴ kəɯ²¹ntəɯ²¹ ku⁵² mfiuŋ²² ua⁴⁴-
些　读　书　也 去　读书　　了 些 不 读书 也 去 做
nu²¹ tsua⁴⁴ luɯ²¹ lu⁵⁵ sen²⁴.xu²¹ ʐfio²² ku⁵² mua⁵² tɕɔ²⁴ ku³³ ɲɔ⁵⁵ ua⁴⁴ te⁵⁵ xa³³ tɕɔ²⁴ kuɯ³³ kəɯ²¹
工 到　别 的 个 府 里 寨　只 有 些 滞留 在 做 地 和 些 滞留 读
ntəɯ²⁴ tsuɯ⁴⁴ tau⁴⁴ sa⁵⁵ suɯ⁵⁵.
书　不　得 高 仅仅.

　　xu²⁴ pe⁵⁵ lu⁵⁵ʐfio²² ʐfio²² ta³³ mua⁵² kuɯ²⁴ti⁵²nen⁵²tsaŋ⁴⁴, lɔ³³ ʐfio²² qhua⁴⁴ tua⁵², ku⁵² mua⁵²
　　里 我们 个 寨 是 （结助）有 亲戚　　或 是 客人 来 也 有
i⁵⁵ lu⁴⁴ lfiu²² xu⁴⁴ ta³³: tua⁵² lɔ²⁴, lfiu²² tse²⁴.
一 句 话 叫（结助）来（语助）来 家.

　　tɕɔ²⁴ xa²³ lfiu²² nua²⁴ ʐfio²² lu⁵⁵ ʐfio²²tɕi⁵⁵kuŋ⁴⁴。
　　些 说 来 这 是 个 寨子 鸡公.

　　译文:
　　我的家乡叫鸡公寨,在泰国难府。我们寨是一个苗族寨子,不大不小。有白苗和绿苗,绿苗先来,白苗是1987年才搬来的。说到村里人相处,因为我们寨子里有白苗和绿苗,有时也有矛盾,但有大事需要帮助的时候,比如谁家有人嫁娶,大家都过去帮忙,谁家有人过世,会有人过去守灵。

在 2003 年，管理我们寨子的官员把我们寨分成了两个，因为，我们寨子太大了。我们村在很陡的山上面，听老人说，以前住在山上才有地，才有饭吃。后来当官的不让我们苗族砍树了，分地给我们种，才使得我们听从他们的命令下山，不砍树了。

我们寨子有些官员是政府专门派来管理我们的，不许我们砍树，我们寨子有多种多样的树。离这个寨子不远有一条小河，这条河叫"难啡河"。也不知道名字是怎么来的，但是我们寨子用的都是这条河的水。我们寨子通车很久了，但现在这条路坑坑洼洼，不知道什么时候才能修好。

说到种田种地，一年种一次稻谷两次苞谷，种稻谷是七月，十月成熟。说到苞谷，一年两次，第一次是种给自己吃的，叫做雨天苞谷。第二次是种来卖的。下雨的时候，除了种稻谷和玉米，还要种姜、辣椒、黄瓜、南瓜。村里还栽一些水果，比如荔枝、芒果、酸角和菠萝蜜。农闲的时候，女人在家绣花，男人打猎。

过年是我们苗族唯一的节日。过年的时候，我们苗族人都休息玩耍，对年轻姑娘和小伙子来说是一个很好玩的节日。这个节日是在每年的十二月。

我们寨子还能看见老人穿苗族服装，但有时只穿裙子，有时只穿上衣。这些老人还会唱苗族古歌，说苗族民间故事，吹芦笙。现在我们寨子正在教小伙子吹芦笙。

以前没有电视看，老人就说民间故事给小孩听，但现在不说了，只看电视。姑娘小伙子读书的读书去了，不读书的也去别的府打工去了，寨子里剩下的是做田做地的人和低年级的读书孩子。

我们寨子会有亲戚和客人来玩。寨子里有一句常用的话，见到客人就说："来啊，来家里坐。"

上面说的这些是我们的寨子鸡公寨。

# 附录四　泰国苗语自然话语材料 3 则

## 1. mȟuŋ²² ta²¹lat²¹ 赶集
### 走　集市

甲：pɧie²²kɧi²² kɔ⁵² pua³³ khuŋ²¹?　　　　　明天有空吗？
　　明天　你　可　空

乙：en²¹, mua⁵² tl̥aŋ⁵⁵tsu⁴⁴?　　　　　　　嗯，想做什么？
　　嗯　有　什么

甲：pfie²²kfii²², kɔ⁵² tsfiu²² ku²⁴ mfiuŋ²² ta²¹lat²¹, pua³³ tau⁴⁴?　明天，你跟我去集市，好吗？
　　明天，　你跟　我　去　集市　　可　得

乙：en²¹, mfiuŋ²² tsfiəɯ²²muŋ²¹ tua⁵² xu⁴⁴ ku²⁴.　嗯，几点去来叫我。
　　嗯　　去　多少　　钟泰借　来　叫　我

甲：tɕɔ²⁴ tsɯ²⁴suŋ⁵⁵ nua²⁴ zuŋ⁴⁴ŋkau⁵² tshaŋ⁵², e⁵⁵ ʑua²⁴ i⁵⁵qhɔ²⁴ mfiuŋ²² tse²⁴.
　　些　桔子　这　好吃　　特别　我俩买　一点　回　家
　　（来到了集市）这些桔子很好吃，我们买点回家。

甲：tsɯ²⁴suŋ⁵⁵ i⁵⁵ ki²¹lɔ²⁴ pfie²²tsfiəɯ²² mpa²¹?　　桔子一公斤多少泰铢？
　　桔子　一　公斤　　多少　　　铢

丙：nfien²² (ŋ) kau²¹ tsɯ⁵⁵ mpa²¹.　　二十五泰铢。
　　二　十　　五　　铢

甲：ʑua²⁴ ɔ⁵⁵ ki²¹lɔ²⁴.　　买两公斤。
　　买　两　公斤

乙：tḷai²¹ ta⁵⁵　nua²⁴ pfie²²tsfiəɯ²² mpa²¹?　这件苗族裙子多少铢？
　　件　苗族裙子这　多少　　　铢

丙：ɔ⁵⁵　tshin⁵⁵　tsɯ⁵⁵.　　两千五。
　　二　千　　五

甲：ua⁴⁴tɕfiaŋ²² ki²¹ tshaŋ⁵² le⁴⁴? phin⁵²ʑfii²² mi²⁴ntsɯ²⁴ pua³³ tau⁴⁴?
　　怎么　贵　特别（语助）便宜　小点　　可　得
　　怎么这么贵呀？便宜一点可以吗？

丙：tḷai²¹ ta⁵⁵　nua²⁴ ʑfiɔ²² pe⁴⁵ sua⁴⁴ tfie²² ua⁴⁴, xa³³le⁴⁴ mua⁵²⁄²¹ ntsɯ²⁴ ki²¹.
　　件苗族裙子这　是　我们用　手　做　才　　有　　点　贵
　　这件裙子是我们手工做的，所以才有点贵。

甲：pua³³ mua⁵²tɕɔ²⁴ phin⁵³ʑfii²² mi²⁴ntsɯ²⁴?　有没有便宜一点的？
　　可　有　些　　便宜　　小点

丙：tḷai²¹ nua²⁴ ʑfiɔ²² sua⁴⁴ tshua⁵⁵ səɯ³³, i⁵⁵ tshin⁵⁵ ɔ⁵⁵ sɯ⁵⁵.
　　条　这　是　用　缝纫机　缝　一　千　二　仅仅
　　这条是用缝纫机缝的，才一千二。

甲：ku²⁴ tsɯ⁴⁴ tshaŋ⁵²⁄²¹ nɛ²¹.tḷai²¹ tḷai⁴⁴ ḷəɯ³³ nua²⁴ pfie²²tsfiəɯ²²?
　　我　不　特别　喜欢　件　挂　珠子　这　多少
　　我不太喜欢。这件挂着珠子的多少钱？

丙：tḷai²¹ kɔ²⁴ ɔ⁵⁵ tshin⁵⁵.　　那件两千。
　　件　那　两　千

乙：i⁵⁵ tshin⁵⁵ tsɯ⁵⁵ pua³³ tau⁴⁴?　一千五可以吗？
　　一　千　五　可　得

丙：tsɯ⁴⁴ tau⁴⁴, tlai²¹ ta⁵⁵ nua²⁴ ʐuŋ⁴⁴ŋkau⁵² xen²⁴, len⁵²lɦɯ²² kuˀ⁵² nɛ²¹, pua⁵⁵ tɯ⁵⁵ ʐua²⁴ ɔ⁵⁵
　　不　得　件苗族裙子这　好看　　很　个哪　都　喜欢 他们 都　买　两
　　peˀ⁵⁵ tlai²¹ lɯ²¹. 不得，这件衣服很好看，谁都喜欢，他们都买两三条了。
　　三　条　了

甲：ʐua²⁴ ɔ⁵⁵ tlai²¹ ne²⁴? i⁵⁵ tlai²¹ i⁵⁵ tshin⁵⁵ tsɯ⁵⁵ pua³³ tau⁴⁴? 买两条呢？一条一千五。
　　买　两　条　（语助） 一条 一 千 五　可　得

丙：tsɯ⁴⁴ tau⁴⁴, tɕɔ²⁴ lɯ³³ tlai⁴⁴ nua²⁴ ki²¹ xen²⁴. 不得，这些挂的珠子很贵。
　　不　得　些 珠子 挂 这 贵 很

乙：phin⁵²ʑɦi²² mi²⁴ntsɯ²⁴ tsɯ⁴⁴ tau⁴⁴ le⁴⁴lɔ²⁴? 便宜小点都不行吗？
　　便宜　　小点　　　不　得　（语助）

丙：ʑɦiɔ²²ta³³ me⁵³/⁴⁴ ʐua²⁴ ɔ⁵⁵ tlai²¹ te³³ i⁵⁵ tlai²¹ i⁵⁵ tshin⁵⁵ ʑi²¹.
　　如果　你们　买 两 条 □ 一 条 一 千 八
　　如果你们买两条就一条一千八。

甲：te³³ ʐua²⁴ ɔ⁵⁵ tlai²¹ nua²⁴。　　　　　就买这两条吧。
　　□　买　两　条　这

## 2. 电话交谈

子：xa³³lɔ²⁴, tsɯ²⁴?　　　　　　　　　哈啰，父亲？
　　哈啰　父亲

父：kɔ⁵² taŋ⁵⁵tɔ²¹ ua⁴⁴ tlaŋ⁵⁵tsɯ⁴⁴?　　你正在做什么？
　　你 正在　做　什么

子：ntɕəɯ³³ pɔ⁵⁵.　　　　　　　　　　踢球。
　　踢　球

父：nu⁵⁵nua²⁴ tsɯ⁴⁴ kəɯ²¹ ntəɯ²⁴ lɔ²¹?　今天不读书了？
　　天 这　不　读 书　（语助）

子：kəɯ²¹ thau³³ tɕhiaŋ²²kɦi²², taŋ²⁴su⁴⁴ tsɯ⁴⁴ mua⁵² kəɯ²¹. 早上的时候读，现在没有。
　　读　时候 早上　　现在　　没　有　读

父：ɔ⁵⁵ peˀ⁵⁵ nu⁵⁵ nua²⁴ kəɯ²¹ ntəɯ²⁴ pua³³ nua⁵⁵?　最近读书难不难？
　　两 三 天 这　读　书　可 难

子：kuˀ⁵² tsɯ⁴⁴ nua⁵⁵ xa⁵⁵. e³³ me⁵² nɔ⁵⁵ le⁴⁴tɕhiaŋ²² lɯ²¹, pua³³ mua⁵² mɔ⁵⁵ tlaŋ⁵⁵tsɯ⁴⁴?
　　也　不　难（语助）那 你们 住 怎么样 了 可 有 病 什么
　　也不怎么难。你们怎么样，身体还好吗？

父：pe⁵⁵ nɔ⁵⁵ ʐuŋ⁴⁴, kɔ⁵² nɔ⁵² mɔ²⁴ tsɯ⁴⁴ tau⁴⁴?　我们很好，你吃饭了没有？
　　我们 住 好　你 吃 饭　不　得

子：tsɯ⁴⁴ tau⁴⁴.　　　　　　　　　　还没有。
　　不　得

父：lɓi²² taŋ²⁴nua²⁴ ləɯ²¹ tsen²¹ tsu⁴⁴ tau⁴⁴ nɔ⁵² mɔ²⁴ xa⁵⁵?　　这么晚了还没吃饭吗？
　　晚　现在　　　了　还　不　得　吃　饭（语助）

子：n̩tɕəɯ³³ pɔ⁵⁵ i⁵⁵plɦua²² maŋ²⁴ mɦiuŋ²² nɔ⁵².　　踢一会儿球再去吃。
　　踢　　球　一会儿　再　　去　　吃

父：kɔ⁵³ pua³³ tshua²⁴ nɛ⁵² ləɯ²¹?　　你还有钱吗？
　　你　可　剩有　　钱　了

子：tshua²⁴ mi²⁴ntsɯ²⁴.　　还有一点点。
　　剩有　　小点

父：n̩a²⁴ saŋ⁴⁴ tua⁵² tsua⁴⁴ kɔ⁵² sɯ²⁴ tɦiaŋ²² ləɯ²¹ ɔ⁴⁴?　　刚给你的钱就用完了？
　　才　送　来　给　你　用　完　了（语助）

子：mua⁵⁵ ʐua²⁴ i⁵⁵ ŋkau²¹ khau⁴⁴ xa⁵⁵ i⁵⁵tɕi⁴⁴ khau⁴⁴tl̩ɦua²².　　我买了一双球鞋，一套衣服。
　　拿　买　一　双　　鞋　和　一套　　衣服

父：ʐua²⁴ pɦie²²tsɦəɯ²² mpa²¹?　　要多少铢？
　　要　多少　　　铢

子：ɔ⁵⁵ tshin⁵⁵.　　两千。
　　二　千

父：pɦie²²kɦi²² maŋ²⁴ saŋ⁴⁴ tua⁵².thau³³tɦiu²² maŋ²⁴ lɦiu²² tse²⁴?
　　明天　　才　送　来　时候哪　才　回家
　　明天再给你送来。什么时候回家？

子：lu⁵⁵ li⁴⁴ tɔ²¹nte⁵².　　下个月。
　　个　月　处前

父：tsɦua²² ntsɯ²⁴ kɔ⁵² na²¹ ɯ⁵⁵　tsɯ⁴⁴ mua⁵² nɛ⁵² ləɯ²¹.　　节约点，我和你妈没有钱了。
　　节约　点　你　母亲我俩　不　有　钱　了

子：en²¹, tsɯ²⁴ le⁴⁴nua²⁴ sɯ⁵⁵, ku²⁴ mɦiuŋ²² n̩tɕəɯ³³ pɔ⁵⁵ ləɯ²¹!
　　嗯父亲　样　这　仅仅　我　去　　踢　　球　了
　　嗯，父亲，这样吧，我去踢球了。

父：en²¹,tsau⁴⁴sa⁵⁵ kəɯ²¹ ntəɯ²⁴ nɔ⁵².　　嗯，要用心读书哦。
　　嗯　放置心　　读　书　（语助）

### 3. lɦiu²² tse²⁴ lɦiu²² tse²⁴ 到家里来
　　　　来　家　来　家

女：lɦiau²² ʐin⁵⁵, tua⁵²lɔ²⁴,　lɦiu²² tse²⁴ lɦiu²² tse²⁴. 英伯伯，来啊，来家坐来家坐。①
　　伯伯　英　来（语助）来家　　来　家

---

① 以"女"为称谓中心。"伯"为女之伯父，"父"为女之父亲，"弟"为女之弟弟。

伯：əɯ²¹.　　　　　　　　　　　　　　　　　　哦。

父：tua⁵² lɔ²⁴. nɔ⁵⁵ nɔ⁵⁵, pua³³ tau⁴⁴ nɔ⁵² mɔ²⁴?　　来吧，坐，坐。吃饭了没有？
　　来（语助）坐　坐　　可　得　吃　饭

伯：nɔ⁵² mi²⁴ntsɯ²⁴ ləɯ²¹.　　　　　　　　　　吃一点了。
　　吃　小点　　　了

父：kɔ⁵² mfiuŋ²² ua⁴⁴ zau⁵⁵.　　　　　　　　　你去炒菜。（对女儿说）
　　你　去　　做　菜

女：en²¹.　　　　　　　　　　　　　　　　　　嗯。

父：kɔ⁵² tua⁵² mua⁵² nu²¹ tl̠aŋ⁵⁵tsɯ⁴⁴?　　　　你来有什么事吗？
　　你　来　有　事　什么

伯：ku⁵² tsɯ⁴⁴ mua⁵² tl̠aŋ⁵⁵tsɯ⁴⁴.laŋ²⁴ tua⁵² sai⁴⁴ me⁵² sɯ²⁴. me⁵² nɔ⁵⁵ le⁴⁴tɕfiaŋ²² ləɯ²¹, pua³³
　　也　没　有　什么　　随便　来　看　你们（语助）你们　住　怎么样　了　　可
　　mua⁵² mɔ⁵⁵ tl̠aŋ⁵⁵tsɯ⁴⁴?　没有什么事，随便来看看你们怎么样，有没有生病？
　　有　病　什么

父：ku⁵² tsɯ⁴⁴ mua⁵² mɔ⁵⁵ tl̠aŋ⁵⁵tsɯ⁴⁴, me⁵³ tɕɔ²⁴/²¹ na²¹tu⁵⁵ ne²⁴, nɔ⁵⁵ le⁴⁴tɕfiaŋ²² ləɯ²¹?
　　也　没　有　病　什么　　你们　些　妻子儿子（语助）住　怎么样　　了
　　也没有什么病，你家里人怎么样？

伯：ku⁵² nɔ⁵⁵ zuŋ⁴⁴.　　　　　　　　　　　　　也很好。
　　也　住　好

父：taŋ²⁴nua²⁴ me⁵² ua⁴⁴ tl̠aŋ⁵⁵tsɯ⁴⁴?　　　　现在你们做什么？
　　现在　　你们　做　什么

伯：n̠a²⁴ tɕfiɔ²² mple⁵² tfiaŋ²², ɔ⁵⁵ pɛ⁵⁵ nu⁵⁵ nua²⁴ nɔ⁵⁵ tse²⁴ sɯ⁵⁵,tsha²⁴le⁴⁴ tua⁵² sai⁴⁴ me⁵², ɔ⁵⁵
　　才　栽　稻谷　完　　二　三　天　这　在　家　仅仅　才　　　来　看望　你们　二
　　pɛ⁵⁵ nu⁵⁵ nua²⁴ me⁵²　ua⁴⁴ tl̠aŋ⁵⁵tsɯ⁴⁴ ləɯ²¹.
　　三　天　这　你们　做　什么　　了
　　才栽完稻谷，这两三天在家里闲着，才有空来看你们做什么。

父：pe⁵⁵ ku⁵² n̠a²⁴ tɕfiɔ²² mple⁵³ tfiaŋ²² xa⁵⁵, kua³³ ɕuŋ⁴⁴ nua²⁴ zua²⁴ tɕfiɔ²² ɔ⁵⁵ pɛ⁵⁵ tsɔ⁵⁵ pau⁵⁵ku⁴⁴
　　我们　也　才　种　稻谷　完（语助）但　年　这　要　栽　　二　三　棵　苞谷
　　taŋ²⁴tɔ²¹ tsua²¹tshua⁵². 我们也才种完稻谷，但今年要两三棵苞谷①，现在正在喷药。
　　正在　喷药

女：tsɯ²⁴, xa³³ kɯ²⁴ mfiuŋ²² zua²⁴ i⁵⁵qhɔ²⁴ xɔ²⁴tsɔ⁵⁵.　　　父亲，叫弟弟去买点辣椒。
　　父亲　叫　弟弟　去　　买　一点　辣椒

---

① 泰国绿苗对于自家的东西习惯往"小"里说。

父：kɔ⁵² mɦuŋ²² ʐua²⁴ i⁵⁵qhɔ²⁴ xɔ²⁴tsɔ⁵⁵, sai⁵⁵ ntsɯ²⁴.　　去买点辣椒，快点。
　　你　去　买　一点　辣椒　　快点
弟：na²⁴, xɔ²⁴tsɔ⁵⁵.　　　　　　　　　　　　给，辣椒。
　　呐　辣椒
女：kɔ⁵² mɦuŋ²² ntsua²⁴ tɦai²², pe⁵⁵ ʐua²⁴ nɔ⁵² mɔ²⁴ ləɯ²¹.　　你去洗碗了，要吃饭了。
　　你　去　洗　碗　我们　要　吃　饭　了
女：lɦiau²²ʑin⁵⁵、tsɯ²⁴, nɔ⁵² mɔ²⁴ ləɯ²¹.　　　　　　英伯伯，父亲，吃饭了。
　　伯伯英　父亲　吃　饭　了

# 附录五　泰国绿苗苗歌

### lɦua²² pua³³ ḷu⁵⁵ kɔ⁵²?　别人爱你吗?
### 别人　可　爱　你

第一段：
ʐua²⁴ khua⁴⁴ lu⁵⁵ sa⁵⁵ mɦuŋ²² tsɦu²² nu⁵⁵ tɦu²²?　　要思念到哪一天?
要　游荡　个　心　去　到　日子　哪
tɦu²² nɦen²⁴ ku²⁴ ḷu⁵⁵ maŋ²⁴le⁴⁴ tsɔ²⁴ lɦua²².　　我爱的人才会回来。
个　人　我　爱　才　　转回
ku²⁴ ḷu⁵⁵ sa⁵⁵ mɔ⁵⁵ mɔ⁵⁵ vi²¹ta³³ ku²⁴ tsen²¹ tɦɔ²².　　我的心很痛，因为我还在等。
我　个　心　痛　痛　为着　我　还　等
tsen³³ tɦɔ²² kɔ⁵² tsɔ²⁴lɦua²² tsen²¹ tɦɔ²² kɔ⁵² le⁴⁴ qu⁵⁵.
还　等　你　转回　还　等　你　的　旧
一直等你回心转意，像以前那样等你。
kɔ⁵² ntsɦu²² lɦua²² nɔ⁵⁵ lɦua²² pua³³ ḷu⁵⁵ kɔ⁵²?　　你跟别人生活别人可爱你?
你　跟　别人　住　别人　可　爱　你
thau³³ kɔ⁵² mua⁵² mɔ⁵⁵ lɦua²² pua³³ ntsha²⁴ tshua⁵²?　　当你生病时，别人可帮你找药?
时候　你　有　病　别人　可　找　药
thau³³ kɔ⁵² nɔ⁵⁵ i⁵⁵ lɦen²² kɔ⁵² pua³³ ntɕu⁴⁴ tsɦu²² ku²⁴ ləɯ²¹?
时候　你　在　一　人　你　可　想　到　我　了
当你一个人的时候可想起我了?
lɔ³³ ʐɦɔ²² lɦua²² ḷu⁵⁵ ḷu⁵⁵ kɔ⁵², kɔ⁵² tɯ⁵⁵ tsɯ⁴⁴ ntɕu⁴⁴ tsɦu²² ku²⁴ ləɯ²¹?
或是　别人　爱　爱　你　你　都　不　想　到　我　了
还是别人很爱你，你都没想起我了?

第二段：

kɔ⁵² ntsfiu²² lfiua²² nɔ⁵⁵ lfiua²² pua³³ lu⁵⁵ kɔ⁵²?　　　你跟别人生活别人可爱你？
你　跟　别人　住　别人　可　爱　你

thau³³ kɔ⁵² mua⁵² mɔ⁵⁵ lfiua²² pua³³ ntsha²⁴ tshua⁵²?　当你生病时，别人可帮你找药？
时候　你　有病　　别人　可　　找　药

thau³³ kɔ⁵² nɔ⁵⁵ i⁵⁵ lfien²² kɔ⁵² pua³³ saŋ²⁴ tsfiu²² ku²⁴ xa⁵⁵?你一个人的时候可想起我啊？
时候　你　在　一　人　你　可　想　到　我（语助）

lɔ³³ ʑfiɔ²² lfiua²² lu⁵⁵ lu⁵⁵ kɔ⁵² kɔ⁵² tɯ⁵⁵ tsɯ⁴⁴ saŋ²⁴ tsfiu²² ku²⁴ lɯ²¹?
或　是　别人　爱　爱　你　你　都　不　想　到　我　了
还是别人很爱你，你都没想到我了？

# 附录六　中国文山青苗苗语民间故事

## moŋ⁵⁵ nau⁴² tsa⁵⁵
## 苗族　过年

moŋ⁵⁵ mua⁴² ntou⁴⁴ lo⁵⁵ tɕai⁴² nau⁴² tse⁴²tɕhi²¹,taŋ⁵⁵sɿ³³ lo⁵⁵ tse⁴²tɕhi²¹ lo⁴² ʑfiau²² nau⁴²-
苗族　有　多　个　季节　吃　节气　但是　个　节气　大　是　过年

tsa⁵⁵.moŋ⁵⁵ nau⁴²tsa⁵⁵ ʑfiau²² lo⁵⁵ tɕai⁴² kou²¹ au⁵⁵ li⁴⁴ no⁵⁵ pe⁵⁵tɕfiou²² mfioŋ²² tsfio²²no⁵⁵ qhou⁴⁴-
苗族　过年　是　个　季节　十二月　天　三十　去　到　天　倒

xou³⁵tau⁴².lo⁵⁵ kou²¹ au⁵⁵ li⁴⁴ no⁵⁵ pe⁵⁵tɕfiou²²ʑfiau²² tsa⁵⁵pe⁵⁵tɕfiou²² mau⁴⁴,tshua⁴⁴ ze⁴² tshua⁴⁴
花山　个　十二月　天　三十　是　年三十　晚上　每　寨　每

ʑfiau²² ʐua³⁵ ua⁴⁴ i⁵⁵ plfiua²² mau³⁵ lfio²² nau⁴²,tsəu²¹ sɿ²¹ mua⁴² la³³ ʐua³⁵ tou⁴⁴ ntou³³ tsʉ³⁵zi²¹
寨　要　做　一　顿　饭　来　吃　就算　不　有　也　要　得　打　主意

ua⁴⁴ mi⁴⁴ntsɿ³⁵ mau³⁵Nqai⁴²mau³⁵zou⁵⁵ tsou⁴⁴ sou⁴⁴ tsoŋ⁴² xo⁴⁴ pfio²²ʐəu²¹.moŋ⁵⁵ i⁵⁵ ɕoŋ⁴⁴ khʉ³⁵
做　小点　饭　肉　饭　菜　放　上　桌子　叫　祖先　苗族　一年　苦

thəu²¹na⁴² thəu²¹ ɕoŋ⁴⁴, kʉ³⁵ti⁴²nen⁴²tsaŋ⁴⁴ tsəu²¹ nau⁵⁵ i⁵⁵ ze⁴² i⁵⁵ ʑfiau²² la³³ tsɿ⁴⁴ tou⁴⁴ sɿ³³-
透　□　透　年　弟兄亲戚　　就　住　一村　一寨　也　不　得（缀）

ntsɿ⁵⁵ tsfiəu²² ʑfia²², le⁴⁴na³⁵/⁴⁴ ma³³ i⁵⁵ ʑfii²² to⁵⁵ ʐua³⁵ tou⁴⁴ xo⁴⁴ te⁴² kʉ³⁵ti⁴²nen⁴²tsaŋ⁴⁴ tua⁴²
遇　少　次　这样（话助）一家　都　要　得　叫　那些　弟兄　亲戚　来

ntsfio²² nau⁴² ntsfio²² xou³³.
和　吃　和　喝

no⁵⁵ sa⁵⁵ i⁵⁵ ʑfiau²² i⁵⁵ no⁵⁵ moŋ⁵⁵ tsɿ⁴⁴ɕin⁵⁵ təu²¹ tsoŋ⁴² mfioŋ²² pe²¹ ʑi²¹ la³³sɿ³³ lʉ²¹
天　初一　是　一天　苗族不兴　出　门　去　别家　或者　别

ze⁴² lɯ²¹ ʑfiau²².no⁵⁵ na³⁵/⁴⁴ səu³⁵ ntso³⁵ tshua⁴⁴ zi²¹ ʐua³⁵ tou⁴⁴ səu³⁵ mua⁵⁵ tle⁴² tsha⁵⁵. moŋ⁵⁵
寨 别 寨 天 这 起 早 每 家 要 得 起 拿 水 新 苗族

mua⁴² ki³⁵ ta³³: sa⁵⁵ i⁵⁵ te⁴² ʑfiau²² ʐua³⁵tso²¹ səu³⁵ lfio²² ua⁴⁴ tshai³³, tsou⁴⁴qhau³⁵ te⁴² po⁴² i⁵⁵
有 路 道 初 一 些 男子 要 得 起来 做 早饭 别 处 些 女子 一

çoŋ⁴⁴ khɯ³⁵ ntsua⁵⁵te⁵⁵, tsen²¹ lfio²² ua⁴⁴ pfilua²² nau⁴² xo³⁵ tse³⁵ ntou⁴⁴ xen³⁵. moŋ⁵⁵ tsen²¹ mua⁴²
年 苦 里 地 还 来 做 顿 吃 里 家 多 很 苗族 还 有

lfio²² xa³³ ta³³: no⁵⁵ sa⁵⁵ i⁵⁵ ʑfiau²² i⁵⁵ çoŋ⁴⁴ thəu⁴²no⁵⁵,len⁴²tfiɯ²² səu³⁵ ntso³⁵ ua⁴⁴ tou⁴⁴ tshua⁴⁴-
话 说 道 天 初一 是 一 年 头 天 个 谁 起 早 做 得 东-

ʐaŋ²¹ tçou²¹ i⁵⁵ çoŋ⁴⁴ nfii²² tɯ⁴⁴ ua⁴⁴ tou⁴⁴ zoŋ⁴⁴ la³³sɿ³³ ʑin⁴² lua³³. le⁴⁴na³⁵/⁴⁴, tfiaŋ²²kfii²² sa⁵⁵ i⁵⁵
西 就 一 年 他 都 做 得 好 或是 赢 别人 现在 早上 初一

moŋ⁵⁵ tsɿ⁴⁴çin⁵⁵ sɿ⁵⁵xo⁵⁵,tsɿ⁴⁴çin⁵⁵ tça⁴⁴ te⁴²n̥ua³³ qua⁴²,tsɿ⁴⁴çin⁵⁵ laŋ²¹ ua⁴⁴ tle⁴² nto⁵⁵ qhau³⁵ tso³³
苗族 不兴 (缀) 叫 不兴 让 小孩 哭 不兴 乱 做 水 湿 洞 灶

laŋ²¹ sɿ³⁵ tsfia²².
乱 用 刀

nau⁴²tsa⁵⁵ sa⁵⁵ i⁵⁵ au⁵⁵ ʑfiau²² moŋ⁵⁵ ua⁴⁴ke³⁵uaŋ⁴²ke³⁵ lfiua²² n̥au⁵⁵ xo³⁵ ʑfiau²². te⁴² lua³³-
过年 初 一 二 是 苗族 做 路 玩 路 笑 在 里 村 些 年轻

to⁵⁵ lua³³ ntshai³³ ntou³³ nti³⁵ ntou³³ to⁴²lo⁵⁵ lau²¹ze²¹ ntou⁴⁴. te⁴² lfiou²² la³³ tua⁴² ntsfio²² te⁴²
男 年轻 女 打 毽子 打 陀螺 热闹 多 些 老人 也 来 和 些

lua³³ ua⁴⁴sɿ⁴⁴ tha⁵⁵, mua⁴² te⁴² ua⁴⁴ua⁴⁴sɿ⁴⁴ mau³⁵ tɯ⁴⁴ sɿ⁴⁴ qaŋ⁵⁵sa⁵⁵ nau⁴².no⁵⁵ sa⁵⁵ pe⁵⁵, moŋ⁵⁵
年轻 做玩(语助) 有 些 做 做玩 饭 都 不 甜 心 吃 天 初三 苗族

fen²¹ntou²² ʐua³⁵ tsau³⁵ pfio⁴²ʑou²¹,tua²¹tshi⁴² nau⁴² tshai³³ tfiaŋ²² tçe³³ ua⁴⁴ke⁴⁴zau⁴² mfioŋ²²
全部得 要 放 祖宗 大家 吃 早饭 完 就 一起 去

ɴqou³³tau⁴²,xou³⁵tau⁴² khen³⁵ tsaŋ⁴⁴ tsou⁴⁴ ntəu²¹ te⁴² pau³⁵tsoŋ⁵⁵ ta⁴² ʑfiau²². tshua⁴⁴ qhau³⁵
踩花山 花山 肯 立 于 处 些 (缀)山 平平坦状 每 处

tshua⁴⁴tçhəu³³ tua⁴² poŋ⁴⁴ tsou⁴⁴ sou⁴⁴ xou³⁵tau⁴²,tl̥ha⁴⁴uaŋ⁴²tl̥ha⁴⁴lfiua²², sɯ⁴⁴le⁴⁴ tsho³⁵ qen⁴²,
每 地方 来 聚集 在 上 花山 跑 玩 跑 笑 像 吹 芦笙

tl̥ha⁴⁴təu⁴⁴ tfie²²,thaŋ²¹tso⁴² te⁴² na³⁵/⁴⁴.xou³⁵tau⁴² tsfiəu²² la³³ ʐua³⁵ ɴqou³³ pe⁵⁵ plou⁵⁵ no⁵⁵,
跑 脚 手 唱山歌 些 这 花山 少 也 要 过 三 四 天

mua⁴² te⁴²ɴqou⁴⁴ tsfio²² sa⁵⁵ tsou⁴⁴ çaŋ⁴⁴,sa⁵⁵ zi²¹ tçua⁴².
有 些 踩 到 初 六 七 初 八 九

moŋ⁵⁵ nau⁴²tsa⁵⁵ ʑfiau²² i⁵⁵ tso⁴² ki³⁵ so⁴⁴ ua⁴⁴sɿ⁴⁴,ki³⁵ tçfiua²²nen⁴²tçfiua²²tsaŋ⁴⁴/³⁵, ki³⁵ ço²¹
苗族 过年 是 一条 路 歇息 做玩 路 拜 亲戚 访 亲戚 路 学

khəu³³ moŋ⁵⁵tso⁴²moŋ⁵⁵ tçi³⁵, lua³³ to⁵⁵ lua³³ ntshai³³ sɿ³³ pou⁵⁵.thou³³nte⁴²,xou³⁵tau⁴² ʑfiau²²
拾 苗族 习惯苗族风俗 年轻男 年轻女 (缀)知 时候 前 花山 是

moŋ⁵⁵ tsaŋ⁴⁴ moŋ⁵⁵,moŋ⁵⁵ ɴqou³³ moŋ⁵⁵sɨ⁴² , taŋ⁵⁵sɿ⁴⁴xua²¹na³⁵/⁴⁴ mua⁴² te⁴² qhau³⁵ʑɦau²² tsen²¹-
苗族　立　苗族　苗族　过　苗族　而已　但是　现在　　有　些　地方　是　政

fɨ³⁵ paŋ⁵⁵ tshəu⁵⁵ ȵɛ⁴² tsɦa⁴²/²² ,tshua⁴⁴ʐaŋ²¹ tua⁵⁵nɦen²²la³³ tua⁴² ntsɦo²² moŋ⁵⁵ ɴqou³³ tau⁴², ua⁴⁴
府　帮　　凑　银　钱　　别样　　人　　　也　来　和　苗族　踩花山　做

tsua⁴⁴ moŋ⁵⁵ lo⁵⁵ xou³⁵tau⁴² mua⁴² mpe⁴⁴ lɦau²².
给　苗族　个　花山　　有　名　了

译文：

### 苗族过年

苗族有很多个节日，但是最大的节日是过年。过年这个节日从农历十二月三十日到踩花山那一天。农历十二月三十日是大年三十，每个村寨都要做一顿丰盛的饭菜，就算没有也要想办法煮饭炒肉拿来祭拜祖宗。苗族一年到头都在忙，亲朋好友就算在同一个村寨也见不了几次面。于是，在过年时，每家每户都会叫亲朋好友来吃饭唱歌。

初一，按照苗族的习俗，不能去别人家或别的村寨串门，不能让孩子哭，不能乱让水打弄湿灶台，不能乱用刀；早晨，不能互相叫起床；每家都要去打新水，早饭由男子来做，因为女子一年到头既要在地里干活还要回家煮饭。苗族有句俗语，初一是新年的第一天，起早干活的人一年都能把事做好或是能够赢别人。

过年是苗族在家娱乐休闲的日子。年轻男女打陀螺、踢鸡毛毽子，很是热闹。老人们也来跟年轻人一起玩，有时都顾不上吃饭。初三苗族要送祖宗。之后，大家一起去踩花山。花竿一般立在平坦的山头上，人们聚在花竿周围唱歌跳舞，有吹芦笙的，有表演武术的，有唱山歌的，等等。花山至少要踩三四天，有时也会踩到初八初九。

新年是苗族歇息玩乐，走亲访友，传播文化，青年男女谈情说爱的节日。以前，花山节是苗族自己立花竿自己庆祝。现在，有的地方开始由政府出钱举办，吸引其他民族也来参加。这使苗族的花山节远近闻名。

# 附录七  中泰跨境苗语词表

## 一  第一百核心词表

| 序号 | 汉义 | 英语 | 难府 | 文山 | 台江 | 矮寨 |
|---|---|---|---|---|---|---|
| 1 | 我 | I | ku²⁴₃ | ko³⁵₃ | vi²²₄ | we⁴⁴₄ |
| 2 | 你 | you | kɔ⁵²₂ | kau⁴²₂ | moŋ⁵³₂ | məŋ³¹₂ |
| 3 | 我们 | we | pe⁵⁵₁ | pe⁵⁵₁ | pi³³₁ | pɯ⁵³₁ |
| 4 | 这 | this | nua²⁴₃ | na³⁵₃ | na⁵⁵₃ | nəŋ⁴⁴₃ |
| 5 | 那 | that | u⁴⁴₅ | ka⁴⁴₅ | a³³₁ | ei⁵³₁ |
| 6 | 谁 | who | len⁵²₂tɕiɯ²²₆ | len⁴²₂tɕiɯ²²₆ | tai²²₂ɕi⁵⁵₃ | tɕi⁵³₁le⁵³₁ |
| 7 | 什么 | what | tlaŋ⁵⁵₁tsɯ⁴⁴₅ | tlaŋ⁵⁵₁tsɿ⁴⁴₅ | qai³³₁ɕi⁵⁵₃ | qo⁵³₁dʑɯ³¹₂ |
| 8 | 不 | not | tsɯ⁴⁴₅ | tsɿ⁴⁴₅ | ɕəu³⁵₅ | tɕu⁵³₁ |
| 9 | 全部 | all | sua²⁴₃tlɦiɯ²²₆ | i⁵⁵₁xua²¹₈ | tɕoŋ²²₄ | dʑe²¹₇pu²¹₇ |
| 10 | 多 | many | ntau⁴⁴₅ | ntou⁴⁴₅ | ne³⁵₅ | tɕu⁵³₁ |
| 11 | 一 | one | i⁵⁵₁ | i⁵⁵₁ | i³³₁ | a⁴⁴₃ |
| 12 | 二 | two | ɔ⁵⁵₁ | au⁵⁵₁ | o³³₁ | ɯ⁵³₁ |
| 13 | 大 | big | lu⁵²₂ | lo⁴²₂ | ɬjhuə²²₄ | ljəŋ³¹₂ |
| 14 | 长 | long | nte²⁴₃ | nte³⁵₃ | tɛ⁵⁵₃ | du⁴⁴₃ |
| 15 | 小 | small | mi²⁴₃, ʑau⁴⁴₅幺 | mi³⁵₃,ʑou⁴⁴₅幺 | ʑua³⁵₅ | ɕu⁵³₁,zo³⁵₅少 |
| 16 | 女人 | woman | ntshai³³₇ | ntshai³³₇ | pha¹³姑娘 | qo⁵³₁ba²²₇ |
| 17 | 男人 | man | ʑɦəɯ²²₆ | ʑɦəɯ²²₆ | tɕi³³₁pa⁵⁵₃男人 | qo⁵³/²¹₁nəŋ³⁵₅ |
| 18 | 人 | person | tua⁵⁵₁nɦien⁵⁵/²²₁ | tua⁵⁵₁nɦien⁵⁵/²²₁ | nai⁵³₂ | ne³¹₂ |
| 19 | 鱼 | fish | ntsɦie²²₄ | ntsɦie²²₄ | nɛ²²₄ | ta⁵³/²¹₁mzɯ⁴⁴₄ |
| 20 | 鸟 | bird | nɦiuŋ²²₆ | nɦioŋ²²₆ | noŋ²⁴₆ | ta⁵³/²¹₁nu²²₆ |
| 21 | 狗 | dog | tɭe²⁴₃ | tɭe³⁵₃ | ɬɛ⁵⁵₃ | ta⁵³/²¹₁ɢwɯ⁴⁴₃ |
| 22 | 虱子 | louse | ntshau²⁴₃ | ntshou³⁵₃ | kaŋ³³₁tai⁵⁵₃ | ta⁵³/²¹₁dʑi⁴⁴₃ |
| 23 | 树 | tree | ntuŋ⁴⁴₅ | ntoŋ⁴⁴₅ | toŋ³⁵₅ | qo⁵³/²¹₁du³⁵₅ |
| 24 | 种子 | seed | nuŋ⁵⁵₁ | noŋ⁵⁵₁ | n̥hoŋ³³₁ | qo⁵³₁ŋɯ⁵³₁ |
| 25 | 叶子 | leaf | mpluŋ⁵²₂ | mploŋ⁴²₂ | noŋ⁵³₂ | qo⁵³₁nu³¹₂ |
| 26 | 根 | root | tɕfian²²₆ | tɕfian²²₆ | tɕoŋ⁵³₂ | pa⁴⁴/⁵³₃tɕoŋ³¹₂ |

续表

| 序号 | 汉义 | 英语 | 难府 | 文山 | 台江 | 矮寨 |
|---|---|---|---|---|---|---|
| 27 | 树皮 | bark | təɯ$^{24}_3$ntuŋ$^{44}_5$ | təɯ$^{35}_3$ntoŋ$^{44}_5$ | ko$^{33}_1$ | kjo$^{35}_5$du$^{35}_5$ |
| 28 | 皮肤 | skin | təɯ$^{24}_3$ɴqa$^{52}_2$ | təɯ$^{35}_3$ɴqa$^{42}_2$ | tu$^{55}_3$ | qo$^{53/21}_1$kjo$^{35}_5$ |
| 29 | 肉 | flesh | ɴqa$^{52}_2$ | ɴqa$^{42}_2$ | ŋa$^{53}_2$ | ŋa$^{31}_2$ |
| 30 | 血 | blood | ntshaŋ$^{24}_3$ | ntshaŋ$^{35}_3$ | ɕaŋ$^{55}_3$ | dzəŋ$^{44}_3$ |
| 31 | 骨头 | bone | pɔ$^{55}_1$tshaŋ$^{44}_5$ | (pau$^{55}_1$)tshaŋ$^{44}_5$ | shoŋ$^{55}_3$ | po$^{35}_3$səŋ$^{44}_3$ |
| 32 | 油脂 | grease | tsɔ$^{52}_2$ | tsau$^{42}_2$ | ɬaŋ$^{53}_2$ | ɕɛ$^{53}_1$ |
| 33 | 鸡蛋 | egg | qai$^{44}_5$qa$^{55}_1$ | qai$^{44}$qa$^{55}_1$ | kuə$^{35}_5$qa$^{33}_1$ | nɯ$^{22}_6$qa$^{53}_1$ |
| 34 | 角 | horn | ku$^{55}_1$ | ko$^{55}_1$ | ki$^{33}_1$ | pa$^{44/53}_3$kji$^{53}_1$ |
| 35 | 尾巴 | tail | kɯ$^{44}_7$tu$^{24}_3$ | kɯ$^{44}_7$tɯ$^{35}_3$ | qa$^{33}_1$te$^{55}_5$ | pei$^{44/53}_3$tə$^{44}_3$ |
| 36 | 羽毛 | feather | plau$^{55}_1$ | plou$^{55}_1$ | plau$^{55}_3$ | qo$^{53}_1$pei$^{53}_1$ |
| 37 | 头发 | hair | plau$^{55}_1$xau$^{44}_5$ | plou$^{55}_1$xou$^{44}_5$ | qa$^{33}_1$ɬjəu$^{33}_1$fɦəu$^{55}_3$ | qo$^{53}_1$pei$^{53}_1$ |
| 38 | 头 | head | tau$^{55}_1$xau$^{44}_5$ | tou$^{55}_1$xou$^{44}_5$ | fɦəu$^{55}_3$ | po$^{35}_3$pzei$^{44}_3$ |
| 39 | 耳朵 | ear | ntse$^{52}_2$ | ntse$^{42}_2$ | ne$^{53}_2$ | ʈəŋ$^{31}_2$mzɯ$^{31}_2$ |
| 40 | 眼睛 | eye | qhɔ$^{24}_3$mɦua$^{22}_6$ | qhau$^{35}_3$mɦua$^{22}_6$ | n̥hoŋ$^{33}_1$ma$^{24}_6$ | le$^{53}_3$qe$^{53}_1$ |
| 41 | 鼻子 | nose | tsɯ$^{24}_3$ntsɦɯ$^{22}_6$ | tsʅ$^{35}_3$ntsɦɯ$^{22}_6$ | po$^{55}_3$ne$^{24}_6$ | pa$^{44/53}_3$mzə$^{22}_6$ |
| 42 | 嘴 | mouth | ntɕau$^{52}_2$ | ɲ̊tɕou$^{42}_2$ | ɲəu$^{53}_2$ | pa$^{44/53}_3$n̥o$^{31}_2$ |
| 43 | 牙齿 | tooth | na$^{24}_3$ | na$^{35}_3$ | m̥hi$^{55}_3$ | qo$^{53/21}_1$ɕɛ$^{44}_3$ |
| 44 | 舌 | tongue | mplɦai$^{22}_6$ | mplɦai$^{22}_6$ | qa$^{33}_1$n̥a$^{31}_8$ | qo$^{53/21}_1$mza$^{22}_4$ |
| 45 | 爪子 | claw | tsau$^{44}_5$ | tsou$^{44}_5$ | kəu$^{35}_5$ | pa$^{44/53}_3$ka$^{35}_5$ |
| 46 | 脚 | foot | təu$^{44}_5$ | təu$^{44}_5$ | le$^{33}_1$ | qo$^{53}_1$o$^{53}_1$,qo$^{53}_1$tə$^{35}_1$ |
| 47 | 膝盖 | knee | xau$^{24}_3$tɕiau$^{22}_6$ | xou$^{35}_3$tɕiou$^{22}_6$ | fɦəu$^{55}_3$tɕəu$^{24}_6$ | pei$^{44/53}_3$tɕo$^{22}_2$ |
| 48 | 手 | hand | tɦie$^{22}_4$ | tɦie$^{22}_4$ | pɛ$^{22}_4$ | qo$^{53/21}_1$tɯ$^{44}_4$ |
| 49 | 肚子 | belly | plaŋ$^{55}_1$ | plaŋ$^{55}_1$ | tɕhəu$^{33}_1$ | qo$^{53}_1$tɕhi$^{53}_1$ |
| 50 | 脖子 | neck | tɕi$^{44}_5$tlaŋ$^{55}_1$ | tɕaŋ$^{42}_2$tlaŋ$^{55}_1$ | qoŋ$^{55}_3$ | səŋ$^{44}_3$ɢəŋ$^{44}_3$ |
| 51 | 乳房 | breasts | mfii$^{22}_4$ | mfii$^{22}_4$ | vuə$^{22}_4$ | ma$^{53}_3$ |
| 52 | 心脏 | heart | pləɯ$^{24}_3$ | pləɯ$^{35}_3$ | ɬju$^{55}_3$ | qo$^{53}_1$məŋ$^{31}_2$ |
| 53 | 肝 | liver | ntsɯ$^{33}_7$ | ntsɯ$^{33}_7$ | fɦəu$^{13}_3$ne$^{24}_6$ | qo$^{53/21}_1$ʂɛ$^{44}_3$ |
| 54 | 喝 | drink | xau$^{33}_7$ | xou$^{33}_7$ | hau$^{13}_7$ | χu$^{22}_2$ |
| 55 | 吃 | eat | nɔ$^{52}_2$ | nau$^{42}_2$ | nəu$^{53}_2$ | nəŋ$^{31}_2$ |
| 56 | 咬 | bite | tu$^{21}_8$ | to$^{21}_8$ | təu$^{31}_8$咬人 | qa$^{53}_1$ |

续表

| 序号 | 汉义 | 英语 | 难府 | 文山 | 台江 | 矮寨 |
|---|---|---|---|---|---|---|
| 57 | 见 | see | pu²¹₈ | po²¹₈ | pəu³¹₈ | qɛ²²₆ |
| 58 | 听见 | hear | nɔ²⁴₃ | nau³⁵₃ | n̥haŋ⁵⁵₃ | ŋaŋ⁴⁴₃ |
| 59 | 知道 | know | pau⁵⁵₁ | pou⁵⁵₁ | pəu³³₁ | ȵɛ⁴⁴₃ |
| 60 | 睡 | sleep | pɯ⁴⁴₅ | pʉ⁴⁴₅ | pe³⁵₅ | pə³⁵₅ |
| 61 | 死 | die | tɕɦua²²₆ | tɕɦua²²₆ | ta²⁴₆ | ta²²₆ |
| 62 | 杀 | kill | tua⁴⁴₅ | tua⁴⁴₅ | ta³⁵ | ta³⁵₅ |
| 63 | 游泳 | swim | ua⁴⁴₅lua²¹₈tɬe⁵²₂ | lua²¹₈tɬe⁴²₂ | va³¹₈oŋ³³₁;lau⁵⁵₃oŋ³³₁ | ɢu²²u⁵³₁ |
| 64 | 飞 | fly | ʐaŋ⁴⁴₅ | ʐaŋ⁴⁴₅ | ʐaŋ³⁵₅ | ʐəŋ³⁵₅ |
| 65 | 走 | walk | mɦuə²²₄ | mɦoŋ²²₄ | ˌtuə⁵³₂/hen³³₁ | χwei³⁵₅ |
| 66 | 来 | come | tua⁵²₂ | tua⁴²₂ | ta⁵³ | ləŋ⁴⁴₄ |
| 67 | 躺 | lie | pɯ⁴⁴₅ | pʉ⁴⁴₅ | pe³⁵₅ | pə³⁵₅ |
| 68 | 坐 | sit | ɲɔ⁵⁵₁ | ɲau⁵⁵₁ | ɲaŋ³³₁ | tɕəŋ³⁵₅ |
| 69 | 站 | stand | ntsɦie²²₄ | ntsɦie²²₄ | fa²²₄ | ɕɔ⁴⁴₃ |
| 70 | 给 | give | tsua⁴⁴₅ | tsua⁴⁴₅ | ti³⁵ | kaŋ²² |
| 71 | 说 | say | xa³³₇ | xa³³₇ | pho³³₁ | phu²²₇ |
| 72 | 太阳 | sun | nu⁵⁵₁ | no⁵⁵₁ | ɲha³³₁ | kji³¹₂naŋ²² |
| 73 | 月亮 | moon | ɭi⁴⁴₅ | ɭi⁴⁴₅ | ɬha³⁵₅ | qe⁵³₁la³⁵₅ |
| 74 | 星星 | star | nu⁵⁵₁qu⁵⁵₁ | no⁵⁵₁qo⁵⁵₁ | tsai³³₁qai³³₁ | te⁵³₁qe⁵³₁la³⁵₅ |
| 75 | 水 | water | tɬe⁵²₂ | tɬe⁴²₂ | oŋ³³₁ | u⁵³₁ |
| 76 | 雨 | rain | nɦaŋ²²₆ | nɦaŋ²²₆ | noŋ²⁴₆ | nəŋ²²₆ |
| 77 | 石头 | stone | po⁵⁵₁ze⁵⁵ | (pau⁵⁵₁)ze⁵⁵ | ɣuə³³₁ | qo⁵³₁ʐɯ⁵³₁ |
| 78 | 沙子 | sand | sua⁵⁵₁ze⁵⁵ | sua⁵⁵₁(ze⁵⁵) | she³⁵₅ | qo⁵³/²¹₁tsha³⁵ |
| 79 | 土地 | earth | te⁵⁵₁ | te⁵⁵ | tɛ³³₁ | tɯ⁵³₁ |
| 80 | 云 | cloud | fua⁵⁵₁ | xua⁵⁵ | qa³³₁ɬhu¹³₇vi⁵³₂ | ka⁵³₁tu³⁵₅ |
| 81 | 烟 | smoke | paŋ⁴⁴ | paŋ⁴⁴ | — | qo⁵³/²¹₁dʑəŋ³⁵₅ |
| 82 | 火 | fire | tɕɦəɯ²²₄ | tɕɦəu²²₄ | tu²²₄ | tə⁴⁴₄ |
| 83 | 灰 | ash | tshau²⁴₃ | tshou³⁵₅ | qa⁵⁵₁ɕəu⁵⁵₃ 柴灰 | ɕi⁴⁴₃ |
| 84 | 烧 | burn | tɕɦi²²₆ | tɕɦi²²₆ | tɕi³⁵₅ 烧（山） | o⁵³₁ |
| 85 | 路 | path | ke²⁴₃ | ki³⁵₅ | kuə⁵⁵₃ | kɯ⁴⁴₃ |

续表

| 序号 | 汉义 | 英语 | 难府 | 文山 | 台江 | 矮寨 |
|---|---|---|---|---|---|---|
| 86 | 山 | mountain | tsuŋ$^{55}_1$ | tsoŋ$^{55}_1$ | po$^{13}_7$ | pza$^{35}_5$ |
| 87 | 红 | red | la$^{55}_1$ | la$^{55}_1$ | ɕo$^{13}_7$ | dzəŋ$^{35}_5$ |
| 88 | 绿 | green | ntsua$^{55}_1$ | ntsua$^{55}_1$ | nau$^{53}_2$ | mzəŋ$^{53}_2$ |
| 89 | 黄 | yellow | tl̥aŋ$^{52}_2$ | tl̥aŋ$^{42}_2$ | faŋ$^{53}_2$ | kwəŋ$^{31}_2$ |
| 90 | 白 | white | tl̥əɯ$^{55}_1$ | tl̥əu$^{55}_1$ | ɬu$^{33}_1$ | kwə$^{53}_1$ |
| 91 | 黑 | black | tl̥u$^{55}_1$ | tl̥o$^{55}_1$ | ɬai$^{33}_1$ | kwe$^{53}_1$ |
| 92 | 晚上 | night | mɔ$^{44}_5$ntu$^{52}_2$ | mau$^{44}_5$nto$^{42}_2$ | ɕi$^{35}_5$m̥haŋ$^{35}_5$ | m̥aŋ$^{35}_5$tɕo$^{22}_6$ |
| 93 | 热 | hot | ku$^{55}_1$ | ko$^{55}_1$ | khi$^{33}_1$ | dze$^{35}_5$ |
| 94 | 冷 | cold | nɔ$^{44}_5$ | nau$^{44}_5$ | sai$^{22}_4$ | nəŋ$^{35}_5$ |
| 95 | 满 | full | pu$^{24}_3$ | po$^{35}_3$ | pi$^{55}_3$ | pe$^{44}_3$ |
| 96 | 新 | new | tsha$^{55}_1$ | tsha$^{55}_1$ | xi$^{33}_1$ | ɕe$^{53}_1$ |
| 97 | 好 | good | zuŋ$^{44}_5$ | zoŋ$^{44}_5$ | ɣoŋ$^{35}_5$ | zu$^{35}_5$ |
| 98 | 圆 | round | khen$^{52}_2$ | khuen$^{42}_2$ | ɬen$^{53}_2$ | de$^{31}_2$zɛ$^{31}_2$ |
| 99 | 干燥 | dry | qhua$^{24}_3$ | qhua$^{35}_3$ | ŋe$^{24}_6$ | qha$^{44}_3$ |
| 100 | 名字 | name | mpe$^{44}_5$ | mpe$^{44}_5$ | pɛ$^{35}_5$ | bu$^{35}_5$ |

## 二　第二百核心词表

| 序号 | 汉义 | 英语 | 难府 | 文山 | 台江 | 矮寨 |
|---|---|---|---|---|---|---|
| 1 | 和 | and | xa$^{55}_1$ | xa$^{55}_1$/tha$^{55}_1$ | tu$^{53}_2$/su$^{22}_4$ | ŋəŋ$^{22}_6$ |
| 2 | 动物 | animal | — | — | — | — |
| 3 | 背（名） | back | ntsau$^{33}_2$qau$^{21}_8$ | ntsou$^{33}_2$qou$^{21}_8$ | qa$^{33}_1$kəu$^{31}_1$ | tɕei$^{35}_5$tu$^{53}_1$ |
| 4 | 坏 | bad | phe$^{21}_8$ | phe$^{21}_8$ | pa$^{22}_4$ | pa$^{44}_4$ |
| 5 | 因为 | because | ui$^{21}_8$ʑɦɔ$^{22}_6$ | — | vai$^{24}_6$ | qa$^{31}_2$ɲi$^{22}_6$ |
| 6 | 吹 | blow | tshua$^{55}_1$ | tshua$^{55}_1$ | tshaŋ$^{35}_5$/tshəu$^{53}_3$ | phzəŋ$^{53}_2$ |
| 7 | 呼吸 | breathe | — | — | — | ɕu$^{35}_5$ɕe$^{44}_3$ |
| 8 | 孩子 | child | mi$^{24}_3$ȵua$^{33}_7$ | mi$^{35}_3$ȵua$^{33}_7$ | tɕi$^{33}_1$tai$^{33}_1$ | te$^{53}_1$te$^{53}_1$ |
| 9 | 数 | count | sua$^{24}_3$ | sua$^{35}_3$ | shen$^{35}_5$ | ʂə$^{35}_5$ |
| 10 | 砍 | cut | tsa$^{24}_3$ | tsa$^{35}_3$ | ɕi$^{33}_1$ | qhə$^{35}_5$ |
| 11 | 天 | day | ntu$^{42}_2$ | nto$^{42}_2$ | qhoŋ$^{55}_3$ | tsa$^{53}_1$ne$^{31}_2$ |
| 12 | 挖（地） | dig | ntɕəɯ$^{33}_7$ | ntɕou$^{33}_7$ | tɕu$^{13}_7$ | phə$^{53}_1$ |

续表

| 序号 | 汉义 | 英语 | 难府 | 文山 | 台江 | 矮寨 |
|---|---|---|---|---|---|---|
| 13 | 脏 | dirty | $qa^{33}_7$ | $qa^{33}_7$ | $a^{35}_5mu\partial^{35}_5$ | $\underset{\circ}{n}u^{22}_6/la^{31}_2tha^{53}_1$ |
| 14 | 蠢 | dull | $tsfiua^{22}_6$ | $tsfiua^{22}_6$ | $\underset{\circ}{n}a^{55}_3$ | $kja^{44}_4/\underset{\circ}{t}hen^{44}$ |
| 15 | 尘埃 | dust | $mu\eta^{24}_3a\eta^{24}_3$ | $plou^{33}_7pla\eta^{35}_3$ | $phen^{33}_1$ | $be^{44}_3se^{44}_3$ |
| 16 | 掉下 | fall | $pu\eta^{55}_1$ | $po\eta^{55}_1$ | $pi^{53}_2$ | $ta^{21}_7$ |
| 17 | 远 | far | $t\underset{\circ}{l}e^{55}_1$ | $t\underset{\circ}{l}e^{55}_1$ | $tau^{22}_4$ | $q\mathrm{uu}^{53}_1$ |
| 18 | 父亲 | father | $zi^{24}_3/ts\mathrm{uu}^{24}_3$ | $tsai^{35}_3/ts\mathrm{l}^{35}_3$ | $pa^{55}_3$ | $a^{53/21}_1t\varsigma a^{35}_5/$ $a^{53/21}_1za^{31}_2/ma^{35}_5$ |
| 19 | 怕 | fear | $ntshai^{44}_5$ | $ntshai^{44}_5$ | $\varsigma ha^{33}_1$ | $dza^{35}_5$ |
| 20 | 少 | few | $tsfi\partial\mathrm{uu}^{22}_6$ | $tsfi\partial u^{22}_6$ | $\varsigma u^{24}_6$ | $zo^{35}_5$ |
| 21 | 人打架 | fight | $s\mathrm{uu}^{33}_7ntau^{33}_7$ | $ntou^{33}_7t\varsigma ua^{21}_8$ | — | $t\varsigma i^{44/53}_3p\partial^{31}_2$ |
|  | 鸡打架 |  | $s\mathrm{uu}^{33}_7nt\varsigma\mathrm{uu}^{33}_7$ | $to^{21}_8t\varsigma ua^{21}_8$ | — | $t\varsigma i^{44/53}_3dz u^{22}_6$ |
|  | 牛打架 |  | $s\mathrm{uu}^{33}_7ntsau^{44}_5$ | $ntsou^{44}_5t\varsigma ua^{21}_8$ | $\varsigma i^{35}_5tu\partial^{35}_5$ | $t\varsigma i^{44/53}_3ph\partial^{53}_1$ |
|  | 狗打架 |  | $s\mathrm{uu}^{33}_1tu^{21}_8$ | $to^{21}_8t\varsigma ua^{21}_8$ | — | $t\varsigma i^{44/53}_3qa^{53}_1$ |
| 22 | 五 | five | $ts\mathrm{uu}^{55}_1$ | $ts\mathrm{l}^{55}_1$ | $tsa^{33}_1$ | $pz\underset{\cdot}{a}^{53}_1$ |
| 23 | 浮 | float | $nta\eta^{55}_1$ | $nta\eta^{55}_1$ | $po\eta^{53}_2$ | $d\partial\eta^{31}_2$ |
| 24 | 流 | flow | $nt\underset{\circ}{l}fi\mathrm{uu}^{22}_4$ | $nt\underset{\circ}{l}fi u^{22}_4$ | $le^{22}_4$ | $l\partial^{44}_4$ |
| 25 | 花儿 | flower | $pa\eta^{52}_2$ | $pa\eta^{42}_2$ | $pa\eta^{53}_2$ | $p\partial\eta^{31}_2$ |
| 26 | 雾 | fog | $fua^{55}_1$ | $tsou^{33}_7xua^{55}_1$ | $o\eta^{33}_1hau^{33}_1$ | $\chi o^{35}_5$ |
| 27 | 四 | four | $plau^{55}_1$ | $plou^{55}_1$ | $\mathrm{ł}o^{33}_1$ | $pzei^{53}_1$ |
| 28 | 结冰 | freeze | — | — | $ki^{35}_5pi^{35}_5$ | $\underset{\circ}{t}ho^{53}_1$ |
| 29 | 水果 | fruit | $ts\mathrm{uu}^{24}_3$ | $ts\mathrm{l}^{35}_3$ | $tsai^{33}_1$ | $pei^{44}_3$ |
| 30 | 草 | grass | $nts\mathrm{o}^{52}_2$ | $ntsau^{42}_2$ | $na\eta^{53}_2$ | $zei^{53}_1$ |
| 31 | 肠子 | guts | $\underset{\circ}{n}u^{24}_3$ | $\underset{\circ}{n}o^{35}_3$ | $qa^{55}_3$ | $\varsigma e^{44}_3$ |
| 32 | 他 | he | $nfi\mathrm{uu}^{22}_4$ | $nfi i^{22}_4$ | $nen^{53}_2$ | $b\mathrm{uu}^{44}_3$ |
| 33 | 这里 | here | $nt\partial\mathrm{uu}^{21}_8nua^{24}_3$ | $xau^{35}_3na^{35}_3$ | $na^{55}_3$ | $\chi o^{35}_5n\partial\eta^{44}_3$ |
| 34 | 打 | hit | $ntau^{33}_5$ | $ntou^{33}_5$ | $ti^{35}_5/\underset{\circ}{t}e^{33}_1$ | $p\partial^{31}_2$ |
| 35 | 拿 | hold,take | $mua^{55}_2$ | $mua^{55}_2$ | $te^{55}_3$ | $G\partial\eta^{35}_5$ |
| 36 | 怎么 | how | $ua^{44}_5t\varsigma fia\eta^{22}_4$ | $ua^{44}_5t\varsigma fia\eta^{22}_4$ | $a^{35}_5te^{24}_6$ | $\underset{\circ}{t}hu^{22}_2dz\mathrm{uu}^{31}_2$ |
| 37 | 打猎 | hunt | $tsha\eta^{21}_8$ | $l\partial u^{35}_3Nqa^{42}_2/$ $l\partial u^{35}_3kou^{31}_2$ | — | $t\mathrm{uu}^{22}_6$ |
| 38 | 丈夫 | husband | $\underset{\cdot}{z}fi\mathrm{uu}^{22}_6$ | $\underset{\cdot}{z}fi\partial u^{22}_6$ | $zu^{24}_6$ | $p\partial\eta^{44}_3$ |

续表

| 序号 | 汉义 | 英语 | 难府 | 文山 | 台江 | 矮寨 |
|---|---|---|---|---|---|---|
| 39 | 冰 | ice | $nam^{44}qhen^{31}$ | $tlou^{33}_7$ | $ɬjuə^{13}_7$ | $kjɛ^{44}_3$ |
| 40 | 假如 | if | $ʑɦɔ^{22}_6ta^{33}_7$ | $ʑɦau^{22}_6ta^{33}_7$ | $n̥haŋ^{55}_3$ | $ta^{31}_2n̪i^{22}_6$ |
| 41 | 在 | in | $n̪ɔ^{55}_1$ | $n̪au^{55}_1$ | $ŋ̊aŋ^{33}_1$ | $n̪i^{53}_1$ |
| 42 | 湖 | lake | $pɦaŋ^{22}_4$ | $na^{21}_8pɦaŋ^{22}_4$ | — | $χu^{31}_2$ |
| 43 | 笑 | laugh | $lɦua^{22}_6$ | $lɦua^{22}_6$ | $ɬuə^{13}_7$ | $ʈɯ^{21}_7$ |
| 44 | 左边 | leftside | $saŋ^{55}_1lɦau^{22}_6/$ $saŋ^{55}_1phe^{21}_8$ | $saŋ^{55}_1lou^{22}_6/$ $tsho^{35}_3phe^{21}_8$ | $pha^{35}_3pɛ^{22}_4tɕaŋ^{22}_4$ | $pa^{44/53}_3n̪i^{22}_6$ |
| 45 | 腿 | leg | $n̪tɕi^{52}_2pua^{55}_1$ | $n̪tɕi^{42}_2pua^{55}_1$ | — | $qo^{53}_1pa^{53}_3$ |
| 46 | 活的 | live | $tɕa^{52}_2$ | $tɕa^{42}_2$ | $ɣuə^{24}_6$ | $n̪u^{44}_3$ |
| 47 | 母亲 | mother | $na^{21}_8$ | $na^{21}_8$ | $mai^{24}_6$ | $ne^{21}_8/a^{53}_3n̪aŋ^{31}_2$ |
| 48 | 狭窄 | narrow | $ɴqai^{21}_8$ | $ɴqai^{21}_8$ | $ŋa^{31}_8$ | $ŋa^{22}_8$ |
| 49 | 近 | near | $ze^{44}_5$ | $ze^{44}_5$ | $ɣuə^{35}_5$ | $ʐɯ^{35}_5$ |
| 50 | 老 | old | $lɦau^{22}_4$ | $lɦou^{22}_4$ | $lu^{22}_4$ | $qəŋ^{35}_5$ |
| 51 | 玩 | play | $ua^{44}_5sɯ^{44}_5$ | $ua^{44}_5sɿ^{44}_5$ | $a^{35}_3tsaŋ^{55}_3$ | $tɕi^{44/53}_3tsa^{22}_6$ |
| 52 | 拉 | pull | $ɴqɦiu^{22}_4$ | $ɴqɦio^{22}_4$ | $ɬjo^{31}_8$ | $lja^{22}_6$ |
| 53 | 推 | push | $tshəɯ^{55}_1$ | $tshəu^{55}_1$ | $loŋ^{22}_4/oŋ^{55}_3$ | $tɕi^{44/53}_3tɕhən^{53}_1$ |
| 54 | 右边 | rightside | $saŋ^{55}_1sɯ^{44}_5$ | $saŋ^{55}_1sɿ^{44}_5$ | $pha^{35}_3pɛ^{22}_4tai^{53}_2$ | $pa^{44/53}_3ta^{31}_2$ |
| 55 | 正确，纠正 | right-correct | $ʑɦɔ^{22}_6$ | $ʑɦau^{22}_6$ | $ɬe^{24}_6$ | $n̪i^{22}_6$ |
| 56 | 河 | river | $xaŋ^{24}_3tle^{52}_2$ | $xaŋ^{35}_3tle^{42}_2$ | $oŋ^{33}_1$ | $u^{53}_1$ |
| 57 | 绳子 | rope | $l̥ua^{44}_5$ | $l̥ua^{44}_5$ | $ɬhe^{35}_5$ | $l̥a^{35}_5$ |
| 58 | 烂 | rotten | $lɯ^{52}_2$ | $lʉ^{42}_2$ | $le^{53}_2$ | $kəŋ^{35}_5$ |
| 59 | 擦 | rub | $sɔ^{44}_5$ | $sau^{44}_5$ | $ɕhaŋ^{35}_5$ | $ɕaŋ^{35}_5$ |
| 60 | 盐 | salt | $ntse^{24}_3$ | $ntse^{35}_3$ | $ɕuɔ^{55}_3$ | $dʑɯ^{44}_3$ |
| 61 | 抓 | scratch | $mua^{55}_1$ | $mua^{55}_1$ | $ka^{35}_3$ | $ka^{35}_3$ |
| 62 | 海 | sea | $xaŋ^{24}_3tsɯ^{24}_3$ | $xa^{35}_3$ | $he^{53}_2$ | $χe^{53}_1$ |
| 63 | 缝 | sew | $səɯ^{33}_7$ | $səu^{33}_7$ | $ɣaŋ^{53}_2$ | $ʐu^{22}_2$ |
| 64 | 锋利 | sharp | $ntse^{44}_5$ | $ntse^{44}_5$ | $ɣa^{24}_3$ | $ʐa^{22}_6$ |
| 65 | 短 | short | $pai^{24}_3$ | $tua^{55}_1$ | $lai^{55}_3$ | $le^{44}_3$ |
| 66 | 唱 | sing | $xu^{44}_5$ | $xo^{44}_5$ | $ɬi^{35}_5$ | $ɢɔ^{31}_1/tshaŋ^{21}_1$ |
| 67 | 天空 | sky | $ntu^{52}_2$ | $nto^{42}_2$ | $qhoŋ^{55}_3$ | $tsa^{53}_1ne^{31}$ |
| 68 | 气味 | smell | $ntsha^{55}_1$ | $ntsha^{55}_1$ | $poŋ^{35}_3/moŋ^{24}_3$ | $qo^{53/21}_1kha^{35}_3$ |

续表

| 序号 | 汉义 | 英语 | 难府 | 文山 | 台江 | 矮寨 |
|---|---|---|---|---|---|---|
| 69 | 光滑 | smooth | mplfia$^{22}_6$ | mplfia$^{22}_6$ | ɬjaŋ$^{35}_5$ | mje$^{22}_6$ |
| 70 | 蛇 | snake | naŋ$^{55}_1$ | naŋ$^{55}_1$ | naŋ$^{33}_1$ | nəŋ$^{53}_1$ |
| 71 | 雪 | snow | mpo$^{44}_5$ | mpo$^{44}_5$ | pi$^{35}_5$ | be$^{35}_5$ |
| 72 | 吐 | spit | nti$^{44}_5$ | nti$^{44}_5$ | thu$^{35}_5$/au$^{55}_3$ | thu$^{44}_3$ |
| 73 | 裂开 | split | tɕhɯ$^{22}_4$ple$^{55}_1$ | tɕhɯ$^{22}_4$ple$^{55}_1$ |  | ɖa$^{44}_3$ |
| 74 | 压 | squeeze | na$^{33}_7$ | na$^{33}_7$ | nai$^{31}_8$ | tɕho$^{35}_5$/a$^{21}_7$ |
| 75 | 刺，刺穿 | stab,pierce | tɕhɔ$^{55}_1$ | tɕhau$^{55}_1$ | n̥həu$^{35}_5$ | tɕha$^{53}_2$ |
| 76 | 棍子 | stick | paŋ$^{33}_7$ | qəu$^{33}_7$ | toŋ$^{35}_5$ | pza$^{44}_3$ |
| 77 | 直 | straight | n̩tɕaŋ$^{52}_2$ | n̩tɕaŋ$^{42}_2$ | tai$^{53}_2$ | te$^{31}_2$ |
| 78 | 吮吸 | suck | ntsai$^{33}_7$ | ntsai$^{33}_7$ | xu$^{13}_7$ | tɕi$^{44/53}_3$lju$^{22}_6$ |
| 79 | 肿 | swell | ɔ$^{44}_5$ | au$^{44}_5$ | pho$^{33}_1$ | aŋ$^{35}_5$ |
| 80 | 那里 | there | tɔ$^{21}_8$xɔ$^{24}_3$ | xau$^{35}_3$ka$^{44}_5$ | haŋ$^{55}_5$ʑa$^{33}_1$ | χo$^{35}_5$ei$^{53}_1$ |
| 81 | 他们 | they | nfiɯ$^{22}_4$pua$^{55}_1$ | nfii$^{22}_4$pua$^{55}_1$ | to$^{22}_2$tai$^{33}_1$ | dʑi$^{35}_5$me$^{31}_2$ |
| 82 | 厚 | thick | tua$^{55}_1$ | tua$^{55}_1$ | te$^{33}_1$ | ta$^{53}_1$ |
| 83 | 薄 | thin | n̩fie$^{22}_4$ | n̩fia$^{22}_4$ | n̩aŋ$^{22}_4$ | n̩ɛ$^{44}_4$ |
| 84 | 想 | think | saŋ$^{24}_3$ | ɕaŋ$^{35}_3$ | nen$^{53}_2$ | ɕaŋ$^{44}_3$ |
| 85 | 三 | three | pɛ$^{55}_1$ | pe$^{55}_1$ | pɛ$^{33}_1$ | pu$^{53}_1$ |
| 86 | 扔 | throw | lai$^{21}_8$ | lai$^{21}_8$ | ven$^{31}_8$ | ɛ$^{44}_3$ |
| 87 | 捆 | tie | paŋ$^{24}_3$ | paŋ$^{35}_3$ | qha$^{33}_1$ | te̥$^{31}_2$ |
| 88 | 转 | turn | tɕhi$^{22}_4$ | tɕhi$^{22}_4$ | ve$^{24}_6$ | tɕi$^{44/53}_3$ɕɛ$^{21}_7$ |
| 89 | 呕吐 | vomit | ntua$^{24}_3$ | ntua$^{35}_3$ | au$^{55}_3$ | ŋəŋ$^{44}_3$ |
| 90 | 洗（手） | wash | ntsua$^{24}_3$ | ntsua$^{35}_3$ | se$^{55}_3$ | dʑa$^{44}_3$ |
|  | 洗（衣） | wash | ntshua$^{44}_5$ | ntshua$^{44}_5$ | shau$^{35}_5$ | dʑəŋ$^{35}_5$ |
| 91 | 湿 | wet | ntu$^{55}_1$ | nto$^{55}_1$ | ɕuə$^{31}_8$ | de$^{31}_2$ |
| 92 | 哪里 | where | xɔ$^{24}_3$tɕhɯ$^{22}_6$ | xau$^{35}_3$tɕhɯ$^{22}_6$ | ha$^{55}_3$te$^{24}_3$/haŋ$^{55}_3$te$^{24}_6$ | χo$^{35}_5$tɕi$^{53}_2$ |
| 93 | 宽 | wide | tl̥aŋ$^{24}_3$ | tl̥aŋ$^{35}_3$ | faŋ$^{55}_3$ | khwaŋ$^{53}_1$ |
| 94 | 妻子 | wife | qua$^{33}_7$pu$^{52}_2$ | (qa$^{33}_7$) po$^{42}_2$ | ve$^{55}_3$ | ɯ$^{44}_3$ |
| 95 | 风 | wind | tɕua$^{44}_5$ | tɕua$^{44}_5$ | poŋ$^{35}_5$tɕi$^{35}_5$ | kji$^{35}_5$ |
| 96 | 翅膀 | wing | kau$^{52}_2$ti$^{33}_7$ | kou$^{42}_2$ti$^{33}_7$ | qa$^{33}_1$ta$^{13}_7$ | po$^{31}_2$ti$^{35}_5$ |
| 97 | 重 | heavy | n̩aŋ$^{24}_3$ | n̩aŋ$^{35}_3$ | n̥hoŋ$^{55}_3$ | n̥əŋ$^{44}_3$ |

续表

| 序号 | 汉义 | 英语 | 难府 | 文山 | 台江 | 矮寨 |
|---|---|---|---|---|---|---|
| 98 | 森林 | woods | xaŋ$^{24}_3$zuŋ$^{24}_3$ | xaŋ$^{24}_3$zoŋ$^{35}_3$ | pha$^{33}_1$toŋ$^{35}_5$ | paŋ$^{35}_5$du$^{35}_5$ |
| 99 | 虫 | worm | kaŋ$^{55}_1$ | kaŋ$^{55}_1$ | kaŋ$^{31}_1$ | ta$^{53}_1$kəŋ$^{53}_1$ |
| 100 | 年 | year | ɕuŋ$^{44}_5$ | ɕoŋ$^{44}_5$ | naŋ$^{53}_2$ | tɕu$^{35}_5$ |

## 三　中泰跨境苗语分类词表

| 序号 | 汉义 | 难府苗语 | 文山苗语 | 台江苗语 | 矮寨苗语 | 泰语 | 英语 |
|---|---|---|---|---|---|---|---|
| | | | 一、天文、地理 | | | | |
| 1 | 天 | ntu$^{52}$ | nto$^{42}$ | qhoŋ$^{55}_3$ | tsa$^{53}$ne$^{31}$ | ห้องฟ้า | sky |
| 2 | 太阳 | nu$^{55}$ | no$^{55}$ | ṇha$^{33}$ | kji$^{31}$naŋ$^{22}$ | พระอาทิตย์ | sun |
| 3 | 星星 | nu$^{55}$qu$^{55}$ | no$^{55}$qo$^{55}$ | tsai$^{33}$qai$^{33}$ | te$^{53}$qe$^{53}$l̥a$^{35}$ | ดาว | star |
| 4 | 云 | fua$^{55}$ | xua$^{55}$ | qa$^{33}$ɬhu$^{13}$vi$^{53}$ | ka$^{53}$tu$^{35}$ | เมฆ | cloud |
| 5 | 雾 | fua$^{55}$ | tsou$^{33}$xua$^{55}$ | oŋ$^{33}$hau$^{33}$ | χo$^{35}$ | หมอก | fog |
| 6 | 天亮 | kaŋ$^{52}$ntɦu$^{53/22}$ | po$^{21}$ki$^{35}$/ kaŋ$^{52}$ntɦo$^{53/22}$ | faŋ$^{53}$ | mzəŋ$^{22}$ | (ห้องฟ้า) สว่าง | daybreak |
| 7 | 风 | tɕua$^{44}$ | tɕua$^{44}$ | poŋ$^{35}$tɕi$^{35}$ | kji$^{35}$ | ลม | wind |
| 8 | 雨 | nɦaŋ$^{22}$ | nɦaŋ$^{22}$ | noŋ$^{24}$ | nəŋ$^{22}$ | ฝน | rain |
| 9 | 地 | te$^{55}$ | te$^{55}$ | tɛ$^{33}$ | ta$^{53}$tɯ$^{53}$ | พื้นดิน | ground |
| 10 | 洞 | qhɔ$^{24}$ | qhau$^{35}$ | qhaŋ$^{55}$ | qo$^{53}$qhu$^{22}$ | รู | hole |
| 11 | 河 | xaŋ$^{24}$tl̥e$^{52}$ | xaŋ$^{35}$tl̥e$^{42}$ | oŋ$^{33}$ | u$^{53}$ | แม่น้ำ | river |
| 12 | 小溪 | mi$^{24}$tl̥e$^{52}$ | kɯ$^{42}$tl̥fie$^{42/22}$ | kuə$^{31}$ | χaŋ$^{44}$ | ลำธารเล็กๆ | brook |
| 13 | 池塘 | pɦaŋ$^{22}$ | mi$^{35}$pɦaŋ$^{22}$ | oŋ$^{55}$ | taŋ$^{53}$u$^{53}$ | หนองน้ำ | pool |
| 14 | 井 | qhɔ$^{24}$tl̥e$^{52}$ | qhau$^{35}$tl̥e$^{42}$ | men$^{35}$ | ljə$^{31}$u$^{53}$ | บ่อน้ำ | well |
| 15 | 河岸 | ntɦu$^{22}$xaŋ$^{24}$ | ntɦo$^{22}$tl̥e$^{42}$ | qa$^{33}$poŋ$^{35}$oŋ$^{33}$ | ṭhu$^{35}$u$^{53}$ | เกี่ยวกับการอาศ ขอย$_{ி}$ | banks of the river |
| 16 | 路 | ke$^{24}$ | ki$^{35}$ | kuə$^{55}$ | ne$^{21}$kɯ$^{44}$ | ถนน (ทาง) | road |
| 17 | 土 | aŋ$^{24}$ | aŋ$^{35}$ | tɛ$^{33}$ | qo$^{53}$tɯ$^{53}$ | ดิน | soil |
| 18 | 田 | la$^{52}$ | la$^{42}$ | lji$^{53}$ | la$^{22}$ | สนาม | field |
| 19 | 田埂 | ntsɦu$^{22}$la$^{52}$ | ntsɦɯ$^{22}$la$^{42}$ | qa$^{33}$ɕhaŋ$^{33}$li$^{53}$ | qe$^{31}$la$^{53}$ | คันนา | ridge |
| 20 | 荒地 | te$^{55}$faŋ$^{55}$ | te$^{55}$faŋ$^{55}$ | la$^{24}$fɦaŋ$^{33}$ | lu$^{35}$χwaŋ$^{53}$ | ที่ดินรกร้าง | wasted field |
| 21 | 石头 | po$^{55}$ze$^{55}$ | (pau$^{55}$)ze$^{55}$ | ɣuə$^{33}$ | qo$^{53}$zɯ$^{53}$ | ก้อนหิน | stone |
| 22 | 沙子 | sua$^{55}$ze$^{55}$ | sua$^{55}$(ze$^{55}$) | she$^{35}$ | qo$^{53/21}$tsha$^{35}$ | ทราย | sand |
| 23 | 泡沫 | mpɦua$^{22}$ | mpɦua$^{22}$ | m̥he$^{55}$ | qo$^{53/21}$ma$^{44}$ | ฟอง | foam |

续表

| 序号 | 汉义 | 难府苗语 | 文山苗语 | 台江苗语 | 矮寨苗语 | 泰语 | 英语 |
|---|---|---|---|---|---|---|---|
| 24 | 洪水 | tle⁵²naŋ⁵⁵ | tle⁴²tlhaŋ⁴²/²² | zaŋ³³naŋ²² | u⁵³dzəŋ³⁵ | น้ำท่วม | flood |
| 25 | 金 | ku⁵⁵ | ko⁵⁵ | tɕen³³ | qo⁵³gje³¹ | ทอง | gold |
| 26 | 银 | n̥ɛ⁵² | n̥a⁴² | ni⁵³ | qo⁵³ŋəŋ³¹ | เงิน | silver |
| 27 | 铜 | tuŋ⁵² | toŋ⁴² | toŋ⁵³ | qo⁵³dəŋ³¹ | ทองแดง | copper |
| 28 | 铁 | l̥au⁴⁴ | l̥ou⁴⁴ | ɬhau³⁵ | qo⁵³/²¹lo³⁵ | เหล็ก | iron |
| 29 | 城市 | ntsɦiuŋ²² | ka⁵⁵ | zi¹³ | tɕi⁵³kje⁵³ | เมือง | city |
| 30 | 庙 | uat⁵⁵ | miau²¹ | tsɛ⁵⁵nəu²⁴ | mjo²¹ | วัด | temple |
| 31 | 桥 | tɕhɔ⁵² | tɕhau⁴² | tɕou⁵³ | gjo³¹ | สะพาน | bridge |
| 32 | 身体 | tɕi²⁴ | tɕi³⁵ | qaŋ³³tɕuə⁵⁵/qa³³tɕuə⁵³ | qo⁴⁴/²¹tɕɯ⁴⁴ | ร่างกาย | body |
| 33 | 头 | tau⁵⁵xau⁴⁴ | tou⁵⁵xou⁴⁴ | fhəu⁵⁵ | po³⁵pzei⁴⁴ | หัว (ศีรษะ) | head |
| 34 | 头发 | plau⁵⁵xau⁴⁴ | plou⁵⁵xou⁴⁴ | qa³³ɬjəu³³fhəu⁵⁵ | qo⁵³pei⁵³ | ผม | hair |
| 35 | 头旋 | ʑɦi²²xau⁴⁴ | ʑɦi²²(xou⁴⁴) | zuə²⁴ | o⁵³ɕɛ³¹pei⁵³ | ขวัญบนหัว | hair whorl |
| 36 | 头顶 | ta⁴²xau⁴⁴ | ta⁴²xou⁴⁴ | ɬaŋ⁵³fhəu⁵⁵ | kji⁵³qo⁴⁴pzei⁴⁴ | หัว | crown of the head |
| 37 | 额头 | xau²⁴pla⁵² | xou³⁵pla⁴² | n̥haŋ³³ | pzei⁴⁴ɕɛ⁵³ | หน้าผาก | forehead |
| 38 | 眉毛 | plau⁵⁵mɦua²² | plou⁵⁵mɦua²² | qa³³ɕa¹³ | pei⁵³qe⁵³ | คิ้ว | eyebrow |
| 39 | 眼睛 | qhɔ²⁴mɦua²² | qhau³⁵mɦua²² | n̥hoŋ³³ma²⁴ | le⁵³qe⁵³ | ตา | eye |
| 40 | 眼珠 | ntsa⁵⁵mɦua²² | ntsa⁵⁵mɦua²² | po⁵⁵ma²⁴ | pei⁴⁴/⁵³dzɛ³¹qe⁵³ | ลูกตา | eyeball |
| 41 | 眼皮 | təu²⁴mɦua²² | təu³⁵mɦua²² | qa³³lja¹³ma²⁴ | kjo³⁵qe⁵³ | เปลือกตา | eyelid |
| 42 | 鼻子 | tsu²⁴ntsɦi²² | tsŋ³⁵ntsɦi²² | po⁵⁵ne²⁴,ne²⁴ | pa⁴⁴/⁵³mzə²² | จมูก | nose |
| 43 | 鼻孔 | qhɔ²⁴ntsɦi²² | qhau³⁵ntsɦi²² | qhaŋ⁵⁵ne²⁴ | qhu²²mzə²² | รูจมูก | nostril |
| 44 | 耳朵 | ntse⁵² | ntse⁴² | ne⁵³ | ləŋ³¹mzɯ³¹ | ใบหู | ear |
| 45 | 耳屎 | qua²⁴ntse⁵² | qua³⁵ntse⁴² | qa⁵⁵nɛ⁵³ | qa⁴⁴lu²¹mzɯ³¹ | ขี้หู | earwax |
| 46 | 嘴 | ntɕau⁵² | n̥tɕou⁴² | n̥əu⁵³,lau³⁵ | pa⁴⁴/⁵³n̥o³¹ | ปาก | mouth |
| 47 | 胡子 | fu⁵²tsu²⁴ | fu⁴²tsŋ³⁵ | qa³³ɬjəu³³n̥əu⁵³lau³⁵ | pa⁴⁴/⁵³n̥əŋ²² | เครา | beard |
| 48 | 下巴 | qaŋ⁵⁵pua⁵⁵tsɦai²² | qaŋ⁵⁵pua⁵⁵tsɦai²² | qa³³qaŋ⁵³ | pa⁴⁴/⁵³tɕa²² | คาง | chin |
| 49 | 喉结 | tsa⁴⁴ | tsa⁴⁴ | po⁵⁵qoŋ⁵⁵ | po³⁵qəŋ⁴⁴ | ลูกกระเดือก | adam's apple |
| 50 | 喉咙 | tɕɔu⁵²paŋ³³ | tsau⁴²paŋ⁵⁵ | ɬoŋ⁵³qoŋ⁵⁵ | səŋ⁵³ɢəŋ⁴⁴ | ลำคอ | throat |
| 51 | 肩膀 | sɯ³³pɦiɯ²² | pɦi²² | ɬaŋ³³;qa³³ɬaŋ³³ | pei⁴⁴/⁵³pə²² | ไหล่ | shoulder |
| 52 | 背 | ntsau³³qau²¹ | ntsou³³qou²¹ | ɛ¹³ | tei³⁵tu⁵³ | หลัง | back |

续表

| 序号 | 汉义 | 难府苗语 | 文山苗语 | 台江苗语 | 矮寨苗语 | 泰语 | 英语 |
|---|---|---|---|---|---|---|---|
| 53 | 腋 | qhɔ²⁴tsu³³ | qhau³⁵tso³³ | qhaŋ⁵⁵vəu³ ɕuə³⁵ | a²²qə⁴⁴tɕəŋ³⁵ | รักแร้ | armpit |
| 54 | 乳房 | mɦii²² | mɦii²² | vuə²² | ma⁵³ | นม | breast |
| 55 | 肚子 | plaŋ⁵⁵ | plaŋ⁵⁵ | tɕəu³³ | qo⁵³tɕhi⁵³ | ท้อง | belly |
| 56 | 肚脐 | nti²⁴ntəɯ³³ | ntəu³³nti³⁵ | pu¹³tu¹³ | pei⁴⁴/⁵³du²²qɛ⁴⁴ | สะดือ | navel |
| 57 | 腰 | tl̪ua²⁴ | tl̪ua³⁵ | ɫa⁵⁵ | qo⁵³/²¹qwa⁴⁴ | เอว | waist |
| 58 | 屁股 | po⁵⁵tɯ⁴⁴ | pau⁵⁵tʉ⁴⁴ | qa⁵⁵qaŋ³³ | qa⁴⁴pzu²¹ | ก้น | buttocks |
| 59 | 肛门 | qhɔ²⁴qua²¹ | qhau³⁵/⁴⁴/qua³⁵ | qhaŋ⁵⁵qa⁵⁵ | qhu²²qa⁴⁴ | ทวารหนัก | anus |
| 60 | 大腿 | n̪tɕi⁵²pua⁵⁵ | n̪tɕi⁴²pua⁵⁵ | pe³³ | paŋ³⁵pa⁵³ | ต้นขา | thigh |
| 61 | 膝盖 | xau²⁴tɕɦiau²² | xou³⁵tɕɦiou²² | fɦəu⁵⁵tɕəu²⁴ | pei⁴⁴/⁵³tɕo²² | หัวเข่า | knee |
| 62 | 腿肚子 | plaŋ⁵⁵l̥ou⁵⁵ | plaŋ⁵⁵l̥ou⁵⁵ | tɕəu³³ | tɕhi⁵³l̥o⁵³ | น่อง | calf |
| 63 | 脚 | təɯ⁴⁴/kua⁴⁴təɯ⁴⁴ | təu⁴⁴/kʉ⁴⁴təu⁴⁴ | le³³ | qo⁵³l̥o⁵³ | เท้า | foot |
| 64 | 脚印 | nen²⁴təɯ⁴⁴ | nen³⁵təu⁴⁴ | m̥hi⁵⁵le³³ | qo⁵³/²¹na²²l̥o⁵³ | รอยเท้า | footprint |
| 65 | 脚趾 | nti²⁴təɯ⁴⁴ | nti³⁵təu⁴⁴ | qa³³tai³³le³³ | pei⁴⁴/⁵³da⁴⁴l̥o⁵³ | นิ้วเท้า | toe |
| 66 | 手 | tɦie²² | tɦie²² | pɛ²² | qo⁵³/²¹tɯ⁴⁴ | มือ | hand |
| 67 | 手背 | qaŋ⁵⁵tɦie²² | qou²¹tɦie²² | kuə³¹pɛ²² | po³⁵tɯ⁴⁴ | กลับ | the back of hand |
| 68 | 手指 | nti²⁴tɦie²² | nti³⁵tɦie²² | ta⁵⁵pɛ²² | pei⁴⁴/⁵³da⁴⁴tɯ⁴⁴ | นิ้วมือ | finger |
| 69 | 拇指 | na²¹nti²⁴tɦie²² | na²¹nti³⁵tɦie²² | mi³¹pɛ²² | ne²¹da⁴⁴ | นิ้วหัวแม่มือ | thumb |
| 70 | 小指 | mi²⁴nti²⁴tɦie²² | mi³⁵nti³⁵tɦie²² | tɕuə²²tai³³ | te⁵³gjɛ⁴⁴ | นิ้วก้อย | little finger |
| 71 | 指甲 | tsau⁴⁴tɦie²² | tsou⁴⁴tɦie²² | kəu³⁵ | po³¹tei³⁵ | เล็บมือ | nail |
| 72 | 拳 | ntsɦɯ²² | ntsɦŋ²² | po⁵⁵lju²² | pu⁴⁴tei³¹ | กำปั้น | fist |
| 73 | 手掌 | sɯ⁵⁵tɦie²² | sŋ⁵⁵tɦie²² | po⁵⁵lju²² | pɛ⁴⁴tɯ⁴⁴ | ฝ่ามือ | palm |
| 74 | 疮 | tsɯ⁵² | tsʉ⁴² | kaŋ³³ | dzəŋ⁵³ | แผลที่ช้ำๆหรือ น่าเปื่อย | sore |
| 75 | 疤 | tɕɔ³³pla²⁴ | tɕau³³pla³⁵ | qa³³ɫjen⁵⁵/qa³³ʂhaŋ³³ | pa⁴⁴/⁵³tei⁴⁴ | แผลเป็น | scar |
| 76 | 痱子 | ua⁴⁴sua⁴⁴ | ua⁴⁴sua⁴⁴ | kaŋ³³ŋ̥haŋ¹³ | pei⁴⁴tɯ⁴⁴³¹ŋ̥e⁵³ | ผด | sweat cash |
| 77 | 水泡 | l̥ɯ²⁴ | l̥ʉ³⁵ | pho³⁵oŋ³³ | pei⁴⁴/⁵³qo⁵³ | ตุ่ม | blisters |
| 78 | 血 | ntsʰaŋ²⁴ | ntsʰaŋ³⁵ | ɕaŋ⁵⁵ | dzəŋ⁴⁴ | เลือด | blood |
| 79 | 筋、血管 | lfien²² | lfien²² | ɕhəu⁵⁵ | tɕi⁵³/²¹ɕi⁴⁴ | เอ็น | tendon |
| 80 | 脑髓 | l̥ɯ⁵⁵ | l̥ʉ⁵⁵ | qhau³³ɫhe³³ | qo⁵³l̥ə⁵³ | สมอง | brains |

续表

| 序号 | 汉义 | 难府苗语 | 文山苗语 | 台江苗语 | 矮寨苗语 | 泰语 | 英语 |
|---|---|---|---|---|---|---|---|
| 81 | 骨头 | pɔ⁵⁵tsʰaŋ⁴⁴ | pau⁵⁵tsʰaŋ⁴⁴ | ʂoŋ⁵⁵ | po³⁵sɔŋ⁴⁴ | กระดูก | bones |
| 82 | 牙齿 | na²⁴/kʰiau²²na²⁴ | na³⁵/kʰiou²²na³⁵ | m̥hi⁵⁵ | qo⁵³/²¹ɕɛ⁴⁴ | ฟัน | tooth |
| 83 | 犬牙 | kʰiau²²na²⁴tle²⁴ | kʰiou²²na³⁵tle³⁵ | m̥hi⁵⁵ɬɛ⁵⁵ | ɕɛ⁴⁴qwɯ³⁵ | เขี้ยว | fangs |
| 84 | 肺 | ntsɯ³³ | ntsʉ³³ | fɦəu¹³ne²⁴pʰo³³ | qo⁵³/²¹mzə³⁵ | ปอด | lung |
| 85 | 心脏 | pləɯ²⁴ | pləɯ³⁵ | ɬju⁵⁵ | qo⁵³məŋ³¹ | หัวใจ | heart |
| 86 | 肝 | sa⁵⁵ | sa⁵⁵ | fɦəu¹³ne²⁴ | qo⁵³/²¹sɛ⁴⁴ | ตับ | liver |
| 87 | 肠子 | ɲu²⁴ | ɲo³⁵ | qa⁵⁵ | qo⁵³/²¹ɕɛ⁴⁴ | ลำไส้ | intestines |
| 88 | 小肠 | ɲu²⁴ | mi³⁵ɲo³⁵ | qa⁵⁵yaŋ³⁵ | te⁵³ɕe⁴⁴ | ลำไส้เล็ก | small intestine |
| 89 | 膀胱 | zɦai²²zɦɯ²² | zɦai²²zfɲ²² | va²² | pei⁴⁴/⁵³za⁴⁴ | กระเพาะปัสสาวะ | bladder |
| 90 | 屎 | qua²⁴ | qua³⁵ | qa⁵⁵ | qa⁴⁴ | อุจจาระ | excrement |
| 91 | 尿 | zɦɯ²² | zfɲ²² | tɕɔu³⁵ | za⁴⁴ | ปัสสาวะ | urine |
| 92 | 屁 | pau³³ | pou³³ | qa⁵⁵ | pzu̥²¹ | ตด | fart |
| 93 | 汗 | fɯ³³ | pʉ³³ | n̥haŋ¹³ | l̥əŋ³⁵ | เหงื่อ | sweat |
| 94 | 痰 | lɦɯ²²qɦai²² | ntsɦʉ²² | qa³⁵ŋo²² | qa⁴⁴kji⁵³nu²¹ | เสมหะ | sputum |
| 95 | 口水 | qua²⁴n̥tɕɦau⁵²/²² | qo(ŋ)⁵⁵n̥tɕɦou⁴²/²² | oŋ³³ɲəu⁵³ | u⁵³ɲo³¹ | น้ำลาย | saliva |
| 96 | 鼻涕 | ntsɦɯ²² | ntsɦʉ²² | qa⁵⁵ne²⁴ | qa⁴⁴mzə²² | พูดเลอะเทอะ | nasal discharge |
| 97 | 脓 | kua⁴⁴pɦau²² | pɦiou²² | pəu²⁴ | po²² | น้ำหนอง | pus |
| 98 | 声音 | sua⁵⁵ | sua⁵⁵ | xuə³³ | qo⁵³sə̥ŋ⁵³ | เสียง | voice |
| 99 | 人 | tua⁵⁵nɦien²² | tua⁵⁵nɦien²² | nai⁵³ | ne³¹ | คน | human beings |
| 100 | 汉族 | sua²⁴ | sua³⁵ | ʨuə²² | qo⁵³/²¹ta⁴⁴ | คนจีนฮั่น | Han nationality |
| 101 | 苗族 | muŋ⁵⁵ | moŋ⁵⁵ | m̥hoŋ³³ | qo⁵³ɕəŋ⁵³ | คนม้ง | Miao nationality |
| 102 | 婴孩 | mi²⁴ɲua³³mɦə²²/ɲua³³ la²² | mi³⁵ɲua³⁵mɦau²²/ɲua³³ la²² | ne¹³qa⁵⁵ | te⁵³ŋa²¹ | ทารก | infant |
| 103 | 男人 | kua⁴⁴qu²⁴ | zɦiəu²² | tɕi³³pa⁵⁵ | qo⁵³/²¹ɲəŋ³⁵ | ผู้ชาย | man |
| 104 | 新娘 | ŋaŋ⁵⁵tsʰa⁵⁵ | ŋkou⁴²ŋaŋ³⁵ | n̥aŋ³³xi³³ | ba²²tɕhu⁵³ɕɛ³³ | เจ้าสาว | bride |
| 105 | 爷爷 | zəu²¹ | zəu²¹ | qu³⁵ | a⁵³pɦɯ⁵³ | ปู่ | grandfather |
| 106 | 外祖父 | zəu²¹tai³³ | zəu²¹ tai³³ | qu³⁵qɦɛ³⁵ | a⁵³ta⁵³ | ตา | grandfather |
| 107 | 外祖母 | tai³³ | tai³³ | vu¹³qɦɛ³⁵ | a⁵³ta³⁵ | ยาย | grandmother |

续表

| 序号 | 汉义 | 难府苗语 | 文山苗语 | 台江苗语 | 矮寨苗语 | 泰语 | 英语 |
|---|---|---|---|---|---|---|---|
| 108 | 父亲 | ʑi$^{24}$/tsɯ$^{24}$ | tsai$^{35}$ | pa$^{55}$ | a$^{53}$ʑa$^{31}$ | ปิดา | father |
| 109 | 母亲 | na$^{21}$ | na$^{21}$ | vu$^{13}$, mai$^{24}$ | ne$^{21}$ | มารดา | mother |
| 110 | 儿子 | tu$^{55}$ | to$^{55}$ | tai$^{33}$, tɕi$^{33}$tai$^{33}$ | te$^{53}$ȵəŋ$^{35}$ | ลูกชาย | son |
| 111 | 女儿 | ntshai$^{33}$ | ntshai$^{33}$ | tai$^{33}$pha$^{13}$ | te$^{53}$ba$^{22}$ | ลูกสาว | daughter |
| 112 | 女婿 | vau$^{24}$ | vou$^{35}$ | tɕi$^{55}$ | ɕe$^{53}$ | ลูกเขย | son-in-law |
| 113 | 孙子 | sen$^{55}$ntsɯ$^{24}$ | sen$^{55}$ntsɿ$^{35}$ | ɬhin$^{33}$ | ka$^{44}$ȵəŋ$^{35}$ | หลานชาย | grandson |
| 114 | 姐姐(男称) | mua$^{21}$ɭu$^{55}$ | na$^{21}$lɦou$^{22}$ | ɛ$^{55}$ | a$^{53/21}$ʑa$^{22}$ | พี่สาว | elder sister |
| 115 | 姐姐(女称) | na$^{21}$lɦau$^{22}$ | na$^{21}$lɦou$^{22}$ | ɛ$^{55}$ | a$^{53/21}$ʑa$^{22}$ | น้องสาว | sister |
| 116 | 妹妹(女称) | na$^{21}$ɭua$^{33}$ | na$^{21}$ɭua$^{33}$ | ȵe$^{13}$,to$^{55}$ | te$^{53/21}$ɭu$^{44}$ba$^{22}$ | น้องสาว(พี่สาวเรียกน้องสาว) | younger sister |
| 117 | 伯父 | lɦau$^{22}$ | ʑou$^{21}$lɦou$^{22}$ | pa$^{55}$ɬjhuə$^{33}$ | a$^{53}$pe$^{31}$ | ลุง(พี่ชายของพ่อ) | father's elder brother |
| 118 | 伯母 | pu$^{52}$lɦau$^{22}$ | po$^{42}$lɦou$^{22}$ | mai$^{24}$ɬjhuə$^{33}$ | pe$^{31}$ȵaŋ$^{31}$ | ป้า(ภรรยาของลุง) | wife of father's elder brother |
| 119 | 叔父 | tsɯ$^{24}$ntsəu$^{21}$ | tsɿ$^{35}$ntsəu$^{21}$ | pa$^{55}$ʑuə$^{35}$ | a$^{53}$ʂu$^{53}$ | อาผู้ชาย(น้องชายพ่อ) | father's younger brother |
| 120 | 姨母(母之姐) | tai$^{44}$ | tai$^{44}$ | mai$^{24}$ɬjhuə$^{33}$/mai$^{24}$ʑuə$^{35}$ | ne$^{21}$lj əŋ$^{53}$ | ป้าหญิง(พี่สาวของแม่) | mother's sister |
| 121 | 姑父 | vau$^{24}$/tsɯ$^{24}$kɯ$^{24}$ | tsɿ$^{35}$kʉ$^{35}$ | tai$^{33}$ʑu$^{24}$ | ku$^{53}$ʑe$^{31}$ | ลุงเขย(สามีของป้า) | husband of father's elder sister |
| 122 | 姑母 | ȵaŋ$^{55}$ | po$^{42}$ȵaŋ$^{42}$ | ta$^{13}$ | a$^{53/21}$ta$^{35}$ | อา(น้องสาวของพ่อ) | father's younger sister |
| 123 | 丈夫(他称) | ʑɦɯ$^{22}$ | ʑɦəu$^{22}$ | ʑu$^{24}$ | pəŋ$^{44}$ | สามี | husband |
| 124 | 寡妇 | pu$^{52}$ntsɦua$^{22}$ | po$^{42}$ntsɦua$^{22}$ | mai$^{24}$na$^{24}$ | ba$^{22}$ɯ$^{44}$tɕhi$^{44}$ | แม่ม้าย | widow |
| 125 | 长辈 | tɕɔ$^{24}$lɦau$^{22}$ | tɕau$^{35}$lɦou$^{22}$ | to$^{22}$lu$^{22}$ | ma$^{31}$ljəŋ$^{31}$ | รุ่นอาวุโส | eldership |
| 126 | 医生 | mua$^{21}$ | kɯ$^{33}$tshua$^{42}$ | ɕaŋ$^{24}$tɕa$^{33}$ | ʑo$^{31}$ɕi$^{53}$ | หมอ | doctor |
| 127 | 学生 | nɦen$^{22}$kəɯ$^{21}$ntəɯ$^{24}$ | to$^{55}$kəɯ$^{21}$ntəɯ$^{35}$ | tai$^{22}$ɕo$^{31}$sen$^{33}$ | ɕo$^{31}$səŋ$^{53}$ | นักเรียน | student |
| 128 | 朋友 | phen$^{52}$ʑɦɯ$^{22}$ | kʉ$^{35}$lɦua$^{22}$ | qa$^{33}$pəŋ$^{22}$ | χu$^{53}$kji$^{53}$ | เพื่อน | friend |
| 129 | 瞎子 | tua$^{55}$nɦeŋ$^{22}$tlɦi$^{22}$mɦua$^{22}$ | tlɦi$^{22}$mɦua$^{22}$ | tai$^{22}$ɬju$^{22}$ | ne$^{31}$kju$^{44}$ | คนตาบอด | the blind |
| 130 | 聋子 | lɦaŋ$^{22}$ntsɦe$^{52/22}$ | lɦaŋ$^{22}$ntsɦe$^{42/22}$ | tai$^{22}$ɬ əŋ$^{53}$ | ne$^{31}$tu$^{53}$ | คนหูหนวก | the deaf |

续表

| 序号 | 汉义 | 难府苗语 | 文山苗语 | 台江苗语 | 矮寨苗语 | 泰语 | 英语 |
|---|---|---|---|---|---|---|---|
| 131 | 疯子 | mpa$^{33}$/tua$^{55}$nnfien$^{22}$vɯ$^{21}$ | tua$^{55}$nfien$^{22}$vʉ$^{21}$ | tai$^{22}$tsai$^{33}$toŋ$^{33}$ | ne$^{31}$no$^{22}$ | คนผีบ้า | madman |
| 132 | 主人 | tsu$^{24}$tse$^{24}$ | tsʉ$^{35}$tse$^{35}$ | tai$^{22}$qe$^{33}$ | tu$^{21}$pzɯ$^{44}$ | เจ้าภาพ | master |
| 133 | 客人 | qhua$^{44}$ | qhua$^{44}$ | qhe$^{35}$ | ne$^{31}$qha$^{35}$ | แขก | guest |
| 134 | 官 | nɔ$^{21}$tsɯ$^{24}$/nɔ$^{21}$ | no$^{21}$ | qa$^{33}$lai$^{22}$ | qo$^{53}$kwe$^{53}$ | เป็นทางการ | officer |
| 135 | 兵 | thai$^{55}$ | tsfiau$^{22}$ | zoŋ$^{53}$ | kjəŋ$^{53}$ | ทหาร | soldiers |
| 136 | 黄牛 | ɲu$^{42}$tḷfiaŋ$^{42/22}$ | ɲo$^{42}$tḷfiaŋ$^{42/22}$ | ljo$^{55}$ | ta$^{53/21}$zu$^{44}$ | วัว | ox |
| 137 | 水牛 | tu$^{21}$ | ɲo$^{42}$tʉ$^{21}$ | ni$^{53}$ | ta$^{53}$ɲe$^{31}$ | ควาย | water buffalo |
| 138 | 尾巴 | ku$^{44}$tɯ$^{24}$ | kʉ$^{44}$tʉ$^{35}$ | qa$^{33}$te$^{55}$ | pei$^{44/53}$tə$^{44}$ | หางสัตว์ | tail |
| 139 | 山猫 | pli$^{33}$ | pli$^{33}$ | ɬjaŋ$^{13}$ | ta$^{53/21}$tu$^{44}$ | หมาจิ้งจอก | leopardcat |
| 140 | 猪 | mpua$^{44}$ | mpua$^{44}$ | pe$^{35}$ | ta$^{53/21}$ba$^{35}$ | หมู | pig |
| 141 | 狗 | tḷe$^{24}$ | tḷe$^{35}$ | ɬe$^{55}$ | ta$^{53/21}$Gɯ$^{44}$ | สุนัข | dog |
| 142 | 猫 | miau$^{55}$ | mi$^{35}$ | pai$^{31}$ | ta$^{53}$mo$^{21}$ | แมว | cat |
| 143 | 鸡 | qa$^{55}$ | qa$^{55}$ | qa$^{33}$ | ta$^{53}$qa$^{53}$ | ไก่ | chicken |
| 144 | 公鸡 | lau$^{24}$qa$^{55}$ | lou$^{35}$qa$^{55}$ | pa$^{55}$qa$^{33}$ | po$^{31}$qo$^{35}$qa$^{53}$ | ไก่ตัวผู้ | cock |
| 145 | 母鸡 | pu$^{52}$qa$^{55}$ | po$^{42}$qa$^{55}$ | mi$^{31}$qa$^{33}$ | ne$^{21}$qa$^{53}$ | ไก่ตัวเมีย(ออกไข่แล้ว) | hen |
| 146 | 鸡冠子 | i$^{55}$qa$^{55}$ | i$^{55}$qa$^{55}$ | ȵih$^{33}$ | kwe$^{53}$tsa$^{53}$ | หงอนไก่ | cockscomb |
| 147 | 嗉子 | tsa$^{44}$ | tsa$^{44}$ | pi$^{55}$ | pəŋ$^{44}$ɛ$^{44}$ | พืชด้วย | crop |
| 148 | 翅膀 | kau$^{52}$ti$^{33}$ | kou$^{42}$ti$^{33}$ | qa$^{33}$ta$^{13}$ | po$^{31}$ti$^{35}$ | ปีก | wings |
| 149 | 蛋 | qai$^{44}$ | qai$^{44}$ | kuə$^{35}$ | nu$^{22}$qa$^{53}$ | ไข่ไก่ | egg |
| 150 | 蛋壳 | phlau$^{55}$qai$^{44}$ | phlou$^{55}$qai$^{44}$ | qa$^{33}$qhu$^{33}$ | khu$^{53}$nu$^{22}$ | เปลือกไข่ | shell |
| 151 | 蛋白 | qai$^{44}$tḷəɯ$^{55}$ | li$^{44}$ | qa$^{33}$ɬha$^{35}$ | nu$^{22}$qa$^{53}$ma$^{31}$qwə$^{53}$ | โปรตีน | egg white |
| 152 | 蛋黄 | qai$^{44}$tḷaŋ$^{52}$ | ŋkou$^{55}$ | tɕəu$^{33}$ | nu$^{22}$qa$^{53}$ma$^{31}$kwəŋ$^{31}$ | ไข่แดง | yolk |
| 153 | 鸭子 | ɔ$^{33}$lau$^{55}$ | o$^{33}$ | ka$^{24}$ | ta$^{53/21}$nu$^{22}$/nu$^{22}$ʂɯ$^{21}$ | เป็ด | duck |
| 154 | 野鸡 | qa$^{55}$qu$^{33}$ | qa$^{55}$ko$^{33}$ | ȵoŋ$^{53}$ | ŋu$^{22}$nu$^{31}$ | ไก่ฟ้า | pheasant |
| 155 | 鹅 | ȵfiu$^{22}$ | ȵfio$^{22}$ | ŋaŋ$^{24}$ | nu$^{22}$ŋɯ$^{31}$ | ห่าน | goose |
| 156 | 龙 | zaŋ$^{52}$ | zaŋ$^{42}$ | ɣoŋ$^{53}$ | ta$^{53}$zəŋ$^{31}$ | มังกร | dragon |
| 157 | 蹄 | tsaŋ$^{24}$ | tsaŋ$^{35}$ | tɕəu$^{35}$ | qo$^{53/21}$ta$^{35}$ | กีบ | hoof |
| 158 | 猴子 | la$^{55}$ | la$^{55}$ | lai$^{33}$ | ta$^{53}$mzɛ$^{53}$ | ลิง | monkey |

续表

| 序号 | 汉义 | 难府苗语 | 文山苗语 | 台江苗语 | 矮寨苗语 | 泰语 | 英语 |
|---|---|---|---|---|---|---|---|
| 159 | 野猫 | miau⁵⁵qu³³ | pli³³ | ɬjaŋ¹³ | ta⁵³ᐟ²¹tu⁴⁴ | แมวป่า | wildcat |
| 160 | 野猪 | mpua⁴⁴te⁵⁵ | mpua⁴⁴te⁵⁵ | ŋa⁵³pe³⁵tɛ³³ | ba³⁵tɯ⁵³ | หมูป่า | wild boar |
| 161 | 松鼠 | nɦiaŋ²² ȵtɕua²⁴ | nɦiaŋ²²ȵtɕua³⁵ | ɕuə⁵³tɕa⁵⁵ | ta⁵³ᐟ²¹nəŋ⁴⁴ pzạ³⁵ | กระรอก | squirrel |
| 162 | 鸟 | nɦiuŋ²² | nɦioŋ²² | noŋ²⁴ | ta⁵³ᐟ²¹nu²² | นก | bird |
| 163 | 麻雀 | ɦiu²² | ntshou⁴⁴zɦiɛ²² | noŋ²⁴tse²² | nu²²pzɛ⁴⁴ | นกกระจอก | sparrow |
| 164 | 布谷鸟 | pəu⁵⁵kɯ³³ kəu²⁴kəu³³ | qou³⁵qɦiəu²² | noŋ²⁴puə⁵⁵vəu³¹ | pu⁴⁴qu²² | นกกาเหว่า | cuckoo |
| 165 | 蛇 | naŋ⁵⁵ | naŋ⁵⁵ | naŋ³³ | ta⁵³nəŋ⁵³ | งู | snake |
| 166 | 蝌蚪 | qaŋ²⁴tau⁵⁵ | qaŋ³⁵tou⁵⁵ | ɬjuə¹³qu³¹ | pa⁴⁴ᐟ⁵³maŋ²² ku²¹ | ลูกอ๊อด | tadpole |
| 167 | 蜻蜓 | kuŋ⁵²mɦua²² lɦiɛ²² | qou⁴² mɦua²²lɦiɛ²² | kaŋ³³li⁵⁵ | pa⁴⁴ᐟ⁵³tɛ⁴⁴ | แมลงปอ | dragonfly |
| 168 | 螳螂 | kuŋ⁵²ntsɦua²² nɦien²² | koŋ⁴²ntsɦua²² nɦien²² | ke³¹ | pa⁴⁴ᐟ⁵³du³⁵ tɕəŋ⁴⁴ | ตั๊กแตนตำข้าว | mantis |
| 169 | 鱼 | ntsɦie²² | ntsɦie²² | nɛ²² | ta⁵³ᐟ²¹mzɯ⁴⁴ | ปลา | fish |
| 170 | 虾 | ɕua⁵⁵ | ɕua⁵⁵ | kaŋ³³khoŋ³³ | ta⁵³ʂəŋ⁵³ | กุ้ง | shrimp |
| 171 | 螃蟹 | khi³³ | phaŋ⁴²xai⁴⁴ | ɬo³³ | ta⁵³tɕei⁵³ | ปู | crab |
| 172 | 椿象（臭屁虫） | kaŋ⁵⁵tsau³³ | kaŋ⁵⁵tsou³³ | kaŋ³³əu³⁵zuə²² | kəŋ⁵³qe²²pzụ²¹ | กลิ่นเหม็น | stinkbug |
| 173 | 虫 | kaŋ⁵⁵ | kaŋ⁵⁵ | kaŋ³³ | ta⁵³kəŋ⁵³ | หนอน | worm |
| 174 | 跳蚤 | mo⁵⁵ | mo⁵⁵/to³⁵ | m̥hai³³/kaŋ³³ m̥hai³³ | ta⁵³ᐟ²¹te⁴⁴ | หมัด | flea |
| 175 | 虱 | ntshau²⁴ | ntshou³⁵ | kaŋ³³tai⁵⁵ | ta⁵³ᐟ²¹te⁴⁴ | ไร | louse |
| 176 | 毛虫 | kaŋ⁵⁵ntsɦiu²² | kaŋ⁵⁵ntsɦŋ²² | kaŋ³³ | ta⁵³kəŋ⁵³tɕu²² | หนอนผีเสื้อ | caterpillar |
| 177 | 蚊子 | zuŋ²⁴ | zoŋ³⁵ | kaŋ³³ʐəu⁵⁵ | ta⁵³ᐟ²¹maŋ⁴⁴ | ยุง | mosquito |
| 178 | 蜈蚣 | kaŋ⁵⁵lai³³ tsu²⁴ | lou²¹kou⁴⁴ tshoŋ⁴² | kaŋ³³khəu¹³ | ta⁵³ʂu²¹ | ตะขาบ | centipede |
| 179 | 蚯蚓 | tɕaŋ⁵⁵naŋ⁵⁵ | tɕaŋ⁵⁵ | kaŋ³³tɕoŋ³³/ tɕoŋ³³ | ta⁵³kəŋ⁵³qɛ²² | ไส้เดือน | earthworm |
| 180 | 蚂蚁 | ntsau²¹ | ntsou²¹ | kaŋ³³no²⁴ | ta⁵³ᐟ²¹ba⁴⁴ | มด | ant |
| 181 | 萤火虫 | kaŋ⁵⁵ntsai³³ mɦua²² | kaŋ⁵⁵ntsai³³ mɦua²² | kaŋ³³n̥hoŋ³³ | pa⁵³maŋ³¹ ɣe³⁵ɣe³⁵ | หิ่งห้อย | firefly |
| 182 | 蝴蝶 | mpau⁵² mpai³¹ | mpou⁴²mpai²¹ | kaŋ³³paŋ⁵³ljuə³¹ | be³¹bɛ³⁵to⁵³ | ผีเสื้อ | butterfly |
| 183 | 松树 | thu²⁴ | tho³⁵ | toŋ³⁵qai⁵⁵ | du³⁵ɕɯ⁵³ | ต้นสน | pine tree |
| 184 | 梨树 | ntuŋ⁴⁴sa²⁴li⁵² | ntoŋ⁴⁴tsŋ³⁵zua⁴² | toŋ³⁵ɣa⁵³ | du³⁵zạ³¹ | ลูกแพร์ | pear tree |

| 序号 | 汉义 | 难府苗语 | 文山苗语 | 台江苗语 | 矮寨苗语 | 泰语 | 英语 |
|---|---|---|---|---|---|---|---|
| 185 | 桃树 | ntuŋ$^{44}$tsɯ$^{24}$tʴua$^{52}$ | ntoŋ$^{55}$tsŋ$^{35}$tʴua$^{42}$ | — | du$^{35}$qwa$^{31}$ | ต้นท้อ | peach tree |
| 186 | 树枝 | tɕɦi$^{22}$ntuŋ$^{44}$ | tɕɦi$^{22}$ntoŋ$^{44}$ | — | qo$^{53/21}$kɯ$^{44}$du$^{35}$ | สาขา | tree branch |
| 187 | 菌子 | ȵ̥tɕi$^{55}$ | ȵ̥tɕi$^{55}$ | tɕuɔ$^{33}$ | gɯ$^{31}$ | เชื้อรา | fungus |
| 188 | 草 | ntsɔ$^{52}$ | ntsau$^{42}$ | naŋ$^{53}$ | qo$^{53}$ʐei$^{53}$ | ต้นหญ้า | grass |
| 189 | 稻草 | kua$^{24}$ȵaŋ$^{55}$ | ȵaŋ$^{55}$mpl̥ie$^{42/22}$ | qa$^{33}$qe$^{53}$ | qa$^{44}$nɯ$^{31}$ | ฟางข้าว | straw |
| 190 | 桃子 | tsɯ$^{24}$tʴua$^{52}$ | tsŋ$^{35}$tʴua$^{42}$ | tsai$^{55}$ɬai$^{53}$ | pei$^{44/53}$qwa$^{31}$ | ลูกท้อ | peach |
| 191 | 梨子 | tsɯ$^{24}$sa$^{24}$li$^{52}$ | tsŋ$^{35}$ʐua$^{42}$ | ɣa$^{53}$ | pei$^{44/53}$ʐa$^{31}$ | สาลี่ | pear |
| 192 | 板栗 | tsɯ$^{24}$ntsen$^{52}$ | tsŋ$^{35}$tse$^{35}$/tsŋ$^{35}$ntsen$^{42}$ | tsai$^{55}$ʐua$^{22}$ | pei$^{44/53}$ʐo$^{22}$ | ลูกเกาลัด | chestnut |
| 193 | 种子 | nuŋ$^{55}$ | noŋ$^{55}$ | ȵ̥hoŋ$^{33}$ | qo$^{53}$ȵu$^{53}$ | เมล็ดพันธุ์พืช | seed |
| 194 | 稻子 | mpl̥e$^{52}$ | mpl̥e$^{42}$ | nɛ$^{53}$ | nɯ$^{31}$ | ข้าวเปลือก | rice |
| 195 | 谷粒 | mpl̥e$^{52}$ | mpl̥e$^{42}$ | qa$^{55}$lai$^{33}$ | li$^{53}$pə$^{44}$ | เม็ดข้าว | grain |
| 196 | 花 | paŋ$^{52}$ | paŋ$^{42}$ | paŋ$^{53}$ | pəŋ$^{31}$ | ดอกไม้ | flower |
| 197 | 蔬菜 | zau$^{55}$ | zou$^{55}$ | ɣo$^{33}$ | ʐei$^{53}$ | ผัก | vegetable |
| 198 | 蕨菜 | sua$^{55}$ | sua$^{55}$ | ɣo$^{33}$xuə$^{33}$ | pa$^{44/53}$lju$^{21}$qɛ$^{44}$ | ผักกูด | fiddlehead |
| 199 | 茄子 | lɦiɯ$^{22}$ | lɦiɯ$^{22}$ | tɕa$^{53}$ | kwaŋ$^{35}$ | มะเขือยาว | eggplant |
| 200 | 葱 | tl̥ɦiɔ$^{22}$ | tl̥ɦiau$^{22}$tsaŋ$^{42}$ | shen$^{35}$ | qwaŋ$^{44}$ | ต้นหอม | shallot |
| 201 | 蒜 | qe$^{52}$ | qe$^{42}$ | shen$^{35}$te$^{53}$ | qwaŋ$^{44}$ | กระเทียม | garlic |
| 202 | 姜 | qha$^{24}$/qha$^{24}$la$^{24}$ | qha$^{35}$ | khi$^{55}$ | ʂɛ$^{44}$ | ขิง | ginger |
| 203 | 土豆 | qɔ$^{21}$ | qau$^{44}$ʐaŋ$^{42}$ɣ$^{21}$ | ʐaŋ$^{31}$vi$^{13}$ | pei$^{44/53}$ʐaŋ$^{31}$ʑi$^{35}$ | มันฝรั่ง | potato |
| 204 | 南瓜 | tau$^{55}$ | tou$^{55}$ | fa$^{33}$ɬuə$^{22}$ | to$^{53}$ | ฟักทอง | pumpkin |
| 205 | 冬瓜 | tuŋ$^{55}$ | tou$^{55}$tɦɨ$^{22}$ | fa$^{33}$qa$^{55}$ | to$^{53}$mʐa$^{22}$ | ฟักเขียว | waxgourd |
| 206 | 黄瓜 | tl̥i$^{55}$ | tl̥i$^{55}$ | fa$^{33}$ | kwa$^{53}$ | แตงกวา | cucumber |
| 207 | 苦瓜 | tl̥i$^{55}$a$^{55}$ | tl̥i$^{55}$a$^{55}$ | fa$^{33}$ai$^{33}$ | to$^{53}$ɛ$^{53}$ | มะระ | balsam pear |
| 208 | 豆子 | tau$^{21}$ | tou$^{21}$ | təu$^{31}$ | pei$^{44/53}$nu$^{21}$ | ถั่ว | beans |
| 209 | 黄豆 | tau$^{21}$tl̥aŋ$^{52}$ | tou$^{21}$tl̥aŋ$^{42}$ | təu$^{31}$pəu$^{55}$ | nu$^{21}$ti$^{44}$ | ถั่วเหลือง | soybean |
| 210 | 绿豆 | tau$^{21}$ntsua$^{55}$ | tou$^{21}$ntsua$^{55}$ | təu$^{31}$nau$^{53}$ | lu$^{31}$tɯ$^{21}$ | ถั่วเขียว | mung bean |
| 211 | 花生 | lau$^{21}$ua$^{44}$sen$^{33}$ | lou$^{42}$soŋ$^{44}$ | fa$^{33}$sen$^{33}$ | lo$^{31}$ʑwa$^{53}$səŋ$^{33}$ | ถั่วลิสง | peanut |
| 212 | 豆芽菜 | kɦau$^{22}$tau$^{21}$ | kɦou$^{21}$tou$^{21}$ | təu$^{31}$tɕhaŋ$^{33}$ | tɯ$^{35}$ŋa$^{31}$tshe$^{53}$ | ถั่วงอก | bean sprout |
| 213 | 青苔 | qua$^{24}$ʐaŋ$^{52}$ | qua$^{35}$ʐaŋ$^{42}$ | ɣo$^{33}$tu$^{33}$ | qa$^{44}$ʐəŋ$^{31}$ | ตะไคร่น้ำ | moss |

续表

| 序号 | 汉义 | 难府苗语 | 文山苗语 | 台江苗语 | 矮寨苗语 | 泰语 | 英语 |
|---|---|---|---|---|---|---|---|
| 214 | 饭 | mɔ²⁴ | mau³⁵ | ke⁵⁵ | l̥e³⁵ | ข้าว | rice |
| 215 | 早饭 | tshai³³ | tshai³³ | ke⁵⁵te³⁵ | l̥e³⁵dzəŋ⁴⁴/ ɕɛ⁴⁴dzəŋ⁴⁴ | อาหารเช้า | breakfast |
| 216 | 午饭 | su⁴⁴ | so⁴⁴ | ke⁵⁵ŋha³³ | l̥e³⁵du³¹/ ɕɛ⁴⁴du³¹ | อาหารกลางวัน | lunch |
| 217 | 晚饭 | mɔ⁴⁴ | mau⁴⁴ | ke⁵⁵m̥haŋ³⁵ | l̥e³⁵m̥aŋ³⁵ | อาหารมื้อเย็น | dinner |
| 218 | 糯米 | ntsa⁵⁵mplau²¹ | ntsa⁵⁵mplou²¹ | shai⁵⁵nau³¹ | dzo³⁵n̥u²² | ข้าวเหนียว | sticky rice |
| 219 | 米汤 | kua⁴⁴ntshai⁴⁴ | kua⁴⁴ntshai⁴⁴ | oŋ³³ke³⁵ | u⁵³dzo³⁵ | น้ำข้าว | boiled rice water |
| 220 | 肉 | ɴqa⁵² | ɴqa⁴² | ŋa⁵³ | ŋa³¹ | เนื้อ | meat |
| 221 | 盐 | ntse²⁴ | ntse³⁵ | ɕuə⁵⁵ | dzɯ⁴⁴ | เกลือ | salt |
| 222 | 糖 | naŋ⁵²ntaŋ²¹ | thaŋ⁴² | taŋ³¹ | daŋ³¹ | น้ำตาล | sugar |
| 223 | 豆腐 | tau²¹paŋ⁵² | kua⁴⁴tou²¹ | təu³¹həu³⁵ | tɯ³¹χɯ³⁵ | เต้าหู้ | tofu |
| 224 | 甜酒 | mɔ²⁴tɕəu²⁴ | tɕəu³⁵mfiau²² | tɕu⁵⁵qaŋ³³naŋ³ | tɕɯ⁴⁴tɕaŋ⁴⁴/ dʑɛ³¹tɕɯ⁴⁴ | เหล้าหวาน | sweet whiskey |
| 225 | 烟 | lua²¹ʑin⁵⁵ | ʑin⁵⁵ | ʑen³³ | ʑɛ⁵³ | บุหรี่เส้น | cigarette |
| 226 | 药 | tshua⁵² | tshua⁴² | tɕa³³ | ga³¹ | ยา | medicine |
| 227 | 猪食 | zau⁵⁵mpua⁴⁴/³³ | zou⁵⁵mpua⁴⁴/³³ | qoŋ⁵⁵pe³⁵ | l̥e³⁵ba³⁵ | อาหารหมู | pig feed |
| 228 | 线 | su²⁴ | so³⁵ | fhua⁵⁵ | qo⁵³tsei³¹ | เส้นด้าย | thread |
| 229 | 绳子 | l̥ua⁴⁴ | l̥ua⁴⁴ | tɬhe³⁵ | qo⁵³/²¹l̥a³⁵ | เชือก | rope |
| 230 | 布 | ntau⁵⁵ | ntou⁵⁵ | to³³ | di³¹ | ผ้า | cloth |
| 231 | 衣领 | tɕaŋ⁴⁴tl̥aŋ⁵⁵tshɔ⁴⁴ | tɕaŋ⁴²tl̥aŋ⁵⁵tshau⁴⁴ | qa³³ɬau¹³ | ʑi⁴⁴ljəŋ⁴⁴ə⁴⁴ | ปกคอเสื้อ | collar |
| 232 | 衣袖 | tfie²²tshɔ⁴⁴ | tfie²²tshau⁴⁴ | qa³³mu²² | təŋ⁴⁴ə⁴⁴ | แขนเสื้อ | sleeve |
| 233 | 扣子 | khɯ²¹tshɔ⁴⁴ | ŋəu³³tsɿ³⁵ | po⁵⁵ni²⁴ | pei⁴⁴qə⁴⁴ə⁴⁴ | กระดุม | button |
| 234 | 衣袋 | naŋ⁵⁵tshɔ⁴⁴ | naŋ⁴⁴tshau⁴⁴ | te³¹ | khɯ⁴⁴pu²² | ถุง | pocket |
| 235 | 裤子 | tsfɯ²² | tsfɿ²² | qhəu³⁵ | tɕi³¹gə⁴⁴ | กางเกง | trousers |
| 236 | 腰带 | l̥aŋ⁵⁵ | l̥aŋ⁵⁵tsfɿ²² | tɬhe³⁵ | l̥a⁴⁴ɕi⁴⁴ə⁴⁴ | ผ้ามัดเอว | waistband of Iu-mien |
| 237 | 帽子 | mɔ²¹ | mau²¹ | mo²⁴ | mo²¹ko⁴⁴ | หมวก | hat |
| 238 | 袜子 | thɔ²¹khɯ²¹ | ua⁴²tsɿ³⁵ | tho³⁵ | ʂei⁵³wa⁵³ | ถุงเท้า | socks |
| 239 | 鞋 | khau⁴⁴ | khou⁴⁴ | he³³ | qo⁵³/²¹ɕo³⁵ | รองเท้า | shoes |
| 240 | 梳子 | ʑfiua²² | ʑfiua²² | ɣe²⁴ | qo⁵³/²¹ʑa²² | หวี | comb |
| 241 | 尺子 | mai²⁴mpan³³that⁴⁴ | tshɿ⁴²tsɿ³⁵ | toŋ³⁵ | qo⁵³tɕhi⁵³ | เจ้า | ruler |

续表

| 序号 | 汉义 | 难府苗语 | 文山苗语 | 台江苗语 | 矮寨苗语 | 泰语 | 英语 |
|---|---|---|---|---|---|---|---|
| 242 | 刷子 | pleŋ²⁴ | sua⁴²tsʅ³⁵ | ṭaŋ³³ɕo³¹ | sa³¹tsʅ⁴⁴ | แปรง | brush |
| 243 | 戒指 | mphlai⁵⁵ | mphlai⁵⁵ | qa³³ta⁵⁵pɛ²² | qo⁵³/²¹da⁴⁴ | แหวน | finger ring |
| 244 | 手镯 | pfiau²²tɕie²² | pfiou²² | ʈjhoŋ³⁵ | qo⁵³/²¹po²² | กำไล | bangle |
| 245 | 枕头 | tɕio²²n̩tɕuŋ⁴⁴ | xou³⁵n̩tɕoŋ⁴⁴ | qa³³fhəu³⁵tɕhu³⁵ | pʐei⁴⁴dzɯ³⁵ | หมอน | pillow |
| 246 | 席子 | le²⁴ | le³⁵ | ṭen²² | qo⁵³/²¹lɯ⁴⁴ | เสื่อ | matting |
| 247 | 镜子 | a²⁴ | xo²¹a³⁵ | ma²⁴n̩ha³³ | tɕo²¹mjɛ²¹ | กระจก | mirror |
| 248 | 被子 | tɕhɔ⁵² | tɕhau⁴² | poŋ¹³ | qo⁵³pə⁵³ | ผ้าห่ม | quilt |
| 249 | 蚊帐 | uen⁵²tsaŋ²¹ | uen⁴²tsaŋ²¹ | ɕo³⁵ | tɕaŋ³⁵tsʅ⁴⁴ | มุ้ง | net |
| 250 | 针 | kuŋ⁵⁵ | koŋ⁵⁵ | tɕəu³³ | qo⁵³tɕu⁵³ | เข็ม | needle |
| 251 | 房子 | tse²⁴ | tse³⁵ | tse⁵⁵ | pʐɯ⁴⁴ | บ้าน | house |
| 252 | 瓦 | ka²¹mpɯaŋ⁵² | fiua²² | ŋi²² | qo⁵³/²¹wa²² | สิ่งที่ใช้มุงหลังคา | tile |
| 253 | 厕所 | xuŋ⁵²nam⁴⁴ | qhau³⁵kua³⁵/ qhau³⁵tɕhi³⁵ | lo⁵³qa⁵⁵ | mo²¹sɯ⁵³ | ห้องน้ำ | bathroom |
| 254 | 牛圈 | ŋkua⁵² n̩fiu⁵²/²² | ŋkua⁴²n̩fio⁴²/²² | ŋuə⁵³n̩i³³ | ṭəŋ³¹ʑu⁴⁴ | คอกวัวคอกควาย | cowshed |
| 255 | 蔑条 | n̩tɕau⁴⁴ | n̩tɕou⁴⁴ | tɕəu³⁵ | qo⁵³/²¹dʐo³⁵ | แบมบูบาร์ | bamboo strip |
| 256 | 柱子 | n̩tɕi⁵² | ko(ŋ)⁴⁴n̩tɕi⁴² | n̩uə⁵³ | n̩u³¹du³⁵ | เสาบ้าน | pillar |
| 257 | 门 | qhɔ²⁴tsuŋ⁵² | qhau³⁵tsoŋ⁴² | ṭoŋ⁵³ | pɛ³¹tu³¹ | ประตู | door |
| 258 | 门闩 | lfiaŋ²²tsuŋ⁵² | lfiaŋ²²tsoŋ⁴² | qa³³li⁵³ | qo⁵³ljɛ³¹tu³¹ | กลอนล็อคประตู | latch |
| 259 | 门槛 | — | pfiəu²²tsoŋ⁴² | qu³⁵ṭoŋ⁵³ | ṭa²²tu³¹ | บานประตู | threshold |
| 260 | 盆 | pha⁵⁵ | tɕiai²²/pha⁵⁵ | kaŋ³¹ | qo⁵³pəŋ³¹ | อ่าง | basin |
| 261 | 脸盆 | tɕiai²² | tɕiai²²ntsua³⁵ mfiua²² | kaŋ³¹se⁵⁵ma²⁴ | pəŋ³¹dza⁴⁴me²² | อ่างล้างหน้า | basin (for washing face) |
| 262 | 灶 | qhɔ²⁴tɕu⁵⁵ | qhau³⁵tso³³ | qhaŋ⁵⁵so³⁵ | tso⁵³ | เตาไฟห้องครัวใหญ่ | kitchen stove |
| 263 | 凳子 | kɯ⁴⁴ten²⁴ | tɕiau²² | tau³¹ | qo⁵³kɯ⁵³ | ม้านั่ง | stool |
| 264 | 箱子 | sɯ⁴⁴saŋ⁵⁵ | ɕaŋ⁵⁵ɕaŋ⁵⁵ | ɕaŋ⁵⁵ɕaŋ⁵⁵ | ti³¹ɕa⁵³ | กล่อง | case |
| 265 | 玻璃 | a²⁴ | po⁵⁵li⁴² | ma²⁴n̩ha³³ | po⁴⁴li⁵³ | กระจก (แก้ว) | glass |
| 266 | 铁锅铲 | tlua²⁴ | ko⁵⁵tshaŋ³⁵ | ṭjuə⁵⁵ | qo⁵³/²¹kja⁴⁴/ ko⁴⁴tshe⁵³ | หม้อเหล็ก | spatula |
| 267 | 刀 | tsfia²² | tsfia²² | ṭu¹³ | qo⁵³/²¹dəŋ⁴⁴ | มีด | knife |
| 268 | 柴刀 | tsua³³ | tsua³³ | se³⁵ | qo⁵³nəŋ³¹/ qo⁵³mu²¹ | มีดแมเซเท | machete |
| 269 | 剪刀 | tsa³⁵ | tsa⁵⁵ | ki¹³ | qo⁵³dʑi³¹ | กรรไกร | scissors |
| 270 | 砧板 | lfiau²²tɕaŋ²¹ | lfiou²²tɕaŋ²¹ | qa³³pai³⁵ she³⁵ŋa⁵³ | tɕi⁵³qɛ³¹ | เขียง | chopping block |

续表

| 序号 | 汉义 | 难府苗语 | 文山苗语 | 台江苗语 | 矮寨苗语 | 泰语 | 英语 |
|---|---|---|---|---|---|---|---|
| 271 | 刀背 | qau²¹tsfia²² | qəu⁵⁵tsfia²² | ʈoŋ³³se³⁵ | qo⁵³/²¹luɯ⁴⁴dəŋ⁴⁴ | ใบมีด | back of knife blade |
| 272 | 刀刃 | na³⁵tsfia²² | na³⁵tsfia²² | m̥hi⁵⁵ɬu¹³ | qo⁵³/²¹sa⁴⁴ | ใบมีด | blade |
| 273 | 碗 | tfiai²² | nti²¹ | ɕaŋ⁵⁵ | qo⁵³/²¹te³⁵ | ถ้วย | bowl |
| 274 | 瓢 | tfiai²²xa³³tl̥e⁵² | fɯ⁵⁵ | qhau³³ | ka²²to⁵³ | กระบวยน้ำ | dipper |
| 275 | 缸 | xu⁵⁵ | tshəu³⁵ | oŋ³⁵ | qo⁵³phu⁵³ | เหยือกตัมน้ำ | water bucket |
| 276 | 背带 | l̥aŋ⁵⁵n̥ua³³ | n̥a³³ | pe³³ | qo⁵³/²¹ɕi⁴⁴ | ฝ้าอุ้มเด็ก | strap |
| 277 | 眼镜 | a²⁴tsɔ²¹ | zin³³tɕin²¹ | ma²⁴n̥ha³³ | zɛ⁵³tɕi²¹ | แว่นตา | glasses |
| 278 | 钉子 | ntsa⁴⁴lau⁴⁴ | tin⁵⁵ntsŋ³⁵ | ɕaŋ³⁵ | pa⁴⁴/⁵³tɕha⁵³ | ตะปู | nail |
| 279 | 灯 | ten⁵⁵ | ten⁵⁵ | ten³³ | pzo³⁵ɕɛ⁵³ | ตะเกียง | light |
| 280 | 斧头 | tau³³ | tou³³ | to³⁵ | qo⁵³/²¹to³⁵ | ขวาน | ax |
| 281 | 钉耙 | sua⁴⁴ntsɔ⁵² | tsua⁵⁵te⁵⁵ | tsa⁵³ | pa⁴⁴qu⁴⁴la²² | คราด | rake |
| 282 | 锤子 | tsau⁵² | tsou⁴² | qai³⁵ | qo⁵³tei³¹ | ค้อน | hammer |
| 283 | 香 | ɕaŋ⁵⁵ | ɕaŋ⁵⁵ |  | ɕaŋ⁵³ | ธูป | incense |
| 284 | 伞 | kau³³ | kou³³ | shaŋ³⁵ | qo⁵³se²¹ | ร่ม | umbrella |
| 285 | 锁 | ntsfiua²²phuŋ⁴⁴ | ntsfio²²phoŋ⁴² |  | qo⁵³su⁴⁴ | ล็อค | lock |
| 286 | 钥匙 | zəɯ²¹sɯ⁵² | zəu²¹sŋ⁴² | toŋ³⁵ʈoŋ⁵³ | zo³¹ɕi⁵³ | กุญแจ | key |
| 287 | 棍子 | paŋ³³ | qəu³³ | toŋ³⁵ | qo⁵³/²¹pza⁴⁴ | ไม้เท้า | stick |
| 288 | 船 | luɯ²¹a²⁴ / ŋkɔ⁵²tl̥fie²² | ŋkau⁴² | n̥aŋ³³ | ŋaŋ³¹ | เรือ | boat |
| 289 | 锯子 | kəɯ⁴⁴ | kəu⁴⁴ | tɕu³⁵ | qo⁵³ɕu²¹ | เลื่อย | saw |
| 290 | 犁 | thai²¹ | lai⁴² | khe³³ | qo⁵³li³¹ | คันไก | plow |
| 291 | 坛子 | xu⁵⁵ | xo⁵⁵ | oŋ³⁵ | qo⁵³ɛ⁵³ | โอ่ง | earthen jar |
| 292 | 锄头 | l̥au⁴⁴ | l̥ou⁴⁴ | sho⁵⁵ | qo⁵³kho⁴⁴ | จอบ | hoe |
| 293 | 钳子 | tɕa⁵² | tɕau⁵⁵pa²¹tɕhin⁴² | qai¹³ | dzɛ³¹tsŋ⁴⁴ | คีม | pliers |
| 294 | 木槽 | tl̥aŋ⁵⁵ntuŋ⁴⁴ | tl̥aŋ⁵⁵ntoŋ⁴⁴ | ɬjoŋ³³ | qo⁵³kjəŋ⁵³du³⁵ | รางน้ำ | trow |
| 295 | 簸箕 | vaŋ⁵⁵ | vaŋ⁵⁵ | vaŋ³³ | qo⁵³wəŋ⁵³ | กระด้งมีรูเล็กๆ | dustpan |
| 296 | 桌子 | tsuŋ⁵² | tsoŋ⁴² | te⁵³ | tɕi⁵³pe³¹ | โต๊ะ | table |
| 297 | 磨刀石 | ze⁵⁵xu³⁵/³³ | ze⁵⁵xo³⁵/³³ | ɣuə³³xuə⁵⁵ | zɯ⁵³za²² | หินลับมีด | sharpening stone |
| 298 | 磨子 | ze⁵⁵ | ze⁵⁵ | ɣuə³³mu²⁴ | zɯ⁵³zɯ²² | โรงสี | grind |
| 299 | 枪 | pho²¹ | phau²¹ | ɕhoŋ³⁵ | pho³⁵ | ปืน | gun |
| 300 | 子弹 | mu³³tsu²⁴phɔ²¹ | tsŋ³⁵taŋ²¹ | qa³³n̥hoŋ³³ | tsŋ⁴⁴te²¹ | ลูกปืน | bullet |

续表

| 序号 | 汉义 | 难府苗语 | 文山苗语 | 台江苗语 | 矮寨苗语 | 泰语 | 英语 |
|---|---|---|---|---|---|---|---|
| 十一、宗教、意识 ||||||||
| 301 | 鬼 | tḷaŋ⁵⁵/phi²¹ | tḷaŋ⁵⁵ | fa¹³，ljaŋ³³ | ta⁵³qwəŋ⁵³ | ผี | ghost |
| 302 | 影子 | tḷua⁵⁵ | tḷua⁵⁵ | qa³³lju⁵³xen³⁵ | qo⁵³/²¹kja³⁵ | เงา | shadow |
| 303 | 力气 | zfiu²² | zfio²² | ɣuə²⁴ | zəŋ²² | (พละ) กำลัง | strength |
| 304 | 事情 | plau⁵⁵ | plou⁵⁵ | kuə⁵⁵ | sʅ²¹ | ธุระ(การงาน) | things |
| 305 | 名字 | mpe⁴⁴ | mpe⁴⁴ | pe³⁵ | bu³⁵ | ชื่อ | name |
| 306 | 中间 | ntsu⁵⁵ntsaŋ⁵⁵ | ntsua⁵⁵ntsaŋ⁵⁵ | qa³³ʈoŋ³³ | ta⁵³ɤəŋ³¹ | ตรงกลาง | middle |
| 307 | 旁边 | i⁵⁵saŋ⁵⁵ | i⁵⁵saŋ⁵⁵ | i³³pha³⁵ | qo⁵³/²¹tə³⁵ | ด้าน | beside |
| 308 | 左边 | saŋ⁵⁵lfiau²²/ saŋ⁵⁵phe²¹ | saŋ⁵⁵lou⁴²phe²¹/ saŋ⁵⁵tsho⁴²phe²¹ | pha³⁵pɛ²²tɕaŋ³³ | pa⁴⁴/⁵³ɲi²² | ด้านซ้าย | left |
| 309 | 右边 | saŋ⁵⁵suɯ⁴⁴ | saŋ⁵⁵sʅ⁴⁴ | pha³⁵pɛ²²tai⁵³ | pa⁴⁴/⁵³ta³¹ | ด้านขวา | right |
| 310 | 前面 | tɔ(ŋ)²¹nte⁵² | tau(ŋ)²¹nte⁴² | taŋ²²fhəu⁵⁵ | kɯ⁴⁴/²¹nə⁴⁴ | ด้านหน้า | front |
| 311 | 后边 | tɔ²¹qaŋ⁵⁵ | tau²¹qaŋ⁵⁵ | taŋ²²qaŋ³³ | kɯ⁴⁴/²¹tei³⁵ | ด้านหลัง | back |
| 312 | 上面(垂直) | saŋ⁵⁵sau⁴⁴ | saŋ⁵⁵sou⁴⁴ | ke⁵⁵vi⁵³ | ləŋ³⁵du³¹ | ข้างบน | above |
| 313 | 下面 | saŋ⁵⁵xu²⁴ | saŋ⁵⁵xo³⁵ | ke⁵⁵te³³ | kji²²du³¹ | ด้านล่าง | below |
| 314 | 里面 | xu²⁴ | xo³⁵ | ke⁵⁵ȵaŋ²⁴ | ŋaŋ²²du³¹ | ภายใน | inside |
| 315 | 外面 | ntsau⁴⁴ | ntsou⁴⁴ | ke⁵⁵koŋ⁵³ | pɛ³¹ti²² | ข้างนอก | outside |
| 316 | 地方 | te⁵⁵tɕhəu³³ | te⁵⁵tɕhəu³³ | təu⁵⁵faŋ³³ | qo⁵³te³¹ | ในประเทศ | place |
| 317 | 面前 | su(n)⁵⁵₂ ntḷfia³³ | so⁵⁵ntḷfia²² | qhaŋ⁵⁵ma²⁴ | kɯ⁴⁴/²¹nə⁴⁴ | ก่อน | before |
| 318 | 今天 | nu⁵⁵nua²⁴/⁴⁴ | no⁵⁵na³⁵/⁴⁴ | n̥ha³³na⁵⁵ | tha³⁵nəŋ⁴⁴ | วันนี้ | today |
| 319 | 昨天 | nfiaŋ²²mɔ⁴⁴ | nfiaŋ²²³ | n̥ha³³noŋ²² | ɲi⁵³ŋ̍e⁵³ | เมื่อวาน | yesterday |
| 320 | 前天 | nu⁵⁵mɔ⁴⁴ | no⁵⁵no⁵⁵ | n̥ha³³tai⁵³ | nəŋ⁵³ŋ̍e⁵³ | เมื่อวานซืน | the day before yesterday |
| 321 | 明天 | pfie²²kfii²² | pfie²²kfii²²/ tfiaŋ²²kfii²² | po³³fa²² | ɕi⁵³ŋ̍e⁵³ | พรุ่งนี้ | tomorrow |
| 322 | 后天 | qɔ³³nfien²² | ȵau⁵⁵nfien²² | shai³³zi²² | u⁵³pe⁴⁴ | มะรืน | The day after tomorrow |
| 323 | 天(一天) | nu⁵⁵ | no⁵⁵ | n̥ha³³ | ŋ̍e⁵³ | วัน | day |
| 324 | 白天 | kaŋ⁵²ntu⁵²/³³ | tsua⁵⁵no⁵⁵ | ʈoŋ³³n̥ha³³ | tɕi⁵³ŋ̍e⁵³ | กลางวัน | daytime |
| 325 | 早晨 | tfiaŋ²²kfii²² | tfiaŋ²²kfii²² | ɕi³⁵te³⁵ | qa⁵³dzəŋ⁴⁴ | เช้าตรู่ | morning |
| 326 | 黎明 | tfiaŋ²²kfii³³ səɯ²⁴ntsu²⁴ | po²¹ki³⁵zɨ⁴⁴ zfiua²² | — | qa⁵³dzəŋ⁴⁴ | รุ่งอรุณ | dawn |
| 327 | 中午 | taŋ²⁴su⁴⁴ | taŋ³⁵so⁴⁴ | ʈoŋ³³n̥ha³³ | ŋ̍e⁵³du³¹ | ช่วงกลางวัน | noon |

续表

| 序号 | 汉义 | 难府苗语 | 文山苗语 | 台江苗语 | 矮寨苗语 | 泰语 | 英语 |
|---|---|---|---|---|---|---|---|
| 328 | 下午 | mɔ$^{44}$ | mau$^{44}$ | m̥han$^{35}$ko$^{24}$ | n̥e$^{53}$ɕi$^{53}$ | ยามบ่าย | afternoon |
| 329 | 晚上 | mɔ$^{44}$ntu$^{52}$/tsau$^{33}$ntu$^{52}$ | mau$^{44}$nto$^{42}$/tsou$^{33}$nto$^{42}$ | ɕi$^{35}$m̥han$^{35}$ | m̥aŋ$^{35}$tɕo$^{22}$ | กลางคืน | evening |
| 330 | 一月 | i$^{55}$li$^{44/33}$ | i$^{55}$li$^{44/33}$ | ɬha$^{35}$qɛ$^{55}$ | l̥a$^{35}$a$^{44}$ | มกราคม | January |
| 331 | 二月 | ɔ$^{55}$li$^{44/33}$ | au$^{55}$li$^{44/33}$ | ɬha$^{35}$o$^{33}$ | l̥a$^{35}$ɯ$^{53}$ | กุมภาพันธ์ | February |
| 332 | 上个月 | lu$^{55}$li$^{44/33}$ tɕian$^{22}$lɦu$^{22}$ | lo$^{55}$li$^{44/33}$ tau$^{21}$nte$^{42}$ | ɬha$^{35}$ke$^{55}$tai$^{53}$ | qo$^{53/21}$tɯ$^{31}$a$^{44/2}$ $^{1}$la$^{35}$ | เดือนก่อน | last month |
| 333 | 年、岁 | ɕuŋ$^{44}$ | ɕoŋ$^{44}$ | ŋ̥hoŋ$^{35}$ | tɕu$^{35}$ | ปี | year |
| 334 | 今年 | ɕuŋ$^{44}$nua$^{24}$ | ɕoŋ$^{44}$na$^{35}$ | ŋ̥hoŋ$^{35}$na$^{55}$ | tɕu$^{35}$nən$^{44}$ | ปีนี้ | this year |
| 335 | 去年 | ɕuŋ$^{44}$tɕian$^{22}$lɦu$^{22}$/tse$^{55}$nua$^{44}$ | tse$^{55}$na$^{44}$ | ŋ̥hoŋ$^{35}$i$^{33}$ | tɕu$^{35}$pa$^{53}$ | ปีที่แล้ว | last year |
| 336 | 前年 | tse$^{55}$u$^{44}$ | tse$^{55}$o$^{44}$ | ŋ̥hoŋ$^{35}$tai$^{53}$ | nəŋ$^{53}$tɕu$^{35}$ | สองปีที่แล้ว | the year before last |
| 337 | 明年 | lɯ$^{21}$ɕuŋ$^{44}$ | lɯ$^{21}$ɕoŋ$^{44}$/ɤ$^{21}$ɕoŋ$^{44}$ | po$^{33}$ŋ̥hoŋ$^{35}$ | tɯ$^{31}$tɕu$^{35}$ | ปีหน้า | next year |
| 338 | 一 | i$^{55}$ | i$^{55}$ | i$^{33}$ | a$^{44}$ | หนึ่ง | one |
| 339 | 二 | ɔ$^{55}$ | au$^{55}$ | o$^{33}$ | ɯ$^{53}$ | สอง | two |
| 340 | 三 | pɛ$^{55}$ | pe$^{55}$ | pɛ$^{33}$ | pu$^{53}$ | สาม | three |
| 341 | 四 | plau$^{55}$ | plou$^{55}$ | ɬo$^{33}$ | pẓei$^{53}$/tsei$^{53}$ | สี่ | four |
| 342 | 五 | tsɯ$^{55}$ | tsŋ$^{55}$ | tsa$^{33}$ | pẓa$^{53}$ | ห้า | five |
| 343 | 七 | ɕaŋ$^{44}$ | ɕaŋ$^{44}$ | ɕoŋ$^{24}$ | tɕɔŋ$^{22}$ | เจ็ด | seven |
| 344 | 八 | ʑi$^{21}$ | ʑi$^{21}$ | ẓa$^{31}$ | ẓi$^{22}$ | แปด | eight |
| 345 | 九 | tɕua$^{52}$ | tɕua$^{42}$ | tɕuə$^{53}$ | tɕɯ$^{31}$ | เก้า | nine |
| 346 | 十 | kau$^{21}$ | kou$^{21}$ | tɕuə$^{31}$ | ku$^{22}$ | สิบ | ten |
| 347 | 十一 | kau$^{21}$i$^{55}$ | kou$^{21}$i$^{55}$ | tɕuə$^{31}$qe$^{55}$ | a$^{44/53}$ku$^{22}$a$^{44}$ | สิบเอ็ด | eleven |
| 348 | 十二 | kau$^{21}$ɔ$^{55}$ | kou$^{21}$au$^{55}$ | tɕuə$^{31}$o$^{33}$ | a$^{44/53}$ku$^{22}$ɯ$^{53}$ | สิบสอง | twelve |
| 349 | 十九 | kau$^{21}$tɕua$^{52}$ | kou$^{21}$tɕua$^{42}$ | tɕuə$^{31}$tɕuə$^{53}$ | a$^{44}$ku$^{22}$tɕɯ$^{31}$ | สิบเก้า | ninteen |
| 350 | 二十 | nɦien$^{22}$(ŋ)kau$^{21}$ | nɦien$^{22}$(ŋ)kou$^{21}$ | o$^{33}$tɕuə$^{31}$ | ɯ$^{53}$ku$^{22}$ | ยี่สิบ | twenty |
| 351 | 三十 | pɛ$^{55}$tɕiau$^{22}$ | pe$^{55}$tɕiou$^{22}$ | pɛ$^{33}$tɕuə$^{31}$ | pu$^{53}$ku$^{22}$ | สามสิบ | thirty |
| 352 | 百 | pua$^{44}$ | pua$^{44}$ | pe$^{35}$ | pa$^{35}$ | หนึ่งร้อย | a hundred |
| 353 | 千 | tshin$^{55}$ | tsha$^{55}$ | shan$^{33}$ | tshe$^{53}$ | หนึ่งพัน | a thousand |
| 354 | 零 | sun$^{21}$ | lin$^{42}$ | ljen$^{22}$ | l̥i$^{31}$ | ศูนย์ | zero |
| 355 | 第一 | thi$^{52}$i$^{55}$ | ti$^{21}$i$^{55}$ | — | ti$^{35}$ʑi$^{31}$ | อันดับที่หนึ่ง | the first |
| 356 | 一半 | i$^{55}$ntsaŋ$^{55}$ | i$^{55}$ntsaŋ$^{55}$ | i$^{33}$taŋ$^{22}$ | a$^{44/21}$naŋ$^{22}$ | ครึ่งหนึ่ง | a half |

409

续表

| 序号 | 汉义 | 难府苗语 | 文山苗语 | 台江苗语 | 矮寨苗语 | 泰语 | 英语 |
|---|---|---|---|---|---|---|---|
| 357 | (一)个(人) | lɕien$^{22}$ | lɕien$^{22}$/tɕio$^{22}$ | tai$^{22}$ | le$^{53}$ | (คน)(หนึ่ง) คน | a person |
| 358 | (一)个(碗) | lu$^{55}$ | lo$^{55}$ | lai$^{33}$ | le$^{53}$ | (ถ้วย)(หนึ่ง) ใบ | a bowl |
| 359 | (一)条(绳) | tsu$^{52}$ | tso$^{42}$ | tɕo$^{53}$ | qɯ$^{53}$/ɲɯ$^{31}$ | (เชือก)(หนึ่ง)เส้น | a rope |
| 360 | (一)粒(米) | lu$^{55}$ | ntsa$^{55}$ | lai$^{33}$ | le$^{53}$ | (ข้าว)(หนึ่ง)เม็ด | a grain |
| 361 | (一)捆(草) | ntsaŋ$^{33}$ | khuen$^{35}$/khaŋ$^{21}$ | puə$^{24}$ | dzɯ$^{35}$ | (หญ้าคา)(หนึ่ง)กำ | a bunch |
| 362 | (一)棵(树) | tsɔ$^{55}$ | tsau$^{55}$ | tai$^{22}$ | tu$^{22}$ | (ต้นไม้)(หนึ่ง)ต้น | a tree |
| 363 | (一)本(书) | tl̥ai$^{21}$ | pen$^{35}$ | pen$^{55}$ | pəŋ$^{44}$ | (หนังสือ)(หนึ่ง)เล่ม | a book |
| 364 | (一)条(鱼) | tɕiu$^{22}$ | tɕio$^{22}$ | tai$^{22}$ | ŋəŋ$^{44}$ | บทความ | a long skinny thing |
| 365 | (一)把(刀) | tsaŋ$^{55}$ | tsaŋ$^{55}$ | t̪aŋ$^{33}$ | t̪əŋ$^{53}$ | มีด | a thing with a handle |
| 366 | (一)把(菜) | tɕie$^{22}$ | tsaŋ$^{55}$ |  | tɯ$^{44}$ | (ผัก)(หนึ่ง)มัด | a bunch |
| 367 | (一)张(纸) | tl̥ai$^{21}$ | tl̥ai$^{21}$/tsaŋ$^{55}$ | lju$^{22}$ | nu$^{31}$ | แผ่น | a piece |
| 368 | (一)朵(花) | tau$^{33}$ | tou$^{35}$/tse$^{35}$ | ko$^{13}$ | tu$^{44}$ | (ดอกไม้)(หนึ่ง)ดอก | a flower |
| 369 | (一)句(话) | u$^{44}$ | lo$^{44}$ | lai$^{33}$ | do$^{35}$ | (คำพูด)(หนึ่ง)คำ | a word |
| 370 | (一)段(路) | zaŋ$^{55}$ | ʐaŋ$^{35}$/nto$^{44}$ | qau$^{13}$ | dəŋ$^{31}$ | (ถนน)(หนึ่ง)ช่วง | a long |
| 371 | (一)天 | nu$^{55}$ | no$^{55}$ | n̥ha$^{33}$ | n̥ e$^{53}$ | (ระยะทาง)(หนึ่ง)วัน | a day |
| 372 | (一)夜 | mɔ$^{44}$ | mau$^{44}$ | m̥haŋ$^{35}$ | m̥ aŋ$^{35}$ | คืน | night |
| 373 | (一)月 | li$^{44}$ | l̥i$^{44}$ | ƚha$^{35}$ | l̥ a$^{35}$ | เดือน | mouth |
| 374 | (一)只(鞋) | tshai$^{33}$ | tshai$^{33}$ | tɕuə$^{22}$ | dʑi$^{44}$/dʑa$^{35}$ | (รองเท้า)(หนึ่ง)ข้าง | one shoe |
| 375 | (一)滴(油) | n̪tɕɔ$^{44}$ | n̪tɕau$^{44}$ | n̪əu$^{24}$ | le$^{53}$ | (น้ำมัน)(หนึ่ง)หยด | a drop |
| 376 | 层(一层楼) | tɕhan$^{55}$ | tshen$^{42}$ | ɣi$^{53}$ | dʑɔ̃$^{31}$ | ชั้น | layer |
| 377 | 间 | xuŋ$^{52}$ | tɕhan$^{35}$ | tɕhoŋ$^{55}$ | thaŋ$^{35}$ | ระหว่าง | space |

续表

| 序号 | 汉义 | 难府苗语 | 文山苗语 | 台江苗语 | 矮寨苗语 | 泰语 | 英语 |
|---|---|---|---|---|---|---|---|
| 378 | (一)双(鞋) | ŋkəɯ²¹ | ŋkəu²¹ | poŋ²² | ŋu²² | (รองเท้า)(หนึ่ง)คู่ | a pair |
| 379 | (一)群(羊) | paŋ⁵⁵ | pʰɨ⁵⁵/mpau⁴² | mai²² | maŋ²² | (มด)(หนึ่ง)ฝูง | a group |
| 380 | (一)捧(米) | pʰuŋ⁴⁴ | pʰoŋ³⁵ | po²⁴ | ʂu²¹tɯ⁴⁴ | เลียแข้งเลียขา | hold |
| 381 | (一)步 | kau⁵²tsua²¹ | tsua²¹ | tuə⁵³ | təŋ⁴⁴ | (เดิน)(หนึ่ง)ก้าว | make a move |
| 382 | (一)斤 | ki²⁴ | ki³⁵ | tɕaŋ³³ | kaŋ⁵³ | ครึ่งกิโลกรัม | jin |
| 383 | 价钱 | ɴqe⁴⁴ | ɴqe⁴⁴ | qa³⁵ | ɢa³⁵ | ค่าธรรมเนียม | price |
| 384 | 我 | ku²⁴ | ko³⁵ | vi²² | we⁴⁴ | ฉัน | I |
| 385 | 我的 | ku²⁴le⁴⁴ | ko³⁵le⁴⁴ | vi²²paŋ³¹ | we⁴⁴naŋ⁴⁴ | ของฉัน | my |
| 386 | 我们 | pe⁵⁵ | pe⁵⁵ | pi³³ | pɯ⁵³ | พวกเรา | we |
| 387 | 你 | kɔ⁵² | kau⁴² | moŋ⁵³ | məŋ³¹ | คุณ | you |
| 388 | 你俩 | me⁵⁵/me⁵²ɔ⁵⁵ lfien²² | mi⁴²au⁵⁵tɕio²² | maŋ³³ | mɛ³¹ɯ⁴³le⁵³ | พวกคุณสองคน | you two |
| 389 | 你们 | me⁵² | mi⁴² | maŋ⁵³ | mɛ³¹ | พวกคุณ | you |
| 390 | 他们 | (nɦɯ²²)pua⁵⁵ | (nɦi²²)pua⁵⁵ | to²²tai³³ | dzi³⁵mɛ³¹ | พวกเขา | they |
| 391 | 大家 | sua²⁴tɬɦɯ²² | tua²¹tɕua⁵⁵ | ta⁵³to²² | ta⁵³ɕi²¹ | ทุกคน | all |
| 392 | 别人 | lua³³ | lua³³ | nai⁵³tɕoŋ³³ | ne³¹ | คนอื่นๆ | others |
| 393 | 这 | nua²⁴ | na³⁵ | na⁵⁵ | nəŋ⁴⁴ | นี่, ที่นี่ | this |
| 394 | 这里 | tɔ²¹nua²⁴/ntəŋ³¹nua²⁴ | xau³⁵na³⁵ | ha⁵⁵na⁵⁵ | χo³⁵nəŋ⁴⁴ | ที่นี่ | here |
| 395 | 哪里 | xɔ²⁴tɦɯ²² | xau³⁵tɦɨ²² | ha⁵⁵te²⁴ | χo³⁵tɕi⁵³ | ที่ไหน | where |
| 396 | 什么 | tɬaŋ⁵⁵tsɯ⁴⁴ | tɬaŋ⁵⁵tsɿ⁴⁴ | qai³³ɕi⁵⁵ | qo⁵³dzɯ³¹ | อะไร | what |
| 397 | 大 | lu⁵² | lo⁴² | tɬhuə³³ | ljəŋ³¹ | ใหญ่ | big |
| 398 | 高 | sa⁵⁵ | sa⁵⁵ | xi³³ | ʂɛ⁵³ | สูง | tall |
| 399 | 矮 | qɦie²² | qɦie²² | ka²² | ŋa⁴⁴ | เตี้ย | short |
| 400 | 凹 | pla⁵⁵/mlua²⁴ | uo⁵⁵ | hai¹³ | qo²² | เว้า | concave |
| 401 | 长 | nte²⁴ | nte³⁵ | te⁵⁵ | dɯ⁴⁴ | ยาว | long |
| 402 | 短 | pai²⁴ | tua⁵⁵ | lai⁵⁵ | le⁴⁴/ŋa⁴⁴ | สั้น | short |
| 403 | 远 | tɬe⁵⁵ | tɬe⁵⁵ | tau²² | qɯ⁵³ | ไกล | far |
| 404 | 厚 | tua⁵⁵ | tua⁵⁵ | te³³ | ta⁵³ | หนา | thick |
| 405 | 薄 | ɲɦie²² | ɲɦia²² | ɲaŋ²² | ɲɛ⁴⁴ | บาง | thin |

续表

| 序号 | 汉义 | 难府苗语 | 文山苗语 | 台江苗语 | 矮寨苗语 | 泰语 | 英语 |
|---|---|---|---|---|---|---|---|
| 406 | 深 | tu⁵⁵ | to⁵⁵ | tau³³ | təŋ⁵³ | ลึก | deep |
| 407 | 浅 | ntl̪a²⁴ | ntl̪a³⁵ | ni²² | mjɛ⁴⁴ | ตื้น | shallow |
| 408 | 满 | pu²⁴ | po³⁵ | pi⁵⁵ | pe⁴⁴ | เต็ม | full |
| 409 | 密 | tua⁵⁵ | tua⁵⁵ | tɬau³⁵ | bo³⁵ | ปิด | dense |
| 410 | 多 | ntau⁴⁴ | ntou⁴⁴ | ne³⁵ | tɕu⁵³ | มาก | much/many |
| 411 | 圆 | khen⁵² | khuen⁴² | ɬen⁵³ | dɛ³¹ʑe³¹ | วงกลม | round |
| 412 | 尖 | ntse⁴⁴ | ntse⁴⁴ | tso¹³ | lɛ²² | แหลม | sharp |
| 413 | 钝 | mpu⁵⁵ | tfɯ²² | ɬo⁵³ | ku²² | ทื่อ | blunt |
| 414 | 陡 | ntshaŋ⁵⁵ | ntshaŋ⁵⁵ | shoŋ³³ | dzəŋ⁵³ | สูงชัน | steep |
| 415 | 歪 | qai⁵² | qai⁴² | tɕaŋ²²/vɛ⁵³ | tɕi⁴⁴/⁵³tɕha⁵³ | ทุจริต | crooked |
| 416 | 平 | ta⁵² | ta⁴² | tsen⁵³ | bjəŋ³¹ | ราบเรียบ | flat |
| 417 | 直(的) | ȵ̊tɕaŋ⁵² | ȵ̊tɕaŋ⁴² | tai⁵³ | te³¹ | ตรง (เที่ยงตรง) | upright |
| 418 | 黑 | tl̪u⁵⁵ | tl̪o⁵⁵ | ɬai³³ | qwe⁵³ | ดำ | black |
| 419 | 白 | tl̪əɯ⁵⁵ | tl̪əɯ⁵⁵ | ɬu³³ | qwə⁵³ | ขาว | white |
| 420 | 红 | la⁵⁵ | la⁵⁵ | ɕo¹³ | dzəŋ³⁵ | แดง | red |
| 421 | 黄 | tl̪aŋ⁵² | tl̪aŋ⁴² | faŋ⁵³ | kwəŋ³¹ | เหลือง | yellow |
| 422 | 绿 | ntsua⁵⁵ | ntsua⁵⁵ | nau³³ | mʑəŋ⁵³ | เขียว | green |
| 423 | 花(布) | tsai⁵² | tsai⁴² | paŋ⁵³ | χwa⁵³ | สีดอกไม้ | multicolored |
| 424 | 阴(天) | tsau³³(fua⁵⁵) | tsou³³ | sai³⁵ | dze³⁵ | หยิน | cloudy |
| 425 | 晴(天) | tshaŋ²⁴ | tshaŋ³⁵ | qhe³³ | pa⁴⁴te⁴⁴ | ล้าง | sunny |
| 426 | 重 | ȵaŋ²⁴ | ȵaŋ³⁵ | ȵ̊hoŋ⁵⁵ | ȵ̊əŋ⁴⁴ | หนัก | heavy |
| 427 | 早 | ntsu²⁴ | ntso³⁵ | sau⁵⁵ | dzəŋ⁴⁴ | เช้า | early |
| 428 | 锋利 | ntse⁴⁴ | ntse⁴⁴ | ya²⁴ | za²² | คม | sharp |
| 429 | 清(水) | ntsha⁵⁵ | ntsha⁵⁵ | ɕhi³³ | tshaŋ⁵³ | ใส | clear |
| 430 | 浑(水) | ntsu⁴⁴ | ntso⁴⁴ | ȵuə²² | ȵəŋ⁴⁴ | ขุ่น | cloudy |
| 431 | 肥/胖 | tsfɿ²² | tsfiau²²/maŋ⁵⁵ | ʈaŋ²⁴ | ʈaŋ²² | อ้วน | fat |
| 432 | 湿 | ntu⁵⁵ | nto⁵⁵ | nəu³⁵ | de³¹ | เปียก | wet |
| 433 | (粥)稀 | sɯ⁵⁵ | ɕi⁴⁴ | ɕhi³³ | nei²¹ | โจ๊ก | thin |
| 434 | 硬 | təɯ²⁴ | təu³⁵ | kuə¹³ | ta⁴⁴ | แข็ง | hard |
| 435 | 软 | mua³³ | mua³³ | ma²⁴ | ne²² | อ่อน | soft |
| 436 | 稳 | khɔ²⁴ | tfɿo²²/uen⁴⁴ | ʈen²⁴ | wɔ̃⁴⁴ | มั่นคง | steady |
| 437 | 错 | tsu⁴⁴ʑfɿ²² | ʐua²¹/tsho²¹ | shu³⁵ | tsha⁵³/tsho³⁵ | ผิด | wrong |

续表

| 序号 | 汉义 | 难府苗语 | 文山苗语 | 台江苗语 | 矮寨苗语 | 泰语 | 英语 |
|---|---|---|---|---|---|---|---|
| 438 | 新 | tsha⁵⁵ | tsha⁵⁵ | xi³³ | ɕɛ⁵³ | ใหม่ | new |
| 439 | 坏(人) | phe²¹ | phe²¹ | ʐaŋ³¹ | tɕa⁴⁴ | เสีย (ของเสีย) | bad |
| 440 | 富 | mua⁵²ɲɛ⁵² | mua⁴²tsa⁴² | ɬa²⁴ | ljəŋ³⁵ | รวย | rich |
| 441 | 穷 | plɦua²² | plɦua²² | ɕha³⁵/qhəu⁵⁵ | tsɯ⁴⁴ | จน | poor |
| 442 | (价钱)便宜 | phin⁵²ʑɦi²² | phin⁴²ʑi²¹ | ʈe²⁴qa³⁵ | bje³¹ɲɛ³¹ | (ราคา) ถูก | cheap |
| 443 | (植物)嫩 | mɦɔ²² | mɦau²² | ɣaŋ³⁵ | ʐaŋ³⁵ | (พืช) อ่อน | tender, young |
| 444 | (水)冷 | nɔ⁴⁴ | nau⁴⁴ | səu³³ | tsɛ⁴⁴ | (น้ำ)เย็น | cold |
| 445 | 暖和 | su²⁴ | so³⁵ | ɕhua⁵⁵ | ɕəŋ⁴⁴ | อบอุ่น | warm |
| 446 | 酸 | qau⁵⁵ | qou⁵⁵ | ɕhuə³³ | ɕo⁵³ | เปรี้ยว | sour |
| 447 | 甜 | qaŋ⁵⁵ | qaŋ⁵⁵ | qaŋ³³naŋ⁵³ | tɕaŋ⁴⁴ | หวาน | sweet |
| 448 | 咸 | t̠ɭəɯ⁴⁴ | t̠ɭou⁴⁴ | ɬju³⁵ | ɛ⁵³ | เค็ม | salty |
| 449 | (盐)淡 | tsɦua²² | tsɦua²² | ɕi²⁴ | ʈe²¹ | จืด | tasteless |
| 450 | 涩 | se²¹ | se²¹ | pen⁵⁵ | tɕa³¹ | ฝาด (ผลไม้) | astringent |
| 451 | 干净 | xu²⁴ | xo³⁵ | she³³ŋe²⁴ | dʑi⁵³ | สะอาด | clean |
| 452 | 脏 | qa³³ | qa³³/kho⁵⁵ | a³⁵mua³⁵ | ŋu²²/la³¹tha⁵³ | สกปรก | dirty |
| 453 | 清楚 | tsen⁵⁵ | tsen⁵⁵/tɕhin⁵⁵tshɨ³⁵ | ɕen⁵⁵ | tshəŋ⁵³ | ชัดเจน | clear |
| 454 | (吃)饱 | tsau⁴⁴ | tsou⁴⁴ | ɕəu³⁵ | ʈhə³⁵ | (กิน) อิ่ม | full |
| 455 | 响 | ntsɔ²⁴ | ntsau³⁵ | she³³ | bʐəŋ³⁵ | เสียงดัง | loud |
| 456 | 聪明 | ntse⁴⁴ | ntse⁴⁴/la³⁵ | ɣa²⁴ | ʐa²² | ฉลาด | clever |
| 457 | 吝啬 | mplau²¹ | li²¹/ntsa³³ko⁵⁵ | qa¹³lja¹³ | ɕɯ³⁵ | ขี้เหนียว | chary, clo |
| 458 | 乖(孩子) | nfiuŋ²²lɦu²² | kuai⁵⁵/nfioŋ²² lfio²² | hau³⁵sai⁵³ | təŋ³⁵tu³⁵ | ดี | well behaved |
| 459 | 可怜 | tsɔ²¹ɲi²¹ | tsau²¹ɲi²¹ | tsau¹³ɲe³¹ | tso³⁵ɲe³¹ | น่าสงสาร | poor, miserable |
| 460 | 拔(草) | t̠ɭɔ⁵⁵ | t̠ɭau⁵⁵ | ɬu³⁵ | ʈe⁵³ | ถอน (หญ้า) | pull out grass |
| 461 | 放置 | tɕa⁴⁴/tsɔ⁴⁴ | tɕa⁴⁴ | faŋ¹³ | ʈhe⁵³ | การวาง | place |
| 462 | 帮助 | paŋ⁵⁵ | paŋ⁵⁵ | paŋ³³ | χə³⁵ | ช่วยเหลือ | help |
| 463 | 救(人) | paŋ⁵⁵ | tɕəu²¹ | ɬju¹³ | kjɯ³¹ | ประหยัด | save |
| 464 | 剥(皮) | te²⁴ | te³⁵ | ɬhu¹³ | ʈhu⁴⁴ | เปลือก | skin |
| 465 | 削(皮) | tɕhai³³ | tɕhai³³ | tɕhi¹³ | saŋ⁵³ | ตัด | peel |
| 466 | 劈(柴) | phua⁴⁴ | phua⁴⁴ | phe³³ | pha⁵³ | สับ | spilt |

续表

| 序号 | 汉义 | 难府苗语 | 文山苗语 | 台江苗语 | 矮寨苗语 | 泰语 | 英语 |
|---|---|---|---|---|---|---|---|
| 467 | 睁开(眼睛) | tsua$^{44}$ | tsua$^{44}$ | pa$^{13}$ | ḍa$^{22}$ | เปิด | open |
| 468 | 眨(眼睛) | ntsai$^{33}$ | ntsai$^{33}$ | sha$^{13}$ | tɕi$^{44/21}$tɕɛ$^{35}$ | กะพริบตา | blink |
| 469 | 编(篮子) | xa$^{55}$ | xa$^{55}$ | hai$^{33}$ | χɛ$^{53}$ | สาน (ตะกร้า) | weave, braid |
| 470 | (生)病 | mɔ$^{55}$ | mau$^{55}$ | mɔu$^{33}$ | məŋ$^{53}$ | ป่วย | sick |
| 471 | 簸(米) | tsuŋ$^{24}$ | tsoŋ$^{35}$ | tshəu$^{55}$ | pzu̠$^{44}$ | ร่อน (ข้าว) | winnow |
| 472 | 踩 | tsɯ$^{52}$ | tso$^{42}$ | tai$^{31}$ | ta$^{35}$ | เหยียบ | step on, trample |
| 473 | 压(石头) | na$^{33}$ | na$^{33}$ | nai$^{31}$ | a$^{21}$ | กด | press |
| 474 | 藏(东西) | zai$^{33}$ | zai$^{33}$ | ya$^{13}$ | za$^{21}$ | เก็บสะสม (สิ่งของ) | hide |
| 475 | 尝(味道) | sɯ$^{21}$ | saŋ$^{42}$ | ɕhi$^{35}$ | l̠jaŋ$^{44}$ | ชิม | taste |
| 476 | 吵架 | sɯ$^{33}$tshe$^{24}$ | nthe$^{44}$tɕua$^{21}$ | ɕi$^{35}$yi$^{22}$ | tɕi$^{44/21}$da$^{35}$ | ทะเลาะ | quarrel |
| 477 | 沉 | tɦau$^{22}$ | tɦau$^{22}$ | taŋ$^{53}$ | ti$^{22}$ | จม | sink |
| 478 | 浮 | ntaŋ$^{55}$ | ntaŋ$^{55}$ | poŋ$^{53}$ | dəŋ$^{31}$ | ลอยอยู่บนผิวน้ำ | float |
| 479 | 称(粮食) | ki$^{24}$ | ki$^{35}$ | ɬjo$^{13}$ | tɕhe$^{53}$ | ชั่ง (อาหาร) | weigh |
| 480 | 铲(菜) | xa$^{33}$ | tlou$^{33}$ | kəu$^{24}$ | tshe$^{44}$ | พลั่ว | shovel |
| 481 | 吃 | nɔ$^{52}$ | nau$^{42}$ | nəu$^{53}$ | nəŋ$^{31}$ | กิน | eat |
| 482 | 舂(米) | tua$^{24}$ | tua$^{35}$ | tau$^{55}$ | lo$^{53}$ | ตำ (ข้าว) | pound |
| 483 | 选(种) | sai$^{24}$ | sai$^{35}$ | xu$^{13}$ | sɛ$^{44}$ | คัดเลือก (ออก) | draw out |
| 484 | 来 | tua$^{52}$ | tua$^{42}$ | lau$^{22}$ | ləŋ$^{44}$ | มา | come |
| 485 | 穿(衣) | naŋ$^{24}$ | naŋ$^{35}$ | naŋ$^{22}$ | n̥əŋ$^{44}$ | ใส่ (เสื้อผ้า) | put on, be dressed in |
| 486 | 穿(鞋) | tsau$^{44}$ | tsou$^{44}$ | ti$^{35}$ | to$^{35}$ | สวม (รองเท้า) | Put on (the shoes) |
| 487 | 穿(针) | tɕhɔ$^{55}$ | tɕhau$^{55}$ | tɕhaŋ$^{33}$ | tɕhaŋ$^{53}$ | สน (เข็ม) | thread a needle |
| 488 | 搓(绳) | sua$^{55}$ | sua$^{55}$ | fha$^{33}$ | tɕi$^{44/53}$pza$^{53}$ | ตีเกลียว | rub |
| 489 | 打(铁) | ntau$^{33}$ | ntou$^{33}$ | taŋ$^{35}$ | daŋ$^{35}$ | ช่างตีเหล็ก | forge |
| 490 | 打架(牛) | sɯ$^{33}$ntsau$^{44}$ | ntsou$^{44}$tɕua$^{21}$ | ɕi$^{35}$tuə$^{53}$ | tɕi$^{44/53}$phə$^{31}$ | สู้ | fight |
| 491 | 打(雷) | su$^{55}$tsuŋ$^{44}$ | so$^{55}$tua$^{44}$/tshe$^{44}$so$^{55}$ | puə$^{35}$hau$^{33}$ | tə$^{22}$ | ฟ้า (ผ่า) | thunder |
| 492 | 戴(帽子) | ntuŋ$^{44}$ | ntoŋ$^{44}$ | toŋ$^{35}$ | du$^{35}$ | สวม (หมวก) | wear a hat |
| 493 | 搅(拌) | tlu$^{44}$ | tlo$^{44}$ | qen$^{31}$ | tɕi$^{44/21}$ko$^{44}$ | คน | stir |
| 494 | 到达 | tsɦiu$^{22}$ | tsɦio$^{22}$ | sau$^{24}$ | tɛ$^{44}$ | มาถึง | arrive, get, reach |

续表

| 序号 | 汉义 | 难府苗语 | 文山苗语 | 台江苗语 | 矮寨苗语 | 泰语 | 英语 |
|---|---|---|---|---|---|---|---|
| 495 | 钓(鱼) | nu²⁴/tɕua⁴⁴ | tiau²¹ | nai³⁵ | ŋaŋ²² | ตก (ปลา) | fish, troll |
| 496 | 读(书) | kɤ²¹ | kəu²¹ | toŋ³¹ | tu³¹ | อ่าน (หนังสือ) | study |
| 497 | (线)断 | tu⁴⁴ | to⁴⁴ | tai³⁵ | ti³⁵ | (เชือก) ขาด | break (the thread) |
| 498 | 躲藏 | ntsai²¹ | ntsai²¹/pla⁵⁵ | mi⁵⁵ | ʑa²¹ | หลบซ่อน | hide out, dodget |
| 499 | 避(雨) | ntsai²¹ | ntsai²¹/ŋkou²¹ | mi⁵⁵ | pa²² | หลีกเลี่ยง | avoid |
| 500 | 剁(肉) | tsua²⁴ | to²¹ | she³⁵ | tshə³⁵ | สับ (เนื้อ) | to chop, to cut |
| 501 | 饿 | tshai⁵⁵ | tshai⁵⁵ | ʑoŋ³³ | ɕi⁵³ | หิว | be hungry |
| 502 | 发抖 | tshen⁴⁴ | tshen⁴⁴ | khuə³³ | ʂɯ⁵³ | สั่นระริก | shake; tremble |
| 503 | 翻(身) | tɦi²²tɕi²⁴ | tɦi²²tɕi³⁵ | ljen⁵⁵ | tɕi⁴⁴/⁵³ɕɛ²¹ tɕɯ⁴⁴ | พลิก (กลับมา) | rollover |
| 504 | (小鸟)飞 | ʐaŋ⁴⁴ | ʐaŋ⁴⁴ | ʐaŋ³⁵ | ʐoŋ³⁵ | (นก) บิน | fly |
| 505 | 缝(衣服) | səɯ³³ | səu³³ | ɣaŋ⁵³ | zu²² | เย็บเสื้อผ้า | stitch |
| 506 | 孵(蛋) | pɦua²² | pɦua²² | puə²⁴ | po²¹ | ฟัก (ไข่) | incubate |
| 507 | 盖(锅、瓦) | khɯ⁵⁵ | khɯ⁵⁵/khaŋ³⁵/o³⁵ | phuə³⁵ | de³⁵ | ฝาปิด | cover |
| 508 | 告诉 | qha⁴⁴ | qha⁴⁴ | ɕaŋ²⁴ | po⁴⁴ | บอก | tell |
| 509 | 种(菜) | tɕɦɔ²² | tɕɦau²² | nhi³⁵ | tɕaŋ²² | เมล็ดพันธุ์ | grow |
| 510 | 关(门) | kəɯ⁴⁴ | kəu⁴⁴ | shu¹³ | khə⁵³ | ปิด (ประตู) | close |
| 511 | 跪 | pe⁴⁴ | pe⁴⁴ | lau⁵⁵tɕou²⁴ | tshɯ²² pei⁵³tɕo²² | คุกเข่า | kneel |
| 512 | 过年 | nɔ⁵²pe⁵⁵ tɕɦau²² | nau⁴²tsa⁵⁵ | nou⁵³ȵiaŋ⁵³ | kwa³⁵tɕɛ⁵³ | ตรุษจีน | have new year |
| 513 | 害羞 | tsaŋ⁵²mɦua²² | tsaŋ⁴²mɦua²² | ɕha⁵⁵ɕhuə⁵⁵ | tɕa⁴⁴ʑi²² | อาย | shy |
| 514 | 害怕 | ntshai⁴⁴ | ntshai⁴⁴ | ɕha³³ | poŋ⁴⁴ | กลัว | scare, frighten |
| 515 | 喊(人) | qəɯ⁴⁴ | qəu⁴⁴/xo⁴⁴ | ɬhe³³ | ŋɛ³⁵ | เรียก (คน) | shout, cry, call |
| 516 | 喝(水)、吸(烟) | xau³³ | xou³³ | hau¹³ | χu²² | ดื่ม | drink or smoke |
| 517 | 恨 | ntsu⁵⁵ | ntso⁵⁵/xen²¹ | sai³³ | dze³¹ | เกลียด | hate |
| 518 | 去 | mɦoŋ²² | mɦoŋ²² | muə³⁵ | məŋ⁴⁴ | ไป | go |
| 519 | 会(写) | tsəɯ⁵² | tsəu⁴² | su⁵³ | ʂei⁵³ | (เขียน) เป็น | can (write) |
| 520 | 撒娇 | ua⁴⁴ȵua³³ | ua⁴⁴ȵua³³ | a³⁵ɣaŋ³⁵ | ʈhu²²ʐaŋ³⁵ | เหลาะแหละ | fawn |

续表

| 序号 | 汉义 | 难府苗语 | 文山苗语 | 台江苗语 | 矮寨苗语 | 泰语 | 英语 |
|---|---|---|---|---|---|---|---|
| 521 | 教 | qha$^{44}$ | qha$^{44}$ | tɕo$^{33}$ | ṣa$^{53}$/kjo$^{53}$ | สอน | to teach |
| 522 | 揭(盖子) | tɕi$^{21}$ | tɕi$^{21}$ | ɨjhu$^{33}$ | kji$^{22}$ | เปิด (ฝาหม้อ) | take lid off |
| 523 | 结(果子) | tsɯ$^{44}$ | tsɿ$^{44}$ | tsai$^{35}$ | tɕɛ$^{31}$ | ผลไม้ผลิออกแล้ว | bear fruit |
| 524 | 借(钱) | tsai$^{33}$ | tsai$^{33}$ | thu$^{33}$ | qa$^{44}$ | ยืม (เงิน) | borrow |
| 525 | 开(门) | qhe$^{55}$ | qhe$^{55}$ | pu$^{13}$ | pu$^{21}$ | เปิด (ประตู) | open |
| 526 | (花)开 | tɬɨɯ$^{22}$ | tɬɨɯ$^{22}$ | phəu$^{55}$ | tə$^{22}$ | (ดอกไม้) ผลิดอก | bloom |
| 527 | 砍(柴) | tsa$^{24}$ | tsa$^{35}$ | a$^{35}$ | qhə$^{35}$ | ตัด | cut down |
| 528 | 看 | sai$^{55}$ | sai$^{55}$ | ŋaŋ$^{35}$ | qhe$^{44}$ | มอง | look at |
| 529 | 看见 | pu$^{21}$ | po$^{21}$ | pəu$^{31}$ | qe$^{22}$ | มองเห็น | see |
| 530 | 看守 | zu$^{24}$ | zo$^{35}$ | ruə$^{55}$ | ljɯ$^{22}$ | ยาม | watch |
| 531 | 医治 | khu$^{44}$ | kho$^{44}$ | ti$^{35}$ | to$^{35}$ | รักษา | cure |
| 532 | 烤(火) | nte$^{44}$ | nte$^{44}$ | te$^{35}$ | dɯ$^{35}$ | ล้อมวง (ผิงไฟ) | warm up at a fire |
| 533 | 烤(粑粑) | tɕi$^{44}$ | tɕi$^{44}$ | xi$^{55}$ | o$^{53}$ | ย่าง | bake |
| 534 | 点(灯) | təɯ$^{33}$ | təɯ$^{33}$ | tu$^{13}$ | ta$^{21}$ | จุด | light |
| 535 | 撬 | ɴɔ$^{21}$ | tɕhau$^{21}$/ɴau$^{21}$ | tɕo$^{13}$ | dzə$^{35}$ | งะ | pry |
| 536 | 咳嗽 | ɴqu$^{44}$ | ɴqo$^{44}$ | ŋo$^{22}$ | ʂe$^{35}$ | ไอ (อาการหวัด) | cough |
| 537 | 啃 | kəɯ$^{33}$ | kəu$^{33}$ | ke$^{13}$ | ku$^{22}$ | แทะ, กัด | gnaw, nibble |
| 538 | 哭 | qua$^{52}$ | qua$^{42}$ | ki$^{53}$/naŋ$^{55}$ | ŋa$^{53}$ | ร้องไห้ | cry, weep |
| 539 | 累 | khɯ$^{24}$ | tsfio$^{22}$sa$^{35}$ | tɕoŋ$^{22}$ɣuə$^{24}$ | məŋ$^{22}$ | เหนื่อย | be tired |
| 540 | 晒(衣服) | za$^{55}$ | za$^{55}$ | tsɛ$^{33}$ | ʂɯ$^{21}$ | ตาก (ผ้า) | air, dry in the sun |
| 541 | 淋(雨) | ntu$^{55}$ | nto$^{55}$ | ɕuə$^{31}$ | de$^{31}$ | ตากฝน | get drenched |
| 542 | (水)流 | ntɬfiɯ$^{22}$ | ntɬfiɯ$^{22}$ | le$^{22}$ | lə$^{44}$ | (น้ำ) ไหล | flow |
| 543 | 落(花) | puŋ$^{55}$ | poŋ$^{55}$ | ɣi$^{24}$ | zɛ$^{22}$ | หล่น | fall |
| 544 | 滴(水) | ntsfiɯ$^{22}$ | ntsfio$^{22}$ | pi$^{53}$, zaŋ$^{33}$ | zi$^{22}$ | หยด | drop |
| 545 | 骂 | tshe$^{24}$/ tsəɯ$^{21}$ | tshe$^{24}$/tsəu$^{21}$ | the$^{35}$ | da$^{35}$ | ด่า | scold |
| 546 | 埋葬 | lfiɔ$^{22}$ | lfiau$^{22}$ | ljaŋ$^{22}$ | ljaŋ$^{44}$ | ฝัง | bury |
| 547 | 买 | ʐua$^{24}$ | mfiua$^{22}$ | ma$^{24}$ | ŋəŋ$^{22}$ | ซื้อ | buy |
| 548 | 卖 | mfiua$^{22}$ | mfiua$^{22}$ | ma$^{24}$ | me$^{22}$ | ขาย | sell |
| 549 | 抚摸 | phlɯ$^{44}$ | phlɨ$^{44}$ | ɬe$^{35}$ | tɕi$^{44/53}$pzə$^{31}$ | กอดรัด | touch |
| 550 | 磨(刀) | xu$^{24}$ | xo$^{35}$ | xuə$^{55}$ | χəŋ$^{44}$ | ลับ (มีด) | sharpen |

续表

| 序号 | 汉义 | 难府苗语 | 文山苗语 | 台江苗语 | 矮寨苗语 | 泰语 | 英语 |
|---|---|---|---|---|---|---|---|
| 551 | 拿 | mua⁵⁵ | mua⁵⁵ | te⁵⁵ | kə⁴⁴ | เอา | take |
| 552 | 剔(牙) | tl̥ɦi²² | tl̥ɦi²² | thi⁵⁵ | phɛ⁴⁴ | ปฏิเสธ | pick out |
| 553 | 跑 | tl̥ɦia⁴⁴ | tl̥ɦia⁴⁴ | tsai²⁴ | tɕi⁴⁴ᐟ⁵³dɛ³¹ | วิ่ง | run |
| 554 | 泡(饭) | ntse⁴⁴ | ntse⁴⁴ | pho³⁵ | tɕi⁴⁴ᐟ²¹dʐɯ³⁵ | ฟอง | soak |
| 555 | (衣服)破 | ntl̥ɦua²² | ntl̥ɦua²² | nai²⁴ | ti³⁵ | (เสื้อผ้า) ชำรุด | worn-out |
| 556 | 骗 | tl̥ɦiaŋ²² | mpl̥ɦiau²²/ tl̥aŋ⁴²/ mpl̥ɦi²² | ɬa³³/ɬjo³⁵ | tɕi⁴⁴pjɛ⁵³/phjɛ³⁵ | หลอก | cheat on sb. |
| 557 | 铺(铺盖) | pua⁴⁴ | pua⁴⁴ | tɕhuə³⁵ | tɕi⁴⁴ᐟ²¹ba³⁵/ tɕi⁴⁴ᐟ⁵³phu⁵³ | ปู (ผ้าปู) | extend; spread |
| 558 | 骑 | tɕai⁵² | tɕai⁴² | tɕuə⁵³ | dzaŋ³⁵ | ขี่ | ride |
| 559 | 跨 | l̥aŋ⁴⁴ | l̥aŋ⁴⁴ | tl̥uə³¹ | tɕi⁴⁴ᐟ⁵³ta³¹ | ข้าม | cross |
| 560 | 牵(牛) | tɕaŋ⁵⁵ | tɕaŋ⁵⁵ | tl̥huə³⁵ | tɕəŋ⁵³ | จูง (วัว) | lead |
| 561 | 欠(钱) | tshua²⁴ | tshua³⁵ | tɕha³³ | kjɛ⁵³ | เป็นหนี้ | owe |
| 562 | 切(菜) | tshuŋ²⁴ | tshoŋ³⁵ | ɬha¹³ | l̥a²² | ซอย (ผัก) | slice |
| 563 | 逗(小孩) | zɦɯ²²/təɯ⁵⁵ | zɦŋ²² | təu³³ | tɕi⁴⁴ᐟ⁵³tl̥hɯ⁴⁴ | แซว | amuse |
| 564 | 热(饭) | tshau⁵⁵ | tshou⁵⁵ | thau³³, ɬen⁵⁵ | ɕəŋ⁴⁴ | ร้อน | heat |
| 565 | 扔(掉) | lai²¹ | lai²¹ | ven³¹ | se³⁵ | โยนทิ้ง | throw out |
| 566 | 散开 | fai⁵⁵ | saŋ³⁵ | tha³⁵ | tɕi⁴⁴ᐟ²¹la⁴⁴ | กระจาย | spread out |
| 567 | 杀 | tua⁴⁴ | tua⁴⁴ | ta³⁵ | tɕi⁴⁴ᐟ²¹ta³⁵ | ฆ่า | kill |
| 568 | 射(箭) | tua⁴⁴ | tua⁴⁴ | paŋ⁵⁵ | baŋ⁴⁴ | ยิง (ลูกศร) | shoot, fire |
| 569 | 伸(手) | ɕaŋ⁵⁵ | ɕaŋ⁵⁵ | ɬjaŋ⁵³ | tɕi⁴⁴ᐟ²¹ləŋ⁴⁴ | ยื่น (มือ) | stretch |
| 570 | 生(孩子) | zɦɯ²² | ɕaŋ⁴⁴ | tɕhuə³³ | sɯ⁴⁴ | คลอด (ลูก) | give birth to (human) |
| 571 | 生(动物) | ɕaŋ⁴⁴ | ɕaŋ⁴⁴ | then³⁵ | ta²¹ | ดิบ | give birth to (animal) |
| 572 | 梳(头发) | ntsɯ³³ | ntsŋ³³ | ɕa¹³ | dzi²² | หวีผม | comb |
| 573 | 数(数目) | sua²⁴ | sua³⁵ | xuə⁵⁵ | ʂə³⁵ | นับ (จำนวนนับ) | count |
| 574 | 闩(门) | l̥ɦiaŋ²² | l̥ɦiaŋ²² | li⁵³ | ljɛ³¹ | ใส่กลอน (ประตู) | bolt |
| 575 | 睡 | pɯ⁴⁴ | pʉ⁴⁴ | pie³⁵ | pə³⁵ | นอน | sleep |
| 576 | 说 | xa³³ | xa³³ | m̥he³⁵ | phu²² | พูด | say |
| 577 | 撕 | tl̥ua⁴⁴ | tl̥ua⁴⁴ | ɬjuə³⁵ | ɕi³⁵ | ฉีกขาด | rip, tear |
| 578 | (逃)脱 | tl̥i²¹ | tl̥i²¹ | fa³¹ | kwei²² | เลิก | escape |
| 579 | 痛 | mɔ⁵⁵ | mau⁵⁵ | məu³³ | məŋ⁵³ | เจ็บ | ache |

续表

| 序号 | 汉义 | 难府苗语 | 文山苗语 | 台江苗语 | 矮寨苗语 | 泰语 | 英语 |
|---|---|---|---|---|---|---|---|
| 580 | 踢 | ȵtɕəɯ³³ | ȵtɕəɯ³³ | tai³⁵ | to̰³¹ | เตะ | kick |
| 581 | 剃(头) | tɕhai³³ | tɕhai³³ | thi³⁵ | kɯ³⁵ | ตัด(ผม) | have one's head shaved |
| 582 | 舔 | ʑai²¹ | ʑai²¹ | ʑa³¹ | ʑa²² | เลีย | lick |
| 583 | 挑(水) | kɯ²⁴ | kɤ³⁵ | qaŋ³⁵ | ɢəŋ³⁵ | หาบ(น้ำ) | lift up |
| 584 | 听 | nɦiuŋ²² | nɦioŋ²² | ŋhaŋ⁵⁵ | təŋ³⁵ | ฟัง | listen to |
| 585 | 听见 | no²⁴ | nau³⁵ | ŋhaŋ⁵⁵ | ŋ̊aŋ⁴⁴ | ได้ยิน | hear |
| 586 | 偷 | ȵɦie²² | ȵɦia²² | ȵaŋ²⁴ | ȵɛ²² | ขโมย | steal |
| 587 | 吐(口水) | nti⁴⁴ | nti⁴⁴ | thu³⁵ | thu⁴⁴ | ถ่มออกมา | spit |
| 588 | 呕吐 | ntua²⁴ | ntua³⁵ | au⁵⁵ | ŋəŋ⁴⁴ | อาเจียน | vomit |
| 589 | 喷 | tsɦua²² | tsɦua²² | tshu³³ | pʐəŋ²² | สเปรย์ | spray |
| 590 | 吞 | Nqɦiɔ²² | Nqɦiau²² | ŋaŋ²² | tɕi⁴⁴/²¹ŋu⁴⁴ | กลืน | swallow |
| 591 | 脱(衣) | l̥e⁴⁴ | l̥e⁴⁴ | tha⁵⁵,ɬhu¹³ | da⁴⁴ | ถอด(เสื้อผ้า) | take off |
| 592 | 薅(草) | nthua⁴⁴ | nthua⁴⁴ | ʑua²⁴ | χa⁵³ | ดึงออก | weed |
| 593 | 玩耍 | ua⁴⁴sɯ⁴⁴ | ua⁴⁴sʅ⁴⁴ | a³⁵tsaŋ⁵⁵ | tɕi⁴⁴/⁵³tsa²² | เล่น | play |
| 594 | 忘记 | no²⁴qaŋ⁵⁵ | nau³⁵qaŋ⁵⁵ | n̥hoŋ³³qaŋ³³ | nəŋ⁴⁴to²² | ลืม | forget |
| 595 | 喂(奶) | pu⁵⁵ | po⁵⁵ | ʑi²⁴ | kaŋ²² | เลี้ยง(นม) | breast-feed |
| 596 | 闻(嗅) | na⁴⁴ | na⁴⁴ | m̥həu³⁵ | tɕi⁴⁴/²¹tɕɯ³⁵ | ดม(กลิ่น) | smell |
| 597 | 问 | nɦiuŋ²² | nɦioŋ²² | na²⁴ | ne²² | ถาม | ask |
| 598 | 点(头) | ȵtɕəɯ³³ | ȵtɕəɯ³³ | ȵuə³¹ | dʐu²²(pʐɕi⁴⁴) | พยักหน้า | nod |
| 599 | 淘(米) | zəɯ²⁴ | zəu³⁵ | tsaŋ⁵³ | dza⁴⁴ | ล้าง | wash (rice) |
| 600 | 洗(衣服) | ntshua⁴⁴ | ntshua⁴⁴ | shau³⁵ | dzəŋ³⁵ | ซัก(เสื้อผ้า) | wash (clothes) |
| 601 | 染(衣服) | tsau⁴⁴ | tsou⁴⁴ | shai⁵⁵ | ʑe⁴⁴ | ย้อม | dye |
| 602 | 喜欢 | ȵɛ²¹ | ȵa²¹ | tau²⁴xi³³ | tɕaŋ³¹ | ชอบ | like |
| 603 | 瞎(眼) | tl̥ɦi²² | tl̥ɦi²² | ɨju²² | kju⁴⁴ | บอด (ตา) | blind |
| 604 | 聋 | lɦaŋ²² | lɦaŋ²² | ɬoŋ⁵³ | tu⁵³ | หูหนวก | deaf |
| 605 | 下(雨) | lfiu²² | lfio²² | ɨjhuə³³ | ta³¹ | (ฝน) ตก | rain |
| 606 | 相信 | ntsɦien²² | ntsɦien²² | shen³⁵ | səŋ²¹ | เชื่อ | believe |
| 607 | 笑 | lɦua²² | lɦua²² | ɬuə¹³ | tɯ²¹ | ยิ้ม | smile, laugh |

续表

| 序号 | 汉义 | 难府苗语 | 文山苗语 | 台江苗语 | 矮寨苗语 | 泰语 | 英语 |
|---|---|---|---|---|---|---|---|
| 608 | 写 | sau$^{44}$ | sou$^{44}$ | ɕha$^{55}$ | ʂei$^{35}$ | เขียน | write |
| 609 | (睡)醒 | tɕɿ$^{21}$ | sen$^{35}$ | fa$^{22}$ɬaŋ$^{22}$ɬaŋ$^{22}$ | tɕi$^{22}$ | ตื่นนอน | awaken |
| 610 | 休息 | su$^{44}$ | so$^{44}$ | ɕhuə$^{35}$ɣuə$^{24}$ | ɕɔŋ$^{35}$ | พักผ่อน | have a rest |
| 611 | 哑 | tshəu$^{33}$qaŋ$^{44}$ | tshəu$^{33}$sua$^{55}$ | shaŋ$^{55}$ | pa$^{44}$ʂəŋ$^{53}$ | เป็นใบ้ | be mute, dumb |
| 612 | 痒 | tsɔ$^{55}$ | tsau$^{55}$ | tɕhəu$^{35}$tɕha$^{35}$ | ɕi$^{44}$tɯ$^{22}$ | คัน | itch, tickle |
| 613 | 招(手) | tɕu$^{44}$(tɕhie$^{22}$) | ʐau$^{42}$ | fha$^{35}$ | tɕi$^{44/53}$we$^{31}$ | ลูกตุ้ม | beckon |
| 614 | 咬 | tu$^{21}$ | to$^{21}$ | ke$^{13}$ | qa$^{53}$ | (หมา) กัด | bite |
| 615 | 游泳 | ua$^{44}$lua$^{21}$tl̥e$^{52}$ | lua$^{21}$tl̥e$^{42}$ | va$^{31}$oŋ$^{33}$/ lau$^{55}$oŋ$^{33}$ | ɢu$^{22}$u$^{53}$ | ว่ายน้ำ | swim |
| 616 | 有(钱) | mua$^{52}$ | mua$^{42}$ | ma$^{53}$ | me$^{31}$ | มี (เงิน) | have |
| 617 | 栽(树) | tɕfiɔ$^{22}$ | tɕfiau$^{22}$ | tɕi$^{22}$ | tɕaŋ$^{22}$ | พืช | plant |
| 618 | 摘(果) | tl̥e$^{44}$ | tl̥e$^{44}$ | lju$^{13}$ | lu$^{21}$ | เลือก | pick |
| 619 | 蹲、屈(身) | ȵɔ$^{44}$ | ten$^{55}$ | ȵuə$^{53}$ȵuə$^{22}$ | mu$^{53}$ | ยอง | squat down |
| 620 | 拱(猪拱土) | tshɔ$^{21}$(aŋ$^{24}$) | koŋ$^{33}$ | phen$^{33}$ | tɕi$^{44/21}$kho$^{44}$ | ซุ้มประตู | push up |
| 621 | 发霉 | tua$^{52}$pɯ$^{21}$ | me$^{42}$ | tu$^{24}$məu$^{13}$ | tɛ$^{44}$mo$^{44}$ | โรคราน้ำค้าง | mold |
| 622 | 蒸(饭) | tɕu$^{55}$ | tɕo$^{55}$ | tɕi$^{33}$ | tɕe$^{53}$ | นึ่ง (ข้าว) | steam |
| 623 | 肿 | ɔ$^{44}$ | au$^{44}$ | pho$^{33}$ | aŋ$^{35}$ | บวม | turgescence, swollen |
| 624 | 拄(拐杖) | tshen$^{21}$ | ntsfie$^{22}$ | ȵa$^{24}$ | ŋa$^{22}$ | ถือ (ไม้เท้า) | lean on a stick |
| 625 | 炒 | ki$^{55}$ | ki$^{55}$ | ke$^{33}$ | ka$^{53}$ | ทอด | fry |
| 626 | 装(进) | ntsəɯ$^{21}$ | ntsua$^{55}$ | le$^{24}$ | to$^{35}$ | ใส่ (เข้าไป) | pack in |
| 627 | 捉(鸡) | ntɕhie$^{22}$ | ntɕhie$^{22}$ | vɛ$^{22}$ | nɯ$^{44}$ | จับ (ปลา) | catch |
| 628 | 是 | ʑfiɔ$^{22}$ | ʑfiau$^{22}$ | te$^{24}$ | ȵi$^{22}$ | เป็น | is |
| 629 | 走 | mfiuŋ$^{22}$ | mɔŋ$^{22}$ | ɬuə$^{53}$/hen$^{33}$ | χwei$^{35}$ | เดิน, ไป | walk |
| 630 | 坐 | ȵɔ$^{55}$ | ȵau$^{55}$ | ȵaŋ$^{33}$ | tɕɔŋ$^{35}$ | นั่ง | sit |
| 631 | 一起 | ua$^{44}$ke$^{44}$ | ua$^{44}$ki$^{44}$ | ɕi$^{35}$te$^{55}$ | a$^{44/21}$kɯ$^{44}$ | ด้วยกัน | together |

# 附录八　泰、中苗族照片

泰国清莱府苗族民居

泰国清莱府路边吹芦笙的苗族老人

泰国碧差汶府手工缝制的苗族服装

文山自治州马关镇县都龙镇岩头寨

文山自治州马关县都龙镇岩头寨民居

文山自治州马关县都龙镇的苗族女童

泰国难府波县巴岗镇恢宏村的苗族旧居

泰国难府波县巴岗镇恢宏村的苗族新居

泰国难府波县巴岗镇恢宏村的苗族丧礼

泰国难府波县巴岗镇恢宏村的苗族女性在绣苗族裙子

# 参考文献

## 一 中文著作类(包含译著)

[1] 爱德华·萨丕尔. 语言论（陆卓元译）[M]. 北京：商务印书馆，2002.
[2] 伯纳德·科里姆. 语言共性和语言类型（沈家煊译）[M]. 北京：华夏出版社，1989.
[3] 陈保亚. 语言接触与语言联盟 [M]. 北京：语文出版社，1996.
[4] 陈其光. 汉藏语同源词研究二（丁邦新、孙宏开主编）：汉语苗瑶语比较研究 [M]. 南宁：广西民族出版社，2001.
[5] 戴庆厦. 跨境语言研究 [M]. 北京：中央民族大学出版社，1993.
[6] 戴庆厦主编. 泰国优勉（瑶）族及其语言 [M]. 北京：中国社会科学出版社，2013.
[7] 戴庆厦主编. 中国少数民族语言研究六十年 [M]. 北京：中央民族大学出版社，2009.
[8] 费尔迪南·德·索绪尔. 普通语言学教程（高明凯译）[M]. 北京：商务印书馆，2002.
[9] 姬安龙. 苗语台江话参考语法 [M]. 昆明：云南，民族出版社，2012.
[10] 李云兵. 中国南方民族语言语序类型研究 [M]. 北京：北京大学出版社，2008.
[11] 刘丹青. 语法调查研究手册 [M]. 上海：上海教育出版社，2008.
[12] 刘丹青. 语序类型学与介词理论 [M]. 北京：商务印书馆，2003.
[13] 罗安源. 松桃苗话描写语法学[M]. 北京：中央民族大学出版社，2005.
[14] 罗兴贵，杨亚东. 现代苗语概论 [M]. 贵州：贵州民族出版社，2004.
[15] 罗有亮. 苗语语法·川黔滇方言 [M]. 昆明：云南民族出版社，1999.
[16] 马学良. 汉藏语概论·苗瑶语篇 [M]. 北京：民族出版社，2003.
[17] 毛宗武，李云兵. 炯奈语研究[M]. 北京：中央民族大学出版社，2002.
[18] 毛宗武，李云兵. 优诺语研究 [M]. 北京：民族出版社，2007.
[19] 梅耶. 历史语言学中的比较方法（岑麒祥译）[M]. 北京：科学出版社，1957.

[20] 蒙朝吉. 瑶族布努语方言研究 [M]. 北京：民族出版社, 2001.
[21] 桥本万太郎. 语言地理类型学 [M]. 北京：世界图书出版公司, 2008.
[22] 石茂明. 跨境苗族研究——民族与国家的边界 [M]. 北京：民族出版社, 2004.
[23] 王辅世. 苗语古音构拟 [M]. 东京：国立亚非语言文化研究所, 1994.
[24] 王辅世. 苗语简志 [M]. 北京：民族出版社, 1985.
[25] 鲜松奎. 新苗汉词典 [M]. 四川民族出版社, 2000.
[26] 向日征. 吉卫苗语研究 [M]. 成都：四川民族出版社, 1999.
[27] 熊玉有. 走进苗族蒙人 [M]. 昆明：云南民族出版社, 2010.
[28] 徐烈炯, 刘丹青. 话题的结构与功能 [M]. 上海：上海教育出版社, 2007.
[29] 许余龙. 对比语言学 [M]. 上海：上海外语教育出版社, 2001.
[30] 杨再彪. 苗语东部方言土语比较 [M]. 北京：民族出版社, 2004.
[31] 余金枝. 湘西矮寨苗语参考语法 [M]. 北京：中国社会科学出版社, 2011.
[32] 张济民. 苗语语法纲要（川黔滇方言）. 贵阳：贵州民族出版社, 1962.

## 二 中文论文类

[1] 曹翠云. 《诗经》特殊语句像苗语新解——兼释明星煌煌、明星晢晢等 [J]. 中央民族大学学报, 2002 (6): 102-107.
[2] 曹翠云. 汉、苗、瑶语第三人称代词的来源 [J]. 民族语文, 1998 (5): 58-61.
[3] 曹翠云. 论苗语方言现状及其形成 [J]. 中央民族学院学报, 1989 (5): 61-66.
[4] 曹翠云. 黔东苗语状词初探 [J]. 中国语文, 1961 (4): 297-335.
[5] 陈其光, 李永燧. 汉语苗瑶语词源例证 [J]. 民族语文, 1981 (2): 13-27.
[6] 陈其光. 古苗瑶语鼻冠音闭塞音声母在现代方言中的反映类型 [J]. 民族语文, 1984 (5): 11-22.
[7] 陈其光. 苗瑶语鼻音韵尾的演变 [J]. 民族语文, 1988 (6): 12-22.
[8] 陈其光. 苗瑶语词汇发展的一种方式 [J]. 民族语文, 2000 (3): 67-75.
[9] 陈其光. 苗瑶语入声的发展 [J]. 民族语文, 1979 (1): 25-30.
[10] 陈其光. 苗瑶语浊音声母的演变 [J]. 语言研究, 1985 (2): 23-30.
[11] 戴庆厦, 余金枝, 杨再彪. 小陂流苗语概况 [J]. 民族语文, 2005 (3): 68-80.

[12] 戴庆厦, 余金枝, 杨再彪. 语言接触与语言影响. 语言科学, 2005 (4): 3-10.
[13] 戴庆厦. 语言竞争与语言和谐 [J]. 语言教学与研究, 2006 (2): 1-6.
[14] 邓晓华, 王士元. 苗瑶语族语言亲缘关系的计量研究——词源统计分析方法 [J]. 中国语文, 2003 (3): 253-263.
[15] 李锦平. 论苗语和汉语之间的相互影响 [J]. 贵州民族学院学报, 2004 (1): 75-78.
[16] 李永燧, 陈克炯, 陈其光. 苗语声母和声调中的几个问题 [J]. 语言研究, 1983 (6): 93-103.
[17] 李云兵. 花苗苗语方位结构的语义、句法及语序类型特征 [J]. 语言科学, 2004 (4): 75-78.
[18] 李云兵. 论苗瑶语名词范畴化手段的类型 [J]. 民族语文, 2007 (1): 18-30.
[19] 李云兵. 论苗语名词前缀的功能 [J]. 民族语文, 2002 (3): 32-42.
[20] 李云兵. 论语言接触对苗瑶语语序类型的影响 [J]. 民族语文, 2005 (3): 34-43.
[21] 李云兵. 苗瑶语的非分析形态及其类型学意义 [J]. 民族语文, 2006 (2): 31-40.
[22] 李云兵. 苗语川黔滇次方言的状词 [J]. 民族语文, 1995 (4): 63-68.
[23] 李云兵. 苗语的形态及语义语法范畴 [J]. 民族语文, 2003 (3): 19-28.
[24] 刘丹青. 汉藏语言的若干语序类型学课题 [J]. 民族语文, 2002 (5): 1-11.
[25] 罗安源. 从"主谓谓语句"看汉语在语言接触中的强劲活力 [J]. 中央民族大学学报, 2008 (3) 102-108: 
[26] 罗安源. 从量词看苗汉两种语言的关系 [J]. 中央民族大学学报, 2002 (5): 117-124.
[27] 罗安源. 贵州松桃苗话的冠词. 民族语文, 1980 (4): 28-35.
[28] 罗安源. 苗语 (湘西方言) 的"谓—主"结构 [J]. 语言研究, 1983 (1): 97-103.
[29] 罗安源. 苗语句法成分的可移动性 [J]. 民族语文, 1987 (3): 14-17.
[30] 石德富. 汉借词与苗语固有词的语义变化 [J]. 民族语文, 2003 (5): 43-52.
[31] 石德富. 苗瑶民族的自称及其演变 [J]. 民族语文, 2004 (6): 22-28.
[32] 石德富. 苗瑶语"父"、"母"源流考 [J]. 民族语文, 2010 (4): 48-57.
[33] 石德富. 黔东苗语的指示词系统 [J]. 语言研究, 2007 (1): 110-114:

［34］石德富. 黔东苗语动词的体范畴［J］. 中央民族大学学报. 2003（3）：125-130.

［35］石德富. 黔东苗语动词虚化研究［J］. 民族教育研究, 1999（3）：77-84.

［36］石毓智. 汉语的主语与话题之辨［J］. 语言研究, 2001（2）：82-91.

［37］孙宏开. 论藏缅语语法结构类型的历史演变［J］. 民族语文, 1992（5）：1-9.

［38］田逢春. 苗语构词中常用的几个前加成分［J］. 贵州民族研究, 1984（3）：130-143.

［39］田铁. 苗语量词研究述评及前瞻［J］. 贵州民族研究, 2007（3）：189-193.

［40］王德光. 贵州威宁苗语量词拾遗［J］. 民族语文, 1987（5）：36-38.

［41］王辅世, 王德光. 贵州威宁苗语带前加成分的双音节名词的形态变化［J］. 民族语文, 1999（1）：33-36.

［42］王辅世, 王德光. 贵州威宁苗语的方位词［J］. 民族语文, 1982（3）：20-34.

［43］王辅世. 贵州威宁苗语量词［J］. 语言研究, 1957（2）：27-41.

［44］王辅世. 苗语方言划分问题［J］. 民族语文, 1983（5）：1-21.

［45］王辅世. 我对苗语语法上几个问题的看法［G］//民族语文研究文集. 西宁：青海民族出版社, 1982.

［46］吴平. 苗语的情状量词初探［J］. 贵州民族研究, 1983（3）：88-95.

［47］向日征. 苗语湘西方言的词头tɕi[44]［J］. 民族语文, 1980（3）：29-31.

［48］向日征. 湘西苗语的四字并列结构［J］. 民族语文, 1983（3）：26-32.

［49］向日征. 湘西苗语助词的语法特点［J］. 民族语文, 1987（2）：43-46.

［50］杨再彪. 现代湘西苗语方言声调演变的几个规律［J］. 贵州民族研究, 1999（4）：168-173.

［51］杨再彪. 湘西苗语研究五十年［J］. 湖北民族学院学报, 2001（2）：47-49.

［52］易先培. 论湘西苗语名词的类别范畴［J］. 中国语文, 1961（3）：33-41.

［53］应琳. 苗语中的汉语借词［J］. 中国语文, 1962（5）：102-108.

［54］余金枝. 矮寨苗语的差比句［J］. 中央民族大学学报, 2012（2）：130-136.

［55］余金枝. 矮寨苗语形修名语序的类型学特征［J］. 中央民族大学学报, 2004（1）：106-109.

［56］余金枝. 吉首矮寨苗语并列复合名词的语义结构和韵律特征［J］. 民族语文, 2004（1）：26-29.

[57] 余金枝. 湘西矮寨苗语前缀tɕi⁴⁴的多功能性及其源流 [J]. 民族语文, 2009（6）: 17-23.

[58] 余金枝. 湘西苗语被动句研究 [J]. 中央民族大学学报, 2009（1）: 107-113.

[59] 余金枝. 湘西苗语量词 [G]//汉藏语系量词研究. 北京: 民族出版社, 2006: 289-315.

[60] 余金枝. 湘西苗语述宾结构中的一种特殊类别——"形容词+名词"结构分析 [J]. 语言研究, 2009（1）: 117-123.

[61] 余金枝. 湘西苗语四音格词研究 [J]. 中央民族大学学报, 2006（3）: 104-111.

[62] 余金枝. 语言影响与语法的地域共性: 吉首矮寨苗汉语的"VaVb"式分析 [G]//双语研究论文集（二）. 北京: 中央民族大学出版社, 2004: 203-212.

[63] 张济民. 苗语方位词的归类问题 [J]. 贵州民族研究, 1998（1）: 89-94.

[64] 张琨. 古苗瑶鼻音声母字在现代苗语方言中的演变 [J]. 民族语文, 1995（4）: 9-13.

[65] 张琨. 苗瑶语声调构拟 [G]//民族语文研究情报资料集: 3. 中国社会科学民族研究所语言室印.1983: 87-121.

[66] 张琨. 原始苗语的声母（贺嘉善译）[G] //民族语文研究情报资料集: 2. 中国社会科学民族研究所语言室印, 1983: 28-49.

[67] 张永祥, 曹翠云. 黔东苗语的名量结构 [J]. 中央民族大学学报, 1996（2）: 66-71.

[68] 张永祥, 曹翠云. 黔东苗语的谓2—体结构 [J]. 语言研究, 1984（2）: 69-75.

[69] 张永祥. 黔东苗语的谓词 [J]. 贵州民族研究, 1984（3）: 166-175.

## 三 中文学位论文

[1] 李云兵. 花苗苗语动词的语义和句法特征研究 [D]. 北京: 中央民族大学, 1998.

[2] 刘玉兰. 泰国勉语参考语法. [D]. 北京: 中央民族大学, 2011.

## 四 外文类（按字母顺序排列）

[1] Bisang, W. 1993. Classifiers, Quantifiers, and Class Nouns in Hmong [J]. Studies in Language, 17, No. 1.

[2] Downer, G.B. 1967. Tone Change and Tone Shift in White Miao. Bulletin

of the School of Oriental and African Studies, University of London.
［3］ Fuller, J.W. 1985. On the Passive Construction in Hmong. Minnesota Papers in Linguistics and Philosophy of Language.
［4］ Fuller, J.W. 1985. Zero Anaphora and Topic Prominence in Hmong. In The Hmong in Transition, ed. by G.L. Hendricks, B.T. Downing, and A.S. Deinard. New York: Center for migration studies.
［5］ Fuller, J.W. 1987. Topic Markers in Hmong. Linguistics of the Tibeto-Burman Area.
［6］ Fuller, J. W. 1985. Topic And Comment In Hmong (Southeast Asia, China, Thailand, Vietnam), Ph.D Dissertation. University of Minnesota.
［7］ Jarkey, N. 1991. Serial Verbs in White Hmong： A Functional Approach. Ph.D Dissertation, University of Sydney.
［8］ Jarkey, N. 2006. "Complement Clause Types and Complementation Strategy in White Hmong." In Robert M.W. Dixon and A.I.U. Aikhenvald, (Eds.) Complementation： A Cross-Linguistic Typology. New York: Oxford University Press.
［9］ Li, C. 1989. "The Origin and Function of Switch Reference in Green Hmong." In Language Change: Contributions to the Study of Its Causes, edited by L.E. Breivik and E.H. Jahr. Berlin： Mouton de Gruyter.
［10］ Li, C. 1991. The Aspectual System of Hmong. Studies in Language.
［11］ Lyman, T.A. 1965. Excerpts from a Grammar of Green Miao and Green Miao Vocabulary (Unpublished).
［12］ Lyman, T.A. 1979. Grammar of Mong Njua (Green Miao): A Descriptive Linguistic Study. Published by the Author.
［13］ Mottin, J. 1978. Elements de Grammaire Hmong Blanc. Bangkok： Don Bosco Press.
［14］ Owensby, L. 1986. "Verb Serialization in Hmong" In The Hmong in Transition, ed. by G.L. Hendricks, B.T. Downing and A.S. Deinard. New York: Center for migration stadies.
［15］ Riddle, E.M. 1989. "Parataxis in White Hmong." Working Papers in Linguistics 39 (December 1990).
［16］ Lee. G.Y. 1986. "White Hmong Kinship Terminology and Structure." In The Hmong World, ed. by Brenda Johns and David Strecker, New Haven, CT: Council on Southeast Asia Studies.
［17］ Strecker, D. 1981. Classification of Hmongic Languages (Unpublished).

[18] Thomas, A.L. 1979. Grammar of Mong Njua (Green Miao): A Descriptive Linguistic Study. Sattley, CA: The Blue Oak Press.

[19] Ruey, Y.F. 1958. Terminological Structure of the Miao Kinship System. Academia Sinica: Bulletin of the Institute of History and Philology.

# 后 记

当2017年仅剩一周时，终于完成了书稿。从2010年立项至书稿完成经历了漫长的7年。在这7年时间里，苗语研究取得了很多重要的成果，语言学研究有了很大的发展。我对苗语也有了更深入的认识。回审书稿，发现有很多地方还可以继续完善，但若不断完善，这本书稿就永远没有完稿的时候了。再说，这部书稿浸透了我的博士导师戴庆厦先生为我付出的很多心血，包含了泰国苗族赵天涯、杨丽芳、王小玲，中国苗族杨超等多位同胞的真诚相助，记录了我学力成长的点滴历程，因此我只好把这本书稿交上，算是向国家社科基金，向帮助过我的师生、同门、亲友、同胞做一个交代吧。

2009年10月，我的恩师戴庆厦教授为我推荐了在中央民族大学读对外汉语专业硕士的泰国达府绿苗杨丽芳，使我有幸得以调查泰国苗语。2010年1月，借随戴庆厦教授赴泰国调查拉祜语的良机，我结识了多位泰国清莱皇家大学的苗族师生，对泰国苗语有了更深的认识，由此萌生了申请泰国苗语课题的想法。2月25日，由泰国返回中央民族大学后，便日夜沉浸在申报论证中。3月4日，我把申报书提请李云兵教授指正，他帮我敲定了"中泰跨境苗语对比研究"的题目，并提出了很好的修改意见。3月5日提交申报材料之后，便废寝忘食地撰写学位论文，到处找工作，完全忘了申报之事。6月，传来了获得国家社科基金立项的喜讯。是戴先生的学术培育和李教授的申报指正为我的博士毕业赠送了一份沉甸甸的重礼，使我的学术生涯有了更高的新起点。

2010年10月博士毕业后，我带着从事境外苗语研究的学术志向和我的国家社科基金项目从湖南吉首大学师范学院调到了云南民族大学民族文化学院工作。这时，已经硕士毕业的泰国苗族杨丽芳，从中央民族大学寄来了十余万字的泰国绿苗苗语调查材料。2011年暑假，我去文山马关县都龙镇岩头寨调查，住在杨超家里。由于上厕所极为不便，我只好每天节制饮食。幸亏有杨超家人的精心照顾和熊村长的帮助，使我完成了《岩头寨苗语调查》的初稿。调查结束时，云南民族大学民族文化学院罗海麟书记和李一峰老师从文山城里绕道到都龙镇接我。2012年，在罗海麟书记和刘劲荣院长的努力下，民族文化学院开始招收"苗族语言文学"方向的本科生，我自然而然地成了苗语教研室主任，承担了"文山苗语语法"的教学任务，也有机会听了熊玉有老师一个学期的《苗语基础教程》。为了帮我核实文山苗语的声调，韦名应博士录制了六位文山苗族学生的声调，并做了语图。2013年，当时在云南民族大学做交换生的泰国苗族赵天涯和王小玲用了一个学期的时间帮助我调查。最令人感动的是，在离开中国的前夕，为了帮助我录泰国苗语的音，杨露、尹磊和赵天涯连续五天熬到凌晨三点。

2014年1月，泰国正处于动乱之中，为了核实泰国苗语的语音，我冒着危险赴泰国录音。泰国清莱皇家大学的刘玉兰博士不时打来电话表示关心。在难府波县巴岗镇恢宏村赵天涯家食宿的一个月里，为了保证录音质量，我的发音合作人杨天畅每天早上8点开着他的私家车，带我们到远离鸡鸣狗叫的山上，在他的车内录音，并把录音资料发给韦名应博士，请他帮我用做语音实验，即便在春节期间，小韦也总是及时给我反馈实验信息。发给当时正在中央民族大学读博士的王玲，请她帮做出了声调曲线图。他俩的语音实验使我对难府苗语和文山苗语的声调更有底气。

戴庆厦先生在百忙之中为我的书稿做序，对我是最大的鼓励，增强了我对境外苗语继续研究的信心。

这部小小的书稿凝聚了厚重的师生情谊、学术情谊和同胞情谊。谨此，特向师长、好友、同胞表示衷心的感谢。

同时，我还要特别感谢中国社会科学出版社的任明编辑，我的书稿表格多、国际音标多，给他添了不少麻烦，感谢责任校对王佳玉老师，他的细心校对使我的书稿减少了不少错误。

最后，我想重申一下我的导师戴庆厦先生一贯强调的学术思想：材料是第一性的，理论是第二性的，所有的研究都必须立足于语言材料。所以，我恳请同行专家，根据自己的调查事实对本书的结论和研究方法提出批评意见，以便展开进一步的研究。

余金枝

2017年12月26日于云南师范大学呈贡校区